校党委书记　朱灿平

校长　祝家贵

1月18日,安徽巢湖经济开发区党工委副书记程习龙一行来校开展工作交流

3月8日,学校举行2017年度"三八红旗手"表彰会暨"三八妇女节"座谈会

3月12日,学校开展春季义务植树活动

3月20日,校党委书记朱灿平与安徽巢湖经济开发区党工委书记、管委会主任、巢湖市委书记耿延强共同为基础型人才培养基地揭牌

4月8日,学校召开2018年党建工作会议

4月13日,校党委书记朱灿平参加全省校园及学生安全工作电视电话会议,并围绕校园及周边综合治理工作做大会典型交流发言

4月18日,学校第十四届社团文化节暨第五届科技活动月开幕

4月23日,学校举行2017年度优秀读者颁奖仪式暨座谈会

4月24日，学校党员领导干部赴中国科学技术大学先进技术研究院、科大讯飞股份有限公司开展集体考察调研

4月27日，中国科学技术大学教授、博士生导师，安徽省委教育工委原书记、省教育厅原厅长程艺做客"汤山讲坛"，做题为《求实求新求发展　悟道悟法悟新路》的专题报告

5月8日,学校召开落实中央巡视整改"回头看"工作汇报会

5月10~11日,学校举办第十五届运动会

5月13日,学校举办"校企联动共搭就业平台 校地合力服务学子就业"2018届毕业生春季校园双选会

5月16日,学校举行"巢湖学院教师发展论坛开班仪式暨首次'教学沙龙'活动"

5月22日，学校开展2018年防震消防应急疏散演练活动

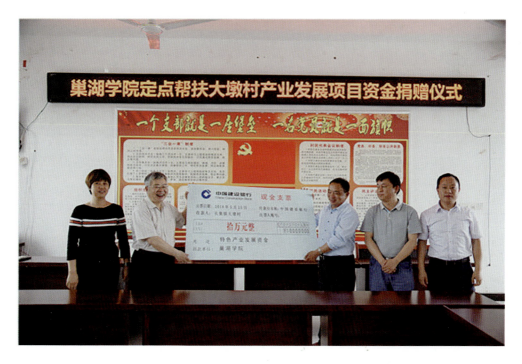

5月25日，学校向对口帮扶点——霍邱县长集镇大墩村捐赠扶贫产业发展项目资金

5月30日,校长祝家贵为皖江学者、特聘教授孔东民颁发聘书

5月30日,学校召开巢湖学院领导班子及领导人员2017年度综合考核结果反馈会

5月31日,校领导率队赴安徽侬安康食品有限公司为实习就业基地揭牌

6月2~3日,学校承办2018年安徽省高校教职工气排球比赛

6月6日,学校与皖西学院共同举办"6·9国际档案日"纪念活动

6月8日,学校举行2018届学生毕业典礼暨学位授予仪式

6月29日,学校召开2018年度"一先两优"表彰暨夏季工作推进会

7月20日,学校召开《巢湖学院服务环巢湖区域经济社会发展行动计划(2018～2020年)》发布会

7月22日,教育部原副部长、中国高等教育学会原会长周远清莅临学校视察

7月22~25日,学校承办2018年(第11届)中国大学生计算机设计大赛数字媒体设计类(专业组)决赛

8月16日,学校与安徽医科大学附属巢湖医院举行医疗联合体合作协议签约仪式

9月8~9日,来自全国各地的4000多名2018级新生报到

9月10日,学校召开以"弘扬高尚师德,潜心立德树人"为主题的庆祝第34个教师节座谈会

9月17日,学校召开2018级新生开学典礼暨军训动员大会

9月28日,学校举办2018年"师德师风　源远流长"专题报告会和新教师入职宣誓仪式

9月29日,学校召开第八次本科教学工作会议

10月10日,2018年安徽省大学生沙滩排球锦标赛在学校开幕

10月16日,"首届安徽省漆画艺术作品展"(巢湖站)在学校开幕

10月17日,学校组织离退休同志赴半汤郁金香高地景区开展"重阳节赏花"活动

10月24日,学校举办"胡是平、叶应涛画册、图书"捐赠仪式

10月31日,学校召开中国共产党第二次代表大会2018年年会暨三届二次教代会工代会

11月8日,学校与安徽中显教育投资有限公司、安徽中显智能机器人有限公司举行三方产学研合作签约暨授牌仪式

11月27日,安徽巢湖经济开发区管委会副主任、党工委委员李先强来校现场调度学校项目建设等工作

11月30日,学校举办以"涵咏经典 德溢书香"为主题的第七届读书月活动开幕式

11月30日,学校举行易班发展中心揭牌仪式

12月3~6日,教育部专家组进驻学校开展本科教学审核评估考察工作

12月16日,学校召开第三次团代会、第四次学代会

12月19日,校领导率队赴淮南市凤台县看望顶岗支教实习生

12月28日,学校召开2018年脱贫攻坚第三方监测评估工作总结表彰会

12月28日晚,学校举办以"2019,遇见更好的自己"为主题的2019年元旦文艺晚会

CHAOHU UNIVERSITY
YEARBOOK 2018

巢湖学院年鉴

2018

《巢湖学院年鉴》编委会 编

中国科学技术大学出版社

图书在版编目(CIP)数据

巢湖学院年鉴.2018/《巢湖学院年鉴》编委会编. —合肥:中国科学技术大学出版社,
2020.2

ISBN 978-7-312-04842-5

Ⅰ.巢… Ⅱ.巢… Ⅲ.巢湖学院—2018—年鉴 Ⅳ.G649.285.44-54

中国版本图书馆 CIP 数据核字(2019)第 273596 号

出版	中国科学技术大学出版社
	安徽省合肥市金寨路 96 号,230026
	http://press.ustc.edu.cn
	https://zgkxjsdxcbs.tmall.com
印刷	安徽国文彩印有限公司
发行	中国科学技术大学出版社
经销	全国新华书店
开本	787 mm×1092 mm 1/16
印张	32.25
插页	14
字数	828 千
版次	2020 年 2 月第 1 版
印次	2020 年 2 月第 1 次印刷
定价	200.00 元

编委会

主　任　朱灿平　祝家贵
副主任　徐柳凡　阮爱民　黄志圣　朱定秀
委　员（以姓氏笔画排序）
丁俊苗　万新军　王万海　王光富　方习文　古国平
史国东　吕家云　朱玉票　刘亚平　刘洪涛　孙远春
芮德武　李明玲　杨汉生　杨松水　肖圣忠　何照泽
余洁平　张安东　张连福　张继山　张道才　张　蕊
陈士群　陈和龙　陈恩虎　陈海波　罗发海　周　祥
郑小春　郑尚志　郑　玲　单自华　赵开斌　柯应根
柳洪琼　姚　磊　钱　云　徐礼节　徐志仓　董金山
管　超

编写组

组　长　张连福
副组长　石　庭　赵子翔
成　员（以姓氏笔画排序）
丁卫萍　王　雷　王兴国　王　巍　孔银生　邓其志
许小兵　向泽雄　汪业群　张　号　张凌晨　吴　芳
陈丽霞　罗　蓉　赵　洁　胡　佳　秦鹏生　夏　勇
原　博　徐守成　高华敏　曹海清　程文芳　樊振华

编辑说明

一、《巢湖学院年鉴·2018》(以下简称《年鉴》)是全面反映2018年巢湖学院基本情况及各项建设事业改革与发展的史料性文献和资料,收录了学校2018年内主要活动和各项工作的重要文献、文件与统计数据等资料,部分统计资料的时间跨度向前一年度延伸。

二、《年鉴》共分16个部分,涉及学校概况、年度聚焦、重要文献、制度汇编、机构与干部、党建与思想政治、群团工作、教学与人才培养、科研与社会服务、人才与人事、管理与服务、国际交流与合作、学院介绍、表彰与奖励、质量年度报告、年度大事记等方面。除另有说明外,所有资料的截止时间为2018年年底。

三、《年鉴》力求资料完整、内容翔实、数据准确。由于编写力量和水平有限,疏漏之处在所难免,敬请读者批评指正。

四、《年鉴》由校党政办公室组织编写。编写及出版工作得到了校领导、各学院、校直各单位的大力支持,谨此一并致谢。

编　者

2019年7月

目　录

编辑说明 ··· (001)

一、学校概况 ·· (001)

二、年度聚焦 ·· (005)

学校通过复查继续保留全国文明单位荣誉称号 ··· (007)
《人民日报》刊登国家奖学金获奖学生代表名录巢湖学院学子汪新光荣入选 ········· (007)
学校召开2018年党建工作会议暨春季工作推进会 ··· (007)
校党委书记朱灿平在全省校园及学生安全工作电视电话会议上做典型交流发言 ····· (007)
学校举行"教师发展论坛"开班仪式暨首次"教学沙龙"活动 ···························· (008)
学校召开第八次本科教学工作会议 ·· (008)
学校召开第二次党代会2018年年会暨三届二次教代会工代会 ··························· (008)
学校再获全国暑期"三下乡"社会实践活动"优秀单位" ··································· (009)
学校"易班"发展中心正式揭牌 ··· (009)
教育部专家组进驻学校开展本科教学审核评估考察工作 ·································· (009)
学校召开共青团巢湖学院第三次代表大会巢湖学院第四次学生代表大会 ············· (010)
学校领导班子2017年度综合考核再获"好"等次 ·· (010)
学校获批成立安徽排球学院 ··· (010)
学校中爱合作办学项目顺利通过教育部评估 ··· (010)
学校借力大数据隐形资助学子 ·· (011)

三、重要文献 ·· (013)

巢湖学院2018年度党政工作要点 ·· (015)
凝心聚力　真抓实干全力以赴打赢本科教学工作审核评估攻坚战
　　——在学校本科教学工作审核评估动员大会上的讲话（校党委书记　朱灿平）············· (023)
加强教育过程管理　提高人才培养质量

——在巢湖学院第八次教学工作会议上的讲话(校长　祝家贵)…………………(027)
　巢湖学院办学指导思想和办学定位……………………………………………………(034)
　巢湖学院服务环巢湖区域经济社会发展行动计划(2018～2020年)………………(034)
　巢湖学院环巢湖文化塑校育人实施方案………………………………………………(046)

四、制度汇编 …………………………………………………………………………………(051)

　巢湖学院二级单位和中层领导干部综合考核实施办法(修订)………………………(053)
　巢湖学院党员领导干部操办婚丧喜庆事宜暂行规定…………………………………(057)
　巢湖学院深入学习贯彻习近平新时代中国特色社会主义思想若干规定……………(060)
　巢湖学院党内评选表彰实施办法(试行)………………………………………………(064)
　中共巢湖学院委员会工作规则(修订)…………………………………………………(067)
　巢湖学院校长工作规则(修订)…………………………………………………………(070)
　中共巢湖学院委员会贯彻落实教育部《新时代高校思想政治理论课教学工作基本要求》
　　实施办法………………………………………………………………………………(073)
　巢湖学院二级学院党组织议事规则(试行)……………………………………………(078)
　巢湖学院二级学院党政联席会议议事规则(修订)……………………………………(081)
　中共巢湖学院委员会关于党员领导干部联系师生党支部的规定……………………(084)
　中共巢湖学院委员会关于开展基层党组织建设质量提升行动的实施意见…………(086)
　巢湖学院专业技术职务资格申报补充规定(暂行)……………………………………(090)
　巢湖学院差旅费管理办法………………………………………………………………(091)
　巢湖学院学生缴费管理办法……………………………………………………………(094)
　巢湖学院校园一卡通资金结算办法……………………………………………………(097)
　巢湖学院数据管理办法…………………………………………………………………(098)
　巢湖学院校园一卡通管理规定(修订)…………………………………………………(107)
　巢湖学院申报专业技术职务人员教学质量评价实施办法(试行)……………………(110)
　巢湖学院优秀科研创新团队评选暂行办法……………………………………………(115)

五、机构与干部 ………………………………………………………………………………(117)

　学校党政领导………………………………………………………………………………(119)
　学校纪委委员………………………………………………………………………………(119)
　处级机构设置………………………………………………………………………………(120)
　各单位科室设置(科级)……………………………………………………………………(121)
　机关部门、教学科研及教辅单位负责人…………………………………………………(124)
　基层党组织设置及其负责人………………………………………………………………(127)

六、党建与思想政治 …………………………………………………………………………(135)

　组织统战工作………………………………………………………………………………(137)
　宣传思想文化工作…………………………………………………………………………(138)
　纪检监察工作………………………………………………………………………………(140)
　校党委理论学习中心组学习情况一览表…………………………………………………(143)

"汤山讲坛"讲座情况一览表 …………………………………………………… (144)
　　党员干部教育培训情况一览表 …………………………………………………… (145)
　　发展党员情况统计表 ……………………………………………………………… (146)

七、群团工作 ……………………………………………………………………… (147)
　　工会工作 …………………………………………………………………………… (149)
　　共青团工作 ………………………………………………………………………… (150)
　　第三届教代会执委会及下设工作委员会组成人员名单 ………………………… (153)
　　第三届工会委员会及各专门委员会组成人员名单 ……………………………… (153)
　　各分工会组成人员名单 …………………………………………………………… (154)
　　三届二次教代会工代会代表名单 ………………………………………………… (155)
　　第十七届学生会主席团人员名单 ………………………………………………… (156)
　　第二十三届青年志愿者联合会主席团人员名单 ………………………………… (157)
　　第十六届学生社团联合会主席团人员名单 ……………………………………… (157)
　　第四届汤山青年传媒中心主任团人员名单 ……………………………………… (157)
　　第二十一届艺术团主席团人员名单 ……………………………………………… (157)
　　巢湖学院学生社团信息一览表 …………………………………………………… (158)

八、教学与人才培养 ……………………………………………………………… (161)
　　教育教学工作 ……………………………………………………………………… (163)
　　继续教育工作 ……………………………………………………………………… (166)
　　学生指导与服务 …………………………………………………………………… (169)
　　教研室和实验室设置一览表 ……………………………………………………… (171)
　　校内实验实习实训场所一览表 …………………………………………………… (174)
　　本科专业设置情况一览表 ………………………………………………………… (176)
　　新增省级质量工程项目立项名单 ………………………………………………… (179)
　　2018年度国家级大学生创新创业训练计划项目信息表 ………………………… (182)
　　2018年度省级大学生创新创业训练计划项目信息表 …………………………… (185)
　　在校生人数及构成情况一览表 …………………………………………………… (192)
　　本科生招生录取情况信息表 ……………………………………………………… (192)
　　毕业生考研录取情况一览表 ……………………………………………………… (194)
　　2018届毕业生名单 ………………………………………………………………… (204)

九、科研与社会服务 ……………………………………………………………… (223)
　　科研与社会服务工作 ……………………………………………………………… (225)
　　环巢湖研究工作 …………………………………………………………………… (227)
　　校级重点学科一览表 ……………………………………………………………… (229)
　　校级重点实验室一览表 …………………………………………………………… (230)
　　科研机构一览表 …………………………………………………………………… (230)
　　年度纵向科研项目立项一览表 …………………………………………………… (231)

"皖维科技创新孵化基金"项目立项资助一览表…………………………………………(239)
　　"皖维科技创新孵化基金"项目结项一览表……………………………………………(242)
　　年度结项课题一览表………………………………………………………………………(245)
　　产学研合作信息一览表……………………………………………………………………(247)
　　学术论文发表、著作出版情况统计表……………………………………………………(249)
　　专利授权信息一览表………………………………………………………………………(249)
　　校内人员学术讲座一览表…………………………………………………………………(256)
　　校外人员学术讲座一览表…………………………………………………………………(258)

十、人才与人事 ……………………………………………………………………………(261)

　　人才与人事工作……………………………………………………………………………(263)
　　教职工结构与人数统计一览表……………………………………………………………(265)
　　分部门在职教职工名册及人数……………………………………………………………(265)
　　校内转岗人员名单一览表…………………………………………………………………(270)
　　安徽省高校拔尖人才培育项目一览表……………………………………………………(270)
　　教授、博士人员名单………………………………………………………………………(271)
　　专业技术职务晋升人员名单………………………………………………………………(272)
　　出国培训、国内访问学者一览表…………………………………………………………(275)
　　在职攻读博士人员名单……………………………………………………………………(276)
　　新进人员名单………………………………………………………………………………(278)
　　调离人员名单………………………………………………………………………………(281)
　　离退休人员统计表…………………………………………………………………………(282)
　　退休人员名单………………………………………………………………………………(282)

十一、管理与服务 …………………………………………………………………………(285)

　　综合服务工作………………………………………………………………………………(287)
　　发展规划……………………………………………………………………………………(289)
　　财务管理工作………………………………………………………………………………(292)
　　国有资产管理工作…………………………………………………………………………(295)
　　审计工作……………………………………………………………………………………(297)
　　后勤保障与服务……………………………………………………………………………(299)
　　文献保障与服务……………………………………………………………………………(302)
　　校园信息化建设……………………………………………………………………………(304)
　　校园安全稳定工作…………………………………………………………………………(307)
　　档案工作基本情况、馆藏及设备一览表…………………………………………………(308)
　　年度学校经费收支总表……………………………………………………………………(309)
　　年度新增教科研仪器设备统计表…………………………………………………………(310)
　　年度工程审计情况一览表…………………………………………………………………(310)
　　学校占地、绿地、运动场、建筑面积统计表……………………………………………(312)

十二、国际交流与合作 (313)

- 国际交流与合作工作 (315)
- 国际交流信息一览表 (316)

十三、学院介绍 (319)

- 经济与法学学院 (321)
- 体育学院 (324)
- 文学传媒与教育科学学院 (328)
- 外国语学院 (330)
- 数学与统计学院 (333)
- 机械工程学院 (337)
- 电子工程学院 (340)
- 信息工程学院 (343)
- 化学与材料工程学院 (347)
- 工商管理学院 (350)
- 旅游管理学院 (353)
- 艺术学院 (356)
- 马克思主义学院 (359)

十四、表彰与奖励 (363)

- 上级部门的表彰与奖励 (365)
  - 学校（含二级单位）获奖情况 (365)
  - 教职工获奖情况 (366)
  - 学生其他获奖情况 (367)
  - 2017~2018学年国家奖学金获奖名单 (367)
  - 2017~2018学年度国家励志奖学金获奖名单 (368)
  - 安徽省普通高校品学兼优毕业生名单 (370)
- 学校的表彰与奖励 (371)
  - 2017年度综合考核优秀等次单位和个人 (371)
  - 其他教职工优秀等次人员名单 (372)
  - 2018年度"一先两优"、优秀管理骨干名单 (373)
  - 安徽省应用型本科高校联盟第二届"超星杯"移动教学大赛暨智慧课堂教学创新大赛获奖名单 (373)
  - 安徽省第二届高校教师教学发展联盟同课异构教学竞赛获奖名单 (374)
  - 2017~2018学年"三好学生"名单 (374)
  - 2017~2018学年"优秀学生干部"名单 (377)
  - 2017~2018学年"先进班集体"名单 (379)
  - 2018年品学兼优毕业生名单 (380)
  - 2018年度"十佳大学生"名单 (382)
  - 2017~2018学年度优秀学生奖学金获奖名单 (382)
  - 第十五届运动会甲组前三名统计表 (392)
  - 第十五届运动会乙组前三名统计表 (394)

十五、质量年度报告 (395)

  巢湖学院2017~2018学年本科教学质量报告 (397)
  巢湖学院2018届毕业生就业质量年度报告 (418)
  巢湖学院2018年度艺术教育发展报告 (454)

十六、年度大事记 (459)

附录 报道索引 (493)

  国家级新闻媒体有关学校的报道索引 (495)
  省级新闻媒体有关学校的报道索引 (495)

一、学校概况

巢湖学院是安徽省属全日制普通本科院校,学校创建于1977年,前身是巢湖师范专科学校。2002年4月,经教育部批准,升格为本科院校,更名为巢湖学院。2013年6月,学校顺利通过教育部本科教学工作合格评估。2018年12月,学校接受教育部本科教学工作审核评估。

学校坐落于风景秀丽的国家级旅游度假区——合肥市巢湖半汤温泉养生度假区。学校占地面积88.3公顷,总建筑面积33万平方米;教学科研仪器设备总值1.75亿元;图书文献资源总量达324.46万册,其中纸质文献111.39万余册;现有13个二级学院,共拥有53个本科专业,隶属于经、法、教、文、史、理、工、管、艺9大学科门类;现有国家级特色专业建设点1个、省级特色专业建设点8个、省级专业综合改革试点6个、省级示范实验实训中心6个、省级卓越人才教育培养计划4项;现有全日制在校生16483人。

学校现有教职工846人,其中具有副高以上职称的有255人,拥有硕士以上学历的有696人;现有皖江学者特聘教授1人、省学术和技术带头人及后备人选4人、省级高水平教学团队8个、省级教学名师11人、省级教坛新秀19人。近3年来,教师承担省部级以上教研项目40余项、纵向科研项目153项;公开发表学术论文1000余篇;出版各类著作22部;荣获省级教学成果奖近20项;获国家专利授权759项,其中发明专利44项。近年来,学校荣获全国高校人文社会科学研究优秀成果奖、安徽省社会科学奖、安徽省科技进步奖等市厅级以上科研奖励30余项,30余件作品入选文化和旅游部、中国美协等举办的艺术作品展,10余件作品获中国文联、中国书协等颁发的艺术奖。

学校坚持"德学并举、知行合一"的办学理念,以培养专业基础实、应用能力强、综合素质高,具有社会责任感和创新精神,适应区域经济社会发展需要的应用型人才为目标,不断深化教育教学改革,优化学科专业结构,创新人才培养模式,加强创新创业教育,应用型人才培养质量稳步提高。近年来,学生获批省级以上创新创业训练计划项目599项,荣获省部级以上各类竞赛奖2532项,其中在"西门子杯"中国智能制造挑战赛、全国大学生机械创新设计大赛、全国信息技术应用水平大赛、"创新创业"全国管理决策大赛、全国高校美育成果展、全国大学生沙滩排球精英赛等重大赛事中皆获得一等奖。近几年来,学校应届毕业生初次就业率均保持在90%以上,且用人单位满意度较高。

作为地方性应用型本科院校,学校以服务区域经济社会发展为己任,以服务求支持,以贡献促发展。积极利用区位优势,打造环巢湖区域经济文化研究高地,成立安徽省人文社科重点研究基地——"环巢湖文化与经济社会发展研究中心"、省教育厅重点工程研究中心——"工业陶瓷制备与应用工程技术研究中心"以及"水环境研究中心"等校级科研机构21个。学校整合人才队伍,围绕环巢湖区域的历史文化和旅游产业、生态环境与生态文明、创意文化与经济发展等开展专题研究,近年来获批国家级、省部级、市厅级课题106项,公开发表相关论文240篇,出版相关专著10部,其中获2018年安徽省社会科学二等奖、2011年全国优秀古籍图书二等奖各1项。同时,发挥科研比较优势,在政策咨询、文化遗产发掘整理、旅游线路开发、水环境治理、产品设计、人员培训等方面,主动对接地方政府企业,提供智力支持,服务社会能力日益提升。

学校立足应用型人才培养,不断强化产学研合作教育,在人才培养、资源共建、技术研发、师资培训、实习就业等方面,积极拓展校地、校企合作的深度与广度。与华为技术有限公司、科大讯飞股份有限公司、惠而浦(中国)股份有限公司、安徽富煌建设有限责任公司、安徽皖维集团有限责任公司、安徽华星化工股份有限公司、巢湖市人民法院等100多家企事业单位长期保持稳定的合作关系,目前有国家级校企合作实践教育基地1个、省级基地5个。

学校注重把区域文化优势转化为办学资源优势,大力推进地方文化进校园、进课程、进实践等"三进"工作,积极融合区域文化元素塑校育人,着力培育"地方性"办学特色。

学校坚持开放办学,以安徽省应用型本科高校"行知联盟"为依托,不断深化校际合作,实现学分互认和资源共享;积极推进国际交流合作,与韩国、美国、爱尔兰等国家和地区的15个院校建立合作关系,与韩国韩瑞大学开展视觉传达设计本科教育"2+2"合作项目,与爱尔兰阿斯隆理工学院开展酒店管理本科教育"3+1"合作项目。

2009年,学校在安徽省高校中率先荣获"全国文明单位"称号。近年来,学校先后荣获"全国精神文明建设工作先进单位",安徽省"党建和思想政治工作先进高校""花园式学校""文明单位""文明单位标兵""卫生先进单位"等称号。学校连续多年被评为安徽省普通高等学校毕业生就业工作先进集体和标兵单位;2014年获评"安徽省普通高校大学生创新创业教育示范校";2014~2018年4次获评"全国大中专学生志愿者暑期'三下乡'社会实践活动优秀单位"和"全国镜头中'三下乡'活动优秀单位";2016年获评"安徽省学生资助工作先进单位";2018年获评"全国首批'易班'与今日校园平台合作共建试点高校""全省首批'三全育人'综合改革试点高校""全省网络思想政治工作试点建设高校";2015~2017年连续3年在省委综合考核中获评"好"等次。

(供稿:张凌晨)

二、年度聚焦

学校通过复查继续保留全国文明单位荣誉称号

1月,中央精神文明建设指导委员会办公室下发文件,学校经复查合格,继续保留"全国文明单位"荣誉称号。这是巢湖学院自2009年被授予"全国文明单位"荣誉称号以来,连续三次复查合格,持续保留此项殊荣。

《人民日报》刊登国家奖学金获奖学生代表名录 巢湖学院学子汪新光荣入选

2月28日,《人民日报》刊登了国家奖学金获奖学生代表名录,安徽省属高校共有2名优秀学子入选,巢湖学院2017年国家奖学金获得者、机械与电子工程学院2014级学生汪新光荣入选。

学校召开2018年党建工作会议暨春季工作推进会

4月8日,学校召开2018年党建工作会议暨春季工作推进会。

朱灿平做《立足新时代,开启新征程,努力开创学校党建工作新局面》的报告。祝家贵做《深化改革强内涵,特色发展谋新篇》的报告。徐柳凡宣读"2017年度综合考核优秀单位和个人通报表彰决定"。阮爱民做《树牢"四个意识",忠实履行职责,坚定不移推动全面从严治党向纵深发展》的报告。黄志圣做《提高政治站位,强化责任担当,为建设有特色高水平地方应用型大学提供安全保障》的报告。朱定秀宣读"2017年基层党组织书记抓党建述职评议考核通报表彰决定"。

校主要领导与二级单位代表签订党风廉政建设责任书、年度目标任务书、安全稳定工作目标责任书。

校党委书记朱灿平在全省校园及学生安全工作 电视电话会议上做典型交流发言

4月13日,安徽省人民政府在合肥召开全省校园及学生安全工作电视电话会议。

朱灿平参加主会场会议,并作为全省唯一一所高校代表,围绕校园及周边综合治理工作做大会典型交流发言。朱灿平从完善工作措施、夯实工作基础、健全工作制度、强化工作保障,构建联动机制、凝聚工作合力,发动"三大战役"、注重工作成效四个方面介绍了学校综合治理工作举措和成效。

学校举行"教师发展论坛"开班仪式暨首次"教学沙龙"活动

5月16日,学校举行"巢湖学院教师发展论坛"开班仪式暨首次"教学沙龙"活动。朱灿平做题为《师德固本,仁爱育魂——与青年老师交流师德师风建设》的主题报告。徐柳凡从教育政策背景、学校内涵发展、教师能力提升工程等方面强调了教师发展的趋势、意义和途径。在互动环节中,大家纷纷分享自身经验和认识。

学校召开第八次本科教学工作会议

9月29日,学校召开第八次本科教学工作会议。会议主题为"加强教育过程管理,提高人才培养质量"。

祝家贵做主题报告。西南交通大学教务处副处长、博士生导师朱志武教授应学校邀请做题为《以学为中心的卓越教学:愿景、实践与评价》的专题报告。与会代表围绕校长主题报告、专家报告,以及《巢湖学院青年教师教学能力提升工程实施方案》《巢湖学院关于进一步加强课堂教学管理的实施办法》两个文件的征求意见稿进行分组研讨,各组主持人做交流发言。

学校召开第二次党代会2018年年会暨三届二次教代会工代会

10月31日,学校召开第二次党代会2018年年会暨三届二次教代会工代会。

朱灿平在大会上讲话。祝家贵代表校党政做题为《坚持党建引领、创新内涵发展,为建设特色鲜明的地方应用型高水平大学而努力奋斗》的工作报告。张道才做题为"围绕中心、凝聚力量,奋力助推特色鲜明的地方应用型高水平大学建设"的教代会工代会工作报告。与会人员认真听取了有关报告。

会议审议通过了《关于党政工作报告的决议(草案)》《纪委工作报告的决议(草案)》和

《教代会执委会工会委员会工作报告的决议（草案）》，表彰了教代会优秀提案和提案办理先进单位。

学校再获全国暑期"三下乡"社会实践活动"优秀单位"

11月20日，团中央公布了《关于2018年全国大中专学生志愿者暑期"三下乡"社会实践活动的通报》，学校再获"全国优秀单位"。这是学校第四次获得该项殊荣。

学校"易班"发展中心正式揭牌

11月30日，学校举行"易班"发展中心揭牌仪式。教育部"易班"发展中心应用研发部总监杨玉鹏代表教育部"易班"发展中心对学校"易班"发展中心揭牌表示祝贺，对学校探索"易班"与今日校园合作共建的模式表示认可。与会领导为学校"易班"发展中心揭牌。与会人员一行集体参观了"易班"发展中心学生工作站。

教育部专家组进驻学校开展本科教学审核评估考察工作

12月3日，以长春工业大学原校长张德江教授为组长的教育部审核评估专家组，正式对学校本科教学工作开展审核评估。根据工作安排，专家组将对学校进行为期4天的驻校考察评估。

12月6日，学校召开本科教学工作审核评估专家组意见反馈会。张德江代表专家组向学校反馈审核评估的总体情况。专家组一致认为，学校党政领导班子团结进取、励精图治、人气顺、思路清、肯干事，干部职工敬业奉献、积极工作、人心向好，领导很可信、教师很可敬、学生很可爱。学校通过审核评估，以评促建，成效明显，教育事业有了进一步发展。在充分肯定办学成绩的同时，专家组成员逐一做个人意见反馈，并提出改进建议。

学校召开共青团巢湖学院第三次代表大会 巢湖学院第四次学生代表大会

12月16日,学校召开共青团巢湖学院第三次代表大会、巢湖学院第四次学生代表大会。阮爱民做题为《坚定理想信念,争做时代先锋》的讲话。会议选举产生"两委"委员,通过了《关于共青团巢湖学院第二届委员会工作报告的决议》《关于巢湖学院第四届学生委员会工作报告的决议》《关于修改巢湖学院学生会章程的决议》。

学校领导班子2017年度综合考核再获"好"等次

年内,省委正式通报2017年度省管领导班子和领导干部综合考核结果,巢湖学院领导班子再次被确定为"好"等次,巢湖学院连续三年获得该荣誉。校党委书记朱灿平被确定为"优秀"等次,因其连续三年被确定为"优秀"等次,记个人三等功。

学校获批成立安徽排球学院

年内,经安徽省教育厅批准,安徽排球学院在巢湖学院正式成立。

安徽排球学院全面服务于安徽省排球运动的发展,围绕高水平排球运动员集训、排球教练员与裁判员培训、排球运动科学研究、高水平排球赛事承办四大职能,按照应用型的办学定位,围绕"培养新型排球专业人才"这一根本目标,以提高排球人才培养质量为核心,逐步提升人才培养、科学研究和社会服务的整体实力,把排球学院建成人才培养质量高、竞技能力强、社会服务领域广、特色鲜明和具有国际视野的集教学、科研、训练、竞赛、培训为一体的专业学院。

学校中爱合作办学项目顺利通过教育部评估

年内,教育部下发《关于通报2018年本科以上中外合作办学机构和项目评估结果及后续工作要求的通知》。在教育部组织的2018年全国中外合作办学评估工作中,经过单位自评、网上公示、综合评议三个阶段,学校与爱尔兰阿斯隆理工学院合作举办的酒店管理本科教育项目顺利通过评估。

学校借力大数据隐形资助学子

年内,学校借助大数据应用平台、精准资助系统平台,根据学生的消费行为属性字段,考虑性别、民族、省份等因素,对学生消费流水记录进行大数据分析,计算出"建议关爱学生"名单。学生工作部结合已建立的孤残、近期家庭发生重大意外灾害等特困生数据库,加上线下个别访谈、辅导员评价,共同得出隐形生活补助对象名单,全校共为479人发放隐形生活补助,共计18.42万元。

(供稿:夏 勇)

三、重要文献

巢湖学院2018年度党政工作要点

2018年学校党政工作的指导思想是：全面贯彻党的十九大精神，以习近平新时代中国特色社会主义思想为指导，落实学校第二次党代会战略部署，以立德树人为根本，以内涵建设为重点，以学生创新创业能力培养为核心，以人才队伍建设为关键，以审核评估为契机、以加强党的建设为保证，全面深化综合改革，全力推进转型发展，切实提升办学水平，努力开创有特色、高水平地方应用型大学建设的新局面。

一、党建与思想政治工作

（一）深入学习贯彻习近平新时代中国特色社会主义思想和党的十九大精神

把学习宣传贯彻习近平新时代中国特色社会主义思想和党的十九大精神作为首要政治任务，认真落实省委教育工委"六个一"工作安排，切实做到学懂、弄通、做实。建设学习贯彻党的十九大精神"示范课堂"，深入推进习近平新时代中国特色社会主义思想和党的十九大精神"三进"工作，教育引导广大师生员工牢固树立"四个意识"。开展"牢记时代使命，书写人生华章"的主题党团日活动。举办以"传播正能量，弘扬主旋律"为主题的网络教育活动。

（二）加强和改进宣传思想工作

贯彻落实党委意识形态工作责任制。制定意识形态工作责任制实施办法。发挥新媒体作用，牢牢把握意识形态的工作领导权。严格新闻发布审核，做好网络舆情监控。健全舆情收集研判处置机制，有效应对突发事件。开展意识形态工作内审、内巡。结合重要节日和重大事件，深入开展社会主义核心价值观教育，坚定"四个自信"。全面贯彻落实全国全省高校思政工作会议精神。深入学习贯彻习近平总书记关于加强和改进高校思想政治工作的一系列重要论述，加强师生员工思想政治教育，践行立德树人根本任务。实施思想政治教育质量提升工程，巩固思想政治课教学质量年活动成果。出台关于做好学校思想政治工作"十大育人"的实施意见。开展"高校思想政治课教师队伍建设年"活动。落实领导干部上讲台开展思想政治教育工作。加强党建和宣传思想文化工作理论研究。开展教育改革开放40周年纪念活动。举办以"凝聚青春力量，闪耀青春光彩"为主题的典型人物宣传活动。

（三）加强组织和干部队伍建设

贯彻落实党委领导下的校长负责制，规范执行学校党政工作规则。完善二级学院党政联席会议制度。召开学校年度党建工作会议。把政治建设放在首位，落实全省教育系统党建质量年活动。扎实开展"不忘初心、牢记使命"主题教育。深入推进"两学一做"学习教育常态化制度化。严格落实党建工作的"三个清单"。扎实推进基层党组织标准化建设，开展党建标杆学院、先进基层党组织创建活动。严格党内生活制度，增强基层党组织活力。完善二级单位与中层领导干部考核以及基层党组织书记抓党建述职评议考核工作。贯彻落实"两项法规"，严格领导干部个人有关事项报告工作。加大年轻干部培养选拔力度，开展中层

干部换届工作。强化干部日常监管教育，举办处级、科级干部及党支部书记培训班。组织开展先进基层党组织、优秀共产党员、优秀党务工作者评选表彰活动。坚持标准，严格程序，突出政治要求，提升党员发展质量。加强对扶贫工作队和挂职干部的管理。

（四）推进作风与效能建设

贯彻执行中央八项规定与实施细则。全面落实《中共教育部党组关于在教育系统大兴调查研究之风的意见》，驰而不息纠正"四风"。落实重要事项督查督办工作制度，加大问责力度，严肃工作纪律和责任追究。加强考勤工作管理。严格执行处级以上领导干部网上请销假制度。做好科级干部等人员电子政务阅文情况通报工作。推进公务用车改革。严格执行公务用车、公务接待等有关规定，规范"三公"经费支出。出台《巢湖学院机关效能建设管理办法》，强化工作纪律约束。加强日常监管督查，提高管理服务效能。

（五）加强党风廉政建设

全面贯彻十九届中央纪委二次全会、省纪委十届三次全会以及全省教育系统全面从严治党工作会议精神，严格落实"两个责任"。严肃党内政治生活，加强党内监督，强化监督执纪问责。开展廉政风险防控工作，加强惩治和预防腐败体系建设。落实党风廉政建设责任制，开展党风廉政建设责任制考核。严格执行领导干部落实主体责任全程纪实制度，强化"一岗双责"意识。探索创新监督方式方法，深化"三转"工作。组织开展领导干部集体约谈。严明干部换届纪律。加强廉政警示教育，推进廉政文化建设。规范权力运行，加强重要领域和关键环节的监督检查。运用监督执纪"四种形态"，加强执纪审查工作。严肃查处违法违纪案件，净化政治生态。

（六）持续推进巡视等整改落实

继续做好中央巡视"回头看"整改、"4+4"专项整治和"管党治党宽松软问题"专项治理工作。持续推进省委巡视反馈意见整改落实，巩固运用巡视整改成果，构建长效机制，营造良好发展氛围，坚定不移地推动全面从严治党向纵深发展。

（七）加强统战、群团和离退休工作

做好统战工作，联系民主党派和无党派代表人士，召开党外人士座谈会，充分发挥统战工作优势和党外人士的积极作用。增强政治性、先进性、群众性，积极发挥工会职能，切实维护教职工合法权益。召开三届二次教代会工代会。深化共青团改革，实施基层团组织"活力提升"工程，建立"班团一体化"工作机制，提升团组织吸引力、凝聚力和战斗力。召开第三次团代会和第四次学代会。关心、支持学生会和学生社团工作。从政治上、生活上关心老同志，关心重视下一代工作。切实做好定点帮扶和"双包"工作。

二、教学与人才培养工作

（一）推进专业评估和审核评估工作

开展校内第二批专业评估工作。组织相关专业参加省级专业评估。组织召开第八次本科教学工作会议。制定《审核评估重点工作与任务分解表》《审核评估项目化推进工作实施方案》《审核评估支撑材料目录》。做好迎接教育部本科教学审核评估的各项工作。

（二）深化人才培养模式改革

深化以能力为导向的应用型人才培养模式改革。制（修）定2018级人才培养方案。完善"实践教育、创新创业教育和大学生社会责任教育"三位一体育人体系。推进毕业论文（设计）改革，开展专项质量评估、优秀论文评选。举办有关专业毕业设计展。

（三）加大应用型专业建设力度

完善专业结构动态调整机制。依托行业企业，加大应用型专业建设力度，推进专业群对接产业链建设工作。根据本科专业教学质量国家标准，规范专业建设，培育优势特色及品牌专业。

（四）加强课程建设与改革

发挥"本科教学工程"项目示范作用，推进课程精品化建设，组织申报"双万"在线课程。深化课程综合改革，创新课程教学模式，分类推进课程考核和评价方式改革。加强课程信息化建设，开展首批校内在线开放课程标准化认证。加大应用型课程建设力度，推进课程评估。

（五）加强教学管理与考核

加强教研室、实验室建设管理与考核，充分发挥基层教学组织作用。落实专业、课程负责人制度。培育学科专业团队和课程团队。加强信息化平台建设，完善管理制度，优化管理流程。规范学籍学位管理工作。

（六）加强教学质量保障建设

落实学校质量保障体系纲要和各主要教学环节的质量标准，加强对教学运行和教学质量的过程监控。完成内部教学质量监测数据平台一期建设。加强教学督导工作，完善教学督导考核。开展高教事业统计工作。做好高教质量监测数据采集、上报工作。编制发布2017～2018学年本科教学质量报告。

（七）深化创新创业教育改革

完善创新创业教育体制机制，发挥创业学院优势，组建"创新卓越班""创业示范班"，实施卓越人才培养计划。完善创新创业教育课程体系，强化教学过程管理，提高课程教学质量。发挥项目引领示范效应，积极申报大学生创新创业训练计划项目。组织参加第四届"互联网+"大赛。做好"中国大学生计算机设计大赛全国总决赛"等学科技能竞赛承办工作。举办创新创业教育成果展。

（八）大力发展学生素质教育

落实《高等学校体育工作基本标准》。组织申报安徽排球学院。开展学生体质健康监测、体育工作评估和体育年度报告工作。加强学校美育教育评价，实施艺术教育发展和美育发展年度报告制度。加强语言文字工作，开展"经典诵读"等传承中华优秀文化的活动。

（九）做好各类招生考试工作

完善招生考试制度，规范普通高考招生录取工作。做好对口招生、专升本招生考试改革工作。拓展宣传渠道，加大各类招生宣传力度。

（十）扩大继续教育和对外交流合作

优化结构，稳定学历继续教育规模，加大非学历继续教育工作力度。做好与爱尔兰阿斯隆理工学院合作项目评估工作。巩固深化对外合作交流成果，提高中外合作办学质量。拓展学生对外交流渠道，提供更多跨文化学习交流的机会。加大教师与管理人员出国（境）研修培训力度，提升国际化办学水平。

三、科研与社会服务工作

(一)继续推进科研工作目标管理

实施学校《科研工作目标管理考核实施暂行办法》,落实年度科研工作目标责任。创新科研管理体制机制,完善科研工作目标管理考核。

(二)着力提高科学研究水平

加大高层次科研项目和奖项申报的宣传、指导和组织力度。拓宽项目申报渠道,增加申报数量,提升申报质量,力争实现项目(奖项)层次的新突破,确保年度科研经费稳中有升。

(三)加强学科与科研平台建设

坚持应用研究与服务地方相结合,推进校级重点学科、重点建设学科的建设工作。积极培育省级重点学科。加强校际合作,做好联合培养硕士研究生工作。加强科研创新团队建设。围绕区域发展战略,开展校级重点实验室、产学研合作基地等科技创新平台建设。积极培育省级重点实验室。加强科研机构管理,提高科研成果产出效率。

(四)促进科技成果转移转化

发挥资助、奖励的激励作用,调动广大师生申请专利的积极性,举办首届大学生专利大赛,实现专利申请数量、质量双提升。多渠道促进科技成果转移转化。构建科教协同育人机制。

(五)提升科研管理与服务水平

推进"放管服"改革,完善科研管理制度体系。优化项目管理流程,加大项目监管力度。加强科研管理信息化建设,提升科研服务水平。

(六)增强科研服务地方能力

坚持走"环巢湖道路",出台《服务环巢湖区域经济社会发展行动计划(2018~2020年)》。围绕环巢湖区域经济社会发展,积极与地方政府、企事业单位开展全方位、深层次"产学研用"合作。加强智库建设,充分发挥智库服务经济社会发展和各级党委政府决策的"智囊团""专家库"的作用,提高服务地方的贡献度。

(七)加强学术交流合作

响应国家"一带一路"倡议,积极主动与"一带一路"沿线国家开展学术交流。鼓励引导教师参加国内外高层次学术交流活动。组织邀请校内外专家举办学术报告。召开第五次科研工作会议。依托学校社科联,扩大校内外交流合作,召开专题学术会议。做好学校社科联换届工作。

(八)加强学报建设

创建"大学生优秀论文选登"栏目。推进"环巢湖研究"特色栏目建设,彰显学报的学术特色。办好"创新创业教育"特色栏目,提高学报的学术水平。

(九)加强学术道德建设

加强科学诚信和学术道德建设,加大对学术不端行为的查处力度。加强对科学道德与学风建设的宣传教育,通过教育引导、制度规范、监督约束、查处警示,构建学风建设工作新体系。

（十）加大环巢湖文化与经济社会发展研究力度

主办政治文化与环巢湖廉政文化建设学术研讨会。举办"第七届巢湖·中华有巢氏文化学术研讨会"和"环巢湖论坛系列讲座"。出版《环巢湖文化研究丛书》（第一辑）。启动《环巢湖研究》（第二辑）出版计划。完成《环巢湖文化研究丛书》（第二辑）撰写审定工作。推进与安徽省委党校战略合作，扩大环巢湖文化与经济社会发展研究的影响力。

四、学生教育与管理工作

（一）加强对学生的教育管理

扎实开展社会主义核心价值观教育。组织开展以"中国梦"、理想信念、社会责任感、心理健康、安全法制、新生入学、毕业生文明离校等为主题的系列教育活动。积极创建心理健康教育示范校。完善"8+1"学生工作联席会议制度，推动"三全"育人综合改革。推进网络思想政治教育，加强"易班"建设。开展全国大学生自强之星候选人、安徽省校级"十佳"大学生和"品学兼优"毕业生的遴选推荐工作。通过"三早一晚"、朋辈教育等活动，培养学生良好的生活习惯和学习风气，营造优良校风、学风和班风。

（二）加强辅导员队伍的建设

择优选聘辅导员，优化辅导员队伍结构。加大对辅导员的培训力度，选送部分辅导员参加岗前培训、专题培训、高级研修等培训，加强校际辅导员工作交流。举办"第七届辅导员职业能力大赛"，选拔、培训优秀选手参加省赛。做好辅导员科研项目申报工作，提升辅导员队伍的科研水平。完善辅导员评价、激励机制，做好辅导员年度考评工作。

（三）深入推进素质拓展计划

深入开展创新、创业、创优活动，举办"'创青春'第七届大学生创业大赛""第九届'双百'大赛"及各类课外学术科技竞赛。提升志愿服务内涵，举办第八届青年志愿者服务项目大赛。开展以"重走改革开放之路，砥砺爱国奋斗情怀"等为主题的大学生志愿者暑期"三下乡"社会实践活动。建立健全大学生素质拓展课程体系。完善第二课堂成绩单制度，优化第二课堂育人体系，提升第二课堂育人质量。

（四）加强就业指导与创业培训

组织召开就业创业工作推进会和总结会。举办第十一届大学生职业规划设计大赛暨大学生创业大赛。拓展实习就业基地和创新创业实训基地合作平台。举办校园各类宣讲会和招聘会。加强"成长在基层"的宣传教育，引导毕业生积极参加"西部计划"，到基层、艰苦边远地区就业。鼓励大学生自主创业。加强就业困难群体帮扶，落实精准就业帮扶措施。完善毕业生质量跟踪调查服务，提高学生就业质量。做好创业孵化基地和众创空间管理工作，积极申报省级众创空间。编制发布2018年毕业生就业质量年度报告。完善就业创业工作考核。

（五）做好资助育人工作

完善奖助补减免"五位一体"资助体系。坚持公平、公正、公开原则，做好学生资助评审和资金发放工作。落实教育扶贫政策，实现对家庭经济困难学生进行建档立卡等资助全覆盖。落实学生资助监督检查制度。加强资助政策宣讲和征信教育。积极开展学生资助回访

工作。坚持资助与育人相结合,切实提升资助实效。

五、人才队伍建设与人事改革工作

（一）加大人才工作力度

完善学校党政领导联系人才工作制度和人才工作部门联席会议制度。落实年度人才引进计划,加大高层次人才引进力度。做好各级各类人才项目申报工作。实施好高校领军骨干人才项目。规范对客座教授和兼职教授的管理。开展教学、学术、管理三类骨干人才评选,并推进这三支骨干队伍在国内外的培训工作。调整并落实引进和培养人才的相关待遇。规范人才项目管理和经费使用。做好合肥市高层次人才分类认定工作。

（二）加强师资队伍建设

按照《全面深化新时代教师队伍建设改革的意见》要求,全面提升教师素质能力。制定学校2018~2020年教师培训计划。实施青年教师能力提升工程。做好新教师岗前培训和青年教师导师制工作。鼓励青年教师到企业挂职实践锻炼。开展"双师双能型"教师资格认定工作。加大对青年骨干教师的培养力度,做好国内外访学进修工作。加大从企业行业外聘兼职教师的聘用力度,规范对外聘教师的聘用与管理。制定完善教师系列职称自主评审工作方案,做好专业技术职务评聘工作。加大师德考核力度,开展"师德师风建设提高年"活动。

（三）深化人事制度改革

做好省属本科高校编制周转池计划的申报和使用管理工作。探索设立流动岗位吸引企业技术人员来校从事教学科研工作。完善二级单位人员编制和岗位核定工作,制定各类人员岗位职责。启动第二轮岗位设置与聘用工作。完善教职工分类考核评价制度,做好教职工年度考核工作。完善绩效考核制度和奖励性绩效工资分配办法。规范津补贴、劳务费发放管理。做好各类人员养老保险业务办理和变更工作。加强劳动用工人员的转岗、聘用、考核等管理工作。做好全国教师管理信息系统信息采集更新和运用工作。推进人事管理信息化建设,提升人事管理水平。

六、管理与服务工作

（一）落实"十三五"年度工作计划

依据"十三五"事业发展规划,制定2018年度执行落实计划。开展"十三五"事业发展规划年度执行落实情况专项督查。编制2018年"十三五"事业发展规划年度执行情况报告。

（二）推进现代大学制度建设

贯彻落实《巢湖学院章程》。推进依法治校,完善重大事项合法性审查、公众参与和风险评估程序。深化二级单位目标管理改革,完善二级单位目标管理考核、绩效考核评价制度。继续推进学校规章制度"废、改、立、释"工作。加强信息公开保密审查,深化干部、人事、财务、招生、学生管理等重点领域的党务校务公开。编制发布学校信息公开年度报告。

（三）加强财务管理

加强预算管理,严格预算执行,提高预算执行率。加大教学经费投入,提高生均日常教学运行支出。加强暂付款管理,提高资金使用效益。加强公务支出管理,严控"三公"经费支出。健全"小金库"防治长效机制。启动实施网上签批,完善科研经费管理系统。完善学生学费收缴工作,提高学生缴费率。

(四)加强国资管理

加强招标采购管理,加快年度政府采购项目执行进度。完成采购项目管理系统建设。开展年度教学科研仪器使用效益与管理考核,提高资产使用效益。开展年度资产清查工作,规范资产报废处置。优化设备维修申请流程,做好仪器设备使用与维修管理。

(五)加强后勤管理服务

加强对学校的经营场所、物业的监督管理,促进后勤保障工作精细化、规范化、标准化、信息化。强化公有住房和公共设施管理。加强教工餐厅和学生食堂的伙食供应、食品卫生与食堂餐饮从业人员专业技能培训服务工作。做好面向贫困县(市、区)采购农产品工作。做好水电气、维修、学生公寓等服务保障工作。实施对学生宿舍、浴室的改造。完成校园物业和楼宇物业的招标工作。加强对公共卫生、食品安全的宣传教育。推进校医院运营模式的改革。开展教职工和学生体检工作,做好大学生医保和教职工大病救助工作。

(六)加快基础设施建设

加快征地拆迁工作,完成清水塘村7.45公顷新征土地的让地工作。推进用地计划剩余指标落实工作。加快教学实验楼项目和中轴道路及新大门的建设,完成校园规划设计调整工作。启动大学生活动中心及人才公寓楼深化设计工作。完成东区变压器采购安装、部分女生宿舍水电联控建设工程。实施绿色校园工程,做好校园绿化提升工作。

(七)加强审计监督工作

开展内部控制评估与监督,推进内部控制建设工作。开展2017年度预算执行和财务收支审计与处级干部离任经济责任审计工作。做好重大基建工程项目全过程跟踪审计以及基建维修工程项目竣工结算审计。

(八)加强校园文化建设

开展文明校园创建工作。制定《环巢湖文化塑校育人实施方案》,构建地域文化塑校育人体系。强化"汤山讲坛"文化品牌建设。举办"第十五届体育运动会""第十四届社团文化节""第十五届宿舍文化节""大学生自创话剧展演""高雅艺术进校园""徽风皖韵进高校""师生书画展和音乐汇演"等活动。组织参加2018年"第十四届全运会"(高校部)和教育部"大学生体育协会学科技能竞赛"(体育舞蹈、沙滩排球)。举办国家宪法日、"学宪法讲宪法"、"走下网络、走出宿舍、走向操场"、"我们的节日"等主题教育活动。开展群众性文体活动,增强师生员工的归属感和爱校护校意识。拓宽校友工作渠道,开展优秀校友回母校活动,做好校友联络服务工作。组织编印《巢湖学院年鉴·2017》。做好档案收集、整理、征集和利用工作。承办2018年安徽省高校档案工作协会年会。

(九)加强文献资源建设

优化馆藏结构,提高文献资源质量。统筹纸质和数字资源,完善文献信息资源保障与服务体系。开展优秀读者评选和"第七届读书月活动"。有序做好图书文献资源向社会开放工作,提高图书文献利用率。完成图书馆自习室、信息共享空间二期项目和网络安全项目的建设。

（十）加强智慧校园建设

组织申报智慧校园示范学校。推进智慧校园二期建设，建成学校流程管理中心。探索学校信息化自主研发模式。开展文档云建设，实现后勤等各类应用系统与主管理中心的系统集成和数据共享。加强网络安全管理，实现核心数据、业务异地容灾。完成新建校医院网络规划建设和校园网出口带宽工作。

（十一）维护校园安全稳定

全面贯彻教育部关于加强高校安全隐患综合防控体系建设意见和反恐防范工作指导意见。完善"党政同责、一岗双责、齐抓共管、失职追责"安全稳定责任体系和"人人有责、全员参与"的工作机制。落实校园安全稳定工作目标责任制。巩固校园周边综合治理工作成果，切实维护校园安全稳定。加强校园安全管理，强化治安、消防、交通和生产安全等工作，深化平安校园建设。加强师生国家安全和日常安全宣传教育，开展地震消防等疏散逃生应急演练。加大实验室安全管理力度，强化实验室安全保障和管理体系建设。做好校园保安招标工作。加强门卫和关键部位的值守管理。严格安保24小时校园巡逻制度。加强信息收集、研判及报送工作。严防校园传教和暴恐活动，提高突发事件处置能力。扎实做好征兵、人民防线、新生军训和双拥工作。

附件

巢湖学院 2018 年度 10 项重点工作安排

1. 学习宣传贯彻习近平新时代中国特色社会主义思想和党的十九大精神。扎实开展"不忘初心、牢记使命"主题教育，深入推进"两学一做"学习教育常态化、制度化，进一步推进基层党组织标准化建设。

2. 落实全面从严治党"两个责任"，建设政治文化、严肃政治生活、净化政治生态，持续推进巡视审计整改落实。

3. 开展第二轮机构设置调整，完成中层干部换届工作。

4. 组织完成校内第二批专业评估和本科教学工作审核评估。

5. 做好学校思想政治工作"十大育人"工程和易班试点建设。

6. 进一步加强人才队伍建设，推进教学、学术、管理三支骨干队伍在国内外的培训工作。

7. 制定实施《服务环巢湖区域经济社会发展行动计划（2018～2020 年）》，提升服务地方经济社会发展能力。

8. 推进智慧校园二期建设，建成学校流程管理中心。

9. 加快征地拆迁和让地工作，推进用地计划剩余指标落实。协助安徽巢湖经开区做好龙泉路建设工作。

10. 完成教学实验楼、中轴道路及新大门招标，并推进项目建设工作。启动大学生活动中心以及人才公寓楼深化设计工作。

凝心聚力　真抓实干
全力以赴打赢本科教学工作审核评估攻坚战
——在学校本科教学工作审核评估动员大会上的讲话

校党委书记　朱灿平

（2018 年 11 月 23 日）

各位老师、同学们：

今天，我们在这里召开迎接教育部本科教学工作审核评估动员大会。会议的主题是：全校上下要充分认识开展审核评估的重要性，深入了解审核评估的目标任务，统一思想，提高认识，凝心聚力，真抓实干，全力以赴打赢审核评估这场硬仗。

召开这样一个大规模的全校教职员工大会，是学校有史以来的第二次。第一次是 2013 年本科教学工作合格评估动员大会。这充分体现了学校党政对本科教学工作的高度重视。

刚才，徐柳凡副校长通报了预评估专家组的反馈意见，祝家贵校长解读了学校《本科教学工作审核评估自评报告》,阮爱民书记部署了学风建设等有关工作,黄志圣副校长部署了校园安全与环境整治等有关工作。各位领导的讲话,对进一步做好评建及相关工作提出了明确要求。各学院、各部门要认真学习宣传,抓好贯彻落实工作。下面,我就学校迎接审核评估工作谈三个方面的意见。

一、统一思想,高度重视,充分认识审核评估对学校事业发展的重大意义

本科教学工作审核评估是教育主管部门加强高校宏观管理和分类指导的重要手段,也是高校落实人才培养中心地位、提高人才培养质量的重要契机。本次审核评估,是学校自2013年接受教育部教学工作合格评估之后,对学校本科教学工作的又一次全面检验,也是学校建设特色鲜明的地方应用型高水平大学道路上的一次重大考验。

评估结果事关学校办学声誉,事关地方应用型高水平大学建设,事关学校长远发展。虽然审核评估不划分等级,只给出写实性的评价,但根据教育部和安徽省教育厅的部署和要求,评估结果将通过网络向社会公开,备受社会各界关注。同时,专家组反馈意见将作为我省推进高水平大学建设和一流学科专业建设的重要依据,作为安徽省教育厅指导各高校人才培养工作的重要参照,作为教育厅政策制定、资源配置、项目审批的重要参考,并与各个高校的招生计划、经费划拨、项目审核、奖项评审等密切挂钩。

虽然教育部要求各高校在接受审核评估时要保持"平常心、正常态",但是我们觉得,"平常心"应该是全校上下积极向上、追求卓越的上进之心,"正常态"应该是我们展示给教育部专家组最好的精神状态。学校是我们在座各位师生员工共同的家园,是我们工作学习和事业发展的舞台。学校的办学声誉和发展前途,和我们每一位师生员工的切身利益息息相关。全校上下一定要充分认识审核评估工作的重要意义,牢固树立全校一盘棋思想,振奋精神,转换状态,按照学校部署和要求,统一意志,统一步调,统一声音,全力以赴做好审核评估冲刺阶段的各项工作。

审核评估不同于合格评估和水平评估。合格评估是"向下看、差不差、重在兜底",而审核评估是"向内看、到没到、重在内省"。强调的是用"自己的尺子量自己",按照学校自己设定的目标和定位进行分类,检查学校是否达到了自己设定的目标,对影响人才培养质量的项目、要素和要点逐一做出评价。审核评估关注的是学校自身质量体系建设怎么样、运行怎么样、效果怎么样;重点关注学校办学定位和人才培养目标对社会需求的适应度、教师和教学资源条件对人才培养的保障度、教学和质量保障体系运行的有效度、培养效果与人才培养目标的达成度、学生和社会用人单位对教学质量的满意度。这"五个度"体现了以学生为主线的评估思路,贯穿了学生从入学到毕业的整个过程,通过考察学校的培养过程能否满足学生学习与成长需要,培养的学生能否满足经济社会发展的需要,从而对学校人才培养质量做出评价。因此,我们一定要认真按照"一个坚持""两个突出""三个强化"的思路要求开展评建工作,即坚持"以评促建、以评促改、以评促管、评建结合、重在建设"的20字方针,"突出学校内涵建设、突出特色发展","强化办学合理定位、强化教学中心地位、强化质量保障体系建设"。

近年来,虽然我们一直在开展评建工作,但是我们对审核评估指标体系的内涵还要再认

识,对指标掌握的尺度、对指标与指标之间的联系,还要继续学习、深入研究。这在预评估专家组的反馈意见中也多次提到。各学院、各部门要认真对照学校办学定位和评估指标内涵进行研究和分析,将学校办学定位与本学院办学定位结合起来,将指标内涵与本单位具体工作结合在一起。只有真正把指标体系研究透彻,我们的工作才会有的放矢,体现针对性,提高实效性。

二、正视问题,举一反三,高质量圆满完成各项评建工作任务

提高高等教育质量,首先要提高人才培养质量。现阶段,我校人才培养工作总体发展态势良好,但也存在着诸多问题。会议开始,徐柳凡副校长通报的预评估专家组的反馈意见,在一定程度上反映了我们还没有真正把教育质量摆在生命线的高度,以质量求生存求发展的危机感还不强,人才培养中心地位还不牢固。因此,今后我们必须更加着力突出本科人才培养的基础性地位,把高质量的人才培养作为学校事业发展的根本任务和首要职责。

(一)要在树立人才培养中心地位上下功夫

大学要有大学的价值追求和情怀。一所大学办学水平的体现,不在于一时的规模数据,而是要看它在一个较长的历史时期内培养出什么样的人才。以人才培养为中心,重视本科教学是我们的优良传统。这些年,我们在专业特色、教学特色和课程建设特色等方面做了大量的有益探索和尝试,形成了相对稳定的人才培养架构,学校也因此获得了较好的社会声誉。这次审核评估,对于我们进一步树立本科教学在学校工作中的中心地位将是一个极大的促进。我认为这种促进,不仅要体现在对本科教学的重视程度上,更应该体现在对本科教学规律的再认识、再深化上。全校上下必须进一步统一思想,牢固树立一切为了学生的教育理念,一切工作都要服从于人才培养的需要,服务于学生成长成才的需要,确保本科教育教学的基础作用和主体地位毫不动摇。

(二)要在夯实本科教学基础上下功夫

此次审核评估范围基本上涵盖了学校工作的方方面面,概括地说是"6+1"。其中的"6"是指学校的定位与目标、师资队伍、教学资源、培养过程、学生发展、质量保障六个基本方面,这是我们学校本科教学的基础。学校现有13个学院、53个本科专业,学科比较分散,本科教学基础建设不够平衡,存在着教师教学研究精力投入不够,教学水平参差不齐,教学管理不够规范等问题,一定程度上造成了一些专业的特色优势凸显不够,学科特色、研究特色难以转化为本科教学的优势。特色培养离不开坚实的基础。各学院、各部门要对照审核评估体系,认真思考在保证本科教学中心地位方面,还有哪些不足,还有哪些做得不到位的地方,针对不足和问题要建立整改台账,逐一抓好落实,进一步夯实本科教学基础。

(三)要在凝练本科教学特色上下功夫

高等教育质量是生命线,特色是生命力。没有特色就没有优势,没有竞争力。当前,国家对高等教育人才的需求呈现出多样化的态势,要求大学要办出特色,培养出有特色、符合社会需求的合格人才。突出特色是我们走内涵式发展道路、建设地方应用型高水平大学的必然选择和提高人才培养质量的有效途径。审核评估"6+1"中的"1",指的就是学校自选特色。自选特色的挖掘、总结、提炼,要有历史源头和实践基础,不是召集几个人坐下来讨论讨

论、研究研究,就能总结出来的。对特色的总结提炼过程也是对我们本科教学工作的反思和提升的过程。今后,我们要着眼国家长期战略目标和区域发展规划,突出和强化学校现有办学优势,充分凝练学校人才培养特色。要把握特色的层次性,宏观层面要体现学校办学思想、办学理念、办学风格。中观层面要体现人才培养模式、实践教学体系等。微观层面要具体到一个学科、一个专业、一门课程、一种教学方法。学校和各学院都要组织力量进行总结、研究,努力培育特色更加鲜明的学科专业,构建更具特色内涵的人才培养模式,把学科优势和专业特色体现在激发学生的学习热情上。

(四)要在查漏补缺上下功夫

审核评估是推动建立教学质量保障体系,改善教学条件,规范教学管理,提高教育教学水平和人才培养质量的重要举措。我在学校第八次本科教学工作会议上,针对审核评估工作提出过"两弃两补"原则。"两弃"就是要放弃侥幸和闯关的想法;"两补"就是要补齐硬件和软件方面的不足。我们学校底子薄,在硬件方面我们只能确保基本达标。硬件上有劣势,我们就需要通过软件来添色。软件要通过师生员工的精神面貌、工作状态和相关的载体反映出来,而且要有我们的特色。我们不能与发达地区和老牌本科高校比投入、比环境、比收入,我们要比理念、比精神、比干劲、比特色。要加强新专业建设、基础教学实验室建设、面广量大的基础课建设。要进一步加强教风建设,倡导并要求教授上讲台,要加强青年教师队伍建设。要精准抓学风建设,一个班一个班地抓,对落后班级要重点抓,领导亲自抓,促进学风进一步好转,努力形成良好的育人环境。要认真做好各项资料和数据的收集整理、归类、加工工作,做好教案、大纲的编写以及课件的制作,上好每一堂课。要做好试卷、毕业论文(设计)等基础性教学档案建设,确保各种基础资料规范配套。

三、弘扬优良传统,主动担当作为,以审核评估为契机,全面推进学校事业发展

巢湖学院有着优良的办学传统和工作作风。在每次学校发展的关键时期,我们始终保持着一种坚定不移、开拓创新的胆识和气魄,始终保持着一种坚忍不拔、迎难而上的干劲和斗志。正是依靠这种优良传统和过硬作风,我们破解了一道道难题,攻克了一座座堡垒,推进了学校事业不断发展。无论是2002年的师专升本,还是2013年的本科教学工作合格评估;无论是2009年在全省高校中率先荣获"全国文明单位"的称号,还是2015年、2016年、2017年连续3年在省委综合考核获评"优秀"等次。正是这种坚持不懈、永不放弃的精神,正是这种凝心聚力、拼搏奋进的作风,我们才取得了一次又一次的胜利,实现了一个又一个的目标。

当前,学校正处建设特色鲜明的地方应用型高水平大学的关键时期。高水平大学包括高水平的人才培养、高水平的学科专业、高水平的人才队伍、高水平的科学研究、高水平的社会服务和高水平的保障体系。高水平的人才培养是高水平大学建设的前提和基础。审核评估是当前摆在我们面前必须攻克的一道难关。

审核评估虽然评的是本科教学,但看的却是全校整体面貌,审的是全校各方面的工作。每一名师生员工都可能成为访谈的对象。因此,审核评估是一项全局性工作,也是一项全员工程。我们反复强调,要构建"十大"育人体系,形成"三全"育人格局。"十大"育人体系涵盖

了课堂、科研、实践、文化、网络、心理、管理、服务、资助、组织等方方面面。"三全"育人包括全员、全过程、全方位育人。我们每一位教职员工都承担着一份育人职责。可以说,全校上下没有一个与评建无关的人,没有一件与评建无关的事。评估工作需要全校师生员工全力准备、全力以赴。

评建工作开展以来,我们在不同层面已经做过多次动员,效果是明显的。我们的教学评建工作已经积累了一定的经验,思路是清晰的,措施是得力的,工作是卓有成效的,进步是明显的。预评估的专家给我们找准了问题,我们补缺补差的任务是具体的,目标是明确的。全校上下一定要克服厌战、松劲、麻痹情绪。对已开展的工作进行一次认真的梳理。根据专家反馈意见,对照指标体系,对已开展的工作进行"回头看"。"回头看"要在全面、深入、细致上下功夫,切忌走马观花,敷衍塞责。特别是专家重点关注的内容,要补缺补差,严格把关。对存在的问题,能补救的及时补救,短期无法补救的,要做好预案工作,分析原因,说明情况。要让专家看到我们逐渐规范的动态发展过程。

评建工作把我们每一位师生员工的命运与学校的命运紧密结合在一起。大家的精神状态、言行举止、衣着装扮、一举一动都直接影响着学校的形象,直接关系到评估的效果。希望全校师生员工牢固树立"校兴我荣、校衰我耻"的主人翁意识,像爱护自己的眼睛一样维护学校形象,识大体,顾大局,充满着对学校的爱去对待专家进校期间的每一项工作、每一个细节,让专家从巢湖学院每一分子身上直接感受到大家浓浓的爱校之情,从巢湖学院这个大家庭中感受到强烈的向心力、凝聚力和集体荣誉感。

老师们、同学们,本科教学工作审核评估事关学校的发展大局,事关学校的社会影响和声誉。高质量、高水平地做好本科教学审核评估的各项工作,是全校每一位师生员工的神圣使命和共同责任。让我们以昂扬的姿态和旺盛的斗志,振奋精神,满怀信心,齐心协力,打好最后的攻坚战,夺取教学评建工作的最后胜利,共同创造巢湖学院的美好明天,为建设特色鲜明的地方应用型高水平大学而努力奋斗!

加强教育过程管理　提高人才培养质量
——在巢湖学院第八次教学工作会议上的讲话

校长　祝家贵

(2018年9月29日)

同志们:

大家上午好!

根据学校工作安排,今天我们在这里隆重召开巢湖学院第八次教学工作会议。

今年6月21日,教育部在四川大学召开了新时代全国高等学校本科教育工作会议(改革开放40年,这是教育部第一次召开全国会议专门研究部署高等学校本科教育工作),会议的主要目的是深入学习贯彻习近平新时代中国特色社会主义思想和党的十九大精神,全面贯彻落实习近平总书记5月2日在北京大学师生座谈会上的重要讲话精神,坚持"以本为本"，推进"四个回归"，加快建设高水平本科教育、全面提高人才培养能力，造就堪当民族复兴大任的时代新人。会上，教育部部长陈宝生同志做了《坚持以本为本，推进四个回归，建设中国特色、世界水平的一流本科教育》的主题讲话，发布了《一流本科教育宣言》（《成都宣言》）。为深入贯彻落实新时代全国高等学校本科教育工作会议精神，加快振兴本科教育，构建高水平人才培养体系，全面提高高校人才培养能力，8月22日，教育部发出《关于狠抓新时代全国高等学校本科教育工作会议精神落实的通知》（教高函〔2018〕8号）。9月10日，在全国教育大会上，习近平总书记发表了重要讲话，在这两个背景下，结合学校工作实际，学校党委研究决定召开主题为"加强教育过程管理，提高人才培养质量"的第八次教学工作会议。会议的主要目的是全面落实全国高等学校本科教育工作会议精神，明确目标和方向，以立德树人为根本任务，加强教育教学过程管理，切实提高人才培养质量，推进一流本科教育建设。

下面我主要讲两个方面问题：一是回顾总结学校近年来尤其是合格评估以来在强化教育教学过程管理方面所做的工作和存在的不足；二是就认真落实全国高等学校本科教育工作会议精神，如何进一步加强教育教学过程管理以切实提高人才培养质量谈几点意见。

一、强化教育教学过程管理工作回顾

（一）取得的成效

多年来，学校高度重视教育教学过程的规范与管理，建立了一套运行有效的教育教学管理制度体系，保证了教学的规范运行和教学质量的逐步提高，学校连续多年的毕业生初次就业率均在90%以上，用人单位满意度也在不断提升，这主要表现在以下几方面：

1. 建立了行之有效的教育教学过程管理制度体系

2012年，学校出台了《巢湖学院教学工作规程》（院字〔2012〕89号），该规程共十章（分为：总则、教学管理组织系统、教师任课资格与要求、人才培养方案、教学运行、实践教学、教学工作评价、教学基本建设、教学研究、附则）、一百〇五条，全面系统地规定了教学各主要环节的运行程序和规范要求。学校在此规程的指导下，不断修订完善，出台了一系列的管理文件，从人才培养方案的制订与执行、教学大纲的编制、教学进度表的制定、备课与课堂教学、课后辅导与答疑、作业、课程考核到教师教学质量评价，形成了一套较为完善的教育教学管理制度体系，提升了学校管理工作的科学化、规范化和制度化水平。

2. 教学质量监控与保障体系较为完善

2012年，学校出台了《巢湖学院教学质量监控与保障体系》（院字〔2012〕127号）、《巢湖学院主要教学环节评价标准》（院字〔2012〕90号），经过几年的试行，2016年修订出台了《巢湖学院教学质量保障体系纲要》和《巢湖学院教学各主要教学环节质量标准》两个文件。《巢湖学院教学质量保障体系纲要》，按照科学性、系统性、可行性和时效性的原则，构建了由"质量目标与标准、质量管理组织、资源管理、教学过程管理、质量监测分析与反馈、质量改进"六大系统构成的质量保障体系，建立了"目标导引、全员参与、相互激励、持续改进"的运行机制。《巢湖学院教学各主要教学环节质量标准》，确定了从备课、理论教学、课程设计、课程考核、实验教学、实训教学、实习、毕业设计（论文）到创新创业等教学各主要环节的质量标准，对教学各主要环节进行质量规范和引导。围绕教学运行，学校逐步形成了完善的质量监控体系,如教学值勤制度、教师调停课制度、学生信息员制度、听课制度、考试管理办法、教学督导制度、学生网上评教制度、教师教学质量考核制度以及教学检查制度(期初、期中、期末三期检查、专项检查)等,这些制度基本覆盖了教学管理的各主要环节。

3. 教学激励与约束机制进一步完善

近年来,学校一方面积极通过绩效分配制度改革,整体上提高了教师待遇,同时按照"多劳多得、优劳优酬"的原则,积极调动广大教师的工作热情和积极性。另一方面,通过评奖评优、教学科研骨干评选、职称评审以及加大奖励力度等措施,引导广大教师积极投身教学科研、指导学生参加各类创新创业和学科与技能竞赛,不断提高教学质量和人才培养能力。另外,学校也通过严格的制度执行,对教师教育教学进行规范和约束,如教学事故的处理、暂停教师授课或调离教学岗位等。

4. 学生学业管理进一步强化

学校专门出台了《巢湖学院学业导师制实施办法》,并从2017级学生起开始施行。2017年,学校还出台《巢湖学院学生学业预警实施暂行办法》,及时对学业中出现问题的学生进行预警,帮助学生及时改进、提高。另外,从2017级学生起开始实行留级和退学制度,对于一学年所修课程40%以上不及格者(含补考缓考通过课程)或所获学分低于60%者予以留级处理,对于任一学年所修课程60%以上不及格者(含补考缓考通过课程)或所获学分低于40%者予以退学处理。对于考试违纪作弊的,学校也予以及时通报和处理。

(二) 存在的不足

以上针对学校在教育教学过程管理方面的工作进行了总结,客观分析和审视,与国家提出的建设一流本科教育要求相比,也还存在很大差距,这主要表现在:

1. 课堂教学质量不高

课堂教学是人才培养的主渠道和主阵地,是落实立德树人根本任务的关键环节,但是课堂管理不严、课堂(课程)教学质量不高的现象还在一定程度上存在,局部甚至还比较严重,如课堂纪律松懈,学生上课不记笔记、看手机的现象随班可见。也有不少教师上课不认真吃透教学内容、不认真钻研教学艺术,课堂教学主要就是念PPT,甚至出现停电或多媒体故障就不能上课的情况。也有的课堂教学内容设计不够合理,内容浅显,深度、广度、难度不够。

课堂气氛沉闷,教学方法单一,主要还是传统的讲授式,先生讲、学生听,教学巡查时走遍一幢教学楼,也难得见到几个老师与学生互动,更不要说翻转课堂、线上线下混合模式教学了。关于当前高校的课堂教学现状,教育部高教司吴岩司长在《一流本科、一流专业、一流人才》一文中有一段话,非常发人深省,转录如下:

有专家分析,课堂教学可以分五重境界。最低一重境界是安静,这样的课堂无比"安静",老师在拼命地讲,学生在吃、在睡、在玩手机,师生互不相扰。在我们的大学,这样的课堂不少,新建本科院校有,普通本科院校有,"211工程"高校有,"985工程"高校有,现在的"双一流"建设高校也有。第二重境界是回答,在课堂上学生与老师有简单互动,但只停留于回答Yes(是)或No(不是)。第三重境界是对话,老师与学生在课堂上有一定交流和互动。第四重境界是批判,学生与老师之间不仅有交流、有对话,学生还会对老师所讲的内容有质疑。第五重境界是争辩,学生对老师所讲的内容不仅有所谓的批评、质疑,师生间还有争辩。我前一段时间到美国加州理工学院和加利福尼亚大学洛杉矶分校,见到了其分管评估的校长。他们告诉我,美国大学课堂没有中国那么安静,大学生虽也有吃东西的,有进进出出的,但是师生之间的质疑和争辩很常见。我国大学课堂上安静和互动常见,质疑和争辩极少。

各位老师可以比照一下,看看自己的课堂处于哪一重境界,看看自己的课是不是陈宝生部长说的"水课"。

2. 课程考核质量不高

课程考核主要有考试和考查两种方式,为让学生取得"好成绩",有的把本该是考试的课程变为考查课,把本该是对学生专业应用能力的考查变成对学生抄写书本能力的考查。对于考试课程,学校要求既要测试学生的知识掌握情况,还要考查其知识的运用能力,但不少课程考试试题多为记忆性的,考查能力的题型偏少、分量不足。学校明确规定,考试不准给学生划范围、圈重点,但是有教师仍在这样做。有的课程考试难度偏低,甚至有考试一小时左右就结束的。教师给出的理由是,担心学生考试不及格,或者是担心学生在评教时打低分。关于学生评教,我这里要重点强调一下。学生是教学的对象,是教学的主体之一,教师的教学好不好,学生听了一学期的课,他们是有发言权的,没有特殊情况,学生的评价是可以采信的,也是应该被尊重的,学生评教不存在不合理的问题,可以讨论的只是学生评教在教师教学质量考核中的占比多少和不同性质课程评价的相对性问题。教师要想获得学生的好评,正道是静心教书,潜心育人,努力提高自己的思想政治素质、专业水平、教育教学能力和艺术,做到德高、学高、艺高,迎合学生、降低要求,是不可能获得学生认可和尊重的。以上这些方面,都是在"放水",课程考核质量不高也就在所难免。

3. 一些关键环节质量监控不到位

比如实习,实习是培养应用型人才的重要途径,但是由于师资数量等方面,加之实习的场所往往在校外,因此,目前对实习的管理还不到位,多数没有安排专业教师指导,实习成绩主要由企业和企业指导教师说了算,对于给出的成绩是不是有依据,学生是否达到实习的要求,学校还缺乏有效的质量监控。再如毕业论文(设计),毕业论文(设计)是体现学生学业水平和综合检验学生四年学习成效的重要方面。关于学生毕业论文(设计)的选题等方面我就不说了,主要说毕业论文(设计)的质量问题,我们学生毕业论文(设计)质量高吗?能不能拿出去外审?毕业论文(设计)学校给出的时间是一学期,但据有的教师反映,有的学生毕业论文(设计)是在一催再催下才完成的,甚至有一两周就完成的情况。

4. 学生学习精力投入不够

以上是教师教的方面,问题还有学生学的方面,教师要求不严,课程质量低,再加上考核标准宽松,必然会导致学生学习放松、投入不够,这种情况可以通过我们的课堂和周末的教室就能表现出来。虽然学校也有非常好的学习现象,如图书馆中自习、背书的学生目标很明确,今年暑期,学校把博学楼两层教室都开放了,供同学们上自习,甚至还有学生为希望能有地方上自习,跑到我这儿反映情况,但这些学生占比有多少呢?现在高等教育发展的重点已经转移到质量提升、内涵发展和改革创新方面上来了。就目前我校而言,在教学基本规范方面相对扎实,管理成效明显,但是在质量提升、内涵发展方面进展仍然缓慢,在改革创新方面那更是任重道远。国家提出坚持以本为本,推进四个回归,建设中国特色、世界一流的本科教育,与国家提出的目标和要求相比,我校还有很大的距离。

二、加强教育教学过程管理,切实提高人才培养质量

如何加强教育教学过程管理,切实提高人才培养质量,我想总的要求和思路就是认真学习领会全国高等学校本科教育工作会议精神,狠抓会议精神的落实,结合学校实际,我想应主要抓好以下几方面的工作。

(一) 完善管理制度体系

根据学校实际,认真梳理,补齐短板,进一步完善教育教学过程管理制度体系,优化流程,用制度规范教育教学。修订出台的《巢湖学院学生学业成绩管理办法》,进一步强化了对学生学业成绩的管理,明确了成绩管理中的一些模糊内容,填补了成绩管理中的不足和漏洞。推进现代信息技术与课堂教学深度融合,建立健全在线课程学习、考核与学分认定制度,促进优质在线课程资源的开发与利用。

(二) 加强课堂教学管理

关于课堂教学管理,教育部要求各高校要按照《中共教育部党组关于加强高校课堂教学建设提高教学质量的指导意见》(教党〔2017〕51号)要求,修订完善课堂教学建设和管理的相关规定,强化课堂教学工作责任,抓好课堂教学关键环节,深化教育教学改革,完善课堂教学制度建设。要认真查找课堂建设和管理中存在的突出问题和薄弱环节,严管、严抓教学秩序,制定整改措施,明确时间节点,落实责任到人,把从严管理的规矩立起来,把课堂教学建设强起来,把课堂教学质量提起来。针对课堂教学管理和教学中存在的问题,学校准备出台《巢湖学院关于进一步加强课堂教学管理的实施办法》,切实加强课堂教学建设,提高课堂教学质量。

(三) 加强学习过程管理

学校将进一步加强学习过程管理,全面梳理各门课程的教学内容,合理提升学业挑战度、增加课程难度、拓展课程深度,切实提高课程教学质量,淘汰质量差的课程、打造高质量的课程。各学院要结合办学实际,修订课程教学大纲,切实把本科教育工作会议的精神、要求落实到学校人才培养各项工作、各个环节中,持续抓四年、全程管到位,努力使每一级在校生都受益。要切实加强学习过程考核,规范平时成绩评价,加大过程考核成绩在课程总成绩中的比重,适当增加课程考核难度,严格考试纪律,综合应用笔试、口试、非标准答案考试等多种形式,全面考核学生对知识的掌握和运用。坚决杜绝划范围、圈重点,向课程考核要质量。严把毕业出口关,进一步规范和严格毕业资格审核和学位授予工作。

(四) 狠抓关键环节质量管理

进一步完善学生实习成绩管理办法,加强指导与考核,将实习考核落到实处。进一步完善毕业论文(设计)管理办法,适当前置毕业论文(设计)时间,发挥学业导师在毕业论文(设计)中的指导作用。认真落实《教育部办公厅关于严厉查处高等学校学位论文买卖、代写行为的通知》要求,强化指导教师责任,加强对选题、开题、答辩等环节的全过程管理,实行毕业论文(设计)中期检查制度。严格实行论文查重和抽检制度,建立健全外审盲审制度,严肃处理抄袭、伪造、篡改、代写、买卖毕业论文等违纪问题,确保本科毕业生论文(设计)质量。

(五) 完善学业评价机制

学生的第一任务就是读书学习,通过进一步完善学生学业评价机制,合理增加课程难

度、拓展课程深度,适当提高考核难度,探索实施毕业生学业评价制度,引导和促进学生把时间和精力投入到学习上来,投入到增长知识和才干上来;引导学生阅读名家经典,"啃"一些大部头的书,保持读书的专注力。

（六）加强师德师风建设

2016年底,习近平总书记在全国高校思想政治工作会议上提出,教师从事的是塑造灵魂、塑造生命和塑造人的工作,因此不能只做传授书本知识的教书匠,而要成为塑造学生品格、品行、品味的"大先生"。2018年5月2日,习近平总书记在北京大学师生座谈会上,再次重申"四有"好教师和"四个引路人"的思想,并且进一步指出"要坚持教育者先受教育,让教师更好担当起学生健康成长指导者和引路人的责任"。教师对学生的影响,离不开教师的学识和能力,更离不开教师为人处世、于国于民、于公于私所持的价值观。一个教师如果在是非、曲直、善恶、义利、得失等方面问题频出,就无法担任立德树人的责任。因此,只有当教师对于社会现实有比较正确的认知,能够区分社会生活中的正确与错误、高尚与低俗、正义与邪恶,对于社会的发展进步抱有坚定信心,对于推动社会发展进步满怀希望,才能够点燃学生学习和发展的热情,才能引导学生积极上进、健康成长。各位教师要努力做到以德立身、以德立学、以德施教。

（七）深化教师考核与评价制度改革

根据《教育部关于深化高校教师考核评价制度改革的指导意见》（教师〔2016〕7号）,将教师教学质量评价与职称（职务）评审、评奖评优、绩效工资等联系起来,激发教师教书育人、科学研究、创新创业的活力。修订完善教师评价考核制度,破除唯学历、唯论文、唯项目的框框,把教学质量作为教师专业技术职务评聘、绩效考核和津贴分配的主要依据,在教师专业技术职务晋升中施行本科教学工作考评一票否决制,教学工作达不到学校要求的,就不能晋升职称。严格实行教师开新课准入制度,探索建立公共课教师挂牌选课制度。强化教师教学主体责任,广大教师要自觉进行角色转型,从单纯的"知识传授者"转变为"学生学习活动设计者和指导者",既当"经师"又当"人师"。《人民日报》曾痛批"沉睡"的大学生:你不失业天理难容！现在有不少的在校生正在退化,他们退化的不是肌肉、不是责任感,退化的是最基本的生存能力。他们听课没有发呆多、发呆没有睡觉多、睡觉没有玩游戏多。对于这种情况,我们有多少教师在课堂上去积极教育和引导呢？有些道理,你不讲学生不清楚、不明确,有这么好的学习环境,他们不去拼搏学习,将来拿什么与别人竞争？将来走向社会,在工作岗位上的最大价值在于不可替代。责任心、吃苦精神、写作水平、做事能力、专业修养、操作技术、学问素养、人际关系处理,哪一方面是你的看家本领？有哪一点是别人不可替代的？要让学生明白"年轻就是拼命学习的资本"。要促进教师把更多时间和精力投入到课堂教学中,认认真真讲好每一堂课,坚持教书和育人相统一、言传和身教相统一、潜心问道和关注社会相统一、学术自由和学术规范相统一。出台教授给本科生上课的管理规定,确保教授全员给本科生上课。探索建立教师约谈、暂停授课、调离岗位、辞退解聘等制度。加强师德师风考核,严格执行师德师风一票否决制,对于师德表现失范的,将依法依规严肃处理。

（八）进一步完善工作量计算与管理办法

大学生的学习不仅在第一课堂,第二课堂也是其中重要的组成部分,而且第二课堂对学生成长成才日渐重要。最近,共青团中央、教育部联合印发了《关于在高校实施共青团"第二课堂成绩单"制度的意见》,团委也拟定了实施方案。目前学校职称评审、绩效考核等只对课堂教学提出了要求,第二课堂工作量尚未纳入。另外,对第二课堂指导的重要性认识也不到位。学校将进一步完善教师工作量计算与管理办法,将第二课堂纳入教师工作量考核范围。教育部提出要重塑教育教学形态,推动课堂教学革命,要提升改造学习、改造课堂的能力,要满足新时期学生的学习习惯和学习要求,以往的计件工资制已经不适用了。要促进科教融合,引导教师积极把科研成果转化为教学内容,提高科学研究对人才培养的贡献度。

(九)进一步加强质量保障

学校已出台《巢湖学院质量保障体系纲要》,对每一个部门的工作职责,都有明确的要求,"质量是生命线""质量是高等学校永恒的主题"意识需要不断强化、深入人心。要从根本上解决学校"四个投入不到位"问题,按照陈宝生部长的讲话,整个高等教育战线要树立这样的理念:不抓本科教育的高校,不是合格的高校;不重视本科教育的校长,不是合格的校长;不参与本科教育的教授,不是合格的教授。要更加突出本科教育的基础地位、核心地位、前沿地位。加强教学管理队伍建设,把教学管理队伍建设放在与教师队伍建设同等重要的位置。探索建立教学管理队伍建设制度,关心教学管理人员的成长,为教学管理人员职称评审、职务晋升、潜心工作创造更加有利的政策环境。加强基层教学管理人员队伍建设,保障教务管理工作规范、有序、高效。

同志们!陈宝生部长在全国高等学校本科教育大会的讲话中,最后就写好"奋进之笔",建设高水平本科教育,提出了五个"一些"的希望:内涵发展要更深一些,领跑发展要更快一些,公平发展要更实一些,变轨超车要更坚定一些,创新发展要更紧迫一些。这五个"一些"对于巢湖学院来说,意义尤其重大,这既是希望,也是要求,更是挑战。前几年国家提出引导地方高校向应用型高校转型发展,我们在这方面做了大量的工作,如学科专业调整和加强应用型学科专业建设,进行以能力为导向的应用型人才培养模式改革等,如今应用型办学方向是转变过来了,但下一步如何走,如何建设一流本科,似乎并不明确。与其他各领域一样,高等教育同样也进入了深水区甚至无人区,如何抓住历史机遇,在坚持"以本为本"、推进"四个回归"中脱颖而出,建成属于巢湖学院人的一流本科教育呢?这需要大家共同来回答。

以上主要是结合学校教育教学过程中的实际,谈了一些主要的方面,但内容和任务远不止这些,希望同志们在认真学习、领会陈宝生部长讲话精神的基础上,深入思考巢湖学院如何实现内涵式发展。

时间眨眼就到了金秋十月,审核评估工作就在眼前,这里我提前预祝同志们国庆快乐!同时也希望同志们以时不待我的精神和强烈的使命感,努力工作,时刻不忘审核评估,永远谨记教书育人。

巢湖学院办学指导思想和办学定位

校党字〔2018〕43 号

一、办学指导思想

以马克思列宁主义、毛泽东思想、邓小平理论、"三个代表"重要思想、科学发展观、习近平新时代中国特色社会主义思想为指导,全面贯彻党的教育方针,落实立德树人根本任务;坚持"德学并举、知行合一"办学理念,以改革创新为动力,以应用型学科专业建设为重点,立足地方、面向行业,深化产教融合,全面提高人才培养能力;培养具有社会责任感、创新精神和实践能力的高素质应用型人才,把学校建成特色鲜明的地方应用型高水平大学。

二、办学定位

发展定位:特色鲜明的地方应用型高水平大学。

层次定位:以普通本科教育为主,积极发展专业学位研究生教育。

学科专业定位:以文理为基础,应用型学科专业为重点,强化交叉融合,多学科协同发展。

培养目标定位:培养专业基础实、应用能力强、综合素质高,具有社会责任感和创新精神,适应区域经济社会发展需要的应用型人才。

服务面向定位:立足合肥,面向安徽,辐射长三角,以服务"环巢湖"为重点,为区域经济社会发展提供人才、科技和智力支持。

巢湖学院服务环巢湖区域经济社会发展
行动计划(2018~2020 年)

校党字〔2018〕45 号

为进一步提升学校服务地方经济社会发展的能力和水平,加快"特色鲜明的地方应用型高水平大学"建设步伐,巢湖学院从办好人民满意的新时代高等教育的宏观要求出发,深入贯彻落实党的十九大精神,主动适应高等教育改革发展趋势,根据《国家教育事业发展"十三五"规划》《安徽省"十三五"教育事业发展规划》和《中共安徽省委教育工委安徽省教育厅关于贯彻落实省"科技五会"精神的实施意见》等文件精神,立足学校实际,对接环巢湖区域经济社会发展战略规划,特制订本计划。

一、指导思想

坚持以马克思列宁主义、毛泽东思想、邓小平理论、"三个代表"重要思想、科学发展观、习近平新时代中国特色社会主义思想为指导,全面贯彻党的教育方针,紧紧围绕立德树人的根本任务,以建设"特色鲜明的地方应用型高水平大学"为目标,以环巢湖区域经济社会发展重大需求为导向,以内涵发展、实力提升、特色彰显为突破,充分发挥学校在人才培养、科学研究、社会服务、文化传承与创新等方面的优势,为环巢湖区域经济社会发展提供坚强有力的人才保障、科技支撑和智力支持。

二、基本原则

(一) 主动融入,全面对接

坚持主动融入、全面对接环巢湖区域经济社会发展需求,通过面上拓宽、线上深化、点上突破,将学校的社会服务触角延伸至环巢湖区域经济社会发展的各个领域。

(二) 精准定位,特色发展

坚持精准定位、特色发展,充分发挥学校自身优势,切实找准服务的结合点与切入点,在服务中培育优势,在服务中形成特色,扬学校之长,应地方之需,走特色之路。

(三) 注重实效,互利双赢

坚持问题导向,围绕环巢湖区域经济社会发展中的实际问题,发挥地方和高校各自的比较优势,推动资源共享、优势互补、深度合作,实现校地协同创新、共赢发展。

三、总体目标

围绕环巢湖区域经济社会转型发展、创新发展、赶超发展所需,全面推进政产学研合作,深入开展校地校企互动,建立完善的服务机制,搭建广阔的服务平台,打造优秀的服务队伍,取得丰硕的服务成果。力争到2020年,在应用型人才培养、科学研究与成果转化、决策咨询、优秀文化传承创新和社会志愿服务等方面取得新发展、新提升、新突破,使学校成为环巢湖区域经济社会发展的人才高地、创新高地和服务高地。

四、主要行动

(一) 人才培养行动(牵头单位:教务处;协作单位:党委教师工作部、党委学生工作部、国际交流与继续教育学院、各学院)

1. 高素质应用型人才培养

围绕环巢湖区域经济社会发展人才需求,优化学科专业布局,建设面向新一代信息技术、新能源、高端装备制造、生物医药等新兴产业以及健康养老、文化创意、体育健身、旅游休闲等现代服务业的应用型学科专业集群。创新人才培养模式,深化以能力为导向的应用型人才培养模式改革,积极开展校地校企合作,将教育教学紧密结合生产实践、创新创业和社会服务,为环巢湖区域经济社会发展培养输送实践能力强,富有创新精神、创业能力和社会责任感的高素质应用型人才。

2. 多层次教育培训服务

立足环巢湖区域发展实际,服务国家级农村职业教育和成人教育示范县建设,通过搭建各类教育培训平台,开展多种形式的非学历教育和资格认证,构建具有区域特色的多层次、高质量的继续教育及培训服务体系。面向社会各界,积极开展经济、管理、法律、计算机等专业领域的成人高等教育;面向幼儿园及中小学教师,开展教师资格培训、学历提升教育;面向行业企业,开展各类岗位培训、职业技能培训、实用技术培训教育。

> **专栏一　人才培养行动重点工程**
>
> 1. 协同育人工程
>
> 通过与环巢湖区域内地方政府和企业共建人才培养基地和实习实训基地,与企业共同开展产学合作协同育人项目等方式,开展校地校企协同育人。力争到2020年,校地共建大学生社会实践教育基地15个,教师培养培训基地50个,实习实训基地200个。
>
> 2. 教育培训工程
>
> 主动对接环巢湖区域内政府和企事业单位人员学历提升需求,不断扩大成人高等教育的规模和影响;开展系列职业技能培训,联合政府、企业和知名职业技能鉴定机构,打造一批专业培训品牌。
>
> 3. 双创提升工程
>
> 加强创新创业教育,提升学生创新创业能力。立足学校"巢荟"众创空间,积极与环巢湖区域内的合肥(巢湖)创客巢、中国(肥东)互联网生态产业园等创业园、孵化器开展交流与合作,引导更多的学生在环巢湖区域创新创业,让更多优质的创新创业项目落户环巢湖区域。

(二)科技支撑行动(牵头单位:科技处;协作单位:各学院)

1. 共建协同创新平台

面向环巢湖区域行业产业经济发展的核心共性问题和重大需求,凝练学科方向,构建创新平台,完善创新体系,大力推进协同创新。主动服务"中国制造2025"试点示范城市建设和"制造强市"战略,积极与环巢湖区域重点产业的龙头企业联合共建重点实验室、工程技术研究中心、创新研究院等校企合作科技创新平台,联合推进重大项目攻关、科技成果转化推广和标志性科研成果培育,加快构建产学研用相结合的协同创新体系,助推环巢湖区域信息技术、新材料、高端装备、生物和大健康产业等主导产业层次提升和"341"产业体系构建。

2. 开展科技服务

积极响应省委省政府"四送一服"双千工程的要求,组织开展科技创新团队、科技专家与企业对接,建立项目库、专家库等信息平台,积极为企业解决经济发展中的突出困难和问题。拓宽学校和企业之间创新型人才流动渠道,每年选派一定数量的科技人才,作为"科技特派员"派驻企业生产一线,采取携带技术、转化成果、参与研发、培训人员等多种方式提供科技服务。积极开展科技成果转移转化,提升专利成果转化的数量和质量,鼓励支持师生在环巢湖区域创新创业、转化科技成果、创办科技企业。

专栏二　科技支撑行动重点工程

1. 协同创新工程

对接环巢湖区域经济社会发展和产业结构调整需要，建立以企业为主体、以学校为技术依托、以市场需求为纽带，开放共享、灵活多样的协同创新平台。到2020年，力争校企共建重点实验室（工程中心）5个、培育省级重点实验室（工程中心）2个、建设产学研合作基地15个。

2. 百项科技服务工程

围绕环巢湖区域行业企业技术需求，开展百项科技服务工程，即遴选100名科技人才、服务100家企业、承接100个项目。力争贡献一批具有一定影响的科技成果，形成一批具有较好应用推广价值的发明专利和技术标准，到2020年，争取获批国家发明专利20项以上，实现10项及以上科技成果转移转化。

（三）文化引领行动（牵头单位：党委宣传部；协作单位：环巢湖文化与经济社会发展研究中心、图书馆、各学院）

1. 加强环巢湖文化研究

广泛开展环巢湖区域文化研究和文献整理，加强环巢湖区域文化资源挖掘与开发，努力推出一批具有思想深度、文化厚度和精神高度，并在省内外具有一定影响的研究成果。为打造高层次的环巢湖区域文化品牌、展现环巢湖区域地方文化魅力、提升巢湖知名度和文化竞争力做出贡献。

2. 推进环巢湖文化繁荣

针对环巢湖区域文化产业发展，开展以各种优秀地域文化为题材的文化创意、文艺创作、文艺展演、艺术展览等活动，增强环巢湖区域文化产业的活力、实力和竞争力，把环巢湖区域文化资源优势转化为产品优势、产业优势。

3. 促进环巢湖文化交流

积极推动环巢湖文化交流和创新。通过组织学术会议、学术报告、考察调研等活动，促进环巢湖文化与不同区域文化相互吸收借鉴；鼓励有关专家学者与"一带一路"沿线国内外高校和研究机构开展学术交流，推动环巢湖文化研究获得更加宽广的学术视野，加快环巢湖文化"走出去"的步伐。

专栏三　文化引领行动重点工程

1. 特色文化研究工程

多角度、深层次地开展环巢湖区域特色文化研究。重点对环巢湖远古文化、湖文化、水文化、环巢湖区域名人乡贤文化、红色文化、廉政文化、历史军政文化等开展研究，推出一批在省内外具有一定影响的研究成果和精品力作。

2. 精品文化服务工程

通过送图书进社区、开放体育设施等活动,开展图书馆、体育运动场馆等公共文化服务设施向社会开放,实现文化资源共享,丰富广大群众文化生活;通过为企业、社区举办系列文艺演出、文化讲坛、科学知识普及等活动,弘扬优秀传统文化,提升广大群众的思想道德素质和科学文化素质,助力环巢湖区域精神文明建设。

(四)智力支持行动(牵头单位:党委教师工作部;协作单位:党委组织部、教务处、环巢湖文化与经济社会发展研究中心、各学院)

1. 人才交流共享

加强高层次人才培养与引进,聚集一批具有自主创新能力的高层次人才和科技创新团队,为环巢湖区域经济社会建设发展提供智力支持。服务环巢湖区域地方政府"人才强市"战略,开展校地校企人才交流共享。引进地方政府和行业、企业管理和技术专家到学校担任兼职教授和创业导师,优化师资队伍结构,提高学校教学科研水平和学生创新创业能力;根据政府和企业人才需求,组织选派优秀人才到政府和企事业单位挂职锻炼,丰富实践经验、提高创新能力,加快应用型、双能型人才队伍的培养。

2. 提供决策咨询服务

围绕环巢湖区域经济社会发展重大战略,组建专家团队,通过与省内外高校、研究机构的协同攻关,对环巢湖区域经济社会发展中的重大问题,提出符合新时代要求,适应新情况的新观点、新对策,为区域经济社会发展提供高质量的决策咨询研究成果。加强智库建设,根据环巢湖区域经济社会发展实际,推进学校哲学社会科学和软科学研究机构建设,重点加强对环巢湖区域旅游发展、乡村振兴战略实施、生态文明建设以及精准扶贫等领域开展决策咨询研究,培育若干个具有一定影响的区域特色新型智库。

专栏四　智力支持行动重点工程

1. 百名人才双聘工程

积极开展人才交流共享,选派100名左右的骨干教师赴环巢湖区域政府、企事业单位、行业协会挂职或实践锻炼;从政府、企事业单位、行业协会聘请100位左右的高层次人才到学校担任兼职(客座)教授或创业导师。

2. 智库建设工程

充分发挥大学智库作用,重点围绕环巢湖区域旅游发展、乡村振兴战略实施、生态文明建设以及精准扶贫等重大现实问题开展深入研究,培育若干个具有一定影响的区域特色新型智库,为政府、行业、产业、企事业单位提供前瞻性、战略性和应用性决策咨询服务。

（五）志愿服务行动（牵头单位：团委；协作单位：党委宣传部、党委学生工作部、各学院）

以各学院为主体，以大学生"三下乡""蚂蚁助学"等志愿活动为载体，充分发挥大学生志愿者、学生社团参与志愿服务活动的积极性和创造性，广泛开展科技文化服务、社会公益服务、文明共建服务等志愿服务活动，让志愿服务走出校门、走向社会、走进基层，为环巢湖区域地方文化和社会发展做出贡献。

专栏五　志愿服务行动重点工程

"一院一镇一品"服务品牌工程

根据环湖核心区十二镇的特色发展需求，一个学院对接一个乡镇，开展内容丰富、形式多样、新颖实用的志愿服务活动，力争一个学院打造一个特色服务品牌。

五、保障措施

（一）加强组织领导

成立以学校党政主要领导为组长、分管领导为副组长的"巢湖学院服务环巢湖区域经济社会发展行动领导小组"，统筹组织和协调行动计划的各项工作。各有关单位要按照任务分工，制订实施方案、完善工作机制、狠抓任务落实，确保行动计划转化为实际行动。

（二）强化政策激励

深化科研与服务地方管理制度改革，不断优化科研与服务地方管理制度体系，推进二级学院服务地方工作目标考核的科学化和规范化，将社会服务工作作为绩效评价的重要组成部分，完善科技成果转化和人才评价激励机制，进一步调动教师投身科技创新和服务地方的积极性、主动性和创造性。

（三）加大经费支持

学校设立专项经费，用于资助校地校企合作重点工程项目。此外，通过积极拓展横向项目经费，形成多主体、多渠道、多层次的经费支持体系，为科学研究和服务地方提供坚实的经费保障。

（四）建立联动机制

建立学校与相关市县政府、企事业单位的协调互动机制，建立定期联系沟通机制和需求与服务对接机制。通过召开联席会议、项目对接会、发布服务指南、确定服务项目、签订合作协议，积极推进校地、校企合作，增强服务针对性，提高服务成效。

附件

巢湖学院第一批服务项目汇总表

序号	项目领域	项目名称	内容简介	预期成果	完成时间	承担单位	服务对接单位
1	人才培养行动	与安徽巢湖经济开发区共建基础型人才培养基地	与安徽巢湖经济开发区在人才培养、资源共建、技术研发、师资培训、实习就业等方面开展多层次、多领域、全方位人才培养战略合作	共建实践基地,联合申报项目,输送一定数量的优秀毕业生	2018年	学生工作部、教务处、各学院	安徽巢湖经济开发区人社局
2	人才培养行动	共建实践教学基地	校政企合作共建实习实训及创新创业基地	共建实践教学基地10个	2018年	教务处、各学院	环巢湖区域相关事业单位
3	人才培养行动	校企合作共建专业	对接地方主导产业,校企合作共建专业	共建专业5个	2020年	教务处、各学院	环巢湖区域相关企业
4	人才培养行动	教师教育师资培训	与教体局及中小学、幼儿园合作,开展教师培训	培训中小学或幼儿园教师50人	2020年	教务处、各学院	环巢湖区域政府教体部门
5	人才培养行动	大学生创新创业	加强创新创业教育,提升学生创新创业能力,引导更多的学生在环巢湖区域创新创业	输送一批双创型人才,引导一批项目成功孵化	2020年	学生工作部、教务处	"创客巢"、中国(肥东)互联网生态产业园等创业园、孵化器
6	人才培养行动	普通话测试培训	对政府企事业单位开展窗口服务人员普通话测试培训工作	培训人员达到二乙水平	2020年	教务处	环巢湖区域政府企事业单位
7	人才培养行动	巢湖市烔炀镇管理干部法学专业学历提升项目	依托学校学历继续教育平台,结合烔炀镇基层管理干部学历层次、知识结构和工作性质特点,量身定制烔炀镇法学专业专升本班	提升基层管理干部学历层次和管理能力	2020年	国际交流与继续教育学院	烔炀镇政府

续表

序号	项目领域	项目名称	内容简介	预期成果	完成时间	承担单位	服务对接单位
8	人才培养行动	巢湖市柘皋镇管理干部培训项目	主办柘皋镇管理干部理论专题讲座	提高干部理论素养、业务素质和管理能力	2018年	国际交流与继续教育学院	柘皋镇政府
9	人才培养行动	安徽慕曼德家具公司员工业务培训和素质拓展项目	主办慕曼德家具公司员工业务专题培训	提升慕曼德家具公司员工的职业技能和职业品质	2018年	国际交流与继续教育学院	安徽慕曼德家具公司
10	人才培养行动	巢湖市乡镇人大主席团履职能力培训	与地方政府合作，旨在提高地方人大的行政管理能力，更好服务地方	讲座培训，研究报告	2018年	经济与法学学院、工商管理学院	巢湖市人大
11	人才培养行动	为庐江县初中体育与健康学业水平考试提供技术和裁判服务	提供中考体育加试服务，为50米、男子1000米、女子800米、坐位体前屈、跳绳等项目提供体育技术服务和裁判工作	完成体育与健康学业水平考试相关工作	2018年	体育学院	庐江县教育局
12	人才培养行动	公司员工文化培训	开展中国传统文化与企业文化、礼仪文化、公文写作等教育培训	教育培训	2018年	文学传媒与教育科学学院	兴业银行
13	人才培养行动	学前教育师资培训	为环巢湖区域学前教育教师提供教学、科研、技能等专项培训	教育培训	2018年	文学传媒与教育科学学院	环巢湖区域政府教育部门、巢湖市幼教联盟
14	人才培养行动	企业技术人员培训	开展产品技术及开发、质量管理、装备管理等培训	技术人员培训	2018年	机械工程学院、电子工程学院	东风精密铸造安徽有限公司
15	科技支撑行动	校企共建产学研合作基地	深化校企合作，依托学校人才和科技优势，解决企业技术难题	与企业共建产学研合作基地15个	2020年	科技处	环巢湖区域相关企业
16	科技支撑行动	校企共建重点实验室、技术创新中心等平台	校企共建省级重点实验室、技术创新中心等平台	与企业共建重点实验室、技术创新平台5个	2020年	科技处	环巢湖区域相关企业

续表

序号	项目领域	项目名称	内容简介	预期成果	完成时间	承担单位	服务对接单位
17	科技支撑行动	响应"四送一服"双千工程要求,开展科技特派员服务	组织开展科创团队、科技专家与企业对接,解决企业经济发展中面临的突出困难和问题	科技服务	2020年	科技处	巢湖市政府
18	科技支撑行动	为安徽巢湖经济开发区企业开展环境治理	就环巢湖区域水土污染、工业固废处理进行研究	申报高层次项目、专利	2019年	化学与材料工程学院	安徽中键环境科学研究院有限公司
19	科技支撑行动	第二次全国污染源普查第三方机构服务项目	参与环巢湖区域各市县区国污染源普查第三方机构服务项目	为政府提供污染源普查报告	2018年	化学与材料工程学院	环巢湖区域各市县区环保局
20	科技支撑行动	合作开展功能农业研究	与苏州硒谷科技有限公司合作开展环巢湖区域功能农业研究及平台建设	共建平台	2018年	化学与材料工程学院	苏州硒谷科技有限公司
21	科技支撑行动	精密陶瓷原料体系构建及制备工艺研究	对原料配方、产品生产工艺等进行研究优化,以提高产品性能、降低成本	陶瓷生产工艺参数优化	2019年	化学与材料工程学院	合肥精创科技有限公司
22	科技支撑行动	大型仪器设备共享	利用现有大型仪器设备,为企业开展测试、分析等科技服务	大型仪器设备共享	2018年	化学与材料工程学院	安徽中键环境科学研究院有限公司
23	科技支撑行动	石墨烯材料开发	石墨烯材料在太阳能电池中的应用技术研究	开发新材料,申报发明专利	2019年	机械工程学院、电子工程学院	中南光电有限公司
24	科技支撑行动	为安徽锐恋信息科技有限公司开发系统	企业用电量大数据智能预测系统研发	系统开发	2018年	机械工程学院、电子工程学院	安徽锐恋信息科技有限公司
25	科技支撑行动	人力资源技术服务	为安徽才联人力资源管理公司提供技术服务	人力资源技术服务	2018年	经济与法学学院、工商管理学院	安徽才联人力资源管理有限公司
26	科技支撑行动	旅游市场调查	与安徽经典咨询有限公司合作开展全省旅游市场调查	调查报告	2018年	数学与统计学院	安徽经典咨询有限公司

续表

序号	项目领域	项目名称	内容简介	预期成果	完成时间	承担单位	服务对接单位
27	科技支撑行动	环巢湖智慧旅游系统的研发	"互联网+"智慧旅游相关系统的研发	软件开发、数据分析	2018年	信息工程学院	合肥盛东信息科技有限公司
28	文化引领行动	巢湖市口袋公园文化升级工程	讲好巢湖故事，弘扬巢湖文化，将本土文化元素真正融入口袋公园建设	命名、策划、文化提升设计与制作	2018年	文学传媒与教育科学学院、旅游管理学院	巢湖市规划局、巢湖市文广新局
29	文化引领行动	合肥荣事达家电有限公司工业旅游园区规划设计	紧紧围绕企业愿景，以"科技改变生活""过去一现在一未来"为主题整体规划，抛开冰冷的传统企业操作模式，向消费者呈现相关行业所在的人文气韵品牌文化和所在行业的人文气韵	工业旅游园区文化提升规划	2018年	旅游管理学院	合肥荣事达家电有限公司
30	文化引领行动	环巢湖文化研究	编撰出版《环巢湖研究集刊》《环巢湖文化研究丛书》	集刊、专著	2019年	环巢湖文化与经济社会发展研究中心	环巢湖区域政府地方志办公室、文化研究会
31	文化引领行动	举办环巢湖文化研究学术活动，开展文化交流	举办"政治文化与环巢湖廉政文化建设"学术研讨会；举办"第七届巢湖·中华有巢氏文化"学术研讨会，编撰相关纪念亚父议论文集，邀请专家学者做关于环巢湖文化的专题学术讲座	会议、讲座	2019年	环巢湖文化与经济社会发展研究中心	环巢湖区域政府地方志办公室、文化研究会
32	文化引领行动	环巢湖文化展	面向公众开放环巢湖文化展馆，对环巢湖文化进行宣传推广	文化展览	2018年	环巢湖文化与经济社会发展研究中心	环巢湖区域政府地方志办公室、文化研究会
33	文化引领行动	美丽乡村墙绘	围绕乡村振兴战略，围绕文化振兴、乡风文明，在环巢湖区域乡镇农村创作主题文化墙绘	墙绘作品	2018年	团委、艺术学院	环巢湖区域各乡镇

续表

序号	项目领域	项目名称	内容简介	预期成果	完成时间	承担单位	服务对接单位
34	文化引领行动	环巢湖区域体育赛事服务项目	为环巢湖区域运动会、羽毛球赛、篮球赛等体育赛事提供训练指导、赛事组织和裁判服务	赛事服务	2018年	体育学院	环巢湖区域政府教体部门、巢湖市精英羽毛球馆
35	文化引领行动	柘皋镇夏至节文化服务	为柘皋镇夏至节提供文化服务	艺术表演、文化展示	2018年	团委、艺术学院、旅游管理学院	柘皋镇镇政府
36	文化引领行动	环巢湖旅游景点及翻译调查	对环巢湖旅游景点的标识及景点介绍英文翻译资料进行收集,分析英译中存在的问题,对存在的问题进行分析,对有问题的地方重新翻译与勘误	调研报告	2018年	外国语学院	环巢湖区域政府文化旅游部门
37	文化引领行动	向社会读者开放图书馆	为社会读者办理借阅证,服务广大读者	充分服务地方文化需求	2018年	图书馆	巢湖市、安徽巢湖经济开发区
38	文化引领行动	送书进社区	在读书月期间联系1~2个社区,送书进社区	丰富社区居民精神文化生活	2018年	图书馆	巢湖市、合肥巢湖经济开发区
39	智力支持行动	挂职锻炼	选派干部到环巢湖区域地方政府挂职锻炼,选派教师赴企业开展实践	选派5~7名干部挂职锻炼,选派100名教师开展实践锻炼	2020年	组织部、教师工作部、教务处	环巢湖区域政府有关部门、相关企业
40	智力支持行动	就业创业一站式服务	对求职登记人员开展职业指导,登记失业有就业意愿人员并提供职业介绍、素质测评,组织社区招聘活动,对有创业意愿的劳动者提供咨询和辅导	职业指导100人次,社区招聘会3场,20人次的素质测评	2019年	学生工作部	安徽巢湖经济开发区
41	智力支持行动	十九大精神系列宣讲	围绕十九大精神开展四个系列专题宣讲	主题宣讲	2018年	马克思主义学院	安徽省巢湖铸造厂
42	智力支持行动	党建合作	为安徽巢湖经开区非公企业开展党建合作	党建合作	2019年	马克思主义学院	安徽巢湖经济开发区

续表

序号	项目领域	项目名称	内容简介	预期成果	完成时间	承担单位	服务对接单位
43	智力支持行动	地方电子商务扶贫项目	通过举办电子商务扶贫暨市场营销大赛,推广巢湖市地方农产品	研究报告	2018年	经济与法学学院、工商管理学院	巢湖市商务局
44	智力支持行动	乡村振兴战略研究	环巢湖乡村振兴战略研究,以柘皋镇为研究对象,围绕乡村振兴的问题、原因、路径进行研究	研究报告	2018年	经济与法学学院、工商管理学院	巢湖市政府、柘皋镇
45	智力支持行动	开发区创新升级研究	以安徽巢湖经济开发区为研究对象,从产业升级、商业模式创新、特色小镇建设等方面开展对策研究	研究报告	2018年	经济与法学学院、工商管理学院	安徽巢湖经济开发区
46	智力支持行动	水上运动项目的综合开发、产业规模化及人力资源培训	为企业开展水上运动项目的市场调研,水上运动新项目的可行性、区域布局与定位研究;为企业培训救生员和教练员,输送游泳救生员、教练员与专业人才	研究报告,救生员和教练员培训	2018年	体育学院	安徽省乐宇体育文化交流有限公司、合肥市森火体育科技有限公司
47	志愿服务行动	志愿服务	为环巢湖区域地方政府重要活动、社会组织爱心活动等提供体育志愿服务	志愿服务	2018年	团委、各学院	环巢湖区域地方政府、社会组织
48	志愿服务行动	义务支教	针对环巢湖区域的农村留守儿童开展长期支教,主要包括"汤爱小课堂""七彩课堂""小学生环境教育""乡村学校少年宫"等	支教活动	2018年	团委、各学院	巢湖团市委、环巢湖区域各乡镇中小学
49	志愿服务行动	"蚂蚁助学"计划	面向环巢湖区域贫困儿童进行长期资助扶贫,每年50名大学生资助1名贫困儿童,周期为1年	每年资助贫困儿童不低于10名	2018年	团委	巢湖团市委、各乡镇团委
50	志愿服务行动	送文化下乡	组织大学生艺术团下基层开展文化演出,送文化节目到社区、进农村	文化演出	2018年	宣传部、团委、艺术学院	巢湖市、安徽巢湖经济开发区

巢湖学院环巢湖文化塑校育人实施方案

校党字〔2018〕53号

环巢湖区域是中华文明的发祥地之一。环巢湖文化源远流长、博大精深,蕴涵着优秀的传统文化、革命文化和先进文化。巢湖学院作为地方应用型本科院校,秉承为区域文化与经济社会发展服务的办学宗旨,充分发挥大学的社会服务和文化传承功能,立足环巢湖区域丰富的文化资源,根据地方经济社会发展的需要,深入推进地域文化研究。

为贯彻落实中共中央办公厅、国务院办公厅《关于实施中华优秀传统文化传承发展工程的意见》的精神,充分发挥地域文化在"塑校""育人"中的重要作用,立足学校实际,制订本实施方案。

一、指导思想

坚持以马克思列宁主义、毛泽东思想、邓小平理论、"三个代表"重要思想、科学发展观、习近平新时代中国特色社会主义思想为指导,坚持社会主义先进文化的发展方向,坚持以社会主义核心价值观为引领,坚持"德学并举、知行合一"的办学理念,依据环巢湖区域经济社会及文化发展的现实需要,围绕立德树人根本任务,以地域文化为塑校基础,以文化精神育人、文化传播育人、文化实践育人为载体,贯穿于学校教育教学的全过程,推动校园文化及校风、教风、学风建设,形成独特的地域文化塑校育人体系。

二、工作目标

坚持与践行社会主义核心价值观相结合,与时代精神教育和优秀传统文化教育相结合,与学习借鉴优秀文化成果相结合,与校园文化建设相结合,根据学校实际,全方位、多形式在全校推动环巢湖文化的宣传、普及与实践,让广大师生员工在环巢湖文化的滋养中,提高文明素养,树立正确的人生观、价值观,增强文化自觉和文化自信,构建特色鲜明的校园文化,提升人才培养质量。

三、重点任务

（一）环巢湖文化理论研究

依托安徽省人文社科重点研究基地"环巢湖文化与经济社会发展研究中心"和"巢湖流域经济文化研究所""凌家滩文化研究所""艺术与创意产业研究中心""当代中国乡村治理研究所""应用型高校人文素质教育研究中心""马克思主义理论与现实研究中心""巢湖水文化研究所"等校级研究机构,通过课题研究、论著发表和特色栏目开辟,增进师生员工对环巢湖文化的了解,进一步提高师生员工用地域优秀文化建设校园文化的自觉性。

1. 深挖环巢湖文化资源,加强历史文献整理

系统梳理环巢湖文化绵延不息的历史文脉和发展成就、环巢湖区域与周边地区的历史交流与互动。对环巢湖历代文献进行考校编目和提要介绍;对历代环巢湖名人名录进行考校、辑佚和辑录;搜集、抢救、整理环巢湖珍贵档案。

2. 加强环巢湖文化专题研究

开展环巢湖文化的形成基因、环巢湖文化地位与价值研究;诠释环巢湖文化意义,重点

做好环巢湖文化与中华文明、与当代中国、与社会主义核心价值观建设研究;加强环巢湖文化与经济社会发展互动研究,探索弘扬环巢湖文化的新途径;推进环巢湖古文化、湖文化、水文化、和文化等具有区域特色和时代特征的文化遗产及其当代意义的研究;推进环巢湖名人研究,重点研究历史名人、历史名人群体与环巢湖地域文化的关系等。

3. 举办环巢湖文化学术研讨活动

组织开展多层次、多渠道、全方位的学术交流,主办和承办具有较高规格的有关环巢湖文化研究的全国性学术会议、区域性学术会议,增强广大师生员工对环巢湖文化的认同感,进一步扩大环巢湖文化在校园的影响。

4. 做好环巢湖文化成果出版

以出版文献资料、文化经典读物、课程教材、地方史志等为重点,推进《环巢湖文化研究丛书》《环巢湖文化研究论丛》等的出版工作。努力推出一批具有思想深度、文化厚度和精神高度,并在省内外具有一定影响的优秀文化出版物。

(二) 环巢湖文化教育普及

结合学校实际,围绕环巢湖文化,开展内容丰富、形式多样、层次高、质量好的文化教育普及活动。

1. 举办环巢湖文化展

划定专门区域,举办环巢湖文化展,全方位、多角度地向师生员工展示环巢湖悠久的历史文化。挖掘环巢湖文化中的廉洁、廉政元素,以"地域廉政文化进校园"为主题,运用公益广告、漫画等形式,多角度、多侧面地反映学校建设廉洁校园的新举措和弘扬环巢湖廉政文化的新实践。

2. 举办"环巢湖文化讲坛""汤山讲坛"系列讲座

以环巢湖文化为依托,以弘扬环巢湖优秀的传统文化、革命文化和先进文化为目的,每年邀请校内外专家学者定期举办系列文化讲座。

3. 加强环巢湖文化特色馆藏建设

环巢湖文化内容涉及水文化、远古文化、农耕文化、军事文化、艺术文化、民俗文化、生态文化等。围绕这些教学和研究课题,进行特色馆藏建设,加强对地域文献的搜集与整理工作,形成特色馆藏体系,建设环巢湖文化研究数据库,为开展环巢湖文化教学和研究,提供良好的文献信息资源服务。

4. 推动环巢湖文化融入校园建设活动

校园规划、景观设计、道路命名中体现环巢湖文化元素,彰显环巢湖文化特色。在校园整体规划设计中,注重使校园的山、水、园、林、路等达到使用功能、审美功能和教育功能的和谐统一,通过物化的景观对师生员工起到启迪、感化、陶冶和教育的作用。

5. 举办地方特色鲜明的校园文化活动

结合环巢湖文化特色,精心组织并举办一系列具有鲜明地域特色的校园文化活动。组建巢湖民歌合唱团,和合肥市、巢湖市相关部门联合举办巢湖民歌歌会。举办环巢湖文化艺术节,围绕环巢湖传统戏曲曲艺表演、民间手工艺培训、传统历史教育、民俗民风展示、古城文化体验等方面开展活动。

(三) 环巢湖文化课程开设

挖掘地域传统优秀文化精髓,结合时代特征,开设特色文化课程体系,形成以公共选修课程、素质拓展课程为主导的课程模块和课程体系。

1. 公共选修课程

以传授地域文化知识为目标,开发"环巢湖文化概论"课程,包括环巢湖历史文化、水文化、农耕文化、军事文化、人物文化、艺术文化、民俗文化等若干专题,激起学生对本地区传统文化的敬仰与热爱。

2. 素质拓展课程

以文化技能训练为目标,开发"环巢湖民歌""环巢湖戏曲""环巢湖工艺""环巢湖旅游""环巢湖饮食"等课程,主要培养学生文化传承与创新意识以及文化传承与保护的基本技能。

(四)环巢湖文化教育教学

构建课堂教学(第一课堂)、校园文化(第二课堂)、社会实践(第三课堂)"三个课堂"有机结合的教育教学体系,实现"三个课堂"的互渗交融,增强学生对环巢湖文化的认同,培养学生的文化传承与创新能力。

1. 坚守第一课堂的教学主阵地

通过第一课堂,开展两种类型课程的教学:公共选修课程教学主要传授地域优秀文化基本知识;素质拓展课程教学主要培养学生文化传承与创新意识以及文化传承与保护的基本技能,拓展学生的地域文化视野。

2. 创设第二课堂的校园文化活动

利用环巢湖文化得天独厚的优势,把地域优秀文化融入校园文化活动,以地域文化精神陶冶学生身心。通过主题班会、校园广播、校刊、学报、黑板报、民歌传唱活动、校园文化科技月、校园文化读书月等多种形式,营造浓厚的学习地域文化的活动氛围。

3. 创新第三课堂的校外实践活动

广泛组织学生参加社会实践活动:一是组织学生考察历史遗迹和革命遗址,开展爱国主义和国防教育,传递正能量。二是在创新创业训练计划及学生毕业论文(设计)环节,有针对性地就环巢湖历史文化、环巢湖区域水(温泉)资源、旅游资源的开发利用,以及巢湖水污染的防控等进行专题探讨,增强学生服务地方意识,培养学生的实践能力、创新意识和社会责任感。三是积极开展"三下乡"社会实践活动,以环巢湖区域物质遗产和非物质遗产基地为主体,让学生在文化教育基地实践中深入了解环巢湖区域文化和历史。组织学生赴校外文化育人实践基地——和县猿人遗址、凌家滩文化展馆、巢湖市博物馆、渡江战役纪念馆、新四军七师纪念馆、巢湖三将军故居、孙立人故居、肥西山南小井庄中国农村包产到户纪念馆、巢湖半岛规划馆等,接受传统文化、革命文化、先进文化的教育。

(五)环巢湖文化传播交流

1. 打造环巢湖文化研究专栏

继续做好学报、校刊、《环巢湖研究集刊》等报刊的环巢湖文化研究专栏,策划推出一批集创新性、学术性、前瞻性为一体,具有环巢湖文化特色的优秀栏目,使环巢湖文化的有益思想、艺术价值与时代特点得以展陈传播。

2. 做好环巢湖文化网络传播

深入把握新媒体传播规律和传统文化传承规律,做好环巢湖文化的网络传播。充分利用新媒体优势,整合网上资源,打造一批有影响力的网上文化传播载体和平台。依托校园网和微信公众平台广泛深入宣传环巢湖优秀传统文化。

3. 推动环巢湖优秀传统文化"走出去"

通过校地合作平台,开展各类文化艺术以及学术交流活动,积极向外宣传、推介、展示环巢湖区域戏曲、民乐、书法、绘画等优秀传统文化艺术,使更多具有环巢湖文化特色和较强竞争力的文化产品服务社会。

四、保障措施

（一）加强领导,协同建设

成立以学校党政主要领导为组长、分管领导为副组长、环巢湖文化与经济社会发展研究中心、宣传部、教务处、学生处、团委、科技处、发规处、各学院主要负责人为成员的"环巢湖文化塑校育人工作领导小组",发挥综合协调作用,整合各类资源,调动各方力量,推动形成党委统一领导、党政群协同推进、有关部门各负其责、全校共同参与的环巢湖文化塑校育人工作新格局。各有关部门和群团组织要按照责任分工,制订实施方案,完善工作机制,把各项任务落到实处,共同推动塑校育人工作的开展。

（二）加大宣传,广泛传播

广泛开展环巢湖文化进校园活动,采取多层次、多形式的宣传和教育方式,面向广大师生员工深入展览、展示、展播环巢湖文化。注重建立健全媒体与相关部门合作开展环巢湖文化宣传教育工作机制,充分调动各方面的积极性、创造性,实现资源优势互补。学校新闻媒体要对传承发展环巢湖文化决策部署、环巢湖文化传承发展重大工程和重点项目、环巢湖文化传承发展典型和经验等进行全方位、多角度的宣传报道。

（三）校地合作,共享共建

建立环巢湖文化塑校育人共同体,内培外引,依托校地合作平台,打造由地方政府、高校、科研机构、社会团体及专家学者、教师等组成的优秀教育教学团队,积极推动环巢湖文化进教材、进课堂、进头脑,全面提升环巢湖文化塑校育人成效,彰显环巢湖文化的人格力量。

（四）加大投入,提供保障

设立文化塑校育人专项经费,保障文化塑校育人工作正常有序开展。建设校内外实践基地,为文化塑校育人创造良好的教育教学基地。建设"环巢湖文化资料馆""环巢湖文化展览馆""环巢湖民歌传唱团"等文化育人实践基地,为学生观摩、讲解等活动提供重要素材。

附件

《巢湖学院环巢湖文化塑校育人实施方案》主要工作任务分解表

工作任务	主要内容	责任单位	责任人	协作单位	实施时间
一、环巢湖文化研究	1. 深挖环巢湖文化资源,加强历史文献整理	环巢湖研究中心	张安东	科技处、各学院	长期
	2. 加强环巢湖文化专题研究	环巢湖研究中心	张安东	科技处、各学院	长期
	3. 举办环巢湖文化学术研讨活动	环巢湖研究中心	张安东	科技处、各学院	2018~2020年
	4. 做好环巢湖文化成果出版工作	环巢湖研究中心	张安东	科技处、各学院	2018~2020年
二、环巢湖文化教育普及	1. 举办环巢湖文化展	环巢湖研究中心	张安东	办公室、宣传部	长期
	2. 举办环巢湖文化讲坛	环巢湖研究中心	张安东	科技处、各学院	长期
	3. 举办汤山讲坛	宣传部	余洁平	科技处、环巢湖研究中心	长期
	4. 加强环巢湖文化特色馆藏建设	图书馆	陈恩虎	环巢湖研究中心、各学院	2018~2020年
	5. 融环巢湖文化元素于景观设计、道路命名	后勤处	张蕊	宣传部、环巢湖研究中心、各学院	2018~2019年
	6. 举办地方特色鲜明的校园文化活动	艺术学院	杨松水	团委、环巢湖研究中心	长期
三、环巢湖文化课程开设	1. 开设公共选修课程	教务处	丁俊苗	环巢湖研究中心、各学院	长期
	2. 开设素质拓展课程	教务处	丁俊苗	环巢湖研究中心、各学院	长期
四、环巢湖文化教育教学	1. 坚守第一课堂的教学主阵地	教务处	丁俊苗	环巢湖研究中心、各学院	长期
	2. 创设第二课堂的校园文化活动	教务处	丁俊苗	宣传部、团委、各学院	长期
	3. 创新第三课堂的校外实践活动	教务处	丁俊苗	团委、学工部、各学院	长期
五、环巢湖文化传播交流	1. 打造环巢湖文化研究专栏	宣传部科技处	余洁平、万新军	环巢湖研究中心、各学院	长期
	2. 做好环巢湖文化网络传播	宣传部	余洁平	办公室、环巢湖研究中心	长期
	3. 推动环巢湖优秀传统文化"走出去"	环巢湖研究中心	张安东	宣传部、科技处、团委、各学院	长期

四、制度汇编

巢湖学院二级单位和中层领导干部综合考核实施办法(修订)

校党字〔2018〕13号

为推动学校全面从严治党主体责任和发展目标任务的落实,激励领导干部履职尽责、干事创业,进一步完善校直各二级单位及其领导干部的考核评价机制,制定如下实施办法。

一、考核对象

考核对象为校直二级单位(分为教学学院、职能部门、机关党总支三类)和中层领导干部(指担任领导职务的处级干部,以下简称中层干部)。

二、考核内容与考核指标

(一)考核内容

二级单位考核内容分为"发展"和"党建"两个部分。中层干部考核内容为个人年度履行岗位职责情况,包括德、能、勤、绩、廉等方面的现实表现。

(二)考核指标

"发展"和"党建"考核指标分为基本职责指标和年度任务指标。基本职责指标根据二级单位职责设置,相对固定,占60%左右;年度任务指标为学校当年给各二级单位下达的目标任务,以及安排的临时性、突击性工作任务,占40%左右,该类指标"一年一版本,一年一调整"。

根据二级单位工作性质和职责界定,考核指标分为4类:

1. 教学学院发展考核指标:主要考核教学工作(含专业建设)、科研工作(含学科建设和社会服务)、师资队伍建设工作、学生工作(含学生指导与服务)、设备与实验室管理工作等。

2. 教学学院和机关党总支党建考核指标:主要考核理论武装和意识形态工作、领导班子和干部队伍建设、基层党组织和党员队伍建设、作风建设、纪律建设、党建工作责任制、和谐校园建设等。另根据教育部有关马克思主义学院建设标准对直属党支部考核指标进行调整。

3. 职能部门发展考核指标:主要考核职责履行情况、年度目标任务完成情况。

4. 职能部门党建考核指标:主要考核领导班子建设、党内政治生活、工作作风、廉洁自律、制度建设与信息公开等情况。

三、考核方式和组织实施

成立学校综合考核工作领导组及其办公室。办公室成员单位为承担考核任务的相关职能部门。其中组织部牵头"党建"指标和中层干部的考核,人事处、发规处牵头"发展"指标的考核。

(一)考核方式

学校成立若干专项考核组。在单位工作总结的基础上,教学学院发展和党建考核采取"考核部门评分+专项考核组评分+民主测评"的方式进行;职能部门发展和党建考核采取

"考核部门评分+专项考核组评分+民主测评+教学学院评分+群众满意度测评"的方式进行。中层干部在个人述职述德述廉报告的基础上,综合考核采取"所在单位综合考核得分分摊+民主测评"的方式进行。

(二)组织实施

综合考核一般按以下步骤实施：

1. 撰写总结报告。二级单位和中层干部对年度工作进行总结,撰写单位总结报告和个人述职述德述廉报告。

单位总结报告要依据考核内容和指标,逐项对照撰写,由主要负责同志主持起草,经过集体研究,并采取适当方式征求教职员工意见,一般为3000字左右。

中层干部个人要依据考核内容和指标,结合岗位职责和工作分工,采取写实手法,撰写个人述职、述德、述廉报告,要做到全面客观、简明扼要,一般2000字左右。

单位总结报告、个人述职述德述廉报告,按要求提前报送并统一在校园网公布。

2. 填写考核指标完成情况对照汇总表。二级单位对照《发展(党建)考核指标与评分标准》,针对所有项目梳理出当年工作完成情况、收集辅助证明材料,并填写《二级单位综合考核工作完成情况对照汇总表》(以下简称《汇总表》),准备加分项目书面申请材料。

工作完成情况要对照评分标准逐条梳理,文字简明扼要,尽量用数据说话,填写在《汇总表》的"对照说明"栏里。辅助证明材料要对照评分标准收集有关资料档案,包括过程材料、形成的文件(详细列出资料档案的形成时间、名称和文号等信息),填写在《汇总表》的"资料档案"栏里。

3. 提供相关支撑材料。根据考核文件和专项考核组要求提供相关材料,主要包括:工作文件,党政联席会、理论学习会、工作例会记录,民主生活会材料,有关发展、党建工作资料。

4. 专项考核组评分。在相关职能部门初步评分的基础上,专项考核组根据实地考核情况,结合汇总表、支撑材料、平时掌握情况、工作台账、统计数据以及被考核单位总结报告等,对照考核指标与评分标准,进行综合会商评判,力求客观准确,扣分有据。

5. 教学学院评分。由教学学院对职能部门评分。评分指标分"发展"和"党建"两部分：发展设置整体工作、履行职能、工作效能、按章办事、信息公开5项指标；党建设置班子建设、党内政治生活、工作作风、廉洁自律、制度建设与信息公开5项指标。各教学学院要根据平时了解掌握的情况,对照考核指标,按照评分要求,坚持集体研究、综合研判,独立客观、实事求是地进行评价。评分要有一定的区分度、拉开适当分差。

6. 群众满意度测评。在教学学院遴选具有广泛代表性的教职工代表30人左右,对职能部门进行满意度测评。

7. 会议述职与测评。民主测评表分A、B、C三类,A类由校领导填写,B类由中层干部填写,C类由考核单位教职工填写。

中层干部测评。根据情况进行会议或书面总结与述职,中层干部进行互评,同时对全校各二级单位进行民主测评。

学校成立若干实地考核组,受委托赴各考核单位查阅、核实有关档案资料并组织民主测评。各考核单位召开全体教职工会议,一般进行书面总结和述职,与会人员对本考核单位所辖的二级单位及其中层干部进行民主测评。

二级单位的民主测评分为优秀、良好、一般、较差,中层干部的民主测评分为优秀、良好、合格、基本合格、不合格。优秀得 100 分,良好得 80 分,合格得 70 分,一般(基本合格)得 60 分,较差(不合格)得 0 分,弃权得 30 分,实行加权计分。

具体计算公式为:

二级单位民主测评得分=("优秀"票数×100+"良好"票数×80+"一般"票数×60+"弃权"票数×30)/("优秀"票数+"良好"票数+"一般"票数+"较差"票数+"弃权"票数);

中层干部民主测评得分=("优秀"票数×100+"良好"票数×80+"合格"票数×70+"基本合格"票数×60+"弃权"票数×30)/("优秀"票数+"良好"票数+"合格"票数+"基本合格"票数+"不合格"票数+"弃权"票数)。

民主测评表 A、B、C 三类分别按 40%、30%、30%的权重计分。

四、量化计分

根据专项考核组评分、民主测评、教学学院评分等情况,对二级单位和中层干部综合考核量化计分:

1. 二级单位综合考核得分实行双百分制,即发展 100 分、党建 100 分;附加分单列,实行加分扣分制。

教学学院发展(党建)考核得分=专项考核组评分(占 60%)+民主测评得分(占 40%)。

机关一、二总支考核得分=专项考核组评分(占 60%)+民主测评得分(占 40%)。

职能部门发展(党建)考核得分=专项考核组评分(占 40%)+民主测评得分(占 40%)+教学学院评分(占 10%)+群众满意度测评得分(占 10%)。

2. 中层干部综合考核得分实行百分制,并体现不同岗位的职责要求;附加分单列,实行加分扣分制。

中层正职(含主持工作的副职)综合考核得分=所在单位综合考核百分制得分(占 70%)+中层干部民主测评得分(占 30%)。

中层副职综合考核得分=所在单位综合考核百分制得分(占 50%)+中层干部民主测评得分(占 50%)。

3. 建立加分扣分制度。加分扣分项目及标准见各考核指标与评分标准。

4. 考核指标中内容不适合的,得分换算计算公式为:评价得分=参评指标得分÷(100-不适合指标得分)×100%。

五、考核等次评定

(一)评定程序

考核办统计汇总后综合提出建议,报综合考核工作领导组审议后,经校党委会审定后予以公示。

(二)二级单位等次评定

二级单位分为优秀、良好、一般、较差 4 个等次。教学学院和职能部门(含机关一、二党总支)分别排序,以百分制换算。按不超过 25%的比例,从得分在 85 分及以上的单位中确定优秀等次;得分在 75 分(含 75 分)至 85 分的以及 85 分以上未获得优秀等次的,按不超过 60%的比例确定良好等次;得分在 60 分(含 60 分)至 75 分的,均为一般等次;得分在 60 分以下的,均为较差等次。

单位有下列情况之一者,该单位综合考核不能评为优秀等次:

1. 有弄虚作假行为的;
2. 发生重大教学事故的;
3. 发生群体性事件并造成恶劣影响的;
4. 被学校通报批评的;
5. 年度核心量化指标完成率未达80%的;
6. 有违反师德行为且造成不良影响的;
7. 有其他不能评为优秀等次情形的。

单位有下列情况之一者,严格执行"一票否决"制,该单位综合考核应定为不合格:

1. 发生影响国家安全的重大事件的;
2. 发生影响社会稳定的群体事件的;
3. 发生安全生产责任事故的;
4. 造成学校声誉受到不良影响或重大经济损失的;
5. 违反党风廉政建设有关规定的;
6. 有其他"一票否决"情形的。

(三) 中层干部等次评定

中层干部分为优秀、良好、合格、基本合格、不合格5个等次。按不超过25%的比例,从得分在85分及以上的干部中确定优秀等次;从得分在75分(含75分)至85分的以及85分以上未获得优秀等次的干部中,按不超过60%的比例确定良好等次;得分在65分(含65分)至75分的,均为合格等次;得分在60分(含60分)至65分的,均为基本合格等次;得分在60分以下的,均为不合格等次。

确定优秀等次的有关规定:

1. 确定为优秀等次的中层干部中,正职(含主持工作的副职)不超过70%;
2. 同一单位被确定为优秀等次的,机关部门不超过1人,教学学院不超过2人;得分等同的,由分管联系领导协调后提出主导意见,协调后仍无法取得一致意见的,通过党委会票决。

有下列情形之一的,不得确定为优秀等次:

1. 未完成年度岗位工作任务的;
2. 全年累计事假10天以上,或病假20天以上的;
3. 无故不参加政治学习(或学校组织的会议及活动)2次以上的;
4. 工作中出现责任事故受到学校通报批评的;
5. 党总支(直属支部)书记抓基层党建综合评价未达到"好"等次的;
6. 所在单位年度考核未达到"良好"以上等次的。

具有下列情形之一的,应当确定为不合格等次:

1. 发生道德品行问题且造成不良影响的;
2. 服务意识和工作责任心薄弱,或者工作态度、作风差的;
3. 不服从组织分配或无故不接受组织交给的任务;未能履行岗位职责,未能完成工作任务的；

4. 在工作中因严重失误、失职，造成责任事故的；
5. 存在不廉洁问题的；
6. 因违法乱纪受到公安、司法机关处理的；
7. 弄虚作假或有学术不端行为的；
8. 擅自离岗连续超过3天以上或一年内累计达5天以上的。

六、考核结果运用

1. 综合考核结果为"优秀"的单位，由学校授予"年度考核优秀单位"称号，单位主要负责人年度考核同等条件下优先认定为"优秀"等次。
2. 考核结果作为年度奖励性绩效分配和中层干部聘任、奖惩以及评先评优的重要依据。
3. 对考核结果确定为基本合格等次的中层干部或一般等次的单位，由学校党政主要负责人或分管联系负责人对中层干部本人或单位党政主要负责人进行诫勉谈话，指出存在的问题和努力方向。
4. 对考核结果确定为不合格等次的中层干部或较差等次的单位，视具体情况分别对中层干部本人或单位党政主要负责人做出免职、责令辞职、降职等组织处理。

七、考核纪律

所有参与考核的单位和个人，要坚持公开公平公正原则，把握量化细化实化标准，落实严格严谨严肃要求，在考核工作中严格遵守组织人事纪律，严格遵守廉洁自律规定，严格保守工作秘密，严格规范操作，严禁弄虚作假，做到"26个不得"。对违反考核纪律的，依照《省委管理的领导班子和领导干部综合考核工作纪律》的有关规定严肃查处。

巢湖学院党员领导干部操办婚丧喜庆事宜暂行规定

校党字〔2018〕29号

为落实中央八项规定精神，规范党员领导干部操办婚丧喜庆事宜，根据《中国共产党廉洁自律准则》《中国共产党纪律处分条例》和领导干部报告个人有关事项等规定，结合学校实际，制定本规定。

第一条 党员领导干部操办婚丧喜庆事宜，要带头落实廉洁自律有关规定，带头移风易俗，弘扬时代新风，带头勤俭节约，自觉做到操办婚丧喜庆事宜及时报告，从简办理，以身作则，做出表率。

第二条 婚丧喜庆事宜，是指党员领导干部本人及其直系亲属婚丧嫁娶、升学参军、建房乔迁、生日寿诞、婴儿满月、调动升迁、病愈出院、出国出境等事宜。

第三条 党员领导干部确需操办婚丧喜庆事宜的，应遵守以下规定：

1. 严禁大操大办。办理婚丧喜庆事宜应尚俭戒奢，杜绝比阔炫富、铺张浪费。严禁大摆筵席、豪华车队、天价彩礼、奢靡演艺等奢华行为。

2. 严禁变相操办。不准采取事前预请、事后续请、化整为零、分批宴请等方式变相大操大办。

3. 严禁超范围操办。不得邀请或接受下属、管理和服务对象以及与本人行使职权有关的单位、企业和个人参加。

4. 严禁借机敛财。不得接受下属、管理和服务对象以及与本人行使职权有关的单位、企业和个人赠送的礼金、礼品、消费卡等财物。不得收受明显超出正常往来的礼金、礼品、消费卡等财物。

5. 严禁占用公款公物。不准违规使用公车、公物或在有业务往来单位的宾馆、饭店、招待所、食堂等操办婚丧喜庆事宜。

6. 严禁转嫁摊派。不准利用或变相利用职权、职务上的影响和便利,要求管理与服务对象及其所属单位报销有关费用或承办婚丧喜庆事宜。

7. 严禁庸俗迷信。不准在操办婚丧喜庆事宜中搞有损社会公德、有损党和政府形象的庸俗活动或封建迷信活动。

第四条 党员领导干部操办婚丧喜庆事宜实行报告制度。校级领导干部按照干部管理权限向上级党组织报告;处级干部在操办婚丧喜庆事宜前应将拟办情况报告校党委组织部并报纪委办公室备案;科级干部在操办婚丧喜庆事宜前应将拟办情况报告所属党总支。操办情况有变化的,应在事后5个工作日内书面补充报告变化情况。

如操办丧葬事宜等特殊情况来不及报告的,可先口头报告,并在事后5个工作日内补办报告手续。

第五条 党员领导干部操办婚丧喜庆事宜的情况,应在党员民主生活会或组织生活会上做出说明。

第六条 党员领导干部违反本规定的,按照干部管理权限,视情节轻重,给予批评教育、组织处理或者纪律处分;涉嫌犯罪的,移送司法机关依法处理。

第七条 单位负责人落实全面从严治党主体责任不力,本单位发生违反本规定情形,造成不良影响的,按照有关规定,追究单位领导的责任。

第八条 本规定自发布之日起施行。

第九条 本规定由纪委办公室(监察审计处)、党委组织部负责解释。

附件

党员领导干部操办婚丧喜庆事宜报告单

报告人姓名		性别		党政职务	
工作单位				申报时间	
申报事宜	操办时间			操办地点	
	操办事由及内容：				
本人承诺	严格遵守《巢湖学院党员领导干部操办婚丧喜庆事宜暂行规定》，如实报告操办婚丧喜庆有关事宜，接受监督，如违反规定，自愿接受组织处理。 承诺人（签字）： 　　　　　　　年　月　日				

备注：党员领导干部操办婚丧喜庆事宜的，填写本表向组织报告，申报事宜包括：时间、地点、事由、形式、规模、人员范围等。

巢湖学院深入学习贯彻习近平新时代
中国特色社会主义思想若干规定

校党字〔2018〕36号

第一章 总 则

第一条 为了推动学习贯彻习近平新时代中国特色社会主义思想制度化、规范化、长效化，坚定用习近平新时代中国特色社会主义思想武装头脑、指导实践、推动工作，根据中央、省委要求，结合我校实际，制定本规定。

第二条 习近平新时代中国特色社会主义思想是对马克思列宁主义、毛泽东思想、邓小平理论、"三个代表"重要思想、科学发展观的继承和发展，是马克思主义中国化最新成果，是党和人民实践经验和集体智慧的结晶，是中国特色社会主义理论体系的重要组成部分，是党章和宪法确立的党和国家指导思想，是全党全国人民为实现中华民族伟大复兴而奋斗的行动指南，是党的十八大以来党和国家事业取得历史性成就、发生历史性变革的根本理论指引，必须长期坚持并不断发展。

深入学习贯彻习近平新时代中国特色社会主义思想，是在思想上、政治上、行动上同以习近平同志为核心的党中央保持高度一致的前提基础；是不断推进理论创新和理论武装、进一步提高全党理论素养的内在要求；是站在中国特色社会主义进入新时代这个新的历史方位上更好推进党和国家各项工作的必然要求；是增强各级干部特别是领导干部工作能力和领导能力的重要途径；是激发全党全国人民奋进斗志和创造热情的动力之源。

全校各级党组织和广大党员干部必须把学习贯彻习近平新时代中国特色社会主义思想作为首要政治任务，深入开展大学习、大宣讲、大培训、大调研、大落实，牢固树立"四个意识"，切实增强"四个自信"，始终做到"五个纯粹"，严守政治纪律和政治规矩，忠诚、维护、看齐习近平总书记这个全党拥护、人民爱戴、当之无愧的党的核心、军队统帅、人民领袖，全面建设地方应用型高水平大学，确保学校各项事业沿着党中央确定的正确方向前进。

第三条 学习贯彻习近平新时代中国特色社会主义思想应当遵循下列原则：

1. 坚持领导带头，实现全面覆盖。各级领导干部必须以身作则、率先垂范，把自己摆进去、把思想摆进去、把工作摆进去，在学习上深一步、认识上高一筹、实践上先一招，形成"头雁效应"。充分发挥带学促学作用，推动党员学习全覆盖。

2. 坚持深研细读，领会核心要义。带着信念学，带着感情学，带着责任学，读原著、学原文、悟原理，深入领会贯穿其中的马克思主义立场观点方法，深刻把握蕴含其中的坚定信仰信念、鲜明人民立场、强烈历史担当、求真务实作风、勇于创新精神和科学方法论，切实增强对习近平新时代中国特色社会主义思想的政治认同、思想认同、理论认同、情感认同，做到不忘初心、牢记使命、永远奋斗。

3. 坚持全面系统，做到融会贯通。把学习习近平新时代中国特色社会主义思想同学习马克思主义基本原理贯通起来，同把握党的十八大以来进行"四个伟大"的实践贯通起来，同把握党的十九大做出的各项战略部署贯通起来，既从总体上把握习近平新时代中国特色社会主义思想的科学体系和思想精髓，又从各个领域深入理解其基本内涵和基本要求。

4. 坚持问题导向，增强执政本领。带着问题学习，聚焦问题思考，针对工作中遇到的难题，从习近平新时代中国特色社会主义思想中找指针、找方法、找路径，不断提高"八个本领"，做到信念过硬、政治过硬、责任过硬、能力过硬、作风过硬。

5. 坚持知行统一，务求取得实效。弘扬理论联系实际的马克思主义学风，紧密联系思想和工作实际，紧密联系改革发展稳定和党的建设实际，切实把学习成果转化为推动工作的思路举措和强大动力，转化为真抓实干、奋勇前进的自觉行动，不断开创学校地方应用型高水平大学建设的新局面。

第二章　深入学习领会

第四条　坚持应学必学、应学尽学、应学立学。习近平总书记发表重要讲话后，中央明确传达范围的，按照规定范围第一时间组织学习；全文公开发表的，各级党组织应当及时布置安排学习；以新闻报道形式摘发重要讲话要点的，应当及时学习。

通过深入系统学习，深刻领会习近平新时代中国特色社会主义思想关于新时代坚持和发展什么样的中国特色社会主义、怎样坚持和发展中国特色社会主义重大时代课题；深刻领会新时代坚持和发展中国特色社会主义的总目标、总任务、总体布局、战略布局和发展方向、发展方式、发展动力、战略步骤、外部条件、政治保证等基本问题；深刻领会习近平新时代中国特色社会主义思想关于经济、政治、法治、科技、文化、教育、民生、民族、宗教、社会、生态文明、国家安全、国防和军队、"一国两制"和祖国统一、统一战线、外交、党的建设等各方面的理论分析和政策指导；深刻领会新时代坚持和发展中国特色社会主义基本方略。

第五条　校党委采用党委会议、理论学习中心组学习会、领导干部集中培训等形式进行学习，加强研讨式、互动式、调研式学习；基层党组织结合"三会一课"开展学习，把习近平新时代中国特色社会主义思想作为党员教育的基本内容，形成学习常态，创新方式方法，提升学习质量和效果。校党委领导为党员讲党课时，应当把习近平新时代中国特色社会主义思想及学习体会作为首要内容。

第六条　学校党委理论学习中心组应当把学习贯彻习近平新时代中国特色社会主义思想作为第一位任务，制订学习计划，细化学习专题，集中学习研讨，落实学习措施，充分发挥党委理论学习中心组的示范带动作用。

第七条　学校应当把习近平新时代中国特色社会主义思想作为思想政治教育和课堂教学的重要内容。推动习近平新时代中国特色社会主义思想进研究机构、进教材、进课堂、进头脑。

第八条　党员干部在集体学习的同时，应当结合岗位职责，突出学习重点，加强个人自学，原汁原味研读、悉心领会，重点学好用好党的十九大报告和《习近平谈治国理政》第一卷、第二卷以及《习近平新时代中国特色社会主义思想学习纲要》等中央审定的学习教材。

第九条 严格学风要求，建立健全并严格执行学习考勤、学习记录、学习通报等制度，构建党员干部自觉学习、深入学习、持久学习的长效机制。

第三章 广泛宣传阐释

第十条 把学习贯彻习近平新时代中国特色社会主义思想作为宣传工作的头等大事，把握整体、全面系统，抓住关键、突出重点，开展多角度、全方位、立体化的宣传报道，用习近平新时代中国特色社会主义思想统一思想、凝聚力量。突出宣传习近平总书记作为党的核心、军队统帅、人民领袖的思想、风范、情怀。

第十一条 做好日常报道。立足学校实际，把习近平新时代中国特色社会主义思想融入日常报道之中。学校主要新闻媒体应当在重要时段、重要版面和新闻网站首页开设专题专栏，及时刊播相关动态报道和学习体会，保持宣传报道的频率密度。统筹做好新闻宣传、理论宣传、社会宣传、文艺宣传、网络宣传，弘扬主旋律，传播正能量，营造浓厚的学习氛围。

第十二条 广泛开展大宣讲。各级领导干部带头学、带头讲，讲清楚、说明白，让师生听得懂、能领会、可落实。组织党代表、领导干部、专家学者、百姓、青年和行业代表广泛开展对象化、分众化、互动化宣讲，持续开展"送理论进基层"宣讲活动，推动习近平新时代中国特色社会主义思想进企业、进农村、进机关、进校园、进社区。开展面向党外人士的宣讲工作，增进党外人士对习近平新时代中国特色社会主义思想的认知认同。

第十三条 加强典型宣传。总结和宣传学校各单位学习贯彻中的新举措、新实践、新经验、新成效，挖掘推介一批学习贯彻的典型做法和先进经验。

第十四条 创新宣传方式。积极运用微博、微信、新闻客户端等新媒体传播平台，以新颖的视角、丰富多样的形式、通俗易懂的语言推出宣传报道，增强宣传的传播力、引导力、影响力和公信力。

第十五条 开展理论研究。充分发挥社科联、各类社科研究基地、研究机构，以及马克思主义学院等院系的优势，深入开展对习近平新时代中国特色社会主义思想的研究、阐释和解读，打造一批高水平的理论宣传阵地，推出一批有深度、有分量的理论研究成果和言论评论。

第十六条 强化阵地管理。对错误观点和歪曲解读，要旗帜鲜明地加以批驳和辨析，解疑释惑、明辨是非，不给错误思想言论提供传播渠道。

第四章 坚决贯彻落实

第十七条 贯彻落实习近平新时代中国特色社会主义思想，必须坚持党的基本理论、基本路线、基本方略，统筹推进"五位一体"总体布局，协调推进"四个全面"战略布局，坚定用新发展理念统领发展全局，大力推动高质量发展，纵深推进全面从严治党，展现新气象，实现新作为。

第十八条　校党委成员应当围绕学习习近平新时代中国特色社会主义思想，结合本职工作，到基层一线开展调查研究。调研既要到工作开展好的单位或部门去总结经验，更要到困难较多、情况复杂、矛盾尖锐的单位或部门去全面深入了解情况，研究解决问题，谋实思路举措，指导发展、推动工作。

第十九条　校党委全面对标习近平新时代中国特色社会主义思想，结合本地本部门实际，全面审视工作思路和目标路径，深入研究贯彻落实举措，把习近平新时代中国特色社会主义思想转化为科学思路、政策措施和工作成果，做到思想上对标对表、行动上紧跟紧随、执行上坚定坚决。

第二十条　校党委制定学习贯彻工作方案，将任务举措逐项分解，落实到具体部门和人员，压紧压实责任，以钉钉子的精神狠抓工作落实，确保各项举措落到实处、见到实效，确保将习近平新时代中国特色社会主义思想不折不扣贯彻到位。

第二十一条　抓好建章立制，坚持用习近平新时代中国特色社会主义思想指导政策制定和制度建设，及时总结固化好的经验做法，推动习近平新时代中国特色社会主义思想政策化、制度化、法治化。

第二十二条　充分利用习近平新时代中国特色社会主义思想学习贯彻工作平台等有效载体，建立健全工作推进机制，以务实管用的方式方法推动党委传达学习、安排部署、贯彻实施、跟踪问效等工作。

第五章　严格督查考核

第二十三条　校党委加强对习近平新时代中国特色社会主义思想学习贯彻情况的督查，各党总支（直属党支部）要根据工作需要做出安排。

党委办公室要把习近平新时代中国特色社会主义思想学习贯彻情况作为督查的核心任务，重点督查党委学习贯彻习近平新时代中国特色社会主义思想决策部署、任务举措的落实情况，督促指导、推动解决贯彻落实中存在的问题，确保取得实实在在的效果。

第二十四条　校党委将习近平新时代中国特色社会主义思想学习贯彻情况作为年度全面工作报告和年度党建工作报告的重要内容，向上级党委全面客观报告学习贯彻情况。

第二十五条　加强信息工作，及时反映学习贯彻习近平新时代中国特色社会主义思想特色举措、取得成效和意见建议，通报学校各单位学习贯彻情况，交流经验、启发思路。

第二十六条　把习近平新时代中国特色社会主义思想学习贯彻情况纳入领导班子和领导干部综合考核、年度考核、基层党建述职评议考核，把督查和考核结果作为干部任用、奖惩的重要依据，对学习贯彻不力的依纪依规严肃问责，限期整改。

第六章　加强组织领导

第二十七条　校党委坚持和加强党的全面领导，把学习贯彻习近平新时代中国特色社会主义思想摆上首要位置,在政治立场、政治方向、政治原则、政治道路上同以习近平同志为核心的党中央保持高度一致。党委主要负责同志当好第一责任人,精心安排部署,强化组织实施,切实抓好学校学习贯彻工作。

第二十八条 校党委加强分类指导,根据不同领域、不同类型党组织特点,联系不同群体党员的实际情况,通过专题学习、交流研讨、主题党课等形式,组织广大党员干部深入学习,把学习贯彻任务具体化、精准化,推动党员干部学有所思、学有所悟、学有所获。

第二十九条 学习贯彻工作应当做到常抓不懈、久久为功,力戒形式主义,防止时紧时松、空喊口号,防止简单以会议落实会议、以文件贯彻文件,确保习近平新时代中国特色社会主义思想在学校落地生根、开花结果。

第三十条 党委办公室切实履行综合协调、督查促进职责,强化统筹调度,协助党委抓好学习贯彻工作。党委组织、宣传等部门各司其职,密切配合,确保学习贯彻工作有效衔接、协调推进。

第七章 附 则

第三十一条 本规定自 2018 年 5 月 25 日起施行。

巢湖学院党内评选表彰实施办法(试行)

校党字〔2018〕42 号

为深入学习宣传习近平新时代中国特色社会主义思想,全面贯彻落实党的十九大精神,隆重纪念党的生日,推进"两学一做"学习教育常态化、制度化,充分发挥先进典型的示范带动作用,激励各级党组织和广大党员坚定信念、对党忠诚,履职尽责、奋发有为,在教书育人、科研创新、服务社会、传承文化、建设应用型高水平大学的征程中做出更大贡献,现就学校党内评选表彰工作制定如下实施办法。

一、评选表彰名称及时间

学校党内评选表彰名称包括:先进基层党组织、优秀共产党员、优秀党务工作者(以下简称"一先两优"),原则上每两年开展一次,在"七一建党节"前夕进行。

二、评选表彰推荐名额

学院级党组织(含二级学院党委或党总支、机关党委或党总支、直属党支部)按所在党组织在岗教职工和在校学生正式党员数的3%左右(以上年度12月31日的党员数为基数)推荐优秀共产党员或优秀党务工作者;各二级学院党组织推荐先进基层党组织1个,机关党委推荐2个;离退休党支部推荐优秀共产党员1名。具体表彰名额由校党委在当年另行确定。

三、评选表彰条件

(一)先进基层党组织条件

认真组织学习宣传习近平新时代中国特色社会主义思想,坚决贯彻执行党的路线方针政策,主动向党中央看齐,自觉维护党的团结和集中统一。认真贯彻执行党章,切实履行党建责任,严格落实党的组织生活制度和党员教育管理制度,有效实现基层党组织政治功能和服务功能,团结带领党员群众出色完成各项任务,在教书育人、管理育人、服务育人等方面取得显著成绩。认真执行民主集中制,真抓实干,作风优良,团结协作,勤政廉政,充分发挥战斗堡垒作用,赢得党员群众的信任和拥护。

近两年内,有下列情况之一者,不得推荐评选为先进基层党组织:

1. 领导班子不团结,严重影响工作的;
2. 党政联席会议制度落实不够,每年召开党政联席会议的平均次数少于6次的;
3. "三会一课"制度执行不够,每年召开"三会"的平均次数少于10次、党组织书记给党员或入党积极分子上党课每年平均少于4次的;
4. "党员活动日"落实不够,每年开展"党员活动日"平均次数少于10次的;
5. 党支部学习制度落实不够,每年集中学习少于10次的;
6. 未召开年度民主生活会或组织生活会的;
7. 在党支部年度考核中未获得"好"等次的;
8. 所在党组织有党员受到纪律处分且影响期未满的。

(二)优秀共产党员条件

理想信念坚定,对党绝对忠诚,认真学习习近平新时代中国特色社会主义思想,牢固树立"四个意识",坚决维护以习近平同志为核心的党中央权威,坚决维护党的团结和集中统一领导。自觉遵守党章,严格遵守党的各项纪律特别是政治纪律和组织纪律,认真履行党员义务,正确行使党员权利。带头执行党的路线方针政策,讲政治、有信念,讲规矩、有纪律,讲道德、有品行,讲奉献、有作为。密切联系师生员工,敢于担当、积极作为,业绩显著、事迹突出,在教学、科研、管理、服务、学习和社会生活中充分发挥先锋模范作用。自觉践行社会主义核心价值观,清正廉洁,品德高尚,受到师生员工广泛赞誉。

近两年内,有下列情况之一者,不得推荐评选为优秀共产党员:

1. 不能认真履行岗位职责,严重影响工作的;
2. 未主动认领党员先锋岗或示范岗的;
3. 未参加过"党员活动日"的;
4. 无故缺席会议或集体学习平均每年达2次的;
5. 发生过教学事故或学术不端行为且受到处理的;
6. 违反校纪校规、受到纪律处分或责任追究且影响期未满的。

(三)优秀党务工作者条件

理想信念坚定,对党绝对忠诚,认真学习习近平新时代中国特色社会主义思想,牢固树立"四个意识",坚决维护以习近平同志为核心的党中央权威,坚决维护党的团结和集中统一领导。自觉遵守党章,严格遵守党的各项纪律特别是政治纪律和组织纪律。热爱党务工作,具有较高的党务工作专业水平,认真履行工作职责,积极探索新形势下党务工作的方法途径,在本职岗位上做出显著成绩。带头践行"三严三实"要求,坚持党的群众路线,善于做群众工作,克己奉公,廉洁自律,在党员群众中有较高威信。

近两年内,有下列情况之一者,不得推荐评选为优秀党务工作者:

1. 在党务工作岗位任职不满2年的；
2. 不能认真履行岗位职责，严重影响工作的；
3. 未开展结对帮扶工作的；
4. 未参加过"党员活动日"的；
5. 无故缺席会议或集体学习平均每年达2次的；
6. 违反校纪校规、受到纪律处分或责任追究且影响期未满的。

四、推荐评选的办法和程序

先进基层党组织、优秀共产党员和优秀党务工作者，采取自下而上、上下结合的方式开展推荐评选工作。

各学院级党组织在认真组织学习文件的基础上，广泛宣传发动，对照评选条件，采取自下而上、自上而下相结合的办法反复筛选，充分听取党内外群众意见，经集体研究后向学校推荐。校党委成立评选考察小组，经综合评定后，提出拟表彰名单，提交党委会讨论同意后，在全校范围内进行公示。

"七一建党节"之前，进行表彰和奖励。

五、有关具体要求

1. 各级党组织要高度重视，精心组织，严格把关，真正把推荐、评选、表彰的过程作为加强学校基层党组织建设，促进各项工作顺利开展的过程，进一步形成评先进、学先进、赶先进的良好风气。

2. 各级党组织要坚持民主推荐、好中选优、实事求是的原则，真正把业绩突出、群众公认的先进典型评选出来。评选过程中要注意代表性，重点向一线工作的岗位和个人倾斜，处级党员领导干部的推荐名额要从严掌握。在同一任期内已获评"先进基层党组织"的，如无新的突出业绩，不再继续推荐。学院级党组织可推荐本级党组织参评，但须从严掌握。

3. 推荐评选工作要坚持公平公正公开，严格程序，严明纪律要求；反对弄虚作假，严禁搞平衡照顾。

4. 要按照时间节点完成推荐工作，规范报送以下推荐材料：推荐审批表；先进事迹材料（2000字左右）；个人推荐对象电子照片（近期免冠正面彩色，白色背景，无边框，JPG格式，像素不低于626×413，文件名为推荐对象姓名）。纸质版和电子版一并报送党委组织部。先进事迹材料要实事求是，突出特点，文字精练。

六、附则

1. 本办法由党委组织部负责解释。
2. 各学院级党组织可在本办法的基础上，结合组织类型和岗位特点，细化推荐和评选标准。
3. 各学院级党组织可参照本办法开展评选表彰活动，其中二级学院党组织表彰的重点应是学生党支部和学生党员。活动开展情况报党委组织部备案。

中共巢湖学院委员会工作规则(修订)

校党字〔2018〕51号

第一章 总 则

第一条 为认真贯彻党的民主集中制原则,落实党委对学校工作的统一领导,发挥党委在学校的领导核心作用,健全党委会工作制度,推进党委会议决策的科学化、民主化、规范化,根据《中国共产党章程》、《中华人民共和国教育法》、《中华人民共和国高等教育法》、《中国共产党普通高等学校基层组织工作条例》(中发〔2010〕15号)、《关于坚持和完善普通高等学校党委领导下的校长负责制的实施意见》(皖办发〔2016〕16号)、《巢湖学院章程》(校党字〔2016〕6号)、《巢湖学院坚持和完善党委领导下的校长负责制的实施细则》(校党字〔2016〕88号)等政策法规文件,结合学校实际,制定本规则。

第二条 党委会工作指导思想是:高举中国特色社会主义伟大旗帜,以马克思列宁主义、毛泽东思想、邓小平理论、"三个代表"重要思想、科学发展观、习近平新时代中国特色社会主义思想为指导,坚持社会主义办学方向,全面贯彻党的教育方针,培养德智体美全面发展的社会主义建设者和接班人。

第三条 学校实行党委领导下的校长负责制。党委对学校工作实行全面领导,承担管党治党、办学治校主体责任,把方向、管大局、做决策、保落实。按照统筹推进"五位一体"总体布局和协调推进"四个全面"战略布局要求,把握学校发展方向,决定学校重大问题,监督重大决议执行,支持校长依法独立负责地行使职权,保证以人才培养为中心的各项任务完成。

第四条 党委会必须坚持民主集中制,实行集体领导和个人分工负责相结合的制度;坚持集体领导、民主集中、个别酝酿、会议决定的原则;坚持科学决策、民主决策、依法决策的原则。

第五条 党委会主持党委日常工作,每年向党员代表大会报告工作并接受监督。

第二章 党委会工作职责

第六条 全面贯彻执行党的路线、方针、政策和上级的指示、决定,学习传达上级组织重要会议和有关文件精神,制定落实具体的意见和措施。

第七条 牢固树立创新、协调、绿色、开放、共享的发展理念,讨论决定事关学校改革发展稳定及教学、科研、行政管理中的重大事项和基本管理制度。

重大事项包括:研究讨论办学指导思想、中长期发展规划、重要改革方案和规章制度,教学、科研、学科专业建设及招生就业等工作中的重大问题,年度财务预决算、大额资金筹措和使用、基建项目和资产管理等工作中的重大问题,对外合作与交流工作中的重大问题,安全稳定及关系师生员工切身利益的重大问题等。

第八条　坚持党管干部原则，按照干部管理权限负责干部的选拔、教育、培养、考核和监督，讨论决定学校内部组织机构的设置及其负责人的人选，依照有关程序推荐校级领导干部和后备干部人选。做好老干部工作。

第九条　坚持党管人才原则，讨论决定学校人才工作规划和重大人才政策，创新人才工作体制机制，优化人才成长环境，统筹推进学校各类人才队伍建设。

第十条　坚持党管宣传、党管意识形态的原则，领导学校思想政治工作和德育工作，坚持正确的政治方向和舆论导向，坚持用中国特色社会主义理论体系武装师生员工头脑，培育和践行社会主义核心价值观，加强思想政治理论课建设，强化网络思想政治教育和网络管理。牢牢掌握学校意识形态工作的领导权、管理权、话语权。维护学校安全稳定，促进和谐校园建设。

第十一条　加强大学文化建设，发挥文化育人作用，加强师德师风建设，培育良好校风学风教风。

第十二条　加强对基层党组织的领导，做好发展党员和党员教育、管理、服务工作，发展党内基层民主，充分发挥基层党组织的战斗堡垒作用和党员的先锋模范作用。加强学校党委自身建设。

第十三条　抓好作风建设，加强党性党风教育，严明党的政治纪律、组织纪律、廉洁纪律、群众纪律、工作纪律和生活纪律，认真践行"三严三实"要求，牢固树立群众观念，坚决反对和纠正形式主义、官僚主义、享乐主义和奢靡之风，推进作风建设规范化、常态化、长效化。

第十四条　领导学校党的纪律检查工作，落实党风廉政建设主体责任，推进惩治和预防腐败体系建设。学校纪委落实好监督责任。

第十五条　领导学校工会、共青团、学生会等群众组织和教职工代表大会。做好关心下一代工作。

第十六条　做好统一战线工作。对校内民主党派的基层组织实行政治领导，支持他们依照各自的章程开展活动。支持无党派人士等统一战线成员参加统一战线相关活动，发挥积极作用。

第十七条　讨论决定其他事关师生员工切身利益的重要事项。

第三章　议事决策

第十八条　党委书记主持党委全面工作，负责组织党委重要活动，协调党委领导班子成员工作，主动协调党委和校长之间的工作关系，支持校长开展工作。副书记协助书记工作，并分管某一方面工作，党委委员按照分工开展工作。党委书记应带头执行民主集中制原则，充分发扬民主，善于集中正确意见，自觉接受班子成员的监督。党委委员应支持书记的工作，接受书记的检查、督促，自觉维护党委的团结和统一。

第十九条　党委会议是学校党委集体议事和决策的主要形式，是对学校重大问题和重要事项进行研究和决策的一项会议制度。党委会议一般两周召开一次，遇有重要情况可随时召开。党委会议由党委书记召集并主持，或由党委书记委托副书记召集并主持。

对重大突发事件和紧急情况,来不及召开会议的,党委主要负责人可临机处置,事后应及时向党委会议报告。

第二十条 党委会议参加人员为党委委员。非党委委员的校领导列席会议。负责日常工作的纪委副书记一般列席。根据工作需要,党委书记可以安排其他同志列席会议。

第二十一条 党委会议的议题要严格按照程序确定。需要提交党委会议研究的议题,事先由校长办公会议或者学校党政领导班子成员提出,经党委书记同意后列入议题。

第二十二条 凡需提交党委会议讨论的议题,由有关部门通过学校电子政务系统提交,经分管领导签署意见后,一般提前3天提交到学校党委办公室编号汇总后报主持人审定。会议召开的时间、地点、有关议题,须至少提前1～2天通知到参会人员。有关会务工作由党委办公室负责。

第二十三条 凡提交党委会议讨论的议题,应事先做好充分准备,分管校领导对所涉及问题,应组织有关方面进行研究,形成比较成熟的意见。党委会议有关教学、科研、行政管理工作等议题,应在会前听取校长意见。未经协调一致的事项,不得仓促上会。未列入议题临时动议的,党委会议不予讨论。

第二十四条 讨论决定学校重大问题,应在调查研究的基础上提出建议方案,必要时进行风险评估,经校领导班子成员沟通酝酿且无重大分歧后提交会议讨论决定。对专业性、技术性较强的重要事项,应经过专家评估及技术、政策、法律咨询。对事关师生员工切身利益的重要事项,应通过教职工代表大会或其他方式,广泛听取师生员工的意见建议。

第二十五条 党委会议必须有三分之二及以上的党委委员到会方可召开。党委委员因故不能参加会议的,应在会前向主持人请假,会后由主持人或指定专人向其通报会议决定。需要表态的重大问题,由会议主持人向其征求意见。

第二十六条 党委会议必须贯彻民主集中制原则,讨论时与会人员应充分发表意见,集思广益。党委书记根据讨论情况集中大家意见,按照少数服从多数的原则进行表决,以超过应到会党委委员半数以上同意为通过,形成党委会决议、决定。

第二十七条 党委会议表决采取口头表决、举手表决或无记名投票表决的方式。对重大问题应采取无记名投票方式进行表决。对意见分歧较大或者有重大问题不清楚的,应当暂缓表决,也可向上级组织报告,请求裁决。会议决定多个事项的,应逐项表决。

第二十八条 党委会议讨论决定干部选拔任用时,应严格按照《党政领导干部选拔任用工作条例》以及有关规定的程序和要求进行。在充分讨论的基础上,对拟任干部人选采取票决制的方式进行表决。对干部任免建议方案,在提交党委会议讨论决定前,除广泛征求各方面意见外,应在党委书记、校长、副书记、纪委书记等范围内进行酝酿。

对须报上级主管部门批准和备案的干部任免,按照有关规定程序办理。不准临时动议决定干部任免。

第二十九条 党委会议讨论通过的重要决议、决定,根据需要可以党委名义印发文件或编发会议纪要,由党委书记审签。会后需要贯彻落实的,应明确牵头责任单位和责任人。

第三十条 党委会议的决议、决定,党委委员个人无权擅自改变。如有不同意见的,允许保留或向上级组织报告,但必须坚决执行。

第三十一条 党委会议在讨论有关问题时,如涉及与会人员及其亲属的,本人必须回避。与会人员要严格遵守会议纪律,需要保密的要严格保密,违者应追究其纪律责任。

第三十二条　党委会议讨论决定的重要事项,按照党务公开的规定及时公开。

第四章　决策实施

第三十三条　党委书记要对党委会议的决议、决定贯彻落实情况进行督促检查。

第三十四条　党委委员要按照工作职责和任务的要求,对党委会议的决议、决定组织实施,抓好督办和落实;决策执行情况和工作进展情况,应当及时向党委书记和党委会议汇报,并在一定范围内通报。党委会议做出的决策,执行中一般不得变更。确需变更的,由分管校领导协调后,报党委书记决定;党委书记正式决定前,应当以书面或口头形式征求领导班子成员的意见。需要做重大调整的,应根据决策程序进行复议。

第三十五条　健全党委会议决议、决定事项的督办制度。党委办公室要加强对各单位、各部门贯彻落实党委会议决议、决定事项的督查督办,确保决策事项落到实处。

第五章　附　　则

第三十六条　本规则所涉及的内容,凡上级党组织另有规定的,服从其规定。

第三十七条　本规则自公布之日起施行,原《中共巢湖学院委员会工作规则(试行)》(院党字〔2012〕17号)同时废止。

第三十八条　本规则由学校党委办公室负责解释。

巢湖学院校长工作规则(修订)

校党字〔2018〕52号

第一章　总　　则

第一条　为进一步规范和明确校长的工作职责和工作内容,保证学校行政决策的科学化、民主化、规范化,依据《中国共产党章程》、《中华人民共和国教育法》、《中华人民共和国高等教育法》、《中国共产党普通高等学校基层组织工作条例》(中发〔2010〕15号)、《关于坚持和完善普通高等学校党委领导下的校长负责制的实施意见》(皖办发〔2016〕16号)、《巢湖学院章程》(校党字〔2016〕6号)、《巢湖学院坚持和完善党委领导下的校长负责制的实施细则》(校党字〔2016〕88号)等政策法规文件,结合学校实际,制定本规则。

第二条　学校实行党委领导下的校长负责制。校长是学校的法定代表人,在学校党委的领导下,坚持社会主义办学方向,全面贯彻党的教育方针,组织实施学校党委有关决议,行使高等教育法等规定的各项职权,全面负责教学、科研、行政管理等工作。

副校长是校长的助手,在校长领导下分管和独立处理有关方面的工作,对校长负责。

第二章　校长工作职责

第三条　组织拟定和实施学校发展规划、基本管理制度、重要行政规章制度、重大教学科研改革措施、重要办学资源配置方案。组织制定和实施具体规章制度、年度工作计划。

第四条　组织拟定和实施学校内部组织机构的设置方案。按照国家法律和干部选拔任用工作有关规定，推荐副校长人选，任免内部组织机构的负责人。

第五条　组织拟定和实施学校人才发展规划、重要人才政策和重大人才工程计划。负责教师队伍建设，依据有关规定聘任与解聘教师以及内部其他工作人员。

第六条　组织拟定和实施学校重大基本建设、年度经费预算等方案。加强财务管理和审计监督，管理和保护学校资产。

第七条　组织开展教学活动和科学研究，创新人才培养机制，提高人才培养质量，推进文化传承创新，服务国家和地方经济社会发展，把学校办出特色，争创一流。

第八条　组织开展思想政治教育和品德教育，负责学生学籍管理并实施奖励或处分，开展招生和就业工作。

第九条　做好学校安全稳定和后勤保障工作。

第十条　组织开展学校对外交流与合作，依法代表学校与各级政府、社会各界和境外机构等签署合作协议，接受社会捐赠。

第十一条　落实廉政建设责任，抓好监察工作。

第十二条　组织处理教职工代表大会、学生代表大会、工会会员代表大会和团员代表大会有关行政工作的提案。支持学校各级党组织、民主党派基层组织、群众组织和学术组织开展工作。

第十三条　履行法律法规和学校章程规定的其他职权。

第三章　工作制度

第十四条　校长办公会议制度

1. 校长办公会议是学校行政议事决策机构，原则上两周召开一次，遇有重要情况可随时召开。会议由校长召集和主持，或由校长委托副校长召集并主持。

2. 校长办公会议参加人员一般为学校行政领导班子成员。校党委书记、副书记、纪委书记等可视议题情况参加会议。根据工作需要，校长可以安排其他有关人员列席会议。

3. 校长办公会议主要研究提出拟由党委讨论决定的重要事项方案，具体部署落实党委决议的有关措施，研究处理教学、科研、行政管理等工作。议事时必须发扬民主，与会人员应充分发表意见，集思广益。校长在广泛听取与会人员意见的基础上，对讨论研究的事项做出决定。

4. 校长办公会议的议题要严格按照程序确定，一般由校长、副校长或职能部门提出，由职能部门通过电子政务系统提交校长办公室编号汇总后，报校长确定。对重大问题或重要事项的研究，校长要与党委书记沟通取得一致意见后列入议题，对于意见不一致的议题暂缓上会,待进一步交换意见、取得共识后再提交会议讨论。提出议题的领导和职能部门必须认真准备,提供有关资料和建议方案,一般应提前1~2天发至与会人员。未经审定的议题,不予讨论。

5. 校长办公会议成员因故不能出席会议的应在会前向主持人请假,会后由主持人或指定专人向其通报会议决定。需要表态的,由会议主持人向其征求意见。

6. 校长办公会议议题汇报人一般为提出该议题的职能部门主要负责人,分管校领导做补充说明。议题涉及单位主要负责人列席会议,在讨论到相关议题时进入会场,汇报或讨论完毕即退场。

7. 校长办公会议议事时,如涉及与会人员及其亲属的,本人必须回避。校长办公会议议事情况,凡涉密事项,各与会成员要严格保密,违者应追究其纪律责任。

8. 校长办公会议由校长办公室负责派专人做好会议记录及相关会务工作,并做好会议记录的保管、归档工作。校长办公会议议事结果,由校长办公室编写会议纪要或会议决定事项通知单,经校长或其他会议主持人签发后,送达有关单位和人员执行。

第十五条 分工负责制度

1. 校长主持学校行政工作,负责协调行政领导班子的日常运行。校长向副校长布置任务,听取他们的意见和建议,并对他们的工作进行指导、督促和检查。

2. 副校长负责做好分管或协管工作,努力完成校长布置的工作任务,自觉接受校长的指导督促和检查。

3. 校长和副校长之间、副校长和副校长之间要经常相互沟通、相互配合、相互补台,保持学校行政工作协调、有序、高效运行。

第十六条 决策咨询制度

凡行政工作中的重大问题和做重要事项决策前,校长应组织有关人员进行调查研究,听取师生员工意见,进行决策论证。要视议题向校学术委员会、教职工代表大会执委会、有关专家和组织咨询,必要时应听取学校法律顾问的建议,以保证科学决策、民主决策、依法决策。

第十七条 工作报告制度

1. 校长向党委报告重大决议执行情况,向教职工代表大会报告工作。

2. 学校行政管理中的重要事项和内容,按照校务公开的规定及时公开。

第四章 决策实施

第十八条 校长组织实施党委会有关教学、科研、行政管理等工作的决定和决议,对党委会负责。

第十九条 校长办公会议做出的决策,执行中一般不得变更。确需变更的,由分管校领导协调后,报校长决定;校长在正式决定前,应当以书面或口头形式征求领导班子成员的意见。需要做重大调整的,应根据决策程序进行复议。

第二十条 健全会议决议、决定事项督办制度,明确牵头责任单位和责任人,校长、副校长要加强对各单位、各部门贯彻落实情况的督办,确保落到实处。

第五章　附　则

第二十一条　本规则自发布之日起执行。原《巢湖学院院院长工作规则（试行）》（院党字〔2012〕18号）同时废止。

第二十二条　本规则由校长办公室负责解释。

中共巢湖学院委员会贯彻落实教育部《新时代高校思想政治理论课教学工作基本要求》实施办法

校党字〔2018〕54号

为贯彻落实《教育部关于加强新时代高校"形势与政策"课建设的若干意见》（教社科〔2018〕1号）和《教育部关于印发〈新时代高校思想政治理论课教学工作基本要求〉的通知》（教社科〔2018〕2号）文件精神，加强新时代高校思想政治理论课建设，全面推动习近平新时代中国特色社会主义思想进教材、进课堂、进学生头脑，培养担当民族复兴大任的时代新人，结合学校实际，特制定以下实施办法。

一、指导思想

高举中国特色社会主义伟大旗帜，以马克思列宁主义、毛泽东思想、邓小平理论、"三个代表"重要思想、科学发展观、习近平新时代中国特色社会主义思想为指导，全面贯彻党的教育方针，落实立德树人根本任务，把高校思想政治理论课教学工作摆在更加突出的位置，更加重视加强和改进教学管理，更加重视提升教学质量，不断提升思想政治理论课的亲和力和针对性，全面推动习近平新时代中国特色社会主义思想进教材、进课堂、进学生头脑，牢固树立"四个意识"，坚定"四个自信"，培养德、智、体、美全面发展的中国特色社会主义合格建设者和可靠接班人，培养担当民族复兴大任的时代新人。

二、基本原则

坚持正确政治方向，强化思想政治理论课价值的引领功能；坚持全流程管理，贯穿思想政治理论课课前、课中、课后各环节；坚持规范化建设，不断健全思想政治理论课教学工作制度；坚持增强获得感，促进思想政治理论课教学有虚有实、有棱有角、有情有义、有滋有味。

三、具体内容

（一）严格落实学分和学时

"思想道德修养与法律基础"（以下简称"基础"）课3学分、48学时；"中国近现代史纲要"（以下简称"纲要"）课3学分、48学时；"马克思主义基本原理概论"（以下简称"原理"）课3学分、48学时；"毛泽东思想和中国特色社会主义理论体系概论"（以下简称"概论"）课5学分、80学时（含16个实践学时）；"形势与政策"课2学分，每学期8学时（含4个实践学时）。

从"概论"课和"形势与政策"课现有学分中分别划出1个学分，开展思想政治理论课实践教学。学生既可通过参加教师统一组织的实践教学获得相应学分，也可通过提交与思想政治理论课学习相关的实践成果，申请获得相应学分。网络教学作为思想政治理论课辅助手段,不得挤占课堂教学时数。

（二）合理安排教务

第一学期开设"基础"课,第二学期开设"纲要"课,第三学期开设"原理"课,第四学期开设"概论"课。在前四学期开设"形势与政策"课,并依据教育部每学期印发的《高校〈形势与政策〉课教学要点》安排教学。原则上晚间和周末不安排思想政治理论课。应避免教师周课时安排过于集中。应综合考虑学生专业背景组织思想政治理论课教学班,积极推行100人以下的中班教学,逐步消除"大班额"现象。

（三）规范建设教研室

思想政治理论课教学按课程分别设置教研室。马克思主义学院所有教师都要明确所属教研室,承担相应的思想政治理论课教学任务。教研室具体负责本课程的教学管理工作。学校按照师生比不低于1∶350的比例设置专职思想政治理论课教师岗位,为每个教研室配足师资。按全部在校生总数每生每年不低于20元的标准提取专项经费,加强以教研室为单位开展的教师学术交流、实践研修等。思想政治理论课兼职教师、特聘教授,由相应的教研室规范管理。

（四）统一实行集体备课

教研室要依据马克思主义理论研究和建设工程统编的思想政治理论课最新版教材和教学大纲,定期组织集体备课,准确把握教材基本精神,研究确定教学进度和内容,形成统一的参考教案。马克思主义学院要定期组织全员集体备课,集中研讨教学共性问题,促进各门课程有效衔接。要组织教师集中学习党中央重大方针政策和决策部署,及时将党的理论创新最新成果贯穿融入教学,充分体现课程的思想性、理论性、时效性。

（五）创新集体备课形式

要丰富集体备课载体,通过多种方式有针对性地增强集体备课效果。要组织新任职教师进行试讲,加强对新任职教师的教学指导。要组织骨干教师讲示范课,加强对其他教师的引领带动。要组织教学经验丰富的教师说课,加强广大教师对思想政治理论课教学规律的把握。要组织教师互相听课,促进思想政治理论课教师之间的互学互鉴。要推动思想政治理论课教师在有条件的情况下兼职担任辅导员、班主任,充分了解学生的思想政治状况,提高备课针对性。要注重运用新媒体、新技术开展集体备课,提升集体备课效果。

（六）严肃课堂教学纪律

要保证思想政治理论课教师在课堂教学中始终坚持马克思主义立场观点方法,在政治立场、政治方向、政治原则、政治道路上同以习近平同志为核心的党中央保持高度一致,坚定不移地维护党中央权威和集中统一领导。进一步加强课堂教学秩序管理,确保学生到课率,为高质量开展教学提供保障。进一步完善教学事故认定及处理办法,把课堂教学纪律的要求落到实处。

（七）科学运用教学方法

要鼓励思想政治理论课教师结合教学实际、针对学生思想和认知特点,积极探索行之有效的教学方法。要加大对优秀教学方法的推广力度,注重用点上的经验带动面上的提升。课堂教学方法创新要坚持以学生为主体,以教师为主导,加强生师互动,注重调动学生的积极性、主动性。实践教学作为课堂教学的延伸拓展,重在帮助学生巩固课堂学习效果,深化对教学重点难点问题的理解和掌握。要制定实践教学大纲,整合实践教学资源,拓展实践教学形式,注重实践教学效果。网络教学作为课堂教学的有益补充,重在引导学生学习基本知识、基本理论等内容。要不断创新网络教学形式,推动传统教学方式与现代信息技术的有机融合。

（八）改进完善考核方式

要采取多种方式综合考核学生对所学内容的理解和实际运用,注重考查学生运用马克思主义立场观点方法分析、解决问题的能力,力求全面、客观反映学生的马克思主义理论素养和思想道德品质。坚持闭卷统一考试为主与开放式个性化考核相结合,注重过程考核。"原理"课、"概论"课实行闭卷考试形式,"基础"课、"纲要"课实行开卷考查形式。"形势与政策"课考核以提交专题论文、调研报告为主,按学期进行考核,各学期考核的平均成绩为该课程最终成绩,一次计入成绩册。各门课程平时成绩在总成绩中占50%,要科学确定平时成绩评价指标。闭卷统一考试须集体命题,提高命题质量。开放式个性化考核应具有严格的组织流程和明确可操作的考核评价标准。要合理区分学生考核档次,避免考核走形式,引导学生更加重视思想政治理论课学习。应优先安排思想政治理论课成绩优良的学生成为入党积极分子,参加党校学习。

（九）强化科研支撑教学

要引导思想政治理论课教师围绕马克思主义理论一级学科所属相应二级学科开展科学研究,凝练形成与所教课程紧密相关的科研方向,深入研究课程教学重点难点问题和教学方法改革创新。要支持思想政治理论课教师将研究成果作为重要教学资源,有机融入课堂教学。要进一步完善思想政治理论课教师科研评价机制,将科研成果在教学中的转化情况作为重要考核指标。

（十）健全听课制度

建立校、院、教研室三级听课制度。校党委书记、校长,分管思想政治理论课建设和分管教学、科研工作的校领导,对每门思想政治理论课,每人每学期至少听1次课。马克思主义学院领导班子的每位成员,在一个任期内要对所有授课教师的课做到听课全覆盖。马克思主义学院教学督导每学期听课要做到全覆盖。各教研室主任每学期要听课10次以上,对兼职教师和青年教师的课做到听课全覆盖。对所有听课情况要及时进行评议和反馈,对存在的问题要有效加以整改。

（十一）综合评价教学质量

要建立健全多元评价机制,采用教师自评、学生评价、督导评价、教研室评价、学院评价等多种方式,对教师教学质量进行综合评价。合理运用教师教学质量评价结果,在教师职务职称评聘标准中提高教学和教学研究占比,评价结果与绩效考核和津贴分配等挂钩,引导和鼓励思想政治理论课教师将更多的时间和精力投入到教学中。可基于评价结果探索建立思想政治理论课教师课堂教学退出机制。

（十二）落实学校主体责任

学校党委书记落实思想政治理论课建设第一责任人责任,校长切实负起政治责任和领导责任,进一步完善思想政治理论课教学工作制度,建立健全教学督导机制,面向全体思想政治理论课教师、全部思想政治理论课课堂,全面提升思想政治理论课教学质量。学校探索建立以马克思主义学院牵头,宣传、教务、学工、科研、财务、人事等部门共同配合的思想政治理论课教学管理体制,建立健全教学管理制度体系,推动各类课程与思想政治理论课同向同行,形成协同效应。

附则

1. 附件一：本办法从2018级学生开始全面实施

四年制本科思想政治理论课教学计划进程表

序号	课程代码	课程名称	课程性质	考核方式	学时数 总学时	学时数 讲授	学时数 实践	学分数	开课学期、各学期课堂教学周数及周学时分配 一	二	三	四	五	六	七	八
									12	12	12	16				
1	MX2001101	思想道德修养与法律基础	必修	考查	48	48		3	4							
2	MX2001103	中国近现代史纲要	必修	考查	48	48		3		4						
3	MX2001102	马克思主义基本原理概论	必修	考试	48	48		3			4					
4	MX2001201	毛泽东思想和中国特色社会主义理论体系概论	必修	考试	80	64	16	5(含1个实践学分)				4				
5	MX2001202	形势与政策	必修	考查	32	16	16	2(含1个实践学分)	√	√	√	√	报告、讲座	报告、讲座	报告、讲座	报告、讲座

备注：1. "思想道德修养与法律基础"课实际上课12周，剩余教学周安排"形势与政策"课，班级不变。
2. "中国近现代史纲要"课实际上课12周，剩余教学周安排"形势与政策"课，班级不变。
3. "马克思主义基本原理概论"课实际上课12周，剩余教学周安排"形势与政策"课，班级不变。
4. "毛泽东思想和中国特色社会主义理论体系概论"课实际上课16周，剩余教学周安排"形势与政策"课，班级不变。

2. 附件二：专升本、中外合作等专业思想政治理论课教学参照本办法执行

专升本思想政治理论课教学计划进程表

序号	课程代码	课程名称	课程性质	考核方式	学时数			学分数	开课学期、各学期课堂教学周数及周学时分配			
					总学时	讲授	实践		一	二	三	四
1	MX2001103	中国近现代史纲要	必修	考查	48	48		3	12			
2	MX2001102	马克思主义基本原理概论	必修	考试	48	48		3	4	12	4	
3	MX2001202	形势与政策	必修	考查	16	8	8	1	√	√	报告、讲座	报告、讲座

备注：1. "中国近现代史纲要"课实际上课12周，剩余教学周安排"形势与政策"课，班级不变。
2. "马克思主义基本原理概论"课实际上课12周，剩余教学周安排"形势与政策"课，班级不变。

巢湖学院二级学院党组织议事规则(试行)

校党字〔2018〕84号

第一章 总 则

第一条 为进一步落实二级学院党组织全面从严治党责任,更好地坚持和健全民主集中制,提高二级学院党建工作的科学化、民主化、规范化水平,根据《中国共产党章程》《中国共产党普通高等学校基层组织工作条例》《中共安徽省委关于〈中国共产党普通高等学校基层组织工作条例〉的实施办法》等有关规定,结合学校实际,制定本规则。

第二条 二级学院党组织在学校党委领导下,负责学院党的建设和思想政治工作,保证、监督党和国家的方针、政策及学校各项决定、规章制度在本单位的贯彻执行,在学院发挥战斗堡垒作用。

第三条 二级学院党组织通过党组织会议对学院党的重要工作事项实施决策。二级学院党组织要支持院长在其职责范围内开展工作,保证学院教学、科研和行政管理等各项工作的顺利开展。

第四条 二级学院党组织会议原则上每月召开一次,遇有重要情况可随时召开。会议由二级学院党组织书记召集并主持,书记不能参加会议的,可以委托副书记召集并主持。不能用党政联席会议代替党组织会议。

第五条 参加会议人员为二级学院党组织委员。党外行政负责同志列席会议。其他列席人员由书记根据会议内容和党内监督要求确定。

第二章 议事范围

第六条 议事范围主要包括:

1. 学习宣传和贯彻执行党的路线、方针、政策,以及省委、省委教育工委、学校党委的重要决策和决定,部署安排上级党组织下达的各项重要任务。

2. 讨论决定学院党建和思想政治工作、精神文明建设、保密以及安全稳定等工作。

3. 研究决定贯彻落实全面从严治党和党风廉政建设各项重要举措,推动学院党组织主体责任及其领导班子成员"一岗双责"的落实。

4. 讨论决定学院党组织年度工作计划、工作总结,以及以学院党组织名义上报和下发的重要文件、报告等。

5. 根据干部管理权限,讨论研究干部选拔任用有关工作。

6. 研究涉及办学方向、教师队伍建设、师生员工切身利益等重大事项,如学院发展规划、学科专业建设、对外交流与合作、教师培训、职称评聘、绩效分配、奖助学金评审、年度经费预算、大额资金使用等。

7. 审核教师引进、课程建设、教材选用、学术活动等重大问题,把好政治关。

8. 研究决定党员发展、教育、管理、服务及分党校相关事项;研究讨论党内奖惩及评先评优等事项。

9. 研究决定党支部的设置及其组成,指导党支部开展工作。

10. 研究决定工会、共青团、学生会等群众组织和教职工代表大会工作以及统一战线工作。

11. 其他需要由党组织研究决定的重要问题和工作事项。

第三章 议事程序

第七条 议题确定

会议议题由教学学院工作例会或学院党组织委员提出,书记综合考虑确定。重要议题确定前,应听取院长意见。临时动议的议题,一般不列入会议议程。

第八条 会前准备

1. 党组织讨论决定重要事项之前,应当进行充分的酝酿。需要进行民主协商的,讨论决定前应向学院民主党派、无党派代表人士征求意见。

2. 会议议题有关材料应提前一天送交参加会议人员处。凡提交会议的议题,相关人员应事先准备好有关材料,内容包括汇报要点、需要讨论的事项以及解决问题的建议或方案等。

第九条 会议召开

1. 会议根据"一事一议"原则,每个议题一般先由议题提出人汇报,相关人员补充说明,然后展开充分讨论。出席会议的其他成员可以充分发表自己的意见和建议,最后,主持人归纳讨论情况,提出综合意见。

2. 议题情况报告应简明扼要,发表意见明确具体,讨论时围绕中心议题进行讨论。

3. 会议要充分发扬民主,安排足够的时间进行讨论,保证参会人员畅所欲言、充分发表意见。

第十条 会议表决

1. 对表决事项,可根据讨论事项的不同内容,分别采取口头、举手或投票的方式,按"少数服从多数"的原则,以赞成票超过应到会委员的半数为通过,最后由主持人对议题做出明确结论。未到会委员的书面意见不计入票数。列席人员无表决权。

2. 对意见分歧较大的议题,应当暂缓做出决定,在进一步调查研究、论证和交换意见的基础上再做决定,必要时可向学校党委请示。

第四章 会议纪律

第十一条 会议实行民主集中制原则,按照"集体领导、民主集中、个别酝酿、会议决定"的原则开展工作。个人或少数人无权决定学院党建工作中的重要事项。

第十二条 会议实行书记末位表态制度。书记应在充分听取委员和列席人员意见后再表明自己意见，根据大多数出席会议人员意见做出结论，或由委员表决做出决定。

第十三条　会议必须有三分之二以上委员到会方可召开。委员确因病、因事或其他特殊原因无法参会的，应提前向会议召集人请假，对会议议题如有意见或建议，可以在会前以书面形式提出。

第十四条　议事时，凡议题涉及参会人员本人及其亲属的，本人应主动回避。会议要求保密的事项，须严格保密，违反保密有关规定的，应追究责任。

第五章　决议执行和监督

第十五条　会议的决议或决定应形成会议纪要，经主持人审签后存档。需要行文时，由学院党组织主要负责人签发。会议纪要的撰写应清楚、全面，不仅体现议决事项，而且体现议决内容。

第十六条　对未能出席会议的成员，会后由主持人向其通报会议的有关情况及决定，也可由会议秘书送阅会议记录或纪要。

第十七条　会议的决议、决定，学院党组织委员按照各自分工认真组织落实，并将落实情况及时向本次会议主持人汇报。学院党政办公室负责督办党政联席会议决定、决议的执行情况。

第十八条　学院党组织委员必须自觉维护党组织权威，执行会议决定。如有不同意见的，在坚决执行的前提下，可以保留意见或向学校党委报告。

第十九条　涉及办学方向、教师队伍建设、师生员工切身利益等重大事项的，会议研究后应提交党政联席会议决定。

第二十条　在教师引进、课程建设、教材选用、学术活动等重大问题上，审核把好政治关再提交党政联席会议决定。

第二十一条　实行信息公开制度。议事决策结果，除涉密内容外，应适时通过学院网页、信息公告栏、会议等途径公开发布，接受广大党员的监督。

第二十二条　本规则的执行情况纳入单位领导班子民主生活会和年度考核内容，并作为领导干部聘任的重要依据。违反本规则造成不良影响或严重后果的，按照有关规定，追究相关责任人的责任。

第六章　附　　则

第二十三条　本规则自发布之日起施行。
第二十四条　学校机关党委、直属党支部参照本规则执行。
第二十五条　本规则由学校党委组织部负责解释。

巢湖学院二级学院党政联席会议议事规则(修订)

校党字〔2018〕85号

第一章 总 则

第一条 为加强二级学院党政领导班子建设，更好地贯彻执行民主集中制，促进议事决策的民主化、科学化和规范化，根据《中国共产党普通高等学校基层组织工作条例》《中共安徽省委关于〈中国共产党普通高等学校基层组织工作条例〉的实施办法》等有关规定，结合学校实际，制定本规则。

第二条 二级学院党组织负责学院党的建设和思想政治工作，发挥战斗堡垒作用；学院院长负责学院教学、科研和管理等行政工作。

第三条 二级学院重要事项应通过党政联席会议实施决策。党政联席会议召开时间应相对固定，一般每两周召开一次，必要时可随时召开。会议由书记或院长根据议题性质分别召集并主持。不能用党组织会议代替党政联席会议。

第四条 二级学院党政联席会议参会人员为学院党政领导班子成员。会议列席人员，由会议召集人根据会议内容确定，但不具有表决权。

第五条 二级学院党组织书记和院长是贯彻落实党政联席会议制度的第一责任人。党政之间既明确分工，又协同合作，形成相互配合、协调运转的工作机制。

第二章 议事范围

第六条 议事范围主要包括：
1. 党的路线方针政策以及学校党政决策部署在本学院贯彻落实的措施和办法。
2. 师生员工的思想政治教育、精神文明建设和党风廉政建设中的重要事项。
3. 学院发展目标、规划和年度工作计划、总结。
4. 人事管理、师资队伍建设等方面的重要事项。
5. 教学、科研，学科、专业建设等方面的重要事项。
6. 学生教育管理和招生就业创业工作。
7. 评奖评优评先、奖助学金评定、考核奖惩等事项。
8. 年度经费预算、大额资金使用、绩效考核分配、大宗设备采购等重要经济事项。
9. 综合治理、安全稳定工作中的重要事项。
10. 学院规章制度的废改立释。
11. 对外交流与合作、社会服务中的重要事项。
12. 突发性重大事件处理等重要事项。
13. 其他需党政联席会议研究的重要工作。

第三章 议事程序

第七条 议题确定

1. 党政联席会议议题由学院党政主要负责人共同研究确定。党政领导班子其他成员需要提交党政联席会议研究的议题，应事先向书记或院长提出，由书记或院长共同研究后确定。

2. 议题涉及办学方向、教师队伍建设、师生员工切身利益等重大事项的，应由学院党组织会议先研究再提交党政联席会议决定。

3. 议题涉及教师引进、课程建设、教材选用、学术活动等重大问题的，一般应先由党组织会议审核把好政治关，再提交党政联席会议决定。

4. 凡未经党政主要负责人共同研究确定的议题，且非重要事项而临时动议的，一般不列入会议的议程。

第八条 会前准备

1. 学院党政联席会议讨论决定重要事项之前应当进行充分的酝酿，对于事关学院发展的重大问题和涉及师生员工切身利益的重要事项，事先应进行深入调研，广泛征求意见。

2. 涉及教学科研、师资队伍建设等专业性较强的议题，事先应征求学院学术委员会的意见。

3. 凡提交会议的议题，相关人员应事先准备好有关材料，内容包括汇报要点、需要讨论的事项以及解决问题的建议或方案等。会议议题的有关材料原则上应提前一天送交至参加会议人员处。

第九条 会议召开

1. 根据议题内容，涉及党建、思想政治、党风廉政建设、学生管理、群团等工作的由书记召集主持；涉及教学科研、学科专业建设、社会服务、交流合作和其他行政管理工作的由院长召集主持。

2. 会议根据"一事一议"原则，每个议题一般先由议题提出人汇报，相关人员做补充说明，然后展开充分讨论。出席会议的其他成员可以充分发表自己的意见建议，最后，主持人归纳讨论情况，提出综合意见。

3. 议题情况报告应简明扼要，发表意见明确具体，讨论时围绕中心议题。

4. 会议要充分发扬民主，安排足够的时间进行讨论，保证参会人员畅所欲言、充分发表意见。

第十条 会议表决

1. 表决可以通过口头、举手、投票等方式进行。表决时，按"少数服从多数"的原则，一般赞成票超过应到会人数半数以上的为通过。

2. 会议所形成的决议必须符合多数成员的意愿。集体讨论出现较大分歧时，应暂缓做出决定，待进一步调研、论证、充分协商后讨论决定，必要时可向学校请示汇报。

第四章 会议纪律

第十一条 党政联席会议实行民主集中制原则,按照"集体领导、民主集中、个别酝酿、会议决定"的原则开展工作。个人或少数人无权决定学院工作中的重要事项。

第十二条 党政联席会议实行会议主持人末位表态制度。会议主持人应在充分讨论的基础上,根据大多数人员意见,做出结论;或由出席会议人员表决做出决定。

第十三条 党政联席会议一般应在全体成员到会时方能召开。党政主要负责人不能同时到会或参加会议人数少于应到会成员的三分之二时,会议一般应改期进行。不能参加会议的成员,对会议议题如有意见和建议,可以在会前以书面形式提出,并由主持人在会上传达。分管院领导缺席,非特殊情况,一般不讨论其分管的议题。

第十四条 紧急重要事项时间上不允许组织召开会议研究时,会议成员间应通过其他方式对各自意见进行交流沟通,由主要负责人做出决定,并在下一次会议上做出说明。

第十五条 议事时,凡涉及本人及其亲属有关事项的研究,本人应主动回避。会议要求保密的事项,须严格保密,违反保密有关规定的,应追究责任。

第五章 决议执行和监督

第十六条 会议的决议或决定应形成会议纪要,经主持人审签后存档。需要行文时,分别由学院党组织或行政主要负责人签发。会议纪要的撰写应清楚、全面,不仅体现议决事项,而且体现议决内容。

第十七条 对未能出席会议的成员,会后由主持人向其通报会议的有关情况及决定,也可由会议秘书送阅会议记录或纪要。

第十八条 会议的决议、决定,学院党政领导按照各自分工认真组织落实,并将落实情况及时向本次会议主持人汇报。学院党政办公室负责督办党政联席会议决定、决议的执行情况。

第十九条 对会议的决议、决定有不同意见的可以保留,或向校党委、行政反映,但在党政联席会议做出新的决定之前,必须无条件执行。本级需要改变会议的决议、决定,必须重新召开党政联席会议通过。

第二十条 实行信息公开制度。议事决策结果,除涉密内容外,应适时通过学院网页、信息公告栏、会议等途径公开发布,接受广大师生员工的监督。

第二十一条 本规则的执行情况纳入单位领导班子民主生活会和年度考核内容,并作为领导干部聘任的重要依据。违反本规则造成不良影响或严重后果的,按照有关规定,追究相关责任人的责任。

第六章 附 则

第二十二条 本规则自发布之日起施行。原《巢湖学院教学系部党政联席会议议事规则》(院党字〔2008〕17号)同时废止。

第二十三条 本规则由学校党委组织部负责解释。

中共巢湖学院委员会
关于党员领导干部联系师生党支部的规定

校党字〔2018〕97号

为进一步落实好党建工作重点任务，持续深入推进"两学一做"学习教育常态化、制度化，深入组织实施党支部建设提升行动和基层党组织标准化建设，根据党建工作要求，结合学校实际，特制定本制度。

一、指导思想

高举中国特色社会主义伟大旗帜，以马克思列宁主义、毛泽东思想、邓小平理论、"三个代表"重要思想、科学发展观、习近平新时代中国特色社会主义思想为指导，深入学习贯彻党的十九大精神，以密切师生关系、党群关系、干群关系为目标，着眼于夯实党建基础、促进作风养成、密切联系群众、健全长效机制，推动学校党员领导干部深入支部、深入基层，听民声、察民情、解民忧、聚民心，进一步拓展联系师生的途径，畅通师生表达意愿的渠道，切实解决师生的合理诉求，凝聚人心，形成推动学校改革发展的强大合力。

二、主要任务

1. 校党委领导班子成员联系1个二级学院教工党支部（见附件1），学院党组织处级党员领导干部联系所在党组织1个党支部。

2. 党员领导干部要了解掌握所联系党支部的党员队伍思想状况和工作学习情况，积极宣传党的路线方针政策，及时传达贯彻学校和本单位的有关决议和要求。

3. 党员领导干部要了解掌握所联系党支部开展创先争优和基层党组织标准化建设的进展情况，及时进行督查指导，帮助找出存在的问题，分析问题产生的原因，提出有针对性的解决办法和措施，促进党支部工作整体提升。

4. 党员领导干部要紧密联系群众，积极开展调查研究，深入教工党员教学、科研、管理一线和学生课堂、寝室、社团一线，广泛征求党员群众的意见建议，经常开展谈心谈话活动，做好协调服务工作，切实解决师生员工的实际困难。

三、具体要求

1. 加强与基层党支部的联系。党员领导干部要指导联系党支部深入推进基层党组织标准化建设，进一步规范党支部组织生活，发挥党支部战斗堡垒作用。

2. 参与、指导所联系党支部的组织生活。党员领导干部每学年为所联系党支部上1次党课或做1次专题报告，听取联系党支部工作汇报、指导工作每学年不少于2次。相关学院党组织、党支部要主动与联系领导对接，协调安排好汇报、谈心、参加活动等工作，指定专人做好记录、留存好工作档案。

3. 完善信息反馈机制。要通过党员领导干部联系党支部，进一步完善信息反馈机制，及时了解、掌握、解决师生员工关心、关注的热点问题。对工作中收集到的师生员工反映的问题,要及时反馈给学校相关部门,相关部门要如实登记,并按照程序及时组织落实。

4. 各有关党支部应做好党员领导干部联系党支部活动情况记录。

5. 各学院党组织每年年终将《巢湖学院党员领导干部联系党支部情况汇总表》报党委组织部。

附件1

校党委领导班子成员联系党支部一览表

姓　名	现任职务	联系学院党支部名称	支部书记
朱灿平	校党委书记	经法学院教工二支部	方　玲
祝家贵	校党委副书记、校长	艺术学院教工一支部	刘宣琳
徐柳凡	校党委委员、副校长	电子学院教工二支部	笪　诚
阮爱民	校党委委员、纪委书记	化材学院教工二支部	陈小举
黄志圣	校党委委员、副校长	文教学院教工三支部	甘　超
朱定秀	校党委委员、副校长	旅游学院教工二支部	胡茂胜
余洁平	校党委委员 党委宣传部部长	机械学院教工二支部	龚智强
郑尚志	校党委委员 信息工程学院院长	信息学院教工三支部	鹿建银

附件2

巢湖学院党员领导干部联系党支部情况记录表

支部名称		联系人	
活动名称		活动时间	
活动内容			
指导意见			
备　注			

中共巢湖学院委员会
关于开展基层党组织建设质量提升行动的实施意见

校党字〔2018〕102号

各分党委、党总支、直属党支部：

为深入学习贯彻习近平新时代中国特色社会主义思想和党的十九大精神，深入推进学校各基层党组织标准化建设，持续强化基层党组织政治功能，进一步提升基层党组织建设质量和水平，根据《中共安徽省委教育工委关于在全省学校系统开展基层党组织建设质量提升行动的指导意见》（皖教工委〔2018〕57号）要求，经学校研究，决定在全校开展基层党组织建设质量提升行动。现提出如下实施意见。

一、总体要求

开展基层党组织建设质量提升行动，要以马克思列宁主义、毛泽东思想、邓小平理论、"三个代表"重要思想、科学发展观、习近平新时代中国特色社会主义思想为指导，认真贯彻党的十九大精神和新时代党的建设总要求，持续深化全校各基层党组织标准化建设，以提升基层党组织组织力为重点，突出政治功能，强化"质量党建"意识，实施"机制强化工程""能力提升工程""先锋带动工程"，实现组织和工作覆盖率进一步提升、骨干队伍力量进一步提升、基层党组织作用发挥进一步提升、组织生活质量进一步提升、基本保障能力进一步提升的目标，把全校各基层党组织建设成为宣传党的政治主张、贯彻党的教育方针、落实立德树人根本任务、团结动员全校广大师生员工推动我校教育事业科学发展的坚强战斗堡垒。

二、基本原则

（一）坚持围绕中心、服务大局

坚决贯彻落实五大发展理念，牢牢把握新时代教育工作面临的新任务、新要求，紧紧围绕学校第二次党代会战略部署和"十三五"规划总体布局以及《巢湖学院服务环巢湖区域经济社会发展行动计划（2018～2020年）》，找准基层党建工作与教育事业改革发展的切入点，充分发挥党的建设对教育事业发展的引领、促进作用。

（二）坚持全面覆盖、分类施策

让全校每个基层党组织都积极行动起来，每名党员都自觉参与进来，不留"死角"和"盲区"。同时坚持专业化、精细化指导，根据不同类型党组织的特点及工作基础，分别制定具体措施，分层次、分类别落实工作任务。

（三）坚持整体推进、统筹协调

坚持系统谋划、突出重点、通盘考虑，谋划好基层党组织建设质量提升的配套措施，使各项举措相互支撑、相向而行，形成党组织建设质量提升的强大合力。基层党组织建设质量提升行动要与"不忘初心、牢记使命"主题教育、基层党组织标准化建设、支部建设提升行动以及落实基层党建重点任务等统筹推进，抓好结合，互相促进。

（四）坚持久久为功、注重实效

全校各基层党组织建设质量提升行动既要集中抓、系统抓，更要常态抓、长期抓。要把基层党建质量提升的效果体现到基层党组织建设科学化、规范化水平的提升上来，体现到基层党建重点任务的落实上来，体现到干事创业氛围的营造上来，体现到教育事业的高质量发展上来。

三、目标任务

通过实施基层党组织建设质量提升行动，坚持以基层党组织标准化建设为抓手，抓两头带中间，抓达标促提升，重点实现"五个进一步提升"的目标。

（一）组织和工作覆盖率得到进一步提升

围绕创新基层党组织设置方式，学校党的组织覆盖和工作覆盖明显扩大，党的组织建设得到加强，组织体系、组织设置进一步健全规范。党建工作的链条延伸到全校每一个领域，实现党对全校各方面工作的领导。

（二）骨干队伍力量得到进一步提升

全校各基层党组织领导班子得到配强，"双带头人"培育工作得到落实，党组织书记选任渠道进一步拓宽，党建主业意识得到增强。基层党组织书记培养机制不断完善，教育培训得到加强。发展党员质量得到提高，结构得到优化。

（三）基层党组织作用发挥得到进一步提升

全校党员的思想政治教育得到充分落实，基层党组织思想教育作用得到充分发挥；基层党组织积极联系、服务群众，桥梁纽带作用得到充分发挥；能够把广大师生的积极性、创造力凝聚到教育事业中来，先锋模范作用和组织带动作用得到充分发挥。

（四）组织生活质量得到进一步提升

"三会一课"、民主生活会和组织生活会、谈心谈话、民主评议党员、主题党日等基本制度的落实质量得到全面提升，党内各项组织生活正常规范、严肃认真，党员参与率高、教育效果好。"两个条例"和新形势下党内政治生活若干准则得到认真贯彻执行，党内政治生态山清水秀。

（五）基本保障能力得到进一步提升

全校各基层党组织运转经费、活动场所、报酬待遇等得到保障，稳定的经费保障制度进一步完善，经费管理使用更加科学规范。党务工作者队伍建设得到加强，二级学院党组织有专人从事学校党建工作，基层党务工作力量不足等问题得到基本解决。

四、主要内容

围绕以上"五个进一步提升"的目标任务，以项目化手段重点实施"三大工程"，切实提升基层党建工作质量水平。

（一）大力实施学校基层党建"机制强化工程"

1. 不断强化工作运行机制。认真贯彻落实《巢湖学院坚持和完善党委领导下的校长负责制的实施细则》《中共巢湖学院委员会工作规则（修订）》《巢湖学院校长工作规则（修订）》，进一步完善学校党委统一领导、党政分工合作、协调运行的工作机制。不断完善和严格执行领导班子议事规则，从严落实重大事项决策、重要人事任免、重大项目安排和大额度资金使用由领导班子集体决策制度，建立学校"三重一大"事项动态调整清单管理制度。认真贯彻执行《巢湖学院二级学院党组织议事规则(试行)》《巢湖学院二级学院党政联席会议议事规则(修订)》。

2. 不断强化工作诊断改进机制。建立常态化的内部治理保证体系和可持续的诊断与改进工作机制,不断加强对学校基层党建工作的督查和指导。建立党建工作联席会、例会等制度,加强直接联系和分类指导,及时发现和解决全校基层党建工作中存在的突出问题。将基层党建工作纳入二级单位和中层领导干部年度综合考核内容,与教学、科研、管理业务同部署、同落实、同考评。抓好基层党组织书记抓基层党建述职评议考核,强化跟踪问效和结果运用。推动述职评议考核向基层延伸,不断完善述职评议考核办法。抓好学校基层党建"三个清单"的制定和落实。抓好后进基层党组织整治,认真开展软弱涣散基层党组织专项治理工作。

3. 不断强化工作创新机制。推进在职教职工党组织一般按学院、专业、教研室、部门等教学科研管理实体设置,学生党组织一般按学科专业或按年级、班级设置。规范基层党组织设置工作程序,严格党组织组建流程,规范基层党组织领导机构设置、党组织隶属关系的调整与党组织的变更等。抓好中外合作办学机构党组织组建工作,做到应建尽建。创新基层党建工作阵地,推动党建工作从满足量的需求到注重质的提升的转变。按照围绕中心、服务大局的工作理念,推动基层党建融入学校中心工作,党组织活动要围绕立德树人、依法治校等工作有效组织开展。要充分发挥互联网作用,建用好全国党员管理信息系统,推进组织关系网上转接等工作。建设党员干部现代远程教育站点,运用学校网站、QQ、微信、微博、易班、APP等开展党建工作,增强影响力和吸引力。

4. 不断强化工作保障机制。加大基层组织工作经费投入,推动基层党组织活动经费列入学校年度经费预算,落实党支部活动经费按照教职工党员人均不低于100元、学生党员不低于50元标准核定的要求,对于党员人数较少的党支部设定最低活动经费标准。加强活动场所建设和利用,提倡一室多用,着力解决学生党支部活动场所不固定等问题。

(二)大力实施学校基层党建"能力提升工程"

1. 认真组织开展各类教育活动。按照省委、省委教育工委统一部署,深入学习贯彻习近平新时代中国特色社会主义思想和党的十九大精神,认真组织开展"不忘初心、牢记使命"主题教育和"讲忠诚、严纪律、立政德"专题警示教育等,扎实推进"两学一做"学习教育常态化、制度化。弘扬马克思主义学风,持续抓好党章党规、习近平新时代中国特色社会主义思想的学习教育,真正做到学深悟透。强化校党委、二级党组织理论学习中心组学习,努力做到学早学深。

2. 建设一支高素质基层党组织带头人队伍。注重选拔党性强、懂教育、会管理、有威信、善于做思想政治工作的优秀党员干部担任基层党组织书记;根据工作需要逐步配备专职副书记。健全把骨干教师培养成党员,把党员教师培养成教学管理骨干的"双培养"机制。要抓好教师党支部书记"双带头人"培育工作落实,制定近三年教师党支部书记"双带头人"全覆盖的工作规划和年度计划,力争在2020年底前,基本实现"双带头人"支部书记选拔方式的全覆盖,使教师党支部书记普遍成为"双带头人"。

3. 强化基层党务干部队伍建设。在全校建设以专职人员为主、专兼结合、数量充足、素质优良的思想政治工作和党务干部队伍。逐步落实专职思想政治工作和党务工作人员不低于全校师生人数1%的要求,推动按师生比不低于1∶200的比例设置专职辅导员岗位,根据工作需要逐步配备专职组织员。专职党务工作人员比照学校同级行政管理人员落实相关待遇,兼职党务工作者应计算工作量。优秀党务工作者、优秀共产党员应与同级表彰的优秀教育工作者、优秀教师等享受同等待遇。

4. 广泛开展党务干部和党员教育培训。抓好任职培训、业务培训和专题培训,形成广覆盖、全方位、多层次的党务干部和党员教育培训格局。按照"学懂、弄通、做实"的要求,认真抓好学习贯彻习近平新时代中国特色社会主义思想和党的十九大精神集中轮训工作,组织实施好国家教育行政学院院(系)党组织书记网络示范培训班。分层次举办基层党组织书记、党员和党务骨干培训班,确保学校基层党组织书记和党务干部每年接受一次集中培训。深入推进党员远程教育工作规范化提升,突出问题导向,强化质量效果,推动提升教学资源建设、网络平台发展、管理学用工作、骨干队伍建设、运行保障机制规范化。

5. 实施党员薪火传承项目。积极搭建党员交流互动平台,通过一对一帮带、面对面传授、心对心交流等方式,让新党员和老党员结对子,促进新老党员互动,让老党员从思想上教育帮扶新党员,不断巩固并扩大新老党员传帮带成效。着重做到思想互通、经验互传、生活互助,切实推动党员交流的良性循环。

(三)大力实施学校基层党建"先锋带动工程"

1. 着力打造基层党建示范点。认真开展全校各基层党组织"对标争先"建设计划,组织开展党建工作标杆院系、党建工作样板支部的创建工作。加强全校基层党建品牌建设,各基层党组织可围绕先行先试、培育典型、示范带动、辐射推广的工作思路,根据自身特点,在党建工作中选取一个方面,集中精力做出精品,做到"一院一品",打造一批具有鲜明特色、社会影响较大、示范效果好的党建示范点。校党委将遴选一批学院级党组织、党支部作为我校基层党建示范点,实行动态挂牌管理,营造基层党建工作的浓厚氛围。开展好党支部"微经验"宣传推广工作。

2. 充分发挥党员先锋模范作用。贯彻落实中共中央办公厅印发的《关于进一步激励广大干部新时代新担当新作为的意见》和中共安徽省委办公厅印发《关于进一步激励广大干部新时代新担当新作为的实施意见》精神,制定进一步激励广大干部新时代新担当新作为的措施,以科学的机制举措,进一步激励广大党员新时代新担当新作为;深化拓展"双争"活动,针对教职工党员特点,开展"争做'四有'好干部、争做'四有'好老师、争做'六有'大学生、争创党员示范岗"活动;组织党员承诺、践诺,开展岗位建功、教学竞赛、建言献策等活动;贴近学生党员实际,组织开展暑期"三下乡"社会实践等活动。

3. 强化基层服务型党组织建设。强化全校各基层党组织的服务功能,围绕服务师生发展、服务教学科研、服务管理创新等,创新并完善服务载体、服务方式、服务机制,使党员、党组织活动持续有效地贴近师生、深入师生,在服务的过程中团结师生、引导师生,实现党对学校的领导。要发挥各基层党组织思想教育理念引领作用,将党的主张、党的声音和党的温暖及时传递给学校广大师生,做到服务功能和育人功能的全面融合。

五、组织领导

（一）提高认识，加强领导

全校各基层党组织要认真落实全面从严治党要求，把抓基层党建作为主业，各基层党组织书记要切实履行第一责任人职责，围绕基层党建质量提升行动的工作部署，把基层党建工作和中心工作一起谋划，一并部署。校党委组织部要履行好部门职责，狠抓落实，形成党委统领、部门参与、上下联动、齐抓共管的基层党建工作格局，确保基层党建各项工作任务落到实处。

（二）强化指导，加强督查

校党委要加强对基层党组织的指导力度，细化分类指导、加强协调配合，及时跟踪了解。要用好"抓两头带中间"的基本工作方法，即通过树立先进、整顿后进、提升一般，带动整体实现基层党组织建设质量全面提升。要结合党建责任清单，将基层党组织建设质量提升行动列入全校各基层党组织的责任清单。要把基层党组织建设质量提升行动开展情况列入全校各基层党组织书记抓基层党建述职评议考核。

（三）加强宣传，营造氛围

综合运用传统媒体和新兴媒体，通过当地主流媒体、校园网、微博、微信等载体，加大全校各基层党组织建设质量提升行动的宣传力度，广泛发动党员群众参与，及时推广好的经验做法，注重树立先进典型，切实营造良好的活动舆论氛围，推动形成学校大抓基层党建的鲜明导向。

巢湖学院专业技术职务资格申报补充规定（暂行）

校字〔2018〕21号

为加强高水平人才队伍建设，适应地方应用型高水平大学建设需要，根据有关规定，结合学校实际，自2019年起，对学校具有评审权的相关申报人员资格条件做如下补充规定。

一、职称外语和计算机应用能力不作为必备条件，供评审参考。

二、1979年1月1日以后出生人员在申报副高级及以上专业技术职务时，须具有硕士及以上学位；1984年1月1日以后出生人员在申报中级专业技术职务时，须具有硕士及以上学位。

三、申报教授人员应满足下列条件：

1. 1972年1月1日以后出生的申报人员，应具有博士学位，或任现职以来满足下列两项条件之一：① 在国内外高校访学一年；② 参加两次及以上全国性（或国际性）学术会议并有论文交流，且在学校向相关专业教师做学术报告一次。

2. 申报教学科研型人员任现职以来主持一项产学研项目（横向课题，人文社科类到账经费为10万元、自然科学类到账经费为20万元），或三类以上科研项目（纵向课题）且有阶段性成果，或科技成果转化一项。

四、申报副教授人员任现职以来应满足下列条件：

1. 有累计不少于 1 个月的专业进修培训经历(或继续教育培训学时达到 60 学时)或参加一次全国性(或国际性)学术会议且有论文交流。

2. 专业课教师具有"双师双能型"教师资格,其中申报教学科研型人员须主持或参与(前 2 名)一项产学研项目(横向课题,人文社科类到账经费为 5 万元、自然科学类到账经费为 10 万元);公共课教师须公开发表或会议交流一篇实践调研文章。

3. 已在三类期刊发表本学科学术论文 2 篇及以上作为申报条件的,其中至少有 1 篇为《中文核心期刊要目总览》或 CSCD(扩展版)或 CSSCI(扩展版)。

五、申报讲师职称人员任现职以来应满足下列条件:

1. 完成不少于 1 门本专业或有关教育教学方法(理论)的网络课程培训(不含岗前培训网络课程),且继续教育培训学时达到 30 学时。

2. 担任学生学业导师、兼职辅导员或社团指导教师达 1 年以上,工作效果良好;或有 1 次以上完整指导实习(累计时间不少于 8 周)的经历,书面评价良好。

3. 皖教人〔2016〕1 号文件中的第十三条第 1 项规定的"四类以上期刊"为"三类以上期刊"。

4. 任现职以来,专业课教师参加企业行业实践锻炼或行政事业单位挂职锻炼时间累计不少于 6 个月,其中工科类教师有 3 个月在校内工程实训中心进行实践锻炼或指导,且考核结果为合格。

六、下列申报人员应优先考虑:

1. 主持二类以上科研项目(含横向课题)或获得二类以上科研奖励,或主持一类教研项目或获得一类教学成果奖。

2. 同等条件下,主持重大产学研项目(横向课题,且有到账经费)或取得科技成果转化。

巢湖学院差旅费管理办法

校字〔2018〕50 号

第一章 总 则

第一条 为加强和规范学校差旅费管理,推进厉行节约反对浪费,参照《安徽省省直机关差旅费管理办法》(财行〔2014〕97 号)、《关于改革完善省级财政科研项目资金管理等政策的实施意见》(皖办发〔2016〕73 号),结合学校实际,制定本办法。

第二条 本办法所指差旅费是指学校教职工临时到常驻地以外地区公务出差所发生的城市间交通费、住宿费、伙食补助费和市内交通费。

第二章 城市间交通费

第三条 城市间交通费是指学校教职工因公临时到常驻地以外地区出差乘坐火车、轮船、飞机等交通工具所发生的费用。

第四条 出差人员应当按规定等级乘坐交通工具。厅级人员出差，因工作需要，随行一人可乘坐同等级交通工具。出差人员乘坐交通工具等级见《巢湖学院出差人员乘坐交通工具等级表》见(附表1)。

第五条 到出差目的地有多种交通工具可选择时，出差人员在不影响公务、确保安全的前提下，应当选乘相对经济便捷的交通工具。

第六条 乘坐飞机、火车、轮船等交通工具所发生的订票费、签转或退票费、民航发展基金、燃油附加费、交通意外保险费等凭据报销。每人次可以购买交通意外保险一份，学校统一购买交通意外保险的，不再重复购买。

第七条 出差人员原则上应乘坐公共交通工具的，因特殊情况不能乘坐公共交通工具，省内出差需经分管领导同意后方可使用非公共交通工具，省外出差不得使用非公共交通工具。

第八条 出差人员使用非公共交通工具，报销的费用包括当次公务发生的过路过桥费、汽油费。过路过桥费凭票报销；汽油费按标准补助，报销费用标准见《省内各市县非公共交通工具报销补助标准表》(见附表2)及《巢湖市周边乡镇(街道)非公共交通工具报销补助标准表》(见附表3)。

第九条 学校举办因教学、科研需要的业务性会议及专家讲座应按照实事求是、精简高效、厉行节约的原则确定会议及讲座的次数、天数、人数。外单位会议代表及专家讲座所产生的城市间交通费，原则上应回其所在单位报销，对确需学校负担的费用可由举办单位在会议费中报销。

第三章　住　宿　费

第十条 住宿费是指出差人员因公临时出差期间入住宾馆所发生的房租费用。

第十一条 教职工出差，住宿费限额标准执行财政部制定的分地区住宿费限额标准，出差人员应当坚持勤俭节约的原则，根据职级对应的住宿费标准自行选择宾馆住宿。标准见《巢湖学院差旅住宿费限额标准表》(见附表4)。

第十二条 教职工出差期间，实际住宿天数超过公务出差天数的部分，费用自理。

第四章　伙食补助费

第十三条 伙食补助费是指学校教职工在因公临时出差期间的伙食补助费用。

第十四条 伙食补助费按出差自然(日历)天数计算，按出差目的地标准包干使用。补助费标准为每人每天补助100元，其中合肥、马鞍山、芜湖三地每人每天补助60元。

第十五条 出差人员应当自行用餐。由接待单位统一安排就餐的，出差人员应当在差旅费管理办法规定的标准内向接待单位交纳伙食补助费。并由接待单位出具交费凭据，否则不予报销伙食补助费。接待单位统一安排就餐不收取餐费的，会议或培训期间不予报销伙食补助费。如遇特殊情况需要提前一天前往目的地或推迟一天返回始发地的伙食补助费予以报销,超过规定期间的费用自理。

第十六条 由学校安排到县以下(不含县)基层单位挂职锻炼、支援工作等人员,在工作期间所在基层单位无法统一安排伙食的,经学校批准,按不超过每人每天20元的标准补助生活补助费。

第五章 市内交通费

第十七条 市内交通费是指我校教职工因公临时出差期间发生的市内交通费用。

第十八条 市内交通费按出差自然(日历)天数计算,省外每人每天80元,省内每人每天50元包干使用。

第十九条 出差人员由接待单位或其他单位提供交通工具的,应当向接待单位或其他单位交纳相关费用。

第二十条 出差人员使用学校公车及非公共交通工具的,不予补助市内交通费。

第二十一条 教职工外出参加会议、培训,举办单位统一安排食宿的,会议、培训期间的食宿费和市内交通费由会议、培训举办单位按规定统一开支;外出调研,参加会议、培训的市内交通费按往返各一天计算,当天往返的按一天计算。

第六章 报销管理

第二十二条 出差人员执行公务前需履行请假手续。处级及以上人员应通过电子政务办理请假手续,财务报销时提供《巢湖学院处级以上领导干部因公请假审批单》;处级以下人员应通过纸质出差申请单办理请假审批手续,报销时提供《巢湖学院公务出差申请单》(见附表5)。

第二十三条 出差人员差旅活动结束后应当及时办理报销手续。差旅费报销时应当提供机票、车票、船票、住宿费发票等凭证。机票、火车票支出及住宿费等按规定以公务卡结算。

第二十四条 出差期间未取得住宿费发票的,由出差人员做出书面说明并经所在部门领导批准,可以按规定报销城市间交通费、伙食补助费和市内交通费。

第二十五条 教职工因公出国(境)境内城市间交通费、住宿费、伙食补助费、市内交通费等按本办法规定报销。因公出国(境)境外的食宿交通费,按照《安徽省省直党政机关因公临时出国(境)经费管理办法》规定执行。

第二十六条 教职工在国内外参加进修、访学、培训的,按照《巢湖学院教职工培训工作暂行办法》不予报销市内交通费及伙食补助费。

第二十七条 到外单位挂职锻炼、支援工作、访学、研究生学习以及参加各种工作队等人员,确需报销差旅费的,往返途中(仅指首次前往和期满返回)的交通费、住宿费、伙食补助费按照本办法规定标准报销。

第二十八条 学校教职工前往巢湖周边乡镇开展公务活动不予报销市内交通及伙食补助费。

第二十九条 出差期间,非因工作需要产生的费用不予报销。

第七章 监督问责

第三十条 学校各部门应当严格执行出差审批制度,严格差旅费预算管理,控制差旅费规模。严禁无实质内容、无明确公务目的的差旅活动,严禁以任何名义和方式变相旅游,严禁各种无实质内容的学习交流和考察调研。

第三十一条 各级审批人员及财务处要对差旅费报销进行审核把关,对未经批准擅自出差、不按规定开支和报销差旅费的人员进行严肃处理。

第三十二条 财务处、监审处应不定期开展差旅费的专项监督检查。

第三十三条 违反本规定,有下列行为之一的,依法依规追究相关部门和人员的责任:
1. 无出差审批或出差审批控制不严的;
2. 虚报冒领差旅费的;
3. 擅自扩大差旅费开支范围和提高开支标准的;
4. 不按规定报销差旅费的;
5. 转嫁差旅费的;
6. 其他违反本办法规定的。

有前条款所列行为之一的,由财务处会同有关部门责令改正,追回违规资金,并视情况予以通报。对直接责任人和相关责任人,按规定给予行政处分。涉嫌违法的,移交司法机关处理。

第八章 附 则

第三十四条 本办法自 2018 年 6 月 1 日起实行。原《巢湖学院教职工差旅费管理办法》(院字〔2015〕9 号)、《关于调整差旅住宿费标准等有关问题的通知》(校字〔2016〕63 号)同时废止。

第三十五条 本办法由财务处负责解释。

巢湖学院学生缴费管理办法
校字〔2018〕51 号

第一章 总 则

第一条 为加强学生学费、住宿费及代收代支费用收缴的管理,保障学校和学生的合法权益,根据《中华人民共和国高等教育法》、《普通高等学校学生管理规定》(中华人民共和国教育部令第 41 号)等有关收费管理规定,结合学校实际,制定本办法。

第二条 高等教育是受教育者自主求学、自主择业的非义务性教育。学生应当按照国家规定依法履行缴纳学费及其他有关费用的义务。

第三条 本办法适用于学校全日制学生、学历继续教育学生。

第四条 本办法所指费用主要包括向学生收取的学费、住宿费、代收代支费用等。

第二章 组织与管理

第五条 学生各项费用的收缴工作由财务处统一管理和组织实施。财务处按照国家和上级有关规定拟定学生收费项目和收费标准,并按规定程序报批和执行。未经批准或认可,校内其他部门不得另立名目,自行收费。

第六条 收费要使用合法的收费票据。所有收入必须纳入学校财务进行统一核算,严格按照国家有关规定依法实施"收支两条线"的管理。

第七条 学校应严格学生缴费管理,采取有效手段提高缴费率,各学院积极配合加大学生缴费宣传力度。

第八条 学生工作部、教务处、各学院等相关部门应相互配合,督促学生按时足额缴清学费、住宿费及代收代支费用。

第九条 学生工作部做好学生助学贷款各项管理工作,并与财务处及时进行对账,确保学生助学贷款及时到账。

第十条 家庭经济困难学生可按规定申请国家生源地助学贷款。对家庭经济特别困难的学生,学校除加大勤工助学、困难补助等资助工作力度外,可以根据实际情况进行适当的减免。具体事宜按照《巢湖学院家庭经济困难学生资助管理办法》执行。

第三章 学生缴费期限和方式

第十一条 每学年开学前财务处公布新学年各项费用缴费标准。学生应在新学年入学后两周内按缴费标准缴费,特殊情况可延迟到新学年9月30日。

第十二条 学生缴费方式有"学校委托银行代扣"和"学生自助网上缴费"两种方式。每学年开学前,学校委托银行代扣学生各项应缴费用,特殊原因未能成功代扣的学生需通过"学生自助网上缴费"方式自助缴费。

第十三条 未按学校规定缴纳学费的,不予办理学籍注册,不予以参加评优,不享受奖学金、生活补贴、困难补助等。

第十四条 毕业生离校前须缴清所欠费用后方可办理离校手续。

第四章 学生缴费结算管理

第十五条 学生有退学、休学、转学、转专业等变动情况的,有关部门应及时书面通知财务处,财务处据此办理学费、住宿费等收费标准变更。学生学业未满应征入伍的,按有关规定执行。

第十六条　学生在校期间调整专业，按学期调整缴费标准。财务处根据学校批准转专业时间，调整下学期缴费标准。

第十七条　学生本人申请退学、转学，经学校批准后，根据学校批准日期按学期结算其当年在校期间的学费、住宿费。如需办理退费，学生本人自学校批准之日起五个工作日内，持相关材料到财务处办理。

第十八条　因各种原因被学校开除学籍或退学处理的学生，已缴学费、住宿费不予退还。

第十九条　各项代收代支费用按照实际费用发生情况予以结算。

第二十条　学生因故休学后复学，按照以下情况办理：

1. 经批准休学的学生，其学费、住宿费根据实际在校期间按学期结算收取；
2. 休学期满不能复学而被取消学籍的学生，不再退回其已缴学费、住宿费。

第二十一条　复学、转专业的学生均按复学、转专业后所在专业当年的标准予以缴费。

第二十二条　学生在各项应缴费用未缴清之前不予办理退学、休学、复学手续。

第二十三条　就读于中外合作办学专业的学生，在学校就读期间由学校收取学费、住宿费等相关费用。国外就读期间学费由境外合作学校收取。

第二十四条　中外合作办学专业学生，因特殊原因国内就读期满之后仍留在学校继续学习，按照原收费标准收取学费。教务处在每学年开学前将继续留在学校学习的学生名单报送财务处，财务处根据教务处提供的学生名单确定收费标准。

第二十五条　代收代支费用应按实际成本收取，不得加价收取，不得将各类损耗计入成本。

第二十六条　学生毕业或其他原因离校的，应及时与学校结算代收代支费用，结余资金退还至学生银行卡。

第五章　各类考试报名费收缴相关规定

第二十七条　由上级主管部门举办的各项考试，应按照主办方文件规定收取考试报名费。

第二十八条　协会及其他非上级主管部门举办的考试，归口管理部门应先报财务处审核后报学校研究同意，以非盈利为目的，按照举办成本收取考试报名费。

第二十九条　考试举办部门或学院应提前10个工作日将考试举办成本及相关材料报送财务处，经审核后由财务处统一收取考试报名费，其他任何部门、学院及个人不得自行收取考试费。

第六章　附　　则

第三十条　本办法自发布之日起执行。原《巢湖学院学生学费收缴管理办法》（校字〔2016〕127号）同时废止。

第三十一条　本办法由财务处负责解释。

巢湖学院校园一卡通资金结算办法

校字〔2018〕52号

第一条 为规范学校校园一卡通(简称一卡通)资金结算,提高运行效率,充分发挥作用,根据有关财务规定,结合学校实际,制定本办法。

第二条 一卡通资金纳入学校财务统一管理,实行专项管理、单独核算。财务处负责一卡通资金的审核、归集、核算及划转等结算工作。

第三条 一卡通资金结算范围主要包括银行圈存、自助充值、现金充值、一卡通资金归集、商户资金转拨及其他一卡通资金相关结算业务。

第四条 财务处工作职责:
1. 负责制定一卡通资金结算业务流程;
2. 负责一卡通资金核算、转拨等业务;
3. 负责向商户收取管理费;
4. 负责编制一卡通资金财务报表,确保账表相符;
5. 负责一卡通资金管理,定期核对银行圈存、自助充值、现金充值等,确保账实相符;
6. 负责一卡通资金结算其他事项。

第五条 现代教育技术中心工作职责:
1. 负责维护一卡通系统信息安全,做好一卡通通信网络、终端POS机等设备信息安全工作;
2. 负责终端POS机安装管理工作,并在新学期开学一周内向财务处提供本学期一卡通终端POS机分布情况汇总表,如一卡通终端POS机分布情况发生变动,应向财务处提供新的一卡通终端POS机分布情况汇总表;
3. 负责一卡通资金结算及其他信息化技术支持等。

第六条 归口管理部门相关工作职责:
1. 负责商户的日常管理,主要包括经办新增商户一卡通开户及终端POS机变动申请,登记商户信息,规范商户涉及一卡通资金安全的操作行为等;
2. 负责商户一卡通资金结算的申请工作,按月填报申请表并附商户收款凭证;
3. 做好结算过程中各商户水电费、场地费、管理费及其他费用结算工作;
4. 负责监督商户在校内销售商品或服务时使用一卡通系统收费;
5. 负责商户的其他管理工作。

第七条 一卡通资金按月结算,当月一卡通资金在次月结算。一卡通资金结算流程:
1. 商户在每月前3个工作日内与财务处核对一卡通资金情况,核对无误后,填制《巢湖学院商户一卡通结算申请表》(见附表1)报归口管理部门审核;
2. 归口管理部门根据附表1填写《巢湖学院商户一卡通结算汇总表》(见附表2);
3. 归口管理部门在每月前6个工作日内完成签批手续并报送财务处办理结算;

4. 财务处在收到结算相关材料后4个工作日内完成结算。如有特殊情况，商户的管理部门可与财务处商定结算时间。

第八条　商户应定期核对交易明细账，发现差错应及时和财务处联系。

第九条　商户结算时按其实际销售额的5‰向学校缴纳管理费。管理费主要用于一卡通设备维护、系统维护、银行手续费等。

第十条　新增或减少一卡通商户，归口管理部门需填写《巢湖学院"校园一卡通"商户/POS机变动申请表》（见附表3）并提供合同、协议等相关证明材料报送现代教育中心、财务处审核通过后予以变动。

第十一条　商户需要新增、减少或移动终端POS机，应主动向归口管理部门提出申请，由归口管理部门填写《巢湖学院"校园一卡通"商户/POS机变动申请表》（见附表3）并附相关材料报送现代教育技术中心、财务处审核通过后予以变动。

第十二条　商户发生变更或商户下属的子商户及其组织机构发生变更，应及时将变更情况书面报归口管理部门。商户归口管理部门应及时书面告知财务处。

第十三条　商户应自觉遵守一卡通系统操作规范，不得无故脱机使用终端POS机。

第十四条　本办法自发布之日起施行。

第十五条　本办法由财务处负责解释。

巢湖学院数据管理办法

校字〔2018〕67号

第一章　总　　则

第一条　为适应信息化发展要求，充分利用数据为教学、科研、管理和决策服务，规范各信息系统数据管理，保证各类数据完整合理、有序流动，确保数据安全，结合学校实际，特制定本办法。

第二条　原则上系统数据（简称数据）是学校的重要资产，是进行教育、科研、管理和决策的重要依据，必须加强管理，使数据的采集传输、日常维护、数据平台建设、数据整合、数据共享各方面，做到可持续发展，不断提高数据的管理和使用水平。

第三条　本办法所涵盖的数据范畴，主要是指学校内部有关教学、科研、管理方面的数据。管理的对象主要是由信息系统生产过程中产生的数据、使用计算机编制的数据、专业系统采集的原始数据等，包括各类文本数据、数据库数据、Web页面信息、图形图像数据、多媒体数据等。

第二章　数据管理架构

第四条　学校各业务系统产生的数据均归学校所有。信息化建设与管理处按照权限责任维护数据。

第五条　数据管理架构包括数据管理部门、数据生产部门、数据使用部门三部分。

1. 信息化建设与管理处是数据管理部门，负责建立学校统一数据平台，对各种数据进行统一规划、归类，确定各类数据对应的权威数据生产部门；为数据使用部门提供数据共享和交换，理顺数据来源和数据使用渠道，并分别反馈给各部门核对认可。

2. 数据生产部门为权威数据单一来源部门，负责数据的维护、发布、备份和归档。数据生产部门产生的数据必须定时备份到学校统一数据平台，同步周期不得超过 24 小时，数据编码应遵循《巢湖学院信息编码标准》。

3. 数据使用部门若需要使用相关数据，应向数据管理部门提出申请，经批准后，获取数据的使用权；数据使用单位有义务保护数据的隐秘性，不得将数据信息在申请范围之外使用。

第三章　数据质量管理

第六条　为了保证数据管理的科学性，保证数据提供的准确性、及时性、易用性，符合安全、保密要求，必须建立、健全数据质量反馈制度，以保证数据的质量。

第七条　数据质量管理遵循"谁生产，谁负责，保证数据的质量，即数据的准确性、实时性等；谁使用数据，可提出数据整改意见"的总体原则。信息化建设与管理处负责组织有关数据质量反馈意见的收集，协助和督促数据生产部门不断提高共享数据的质量，不断完善数据平台的性能和功能，定期检查跟踪反馈。

第四章　数据安全管理

第八条　所有人员需严格遵守《计算机信息网络国际联网安全保护管理办法》。禁止使用信息系统从事有违国家法律法令的活动。

第九条　未经许可，禁止新增、改动和挪用系统数据，对接入服务严格管控。

第十条　人员管理，依据部门管理职责和个人岗位职责，结合数据分级属性，对部门和个人进行数据授权，保证数据准确送达和安全使用。个人的数据授权列表由部门负责人审查。

1. 数据管理员必须是精通数据管理工作和相关业务的核心工作人员，其他任何人不得接触中心数据库；数据管理员也不得私自向任何组织和个人以任何形式泄露数据中心的任何数据。

2. 对学校统一数据平台的数据有任何调整（变动），必须由两名以上（含两名）数据管理员共同决定方可执行，任何个人都不得擅自变动。

3. 因岗位或职责发生变更时，必须及时更改数据授权，避免数据授权不当的风险，并报信息化建设与管理处备案。

4. 如违反规定并造成不良后果的，相关人员必须承担一切后果，学校保留追究其管理责任甚至刑事责任的权利。

第十一条　任何业务系统没有权限对数据中心做写操作，所有数据同步均由数据中心根据规则对业务系统进行读取或推送操作。

第十二条　涉密数据应遵守国家、学校有关保密规定。

第五章　附　　则

第十三条　本办法由信息化建设与管理处负责解释。

第十四条　本办法自发布之日起实施。

巢湖学院信息编码标准

引　　言

编码标准是全校范围内数据库设计的数据字典，为信息交换、资源共享提供基础性条件，在信息化建设中起着至关重要的作用。校园信息化建设促使各部门的信息有序流通，实现信息共享和交换，前提需要实现信息编码标准化。为了更好地推进校园信息化，实现信息共享与交换，结合学校实际，特制订巢湖学院信息编码标准。

一、信息编码标准体系

巢湖学院信息编码标准体系，如下图所示。

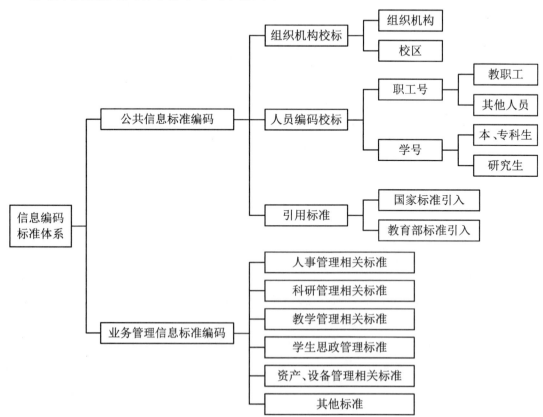

巢湖学院信息编码标准体系

二、编码制定原则

信息编码标准是学校信息标准体系的核心内容,为全校各应用系统数据设计、编码、维护、共享提供参考标准,编码制订原则:

1. 应优先使用国家标准及行业相关标准。
2. 制订好学校管理的重点编码,如校区编码、组织机构编码、教职工工号、学号、专业编码等。
3. 统一制订其他方面的通用编码。
4. 信息标准编码不会一成不变,编码种类及数据内容将随着学校业务的发展变迁、基础数据建设内容的增加而逐步扩展。

三、编码设计原则

1. 唯一性

虽然一个编码对象可有很多不同名称,也可按各种不同方式对其进行描述,但是,在一个分类编码标准中,每一编码对象仅有一个赋予它的代码,一个代码只唯一表示一个编码对象。

2. 可扩性

编码结构必须能适应同类编码对象不断增加的需要,必须为新的编码对象留有足够的备用码,以适应不断扩充的需要。

3. 简单性

编码结构应尽量简单,长度尽量短,以便节省机器存储空间和减少编码的差错率,同时,提高机器处理的效率。

4. 规范性

在一个信息编码标准中,编码的结构、类型以及编写格式必须统一。

5. 适用性

编码要尽可能地反映分类对象的特点,便于记忆,便于填写。

6. 合理性

编码结构要与分类体系相适应。

四、参考文献

1. 教育部正式发布实施的《教育管理信息化标准》。
2. 相关国家标准。

第一章 学校核心校标编码规范

一、人员编码校标

1. 教职工号

(1) 编制信息

① 参照标准体系:学校自定义标准。

② 编制单位:人事处。

(2) 编码规则

① 在编教职工号:

② 非在编人事代理职工：

③ 其他非在编职工号：

④ 编码规则说明：

在编教职工号组成：3位部门编号＋3位顺序号，共6位；

非在编人事代理职工号组成：3位部门编号＋3位顺序号，共6位；

其他非在编职工号组成：3位部门编号＋3位顺序号，共6位。

（3）示例数据

教师工号	姓　名	说　　明
052046	王　静	052机械与电子工程学院,顺序号为046

2. 学号

（1）编制信息

① 参照标准体系：学校自定义标准。

② 编制单位：教务处。

（2）编码规则

① 本科生编码规则：

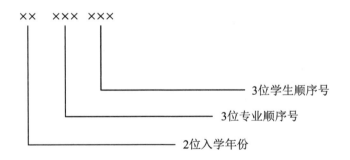

② 编码规则说明：

本科生学号编码组成：2位入学年份＋3位专业顺序号＋3位学生顺序号，共8位；其中专业顺序号和专业编码无关，每年有变动，根据专业排序产生。

(3) 示例数据

本科生学号	姓　名	说　　明
17046012	孙福田	2017年入学，专业流水号为046，学生顺序号为012

二、一卡通号

1. 编制信息

① 参照标准体系：学校自定义标准（教职工一卡通号以人事处编制教职工号为准，学生一卡通号以教务处编制学号为准，消费卡由卡务中心编制）。

② 编制单位：卡务中心。

2. 编码规则

(1) 教职工一卡通号编码规则

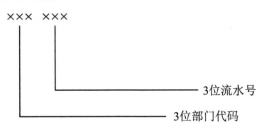

编码规则说明：

教职工一卡通号组成：3位部门代码＋3位流水号。

(2) 学生一卡通号编码规则

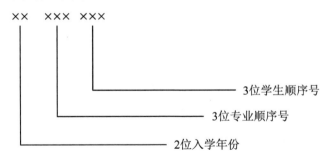

编码规则说明:

本科生学号编码组成:2位入学年份+3位专业顺序号+3位学生顺序号,共8位;其中专业顺序号和专业编码无关,每年有变动,根据专业排序产生。

(3)消费一卡通号编码规则

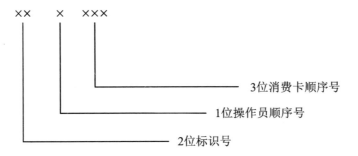

编码规则说明:

消费一卡通号编码组成:2位标识号+1位操作员顺序号+3位消费卡顺序号,共6位。

3. 示例数据

教职工一卡通号	姓 名	说 明
052046	王静	052机械与电子工程学院,顺序号为046

学生一卡通编号	姓 名	说 明
17046012	孙福田	2017年入学,专业流水号为046,学生顺序号为012

消费一卡通编号	姓 名	说 明
305046	张亮	30消费卡标识号,操作员顺序号5,消费卡顺序号为046

三、 固定资产号

1. 编制信息

① 参照标准体系:学校参照国家标准。

② 编制单位:国有资产管理处。

第二章 校区及组织机构代码标准

一、 校区

1. 编制信息

① 参照标准体系:学校自定义标准。

② 编制单位:组织部。

③ 信息标准数据结构。

字段中文名	类型	主键	可否空	长度	备注
代码	字符型	是		1	
名称	字符型			10	

2. 编码规则

```
×
└──────── 1位编码
```

编码规则说明:
代码(DM)组成:1位编号。

3. 示例数据

代码	名称
1	本部

二、组织机构

1. 编制信息

① 参照标准体系:学校自定义标准。

② 编制单位:组织部。

③ 信息标准数据结构。

字段中文名	类型	主键	可否空	长度	备注
代码	字符型	是		1	
名称	字符型			10	
层次	字符型			10	
隶属	字符型			10	

2. 编码规则

编码规则说明:

3位编码,不同数字范围代表不同类型部门,内容如下表。

代码	名称
001-049	职能部门或者教辅部门
050-089	教学院系
090	离退休虚拟部门

3. 示例数据

代码	名　　称
001	校办(行政部门)
015	信息化建设与管理处

三、本、专科专业

1. 编制信息

① 参照标准体系:学校自定义标准。

② 编制单位:教务处。

③ 信息标准数据结构。

字段中文名	类型	主键	可否空	长度	备注
代码	字符型	是		1	
名称	字符型			10	
层次	字符型			10	
隶属	字符型			10	

2. 编码规则

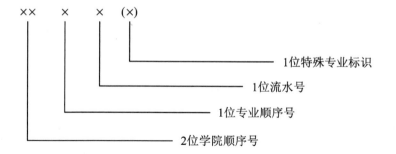

编码规则说明:

本科生专业组成:2位学院顺序号＋1位专业顺序号＋1位流水号,共4位;

学院顺序号:2位学院顺序号,无实际意义;

专业编码:2位专业顺序号,无实际意义;

流水号:1位流水号,无实际意义。

3. 示例数据

代码	本科专业名称
0231	酒店管理
0231D	酒店管理(对口)
0251	会展经济与管理
0221	旅游管理
……	……

巢湖学院校园一卡通管理规定(修订)

校字〔2018〕68号

为保障校园一卡通(简称一卡通)系统安全稳定运行,规范校园一卡通的管理与使用,特修订本管理规定。

第一章 总 则

第一条 校园一卡通系统是学校充分利用信息化手段,提高管理效率和服务水平的基础应用平台。各部门应积极配合做好各项工作,提供完整准确的数据信息,以充分发挥一卡通功能,确保系统的安全可靠运行。

第二条 学校设立校园一卡通服务管理中心(简称卡务中心),隶属于信息化建设与管理处。信息化建设与管理处负责校园一卡通系统运行与管理,一卡通卡片的发放、挂失解挂、销户、商户的接入开通等卡务管理,以及培训咨询服务等。一卡通结算、代扣、代缴及账务管理等金融服务由财务处负责处理。

第三条 一卡通卡片具有校内身份识别、图书借阅、缴费和消费、门禁管理等校务管理功能。所有与一卡通系统对接成功的有关收费系统原则上不允许收取现金。

第四条 一卡通卡片持有人、与一卡通系统对接的部门及商户,必须遵守国家相关法律法规及本管理规定。严禁破解、仿冒和伪造一卡通卡片,严禁攻击破坏一卡通系统。凡违反本规定者交由学校有关职能部门严肃处理,触犯法律的依法处理。

第二章 一卡通卡片管理

第五条 巢湖学院一卡通只限校园内使用。一卡通卡片分学生卡、教工卡、消费卡和社会读者卡四类。学生卡和教工卡具有身份认证、管理和电子消费等功能;消费卡仅具有电子消费功能;社会读者卡具有消费和图书借阅功能。

一卡通卡片办理程序如下:

1. 学生卡:发放对象仅为具有巢湖学院正式学籍的学生,毕业后失效。教务处负责在新生入学前收集、确认制卡所需的学生基本身份信息,并以电子文档送交信息化建设与管理处统一制作,新生报到时组织发放。

2. 教工卡:发放对象为巢湖学院教职工及巢湖学院聘用人员。人事处负责收集、确认教工卡所需的基本身份信息,填写一卡通申请表送至信息化建设与管理处制作。

3. 消费卡:发放对象为校内各部门用工人员、教职员工家属、来我校短期培训人员、经相关部门批准的其他人员。消费卡采用实名登记,持一卡通申请表和本人身份证明,经信息化建设与管理处同意,到卡务中心办理,有效期为1年。

4. 社会读者卡:社会读者卡的功能为消费和图书借阅,发放对象为符合条件的社会人员。社会读者卡实行实名登记,持一卡通申请表和本人身份证明,经图书馆同意,由图书馆统一到信息化建设与管理处办理。

第六条 学生卡、教工卡、消费卡、社会读者卡一般批量制作发放,申请或补办时收取制卡成本费。

第七条 一卡通卡片只许本人使用。卡片遗失应由本人及时挂失。卡片遗失后需补办新卡时,须本人持有效身份证件到卡务中心办理,或在自助补卡机上直接办理。

第八条 一卡通卡片内资金一般不得透支。如因技术问题造成透支,卡务中心有权向持卡人追索透支款额,并冻结卡片。持卡人清偿款额后,方可恢复正常使用。

第九条 一卡通卡片终止。

1. 对于办理了调离、辞职手续及自动离职、除名等与学校解除人事关系的教职工,由人事处将其变动信息及时通知信息化建设与管理处。持卡人携身份证和一卡通卡片到信息化建设与管理处办理余额结算及注销。各应用子系统的一卡通功能以主管单位确定的时间终止,一卡通其他功能将在30天后全部终止。离退休人员可以自行决定是否办理余额结算。

2. 对于办理了毕业离校、退学、休学等手续的各类学生,教务处、学工部或国际交流与继续教育学院须在该学生离校前将其变动信息及时通知信息化建设与管理处。应用子系统的一卡通功能以主管单位确定的时间终止,一卡通其他功能将在30天后全部终止。

3. 为优化一卡通系统资源,学校每年9月份集中清理消费卡,各部门须重新审核报送使用消费卡人员名单,使用消费卡的其他人员需携带身份证去卡务中心申请继续使用。

第十条 一卡通卡片挂失、解挂与注销。

1. 一卡通卡片丢失后,可以凭密码在自助服务终端挂失,也可以通过一卡通自助查询平台挂失,或者凭本人有效身份证件到卡务中心挂失。一卡通卡片挂失前造成的经济损失由持卡人自行负责。

2. 已挂失的一卡通卡片找回后,由持卡人携带本人有效身份证件到卡务中心解挂,不接受无证解挂、网站解挂、自助终端解挂,若挂失后已补办新卡,挂失卡自动作废,将不再解挂。

3. 教职工或毕业生办理离校手续时可办理一卡通注销并结算卡内余额,办理卡注销须持本人有效身份证件。

第十一条 一卡通功能密码。

一卡通功能密码分为查询密码和消费密码,初始密码由一卡通系统提供,持卡人领取卡片后必须通过一卡通自助设备或信息化建设与管理处网站进行初始密码修改。持卡人必须妥善保管密码,如遗忘密码,持卡人须凭有效身份证件到卡务中心办理密码挂失和密码重置手续,一卡通方可继续使用。

第十二条　为保障持卡人的资金安全，防止一卡通卡片遗失后可能引起的卡内资金损失，一卡通限制时段消费累计额，一卡通每天消费累计额不超过 50 元，超过累计额的消费，需要输入消费密码。

第十三条　一卡通卡片内的资金不计利息。一卡通系统产生的消费流水记录视为持卡人本人所为，各类交易所产生的电子信息记录均为该项交易的有效凭据。持卡人在消费时被多扣款，经卡务中心查证确认，多扣部分可以退款。

第十四条　卡务中心可接受校内有关业务单位要求并根据有关规定，在事先通知的情况下，在一卡通用户的账户上进行代发或代扣业务。

第十五条　卡务中心工作人员负有为持卡人、商户的用卡信息保密的义务，除国家机关依法定程序及学校管理单位为管理、监督工作进行的查询外，不得擅自向他人提供持卡人、商户的信息。

第三章　设备管理

第十六条　一卡通网络是校园网中的独立专网，为保障一卡通网络和数据的安全，未经信息化建设与管理处许可，任何设备与系统不得接入一卡通专网。一卡通系统的设备只可用于一卡通业务的管理和使用，不得用于其他用途，接入设备严禁运行与本系统无关的任何程序和文件，管理部门要采取切实措施防止病毒的侵害。如违反规定，则追究当事人责任。

第十七条　一卡通专网的应用服务器、网络交换设备和线路、自助查询系统、圈存系统等以及接入一卡通的其他各应用系统涉及一卡通部分的，由信息化建设与管理处负责管理与维护，各应用系统其他部分由各主管部门负责。

第十八条　各使用单位应承担对所用设备设施的日常保管、维护保养和管理职责；培训所有一卡通系统使用人员，普及各项设备的使用、保养、维护知识。如一卡通系统或设备不能正常工作，用户单位须先按检修规范进行自检，如不能解决，应及时向信息化建设与管理处报修，由信息化建设与管理处协调厂家处理。严禁商户私自移动或更换收费终端。

第十九条　在一卡通网络畅通情况下，未经允许，严禁用户自行切换为脱机模式；如系统故障，应在信息化建设与管理处和后勤处同意下方可临时脱机使用；系统正常后，应立即恢复为联机模式，并上传消费流水。否则，由此造成的损失由用户自行承担。

第四章　应用子系统及商户管理

第二十条　一卡通应用子系统管理部门指的是以一卡通系统为依托，进行业务管理、数据收集和信息管理的学校职能部门和有关单位。各应用子系统管理部门应根据本单位的职责和业务对一卡通系统提出明确的管理要求和权限界定，信息化建设与管理处将严格依据用户单位的要求做好系统的初始化和相应的参数设定。

第二十一条 利用一卡通系统从事具有消费行为活动的单位或个人,凭与学校签订的有关协议,经财务处同意,到信息化建设与管理处签订有关接入协议后,才能成为一卡通的经营商户。并经相关归口部门批准后方可成为一卡通商户,一卡通商户应根据财务处相关规定进行对账及财务结算。

第二十二条 商户不得拒绝师生正常的刷卡消费,并有责任和义务及时、主动、妥善地解决持卡人在消费过程中出现的各种纠纷。

第二十三条 信息化建设与管理处负责对商户的业务指导并提供相应的维护服务,各商户需按规定使用并保养系统专用设备,违规使用造成的损失由商户自行负责。

第二十四条 一卡通各应用子系统管理部门,应自觉遵守一卡通管理的有关规定和学校的规章制度。各类归口管理部门应履行向持卡人告知的义务,规范人员管理流程,配合学校做好持卡人的有效身份注册(注销)等管理工作。

第二十五条 商户的交易活动须接受学校检查和监督。发现违反有关规定或其他非正常的行为,学校可及时采取措施,予以制止。对违规情节严重者可中止其接入业务,并追究其责任,直至取消商户经营资格。

第五章 附 则

第二十六条 本条例自公布之日起执行,原《巢湖学院校园一卡通管理规定》(院字〔2015〕24号)同时废止。

第二十七条 本管理规定由信息化建设与管理处负责解释。

巢湖学院申报专业技术职务人员教学质量评价实施办法(试行)

校字〔2018〕127号

根据《巢湖学院专业技术职务评审实施办法(试行)》(校字〔2017〕161号)和《教育部关于深化高校教师考核评价制度改革的指导意见》(教师〔2016〕7号)文件精神,为进一步促进职称评审的公平、公正,体现教学质量在职称评审中的重要作用,发挥职称评审对教学质量提升的导向作用,结合学校实际,制定本实施办法。

一、评价对象

申报教师和实验系列中级及以上专业技术职务的人员。

二、评价内容

1. 课堂教学。教师课堂教学,包括理论课和实验、实训课程等教学。

2. 教学材料。教学材料主要包括课程教学大纲、教学进度表、教案或讲稿、学生作业等。根据需要,可延伸到教师评价学生平时成绩的过程材料。

3. 课程考核。课程考核材料包括课程考试材料和课程考查材料等。承担过课程设计、课程论文指导任务的教师,还应提供课程设计和课程论文等材料。

4. 毕业论文(设计)。教师指导学生毕业论文(设计)工作,实行毕业论文(设计)改革的专业,评价替代毕业论文(设计)材料。

5. 教学质量。学年度教师教学质量考核情况。

三、评价标准

根据上述评价内容,制定评价指标体系(见附件1),其中第1~4项合计100分,第5项100分。

四、评价方法

1. 评价采用集中组织评价和平时评价相结合的办法,平时教学管理和检查中的评价纳入教学质量评价;平时评价没有记录的,以集中组织的评价为主。

2. 教师课堂教学评价由学校组织听课,主要按学科门类分组进行,听课时间原则上为申报职称的当年。

3. 具体评价时,参照学校相关文件和质量标准,先根据评价指标体系从规范性、质量等方面进行评分,然后再在所得评分的基础上减分。其中教师教学质量考核根据指标体系核算得分。

4. 根据职称评审需要,抽查的材料根据学校有关规定和实际情况,相应由教务处、教师工作部、二级学院和申报人等提供。

五、组织实施

(一)组织领导

1. 学校和二级学院分别成立申报专业技术职务教师教学质量评价领导组,负责组织实施教师教学质量评价工作。学校申报专业技术职务教师教学质量评价领导组组长由分管教学副校长担任,副组长由教务处、教师工作部负责人担任,各二级学院院长为委员,办公室设在教务处。二级学院申报专业技术职务教师教学质量评价领导组由二级学院确定。

2. 教务处具体负责组织对申报副高及以上专业技术职务人员的教学质量进行评价;二级学院具体负责组织对申报中级专业技术职务人员进行教学质量评价。

(二)评审程序

1. 教师根据教务处通知要求,接受专家听课,报送相关抽查材料。教师报送的相关抽查材料须经学院审核、确认。

2. 学校和二级学院根据分工分别组织专家进行听课,评审相关材料,并结合平时教学管理材料,给出申报专业技术职务人员教学质量评价得分。

3. 专家组评分经公示无异议后,根据分工,学校和二级学院分别将申报专业技术职务人员教学质量评价结果一览表(见附件2)提交到学校职评办。

4. 评价过程中形成的材料,由教务处和各二级学院分别归档;申报人提交的原始材料,退还至二级学院或申报人。

六、结果运用

1. 申报专业技术职务人员教学质量评价总分低于120分或课堂教学评价得分低于60%的，职称评审不予推荐。

2. 申报专业技术职务人员教学质量评价结果作为职称申报推荐和评审的重要依据。

七、有关说明和要求

1. 申报专业技术职务人员教学质量评价没有特别说明的，均为任现职期间近5年（或学年）的教学工作。

2. 课堂教学以集中听课为主，教师任现职期间如有教学督导听课的，课堂教学可以以其为依据，其中申报副高及以上专业技术职务的，以校级教学督导听课为依据，申报中级专业技术职务的，以二级学院教学督导听课为主。

3. 抽查、调阅的材料根据学校规定应该具备的，但申报职称时不能提供也不能证明的，按无对待。

4. 教学质量评价结果有效期为2年，非教学质量原因当年职称评审未通过的，下一年度教学质量评价有效，但学校可以根据需要，对申报人员教学质量做出重新评价。因教学质量评价原因当年职称评审未通过的，下一年度评审时需要重新进行教学质量评价。

5. 教学质量评价各类事实、材料须真实、可靠，凡弄虚作假，一经查实，取消当年推荐资格，并按有关规定进行处理。

八、附则

1. 本办法自2018年专业技术职务评审开始实行。

2. 本办法由教务处和教师工作部负责解释。

附件 1

巢湖学院申报专业技术职务人员教学质量评价指标体系

评价指标	分值	评价标准	评价方法
1.课堂教学	60	1.评分：课堂教学组织、管理到位，教学水平较高，教学效果较好。 2.扣分：学校领导、教指委成员、教学督导听课或教学检查、专项督查中，发现课堂教学管理不严的（如有学生迟到早退的，一次扣 2 分；有学生旷课的、有学生玩手机或睡觉的、等等），发现 3 人及以上的，一次扣 2 分；教学督导发现教学效果不佳（评分均分低于 70 分，或半数以上听课人评定等级为中等以下）的，一次扣 2 分。学生反映或投诉课堂管理松散或教学效果差证属实的，一次扣 5 分；课堂上有言论不当、学生反映或投诉查证属实的，一次扣 10 分；违反师德师风的，实行一票否决。本项分值扣完为止	1.专家组听课进行评分，评分标准依据《巢湖学院（修订）实施办法（修订）》中的评价指标体系。 2.扣分根据集中组织听课或平时教学管理过程中的实际情况
2.教学材料	10	1.评分：教学过程材料齐全、规范，符合学校要求，质量较高。 2.扣分：集中组织评价或平时教学检查等发现教学大纲要求的、经认定属实，一次扣 2 分；教案或讲稿等缺失等的，缺失一样一次扣 2 分；学生作业不按教学大纲要求布置或批改不认真的，经认定属实的，一次扣 2 分。本项分值扣完为止	任意抽取一门课程完整材料进行评价或根据平时教学管理过程中的实际情况
3.课程考核	15	1.评分：课程考核符合学校和教学大纲要求，考核质量高，材料齐全规范。 2.扣分：集中组织评价或平时教学检查等中发现课程考核存在考核质量不高、评阅不规范、计分有错误等问题的，一次扣 2 分；问题较大的，一次扣 5 分。本项分值扣完为止	原则上抽取与教学材料一致的一门课程考核材料进行评价，必要时，可再任意抽取课程考核材料进行评价
4.毕业论文（设计）	15	1.评分：积极承担毕业论文（设计）指导工作，指导认真负责，论文（设计）质量较高，过程材料齐全规范。 2.扣分：集中组织评价或平时教学检查等中发现存在论文（设计）指导不认真，评分不客观、学术规范性差等问题的，经认定属实，一次扣 2 分，问题较大的，一次扣 5 分。本项分值扣完为止	任意抽取一学年教师所指导的毕业论文（设计）材料进行评价

续表

评价指标	分值	评价标准	评价方法
5.教师教学质量考核	100	1. 评分：教师教学质量较高（以75分为基本分，近5学年中，教学质量考核为优秀的，一次加5分）。 2. 扣分：以75分为基本分，近5学年中，教学质量考核为合格及以下的，一次扣5分；因为教学质量差而考核为不合格的，一次扣20分	根据每学年教师教学质量考核进行评价
总分	200		

注：1. 破年限申报职称的，教师教学质量考核根据实际年限。每少1年，在基本分加一个5分的基础上评分。
2. 因实际情况某一项内容没有的，如指导毕业论文（设计），评分结果＝实际得分÷实际得分项指标分×100。

附件2

巢湖学院申报专业技术职务人员教学质量评价结果一览表

序号	姓名	性别	出生年月	所在学院	申报学科	申报任职资格	得分

注：1. 得分按由高到低排序。
2. 申报学科、申报任职资格与职称申报表填写一致。

巢湖学院优秀科研创新团队评选暂行办法

校字〔2018〕136号

第一章 总 则

第一条 为进一步汇聚优秀人才,发挥团队攻关优势,凝炼特色研究方向,促进多学科的交叉与融合,提升学校承担重大科研项目、解决经济社会发展中的重大理论问题和实际问题的水平与能力,推动地方应用型高水平大学建设,结合学校建设发展规划,特制定本办法。

第二条 优秀科研创新团队评选的目标是:遴选、培育省级科研创新团队,使之在团队成员培养、省部级以上科研项目立项、高层次科研成果产出以及省部级以上科研成果获奖等方面取得一批重大标志性成果。

第二章 评选条件

第三条 优秀科研创新团队必须以校级及以上重点学科、重点实验室、人文社科重点研究基地、工程技术研究中心、科研院所(中心)等科技创新平台为依托,具有良好的建设条件和内外部发展环境。

第四条 优秀科研创新团队研究方向应面向国家和省市中长期科技发展规划和哲学社会科学研究中长期规划的重点领域,符合学校学科发展需要,具有开创性和探索性。

第五条 优秀科研创新团队带头人应为学校的正式在职人员,或学校正式聘任的柔性引进人才;具有正高职称,或副高职称且具有博士学位;品德高尚,治学严谨,具有较好的组织协调能力和合作精神,在研究团队中有较强的凝聚作用。同时,应具有创新性学术思想和较高的学术造诣。近五年内,主持过省部级及以上科研项目(不含省教育厅各类项目)。

第六条 优秀科研创新团队成员一般不少于3人,应是在长期合作基础上形成的研究集体,具有相对集中的研究方向和共同研究的学术问题,以及合理的专业结构和年龄结构,且在相关研究领域已取得较突出的研究成果。近五年内,团队成员(不含带头人)应取得以下成果:获得1项二类以上科研项目,或2项三类以上科研项目(含横向项目),或2项二类以上推广成果,或1项二类以上科研成果奖励;自然科学类发表一类期刊论文5篇以上,人文社科类发表二类以上期刊论文4篇以上,且每年人均不少于0.2篇。

与研究方向一致的发明专利,可视同为一类论文计入研究成果。

第七条 优秀科研创新团队成员各类成果均为第一完成人,并须署名"巢湖学院"。同一成员原则上不允许同时参与2个以上科研创新团队。

第三章 评选程序

第八条 优秀科研创新团队每两年申报和评审一次。鼓励跨学科组建科研创新团队,鼓励与省内外科研机构、企业合作组建科研创新团队。

第九条 优秀科研创新团队评选坚持公开公正、择优推荐、宁缺毋滥原则,实行回避制度,按照申报、评审、公示和学校审批等程序进行。

第十条 优秀科研创新团队带头人根据评选条件提出申请,填写《巢湖学院优秀科研创新团队申请书》,并提交相关支撑和证明材料。

第十一条 科技处负责对申报材料进行初审,并组织专家评审。

第十二条 专家组根据申报材料和团队带头人的现场答辩情况,对申报科研创新团队的研究方向、团队构成、前期基础等进行综合评议,经公示无异议后报请学校审批。学校将对评选出的"优秀科研创新团队"给予表彰和奖励,并优先推荐申报省级以上科研创新团队。

第四章 附 则

第十三条 本办法中各类奖项、成果分类标准依照《安徽省普通本科高等学校教师专业技术资格申报条件》(皖教人〔2016〕1号)。

第十四条 本办法自颁布之日起执行。

第十五条 本办法由科技处负责解释。

(供稿:吴 芳)

五、机构与干部

学校党政领导

朱灿平	党委书记
祝家贵	党委副书记、校长
徐柳凡	党委委员、副校长
阮爱民	党委委员、纪委书记
黄志圣	党委委员、副校长
朱定秀	党委委员、副校长
余洁平	党委委员、党委宣传部（新闻中心、文明办）部长
郑尚志	党委委员、信息工程学院院长
肖圣忠	党委委员、纪委委员、党委组织部（统战部）部长、机关党委书记

（供稿：邓其志）

学校纪委委员

阮爱民	纪委书记
刘洪涛	纪委副书记，纪委办公室（监察处、审计处）主任（处长）
肖圣忠	党委委员、纪委委员、党委组织部（统战部）部长、机关党委书记
王光富	纪委委员、艺术学院党委书记
张安东	纪委委员、旅游管理学院院长（环巢湖文化与经济社会发展研究中心主任）
张继山	纪委委员、化学与材料工程学院党委书记
陈恩虎	纪委委员、图书馆馆长

（供稿：曹海清）

处级机构设置

序号	机构名称	序号	机构名称
一	**党政管理机构**	5	数学与统计学院(大学数学教学部)
1	办公室(党委办公室、校长办公室、校友总会办公室)	6	机械工程学院
2	纪委办公室、监察处、审计处	7	电子工程学院
3	党委组织部(党委统战部、党校办公室)	8	信息工程学院(信息科学技术教学部)
4	党委宣传部(新闻中心、文明办)	9	化学与材料工程学院
5	党委教师工作部(人事处、离退休工作处、关工委秘书处)	10	工商管理学院
6	党委学生工作部(学生处)	11	旅游管理学院
7	发展规划处(质量管理办公室、高等教育研究所、学术委员会秘书处)	12	艺术学院
8	教务处(教师能力发展中心、创新创业学院)	13	马克思主义学院
9	科技处(学报编辑部、学科建设办公室、服务地方办公室)	三	**教辅机构**
10	财务处	1	图书馆
11	后勤管理与基建处	四	**科研机构**
12	国有资产管理处	1	环巢湖文化与经济社会发展研究中心
13	保卫与校园管理处(党委人民武装部)	五	**按章程设置的机构**
14	信息化建设与管理处(网络信息中心)	1~13	各学院党的委员会、总支部(直属支部)委员会
二	**教学机构**	14	机关党的委员会
1	经济与法学学院	15	工会
2	体育学院(大学体育教学部)	16	团委
3	文学传媒与教育科学学院(心理健康教育中心)	六	**直属机构**
4	外国语学院(大学英语教学部)	1	国际交流与继续教育学院(外事办公室)

注：学院的排序原则上以教育部《普通高等学校本科专业目录》为准。

（供稿：邓其志）

各单位科室设置(科级)

序号	二级机构名称	科级机构设置
1	经济与法学学院	党务(行政)秘书 教学科研秘书 团总支
2	体育学院(大学体育教学部)	
3	文学传媒与教育科学学院(心理健康教育中心)	
4	外国语学院(大学英语教学部)	
5	数学与统计学院(大学数学教学部)	
6	机械工程学院	党务(行政)秘书、教学科研秘书 团总支、工程实训部
7	电子工程学院	党务(行政)秘书 教学科研秘书 团总支
8	信息工程学院(信息科学技术教学部)	
9	化学与材料工程学院	
10	工商管理学院	
11	旅游管理学院	党务(行政)秘书、教学科研秘书 团总支、环巢湖文化研究中心秘书
12	艺术学院	党务(行政)秘书、教学科研秘书 团总支
13	马克思主义学院	党务(行政)秘书、教学科研秘书
14	办公室 (党委办公室、校长办公室、校友总会办公室)	文秘科
		信息科
		机要科
		行政科
		档案馆
		扶贫工作队副队长
		扶贫干事
15	纪委办公室(监察处、审计处)	秘书
		纪检监察科
		审计科

续表

序号	二级机构名称	科级机构设置
16	党委组织部 (党委统战部、党校办公室、机关党委)	秘书(统战科)
		干部科(机关党委秘书)
		组织科(党校办公室秘书)
17	党委宣传部(新闻中心、文明办)	秘书(理论教育科)
		新媒体中心(网络工作室)
		《巢湖学院报》编辑部
18	党委教师工作部 (人事处、离退休工作处、关工委秘书处)	秘书(师德师风办公室秘书)
		人事科(人才工作办公室秘书)
		师资职称科
		工资社保科
		离退休工作科(关工委秘书)
19	党委学生工作部(学生处)	秘书(学生思想政治教育科)
		学生资助管理办公室
		大学生就业指导中心
		学生管理科
		易班发展中心
20	发展规划处(质量管理办公室、高等教育研究所、学术委员会秘书处)	秘书(规划统计科)
		质量评估科(质量管理办公室秘书)
21	教务处 (教师能力发展中心、 创新创业学院)	秘书
		教务科
		招生办公室
		实践教学管理科
		教研科
		质量检查科(教学督导组秘书)
		教师能力发展中心办公室
		学籍管理科
		创新创业学院办公室

续表

序号	二级机构名称	科级机构设置
22	科技处(学报编辑部、学科建设办公室、服务地方办公室)	秘书
		项目管理科(成果管理科)
		学报编辑部
		学科(学风)建设办公室
		服务地方办公室
23	财务处	秘书
		财务核算科
		收费管理科
		预算管理科
		综合管理科
24	后勤管理与基建处	秘书
		基建工程管理科
		水电管理与能源保障科
		物业管理科
		餐饮管理科
		校医院
		卫生疾控与医保管理科
		学生公寓管理科
		商贸管理科
		维修与房产管理科
25	国有资产管理处	秘书
		招标采购管理科
		资产管理科
26	保卫与校园管理处(党委人民武装部)	秘书(政保科)
		治安与消防科
		校园秩序管理科
27	信息化建设与管理处(网络信息中心)	秘书
		信息管理科
		网络管理科
		教育技术科

续表

序号	二级机构名称	科级机构设置
28	图书馆	秘书
		信息资源建设部
		公共服务部
		参考咨询部
		技术服务部
29	工会	秘书
		女工部(计生办)
30	团委	秘书
		组织部
		宣传部
31	国际交流与继续教育学院(外事办公室)	秘书
		继续教育科
		外事科

(供稿:邓其志)

机关部门、教学科研及教辅单位负责人

张连福　办公室(党委办公室、校长办公室、校友总会办公室)主任
石　庭　办公室副主任
赵子翔　办公室副主任
夏桂林　大墩村第一书记、扶贫工作队队长
刘洪涛　纪委副书记，纪委办公室(监察处、审计处)主任(处长)
汪　泰　监察处(审计处)副处长
肖圣忠　党委委员、纪委委员、党委组织部(统战部)部长、机关党委书记
洪　燕　党委组织部(统战部)副部长
余洁平　党委委员、党委宣传部(新闻中心、文明办)部长
陈小波　党委宣传部副部长
陈和龙　党委教师工作部(人事处、离退休工作处、关工委秘书处)部(处)长
王　晖　党委教师工作部(人事处、离退休工作处)副部(处)长
周　祥　党委学生工作部(学生处)部(处)长

郭凤英	党委学生工作部（学生处）副部（处）长
华紫武	党委学生工作部（学生处）副部（处）长
徐礼节	发展规划处（质量管理办室、高等教育研究所、学术委员会秘书处）处长
徐兆武	发展规划处副处长
丁俊苗	教务处（教师能力发展中心、创新创业学院）处长
许雪艳	教务处副处长
胡传双	教务处副处长
谢如龙	教务处副处长
万新军	科技处（学报编辑部、学科建设办公室、服务地方办公室）处长
朱　明	科技处副处长、学报编辑部主任
刘亚平	财务处处长
彭正生	财务处副处长
张　蕊	后勤管理与基建处处长
吴仁斌	后勤管理与基建处副处长
戴风华	后勤管理与基建处副处长
蒋　飞	后勤管理与基建处副处长
古国平	国有资产管理处处长
陈立钢	国有资产管理处副处长
管　超	保卫与校园管理处（党委人民武装部）处（部）长
洪作奎	保卫与校园管理处（党委人民武装部）副处（部）长
吕家云	信息化建设与管理处（网络信息中心）处长
陈兆龙	信息化建设与管理处副处长
陈恩虎	图书馆馆长
吴　宏	图书馆副馆长
张道才	工会主席
胡世元	工会副主席
郑　玲	团委书记
郭　超	团委副书记
史国东	国际交流与继续教育学院（外事办公室）院长
袁凤琴	国际交流与继续教育学院副院长
王万海	经济与法学学院党委书记
徐志仓	经济与法学学院院长
孙　玮	经济与法学学院党委副书记
施　玮	经济与法学学院副院长
芮德武	体育学院党总支书记

姚　磊	体育学院院长
赵胜国	体育学院副院长
朱玉票	文学传媒与教育科学学院党委书记
方习文	文学传媒与教育科学学院院长
王　倩	文学传媒与教育科学学院党委副书记
李曙光	文学传媒与教育科学学院副院长
单自华	外国语学院党总支书记
柯应根	外国语学院院长
余荣琦	外国语学院副院长
孙远春	数学与统计学院党总支书记
赵开斌	数学与统计学院院长
吴永生	数学与统计学院副院长
何照泽	机械工程学院党总支书记
杨汉生	机械工程学院院长
汪世义	机械工程学院副院长
陈海波	电子工程学院党委书记
钱　云	电子工程学院院长
孔鲲鹏	电子工程学院党委副书记
叶　松	电子工程学院副院长
郑尚志	党委委员、信息工程学院院长
陈士群	信息工程学院党委书记
童先军	信息工程学院党委副书记
吴其林	信息工程学院副院长
张继山	纪委委员、化学与材料工程学院党委书记
李明玲	化学与材料工程学院院长
宋明友	化学与材料工程学院党委副书记
鲁文胜	化学与材料工程学院副院长
柳洪琼	工商管理学院党委书记
罗发海	工商管理学院院长
黄春芳	工商管理学院党委副书记
陶有田	工商管理学院副院长
董金山	旅游管理学院党总支书记
张安东	纪委委员、旅游管理学院院长
齐先文	旅游管理学院副院长
王光富	纪委委员、艺术学院党委书记
杨松水	艺术学院院长

李　勇　　艺术学院党委副书记
褚春元　　艺术学院副院长
郑小春　　马克思主义学院院长、直属党支部书记
赵光军　　马克思主义学院副院长

（供稿：邓其志）

基层党组织设置及其负责人
（2018年11月换届后名单）

一、经济与法学学院党委

（一）党委
委　员：王万海　方　玲　江　海　孙　玮　孙定海　何东海　施　玮
书　记：王万海
副书记：施　玮　孙　玮

（二）支部
教工一支部书记：王　烨
教工二支部书记：方　玲
教工三支部书记：林天水
学生一支部书记：何东海
学生二支部书记：张　浩
学生三支部书记：蒋　澜
学生四支部书记：刘鬏菘

二、体育学院党总支

（一）党总支
委　员：王　林　芮德武　汪　健　周雪华　姚　磊　黄寿军　解雪梅
书　记：芮德武
副书记：姚　磊

（二）支部
教工一支部书记：黄寿军
教工二支部书记：兰顺领

教工三支部书记：蔡　广
学生一支部书记：解雪梅
学生二支部书记：王　林

三、文学传媒与教育科学学院党委

(一) 党委

委　员：王　倩　王兴国　方习文　甘　超　叶　磊　朱玉票　查　华
书　记：朱玉票
副书记：方习文　王　倩

(二) 支部

教工一支部书记：查　华
教工二支部书记：卜洪漩
教工三支部书记：甘　超
教工四支部书记：叶　磊
学生一支部书记：曾　鹏
学生二支部书记：李　娜
学生三支部书记：李　昆
学生四支部书记：晁天彩
学生五支部书记：王兴国

四、外国语学院党总支

(一) 党总支

委　员：余荣琦　谷　峰　张园园　陈　文　周　华　单自华　柯应根
书　记：单自华
副书记：柯应根

(二) 支部

教工一支部书记：汤玲玲
教工二支部书记：周　华
教工三支部书记：李　吟
教工四支部书记：谷　峰
教工五支部书记：贺　静
学生一支部书记：李加敏
学生二支部书记：王　凯

五、数学与统计学院党总支

(一) 党总支

委　　员：孙远春　吴永生　陈佩树　赵开斌　郝成超　郝江锋　管成功
书　　记：孙远春
副 书 记：赵开斌

(二) 支部

教工一支部书记：郝江锋
教工二支部书记：管成功
学 生 支 部 书 记：郝成超

六、机械工程学院党总支

(一) 党总支

委　　员：王　燕　王玉勤　何照泽　余荣丽　汪世义　陈　浩　蔡玲存
书　　记：何照泽
副 书 记：汪世义

(二) 支部

教工一支部书记：王可胜
教工二支部书记：龚智强
教工三支部书记：王玉勤
学生一支部书记：王　燕
学生二支部书记：陈　浩
学生三支部书记：王靖国

七、电子工程学院党委

(一) 党委

委　　员：王　静　孔鲲鹏　朱爱国　刘雪刚　余建立　陈海波　钱　云
书　　记：陈海波
副 书 记：钱　云　孔鲲鹏

(二) 支部

教工一支部书记：王　静

教工二支部书记：笪　诚
学生一支部书记：汪　军
学生二支部书记：王正创
学生三支部书记：牛美芹

八、信息工程学院党委

（一）党委

委　员：刘晓波　郑尚志　吴其林　张步群　陈士群　黄贵林　童先军
书　记：陈士群
副书记：郑尚志　童先军

（二）支部

教工一支部书记：刘　旭
教工二支部书记：黄贵林
教工三支部书记：鹿建银
学生一支部书记：陈文静
学生二支部书记：刘小燕
学生三支部书记：刘晓波
学生四支部书记：樊乐乐

九、化学与材料工程学院党委

（一）党委

委　员：李　融　李明玲　宋明友　张继山　陈小举　曹海清　鲁文胜
书　记：张继山
副书记：李明玲　宋明友

（二）支部

教工一支部书记：曹海清
教工二支部书记：陈小举
学生一支部书记：李　融
学生二支部书记：许小兵
学生三支部书记：涂　静
学生四支部书记：许　齐

十、工商管理学院党委

(一) 党委

委　　员：邓其志　陈　凯　罗发海　金　晶　柳洪琼　陶有田　黄春芳
书　　记：柳洪琼
副书记：罗发海　黄春芳

(二) 支部

教工一支部书记：张帅兵
教工二支部书记：邓其志
学生一支部书记：童　茜
学生二支部书记：赵帅帅

十一、旅游管理学院党委

(一) 党委

委　　员：丁龙庆　齐先文　杨　帆　张安东　董金山
书　　记：董金山
副书记：张安东

(二) 支部

教工一支部书记：汪最中
教工二支部书记：胡茂胜
教工三支部书记：丁龙庆
教工四支部书记：郭晓艳
学生一支部书记：王　超
学生二支部书记：孙园园

十二、艺术学院党委

(一) 党委

委　　员：王光富　田世彬　李　勇　李超峰　杨松水　何冬冬　褚春元
书　　记：王光富
副书记：杨松水　李　勇

（二）支部

教工一支部书记：刘宣琳
教工二支部书记：席景霞
教工三支部书记：余晓燕
学生一支部书记：何冬冬
学生二支部书记：李本祥
学生三支部书记：郭　华

十三、马克思主义学院直属党支部

（一）直属党支部

委　员：杨　芳　肖迎春　郑小春　赵光军　胡万年
书　记：郑小春
副书记：赵光军

十四、机关党委

（一）党委

委　员：万新军　刘洪涛　肖圣忠　张连福　张道才　陈和龙　周　祥
书　记：肖圣忠
副书记：陈和龙

（二）支部

机关一支部书记：张连福
机关二支部书记：汪　泰
机关三支部书记：洪　燕
机关四支部书记：陈小波
机关五支部书记：王　晖
机关六支部书记：周　祥
机关七支部书记：丁俊苗
机关八支部书记：万新军
机关九支部书记：刘亚平
机关十支部书记：张　蕊
机关十一支部书记：古国平
机关十二支部书记：管　超

机关十三支部书记：吕家云
机关十四支部书记：陈恩虎
机关十五支部书记：郭　超
机关十六支部书记：史国东
机关十七支部书记：丁绪胜
机关十八支部书记：鲁有周

（供稿：邓其志）

六、党建与思想政治

组织统战工作

2018年组织部深入贯彻落实习近平新时代中国特色社会主义思想和党的十九大精神，落实全国、全省组织工作会议精神和省委教育工委部署要求，在校党委的正确领导下，围绕建设特色鲜明的地方应用型高水平大学、本科教学工作审核评估等任务，紧抓学校2018年党的建设工作要点、党建工作重点任务和2018年度基层党建工作"三个清单"，认真完成了各项工作。

一、不断加强政治建设，筑牢思想政治根基

坚决做到"两个维护"，推动部门自身建设。以习近平新时代中国特色社会主义思想为指导，深入学习贯彻党的十九大和十九届二中、三中全会精神，落实全国、全省组织工作会议精神。认真制定并落实年度工作计划，通过政治理论学习会、部门会议等形式抓好政治学习、业务学习，强化部门管理，提高组工队伍水平。发挥"学习强国"等平台作用，丰富学习形式，拓展工作视野。2018年度共在安徽先锋网发布了25篇新闻报道。

围绕全面从严治党要求，严肃党内政治生活。协同相关部门组织召开2018年党建工作会议，筹备并召开2018年党代会年会。组织开展"讲严立"警示教育专题民主生活会和2018年度民主生活会，及时汇编学习材料。完成了校党委民主生活会及各基层党组织民主生活会、组织生活会的召开和会后相关材料汇编、上报等工作。

二、抓好基层党组织建设，推动工作提质增效

完成基层党组织换届选举工作。按照《巢湖学院基层党组织换届工作实施方案》，完成全校9个分党委、4个党总支、1个直属党支部、89个党支部的换届工作。按照省委统一部署，召开第二次党员代表大会年会增补选举，组织部、统战部部长担任党委委员。

有序推进基层党组织标准化建设。开展基层党组织标准化建设验收复查工作，达标率为80%以上。组织分党校开展入党积极分子和发展对象学习培训，共培训3125人，按标准和程序做好党员发展工作，发展学生党员593人，转正465人，发展教工党员4人，转正9人。及时完成党费上缴收缴使用管理、党组织关系转接归档等工作。完成2018年党内统计的上报、党员信息相关数据的录入等工作。

稳步开展党建工作质量提升行动。成立6个检查工作组深入院系开展党建调研和发展党员材料审核工作，推进党支部质量提升行动、教师党支部书记"双带头人"培育、基层党组织"对标争先"、高校党建示范创建和质量创优等工作。组织开展安徽省"双创"申报，完成校党委示范高校、1个标杆院系、3个样板支部申报工作。

做好"七一"表彰慰问准备工作。认真做好2018年度"七一"表彰工作，共表彰先进基层党组织11个、优秀共产党员25名、优秀党务工作者9名。开展党内关怀帮扶，慰问生活困难党员、老党员和驻村扶贫党员24人，发放慰问金21600元。

三、加强干部队伍建设，做好选育管服工作

做好干部选拔任用工作。紧密结合新时代好干部标准，组织开展第三轮干部换届聘任

工作,完成43名正处级、45名副处级干部、114名科级干部的聘任工作。

加大干部监督管理力度。修订《巢湖学院二级单位和中层领导干部综合考核实施办法(修订)》,在2017年度考核中,18名处级干部获"优秀",13名干部获"优秀管理骨干"称号,15名干部获"中青年管理骨干"称号。贯彻落实"两项法规",完成了35名处级干部和21名提拔处级干部的报告个人有关事项年度集中填报和基本数据的录入工作。认真做好"因私出国/境证件专项治理工作"。严格执行领导干部在社会组织兼职报批和备案工作。

重视干部各类培训和挂职锻炼工作。举办党支部书记和科级干部培训班,200余人参加培训。选派33名正处级干部参加省委教育工委十九大精神集中轮训班。举办省高校干部第三十三期学习贯彻党的十九大精神集中轮训班,共43名副处级干部参加培训。选调处级干部、支部书记和骨干教师共103人次外出参加培训。推荐4名同志到巢湖市挂职,2名同志到旌德县挂职。

四、围绕五大发展行动,全力做好新时期统战工作

健全统战工作机构,落实高校统战工作机制。在第三轮机构调整和干部聘任工作中,设立党委统战部,与党委组织部合署办公,设统战科科级岗位。加强与党外人士联系,召开党外人士座谈会,为学校发展凝聚人心、积聚力量。

推进五大发展行动,做好统战对象的服务工作。加强与地方侨联对接,接待合肥市侨联来校调研。协助合肥市委组织部完成1名省人大代表的考察工作。推荐7名无党派人士为第三届省党外知识分子联谊会会员、3名海外留学归国人员为巢湖市海联会会员。民主党派徐志仓教授撰写的《关于推动我市开发区转型升级的建议》被合肥市统战部采纳;民主党派叶松教授的《加大地方性、应用型本科院校的建设支持力度》建言献策被人民网安徽频道"两会声音栏目"关注、报道。

(供稿:邓其志)

宣传思想文化工作

学校以深入学习贯彻习近平新时代中国特色社会主义思想和党的十九大精神为主线,围绕中心、服务大局、开拓创新,圆满完成理论学习、宣传引领、思政教育、文明创建等各项工作,宣传思想文化工作成效明显。

一、审核评估宣传工作

充分利用校园网、微博、微信、横幅、路牌、橱窗展板等积极开展对审核评估相关知识的宣传。编印《巢湖学院画册》《巢湖学院40周年校庆纪念册》《巢院学子在基层》《教育思想大讨论论文集》,设计制作校徽、评估画册及相应的电子画册。

二、意识形态工作

落实党委意识形态工作责任制,牢牢掌握意识形态工作领导权、主动权、话语权。认真学习贯彻中央、省委意识形态工作决策部署,做好省高校意识形态工作调研组来校调研工作,认真完成意识形态工作报告。结合全国"两会"等重要时间节点,加强对意识形态阵地的管理，严格落实报告会、研讨会、讲座、论坛、集体演讲"一会一报"制。严格执行新闻发布审核制度，加强对学校各类新闻网站、新媒体等的登记、审核、管理；做好网络舆情监控，提高突发事件的应急处置能力。

三、政治理论学习工作

抓好理论学习，建设学习型党组织。出台《中共巢湖学院委员会理论学习中心组2018年度学习计划》，组织校党委中心组理论学习13次，参加学习领导干部近1000人次，重点学习习近平新时代中国特色社会主义思想、十九大精神、全国教育大会精神等重要内容。创新学习形式，组织党员干部赴中国科学技术大学先进技术研究院、科大讯飞实地考察学习。同时，结合学校实际，认真安排每月教职工理论学习的主要内容。

推进理论宣讲，牢固树立"四个意识"。将习近平新时代中国特色社会主义思想和十九大精神作为校党委中心组学习、干部学习培训、教职工政治理论学习和大学生专题教育重要内容。校领导深入思政课堂，开展十九大精神专题教学。制定全国教育大会宣讲方案，成立宣讲团，举办党委中心组、单位、学院、班级各个层面宣讲报告会、座谈会33场。打造讲"习"社、知行学社等学生理论宣讲社团，提高大学生政治理论水平。

四、思想政治工作

不断加强师生思想政治教育。印发《巢湖学院2018年思想政治教育工作要点》，认真学习习近平总书记在全国高校思想政治工作会议上的重要讲话精神，将全国全省高校思政工作会议精神作为中心组学习、教职工理论学习重点内容，做好全国全省高校思政工作会议精神"三进"工作。召开党建思政工作座谈会，学习传达全省高校思想政治工作会议精神，就如何做好和加强学校思想政治工作、党风廉政建设和组织工作进行交流。开展加强和改进新形势下高校思想政治工作实施意见落实情况自查，完成学校思想政治工作自查报告。

扎实推进社会主义核心价值观教育制度化常态化。制定《巢湖学院关于在全校深入开展培育和践行社会主义核心价值观活动的实施方案》，开展巢湖学院2018年志愿服务文化月暨社会主义核心价值观主题宣传月活动，加强校地合作，联合安巢经开区开展"图说我们的价值观"公益广告作品征集活动，让师生在参与文化讲座、专题演讲、主题团日、升旗仪式、学雷锋、志愿服务、"我们的节日"等活动的同时，积极弘扬和践行社会主义核心价值观。

深入开展理论研究。组织申报的2016~2018安徽省高等教育振兴计划高校思想政治教育综合改革计划项目进展良好，中期成果检查成绩优秀。《深化"三全育人"体系改革，探索高效思政教育新途径》等理论文章被省委宣传部"学习新思想，建功新时代"青年沙龙研讨会收录。

五、文明创建工作

积极参与全国、省市各级文明单位创建，巩固拓展创建成果。先后获得合肥市第十四届文明单位、安巢经开区第二届文明单位荣誉称号。巢湖学院作为合肥市创建省级文明校园推荐单位（申请转化）已经合肥市教育局上报省文明办、省教育厅，现已公示。积极参与合肥市、安巢经开区开展的志愿服务、"讲文明、树新风"公益广告设计大赛、学雷锋主题月、"半汤好人"、楼道楼宇好人评选等创建活动，2人获得巢湖市经开区"半汤好人"荣誉称号。

六、校园文化建设工作

制定《环巢湖文化塑校育人实施方案》，依托环巢湖文化与经济社会发展研究中心、校社科联等平台,举办"环巢湖旅游资源与开发现状"专题讲座、"第七届巢湖·中华有巢氏文化"学术研讨会等教学科研活动,布置环巢湖历史文化名人宣传楼贴,推进环巢湖文化"三进",做好文化塑校育人工作。邀请中国科学技术大学程艺教授、省社科院翁飞研究员、安徽师范大学刘运好教授做客"汤山讲坛"举办文化学术讲座,弘扬中华优秀传统文化。举办第七届读书月、第七届大学生诗文朗诵大赛等校园文化活动,打造校园文化精品。积极参与文化交流,组织学生参加安徽省第十三届讯飞杯大学生诗文朗诵比赛,荣获第4名;参加第二届安徽省校园读书创作活动,获省一等奖2个、二等奖5个、三等奖10个。

七、宣传报道工作

加强阵地建设。充分发挥报纸杂志、广播电视、橱窗展板、网络、新媒体、自媒体等校园宣传媒介作用,广泛开展宣传报道。校园网全年共发布各类新闻报道1852篇,发布视频新闻20余条;巢湖学院微博全年共推送387期,最高阅读量达5.9万次;巢湖学院微信全年共推送264期,单篇最高阅读量为8691次,微信活跃度在省内高校排行前10;制作专题宣传片6部;编辑出版《巢湖学院报》9期。在《新安晚报》《合肥晚报·环湖晨刊》、安徽教育网、中安在线等媒体上刊发新闻850余条,在中国大学生网、中青网等国家级网站发布新闻200余条。做好专题宣传,围绕学校重点工作,推送"优秀考研学子系列报道"14期、"青春大学习,奋斗新时代专题报道"20余篇、"百千万大走访专题报道"8篇、"新春走基层"、"巢院学子在基层"等各类毕业生事迹报道30余篇、"学习教育大会精神,转变教育思想观念"报道33篇。

(供稿:夏 勇)

纪检监察工作

在上级纪委正确领导下,学校深入学习贯彻习近平新时代中国特色社会主义思想,全面贯彻落实党的十九大精神,树立"四个意识",坚定"四个自信",做到"两个维护",紧紧围绕学校中心工作,认真履职尽责,推进党风廉政建设和反腐败工作向纵深发展,为学校事业发展提供了坚强保证。

一、加强政治建设,践行"两个维护"

坚持以科学理论武装头脑指导实践。坚持把深入学习贯彻习近平新时代中国特色社会主义思想和党的十九大精神作为首要政治任务,推进学习教育常态化制度化。党委会、校长办公会全年18次研究部署党风廉政建设和反腐败工作。健全纪委集体学习制度,持续跟进学习习近平总书记重要讲话精神,协助党委抓好中央和省委重大决策部署的贯彻落实。

扎实开展"讲严立"专题警示教育。制订实施方案,召开动员部署会,建立工作机制,发放《忏悔录选编》、警示教育片等资料,落实具体任务,做到思想认识到位、组织领导到位、工作落实到位。突出学习教育、锤炼党性、汲取教训、集中研讨、对照检查、批评与自我批评、整改落实7个关键环节,深化警示教育实效。组织校党政领导班子成员、处级干部78人赴巢湖监狱接受现场警示教育,组织党员300余人观看警示教育片。严格审核把关学校领导班子成员对照检查材料,提出修改意见13条,推动以整风精神召开专题民主生活会,领导班子制定整改措施49项,班子成员制定整改措施54项。

深入推进"三查三问"。严明政治纪律和政治规矩,坚决防范和遏制"七个有之"问题,督促被函询的党员干部在民主生活会上做出深刻检查,集中整治形式主义官僚主义,开展教育系统扶贫领域作风问题专项治理,实地走访学校结对帮扶单位和贫困家庭。紧密结合实际,组成5个工作组围绕教育部审核评估等中心任务开展督查,突出问题导向,一体推进问题发现与整改落实,促进常态化督查问责、解决问题长效机制的形成,持续优化学校政治生态。

二、强化组织协调,压紧压实责任

压实"两个责任"。将党风廉政建设和反腐败工作纳入党委行政重点工作统一部署。召开全校党建工作会议,印发年度党风廉政建设工作要点,签订党风廉政建设责任书,召开落实党风廉政建设主体责任集体约谈会,党委书记、校长、纪委书记对全校二级单位41名党政主要负责人进行集中约谈;参与二级单位和中层领导干部年度综合考核,参加年度基层党组织书记抓党的建设述职评议会,严格党风廉政建设责任制考核,推行落实主体责任全程记实,完善约谈提醒制度,拧紧责任传导"螺丝",督促党员领导干部履行好主体责任和"一岗双责"。

狠抓巡视整改。对标中央巡视整改精神,落实省委"三个之巡""三个推动""五清四问"等要求,协助校党委推进巡视整改,开展以"查漏洞、抓反弹、补短板"为主要内容的巡视整改"回头看",加强组织协调,强化台账管理、过程控制、督导指导、跟踪问效,对整改工作再梳理、再排查、再推进,全程参加违规占房清理工作,督促问题整改落实。

三、坚持突出重点,强化日常监督

加强对"关键少数"的监督。严格执行领导干部述职述廉、个人重大事项报告、离任经济事项交接等规定。严格执行党纪党规,加强民主集中制、"三重一大"决策制度和党政联席议事制度等执行情况的监督检查。组织开展处级党政领导干部经济责任审计,已完成第一阶段审计任务。组织召开第三轮处级、科级干部任职廉政谈话,与84名处级干部签订《廉洁从政承诺书》。

加强对重点领域和关键环节的监督。加强第三轮处级干部、科级干部聘任工作全程监督,加强对拟提任干部的廉政考察,严把党风廉政意见回复关。根据信访举报,建议取消一人科级干部聘任资格。参与人才引进、职称评审、招生录取和英语计算机等级水平考试等工作。持续深化"三转",深入走访调研,对办公室、科技处、教师工作部、国资处、工会、财务处、后勤处等7个职能部门的相关负责人分别进行约谈,督促完善规章制度,认真履行管理和监督职能,促进权力规范运行。

四、坚持正风肃纪,力促风清气正

深化落实中央八项规定精神。在重大节日和新生入学等节点,向党员干部和全校教职员工发出廉政提醒,提出节俭文明廉洁过节的要求,期间组成工作组,重点针对公车私用、违规公款吃喝、滥发津补贴和"酒桌办公"进行专项检查,严格经费管理,"三公"经费已连续三年下降。制定《党员领导干部操办婚丧喜庆事宜暂行规定》,引导党员领导干部带头移风易俗,弘扬时代新风。

加强党员干部联系服务师生。拓展领导干部联系师生的途径,执行校领导接待日和校级领导联系服务专家制度,落实党员领导干部联系师生党支部的规定,逐步推进处级以上领导干部联系学生班级制度，切实解决师生合理诉求，凝聚人心，增强推动学校改革发展的合力。

推进师德师风和学风建设。加强师德师风和教风学风建设，实行师德考核一票否决制，督促开展师德师风专题教育和学风建设月活动，引导广大教师围绕立德树人根本任务，严格遵守新时代高校教师职业行为十项准则，力行师德规范，争做"四有"好老师。

五、加强纪律建设，严肃执纪问责

学习贯彻《条例》。组织学习新修订的（下称《条例》），及时转发省纪委、驻教育厅纪检监察组的典型案例通报，组织全校232名领导干部、党支部书记参加《条例》在线测试，通过率为100%。组织全校各二级单位开展遵守党规党纪和法律法规情况自查自纠。

严格纪律审查。畅通信访举报渠道，不断健全"信、访、网、电"四位一体信访举报工作体系，各类信访件14件全部办结。函询处级干部1人次，约谈二级学院领导班子1次。对驻厅纪检监察组转发的两起疑似公车私用的问题线索，及时核查并予以澄清。

践行"四种形态"。重点运用好第一、第二种形态，对苗头性、倾向性问题早提醒、早纠正。严格执行谈话函询材料签字背书和审查制度，发挥采信告知的教育激励作用和抽查核实的监督作用，提高谈话函询的严肃性、严谨性和规范性，切实把纪律和规矩挺在前面。

六、强化源头治理，推进标本兼治

深化廉政风险防控。召开动员会，印发《深化廉政风险防控实施方案》，再次深入排查学校廉政风险点。对重点领域、重点岗位、关键环节的防控工作，深入走访调研，加强教育提醒。针对各部门排查出来的203个风险点，开展专项督查，督促制定与落实防控措施487条。

加强廉政文化建设。协助安徽省委党校科文部、环巢湖文化与经济社会发展研究中心举办政治文化与环巢湖廉政文化建设学术研讨会，挖掘环巢湖文化廉政元素，加强环巢湖廉政文化理论研究，出版《政治文化与环巢湖廉政文化建设学术研讨会论文集》。丰富校园廉洁教育的内涵与形式，组织遴选5件作品参加"安徽廉洁文化精品工程"作品征集活动。

注重建立长效机制。面对党风廉政建设工作新形势、新要求，积极推进制度全覆盖，修订制定《中共巢湖学院委员会工作规则》《巢湖学院校长工作规则》《巢湖学院二级学院党组织议事规则》《巢湖学院二级学院党政联席会议议事规则》《巢湖学院教职工师德考核实施办法》《巢湖学院内部控制实施办法》《巢湖学院差旅费管理办法》等规章制度，形成较为完备的党风廉政建设制度体系。

七、坚持从严从实，提升履职能力

加强队伍建设。加强纪检监察干部思想建设和政治建设，强化学习培训，不断提升纪检监察干部履职尽责水平。选派干部4人次参加中国纪检监察学院培训，1人次参加省属高校巡视整改"回头看"督查组，1人次参加全省纪检监察系统办公室综合业务培训，2人次参加2018年度省直部门单位审计人才库成员专题培训。组织党支部书记、支部纪检委员32人参加党风廉政建设网络专题培训班。

严格内部管理。进一步完善工作机制，完善纪委委员、分党委（党总支）纪检委员、党风党纪监督员和特邀监察员参与专项检查、督查、评议考核等工作机制，发挥纪委委员、纪检委员、党风廉政监督员和特邀监察员的作用。严格工作程序和业务流程，落实重大事项报告和回避、保密等制度，主动接受全校各级党组织和师生员工的监督，强化自我监督、组织监督，打造过硬队伍。

（供稿：曹海清）

校党委理论学习中心组学习情况一览表

序号	时间	地点	学 习 内 容
1	1月23日	第二会议室	1. 中共中央政治局12月25日至26日召开的民主生活会精神； 2. 习近平总书记在学习贯彻党的十九大精神研讨班开班式上重要讲话； 3. 中国共产党第十九届中央委员会第二次全体会议公报； 4. 中国共产党第十九届中央纪律检查委员会第二次全体公报； 5. 习近平勉励莫斯科大学中国留学生的回信； 6. 民主生活会有关学习材料
2	3月6日	第一会议室	1. 中国共产党第十九届中央委员会第三次全体会议公报； 2. 中国共产党中央委员会关于修改《中华人民共和国宪法》部分内容的建议； 3. 2018年政府工作报告
3	3月27日	第一会议室	1. 习近平总书记在第十三届全国人民代表大会第一次会议上的重要讲话； 2.《中华人民共和国宪法》； 3.《中华人民共和国监察法》； 4.《深化党和国家机构改革方案》
4	4月24日	中科大先进技术研究院 科大讯飞股份有限公司	实地调研学习
5	5月29日	第二会议室	1.《关于进一步激励广大干部新时代新担当新作为的意见》； 2. 习近平总书记在北京大学考察时重要讲话精神； 3. 习近平总书记5月4日在纪念马克思诞辰200周年大会上的重要讲话
6	6月29日	致知楼报告厅	习近平总书记在全国网络安全和信息化工作会议上重要讲话精神
7	7月10日	第二会议室	习近平总书记在全国组织工作会议上重要讲话精神

续表

序号	时间	地点	学习内容
8	7月26日	第一会议室	1.《习近平总书记关于"讲忠诚、守纪律、立政德"论述摘编》； 2.《关于进一步激励广大干部新时代新担当新作为实施意见》； 3. 警示教育片《守住第一次》
9	8月10日	第一会议室	《正确认识妥善应对中美经贸摩擦》
10	9月25日	第二会议室	1. 习近平总书记在全国教育大会上重要讲话精神； 2. 全国全省宣传思想工作会议精神； 3. 新修订的《中国共产党纪律处分条例》
11	10月30日	致知楼报告厅	全国教育大会精神
12	11月27日	第二会议室	1.《中国共产党支部工作条例(试行)》； 2.《高校教师师德失范行为处理指导意见》； 3.《新时代高校教师职业行为十项准则》
13	12月25日	第二会议室	1. 习近平总书记在庆祝改革开放40周年大会上的重要讲话； 2.《人民日报》关于学习贯彻习近平总书记在庆祝改革开放四十周年大会重要讲话评论员文章； 3.《关于推进城市安全发展的实施意见》

（供稿：夏 勇）

"汤山讲坛"讲座情况一览表

姓名	时间	单位/职务/职称	讲座题目
程 艺	4月27日	中国科学技术大学教授、博士生导师，安徽省委教育工委原书记、省教育厅原厅长	求实求新求发展，悟道悟法悟新路
刘运好	11月7日	安徽师范大学教授、博士生导师	文学文本的阅读和研究
翁 飞	12月19日	安徽省社科联安徽历史文化研究中心主任、研究员	安徽地域文化的特点

（供稿：夏 勇）

党员干部教育培训情况一览表

序号	时间	培训内容	参加人员
1	1月3～26日	第11期市厅级干部任职培训班	朱定秀
2	1月3～17日	第2期加强高校思想政治工作专题研讨班	祝家贵
3	1月3～17日	第3期加强高校思想政治工作专题研讨班	张道才
4	分批次	省委教育工委学习贯彻党的十九大精神集中轮训班	33名正处级干部
5	4月18～27日	安徽省高校干部学习贯彻党的十九大精神第33期集中轮训班(巢湖学院协助举办)	43名副处级干部
6	5月13日～6月1日	第49、50期省哲学社会科学教学科研骨干研修班	雍淑凤 徐频频 曹传兰
7	6月10～29日	第51、52期省哲学社会科学教学科研骨干研修班	彭正生 蔡 广
8	6月10～29日	加强高校思想政治工作专题研讨班(第4期)	郑尚志
9	9月2日～11月9日	县处级干部进修班(第65期)经济转型	管 超
10	9月2日～11月9日	县处级干部进修班(第65期)社会治理	郭凤英
11	10月28日～11月27日	"中西部大学校长海外研修计划"赴美研修团培训	朱定秀
12	11月12～16日	高校基层党支部书记示范培训班	龚智强 王 林 李 昆
13	12月4～6日	高校骨干教师代表学习贯彻全国教育大会精神培训会	鲁业频 李书安 刘东生
14	12月24～29日	国家教育行政学院第四期学工队伍能力提升培训班	周 祥 董金山 何照泽 陈海波 张继山
15	12月23日～1月11日	加强高校思想政治工作和事业单位领导人员管理专题研讨班(第5期)	余洁平

续表

序号	时间	培训内容	参加人员
16	12月23日～1月11日	第55、56期省哲学社会科学教学科研骨干研修班	吴　宏 郭　超 代国娟

（供稿：邓其志）

发展党员情况统计表

	教职工（人）	学生（人）	合计（人）
预备党员按期转正	9	465	474
发展预备党员	4	593	597

（供稿：邓其志）

七、群团工作

工会工作

工会在校党委的正确领导下，充分发挥组织、引导、服务、维护教职工的基本职能，在推进学校民主管理、加强教师队伍素质建设、维护教职工合法权益、组织开展文体活动等方面，较好地完成各项任务，为加快建设特色鲜明的地方应用型高水平大学做出了一定的贡献。

一、推进学校民主管理

学校召开三届二次教代会工代会，听取并审议通过学校工作报告、教代会暨工代会工作报告。开展提案征集工作，收到代表提案与建议19件。召开提案工作委员会会议，交办代表提案。召开承办部门会议，推进提案办理工作。提案办理工作进展顺利，提案代表对办理结果总体满意。召开教代会执委会、工会委员、分工会主席会议，通报学校重大建设事项及工会有关工作，并征询意见及建议。

二、加强师德师风建设

在国庆节前夕，举办了师德师风专题报告会，学校党委书记朱灿平做了题为《师德师风，源远流长》的专题报告。在教师节当天，召开了主题为"弘扬高尚师德，潜心立德树人"的教师节座谈会。组织以"遵守职业规范，弘扬高尚师德"为主题的师德师风征文活动，共收到论文34篇。

三、维护教职工合法权益

开展"病、困、孤、难、老"教职工"送温暖"活动，加大慰问力度。开展教师节、中秋节、国庆节及春节慰问活动。选派优秀教师、先进工作者参加省教科文卫体工会组织的暑冬季疗休养。开展巢湖学院三八红旗手、巢湖学院最美家庭、工会系统先进个人评选推荐工作。

四、组织开展文体活动

组织开展教职工篮球比赛、掼蛋比赛、登山等文体活动。组织教职工运动会。协助团委做好迎新年文艺演出工作。组织青年教师亲子行活动。组队参加并承办皖中片高校及全省高校气排球比赛，校领导徐柳凡、阮爱民亲自上场参赛，我校获皖中片区第三名及全省优胜奖。

五、做好女工工作

组织全校女教职工开展女性健康专项体检。为女教职工免费举办瑜伽培训班。安排体检医院专家来校进行现场健康咨询和体检报告答疑。组织女教职工"三八"国际妇女节跳绳、定点投篮、羽毛球发准活动。组织开展省教科文卫体工会组织的第二届"书香天使"读书活动暨第六届"书香三八"读书活动，我校获"优秀组织奖"。

六、建设教工之家

为给教职工提供一个休闲娱乐、释放工作压力、交流情感的场所，在逐步建设好学校的教工之家的同时，工会根据自身及各分工会现有的实际情况，继续支持各分工会教工之家建设，为各分工会增添一定数量的活动器材。并在对各分工会人员状况、办公用房等情况充分了解的基础上，决定由点到面、由小到大加快教工之家建设。

七、加强工会自身学习

以习近平新时代中国特色社会主义思想为指导,深入学习贯彻党的十九大及十九届三中全会精神。深入开展"两学一做"学习教育,扎实开展"讲重作"专题教育和"讲严立"专题警示教育等活动,牢固树立"四个意识"。学习贯彻工会十七大及全国教育大会精神。进一步学习贯彻中央关于加强和改进党的群团工作的意见及省委实施意见。学习与工会有关的法律法规,增强管理能力,提升服务水平。

(供稿:徐守成)

共青团工作

一、工作思路与重点

2018年全校共青团工作以紧紧围绕学习宣传贯彻党的十九大和团的十八大精神为主线,贯彻落实习近平总书记"7·2"重要讲话精神,持续深入推进共青团改革,围绕思想引领、素质拓展、组织提升、网上团建和权益服务等重点工作,全方位全过程服务青年学生成长成才。

二、工作开展情况与成效

(一)持续深入推进各项改革措施落实落细

按照《巢湖学院共青团改革实施方案》总体部署,改革完善团学组织机构和职能设置;构建党领导下的"一心双环"团学组织格局,加强校、院、班三级学生组织联动,全面实施班团一体化运行机制;启动学生会改革,明确学生会组织对学生社团的引导、服务和联系;制定《巢湖学院班团一体化运行机制实施方案》《巢湖学院学生团支部考核办法(试行)》,修订《"第二课堂成绩单"制度实施方案》等改革相关配套文件15项;落实团学代会定期召开制度。

(二)多措并举,确保思想引领工作切实有效

用共同理想引领青年,主要把握重要时间节点开展中国梦、社会主义核心价值观等各类宣传教育240余场;用主题活动聚集青年,开展"与信仰对话""四进四信""节节向上""改革开放40周年"等主题团日活动350余场次;用先进典型激励青年,评选"十佳大学生""十佳志愿者",表彰821名"三好学生"、299名"优秀学生干部"、37个"先进班集体";292名"优秀团员",183名"优秀团干",34个"先进团支部"。其中,季海龙同学获"中国大学生自强之星"提名奖;季海龙、刘园园同学分获"中国电信奖学金";用网络新媒体吸引青年,创作新媒体产品,制作《镜头中的"三下乡"》《逐梦新时代》等影像作品,出版《汤山青年》《志愿者在行动》杂志,通过镜头图文,直观展示我校团员青年朝气蓬勃的青春风貌。

(三)充分发挥第二课堂育人作用成效凸显

1. 第二课堂成绩单制度不断完善

完善《"第二课堂成绩单"制度实施方案》,从工作内容、项目供给、评价机制、组织实施进行系统设计。建立大学生成长服务网络平台,截至目前,PU平台注册16699人,入驻495个团体,发布活动1462次。

2. 创新创业取得突破

以"创青春""双百大赛"等创新创业竞赛为重点,以学术科技社团活动为基础,举办各类创新创业活动40余场次,参与师生6000余人次;精心组织"创青春""双百大赛"等高水平赛事。"创青春"创业大赛获2银10铜。"双百大赛"获一等奖1个,三等奖6个,优秀奖7个;学校获优秀组织奖,实现历史性突破。

3. 社会实践成效显著

以"青春大学习·奋斗新时代"为主题,组建国家级重点团队4支,校级院级实践团队百余支,5000余名志愿者分赴各地开展100余项内容充实、形式丰富的实践活动,服务了经济社会发展,激发大学生在实践中受教育、长才干、做贡献。学校再次荣获全国优秀单位。首次编印《大学生"三下乡"社会实践活动手册》。实现社会实践和专业学习、地方需求、就业创业、科技创新的"四个结合"。

4. 志愿服务特色逐步彰显

以志愿服务活动为重要载体,突出大学生社会责任感教育。全年开展志愿服务330项,重点开展"爱心课堂""环境教育""蚂蚁助学"等精品活动50余项。举办第八届志愿服务项目大赛,推荐15件作品参加安徽省第四届志愿服务项目大赛,荣获一等奖1个、二等奖2个、三等奖3个。全面推进志愿者网上注册工作。2017级、2018级团员全部采用志愿汇APP注册,线上注册志愿者14136人,线上志愿服务时长累计330820小时。多举措开展西部计划工作。

5. 校园文化活动丰富多彩

以纪念改革开放40周年为契机,以高品位文化活动为导向,邀请教育部艺术教育专家来校讲学、承接"高雅艺术进校园"花鼓戏、"徽风皖韵进高校"黄梅戏专场汇演、毕业生晚会和元旦晚会等活动;以特色活动为重点,举办第十五届宿舍文化节、第十二届大学女生节、第五届大学生文明修身月、第十四届新生才艺大赛、"三走"系列活动等特色校园文化活动百余场次;以社团文化为延伸,鼓励支持引导各学生社团分层分类开展文化活动,实施社团活动项目化管理,打造"一社一品"的特色活动。

(四)严格落实从严治团要求,促进组织提升

1. 推行班团一体化运行机制

印发《巢湖学院班团一体化运行机制实施方案》和《巢湖学院学生团支部考核办法(试行)》,强化班级团支部建设,建立班团联席会议制度,推进"计划同定、活动同办、工作同商和难题同研"的"四同"工作模式,目前在2018级班级团支部全面推行。

2. 实施基层团支部活力提升工程

严格落实"三会两制一课"制度,举办学习"7·2"重要讲话精神、"我与改革共成长""不忘初心,牢记使命"主题团日大赛;举办微团课大赛;实施班级团支部年度考核,团支部书记述职评议;开展活力团支部创建遴选活动,其中汤山青年传媒中心网络团支部荣获全国活力团支部;举办第六期团校培训班。

3. 按期召开第三次团代会、第四次学代会

召开第三次团代会和第四次学代会。第二届团委委员和第三届学委委员分别向大会做工作报告并广泛听取了代表意见;顺利完成团委会和学委会换届选举工作;发布《巢湖学院

学生会章程》(2018年12月修订)。

4. 建立专兼挂的团干部队伍

校党委召开专题会议研究校团委选拔兼职、挂职校团委副书记相关事宜。经过个人申报、组织推荐、面试、考察等环节,校级团委配备书记1人,专职副书记1人,挂职教师副书记1人,兼职教师副书记1人,兼职学生副书记2人。

(五)用活用好新媒体,大力实施网上共青团

1. 完善"互联网＋"共青团工作体系

完善"四梁八柱"网上共青团工作格局,统筹"汤青之声"微信、微博、QQ公众号、PU口袋校园、志愿汇、智慧团建等新媒体平台,通过差异化分工,系统设计,整体规划,有效地使用互动式、体验式、引导式、渗透式工作手段,逐步实现团网深度融合。智慧团建团支部录入完成比达100%,团员录入比达99.9%;志愿汇注册志愿者14136人,线上志愿服务时长累计330820小时;PU平台注册16699人,入驻495个团体,发布活动1462次;"汤青之声"微信公众号关注人数达28733人,全年共推送微信348篇,阅览量528942次,多次进入全国高校百强榜单;QQ公众号粉丝量为12904人,全年推送图文308篇,阅览量1000以上的超过50篇,长期位居运营榜百强。

2. 积极创作优秀网络文化产品

举办征文、博文、微信征稿;举办"军训特辑""三下乡"风采展示、"青年大学习""微博之夜""汤青快问"等网络主题文化产品征集活动。在全省"新时代,新安徽"网络作品大赛中,我校作品获一等奖1个、二等奖2个、三等奖5个,同时获"优秀组织奖";全省"四进四信"活动优秀新媒体作品征集学校获一等奖;全省"孝行江淮"网络文化产品征集主题活动中,学校获优秀组织奖;汤山青年传媒中心荣获安徽校媒"十佳会员媒体"单位;校团委被列入安徽省共青团网络舆论引导共建单位,其中网宣及新媒体运营类别为一类单位,文化产品制作为二类单位。

(六)密切联系青年学生,切实做好权益服务

1. 实施校院两级团干部直接联系班级团支部制度

校院团干部定期参加团支部团日活动,召开班级主题班会,指导帮扶校级学生组织团干部健康成长。利用校团委网站、海报、微信、QQ等宣传阵地,组织开展法制教育、消防安全、消费引导、防诈骗、抵制校园不良贷款等宣传教育工作,增强广大同学的法制观念和维权意识。

2. 建立三级维权工作机制

以学生会为主体建立"校、院、班"三级维权工作机制,建立维权服务队伍,搭建失物招领、"维权服务官Q""维权服务交流群"等平台。本年度共计召开维权工作会议15次,交流反馈学生维权信息解决情况,传达"8＋1"联席会议精神;共发布失物招领启事628条;共收集整理意见300余条,配合"8＋1"学生工作联席会议解决问题227条。

(供稿:王　巍)

第三届教代会执委会及下设工作委员会组成人员名单

教代会执行委员会

主 任 委 员：阮爱民

副主任委员：张道才　陶有田

秘 书 长：张道才

委　　　员：王万海　方习文　向泽雄　许雪艳　阮爱民　孙庆平　杨汉生　杨松水　肖圣忠　陈和龙　张道才　罗发海　郑尚志　胡世元　陶有田　鲁文胜

教学科研工作委员会

主　任：郑尚志

成　员：方习文　许雪艳　杨汉生　杨松水　罗发海　陶有田　鲁文胜

后勤保障与生活福利委员会

主　任：陈和龙

成　员：许雪艳　罗发海　胡世元　鲁文胜

经费审查委员会

主　任：肖圣忠

成　员：王万海　陈和龙　陶有田

提案工作委员会

主　任：张道才

成　员：方习文　向泽雄　胡世元

第三届工会委员会及各专门委员会组成人员名单

工会委员会

主　席：张道才

副主席：胡世元

委　员：王　倩　孙　玮　孙庆平　李曙光　杨　芳　何照泽　陈　文　陈士群　陈海波　张道才　周　祥　胡世元　洪　燕　徐志仓

工会经费审查委员会

主 任 委 员：王万海

委　　　员：王万海　孙　玮　徐志仓

工会女工委员会

主 任 委 员：洪　燕

副主任委员：王　倩

委　　　员：王　倩　孙　玮　杨　芳　陈　文　洪　燕

各分工会组成人员名单

机关分工会

主　席：洪　燕

副主席：汪　泰

委　员：丁智敏　邓　方　朱春花　汪　泰　张文娟　赵俊涛　洪　燕

经济与法学学院分工会

主　席：孙　玮

委　员：王　娟　孙　玮　何东海

体育学院分工会

主　席：赵胜国

委　员：李月红　赵胜国　郭世洪

文学传媒与教育科学学院分工会

主　席：李曙光

委　员：叶　磊　李曙光　周洪波　袁家峦

外国语学院分工会

主　席：余荣琦

委　员：李加敏　李河发　余荣琦　贺　静

数学与统计学院分工会

主　席：孙远春

委　员：孙远春　陶正妹　管成功

机械工程学院分工会

主　席：何照泽

委　员：陈　浩　余荣丽　何照泽　胡　健

电子工程学院分工会

　　主　席：孔鲲鹏

　　委　员：王　静　孔　兵　孔鲲鹏

信息工程学院分工会

　　主　席：童先军

　　委　员：孔晓琼　张步群　童先军　樊乐乐

化学与材料工程学院分工会

　　主　席：宋明友

　　委　员：许　齐　吴　蓉　宋明友

工商管理学院分工会

　　主　席：黄春芳

　　委　员：陈　凯　肖春莲　黄春芳

旅游管理学院分工会

　　主　席：董金山

　　委　员：王　超　齐先文　张安东　董金山

艺术学院分工会

　　主　席：褚春元

　　委　员：杨　媛　张苏琴　李洪浩　褚春元

马克思主义学院分工会

　　主　席：赵光军

　　委　员：向泽雄　何小玲　洪礼维　赵光军

三届二次教代会工代会代表名单
（按姓氏笔画排序）

第一代表团代表名单(16人)

　　王万海　方　玲（女）　吕家云（女）　朱　明　朱灿平　孙　玮（女）　孙远春
　　吴永生　张　倩（女）　张丽丽（女）　张连福　陈佩树　侯加兵　闻晓祥
　　陶正妹（女）　徐志仓

第二代表团代表名单(23人)

王玉勤　史良马　兰顺领　乔克满　刘洪涛　孙庆平　李月红(女)　杨汉生
余荣丽(女)　汪　健　何照泽　汪世义　张　凌　张　蕊(女)　张道才
赵胜国　俞　慧(女)　胡世元　祝家贵　姚　磊　陶　花(女)　偰志平
蔡玲存(女)

第三代表团代表名单(28人)

万　万　王　倩(女)　王　静(女)　方习文　叶松宁　敏(女)　甘　超
朱玉票　朱爱国　肖圣忠　余建立　陈恩虎　陈海波　吴　宏　陆　云(女)
李书安　李曙光　宋文峰　周洪波　查　华　洪　燕(女)　洪作奎　钱　云
徐兆武　徐柳凡　袁家峦(女)　曹栓姐(女)　管　超

第四代表团代表名单(22人)

卜华龙　王　钢　王占凤(女)　王　娟(大)(女)　刘　旭　阮爱民　陈　文(女)
陈士群　谷　峰　何后蒋　李河发(女)　余洁平　吴爱群　张帅兵　周　华
郑尚志　单自华　柯应根　徐秋月(女)　徐朝友　梁宝华　鲁业频

第五代表团代表名单(23人)

丁俊苗　古国平　严爱玲(女)　许雪艳(女)　李　雷　李　融　李宏林(女)
李明玲(女)　余　雷　宋明友　张忠平　张继山　罗发海　金　晶(女)
周　祥　郑　玲(女)　柳洪琼(女)　陶有田　黄志圣　黄春芳(女)　鲁文胜
程乐华　谢如龙

第六代表团代表名单(22人)

马　磊　史国东　伋麓琳(女)　朱定秀(女)　向泽雄　齐先文　刘宣琳(女)
刘靖宇　汤艳艳(女)　孙　冰　杨　芳(女)　杨松水　李　勇　张安东　陈和龙
何冬冬　胡是平　袁凤琴(女)　郭启贵　董金山　董颖鑫　褚春元

(供稿：徐守成)

第十七届学生会主席团人员名单

主　席：李　凯
副主席：崔云霞　张　宇　李元珍　魏黎明　徐昊武

第二十三届青年志愿者联合会主席团人员名单

主　席：程智慧
副主席：李　凯　季海峰　赵雅慧　周颖钦

第十六届学生社团联合会主席团人员名单

主　席：姚　楠
副主席：段松毅　曹宜驰　黄生豪　邹　琦

第四届汤山青年传媒中心主任团人员名单

主　席：程林林
副主席：武梦婷　丁　帅　李　舸　张欣悦

第二十一届艺术团主席团人员名单

主　席：聂孟凡
副主席：字　韬　金　宇　汪　欣　陈　宇

（供稿：王　巍）

巢湖学院学生社团信息一览表

序号	类型	社团名称	成立时间	社长	指导教师	挂靠单位
1	思想政治类	知行学社	2016	李 静	胡万年	马克思主义学院
2		汤山讲"习"社	2017	杜荣玉婷	向泽雄	校团委
3	学术科技类	英语协会	2004	李 辉	高 洁	外语学院
4		争鸣法学社	2006	金志伟	朱鹤群	经法学院
5		电子创新设计协会	2010	蔡宗阳	任玲芝	电子学院
6		航模协会	2013	高 赟	孙春虎	电子学院
7		三维设计创新协会	2013	尚 磊	邢 刚	机械学院
8		数学建模协会	2013	凌新明	程一元	数统学院
9		机械创新协会	2014	王寅斌	王玉勤	机械学院
10		智能机械与机器人创新协会	2015	周登先	龚智强	机械学院
11		智能控制与创新协会	2016	陈 诚	凌 景	电子学院
12		会计协会	2016	孙雪晴	赵 祺	工商学院
13	创新创业类	大学生就业创业者协会	2005	曹焰博	吴 蓓	学工部就业办
14		营销协会	2005	陈 雯	谭晓琳	工商学院
15		电子商务协会	2007	陆 晨	张帅兵	校团委
16		商道俱乐部	2015	宋 敏	张 洁	工商学院
17		毅远行旅游创意协会	2017	廖莹莹	孙圆圆	旅游学院
18		"互联网+"创新创业社团	2018	邓光正	石俊峰	校团委
19	文化艺术类	汤山书法社	1984	武玉昊	王万岭	校团委
20		春笋文学社	1985	许 诺	王 林	校团委
21		飞鸿演讲与朗诵协会	2001	吴青山	卜洪漩	校团委
22		逐日创作社	2002	张国顺	黄 颖	文教学院
23		大学生摄影协会	2002	金仁杰	周 祥	校团委
24		自由时空吉他协会	2002	解正华		校团委
25		汤山动漫社	2002	薛方伯	余晓燕	校团委
26		弈博棋社	2002	林 希	陈 木	校团委

续表

序号	类型	社团名称	成立时间	社长	指导教师	挂靠单位
27	文化艺术类	清音诗社	2003	杨 睿	刘康凯	文教学院
28		雷雨话剧社	2003	梁 卫	彭正生	校团委
29		草蜢手工艺美术协会	2004	王 喜	胡小平	校团委
30		Vision 微电影创意协会	2014	张大庆	王宇明	文教学院
31		笛箫协会	2014	王传蓉	蒋克华	校团委
32		海之音合唱团	2015	刘俊凤	杜珊珊	艺术学院
33		隽永画社	2015	王迎春	胡小平	艺术学院
34		DS 巢艺舞灵中国舞社团	2015	李雨婷	刘 杨	艺术学院
35		锦城 Cosplay 社团	2015	李长亮	谢 众	艺术学院
36		琼玖汉文化社	2017	徐自珍	沈 利	校团委
37	体育健身类	乒乓球协会	1999	夏力帆	唐赵平	校团委
38		流波舞蹈健身协会	2002	何结晴	宋丽娟	校团委
39		羽毛球协会	2004	吴 月	胡欢欢	校团委
40		武术协会	2004	袁体宗	陈启平	体育学院
41		美体形象社	2008	赵咪咪	孙 玮	旅游学院
42		Freestyle 轮滑协会	2011	王文轩		校团委
43		排球协会	2012	赵梓岑	周海魁	体育学院
44		健美操协会	2013	张宜璇	卜宏波	体育学院
45	体育健身类	骑行爱好者协会	2013	王 鹏	凌 景	校团委
46		篮球协会	2015	赵清源	郭世洪	体育学院
47		足球爱好者协会	2014	王 禄	王福鸿	校团委
48		体育舞蹈协会	2016	曹萌萌	张 斌	体育学院
49		网球协会	2016	李 顺	汪 健	体育学院
50		跆拳道协会	2016	毕瑞昌	许 齐	体育学院
51		Fit Keeping 健身协会	2018	汪健华	满进前	体育学院
52	志愿公益类	启明星心理协会	2002	杨童童	信中贵	文教学院
53		绿色人文环保协会	2005	田 娇	程乐华	校团委
54		考研协会	2007	乔纪强	郝江峰	校团委
55		非物质文化遗产保护协会	2015	熊康灿	张安东	环巢湖文化与经济发展研究中心

(供稿:王 巍)

八、教学与人才培养

教育教学工作

2018年,教务处全面落实立德树人根本任务,较好完成了各项工作,本年度主要工作如下:

一、完成审核评估各项工作

高质量完成承担的自评报告撰写及支撑材料准备,专家案头材料准备,论文试卷与实验室等专项检查,专家驻校考察期间的教学组织、实地考察组织、专家访谈等系列工作。

二、深入推进教育教学改革

1. 深化人才培养模式改革

贯彻落实全国教育大会和新时代全国高等学校本科教育工作会议精神,组织召开主题为"加强教育过程管理,提高人才培养质量"的第八次教学工作会议。组织完成2018级人才培养方案制定工作,深化公共体育艺术教育教学改革。

2. 加强专业建设与评估

立项建设省级一流(品牌)专业2个,立项建设校级特色(品牌)专业1个、专业综合改革试点1个、校企共建专业3个。配合发规处完成第二批16个本科专业的校内评估及体育教育专业省内评估工作。

3. 加强课程建设与评估

立项建设省级大规模在线开放课程(MOOC)7门、精品线下开放课程3门、智慧课堂2门。立项建设校级精品在线开放课程59门、精品开放课程11门、应用型课程17门、智慧课堂5门、虚拟仿真实验课程9门、校本教材8部。组织完成第五轮课程评估工作,评审课程642门,评出优质课程40门、合格课程592门。

4. 规范质量工程项目建设

组织完成年度省级、校级质量工程项目申报立项工作,立项省级项目43项、校级项目185项,评选校级教学成果奖20项。组织完成年度省、校级质量工程项目检查验收等工作。

三、强化实践教学与创新创业教育

1. 坚持能力导向,完善实践教学体系

继续加强以能力培养为核心的"三层次、六模块"实践教学体系建设,完善"分层次、多模块、项目衔接、理论与实践融通"的实践教学体系。

2. 推进实验教学管理,加强实验室建设

组织完成588项综合性、设计性实验项目评审工作,认定为综合性、设计性实验项目392项。组织开展专项检查,推进实验室基础设施建设、管理制度建设,开展年度实验室考评,评选优秀实验室4个。组织完成2017~2018学年度高校实验室信息统计与数据上报等工作。

3. 强化实践教学,促进学生能力培养

组织开展52项大学生学科和技能竞赛工作,获A、B赛事省级以上奖项437项,在全国管理决策大赛中获得总冠军,在第八届全国大学生机械创新设计大赛中获得一等奖。加强实习管理工作,集中实习比例达65%,新建高水平专业实习基地8个。师范生在凤台顶岗支教取得良好成效,受到地方政府和学校的好评。开展电工技能培训、操作证培训及鉴定450人次,211人取得合格证书。

4. 推进毕业论文(设计)管理与改革

(1)严格质量标准,规范环节管理,采用"中国知网"毕业论文(设计)系统对毕业论文(设计)进行查重,完成2018届毕业论文(设计)工作。

(2)推进毕业论文(设计)教学改革,鼓励学生以反映专业水平和创新能力的创新性实践成果替代毕业论文(设计),推动专业实习和毕业论文(设计)教学有机融合,推进校企双导师制,强化毕业论文(设计)的实践性。

5. 深化创新创业教育改革

(1)组织完成4193人创新创业课程修学工作,实行线上线下混合模式教学。组织召开专业创新创业教育课程教学研讨会,组织多位教师参加省高校创新创业导师培训会。

(2)组织开展年度国家级、省级大学生创新创业训练计划项目申报工作,立项国家级45项、省级93项。完成年度71个国家级和省级大学生创新创业训练计划项目结题验收工作。制定《第四届巢湖学院"互联网+"大学生创新创业大赛暨2018年"青年红色筑梦之旅"活动实施方案》,大赛获省级银奖一项。

(3)组织开展主题为"聚诚聚智聚巢院,创新创业创未来"的第三届"创新创业教育活动月"活动。组织遴选创新创业项目参加第十一届全国大学生创新创业年会,2个项目、1篇论文入选年会。组织申报了2018年度巢湖学院创新创业总结宣传工作。

四、加强教学质量监控与质量考核

1. 狠抓教风和学风

坚持日常巡查和教学检查,积极参与教风学风建设月活动,组织教师开展教风学风专题座谈会。

2. 强化教学督导和学生信息员工作

及时健全督导队伍组织,定期召开教学督导工作会议,推进督导信息反馈系统建设。培训2018级93名新生信息员,定期与信息员进行交流沟通。

3. 完成教师教学质量考核工作

组织完成学生网上评教及学年度教师教学质量考核工作。组织完成46名申报高级职称教师教学质量考核工作。

五、多措并举,提升教师教学能力

1. 积极组织教师培训

组织340余名教师参加各类培训,如教育部高师培训中心网络学习和集中培训,组织教师参加各级各类研讨40余人次,组织2018年新进教师开展校本培训,70余人参加培训。

2. 实施教师教学能力提升工程

研究制定教师教学能力提升工程文件,成立巢湖学院教师发展论坛,搭建教师交流平台。组织开展8次教学沙龙活动,围绕"师德师风建设""信息技术与课堂教学深度融合"等主题进行研讨交流。组织开展公开示范观摩课活动。

3. 组织开展教学比赛

组织教师参加省应用型本科高校联盟第二届移动教学大赛、省第二届高校教师教学发展联盟同课异构教学竞赛活动,获省级"优秀组织奖"1项、一等奖2项、三等奖1项。

4. 推进教师社会实践锻炼工作

组织开展2017年教师社会实践锻炼回访与考核工作,组织完成2018年76名教师参加社会实践锻炼工作。

六、严格规范,做好招生考试工作

1. 完成对口、专升本招生考试录取工作

组织完成对口及专升本自主考试招生工作,对口招生录取276人,专升本招生录取400人。

2. 完成普招招生宣传和录取工作

多途径开展招生宣传工作,"阳光招生",按时完成网上3675人招生录取等工作。

3. 完成年度辅修双学位报名工作

组织完成年度法学、财务管理和市场营销3个专业105人辅修双学位报名审核及开课工作。

4. 完成新生入学资格审查工作

根据学校新生入学资格审查办法,组织完成2018级新生入学资格初审、复查工作。

七、扎实有序,做好教务管理工作

1. 教学运行服务工作

完成4628门次课程和106门次公共选课的排课工作,完成20000人次的网络选修课程修学及成绩管理工作,完成全校教学工作量、教研工作量等核算工作,完成教室借用审批工作。组织完成两学期教材征订、发放与教材款核算、结算等工作。组织完成2018届毕业生档案材料收集、整理、装档及寄发等工作。

2. 各类考试组织、考务工作

完成期末考试排考、考试组织工作,完成开学初补缓考工作。完成大学英语四级、六级考试,专业英语四级、八级考试以及普通话水平测试等各类重要考试工作。

八、严格规范,做好学籍学位管理工作

1. 2018年毕业生毕业、学位工作

组织完成2018年学生毕业和学位授予工作及后续毕业、学位证书制作、发放及毕业数据上传学信网等工作。完成成教14名毕业生学士学位审核与学位评定、学位信息上报工作。

2. 完成2018级新生入学准备工作

完成录取新生数据整理、分班、编学号、导入教务管理系统等各项工作及学信网注册学籍等工作。

3. 2019届毕业生相关工作

组织完成2019届毕业生图像采集工作,完成2019届毕业生信息整理、数据规范及上报学信网等工作。

九、重视党建工作,强化基层党组织建设

1. 加强党支部标准化建设

根据学校党委统一部署,选举产生新的支部委员会,成立机关第七支部。党支部积极推

进标准化建设,完成2018年度党支部建设标准化验收工作。

2. 狠抓基层党组织建设

高度重视基层党组织建设,从政治、思想、组织、作风和纪律建设等方面狠抓支部建设,完成2018年度基层党组织书记抓党建述职评议考核工作。

2019年,将以全国教育大学精神和新时代全国高等学校本科教育大会精神为指引,以建设高水平本科教育、提高人才培养能力为目标,坚持以本为本,落实四个回归,尽职尽责做好教育教学管理各项工作。

（供稿:许小兵）

继续教育工作

一、编制继续教育发展年度报告（2017年度）

根据教育部办公厅《关于开展高等学校继续教育发展年度报告工作的通知》（教职成厅函〔2018〕15号）文件精神,我校首次开展继续教育发展年度报告工作。在校领导的重视和指导下,全面组织,整体部署,制定工作任务清单,在相关职能部门和教学学院的密切配合下,5月份完成年度发展报告的编制和报送工作。通过年度报告编制工作引导规范管理,提高学科管理水平和课程教学质量,促进学校继续教育不断发展。

二、成人高等教育函授和面授工作

完成了成人高等教育13个专业共计700余人的函授教学工作。寒暑假期间,完成了二次集中面授工作。面授前,召开面授教学工作专题会议,强调成人高等教育工作的重要性；面授中,强化教学过程管理,国继学院和教学院部适时检查教学现场,保证正常教学秩序,提高面授课堂教学质量,维护继续教育工作的严肃性。

三、成人高等教育招生宣传和录取工作

国际交流与继续教育学院根据2018年成人高等教育招生政策,精心编制成人高等教育招生简章,制作宣传材料。7～8月份在安徽省成人高校招生网、《新安晚报·环湖晨刊》、安徽网微信平台做招生宣传。合肥人民广播电台"巢湖之声"和合肥广视数据智能科技有限公司60个频道滚动播出,FM93.8微信平台不定期推送我校成人高等教育招生信息。8月20日赴中银商务公司合肥分公司举办了巢湖学院成人高等教育招生宣传讲座,暑假期间接受考生或合作单位报考咨询、完成报考指导工作。形式多样的招生宣传信息树立了学校的良好形象。

根据学校办学实际,合理设置了2018年成人高等教育招生专业,编制了2018年成人高等教育招生计划。本年度报考我校成人高等教育考生达到360人,11月,经成人高等学校招生全国统一考试,共录取新生281人。

四、成人高等教育学生学籍学历管理及毕业生工作

完成2018级146名新生入学报名、入学资格审查、前置学历复核、学信网学籍注册、教材征订发放等工作。完成2018届322名毕业生毕业资格审核、毕业生档案整理、电子学历

注册、毕业证书发放等工作。完成2017级221名学生的毕业电子图像采集工作。完成2018届16名毕业生申请学士学位资格审核工作。11月3日组织申请学士学位的16名各专业毕业生进行两门专业核心课程加试,通过综合审核,最后有14位优秀学员符合申请条件,获得成人高等教育学士学位。

五、 成人继续教育专题调研及培训工作

国际交流与继续教育学院广泛开展校内校外继续教育专题调研。校内先后到旅游管理学院、文学传媒与教育科学学院、工商管理学院、经济与法学学院、艺术学院召开教师座谈会,就非学历继续教育项目建设、学历继续教育教学运行管理、招生专业设置等专题广泛征求二级学院的意见和建议。校外分别到烔炀镇政府、中银商务公司合肥分公司征求人才培养方面的期望与诉求,并成功开设学历继续教育"烔炀法学班"和"中银金融工程班"。

12月19日为柘皋镇第二期青年干部能力提升班举办政务礼仪培训。10月20日至21日为中银商务公司合肥分公司考生举办成人高等教育考试课程辅导讲座,深受广大考生的好评。

(供稿:汪业群)

附件

成人高等教育在校生人数统计表

年　级	在校生数
2016 级	340
2017 级	225
2018 级	146
合计	711

成人高等教育专业设置与招生人数一览表

序号	招生专业	层次	招生人数
1	汉语言文学	专升本	41
2	英语	专升本	4
3	电气工程及其自动化	专升本	9
4	金融工程	专升本	104
5	网络工程	专升本	3
6	计算机科学与技术	专升本	2
7	法学	专升本	25
8	财务管理	专升本	17
9	电子商务	专升本	5
10	学前教育	专升本	46
11	小学教育	专科	25
合计			281

学生指导与服务

2018年,学工部坚持立德树人的根本任务,把思想政治工作贯穿教育教学全过程,自觉运用习近平新时代中国特色社会主义思想指导工作,深入学习贯彻落实全国教育大会精神,在学生教育管理、就业创业、学生资助、易班建设等方面,努力探索全员、全过程、全方位育人格局。现将工作总结如下:

一、以立德树人为目标,构建思想政治教育新格局

1. 成功申报"三全育人"综合改革试点高校。联动各部门、学院,围绕"地方应用型"办学定位,以课程、教学科研、文化、实践、管理服务、资助开拓全员全过程全方位育人格局。

2. 聚焦管理服务,打造共享互通数据平台。推动易班平台与今日校园融合,为全国首批试点两所高校之一。聚焦学生需求,整合完成"校园卡""在线报修""跑操RUN""成绩查询""奖助学金""辅导猫""优课"等功能,实现2016~2018级学生全覆盖,注册人数达14918人,单日应用服务最高使用次数超过2万次。

3. 丰富教育模式,建设网络思政教育新阵地。加强主题教育,注重发挥朋辈示范的功能,联合学院易班工作站、学生班级、学生社团等组织开展"技能培训""大V号展示"等活动,呈现组织动态,展示班级风采;先后开展"掌上校运会""易起迎新""学霸笔记"等活动,充分发挥"线上有互动、线下有参与"的互动教育模式优势,通过喜闻乐见的方式吸引学生,黏住学生;在全国高校易班活跃度排行榜上学校位居全国前三十、全省前列。2019年1月,学校成功申报全省网络思政试点高校。

二、规范学生日常管理,加强优良学风建设

1. 规范日常学生管理。按照相关规定,规范做好学籍异动、违纪处分及违纪处分解除事宜,办理学籍异动124人次,违纪处分149人次,违纪处分解除49人次;开展省、校级品学兼优毕业生评选工作,125名毕业生获得2018年"安徽省普通高等学校品学兼优毕业生"荣誉称号,250名毕业生获得2018年"巢湖学院品学兼优毕业生"荣誉称号;完成全校学生档案接收与登记工作;完善学工系统,借助"辅导猫"模块,提高辅导员日常学生管理的工作效率,实现科学管理、精准育人。

2. 加强学风建设。制定《巢湖学院关于构建"三全育人"体系,进一步促进学风建设的实施方案》,开展以"建设优良学风,把握青春时光"为主题的学风建设月活动。组织开展教风学风专项督查、"早鸟行动"、"宿舍文化节"、资助育人、宿舍巡查等活动,营造浓郁学习氛围。11月,以"读领风尚,跑向未来"为主题的"早鸟行动"启动,通过开展"阳光晨跑"和"悦享晨读"活动,倡导学生"早睡、早起、早锻炼"。一、二年级共有7632人参与晨跑、晨读,晨跑总里程14万千米,日均里程2206千米。

3. 进一步完善"8+1"联席会议制度。全年召开会议5次,解决学生反映问题65个,落实解决率超过95%;实施"8+1"联席会议部门处级领导干部联系班级制度,深入所联系班级的教室和宿舍,了解学风班风、生活思想等情况,为决策制定提供依据。

4. 强化安全教育。利用节假日、新生入学、实习和毕业生离校等关键时期,推进学生安全教育常态化。

三、夯实队伍建设,提升职业化专业化水平

1. 推进辅导员队伍建设。配合教工部完善专兼职辅导员选聘制度,引进专职辅导员6人,选聘兼职辅导员18人。修订《巢湖学院辅导员工作考核办法》,印发《巢湖学院辅导员工作手册》,开展辅导员职称评审工作,1人晋升副教授,4人评为讲师;完成辅导员年度考核工作。

2. 提升职业化专业化水平。实施辅导员素质能力提升计划,邀请校内外专家举办专题讲座9场,选派70人次参加各级岗前培训、骨干培训、高级研修,委托教育部辅导员培训与研修基地为全体辅导员举办为期3天的专题培训;举办巢湖学院第七届辅导员职业能力大赛,刘怡、刘小燕老师在全省辅导员职业能力大赛中分别荣获二、三等奖。

四、规范就业创业指导,拓展就业创业渠道

1. 规范就业创业指导。完成35个班次《大学生职业生涯规划》课程教学任务;编印《2019届毕业生就业创业指南》,详细介绍就业创业相关政策;利用"巢湖学院学工在线"微信公众平台推送最新就业创业信息和政策法规;做好就业网的维护与更新;组织学生参加省第十三届大学生职业规划设计大赛暨大学生创业大赛,获银奖、铜奖各1项,学校获"组织奖"。

2. 拓展就业创业渠道。举办大型校园双选会2场、校园专场招聘会60余场,共计350多家用人单位来校提供就业岗位超过1.5万个;通过就业网、微信平台、易班·今日校园等推送就业信息200余条,提供有效就业岗位超过7000个;举办"成长在基层"优秀毕业学子报告会,精准帮扶招聘会,及时发布"三支一扶""特岗教师"选聘信息,引导毕业生面向基层就业;走访十多家用人单位洽谈深化合作事宜;我校2018届毕业生年终就业率为95.55%,较2017年提高1个百分点。

3. 帮扶特殊群体。建立就业困难毕业生档案,开展精准岗位推介;对离校未就业的困难学生的信息及时采集、及时上报;帮助475名困难毕业生办理求职创业补贴共计47.5万元;开展职业规划设计大赛、简历设计大赛、教师考编辅导讲座等以提升就业困难毕业生的就业创业能力;开办SYB创业培训20个班次,培训学员600人,其中困难毕业生近50人。

4. 搭建就业平台。与宁国市政府、安徽广信农化等政府、企业建立实习就业合作关系;搭建与富煌集团、中银商务等数十家单位合作的实习就业基地,为我校毕业生实践锻炼和求职就业提供良好平台;做好大学生创业孵化基地和巢荟众创空间管理,重新修葺运营场所,开展项目入驻遴选工作,确保创业团队和项目"有进有退、良性发展"。

五、落实资助育人政策,强化资助育人效果

1. 规范资助育人过程。完成教育扶贫专项工作任务,以"全覆盖、无遗漏、最高档"的标准完成对1236名建档立卡家庭经济困难学生的资助工作;依托学工系统,创新开展"隐形资助",精准发放479名经济困难学生生活补助18.42万元;发放奖助学金、勤工助学、困难补助、学费减免、义务兵服役国家资助等各类资助资金1695万元,受助学生11360人次,实现了"高资助面、高满意度和零投诉、零差错"的工作目标。

2. 拓展资助育人领域。开展"诚信·感恩·自强"主题教育月、"致家长朋友的一封

信"、"汤山学子·引领向上"获奖学子风采展、十佳励志成长成才典型事迹评选、优秀学子先进事迹报告会、学生资助"百千万"走访、获助学生参加社会公益等育人活动。

3. 巩固资助育人成果。我校学生资助管理中心荣获安徽省学生资助工作"优秀单位案例典型"、安徽省本科高校2017年度学生资助工作绩效考核"优秀"等次,"巢湖学院学生资助'百千万'走访"获评安徽省资助育人典型案例;组织推荐国家奖学金获得者汪新光荣入选2018年2月28日《人民日报》国家奖学金获奖学生代表名录(安徽省属高校仅2名学子入选)。

六、加强思想引领,推进基层党建工作

1. 加强对青年学生的思想引领。组建"党的十九大精神辅导员宣讲团",开展党的十九大精神校园巡讲25场;组建十九大精神大学生学习小组52个。

2. 激发支部活力,加强组织建设。按照学校的政治理论学习安排,有针对性地开展政治理论学习,持续推进"两学一做"学习教育常态化、制度化;完成支部换届工作。

3. 强化党风廉政建设。紧紧围绕《巢湖学院2018年党风廉政建设工作要点》,执行政治纪律和政治规矩,履行管党治党责任,推进支部党风廉政建设,坚持"以学生为本"为主线,在进一步端正工作作风的同时强化服务意识,提高工作效能,针对廉政风险易发多发环节,以找准廉政风险点为基础、规范工作流程为手段、完善制度措施为重点,推进各项学生工作的健康发展。

(供稿:胡 佳)

教研室和实验室设置一览表

学 院	序号	教研室(实验室)设置	分实验室设置	主 任	备 注
信息工程学院	1	公共计算机教研室		张步群	
	2	软件工程教研室		梁宝华	
	3	网络工程教研室		曹 骞	
	4	物联网工程教研室		吴其林	
	5	计算机科学与技术教研室		卜华龙	
	6	信息工程实验实训中心	基础实验室	许荣泉	鲁业频兼任中心主任
	7		专业实验室	程 军	
外国语学院	1	大学英语(一)教研室		吴爱群	
	2	大学英语(二)教研室		王 钢	
	3	商务英语教研室		奚 伟	
	4	专业英语教研室		周 华	
	5	外语综合实验室		童慧敏	

续表

学　院	序号	教研室(实验室)设置	分实验室设置	主　任	备注
艺术学院	1	美术学教研室		李超峰	
	2	美术学(中国书画)教研室		陈友祥	
	3	视觉传达设计教研室		薛　梅	
	4	环境设计教研室		王丹丹	
	5	动画教研室		高芸芸	
	6	音乐表演教研室		顾婷婷	
	7	视觉传达设计与音乐综合实验室		田世彬	
经济与法学学院	1	国际经济与贸易教研室		方　玲	
	2	法学教研室		刘德涛	
	3	金融工程教研室		林天水	
工商管理学院	1	市场营销教研室		张　洁	
	2	财务管理教研室		赵　祺	
	3	审计学教研室		陈文静	
	4	电子商务教研室		苗慧勇	
	5	经济管理综合实验室		甘　泉	
数学与统计学院	1	大学数学教研室		陈淼超	
	2	数学与应用数学教研室		谢如龙	
	3	统计学教研室		马永梅	
	4	信息与计算科学教研室		陈佩树	
	5	数学与统计综合实验室		刘相国	
旅游管理学院	1	旅游管理教研室		吕君丽	
	2	酒店管理教研室		朱学同	
	3	会展经济与管理		雷若欣	
	4	旅游管理综合实验室		丁龙庆	
文学传媒与教育科学学院	1	学前教育教研室		甘　超	
	2	应用心理学教研室		朱　平	
	3	广告学教研室		周洪波	
	4	广播电视学教研室		李亚萍	
	5	汉语言文学教研室		曹栓姐	
	6	教育与传媒综合实验室		孙志富	
化学与材料工程学院	1	无机非金属材料工程教研室		李宏林	
	2	应用化学教研室		程　东	
	3	化学工程与工艺教研室		王新运	

续表

学　　院	序号	教研室(实验室)设置	分实验室设置	主　任	备注
化学与材料工程学院	4	生物工程教研室		陈小举	
	5	生物制药教研室		岳贤田	
	6	化学与材料实验实训中心	基础实验室	李　雷	李明玲兼任中心主任
	7		专业实验室	高晓宝	
马克思主义学院	1	马克思主义基本原理概论课教研室		胡万年	
	2	毛泽东思想和中国特色社会主义理论体系概论课教研室		董颖鑫	
	1	思想道德修养与法律基础课教研室		杨　芳	
	2	中国近现代史纲要课教研室		吴多智	
	3	形势与政策课教研室		向泽雄	
电子工程学院	1	大学物理教研室		朱爱国	
	2	电子信息工程教研室		孔　兵	
	3	电气工程及其自动化教研室		刘双兵	
	4	电子科学与技术教研室		任玲芝	
	5	电子工程实验室		余建立	
机械工程学院	1	机械设计制造及其自动		王玉勤	
	2	机械与电子工程教研室		龚智强	
	3	材料成型及控制工程教研室		靳国宝	
	4	机械工程实验室		许　磊	
体育学院	1	大学体育教研室		兰顺领	
	2	体育教育教研室		黄寿军	
	3	社会体育教研室		赵胜国	
	4	体育综合实验室		乔克满	
	5	场馆与赛事管理中心		钟　翔	
学生工作部		大学生职业发展与就业指导		华紫武	

(供稿:许小兵)

校内实验实习实训场所一览表

序号	名 称	院系(单位)名称	面积(m^2)	面向专业	容纳人数
1	化学实验中心	化学与材料科学学院	4030	无机非金属;应用化学;化学化工;生物工程;生物制药	530
2	教育与传媒综合实验室	文学传媒与教育科学学院	1240	应用心理学;学前教育;广告学;广播电视学;数学与应用数学;英语;体育教育;美术学	150
3	视觉传达设计与音乐综合实验室	艺术学院	1495	视觉传达;环境设计;美术学;动画;音乐表演	160
4	电子工程实验室	电子工程学院	4230	电子科学与技术;电气工程及其自动化;电子信息工程;机械设计制造及其自动化;生物工程;无机非金属材料工程;应用化学;化学工程与工艺;生物制药;物联网工程;数学与应用数学;计算机科学与技术;软件工程;物联网工程;生物工程;无机非金属材料工程	500
5	机械工程实验室	机械工程学院	1460	电子科学与技术;电气工程及其自动化;电子信息工程;机械设计制造及其自动化;机械电子工程;材料成型及控制工程	300
6	大学生英语自主学习室	信息化建设与管理处	800	不限定专业	360
7	文科综合实训室	信息化建设与管理处	310	国际贸易;市场营销;财务管理;旅游管理;酒店管理	120
8	工程实训中心	机械工程学院	1250	工科专业	80
9	体育综合实验室	体育学院	460	体育教育;社会体育指导与管理	80

续表

序号	名　　称	院系(单位)名称	面积(m²)	面向专业	容纳人数
10	旅游管理综合实验室	旅游管理学院	1330	旅游管理;酒店管理;会展经济与管理	540
11	经济与法学综合实验室	经济与法学学院	1100	法学;国际贸易;金融工程	210
12	工商管理综合实验室	工商管理学院	1080	财务管理;市场营销;电子商务;审计	250
13	计算机基础实验室	信息工程学院	520	不限专业	240
14	计算机专业实验室	信息工程学院	840	计算机科学与技术;网络工程;物联网;软件工程	200
15	移动互联协同创新中心	信息工程学院	580	不限专业	150
16	数学与统计综合实验室	数学与统计学院	510	数学与应用数学;统计学	220
17	外语综合实验室	外国语学院	660	英语;商务英语	200
18	风雨操场	体育学院	2000	不限专业	200
19	环巢湖文化展馆	环巢湖文化与经济社会发展研究中心	100	不限专业	20

（供稿:许小兵）

本科专业设置情况一览表

序号	专业名称	专业代码	修业年限	学位授予门类	教育部备案或批准设置时间	批准文号	所属学院
1	汉语言文学(师范、非师范)	050101	四年	文学	2002年5月31日	教高函[2002]132号	文学传媒与教育科学学院
2	美术学(师范)	130401	四年	艺术学	2002年5月31日	教高函[2002]132号	艺术学院
	美术学(中国书画方向)(师范)	130401	四年	艺术学	2008年11月20日	皖教秘高[2008]132号	艺术学院
3	历史学(师范)	060101	四年	历史学	2002年5月31日	教高函[2002]132号	旅游管理学院
4	物理学(师范)	070201	四年	理学	2002年5月31日	教高函[2002]132号	电子工程学院
5	体育教育(师范)	040201	四年	教育学	2003年2月10日	教高函[2003]2号	体育学院
6	英　语(师范)	050201	四年	文学	2003年2月10日	教高函[2003]2号	外国语学院
7	视觉传达设计	130502	四年	艺术学	2003年2月10日	教高函[2003]2号	艺术学院
	视觉传达设计(中韩"2+2")	130502	四年	艺术学	2008年2月22日	皖教秘高[2008]15号	艺术学院
8	数学与应用数学(师范)	070101	四年	理学	2003年2月10日	教高函[2003]2号	数学与统计学院
9	无机非金属材料工程	080406	四年	工学	2003年2月10日	教高函[2003]2号	化学与材料工程学院
10	国际经济与贸易	020401	四年	经济学	2004年3月1日	教高函[2004]3号	经济与法学学院
11	教育技术学(师范)	040104	四年	理学	2004年3月1日	教高函[2004]3号	文学传媒与教育科学学院
12	应用化学	070302	四年	理学	2004年3月1日	教高函[2004]3号	化学与材料工程学院
13	电气工程及其自动化	080601	四年	工学	2004年3月1日	教高函[2004]3号	电子工程学院
14	计算机科学与技术	080901	四年	工学	2004年3月1日	教高函[2004]3号	信息工程学院

续表

序号	专业名称	专业代码	修业年限	学位授予门类	教育部备案或批准设置时间	批准文号	所属学院
15	市场营销	120202	四年	管理学	2004年3月1日	教高函[2004]3号	工商管理学院
16	旅游管理	120901K	四年	管理学	2004年3月1日	教高函[2004]3号	旅游管理学院
17	法学	030101K	四年	法学	2005年3月4日	教高函[2005]7号	经济与法学学院
18	小学教育（师范）	040107	四年	教育学	2005年3月4日	教高函[2005]7号	文学传媒与教育科学学院
19	社会体育指导与管理	040203	四年	教育学	2005年3月4日	教高函[2005]7号	体育学院
20	广告学	050303	四年	文学	2005年3月4日	教高函[2005]7号	文学传媒与教育科学学院
21	应用心理学	071102	四年	理学	2005年3月4日	教高函[2005]7号	文学传媒与教育科学学院
22	电子信息工程	080701	四年	工学	2005年3月4日	教高函[2005]7号	电子工程学院
23	公共事业管理	120401	四年	管理学	2005年3月4日	教高函[2005]7号	工商管理学院
24	广播电视学	050302	四年	文学	2006年3月10日	教高[2006]1号	文学传媒与教育科学学院
25	音乐表演	130201	四年	艺术学	2006年3月10日	教高[2006]1号	艺术学院
26	动画	130310	四年	艺术学	2006年3月10日	教高[2006]1号	艺术学院
27	信息与计算科学	070102	四年	理学	2006年3月10日	教高[2006]1号	数学与统计学院
28	微电子科学与工程	080704	四年	工学	2006年3月10日	教高[2006]1号	电子工程学院
29	电子商务	120801	四年	管理学	2007年2月25日	教高[2007]4号	工商管理学院
30	电子科学与技术	080702	四年	工学	2007年2月25日	教高[2007]4号	电子工程学院
31	化学工程与工艺	081301	四年	工学	2008年12月18日	教高[2008]10号	化学与材料工程学院
32	网络工程	080903	四年	工学	2008年12月18日	教高[2008]10号	信息工程学院
33	信息管理与信息系统	120102	四年	管理学	2008年12月18日	教高[2008]10号	信息工程学院
34	统计学	071201	四年	理学	2010年1月22日	教高[2010]2号	数学与统计学院
35	生物工程	083001	四年	工学	2010年1月22日	教高[2010]2号	化学与材料工程学院

续表

序号	专业名称	专业代码	修业年限	学位授予门类	教育部备案或批准设置时间	批准文号	所属学院
36	机械设计制造及其自动化	080202	四年	工学	2011年3月8日	教高〔2011〕4号	机械工程学院
37	学前教育（师范）	040106	四年	教育学	2012年2月14日	教高〔2012〕2号	文学传媒与教育科学学院
38	商务英语	050262	四年	文学	2012年2月14日	教高〔2012〕2号	外国语学院
39	软件工程	080902	四年	工学	2012年2月14日	教高〔2012〕2号	信息工程学院
40	文化产业管理	120201	四年	管理学	2012年2月14日	教高〔2012〕2号	文学传媒与教育科学学院
41	金融工程	020302	四年	经济学	2013年3月28日	教高〔2013〕4号	经济与法学学院
42	财务管理	120204	四年	管理学	2013年3月28日	教高〔2013〕4号	工商管理学院
43	酒店管理	120902	四年	管理学	2013年3月28日	教高〔2013〕4号	旅游管理学院
44	环境设计	130503	四年	艺术学	2013年3月28日	教高〔2013〕4号	艺术学院
43	酒店管理（中爱"3+1"）	120902H	四年	管理学	2014年1月26日	MOE34IE2A20131552N	旅游管理学院
45	物联网工程	080905	四年	工学	2014年3月13日	教高〔2014〕1号	信息工程学院
46	会展经济与管理	120903	四年	管理学	2014年3月13日	教高〔2014〕1号	旅游管理学院
47	生物制药	083002T	四年	工学	2015年3月13日	教高司函〔2015〕1号	化学与材料工程学院
48	审计学	120207	四年	管理学	2015年3月13日	教高司函〔2015〕1号	工商管理学院
49	材料成型及控制工程	080203	四年	工学	2016年2月16日	教高函〔2016〕2号	机械工程学院
50	机械电子工程	080204	四年	工学	2016年2月16日	教高函〔2016〕2号	机械工程学院
51	应用统计学	071202	四年	理学	2017年3月13日	教高〔2017〕2号	数学与统计学院
52	会计学	120203K	四年	管理学	2018年3月15日	教高函〔2018〕4号	工商管理学院
53	互联网金融	020309T	四年	经济学	2018年3月15日	教高函〔2018〕4号	经济与法学学院

（供稿：许小兵）

新增省级质量工程项目立项名单

立项编号	项目类别 (奖项级别)	项目名称 (奖项名称)	项目负责人 (获奖教师)	所属单位	建设周期(年)	资助经费(万元)
2018ylzy011	一流(品牌)专业	旅游管理	齐先文	旅游学院	2	20
2018ylzy014	一流(品牌)专业	无机非金属材料工程专业	李明玲	化材学院	2	20
2018mooc111	大规模在线开放课程(MOOC)	心理健康教育	郑 艳	文教学院	2	5
2018mooc121	大规模在线开放课程(MOOC)	中国现当代文学	彭正生	文教学院	2	5
2018mooc120	大规模在线开放课程(MOOC)	数据结构	吴其林	信息学院	2	5
2018mooc508	大规模在线开放课程(MOOC)	教育学	胡传双	文教学院	2	5
2018mooc114	大规模在线开放课程(MOOC)	旅游文化	杨 帆	旅游学院	2	5
2018mooc506	大规模在线开放课程(MOOC)	微观经济学	张 倩	经法学院	2	5
2018mooc115	大规模在线开放课程(MOOC)	材料现代测试技术	王小东	化材学院	2	5
2018kfk029	精品线下开放课程	文博旅游学	雷若欣	旅游学院	2	4
2018kfk034	精品线下开放课程	中国音乐简史	顾婷婷	艺术学院	2	4
2018kfk035	精品线下开放课程	金融经济学	陶有田	工商学院	2	4
2018zhkt155	智慧课堂	通信原理	李素平	电子学院	2	4
2018yljc048	一流教材建设	应用高等数学	祝家贵	数统学院	2	4
2018yljc152	一流教材建设	操作系统	郑尚志	信息学院	2	4
2018jxtd054	高水平教学团队	工商管理教学团队	朱礼龙	工商学院	2	10
2018jxms030	教学名师	朱明教学名师	朱 明	文教学院	/	1
2018jtxx100	教坛新秀	谢如龙教坛新秀	谢如龙	数统学院	/	0.5
2018jtxx082	教坛新秀	王小骄教坛新秀	王小骄	经法学院	/	0.5
2018jtxx088	教坛新秀	代光辉教坛新秀	代光辉	机械学院	/	0.5

续表

立项编号	项目类别 (奖项级别)	项目名称 (奖项名称)	项目负责人 (获奖教师)	所属单位	建设周期(年)	资助经费(万元)
2018jtxx085	教坛新秀	王静教坛新秀	王静	电子学院	/	0.5
2018jyssf032	基层教研室示范项目	机械设计制造及其自动化教研室	王玉勤	机械学院	2	4
2018jyssf039	基层教研室示范项目	市场营销教研室	张洁	工商学院	2	4
2018sjjd025	校企合作实践教育基地	校企共建巢湖学院"华为网院"实践教育基地	孙佑明	信息学院	2	10
2018zygc029	"六卓越、一拔尖"卓越人才培养创新项目	探索与实践面向新工科的卓越人才培养	鹿建银	信息学院	2	20
2018zygc031	"六卓越、一拔尖"卓越人才培养创新项目	机械设计制造及其自动化卓越工程师教育培养计划	许雪艳	机械学院	2	20
2018zygc032	"六卓越、一拔尖"卓越人才培养创新项目	机械电子工程卓越工程师教育培养计划	龚智强	机械学院	2	20
2018zygc036	"六卓越 一拔尖"卓越人才培养创新项目	"六卓越 一拔尖"市场营销卓越人才培养创新项目	罗发海	工商学院	2	20
2018jxcgj022	教学成果一等奖(高水平学科竞赛成果转评)	以成果为导向的机电类专业创新应用型人才培养模式构建与实践	龚智强 杨汉生 刑刚 王玉勤 廖生温 代光辉	机械学院	/	1
2018jxcgj136	教学成果二等奖(高水平学科竞赛成果转评)	依托智能汽车竞赛促进地方应用型高校大学生实践与创新能力的培养	任玲芝 李岩岩 余建立 刘双兵 陈初侠 常红霞	电子学院	/	0.6
2018jyxm0372	教育教学改革研究(重大)	计算机类"新工科"专业人才培养体系研究与实践	吴其林	信息学院	2	10

续表

立项编号	项目类别 （奖项级别）	项目名称 （奖项名称）	项目负责人 （获奖教师）	所属单位	建设周期（年）	资助经费（万元）
2018jyxm0299	教育教学改革研究（重点）	高校师范专业教师教育课程改革的研究与实践	李曙光	文教学院	2	2
2018jyxm0346	教育教学改革研究（重点）	以"新工科"创新人才为培养目标的大学物理及实验教学改革研究与实践	笪诚	电子学院	2	2
2018jyxm0308	教育教学改革研究（一般）	基于"中央厨房"的融媒体人才培养实践教学体系构建研究	王宇明	文教学院	2	1
2018jyxm0331	教育教学改革研究（一般）	基于"新工科"的数据库原理课程群的教学模式改革实践研究	刘拥	信息学院	2	1
2018jyxm0456	教育教学改革研究（一般）	基于"双创"背景的《财务管理综合模拟实训》课程开发研究	赵祺	工商学院	2	1
2018jyxm0464	教育教学改革研究（一般）	地方应用型本科院校软件类课程教学中发挥学生主体性的教学模式研究与实践	陈丽萍	信息学院	2	1
2018jyxm0454	教育教学改革研究（一般）	基于产学研结合的地方应用型高校毕业论文（设计）模式构建与实践	陈海银	文教学院	2	1
2018jyxm0334	教育教学改革研究（一般）	应用型高校网络工程专业实验教学质量监控体系的构建与研究	侯加兵	信息学院	2	1
2018jyxm0466	教育教学改革研究（一般）	基于应用创新型人才培养的电子信息课程教学模式研究与实践	常红霞	电子学院	2	1
2018jyxm0333	教育教学改革研究（一般）	跨科融合、校企共建、强化应用——美术学专业陶艺课程综合改革研究	陈友祥	艺术学院	2	1

续表

立项编号	项目类别 (奖项级别)	项目名称 (奖项名称)	项目负责人 (获奖教师)	所属单位	建设周期(年)	资助经费(万元)
2018jyxm1217	教育教学改革研究（一般）（音乐与舞蹈类合作委员会）	专业评估引领下的非遗文化特色课程创新路径研究——"以巢湖民歌主题艺术馆"教学改革实践为例	郭 华	艺术学院	2	1
2018jyxm0078	教育教学改革研究（一般）（材料类专业合作委员会）	应用型本科高校材料工程专业地方特色课程群建设研究	王小东	化材学院	2	1

（供稿：许小兵）

2018年度国家级大学生创新创业训练计划项目信息表

序号	项目编号	项目名称	项目类型	项目负责人	指导教师
1	201810380001	Er-Y-Ti-Zr体系粉色氧化锆宝石的制备及特性研究	创新训练项目	苏志远	徐小勇 汤忠海
2	201810380002	基于超表面的双频双圆极化天线设计	创新训练项目	崔 颖	刘双兵
3	201810380003	新型餐饮油脂分离设备创新设计	创新训练项目	沈银杰	周明健 於孝鹏
4	201810380004	新媒体环境下银行品牌宣传现状及提升新路径——以"兴业银行巢湖支行"为例	创新训练项目	陶倩倩	毛莎莎 吴 兵
5	201810380005	新媒体环境下老街文化故事挖掘和价值开发——以长临河镇老街为例	创新训练项目	罗宇凡	毛莎莎 方习文
6	201810380006	记忆与传播——环巢湖地区节日民俗影像记录及微信公众平台建设	创新训练项目	李玉华	王宇明 刘康凯
7	201810380007	二孩政策下巢湖市幼教联盟机构师资队伍建设现状调查	创新训练项目	朱昕旖	李 瑛

续表

序号	项目编号	项目名称	项目类型	项目负责人	指导教师
8	201810380008	环巢湖旅游背景下巢湖市口袋公园文化塑造策略	创新训练项目	蒋 倩	周洪波 袁凤琴
9	201810380009	基于学科竞赛基础的虚拟仿真实验平台建设	创新训练项目	杨中宝	甘 泉 赵 祺
10	201810380010	记忆与传承——巢湖半汤老街品牌文化提升策略	创新训练项目	万厚鹏	许 洁 周洪波 袁凤琴
11	201810380011	基于物联网技术的光生物反应器系统	创新训练项目	胡梦霞	刘 波 吴其林
12	201810380012	面向嵌入式人工智能的神经网络模型压缩方法研究	创新训练项目	刘娅利	刘 波 吴其林
13	201810380013	金属有机骨架化合物衍生的 Fe/ZnO 粉体的制备与性能	创新训练项目	王志乾	李明玲
14	201810380014	大学生犯罪"庭审+教育"功能一体化的司法预防机制建构的调研分析	创新训练项目	鲍玉琼	江 海
15	201810380015	巢湖市易扬快讯农产品电商平台	创新训练项目	徐国晖	张 浩 徐志仓
16	201810380016	讲述中国故事,传递中国声音——经典中文歌曲的英译与创意传播	创新训练项目	李翰蓉	贺 静 王 钢 张 艳
17	201810380017	基于深度学习的无人驾驶系统中道路目标检测模型	创新训练项目	韩高格	吴其林 方 周
18	201810380018	无死角矩形清洗擦窗机器人设计	创新训练项目	陈余多	杨胡坤 陈席国
19	201810380019	乡村振兴背景下全域旅游创建路径研究——以巢湖市为例	创新训练项目	张 韩	齐先文 储小乐
20	201810380020	环巢湖地区民间传统美术工艺的传承与创新——以苏湾树雕画为例	创新训练项目	方谊伟	过慈明 雷若欣
21	201810380021	Running 校园电商平台	创新训练项目	张明焰	严小燕 梁宝华
22	201810380022	非物质文化遗产旅游开发研究——以巢湖市为例	创新训练项目	凌 阳	胡茂胜 刘 锐

续表

序号	项目编号	项目名称	项目类型	项目负责人	指导教师
23	201810380023	主题酒店主题文化选择研究——以大禹开元度假村为例	创新训练项目	戴海冲	方玲梅 郭晓艳 鲍小雨
24	201810380024	健康中国背景下安徽省农村体育人口及其培育路径	创新训练项目	冯婷婷	王成绩 曹保彦
25	201810380025	8岁以下儿童校园足球支教模式的构建与实践	创新训练项目	聂志强	乔克满 王归然 王富鸿
26	201810380026	新媒体时代合肥市淮军文化资源的整合与应用研究	创新训练项目	徐文胜	黄 颖 方习文
27	201810380027	基于大学生传媒素养的社交媒体短视频研究——以"抖音"为例	创新训练项目	张 奇	李文娟 李 艳
28	201810380028	基于乡村振兴战略下合肥农村改厕调查研究	创新训练项目	乔佩佩	陈佩树 梁三金
29	201810380029X	"互联网+"馨语手工布偶	创业训练项目	孙慧雯	赵 祺
30	201810380030X	笃志美丽乡村之庙岗彩绘工程	创业训练项目	白锦涛	李超峰 肖 康
31	201810380031X	影享影视资源合作服务公司	创业训练项目	季梦云	吴 兵
32	201810380032X	女大学生安全教育APP开发与应用	创业训练项目	包佳莉	张 平 李 瑛
33	201810380033X	集颜堂——大学生定制彩妆课程	创业训练项目	田文惠	郑 颖 张 艳 王珊珊 汤传芝
34	201810380034X	艺扬天下音乐工作室	创业训练项目	张 楠	顾婷婷 陈 茜 姚燕峰
35	201810380035X	"青未会"工作室	创业训练项目	杨 鑫	雷若欣 刘俊东 孙 玮
36	201810380036X	"布布为赢"工作坊	创业训练项目	亓景兰	丁 晗 何冬冬 王 倩

续表

序号	项目编号	项目名称	项目类型	项目负责人	指导教师
37	201810380037X	"生活习惯"微课堂构建——服务0~3岁婴儿家庭教育	创业训练项目	黄剑圆	张 平 王 亮 甘 超
38	201810380038X	戈雅美术培训中心	创业训练项目	徐梦龙	王 倩
39	201810380039X	同窗跳蚤网	创业训练项目	彭 璟	张正金 梁宝华
40	201810380040X	"乡土"民风进万家——"巢歌文化"演绎公司	创业训练项目	李仔华	顾婷婷 陈 茜 时 博
41	201810380041X	浮槎山下黄金芽,精准扶贫致富路——以巢湖庙岗搭建网络农家乐为例	创业训练项目	石新乐	沈菲飞 梁发花
42	201810380042S	"互联网+"衣致服装	创业实践项目	张 钦	陈文静 赵 祺
43	201810380043S	COLOGO果森水果自助	创业实践项目	钱俊杰	王 倩
44	201810380044S	Free Battle舞蹈工作室	创业实践项目	严 清	吴 萍 曾 静 丁源源 汤传德
45	201810380045S	"互联网+"舒颜趣枕	创业实践项目	何 璇	赵 祺

(供稿:许小兵)

2018年度省级大学生创新创业训练计划项目信息表

序号	项目编号	项目名称	项目类型	项目负责人	指导教师
1	AH201810380001	一种可升降自驱动式侧方位辅助停车装置	创新训练项目	丁 建	孙 钊
2	AH201810380002	环巢湖体育赛事与旅游业融合开发研究——以"环巢湖全国自行车赛"为个案	创新训练项目	杨琳琳	艾显斌

续表

序号	项目编号	项目名称	项目类型	项目负责人	指导教师
3	AH201810380003	乡土文化传承视角下的乡村旅游民宿发展优化——以安巢经开区三瓜公社为例	创新训练项目	施国贸	曾 静 齐先文 吴 萍
4	AH201810380004	一种量、淘、蒸全自动电饭煲设计	创新训练项目	黄 朝	杨胡坤 代光辉
5	AH201810380005	银鱼蛋白粉的制备及应用研究	创新训练项目	王艺锦	陈小举
6	AH201810380006	智能垃圾桶的设计	创新训练项目	邓 伟	凌 景 唐 静
7	AH201810380007	生态文明视角下湿地旅游者环境责任行为影响机理研究	创新训练项目	李元珍	朱学同 张蓓蓓
8	AH201810380008	基于卡尔曼滤波的机器人室内定位算法研究	创新训练项目	李鑫杰	鹿建银 陶铁之
9	AH201810380009	文化符号视角下旅游城市的报刊亭形象提升——以巢湖市为例	创新训练项目	黄爱萍	张荣荣 周洪波 袁凤琴
10	AH201810380010	FMS视角下足球训练的应用研究	创新训练项目	孙健驰	曹保彦 王富鸿
11	AH201810380011	全域旅游视角下环巢湖旅游休闲区房车营地项目开发研究	创新训练项目	徐德标	刘亚峰 储小乐
12	AH201810380012	基于基因数据与人工神经网络智能优化算法的人类疾病预测研究	创新训练项目	卢 丹	刘 运
13	AH201810380013	合肥智慧会展发展现状调研及思考	创新训练项目	吴杨凡	雷若欣 刘俊东 孙 玮
14	AH201810380014	生态翻译学视角下中国零售网站英文版现状与对策	创新训练项目	汪文芳	郑 颖 王 茹 张正金
15	AH201810380015	关于"时间交易"APP的创新研究——以合肥市为例	创新训练项目	徐吉娜	杨晓伟 陈佩树 刘相国

续表

序号	项目编号	项目名称	项目类型	项目负责人	指导教师
16	AH201810380016	高校领导干部新媒体素养的提升研究——以合肥市部分高校领导干部调查为例	创新训练项目	孙玲莉	许洁
17	AH201810380017	新媒体时代下环巢湖郁金香旅游基地公示语翻译研究与推广	创新训练项目	吴佳慧	汤玲玲 朵伟芝
18	AH201810380018	书的共享,纸的时代——精神文明建设背景下的阅读市场发展分析	创新训练项目	秦金霞	李晓萌 容 一
19	AH201810380019	环巢湖构建田园综合体的可行性研究	创新训练项目	项 燕	郭晓艳
20	AH201810380020	大学生线上学习行为研究——以巢湖学院慕课建设为例	创新训练项目	金绍雄	徐秋月 武 彬
21	AH201810380021	基于家居装饰的手工壁饰设计	创新训练项目	吴梦君	姚为俊
22	AH201810380022	环巢湖地区研学旅游制约因素及对策研究	创新训练项目	王 广	过慈明 雷若欣
23	AH201810380023	磁性水滑石对巢湖污水处理的应用研究	创新训练项目	时英辉	李宏林
24	AH201810380024	"互联网+"背景下酒店智慧化管理研究——以合肥地区为例	创新训练项目	李 敏	孙 玮 方玲梅
25	AH201810380025	回忆型动画短片《童年》创新设计	创新训练项目	卢 月	高芸芸 周 成 王丹丹
26	AH201810380026	行政法视角下互联网租赁自行车的规制研究	创新训练项目	汪晗慧	何东海 袁洋洋 朱鹤群
27	AH201810380027	环巢湖地区主题景观设计应用研究	创新训练项目	张 昭	薛 梅
28	AH201810380028	构建巢湖市非机动车安全行驶"警—民合作"长效机制法律分析	创新训练项目	程勇鑫	江 海

续表

序号	项目编号	项目名称	项目类型	项目负责人	指导教师
29	AH201810380029	黄芪多糖胶囊壳:为药物换上天然"外衣"	创新训练项目	张　凯	朱双双
30	AH201810380030	巢湖家装乳胶漆市场消费者偏好调查与分析	创新训练项目	郑　鑫	王　政
31	AH201810380031	"互联网＋"大学生学习方式的转变	创新训练项目	胡亚静	姜　萱
32	AH201810380032	聚乙烯醇/纳米 ZnO 复合膜的制备及性能研究	创新训练项目	樊　旭	王小东 李方山
33	AH201810380033	基于物联网应用的"快"停车系统	创新训练项目	王若鑫	徐秋月 严小燕 李小荣
34	AH201810380034	基于动画设计的商业模式知识趣味课堂	创新训练项目	江雅玲	欧雅琴 刘　波 刘　运
35	AH201810380035	"旅游＋"企划之音乐节旅行	创新训练项目	赵培元	吴　萍 吕君丽 谷　雨 许琳璐
36	AH201810380036	无人值守的路边停车自动收费系统开发	创新训练项目	曲锦耀	胡　健
37	AH201810380037	一种多功能浮游垃圾收集器的设计与分析	创新训练项目	丁　凡	龚智强
38	AH201810380038	基于"互联网＋"信息平台下的"点餐式"大学生家教APP的创新研究	创新训练项目	李　娜	杨晓伟 陶有田 刘相国
39	AH201810380039	基于文化视角下巢湖三瓜公社导视系统的研究	创新训练项目	音慧慧	李　明 刘玲玲
40	AH201810380040	环巢湖区域红色旅游资源保护开发现状调查及对策分析	创新训练项目	薛凤萍	陈小波
41	AH201810380041	多功能便携式折叠推书车	创新训练项目	柯松凯	邢　刚 宁小波
42	AH201810380042	ZnO/CuO 核壳纳米结构生长及光学性质研究	创新训练项目	李　波	许明坤 毛雷鸣
43	AH201810380043	基于 AMG8833 传感器的森林火情监测无人机设计	创新训练项目	管晗阳	孙春虎

续表

序号	项目编号	项目名称	项目类型	项目负责人	指导教师
44	AH201810380044	徽菜名称翻译现状及规范化研究	创新训练项目	李明睿	郑 颖 王 娟 张园园 贺 静
45	AH201810380045	高架桥雨水综合利用装置	创新训练项目	顾宇翔	王正创
46	AH201810380046	基于分层抽样方法的企业文化对企业的影响研究——以巢湖地区企业为例	创新训练项目	张晶莹	王冬银 陶有田
47	AH201810380047	数字化技术与品牌推广融合——三瓜公社360°全景体验建设研究	创新训练项目	胡于茜	周洪波 袁凤琴
48	AH201810380048	学城共享微信公众平台	创新训练项目	凌旭霞	梁三金
49	AH201810380049	环巢湖康养旅游目的地品牌化建设路径选择研究	创新训练项目	孙雨芹	胡 倩 胡茂胜
50	AH201810380050	留住乡愁:基于环巢湖乡村文脉的景观保护和物化设计	创新训练项目	汤道玉	胡 倩 何 琳 李秋秋
51	AH201810380051	传统水墨画在二维动画中的创新设计	创新训练项目	武玉洁	程雯雯 周 成 刘宣琳
52	AH201810380052	宿舍人际关系对大学生心理健康的影响及其干预研究	创新训练项目	沈琪丽	赵 祺
53	AH201810380053	全自动变频节能抽油烟机	创新训练项目	李俊杰	王正创
54	AH201810380054	家用新型全自动一体化橱柜的设计	创新训练项目	朱佩彦	廖生温 王玉勤
55	AH201810380055	遗风——温泉度假村浴衣设计	创新训练项目	邱小桐	王丹丹 程雯雯
56	AH201810380056	环巢湖十二小镇生态旅游宣传形象设计研究	创新训练项目	包 涵	曹 艺 刘宣琳
57	AH201810380057	中国传统元素与手工皮艺产品的创新融合及跨界设计	创新训练项目	万 鹏	安 静 曹 艺 黄 玮
58	AH201810380058	基于机器学习的特征选择优化策略研究	创新训练项目	郑宏伟	张正金 郑 颖 郑尚志

续表

序号	项目编号	项目名称	项目类型	项目负责人	指导教师
59	AH201810380059	安徽省居民消费价格指数与房价之间的关系	创新训练项目	彭霞红	肖淑梅
60	AH201810380060	构成式中国花鸟画在现代陶瓷装饰中的应用创新研究	创新训练项目	李虎虎	陈友祥 万军华
61	AH201810380061	私人定制您的情感漫画	创新训练项目	杨鸿娟	程雯雯 王丹丹 周 成
62	AH201810380062	舞蹈机器人	创新训练项目	李飞飞	黄贵林 张露露
63	AH201810380063	大学生度过职场"菜鸟期"的策略与方法研究——基于皖维企业人力资源管理视角	创新训练项目	戴 影	余 雷
64	AH201810380064	伴随个体成长的美术教育软件界面设计	创新训练项目	刘浩男	高芸芸 田世彬 周 成
65	AH201810380065	"低头族"现象分析及引导策略研究——以大学生为例	创新训练项目	付泓炜	甘 泉
66	AH201810380066	二维设计在地板纹样设计中的创新设计研究	创新训练项目	张学文	成素珍
67	AH201810380067	物联网技术在学生宿舍的应用——智能门锁	创新训练项目	刘佳奇	徐秋月 叶海燕 陈文静
68	AH201810380068	氧气液相氧化法催化合成苯偶酰	创新训练项目	王 倩	钱德胜
69	AH201810380069	环巢湖特色小镇旅游宣传广告设计研究	创新训练项目	王 宇	曹 艺 刘宣琳
70	AH201810380070	时间管理分配软件研究	创新训练项目	李永春	朱小泉
71	AH201810380071	大学生信用卡在高校的推广和发展	创新训练项目	李 楠	黄 河
72	AH201810380072	合肥市在校大学生视力变化调查分析与研究	创新训练项目	王文定	严恒普
73	AH201810380073	一种嵌入式数据采集系统的开发与应用	创新训练项目	刘 焘	宁小波

续表

序号	项目编号	项目名称	项目类型	项目负责人	指导教师
74	AH201810380074	巢湖残疾人看护医疗需求调研及软件设计	创新训练项目	王广旭	张 洁
75	AH201810380075	乡村课堂	创业训练项目	张世仁	欧雅琴 刘 波 樊乐乐
76	AH201810380076	阮多妹慢生活艺术同盟	创业训练项目	阮多妹	黄 玮
77	AH201810380077	Part-time校园兼职APP	创业训练项目	张凯诺	张 倩 王从新
78	AH201810380078	中华养生馆	创业训练项目	苏蒙蒙	丁为民 梁宝华 唐瑞华 蒋玉肖
79	AH201810380079	中国特色的农副产品出口直接销售包装	创业训练项目	周 萌	王娟(小) 谷 峰 王 嵘
80	AH201810380080	无忧毕业论文之家	创业训练项目	薛皖如	余荣琦
81	AH201810380081	全思人才	创业训练项目	程先同	张帅兵 金加卫
82	AH201810380082	O2O模式下的"兼职管家"平台的建立	创业训练项目	吴玲玲	甘 泉
83	AH201810380083	"漫足你"二次元电商平台	创业训练项目	卢若雪	张 倩
84	AH201810380084	多彩路线私人订制	创业训练项目	何玉梅	金加卫 张帅兵
85	AH201810380085	情怀网络传媒自媒体运营	创业训练项目	甘 爽	余 雷
86	AH201810380086	青春保	创业训练项目	杜荣玉婷	胡成卉
87	AH201810380087	新材料下茶具手绘工作室	创业训练项目	徐传远	张 磊
88	AH201810380088	舞乐街舞培训中心	创业训练项目	杨晨丽	徐频频
89	AH201810380089	养宠APP——心动萌宠	创业实践项目	刘德华	梁三金
90	AH201810380090	"互联网+"青鸽校园综合服务	创业实践项目	代佳俊	赵 祺 李志寒
91	AH201810380091	企校	创业实践项目	邓光正	严小燕 石俊峰
92	AH201810380092	"易行"旅游——扶贫APP项目	创业实践项目	张 俊	张 洁

续表

序号	项目编号	项目名称	项目类型	项目负责人	指导教师
93	AH201810380093	文艺DIY布衫网店	创业训练项目	张 悦	张萌萌

(供稿:许小兵)

在校生人数及构成情况一览表

年级	本科人数	占比	专科人数	占比	合计
一年级	4265	100%	0	0%	4265
二年级	4227	98.2%	78	1.8%	4305
三年级	3913	100%	0	0%	3913
四年级	4000	100%	0	0%	4000
合 计	16405	99.5%	78	0.5%	16483

(供稿:许小兵)

本科生招生录取情况信息表

本科生招生录取情况信息表(分省)

省(市、自治区)	录取总人数	最高分	最低分	平均分
安徽(文史)	874	543	524	526.69
安徽(理工)	2166	511	467	472.34
浙江	35	566	553	556.09
河南(文史)	15	530	503	513.4
河南(理工)	20	486	470	474.4
河北(文史)	15	543	526	530.87
河北(理工)	15	517	465	485

备注:山东、甘肃、江苏三省录取的是美术考生,山东、海南、四川、辽宁四省录取的是体育考生,录取原则不一,未统计在本表内;安徽艺体类专业采用综合分投档,也未列入表内。

本科生招生录取情况信息表(分专业)

学院	专业	类别	学制(年)	人数	备注
电子工程学院	电气工程及其自动化	本科	4	120	
电子工程学院	电子科学与技术	本科	4	70	
电子工程学院	电子信息工程	本科	4	120	
工商管理学院	财务管理	本科	4	100	
工商管理学院	会计学	本科	4	100	
工商管理学院	审计学	本科	4	60	
工商管理学院	电子商务	本科	4	80	
工商管理学院	市场营销	本科	4	160	对口
化学与材料工程学院	化学工程与工艺	本科	4	80	
化学与材料工程学院	生物工程	本科	4	75	
化学与材料工程学院	生物制药	本科	4	80	
化学与材料工程学院	无机非金属材料工程	本科	4	80	
化学与材料工程学院	应用化学	本科	4	80	
化学与材料工程学院	应用化学	本科	2	100	专升本
机械工程学院	材料成型及控制工程	本科	4	65	
机械工程学院	机械电子工程	本科	4	70	
机械工程学院	机械设计制造及其自动化	本科	4	120	
经济与法学学院	法学	本科	4	80	
经济与法学学院	国际经济与贸易	本科	4	100	
经济与法学学院	互联网金融	本科	4	80	
经济与法学学院	金融工程	本科	4	120	
旅游管理学院	会展经济与管理	本科	4	60	
旅游管理学院	酒店管理	本科	4	80	
旅游管理学院	酒店管理	本科	2	100	专升本
旅游管理学院	酒店管理(中外合作)	本科	4	40	
旅游管理学院	旅游管理	本科	4	80	
旅游管理学院	旅游管理	本科	4	80	对口
数学与统计学院	数学与应用数学	本科	4	120	

续表

学院	专业	类别	学制	人数	备注
数学与统计学院	应用统计学	本科	4	110	
体育学院	社会体育指导与管理	本科	4	100	
体育学院	体育教育	本科	4	100	
体育学院	体育教育	本科	4	60	对口
外国语学院	商务英语	本科	4	100	
外国语学院	英语	本科	4	100	
文学传媒与教育科学学院	广播电视学	本科	4	80	
文学传媒与教育科学学院	广告学	本科	4	80	
文学传媒与教育科学学院	汉语言文学	本科	4	90	
文学传媒与教育科学学院	汉语言文学	本科	2	100	专升本
文学传媒与教育科学学院	学前教育	本科	4	80	
文学传媒与教育科学学院	学前教育	本科	2	100	专升本
文学传媒与教育科学学院	应用心理学	本科	4	60	
信息工程学院	计算机科学与技术	本科	4	100	
信息工程学院	软件工程	本科	4	120	
信息工程学院	网络工程	本科	4	100	
信息工程学院	物联网工程	本科	4	60	
艺术学院	动画	本科	4	40	
艺术学院	环境设计	本科	4	60	
艺术学院	美术学	本科	4	60	
艺术学院	美术学(中国书画)	本科	4	30	
艺术学院	视觉传达设计	本科	4	70	
艺术学院	视觉传达设计(中外合作)	本科	4	35	
艺术学院	音乐表演	本科	4	40	

(供稿:许小兵)

毕业生考研录取情况一览表

序号	姓名	学院	班级	考取学校
1	李 晴	数学与统计学院	14金工1班	英国萨塞克斯大学

续表

序号	姓名	学　院	班　级	考取学校
2	张若愚	数学与统计学院	14 金工 1 班	英国萨塞克斯大学
3	项钰贝	数学与统计学院	14 金工 1 班	英国诺丁汉大学
4	赵媛媛	数学与统计学院	14 金工 1 班	英国卡迪夫大学
5	储小丽	数学与统计学院	14 金工 1 班	华中师范大学
6	刘梦敏	数学与统计学院	14 金工 1 班	青海师范大学
7	倪　翔	数学与统计学院	14 金工 1 班	云南财经大学
8	钱洪玥	数学与统计学院	14 金工 1 班	重庆理工大学
9	余佩琪	数学与统计学院	14 金工 1 班	上海大学
10	袁秀文	数学与统计学院	14 金工 2 班	南京审计大学
11	王　霞	数学与统计学院	14 金工 2 班	西华大学
12	肖　蔚	数学与统计学院	14 金工 2 班	武汉工程大学
13	张　梅	数学与统计学院	14 金工 2 班	云南财经大学
14	康　迪	数学与统计学院	14 数应 1 班	澳大利亚昆士兰大学
15	王文雷	数学与统计学院	14 数应 1 班	南京航空航天大学
16	李云翔	数学与统计学院	14 数应 1 班	安徽大学
17	汪振兴	数学与统计学院	14 数应 1 班	南京信息工程大学
18	魏　松	数学与统计学院	14 数应 1 班	江苏大学
19	丁　清	数学与统计学院	14 数应 2 班	江苏大学
20	姚群英	数学与统计学院	14 数应 2 班	江苏大学
21	张　琪	数学与统计学院	14 数应 2 班	安徽师范大学
22	储亚青	数学与统计学院	14 统计学 1 班	华中师范大学
23	史　鑫	数学与统计学院	14 统计学 1 班	东北财经大学
24	项　琼	数学与统计学院	14 统计学 1 班	安徽工业大学
25	杨吉建	数学与统计学院	14 统计学 1 班	浙江工商大学
26	朱珉琨	数学与统计学院	14 统计学 1 班	上海大学
27	董伟晴	数学与统计学院	14 统计学 2 班	阜阳师范大学
28	郭　畅	数学与统计学院	14 统计学 2 班	安徽大学
29	江　璇	数学与统计学院	14 统计学 2 班	江西财经大学
30	吴　衡	数学与统计学院	14 统计学 2 班	安徽农业大学
31	孙　珊	艺术学院	14 环境设计 1 班	南京林业大学

续表

序号	姓名	学院	班级	考取学校
32	邱晨	艺术学院	14美术学2班	安徽工程大学
33	潘玮琴	艺术学院	14美术学2班	昆明理工大学
34	何宇	艺术学院	14视觉设计（中外合作）	韩国韩瑞大学
35	李冰冰	艺术学院	14视觉设计（中外合作）	韩国韩瑞大学
36	刘凤敏	艺术学院	14视觉设计（中外合作）	韩国韩瑞大学
37	田洁	艺术学院	14视觉设计（中外合作）	韩国韩瑞大学
38	王晓琪	艺术学院	14视觉设计（中外合作）	韩国韩瑞大学
39	周缘	艺术学院	14视觉设计（中外合作）	韩国韩瑞大学
40	陶勇	艺术学院	14音表1班	安徽师范大学
41	王平	信息工程学院	14电商1班	贵州师范大学
42	王雪	信息工程学院	14电商2班	英国利兹大学
43	崔洋洋	信息工程学院	14计科2班	西安电子科技大学
44	王忱	信息工程学院	14计科2班	合肥工业大学
45	袭若冉	信息工程学院	14计科2班	西安电子科技大学
46	马芮	信息工程学院	14计科2班	黑龙江大学
47	纪茜雯	信息工程学院	14软工1班	中国地质大学(北京)
48	李兰	信息工程学院	14软工1班	大连海事大学
49	高仕锦	信息工程学院	14软工2班	安徽大学
50	楼鑫杰	信息工程学院	14软工2班	浙江工业大学
51	阮飞	信息工程学院	14软工2班	澳大利亚墨尔本大学
52	汪杰	信息工程学院	14网工1班	南京理工大学
53	尹振	信息工程学院	14网工1班	南昌航空大学
54	曾召侠	信息工程学院	14网工1班	沈阳化工大学
55	陈静	信息工程学院	14网工2班	华东交通大学
56	李梦雪	信息工程学院	14网工2班	上海应用技术大学

续表

序号	姓名	学院	班级	考取学校
57	骆克	信息工程学院	14网工2班	天津大学
58	顾嘉晖	信息工程学院	14物工1班	常州大学
59	张超翔	信息工程学院	14物工1班	江南大学
60	方瑜	信息工程学院	14物工2班	浙江工商大学
61	郭云	信息工程学院	14物工2班	西安石油大学
62	郭梦愚	文学传媒与教育科学学院	14广电1班	武汉大学
63	李锦涛	文学传媒与教育科学学院	14广电1班	上海大学
64	石静	文学传媒与教育科学学院	14广电2班	河海大学
65	王小宝	文学传媒与教育科学学院	14广电2班	重庆大学
66	胡媛媛	文学传媒与教育科学学院	14广告学1班	安徽大学
67	李男	文学传媒与教育科学学院	14广告学1班	浙江传媒学院
68	张媛	文学传媒与教育科学学院	14广告学1班	安徽师范大学
69	毕然	文学传媒与教育科学学院	14广告学2班	西南政法大学
70	胡蕾	文学传媒与教育科学学院	14广告学2班	浙江传媒学院
71	鲁玲	文学传媒与教育科学学院	14学前1班	安徽师范大学
72	钱玲玲	文学传媒与教育科学学院	14学前1班	南昌大学
73	汤凤霞	文学传媒与教育科学学院	14学前1班	浙江师范大学
74	何卫	文学传媒与教育科学学院	14学前2班	福建师范大学
75	何玉雪	文学传媒与教育科学学院	14学前2班	江西科技师范大学
76	秦雨	文学传媒与教育科学学院	14学前2班	安徽师范大学
77	程雪	文学传媒与教育科学学院	16初教	亳州学院
78	王方好	文学传媒与教育科学学院	16汉语言专升本1班	安徽大学
79	常青山	文学传媒与教育科学学院	16汉语言专升本2班	北京林业大学
80	李梦如	外国语学院	14商英1班	江西理工大学
81	杜颖	外国语学院	14商英2班	上海海事大学
82	李晓佳	外国语学院	14商英2班	上海海事大学
83	余甜甜	外国语学院	14商英2班	华东理工大学
84	禹明月	外国语学院	14商英2班	上海海事大学
85	周华玲	外国语学院	14商英2班	安徽大学
86	陶亚婷	外国语学院	14商英3班	华北电力大学

续表

序号	姓名	学　院	班　级	考取学校
87	彭　钰	外国语学院	14商英3班	华东理工大学
88	胡　敏	外国语学院	14商英3班	安徽大学
89	刘丽君	外国语学院	14商英3班	上海对外经贸大学
90	张雨薇	外国语学院	14商英3班	天津外国语大学
91	刘炎炎	外国语学院	14英语1班	浙江科技学院
92	汪晨晨	外国语学院	14英语1班	天津工业大学
93	徐文洁	外国语学院	14英语1班	南通大学
94	张　锋	外国语学院	14英语1班	南京理工大学
95	朱雅新	外国语学院	14英语1班	东北农业大学
96	马　源	外国语学院	14英语2班	安徽师范大学
97	齐薏寒	外国语学院	14英语2班	安徽师范大学
98	田雅婷	外国语学院	14英语2班	湖南大学
99	万　飞	外国语学院	14英语2班	广东外语外贸大学
100	朱雁雯	外国语学院	14英语2班	安徽师范大学
101	李炳琦	外国语学院	14英语3班	安徽大学
102	朱　玲	外国语学院	14英语3班	英国杜伦大学
103	董洛涵	体育学院	14社体1班	广州体育学院
104	高　迅	体育学院	14社体1班	上海体育学院
105	臧　铭	体育学院	14社体1班	扬州大学
106	耿正洋	体育学院	14社体2班	北京体育大学
107	毛立梅	体育学院	14社体2班	苏州大学
108	王　超	体育学院	14社体2班	上海体育学院
109	俞苏婷	体育学院	14社体2班	安徽师范大学
110	陈慧敏	体育学院	14体教1班	杭州师范大学
111	王一鸣	体育学院	14体教1班	安徽师范大学
112	章晶晶	体育学院	14体教1班	杭州师范大学
113	华绍鹏	体育学院	14体教2班	吉林体育学院
114	汤雪萍	体育学院	14体教2班	上海体育学院
115	汪孝一	旅游管理学院	14酒管(中外合作)	爱尔兰都柏林大学
116	权　玉	旅游管理学院	14酒管2班	山东农业大学

续表

序号	姓名	学　　院	班　　级	考取学校
117	方润霞	旅游管理学院	14旅管1班	安徽师范大学
118	刘　影	旅游管理学院	14旅管1班	桂林理工大学
119	秦雪霞	旅游管理学院	14旅管2班	中南财经政法大学
120	王习之	旅游管理学院	14旅管2班	西藏民族大学
121	桂文学	旅游管理学院	16旅管专升本1班	内蒙古工业大学
122	王爱林	旅游管理学院	16旅管专升本1班	安徽大学
123	郑玉祥	旅游管理学院	16旅管专升本1班	合肥工业大学
124	张园园	旅游管理学院	16旅管专升本2班	安徽师范大学
125	张小婕	旅游管理学院	16旅管专升本2班	澳大利亚澳洲国立大学
126	周　迅	经济与法学学院	14财管3班	上海理工大学
127	赵　媛	经济与法学学院	14财管3班	南京财经大学
128	张乐乐	经济与法学学院	14财管3班	南京师范大学
129	连漪漪	经济与法学学院	14财管3班	英国利兹大学
130	王梦影	经济与法学学院	14法学卓越班	安徽大学
131	王　炎	经济与法学学院	14法学卓越班	大连海洋大学
132	朱敏国	经济与法学学院	14法学卓越班	中南财经政法大学
133	王　锐	经济与法学学院	14法学卓越班	湖南师范大学
134	徐　含	经济与法学学院	14法学卓越班	淮北师范大学
135	朱嘉玮	经济与法学学院	14法学卓越班	海南大学
136	詹传涛	经济与法学学院	14法学卓越班	华东交通大学
137	沈　媛	经济与法学学院	14国贸1班	南京航空航天大学
138	瞿艳秋	经济与法学学院	14国贸2班	广西大学
139	刘寿叶	经济与法学学院	14国贸2班	浙江工商大学
140	张　庆	经济与法学学院	14国贸2班	安徽师范大学
141	韩玲玲	经济与法学学院	14市营	安徽大学
142	任亚贤	经济与法学学院	14市营	上海工程技术大学
143	李　健	经济与法学学院	14市营	广西师范大学
144	殷　悦	经济与法学学院	14市营	英国卡迪夫大学
145	顾瑞瑞	经济与法学学院	14市营卓越班	安徽大学
146	陆颖颖	经济与法学学院	14市营卓越班	安徽师范大学

续表

序号	姓名	学 院	班 级	考取学校
147	陈亚婷	机械与电子工程学院	14电科1班	重庆理工大学
148	贾明俊	机械与电子工程学院	14电科1班	贵州大学
149	马梦如	机械与电子工程学院	14电科1班	湖北大学
150	许 泉	机械与电子工程学院	14电科1班	杭州电子科技大学
151	余 皓	机械与电子工程学院	14电科1班	杭州电子科技大学
152	朱德胜	机械与电子工程学院	14电科1班	安徽大学
153	柏 顺	机械与电子工程学院	14电科2班	南京邮电大学
154	袁伟伟	机械与电子工程学院	14电科2班	安徽大学
155	张子军	机械与电子工程学院	14电科2班	湖南师范大学
156	李双鎏	机械与电子工程学院	14电科2班	西安科技大学
157	蒋家伟	机械与电子工程学院	14电科3班	南京理工大学
158	李宇航	机械与电子工程学院	14电科3班	安徽师范大学
159	吴晨红	机械与电子工程学院	14电科3班	合肥工业大学
160	武杨杰	机械与电子工程学院	14电科3班	安徽师范大学
161	查云峰	机械与电子工程学院	14电气1班	四川大学
162	吴龙飞	机械与电子工程学院	14电气1班	上海电力学院
163	武国飞	机械与电子工程学院	14电气1班	上海工程技术大学
164	张晓勇	机械与电子工程学院	14电气1班	大连海事大学
165	冯 伟	机械与电子工程学院	14电气1班	中国矿业大学
166	王君健	机械与电子工程学院	14电气1班	上海理工大学
167	曹恩智	机械与电子工程学院	14电气2班	中国计量大学
168	马 波	机械与电子工程学院	14电气2班	上海电力学院
169	王 洁	机械与电子工程学院	14电气2班	上海电力学院
170	许苗苗	机械与电子工程学院	14电气2班	安徽工业大学
171	叶 祺	机械与电子工程学院	14电气2班	浙江工业大学
172	凤冰霞	机械与电子工程学院	14电气3班	华东交通大学
173	蒋光好	机械与电子工程学院	14电气3班	上海工程技术大学
174	马广强	机械与电子工程学院	14电气3班	西安建筑科技大学
175	俞城生	机械与电子工程学院	14电气3班	安徽工程大学
176	张学让	机械与电子工程学院	14电气3班	内蒙古科技大学

续表

序号	姓名	学院	班级	考取学校
177	余超	机械与电子工程学院	14电气3班	中国矿业大学
178	许士杰	机械与电子工程学院	14电信1班	安徽大学
179	赵明诚	机械与电子工程学院	14电信1班	安徽大学
180	胡永倩	机械与电子工程学院	14电信2班	杭州电子科技大学
181	罗奎	机械与电子工程学院	14电信2班	天津工业大学
182	宋昆	机械与电子工程学院	14电信2班	杭州电子科技大学
183	赵停	机械与电子工程学院	14电信2班	南京邮电大学
184	吴敏	机械与电子工程学院	14电信3班	西北师范大学
185	朱梦成	机械与电子工程学院	14电信3班	南京邮电大学
186	徐廷想	机械与电子工程学院	14电信3班	杭州电子科技大学
187	栗硕	机械与电子工程学院	14机自1班	浙江理工大学
188	鲁兴益	机械与电子工程学院	14机自1班	上海海洋大学
189	高飞	机械与电子工程学院	14机自2班	长江大学
190	吴越	机械与电子工程学院	14机自2班	安徽工业大学
191	王恺	机械与电子工程学院	14机自2班	江苏科技大学
192	陈成	机械与电子工程学院	14机自3班	河北农业大学
193	丁紫微	机械与电子工程学院	14机自3班	上海海事大学
194	胡晨捷	机械与电子工程学院	14机自3班	福州大学
195	胡玲	机械与电子工程学院	14机自3班	浙江理工大学
196	孙晓旭	机械与电子工程学院	14机自3班	南京农业大学
197	殷志宏	机械与电子工程学院	14机自3班	安徽工业大学
198	朱圣耀	机械与电子工程学院	14机自3班	上海理工大学
199	耿帅	机械与电子工程学院	14机自4班	天津科技大学
200	李凯	机械与电子工程学院	14机自4班	湘潭大学
201	汪明明	机械与电子工程学院	14机自4班	武汉理工大学
202	程健	机械与电子工程学院	14机自卓越班	中国矿业大学(徐州)
203	董康佳	机械与电子工程学院	14机自卓越班	上海理工大学
204	汪超	机械与电子工程学院	14机自卓越班	宁波大学
205	丁梅鹃	化学与材料工程学院	14化工1班	南京工业大学
206	龚善和	化学与材料工程学院	14化工1班	江苏大学

续表

序号	姓名	学　院	班　级	考取学校
207	李　缘	化学与材料工程学院	14化工1班	合肥工业大学
208	潘立杰	化学与材料工程学院	14化工1班	天津科技大学
209	张　娜	化学与材料工程学院	14化工1班	浙江工业大学
210	庄慧苗	化学与材料工程学院	14化工1班	浙江师范大学
211	王　远	化学与材料工程学院	14化工1班	南京工业大学
212	吴海燕	化学与材料工程学院	14化工1班	安徽工业大学
213	夏　婷	化学与材料工程学院	14化工1班	中国人民大学
214	尹佳佳	化学与材料工程学院	14化工1班	安徽大学
215	方庭森	化学与材料工程学院	14化工2班	南京工业大学
216	高志宏	化学与材料工程学院	14化工2班	江苏大学
217	管莉娟	化学与材料工程学院	14化工2班	安徽大学
218	洪梦寒	化学与材料工程学院	14化工2班	上海大学
219	邱　波	化学与材料工程学院	14化工2班	南京理工大学
220	宋　巧	化学与材料工程学院	14化工2班	安徽工业大学
221	王冬冬	化学与材料工程学院	14化工2班	安徽工业大学
222	王　悦	化学与材料工程学院	14化工2班	湖北工业大学
223	姚海洋	化学与材料工程学院	14化工2班	江苏科技大学
224	袁　明	化学与材料工程学院	14化工2班	上海应用科技大学
225	张金瑞	化学与材料工程学院	14化工2班	江苏大学
226	钟　航	化学与材料工程学院	14化工2班	安徽工业大学
227	董迎雪	化学与材料工程学院	14生工1班	安徽农业大学
228	黄慧蕊	化学与材料工程学院	14生工1班	上海海洋大学
229	刘　璐	化学与材料工程学院	14生工1班	暨南大学
230	刘　逸	化学与材料工程学院	14生工1班	南京工业大学
231	吴振国	化学与材料工程学院	14生工2班	福建农林大学
232	谢　蕊	化学与材料工程学院	14生工2班	安徽农业大学
233	杨雨露	化学与材料工程学院	14生工2班	安徽农业大学
234	张小娇	化学与材料工程学院	14生工2班	安徽农业大学
235	段科宇	化学与材料工程学院	14无机非1班	湖北大学
236	范学松	化学与材料工程学院	14无机非1班	东华大学

续表

序号	姓名	学　　院	班　级	考取学校
237	郭　燕	化学与材料工程学院	14 无机非 1 班	广西大学
238	郭祖民	化学与材料工程学院	14 无机非 1 班	上海理工大学
239	蒋新朝	化学与材料工程学院	14 无机非 1 班	齐鲁工业大学
240	李满意	化学与材料工程学院	14 无机非 1 班	上海应用技术大学
241	刘　帮	化学与材料工程学院	14 无机非 1 班	合肥工业大学
242	陶兵景	化学与材料工程学院	14 无机非 1 班	济南大学
243	杨　磊	化学与材料工程学院	14 无机非 1 班	江苏大学
244	张　晴	化学与材料工程学院	14 无机非 1 班	浙江理工大学
245	周　磊	化学与材料工程学院	14 无机非 1 班	上海应用技术大学
246	朱晓娟	化学与材料工程学院	14 无机非 1 班	上海理工大学
247	祝精武	化学与材料工程学院	14 无机非 1 班	南京工业大学
248	王　耀	化学与材料工程学院	14 无机非 1 班	香港城市大学
249	彭　湃	化学与材料工程学院	14 无机非 2 班	安徽工业大学
250	占文卿	化学与材料工程学院	14 无机非 2 班	浙江工业大学
251	蔡春蕾	化学与材料工程学院	14 无机非 2 班	上海理工大学
252	常靖宇	化学与材料工程学院	14 无机非 2 班	长春工业大学
253	侯德良	化学与材料工程学院	14 无机非 2 班	兰州理工大学
254	刘　伟	化学与材料工程学院	14 无机非 2 班	华东理工大学
255	王梦雅	化学与材料工程学院	14 无机非 2 班	东华大学
256	项厚政	化学与材料工程学院	14 无机非 2 班	安徽工业大学
257	薛晚晴	化学与材料工程学院	14 无机非 2 班	合肥工业大学
258	张　华	化学与材料工程学院	14 无机非 2 班	浙江理工大学
259	朱田雨	化学与材料工程学院	14 应化 1 班	江苏科技大学
260	彭申跃	化学与材料工程学院	14 应化 1 班	南京农业大学
261	庞海波	化学与材料工程学院	14 应化 1 班	华南农业大学
262	戎韬霖	化学与材料工程学院	14 应化 1 班	兰州理工大学
263	薛　成	化学与材料工程学院	14 应化 1 班	陕西科技大学
264	赵玉玉	化学与材料工程学院	14 应化 1 班	上海第二工业大学
265	曹娜娜	化学与材料工程学院	14 应化 2 班	安徽工业大学
266	陈冉冉	化学与材料工程学院	14 应化 2 班	安徽建筑大学

续表

序号	姓名	学院	班级	考取学校
267	高媛媛	化学与材料工程学院	14应化2班	华东理工大学
268	罗 峰	化学与材料工程学院	14应化2班	浙江大学
269	裴章莉	化学与材料工程学院	14应化2班	安徽师范大学
270	张 朋	化学与材料工程学院	14应化2班	江苏大学
271	张 益	化学与材料工程学院	14应化2班	安徽建筑大学
272	程翰龙	化学与材料工程学院	16应化专升本	安徽大学

（供稿：胡 佳）

2018届毕业生名单

经济与法学学院(542人)

财务管理(236人)

张姗姗	张 燕	白玉环	方军军	赵 欢	王欣忆	汪瑶瑶	王立佳	王 岩
王 钰	魏广银	吴安云	徐爱萍	徐佳佳	徐艳丽	许望之	于婷婷	张 倩
张 艺	赵 洁	周华麟	王 雷	李晓昀	钟成阳	李忍忍	宋 平	储小雨
郭晶菁	刘雨洁	王 虹	张乐乐	郑玉洁	付 静	郭玉婷	陆新宇	曾苗苗
周 航	连漪漪	王俊鹏	许吴飞	左玉生	罗 兰	束 敏	周慧敏	朱刘才
邹 谨	曹启倩	曹 越	陈道远	陈 玲	崔诗皓	戴思玲	范德娜	方事成
冯可可	管媛媛	姜 涛	焦建豪	晋银银	雷傲然	王 晶	王林茹	王 楠
汪 凤	汪增静	孙 燕	吴 爽	李晓庆	李斗斗	李慧雯	李媛媛	连 洁
梁娇娇	梁晓雨	林秋月	刘 慧	徐惠敏	钱玉燕	杨 阳	王皙蓉	卫雨晴
程厚昆	杨晓梵	陈 悦	孙晓敏	董 琪	程晓依	赵清怡	支 硕	程 皓
王潇雨	刘承康	赵宏亮	杜 雨	郭友香	章慧雨	刘园园	刘梦凯	刘先彬
刘 叶	马智勇	彭文婷	任星月	邵 悦	石 恒	史聪颖	宋 艳	孙 念
童茜茜	涂德红	万 桐	王 芳	王雅涵	王应贵	夏 超	徐程程	袁 航
张川川	张 翠	张 帆	马健飞	李 静	陈慧敏	邱吴琼	郑妍妍	陈学俊
陈志勇	程 静	崔婷婷	刁家兴	丁 超	丁晓旭	冯 威	葛子悦	龚翠翠
管雪梅	郭世超	王士艳	许雅迪	朱丽丽	陶 丽	温海澜	张 丹	韩 悦
廖啟悦	刘圆圆	张慧慧	张雅文	张云慧	赵红雷	赵梦杰	郑串串	郑一鸣
周洺宝	彭天梦	王 悦	魏丽文	余露珠	张 倩	朱 莉	王子琪	赵梅宇

冯振杰	任圣礼	叶芳芳	张金龙	董瑜婷	金雨洁	刘 言	张丽萍	朱雅丽
孔茜茜	徐赛风	涂雅那	郑亚飞	郭晓燕	韩恩丽	郝佳佳	何 涛	何一帆
黄 皓	江元霞	姜 梅	况博文	李 露	刘 菲	刘 盼	刘迁迁	刘 影
卢姗姗	马 蕾	朱蓉蓉	朱珊珊	朱亚军	祝梦婷	卓雅欣	邹雪婷	胡 玲
郑 飞	郏辉军	丁 锐	盛越荃	韩 蓉	周 迅	梁浩哲	李 雪	汪亚欣
万小妹	崔后龙	赵 媛	邵梦璇	李璐娜	凌 琳	马 玥	宁亚东	戚瑞方
石孟琦	宋乐乐	孙 茜	孙雪玲	汪 静	王超群	王 晗	王 倩	王 舒
王 伟	朱慧芳	徐文燕	程可可	汪 霏	徐泓瑶	杨 可	潘俊生	王可可
赵梦瑶	周欣阳							

市场营销(93人)

穆田星	牛 影	钱美琴	钱 雯	任式磊	吴 宁	许曼婷	殷 凡	张冬晴
张金娣	张 颖	左 建	陈阿芝	程传君	邓 亚	顾瑞瑞	关婉婉	桂 梅
刘 娜	陆颖颖	马梦超	梅德书	潘 园	孙志会	王丹丹	王 涛	王真真
吴 瑾	许 夏	杨 佩	张 宁	张婷婉	朱传云	竺玉婷	庄永燕	汪大军
何海斌	黄红梅	魏文杰	白玉君	陈赛青	陈自豪	董江涛	韩玲玲	蒋正理
李海涛	李 莉	李 秀	陆华青	孟陈陈	莫海涛	任亚贤	王 晨	王 静
魏 蔚	文 玉	吴佳贤	谢晓静	杨碧青	杨 露	殷 悦	余新晨	俞琴琴
张锐臻	陈爽邦	韩 飞	贺 谦	黄 莺	居 冉	李福坤	李嘉续	李 健
林圆梦	陶 帅	汪洋洋	杨 乐	杨守强	尹蒙蒙	余成默	刘梦娟	程 明
程 义	丁育恒	段欠欠	韩佳玉	黄欢杰	景电伟	李楚云	李云云	梅钊斌
杨世相	詹叶飞	黄洪才						

法学(101人)

陈 诚	韩栋梁	洪昕昀	胡娟娟	黄梦菊	贾晴晴	江 军	江雄伟	蒋照亮
梁洪波	刘雅琳	潘泽星	宋可歆	王兆强	熊心元	杨利远	殷冰洁	占海英
张亚婷	张子亚	赵 丽	周天成	朱明健	朱晓龙	陈经如	陈俊霞	程 博
程亚兴	方 秦	葛玉伟	郭 华	韩 燕	李仟仟	刘国帅	吕慧敏	盛先锋
时家芳	孙小杰	谭小雪	田 杨	童宝程	汪 杰	吴 莲	武文斌	谢雷雷
谢 冉	余秋萍	臧 杰	张 茹	周维雪	朱瑞和	章 慧	秦永胜	徐光飞
禹 璐	张 俊	贾 雨	刘华元	王胜宇	许晓龙	王璐瑶	艾 飞	曹甜甜
郭冰杰	李海霞	李圣洁	李雪妮	刘崇文	所 杰	汪佳丽	汪宇琴	王华玥
王梦影	王 炎	吴 凡	辛 意	杨 诚	张海莲	张 晴	朱敏国	曹晓群
崔换地	韩 露	何大贺	胡玉娇	李慧贞	刘宏佳	柳 洋	王情情	王 锐
吴丹娟	徐 含	许梦嫣	杨 峥	姚宇晨	张智宇	朱嘉玮	詹传涛	汪静静
邱凌云	张 炜							

国际经济与贸易(112人)

王芊倩	王甜甜	王稳稳	王 耀	吴江涛	奚树莹	徐巧云	徐 青	徐娅丽

薛 瑶	杨冠群	杨 洁	杨盼盼	杨义杰	余龙云	岳振东	张 庆	张筱焰
赵 丽	赵齐齐	赵 娅	钟宁宁	周芳芳	周微微	周燕芳	朱洁群	朱智燕
严 婷	陈 兵	陈 欢	陈 喆	程 椿	傅可意	高家红	高 某	何 欣
胡清清	黄 金	黄 康	瞿艳秋	李娇娇	李 丽	李咏崎	刘 畅	刘 丽
刘 倩	刘倩楠	刘青青	刘寿叶	马 婕	秦 月	王 慧	宋 婷	孙玉晨
王方胜	王 丽	王 晴	杨玉源	张琳琳	张淑芬	张 循	章吉庆	周 奕
周 荧	李 晨	张园园	蔡 青	郭雅丽	吴磊雨	严 涛	李雨芹	宋 兰
王婧琦	许建国	沈 媛	魏晓燕	苏 娟	汤乔燕	陈少将	关 鑫	张 梦
李方雪	班雪婷	曹盼盼	陈敬秀	陈晓娟	陈 悦	陈竹茹	程琳霞	丁 铁
丁杏杏	冯纪民	桂思芹	何成成	洪 倩	侯梦莹	黄大月	黄 晶	李 佳
李 燕	李怡迟	刘旭慧	刘云凤	刘志云	路 通	吕晓璐	沈 勇	周福生
江威杰	张晓娟	陈 天	李 睿					

文学传媒与教育科学学院(555人)

广播电视学(111人)

刘先娇	马龙涛	齐曼曼	史庆庆	宋婷芳	孙宝枫	王 幸	王雅琳	王 印
王争艳	魏紫璇	闻若晨	吴红芳	吴红玉	吴新奇	夏梦园	邢 李	熊雪婷
翟书勤	占少帅	张佳丽	张家炜	张猛猛	张小海	张艳标	赵丽娟	赵苏红
赵梓鬶	郑 艳	朱益林	左俊吉	黄倩萍	鲍元龙	陈雨晴	丁婧媛	耿月月
何超玲	何文佳	胡青松	胡圣环	胡叶铄	黄新月	蒋冬月	靳晓宁	李金春
李新月	刘宝新	刘 敏	刘 颖	龙 婧	罗履璇	马红玉	马啸腾	任亚杰
任艳宁	石 静	史冬梅	田 顺	汪 晨	王 慧	王 宁	王小宝	王雪萍
王艺炜	王 征	吴怀刚	吴莹莹	伍景丽	夏鸣凤	项溪雨	杨冬冬	殷 宇
袁雪晴	占小娇	张俊俊	张咪唏	张庆云	张 涛	张兴亚	郑 叶	周 倩
周 雅	朱 迪	朱海萍	朱兰兰	郭梦愚	陈 杰	戴亦乐	单梦婕	董 爱
方凯琳	房 萍	高苗苗	韩 强	胡凤云	胡兰兰	胡莉莉	黄 静	黄 静
黄荣豪	黄秀娟	李海燕	李锦涛	李群群	李映雪	梁盼盼	刘慧林	刘晶晶
刘士杰	丁银建	徐 杨						

广告学(104人)

严星星	余 磊	袁 梦	湛 冉	张 慧	张 璐	张 敏	张秋明	郑 凤
郑晓丽	朱品慧	朱荣荣	朱瑞瑞	朱咸松	李雪瑶	代 抗	钟 斌	鲍晶晶
曹龙妹	陈方美	陈 颖	丁 祥	付姣姣	高金龙	洪诗晴	侯 凯	胡媛媛
胡丹丹	孔孟春	李 男	李 朋	李乔玉	马叶雯	庞志远	秦梦雅	孙昌梅
孙 浩	王舜舜	王晓倩	吴 敏	吴 田	吴婷婷	吴 莹	夏明琪	谢宜东
熊莲琦	徐明峰	徐四喜	许春美	许秀丽	余米良	余 钰	翟 玲	张 吕

张 培	张义波	张 瑜	张鸳鸳	张 媛	张 正	章荣荣	郑萌萌	朱晓锋	
朱振国	毕 然	操梦甜	陈晶晶	陈 斯	程月月	程紫娟	方 正	房燕茹	
付 杰	吴美华	傅 祥	胡炳乾	胡 璠	胡 蕾	胡善雪	胡晓升	黄 晓	
姜彩云	姜玉雯	金霜晴	李 静	李 伟	刘 静	邵山婷	申雪晴	沈叶廷	
孙 慧	孙婉婉	王 娜	王庆慧	王兆乾	吴晶晶	吴 萌	吴宁宁	吴献兵	
徐 翠	徐 良	徐玉霞	许慧敏	严 畅					

汉语言文学(100人)

陈 倩	陈易秋	丁丽珠	杜美溪	段小凡	方俊君	高旭辉	耿 利	顾点点	
韩家银	韩双艳	何 岚	黄 姗	贾云云	姜瞳双	姜依依	乐儒雅	李家环	
李雪晴	刘 畅	路 光	罗靖雯	钱夏婷	孙孟冉	汪文汇	王方好	王 健	
王金鑫	王伶俐	王思琦	王远飞	吴 冉	项荣荣	徐荣荣	肖湘红子		
许倩倩	许志清	叶 静	余春艳	余胜兰	张 方	张伟利	杨柳青青		
张 玥	张长乐	赵苗苗	赵 璇	郑 勇	周震宇	朱成成	敖晓娇	常青山	
陈飞燕	陈冉冉	程淑英	笪璐璐	方晓娜	房 芳	丰 飞	谷佳佳	胡冬雨	
胡后伟	胡雪纯	江 玲	金 慧	李陈银	李梦晨	刘柳青	刘益铭	穆倩倩	
牛 瑶	潘爱莲	潘静芳	沈逢智	宋 杰	孙 昕	孙雪茹	汤怀志	唐 春	
陶 颖	王 丹	王婉婉	王宪琼	王晓曼	吴 珺	项菲丽	徐圆圆	许雨桐	
杨魏云	张厅厅	张 月	赵 元	周 超	周 君	周凯旋	周 琴	朱 琪	
朱晓旭	訾佳玲	宗雅婷							

学前教育(213人)

吴 燕	伍香香	徐佳佳	许文锦	杨 鑫	杨 雪	殷翠翠	殷秀君	张婷婷	
张文静	章家苇	周 尹	苏 雅	许慧慧	秦 雨	孙慧敏	戴舒嫚	胡子文	
曹 园	方 云	龚雪雅	谷胜琴	何宏梅	洪文英	卜文华	曹维芳	刘 萌	
沐 琳	欧书敏	钱 莉	司祖蓉	孙 梦	汤杉杉	唐天青	汪 蓉	王 静	
王开宣	王梦秋	文 玫	徐 菲	徐文菁	许梦云	杨彩萍	杨 敏	张至芳	
赵丽丽	陈美晨	陈子和	程俊诚	戴 芳	程 颖	戴文霞	邓 敏	耿倩茹	
谷成薇	桂 颖	洪 方	胡 蝶	黄 芳	见欢欢	姜方琴	李翠翠	李梦旋	
李朋宁	李 璇	李 珍	鲁 玲	吕丽荣	罗 娜	马慧慧	马姗姗	马晓菲	
木慢慢	聂婷婷	钱玲玲	尚晶晶	苏 燕	汤凤霞	高 乐	郭欣茹	韩晨艳	
郝 侃	洪真真	胡旭雯	黄海云	江倩茹	李靖宇	李 欣	牛炎艳	彭培培	
檀京京	童瑞雪	汪 乐	汪 洋	汪瑀佳	王 娟	王 玲	王淑芳	王 玉	
吴蓓蓓	吴圆圆	徐灿灿	徐 雯	许露露	闫冬梅	杨 李	杨雨璐	汪 杰	
汪梦琦	王阿玉	王 芳	王 敏	王 琴	王雅婷	韦雪花	魏晓洁	吴婷婷	
谢娟娟	徐 珂	徐梦凡	徐婷婷	杨蔷薇	杨晓艳	易 锦	余梦琪	袁如梦	
张丹丹	张 悦	周 燕	朱停停	陈 芮	陈雪雪	程佳莉	邓筱莉	段 夏	
冯关蕊	张兰娟	张 睿	张运东	赵天俊	赵永恒	郑思雨	周 越	陈 凤	

陈丽勤	陈 锐	程小娟	方 绮	关 雪	郭玉松	黄昌丽	黄术琴	李曼玉
李 培	李甜甜	李晓丽	刘小妮	卢光祖	彭婵娟	邵仲一	沈朝凤	沈海凤
沈媛慧	盛 欢	高玉玲	管 婷	国慧慧	何 卫	何玉雪	黄丽文	李 静
李子艳	林如玉	刘梦雪	刘萍萍	刘小草	刘晓晴	鲁李琴	马 燕	邱忞君
邵丹凤	邵文婷	檀 晶	田成蓉	王超琪	王豆豆	王 慧	王 娟	王 蕾
王 敏	王 茜	王雯雯	汤佳敏	唐倩倩	王金贵	王良霞	王子静	徐媛媛
许顿凡	杨 阳	姚晶晶	张 娣	张 雪	赵紫薇	郑圣洁	周诗雨	周晓露
朱翊璠	黄荣才	李庆霖	叶 娜	朱明钰	王何艳蓉			

小学教育(25 人)

程 雪	董 放	洪友文	黄家佳	贾寅姣	蒋芜陵	蒋盈盈	刘玲玲	刘 倩
孙慧扬	徐 晋	姚雯雯	张 慧	张 敬	张 佩	张清怡	张亚婷	赵晶晶
郑华健	方腾龙	韩元媛	陆仕生	杨海兰	张 凡	周玉明		

初等教育(1 人)

莫 俊

计算机教育(1 人)

段 然

外国语学院(222 人)

英语(99 人)

徐 藤	曹振强	敖 敏	陈冬梅	陈亚琴	陈叶叶	陈 罂	方欣昱	葛 倩
葛瑞瑞	何凯利	侯秋晨	纪慧敏	刘雅楠	刘炎炎	彭林云	桑正爽	汪晨晨
王春芳	向 琪	徐文洁	杨 芬	张芳芳	张 锋	张冉冉	张 洋	张 莹
张 月	赵佳慧	赵 静	赵生琳	朱雅新	邹 煜	冯瑞侠	金保琪	王慧慧
程启春	代亚文	杜席席	方 潇	胡慧男	江 琪	康时琴	李超逸	李香雪
罗 辰	马 源	齐慧寒	田雅婷	万 飞	王 慧	王 磊	王 勤	吴 凡
吴婷婷	夏 冉	闫 树	杨 晨	杨 雅	张 鹏	张琴娟	周维宇	朱 倩
朱雁雯	朱颖艺	鲍金玉	朱 玲	陈 慧	陈明月	程佳佳	董 荣	樊 会
范成城	高武虹	高 玉	郭倩宇	江连云	解雨虹	李炳琦	李姗姗	吕美霞
孟楠楠	孙 悦	王丹单	王 慧	王 琴	王青青	吴梦云	夏露露	项小彤
肖 娴	杨悦悦	姚菲菲	张 伟	赵倩倩	郑 瑶	周梦子		

商务英语(123 人)

韩媛媛	丁慧敏	肖冰倩	王雨晨	李秀荣	陈婷婷	储玉琪	崔梦萍	高 馨
葛瑞悦	郭飞飞	徐 萌	殷 璐	袁 杰	张宏运	张榕榕	张笑笑	张雨薇

周妮娃	周　扬	何晶晶	何永玲	蒋润毅	金　婷	李梦如	李　琴	李玉梅
梁　蓉	梁小娜	林成月	刘文琳	刘亚倩	毛　红	孟　爽	欧书惠	秦婷婷
童晓凤	汪茂文	王　玲	王琪琪	王月飞	武漫琪	许晶晶	叶　萱	余　瑶
张玉红	程　芮	杨　宇	席海涛	施　阳	程纤纤	程银丹	杜　颖	范传慧
方秀秀	高慧琳	何艳艳	洪莹莹	黎　莎	李明辉	李奇珂	李　强	李文文
李晓佳	刘春雨	刘　慧	刘慧敏	刘为佳	刘银燕	马婷玉	牛雅贤	彭荣荣
汪　丹	汪京京	王　绚	魏雨婷	吴婷婷	谢康进	熊传畅	徐书亭	杨　帆
杨子苋	叶　林	余甜甜	禹明月	袁文丽	詹　倩	张丽君	张璐璐	周华玲
方　妍	陶亚婷	张志慧	彭　钰	蔡盛阳	蔡素梅	曹嘉嘉	段舒婉	范　君
郭文慧	何志孝	胡　敏	黄晚秋	李凤雪	李　梅	李其慧	刘　丽	刘丽君
刘　曼	吕如菲	吕姗姗	牛静萍	潘幸运	孙梦玉	孙　远	汪丽芳	王　莉
王　敏	王　圆	吴　琦	信　利	徐　帆	徐　娟			

体育学院(212人)

社会体育指导与管理(113人)

程　源	班鹏飞	曹自强	陈宁宁	陈育恒	程耀林	储　勇	董洛涵	高　迅
胡文文	黄　颖	姜　博	姜关磊	李　慧	刘广辉	刘　旺	漆　俊	齐庆宾
任腾飞	沈继壮	宋飞云	宋良葵	孙　路	谈　程	陶　俊	陶　琴	田　飞
汪亚甜	王　昊	王　雷	王　鹏	王　爽	吴雨宁	项　鑫	徐　俊	徐智明
杨　蓝	杨青松	杨世栋	姚梦月	姚　雨	尹显强	于　想	臧　铭	张　杰
张　鸣	张武斌	张　艳	郑　鑫	周　超	周明娟	周阳阳	周勇豪	朱传龙
包承军	陈　超	陈青云	陈文峰	程　辉	楚浩浩	丁梦健	耿正洋	桂　磊
何　敏	衡　伟	黄　涛	金　滢	孔维郑	李欢欢	李　杰	李　靖	李　娜
李绍雷	刘　昊	刘浩伟	鲁小华	毛立梅	梅高峰	阮康路	沈习明	圣　辉
施　禹	司顺鑫	宋晓欣	孙俊博	田孟迪	汪继华	汪玲玲	王　超	王建国
王建军	王　雷	王良林	王瑞瑞	吴传兵	吴　欢	吴艳华	肖　献	叶鑫斌
余嘉伟	俞钢钢	俞苏婷	张太平	赵良俊	周　杰	周世春	朱向坤	朱孝冬
韦春亮	谢小龙	赵俊生	刘　南	胡国栋				

体育教育(99人)

袁　霄	詹旭兰	张　魏	郑德善	周帆顺	周　杰	朱子强	程　鑫	戴振杉
邓正嗣	费麒麟	傅海涛	韩　栋	胡锦峰	胡文彪	胡宇星	黄有雄	李博涛
李翰涛	李家刚	李皆蔚	李　顺	李宗传	刘建平	刘茜茜	潘　瑶	钱小龙
秦沪生	阮小飞	宋卫宇	孙泰俊	宛晓芙	王大鸿	王度育	王　明	王雪成
王一鸣	夏　强	徐怀成	徐仲年	俞　宁	张运和	章晶晶	赵紫文	朱宏远
潘茅慰	汪诚骋	陈　鸣	陈宇恒	程　泉	丁坤和	丁　磊	丁雪梅	方素灵

方增宝	龚世俊	郭 旭	洪 灏	华绍鹏	黄友为	黄泽翔	梁姗姗	林明秀
刘 鹏	刘 锐	刘 响	毛 伟	聂 斌	潘学正	钱 磊	施 顺	孙吉豪
孙文静	汤 俊	汤松山	汤雪萍	陶玉焱	王德帅	卜雪飞	王芳臣	王 琦
温 晨	吴少康	夏祥菁	徐 帆	薛 杨	杨家光	杨泽刚	王 乐	田小川
赵 永	黄超敏	孙梦雨	李子明	曹海涛	陈慧敏	陈科安	朱伟杰	袁梦坤

数学与统计学院(341 人)

金融工程(147 人)

许 淼	黄锦辉	黄新敏	黄赵成	姜 波	康永芳	柯旌程	李 俊	李 晴
李 翔	刘梦敏	刘 素	刘甜丽	罗成业	马 燕	倪曼婷	倪 翔	倪宗梅
潘红纹	钱洪玥	钱梦婕	佘晓倩	盛家兵	石昭敏	孙玉翠	田佳佳	汪冠玉
夏丹丹	段体军	陈项宝	程学文	李睿童	刘 瑞	汪 峰	张亚杰	汪 燕
汪 越	王梦远	王欣瑞	王艳芳	夏 祝	项钰贝	杨娇娇	叶士勇	殷 萍
余佩琪	张咪咪	张若愚	章 凌	赵媛媛	周 枫	朱思远	周 杰	马 峰
朱国钱	白子祥	彭小燕	张知非	潘 涛	陆双双	袁秀文	陈 俊	陈婷婷
邸维浩	段浩浩	冯小钰	高 峰	巩旭林	何 雪	胡 靖	胡 蕾	金 晴
李 华	李铭鼎	李瑞瑞	李 涛	李晓凡	林联芳	刘 东	刘 贺	刘 杰
刘 燕	申家亮	孙 刚	孙 静	孙琳俐	汤 沁	汪彩凤	汪盼盼	汪师羽
王骆荣	李 飞	周立仙	李圆圆	张梦兰	凌 莉	秦 悦	闫海芹	曾晓伟
朱 杰	傅思杰	陈 露	王婷婷	章尼龙	王晓雨	赵 玲	毕旭东	曹荣誉
储小丽	方 丽	高荣欣	王娜娜	王皖君	王 霞	王子康	王子政	韦慧慧
吴如可	吴园园	肖 蔚	谢维娜	徐开原	姚婷婷	叶 然	俞梦雅	俞学玲
袁 蝶	袁志文	曾凡雨	詹国锋	张 梅	张 潘	张 睿	张文洋	赵慧慧
周德音	周 珍	朱艳秋	申 娜	陈 悦	王 兰	谷 悦	何静静	赫园园
胡珏慧	时文杰	李澄明阳						

数学与应用数学(89 人)

彭 城	王文雷	陈 浩	陈 维	戴小健	桂 芳	胡敏霞	黄 燕	黄子伟
季晓凤	康 迪	李明圆	李苏木	李晓颖	李云翔	梁晨晨	陆阿慧	马 荣
潘文静	祁 林	钱立进	施晓菲	宋 闯	孙晴晴	陶 周	汪振兴	王和英
王唤娣	王晓莹	王莹莹	魏及第	魏 松	徐乾坤	许祁峰	杨 磊	杨丽茹
杨欣欣	尹 伟	尹正阳	尹志结	张锐南	周冰燕	周剑涛	周 缘	朱芳芳
江 力	安佳俊	鲍书鹏	曹 绣	丁家辉	丁 清	丁一宸	丁逸飞	段昕云
费雨洁	郭文鑫	韩 萌	侯紫微	黄萃萃	蒋维献	解 锐	金 杰	刘 忱
刘曼曼	钱 超	钱得进	邱婷婷	孙 磊	汪 海	王 玓	王亚娟	王 颖
翁婷婷	吴彩露	奚雨晨	熊言欢	杨菊蕊	杨皖玉	杨 逸	杨 影	姚群英

余翠翠　余　峰　张　晨　张　琪　章江徽　郑陈陈　周惠敏　朱　青

统计学(103人)

郭　畅　洪　艳　华　巧　江　璇　李胜男　李雨梦　刘双年　钱　锟　石　云
陶　玉　汪冰璐　汪玉敏　王露露　王明月　王　能　王　涛　王婉玉　王　皖
吴　凡　吴　衡　吴满满　项发成　谢　禹　熊泽伟　杨俊楠　余翔宇　郁秀秀
张　超　张冬兰　章立萍　章瑞琳　郑雨婵　周艳伟　祝　琳　武　晗　林冰钰
陈　刚　陈　俊　储亚青　杜雪玉　方雪琼　房佳亮　冯妍妍　耿小春　黄鸿飞
黄宁宁　李佳乐　李铭铭　李秋香　刘　鹏　刘　轩　吕闪闪　孟　娇　秦　飞
邱云飞　沙　超　施正耀　史　鑫　束道诚　唐　冉　陶丹丹　汪金玲　王健冬
王谢萍　王　雨　魏丹阳　吴云晴　夏长林　项　琼　邢玉文　熊　恬　徐　凡
许　锐　许晓婷　杨吉建　杨　洁　杨　阳　余　芳　俞高娃　袁　婕　张　辉
张刘亮　张言言　张　原　章佳萍　赵雅倩　朱珉琨　朱欣梅　张　倩　韦宁灿
鲍玉全　陈湖江　陈兰娥　陈宇昂　程劲松　程双对　程小杰　董伟晴　杜白雪
方慧琳　傅孝贤　龚建元　龚丽萍

信息与计算科学(2人)

陈　增　孙远伟

机械与电子工程学院(654人)

电气工程及其自动化(163人)

程　蕊　程　漳　殷　飞　尹建晨　俞城生　袁　涛　曾奥运　张能能　张朋飞
张文阳　张希凡　丁光粤　方　坤　干兴祥　高明振　耿茂衡　宫　实　贺鸣鸣
胡　澄　胡雪鹏　黄伟杰　李家俊　李进伟　林文涛　马　波　钱志刚　秦红艳
冉庆文　苏　芬　张学让　唐　杰　李　昊　李路路　何　源　尹润鹏　余　超
周　强　黄晨晨　鲍润秋　徐　成　朱亚林　郑　玮　周　义　林广森　孙　全
孙子龙　陶霖茂　王　吉　王　洁　王鹏程　王　涛　王永琦　蔡　倩　查云峰
戴茂森　夏　磊　许苗苗　杨　磊　叶　祺　早治坤　张超银　张成鹏　张龙飞
赵子军　周　浩　周童侠　纵建坤　陈晓月　汪　新　田迪迪　方一森　高　超
高　如　葛立伟　管俊铃　何　良　胡乐乐　黄　敏　黄潜芳　黄庆春　金　霖
李方芹　廖绍艳　刘　奇　刘雨蒙　刘泽强　潘程程　苏魁魁　王飞标　王　玲
王文浩　熊中幹　吴丹玲　赵帅帅　王　燕　艾明睿　常　乐　丁晓伟　王有刚
韦祚龙　吴　斌　吴　亮　吴龙飞　吴铭阳　武国飞　徐　哲　许　锐　张长顺
张　凯　范海峰　范峻嶂　范　垒　丰加明　凤冰霞　胡玉龙　黄成林　蒋光好
解维政　金天佑　金轶飞　李　歌　李　杰　李　勇　刘　坤　刘尹清　张晓勇
张妍妍　张　政　周　翔　周　潇　朱志广　曹远航　王旭文　吴泽智　孟朋朋
高青松　黄　昊　冯　伟　武　豹　武金东　杨　标　周　松　王君健　刘　刚

曹恩智 陈 诺 卢志伟 马广强 毛油鑫 牛明想 祁亮亮 阮文京 舒鹏飞
王东飞 王林娜 王鹏程 吴俊辉 徐星星 陆 林 刘 峰 魏 宁 陈 黎
张剑琛

电子科学与技术(134 人)

郭腾达 何云强 黄兴圆 季书敏 姜盛乾 康 莉 厉佳冰 刘 志 刘智勇
马 旺 潘 东 彭紧紧 戚功媛 陶 荣 田金金 汪广志 王 宁 王文佩
王祥磊 王旭阳 王 越 吴唐飞 夏先君 徐 兵 徐 森 杨 文 杨 衍
袁伟伟 张兴伟 赵正帅 周 浩 周 辉 朱 燕 张子军 叶 剑 李双銮
蔡晓艳 曹文玉 陈长征 陈林海 陈洋洋 段宗保 付 飞 邸洪祥 郝 进
何 瀚 胡敏捷 胡圆萍 蒋家伟 蒋雨涵 李 凯 李行行 李志愿 刘 东
刘鹏鹏 刘 勇 刘 壮 车 伟 陈 欢 陈亚婷 程 浩 单阿争 方永超
高 超 高 翔 高 翔 郭 宝 洪 浩 后睿昕 黄 凤 贾明俊 金淮湘
晋入亮 李飞扬 李倩茹 刘 欢 刘茂强 陆红帝 马青山 潘文彬 邵嘉伟
汤美琴 汪强林 王文波 王小建 吴晨红 吴 峰 吴志峰 武杨杰 徐洪志
许小港 杨 东 杨 军 尹远勇 余 耀 袁梦婷 袁 野 张峻泽 张腾飞
朱慧珍 朱静静 刘文诚 刘玉婷 马 浩 马梦如 欧阳俊 任路路 宋红红
宋孟得 涂义东 王 康 王志武 许 泉 余 皓 张 浩 张可可 朱德胜
柏 顺 陈 超 陈 冲 陈 乾 程蓝梦 范梦磊 谷鹏程 桂大贝 郭凯凯
张文洁 邓 鹏 方科学 孙 伟 王 强 陈国栋 李宇航 盛登玉

电子信息工程(147 人)

刘 勇 罗 奎 马 超 庞富隆 石 健 宋 昆 宋书莉 唐 丽 汪 胜
汪雅茹 汪 志 王 超 王 稷 王 强 王运龙 肖 培 徐健强 杨子为
张发发 张 颖 赵 停 周 锐 朱丁辉 卜俊秀 曹 桂 陈 超 李 涛
李 阳 李永鹏 梁 钱 梁文宗 林 锐 刘娇龙 刘 茹 刘 洋 梅 琴
孟 飞 潘 浩 钱 佳 邵 然 沈力军 孙增原 滕康康 汪 华 王 亮
王 强 谢 琼 徐小芳 许士杰 许 正 闫 鹏 杨玉茹 殷天宇 张宏瑞
赵明诚 钟 声 鲍时宝 陈佳佳 陈思林 陈 伟 程素琴 崔敏敏 代忠宝
范仲亮 高 峰 何 桂 胡爱卿 胡涛涛 胡永倩 季 亮 李 纯 李德伟
李家兴 李 阔 李良冬 李梦达 李 鹏 李少磊 林国武 刘 杰 储李春
万 洋 曹业伟 常建国 代诗良 方 传 方 诺 付志豪 戈福磊 耿 延
古 梦 郭 优 郝星星 何园艺 洪 胜 黄荣闯 惠 阳 贾学杰 李 尚
陈帅男 陈晓晔 代旭刚 葛步兴 郝明杰 胡春敏 蒋厚芝 金双霜 李承诺
李恩鹏 李会炯 李建涛 李朋飞 刘众群 马腾飞 毛万中 孟 柯 乔治国
邱云开 宋宫云 苏 祥 汪 峰 汪永辉 王 聪 吴 敏 吴 胜 吴西晨
吴 杨 夏多广 夏岩岩 徐海建 徐红梅 徐 杰 晏济南 张 宏 张子晴
郑文强 朱含文 朱梦成 徐廷想 王 灿 王 刚 代凌枫 封飞扬 朱志林

刘阳阳　万　丰　丁　杰

机械设计制造及其自动化(210人)

刘　勇　　罗　奎　　马　超　　庞富隆　　石　健　　宋　昆　　宋书莉　　唐　丽　　汪　胜
汪雅茹　　汪　志　　王　超　　王　稷　　王　强　　王运龙　　肖　培　　徐健强　　杨子为
张发发　　张　颖　　赵　停　　周　锐　　朱丁辉　　卜俊秀　　曹　桂　　陈　超　　李　涛
李　阳　　李永鹏　　梁　钱　　梁文宗　　林　锐　　刘娇龙　　刘　茹　　刘　洋　　梅　琴
孟　飞　　潘　浩　　钱　佳　　邵　然　　沈力军　　孙增原　　滕康康　　汪　华　　王　亮
王　强　　谢　琼　　徐小芳　　许士杰　　许　正　　闫　鹏　　杨玉茹　　殷天宇　　张宏瑞
赵明诚　　钟　声　　鲍时宝　　陈佳佳　　陈思林　　陈　伟　　程素琴　　崔敏敏　　代忠宝
范仲亮　　高　峰　　何　桂　　胡爱卿　　胡涛涛　　胡永倩　　季　亮　　李　纯　　李德伟
李家兴　　李　阔　　李良冬　　李梦达　　李　鹏　　李少磊　　林国武　　刘　杰　　储李春
万　洋　　曹业伟　　常建国　　代诗良　　方　传　　方　诺　　付志豪　　戈福磊　　耿　延
古　梦　　郭　优　　郝星星　　何园艺　　洪　胜　　黄荣闯　　惠　阳　　贾学杰　　李　尚
陈帅男　　陈晓晔　　代旭刚　　葛步兴　　郝明杰　　胡春敏　　蒋厚芝　　金双霜　　李承诺
李恩鹏　　李会炯　　李建涛　　李朋飞　　刘众群　　马腾飞　　毛万中　　孟　柯　　乔治国
邱云开　　宋宫云　　苏　祥　　汪　峰　　汪永辉　　王　聪　　吴　敏　　吴　胜　　吴西晨
吴　杨　　夏多广　　夏岩岩　　徐海建　　徐红梅　　徐　杰　　晏济南　　张　宏　　张子晴
郑文强　　朱含文　　朱梦成　　徐廷想　　王　灿　　王　刚　　代凌枫　　封飞扬　　朱志林
刘阳阳　　万　丰　　丁　杰　　刘帅帅　　钱婷婷　　柴俊林　　陈平升　　陈　鑫　　陈泽平
程　浩　　丁　朝　　顾宁波　　桂　浩　　韩大宝　　韩　路　　胡　聪　　华文广　　黄大军
江弘治　　居永超　　李博寒　　李　攀　　胡　玲　　黄仁杰　　蒋华俭　　康永莉　　李朋涛
李　涛　　李逸飞　　李玉玉　　刘家豪　　刘　影　　吕　伟　　宋春雨　　宋玉龙　　孙华超
孙　康　　孙晓旭　　汤　凯　　佟照帝　　汪　林　　栗　硕　　梁　栋　　刘露棣　　刘征宇
鲁兴益　　史吉祥　　王　超　　王子祥　　许　蒯　　汪　新　　汪旭昊　　汪业成　　王　旭
席祥东　　项彬彬　　肖　潇　　杨　刚　　詹如月　　占文君　　张运动　　郑　卫　　朱志文
左绪春　　胡树超　　刘奥强　　胡章骞　　阮韦磊　　史春光　　毕婉蓓　　徐如亮　　杨金星
殷志宏　　张金旺　　张　进　　张少涛　　张祥坤　　周雪健　　朱圣耀　　朱伟平　　朱亚骏
潘　翔　　曹文杰　　曹　臻　　陈佳业　　陈　军　　崔正宏　　凡京京　　方　可　　陈　晨
丁　坤　　杜康俊　　凡　宇　　范利军　　高　飞　　郭　孔　　郝江涛　　李龙城　　沈　聪
苏明周　　孙进俭　　汤小鹏　　苏　启　　唐燕翔　　汪　超　　王同飞　　张　燚　　张　羽
张志远　　赵　航　　赵　虎　　蔺安军　　王亚飞　　谢　傲　　张丹强　　赵　毅　　宗兆洋
耿成义　　耿　帅　　顾　帅　　桂　超　　郭　峰　　何　奔　　何冬冬　　李　凯　　李晓鹏
马培文　　钱　柱　　邵帅帅　　陶　璟　　汪　超　　汪　青　　汪义木　　王　境　　吴昌盛
吴　越　　杨　路　　叶沐曦　　袁　强　　张　震　　朱麟晖　　黄子祥　　刘　睿　　顾玉航
汪明明　　王劲松　　王　锴　　王明中　　王伟志　　王　旭　　吴　渊　　武晓龙　　武子捷
徐浩然　　薛中升　　严志刚　　卢　阳　　侯现中　　王子豪　　刘和枫　　陶　政　　张荣坤

童荣礼　武斌斌　王　恺　杜　航　孟俊俊　杨　洋　陈　成　陈　昆　江　煜
余宏乐　刘　文　汪　洋　吴　锐　鲍中瀚　张　寒　章　俊　周迪波　周现伟
陈广存　陈秀秀　杜安杰　耿　壮　郭　超　何　聪　霍新旺　檀竹鹏　陈　强
陈帅帅　丁紫微　方　顺　高道宁　古鹏程　郭程远　贺云涛　胡晨捷　吴　杰
许大明　杨成树　周自强　朱洪朋　程　健　董康佳　郭兴波　何洪亮　李修明
李泽恒　刘　童　张　兵　李标标　陈瑞宇　夏典明

化学与材料工程学院(396 人)

化学工程与工艺(108 人)

梅梦莹　邱　波　尚博文　宋锦锦　宋　巧　孙　爽　孙争光　田　麟　汪　超
汪　清　王冬冬　王　锋　王停停　王　悦　吴　沁　姚海洋　乙鹏飞　袁　明
张丁丁　张金瑞　张梦飞　张　韧　张顺意　钟　航　周珂珂　朱少云　韩亚飞
阮德林　严　豪　解晓卫　曹成群　陈　丽　陈曼莉　陈文超　崔　浩　崔逊涛
丁梅鹃　冯　辉　龚善和　韩　森　何京秀　胡梓杨　黄　晗　李红曼　李　涛
李　伟　李　鑫　李　缘　李云龙　潘立杰　彭　丽　阮宏明　石纯新　汪浩文
王庚伟　王　杰　王瑞醒　王务龙　张家发　张　娜　赵长浩　赵润飞　周　帆
周　静　周志清　庄慧苗　安　杰　陈如玲　王　远　吴海燕　李　萍　夏　婷
尹佳佳　张英超　卜玉蒸　曹林娟　陈　翔　凡军魁　范良迁　方　立　方庭森
方　旭　高　慧　高志宏　管莉娟　洪梦寒　黄　陈　焦柯晨　瞿红红　李保玉
李　猛　李明杨　刘节平　陆宇辉　马　帅　王　洋　王必文　刘　瑞　刘万安
林剑锋　罗雅晴　张　超　邹阳阳　李　梦　陈晓龙　代习军　丁明杰　沈锦涛

生物工程(53 人)

陈倩倩　程　露　董迎雪　胡娇燕　黄慧蕊　刘　璐　刘　逸　龙　菲　施泽志
宋存根　吴志豪　谢龙雨　徐城文　叶丽荣　余　悦　运婉茹　詹建东　张　井
朱雅静　严亚娟　董兆芬　高　健　胡春梅　纪文杰　刘　畅　刘丹丹　刘天芝
刘兴祥　陆景伟　任士广　沙依婷　宋云鹏　唐迪云　唐惠珍　童　瑶　汪媚妮
王子文　吴振国　谢　蕊　徐华峰　徐秋红　徐运杰　杨雨露　尹良艺　翟婉玉
张小娇　周培培　王　禹　陈　诚　沈远志　王士满　王　卫　张　辉

无机非金属材料工程(115 人)

廖明旗　刘　帮　马　浩　马振振　倪梦君　宁成帅　沈笑天　宋荣荣　孙　帅
汤　勇　唐　路　陶兵景　汪国洋　汪海淳　王成昭　王　健　王修国　王　耀
王祝祥　徐华东　徐美强　宣姣姣　杨康康　杨　磊　杨其龙　殷　浩　吕　远
周　玄　陈　宇　储江跃　崔景跃　邓　兵　段科宇　范学鹏　范学松　郭　燕
郭祖民　韩宝辉　何创创　蒋新朝　李满意　李帅帅　李　岩　李振洋　郭志伟
董少聪　尹慧茹　于峻权　张福群　张　晴　赵晴雪　周　磊　朱晓娟　祝精武

葛远玲	彭 湃	徐程鹏	占文卿	郑兵辉	蔡春蕾	陈 石	程 诚	董 杰
樊吴波	方立业	方源天	高 康	郭宗铭	韩佳琦	何世韬	洪晨雪	侯德良
黄赞赞	李 冲	李 梅	李全干	刘 路	刘强胜	刘少东	刘 伟	柳振宇
鲁殿海	吕 超	骆家敏	彭 勇	秦 磊	邵玄辰	孙 赓	孙义勇	汪 伟
王国庆	王梦雅	魏 东	吴 波	吴成龙	夏 静	项厚政	谢 望	薛晚晴
杨 帆	余钦源	张 华	张家苑	周 乐	朱 涛	纵瑞锦	赵振伟	胡秀明
程 勇	吴 萍	张柯柯	郑 雅	常靖宇	方艺靖	潘东俊		

应用化学(120 人)

彭申跃	张 益	张 宇	张雨晨	张 昭	周雅楠	陈善清	程翰龙	丁庆军
宫 超	郭芳芳	郭乃凤	郭 玥	何海锋	侯淑妍	胡 进	胡闽青	胡雪银
胡媛媛	黄 昀	黄光辉	简园园	江海涛	李 振	刘敏敏	刘亚男	齐 杰
祁倩倩	时顺波	容 娇	曹梦圆	曹娜娜	陈冉冉	陈雪琪	高媛媛	郭婷婷
胡 伟	贾福来	蒋静文	蒋治豪	焦 纯	李佳慧	李 梦	李 艳	林 伟
刘方方	刘永鹤	裴章莉	沈 薇	唐田妹	万小强	吴 洞	吴佳佳	武余帅
杨耀虹	尹亮亮	游 灿	余皖苏	岳 胜	张 朋	张 晴	陈健平	朱田雨
代灯辉	丁 娇	段 浩	付 洋	高宁宁	洪文豪	胡 健	江 新	金大兆
柯传保	李 晴	李天然	李远浩	栗鸿涛	刘 辉	庞海波	任延吉	戎韬霖
阮梦慧	韦庆柳	武玉娟	薛 成	杨晶晶	张 君	张 燕	赵 敏	赵 想
赵玉玉	仲雅男	朱 淦	朱皖娜	史玉林	陶 如	汪芷娟	王必源	王修娣
魏秀娟	徐国文	徐亚萍	许娟娟	杨 刚	叶 垒	俞美玲	张 颖	章浦东
周 兵	周 慧	周 涛	黄志学	倪 凯	张纪东	程雪婷	郏梦蝶	罗 峰
骆启明	徐 成	张乐然						

信息工程学院(502 人)

电子商务(93 人)

桂婷婷	郭志成	胡晶晶	华晨伟	李倩倩	梁玉琴	刘 杰	芦 月	吕远康
毛万顺	彭 杰	强 蓉	盛 艳	宋寸寸	苏莹莹	孙玉玺	万红芮	王 莉
王 丽	王 平	王晓旭	王 志	吴逗逗	吴菁菁	谢冬冬	徐静怡	许 坤
易甜甜	殷婷婷	张 平	赵 迪	朱玉龙	卓 武	计家祥	叶 斐	白丽利
查文婷	程晓洁	丰 进	郭 丽	洪梦琦	黄才红	黄荣耀	纪 斌	姜 森
蒋昊宇	李京京	李 贤	刘 锐	刘 毅	罗绪伟	马紫祥	孟 旬	桑庆婷
宋江环	孙立亮	孙丽娜	汪莉娜	王 健	王巧珍	王 雪	王 震	伍 斌
薛 原	严 鹏	余静璇	曾美娟	张冬静	张冬青	张思成	张 旭	周 苹
左露君	邓梦雪	张艺丹	彭 娟	马晓龙	安诗凤	查 瑶	陈 浩	陈 娟
陈佑启	丁圆圆	方 敏	冯 姚	高绪冬	房加齐	栗 帅	刘 成	孙良德

杨　涛　尹园园　韦焱涛

计算机科学与技术(96人)

荣光凡　胡小敏　刘　强　鲍克峰　蔡成艳　曹　标　曹　徽　陈　健　陈　雪
范　晨　龚金明　胡　鑫　孔　旻　李恩民　李青山　李　秀　刘　畅　刘　盾
刘　芳　刘可俊　刘琴琴　刘　涛　鲁　杨　罗洋洋　潘　婷　阮　阳　尚广傲
沈召权　乔龙允　施宏玲　孙玲玲　汪　炎　汪　烨　王　芬　王　锋　王巍然
奚　望　谢　波　谢晓雯　许令雄　宣家明　闫　庆　闫如杰　杨　杨　姚　磊
余繁昌　张志强　竹之林　陈茂燕　张俊雅　陈文双　崔洋洋　单云云　丁海波
董福华　董唐强　段环宇　方海月　方　俊　葛　旭　顾现成　郭大旗　何春江
洪　浩　胡　旭　黄诚晨　蒋尚玲　刘伯建　刘　浔　刘志鹏　禄　鑫　孟　虎
苗　曦　秦兴亮　宋仁杰　田　泉　王　忱　王得坤　王　丽　王　增　吴含凤
袭若冉　许状状　姚　鹏　叶宏成　袁贵雨　张娟莉　张　威　郑雪菲　马　芮
彭　军　林作鑫　杨　欢　于心伟　盛大康生　杨　飞

软件工程(112人)

李　兰　刘正威　芦浩志　鲁　慧　罗强强　倪进成　戚国辉　璩　环　任雨晴
芮红梅　沈　静　宋　乐　苏一凡　孙晨皓　孙　高　汪新东　王　飞　王珊珊
王思远　吴　浩　吴　宁　吴晓辉　肖功来　许伟超　许雪彬　宣　萌　姚丽娟
叶　丽　张　飞　张　帅　张宗艳　赵玲凤　赵　涛　周　洁　周棋美　朱香桂
朱正杰　范东慧　芮　静　程　莉　程志伟　董向阳　范亚洲　方　培　高　昌
高仕锦　郭倩文　韩虎子　洪　璐　胡楚涵　胡亚东　黄义超　金仁轩　李　琛
李焕焕　李　杰　李萌萌　李田宇　李　威　李　雯　李显军　梁修国　刘庆红
刘晓磊　刘　雪　刘　院　刘　月　楼鑫杰　马欢迎　孟　涛　潘玉辉　阮　飞
芮延杰　束武彬　宋相楠　孙　露　孙同亚　田　礼　汪户生　王大伟　王海滨
吴月雨　夏泽强　徐小祥　杨才杰　杨　锐　杨双星　余　正　张　骏　张乐园
张明辉　张　宇　张振兴　赵　松　周智伟　纵珂珂　左　斌　蔡　丽　曹志渊
陈　敏　褚泽涛　戴　勇　董维喜　洪拜平　胡丙志　黄　山　纪茜雯　姜进然
靖　龙　雷家顺　李　浩　张文侃

网络工程(107人)

马大龙　马先波　马新龙　孟　冉　彭　恒　齐义军　苏高祥　苏连发　苏旭亮
唐天顺　陶　聪　田　靖　万永琪　汪　杰　王　敏　王争亮　吴学兰　谢圆洁
徐夏燕　许　磊　许理青　宣雨豪　杨红伟　杨　青　尹　振　余彬彬　余宏斌
曾召侠　张士远　张　文　张　云　周　莹　李星辰　曹道华　陈　静　陈　阳
程艳红　程　镇　樊　杰　高晓旭　郭　涛　何刘炜　黄丽玲　黄　兴　金　辉
兰生军　李红佳　李建辉　李梦雪　李　瑞　刘祥意　骆　克　毛方秀　孟满满
孟　伟　石　鹏　石莹莹　束　伟　宋　诚　苏冉晨　孙莹莹　汪　瑞　王德华

王 恒　吴 超　吴世青　吴晓敏　吴正霞　徐文磊　许 妍　尹小林　余继奎
翟帅帅　张敬峰　张小康　张 鑫　张兴淑　罗金林　陈梦云　陈 瑞　陈 陶
程豆豆　程明珠　代焕焕　段晨曦　赵东篱　郑 文　朱良龙　朱若才　高倩倩
谷圣强　谷晓庆　韩洋洋　胡 浩　姜 奇　李 超　李 魁　李正义　连腾飞
廖登科　祝 勇　刘 辉　刘会燚　刘 念　刘莹莹　高子扬　洪 明

物联网工程(94人)

束莹莹　孙文杰　汤梦晨　唐 昊　田 猛　王霖晖　王 薇　王旭凯　王杨琴
吴光澈　武晓飞　许 明　许 勇　杨方荣　张超翔　张梦娜　张文慧　赵 亚
周 攀　王 俊　岳 鹏　曹志高　陈 强　崔全伟　范维维　范业辉　方 瑜
冯 超　龚婷婷　郭 云　郝 岩　胡文丽　胡 月　黄 磊　纪鑫鑫　江智康
开 洋　孔李娜　刘俊伟　刘 瑶　钱 程　钱健辉　盛 强　石玉健　史加聪
宋瑞娟　汪 琪　王 剑　王 茜　吴敏红　夏 妮　谢美传　闫雪洁　杨 帅
余炳锌　俞红伟　袁成智　张良领　张梦颖　张 鹏　张 芊　张 勇　郑皓宸
曹文耀　陈海峰　陈佳洱　陈康凯　陈秋阳　程俊俊　代伟男　董 强　方文斌
耿大跃　顾嘉晖　韩 丽　侯效超　户孝侠　蒋治国　李国庆　李魁魁　李文进
梁娜娜　刘 松　陆阳雨　潘承佳　潘琴玉　彭 文　彭 艳　尚继森　刘 松
刘向藜　陈鑫林　杨壮壮　张聿杰

旅游管理学院(367人)

酒店管理(130人)

吴 波　项欢欢　徐志强　许光林　杨 静　杨茂杰　叶陈杰　于 芹　于晓芳
余华磊　詹仁和　赵红燕　郑彦飞　郑一川　周光美　周娟娟　朱宏伟　朱颖颖
樊 凯　范琳华　冯 珂　付李坪　郭为丽　韩少利　胡阿珍　黄 超　黄 倩
李 军　李 娜　李小亮　李学强　刘 焕　刘 琦　刘 杨　刘洋洋　刘友莹
卢雨婷　马文举　孟小郭　祁煜航　权 玉　水 苗　孙莉娜　汪金花　汪云娇
王 晶　王 佩　王睿臻　陈德新　陈双双　韩 星　胡杨慧　黄天奇　黄紫琛
江婷婷　孔雅洁　李新月　刘承愿　刘龙飞　卢娴云　罗 杰　马友泽　潘玉玉
台 雨　汪孝一　王逸群　魏杰杰　徐敏慧　严四红　杨可文　刘文强　刘 宇
穆晨晨　水娜娜　陶 卉　万 娜　汪丽平　王 标　王长城　王晓娜　王亚飞
王莹莹　王玉财　王之荣　吴章旭　谢祥实　闫品慧　闫新月　严 敏　余 燕
袁慕童　张 玲　张雪静　周思远　叶 欢　张 诚　张 进　张文杰　章 辉
郑润恒　刘婷婷　陈旭华　王玉洁　鲍彩红　卞小杰　曹佳丽　陈 黄　池媛媛
丁晶晶　丁彤彤　董娴玥　费婷婷　高关松　韩小芳　何 萍　洪明亮　尚文武
安 琳　安宁宁　陈夫猛　陈 敏　程青青　黄晶晶　冀康园　蒋庆璐　琚旺晋
李 玲　李雨薇　魏振宝　张敬威

旅游管理(237 人)

张丁乐	张　洁	张莉勤	赵　裴	郑丽娟	周梦霞	周运运	祝胜男	王时元
曹　凡	陈　晨	陈　城	陈晓晴	陈　欣	陈伊明	陈玉娇	邓　浩	方　艳
龚丽萍	桂文学	后银洁	胡勤勤	黄本强	黄　娟	江微微	李露露	李　瑞
刘　龙	陆欢欢	罗　晶	吕宝珠	毛子月	梅卉卉	聂大玲	裴宏坤	钱婷婷
邱晗笛	叶志勇	余方彬	张宁宁	郑华荣	郑　凯	庄义童	柏荣荣	程伶伶
杜雪飞	范　红	范佳伟	管冬霞	胡　敏	蒋珮娜	李云露	梁楚楚	梁子豪
刘莉娟	鲁卉卉	马春芳	阮亚萌	孙方交	孙　萍	孙秀茹	王爱林	王凌云
王孝美	尉　微	向国栋	项　雨	徐静茹	徐小丽	许萌萌	严梅英	杨　策
余小萌	张德成	章　洁	郑玉祥	周文豪	朱　然	马雨晴	潘玲玲	秦继莹
秦雪霞	沈经书	盛丽凤	时　巍	宋　玲	汪　雨	汪　真	王芳芳	王　娜	陈　丽
陈双霞	程　浩	董颖华	杜　敏	汪　雨	汪　真	王芳芳	王　娜	王　欣
王雪纯	魏秀颖	文倩生	宣玉梅	杨　明	余　磊	雨　晴	张　瑾	张丽君
张裴裴	张　权	张婷婷	赵俊文	植传颖	钟真真	周梦汝	周文豹	樊国鹏
国菲菲	何仲恺	胡佳佳	胡雪敏	胡媛媛	蒋萍萍	金　智	晋海荣	雷龙凤
李会会	李慧颖	李玉叶	刘晨宇	刘红艳	刘云娟	卢皖侠	马成成	齐　新
邱　浩	任家亮	朱苗苗	王习之	翟怡清	程　双	卞晓东	常启衡	慈倩倩
戴　伟	沈菲菲	沈　荣	宋艳艳	陶　金	王晨晨	王　敏	王占陆	魏　邕
吴艳苹	韩　雪	胡　月	黄　锦	黄丽娟	黄瑶瑶	江汇川	蒋珊珊	匡子桢
李中强	林　霞	刘陈露	刘飞标	刘晓丽	马　庆	齐露露	邵　文	施东泽
汪　佳	王聪聪	王　芳	徐晓娇	许雨薇	余华丽	张娇娇	张小婕	张　欣
张园园	张重霄	郑少俊	周　飞	周　瀚	王梦夏	王南南	吴晓婧	谢　筝
辛前振	杨程程	杨　陕	杨　周	余洪彦	周晨露	凌彩霞	鲍　欢	车玉琴
褚文君	戴　睿	董　晶	樊爱博	方润霞	甘银玉	顾雅梅	姬新新	江　倩
江颖颖	金媛媛	李　芳	李　娟	李立健	刘亚飞	刘亚峰	刘　影	罗精文
年龙湖	彭邦俊	时　洋	苏　禹	孙月芳	汪双燕	汪　甜	汪之琴	王良花
王林敏	王泽霞	魏娜娜	吴　慧	西　云	谢媛媛	熊方杨	徐　苒	许曼华
杨海林	兰晓锋	鲁　赫						

艺术学院(347 人)

初等教育(音乐方向)(4 人)

　　李晓红　　蒋永杰　　黄权文　　梅兰慧

动画(41 人)

　　吴　杰　　闫玉兰　　袁　昊　　张笑莹　　周　聪　　左国良　　左壹强　　车鹏飞　　陈慧妹

程佳云	杭　扬	胡晶晶	康巧瑜	南　方	孙逸飞	王　潇	王莹莹	吴瑞函
徐　浩	薛　波	颜玉茹	杨　泽	张　博	张　棣	赵子旋	陈　锐	郭闻韵
蒋鹏飞	黎良贵	李　琳	李文远	李子艺	梁文静	凌云凤	刘雪晴	苗　欣
孙　俭	孙　璐	孙巧悦	王　凯	王文娟				

环境设计(53人)

常宏鑫	陈　婷	程小鹏	冯正萍	甘锋林	郭妍铄	胡　博	江梦华	雷训海
刘晃玮	刘　倩	刘　琴	刘相楠	苗永顺	宋雯婕	宋子恒	孙　敏	孙　珊
屠越敏	王家昊	王　力	熊永耀	徐成海	袁晓峰	张　丽	周康玲	周文超
朱　严	邹　俊	陈超明	陈宇凡	马文清	孟凡宇	覃崇海	王永清	吉雅丽
路　鑫	宋然然	孙　海	覃　华	徐晓燕	张　超	周　严	黄锐锐	孙　昆
王　莹	武中旭	夏传彬	杨维维	瞿　杰	叶　超	尤　鑫		

美术学(93人)

张家志	安希望	范馨元	方浩钰	方同林	韩　蕊	姜　丰	晋　鹏	柯俊兰
李得磊	李木子	马永刚	孟鲁萍	王糯糯	仙国强	颜　佩	杨心怡	张　鸿
张盼盼	张　芮	张余祥	周梦菲	黄　琪	魏　新	方舒晴	陈素素	方宇程
高振宇	胡晓蕾	黄惠敏	黄　炎	贾　漵	康贝明	雷子钰	李园园	刘莉娟
刘　蓉	杨　程	刘　昕	邱昌伟	谭　琳	王腾飞	王　霞	吴梦悦	奚耀念
肖　剑	熊梦薇	徐　枫	徐　翔	杨　丽	杨玉红	袁亚菊	张改霞	张　娟
赵倩倩	周珂露	庄建邺	汪漪滢	邱　晨	梁　娟	夏亚朋	冯　胜	高宏亮
郭兴蕾	胡佳萌	胡佳敏	李彤彤	李　颖	娄廷发	莫丽芳	牛一如	潘玮琴
沈书利	孙今越	谭广怿	田燕燕	万建群	王　帅	王　懿	魏　娟	武文强
项新荣	徐　睿	杨　凯	叶永洁	于　云	张婷婷	张晓彤	赵　静	赵俊芳
周　聪	周根心	俞　晴						

视觉传达设计(99人)

蔡　敏	代　数	段海娟	范国荣	何　莉	何　宇	姬金金	江　东	李冰冰
李兆斌	廖小箴	刘凤敏	马思雨	欧阳婷	田　洁	王萍萍	王晓琪	徐苗杰
叶亚其	余虹丽	余嘉玲	张　华	张慧慧	张宁璐	甄闻荔	钟　浩	周　缘
方屈祺	黄格靖	康登繁	徐正兰	车永江	陈庆庆	陈　雪	陈　瑶	董晓芳
高智化	郭辰麟	侯英楠	胡雪凡	姬　翔	李　悦	刘晨晨	陆俊明	马　斌
宁　娟	潘雪莲	王佳佳	王振国	韦　璐	吴泉宏	吴　芮	吴志斌	谢鹏辉
徐一豪	尹莉萍	张苗苗	张顺枝	张雪梅	张永岩	张志文	周传玉	周杨新
徐超慧	张　凯	童　曼	陈　阳	陈一帆	樊　雄	葛鹏志	郭浩炜	胡雪明
嵇佳伦	孔令泓	李昊明	李桑若	李玉鑫	林文娟	刘鹏飞	吕恩龙	宁雅雯
史兴欣	王　方	王　松	王振国	卫平安	魏玲玲	徐雨洁	杨玲娇	余五星
詹冰清	张　洁	张　燕	张一雄	张中华	赵　珊	田　鹏	安书琴	莫锦昌

小学教育(音乐方向)(7人)

贾娟娟　吕腊梅　胡清慧　刘雅文　温静娴　项怡柔　周　蕾

音乐表演(50人)

蔡芹芹　戴海榕　方小惠　高卫星　郝明辉　金小晓　李　薇　凌　静　施文超
孙　云　陶　冉　陶　勇　童俊哲　王亭亭　王中科　王紫艳　杨先秀　杨　肖
杨玉婷　姚　娜　张旭婷　张忠悦　祝　靓　高　峰　高　阳　郭亚兵　李凯瑞
李文静　林　露　刘皓亮　刘茂凡　陆丹旭　孟　雨　彭　刚　邱　慧　邵传宇
孙　辉　汤小芋　陶文静　田恒军　王新荷　王　燕　熊王璠　徐珊珊　张　波
张　帆　周　睿　方宇菲　刘三平　魏　亮

国际交流与继续教育学院(322人)

法学(专升本,12人)

王　翔　周跃东　闻丹丹　聂益婷　翟高峰　潘　飞　高　渡　翟小华
方凤乐　张凤飞　汤小军　尹志强

小学教育(专升本,74人)

贾彩琴　夏　燕　尚　静　钱　婷　陶小翠　蒋会虹　梅莉莉　孙婷婷　李莉莉
周晨晨　李龙姐　陈　燕　凌　希　姚方平　朱来静　王雨洋　王连霞　尹　楠
姚春花　梅文燕　张小兰　肖婷婷　陶邦花　周小艾　麻新梅　姚丽霞　周文蓉
朱雪梅　费本红　魏丽萍　李　青　徐小伟　魏光燕　李　兵　陈　樟　徐华桥
苏　展　汤　琼　尹名家　戎先卫　单开锁　童红宝　吴捍柏　赵　阳　董长洲
戴华中　唐承云　鲁晓飞　徐卫平　万士长　杨圣平　赵　刚　杨新平　黄　俊
李忠凯　徐小龙　沈宏飞　汤怀林　汤小兵　刘培林　詹　飞　单　健　卫海涛
李世宏　管元松　王　蓉　孙习飞　周长宝　王晓水　周光元　吴绍龙　吴向阳
查圣林　汤德顺

汉语言文学(专升本,78人)

姜中元　李林森　张立保　魏泽成　沈佐豹　张　智　周　亮　孙义康　方华东
伍传路　姜中武　周永才　方　刚　王所树　李存桥　陈旺松　李中云　汤明涛
周逢华　胡厚祥　李　智　胡来选　窦欢欢　曹昌梅　李　倩　洪　丽　倪跟娣
夏晓艳　方咏艳　周晓霞　李吴璠　王礼云　谷淑蓉　孙小琼　张开龙　龚　梅
葛玉青　周丹丹　徐圣红　王丽华　王玉莹　郑小飞　钱华海　王来金　尹　兵
管先雪　杨　春　汤盛林　孙家胜　陈世锁　周　宏　刘仁强　沙拥军　陈　俊
罗极圣　宋文东　彭　顺　许玉叶　杨智刚　管先宏　黄泽贵　王　煦　张文宏
张　旻　张文革　杨　志　李争争　杨启伟　程　坤　沐光明　赵家标　钱泽华

魏　鹏　靳　军　褚柏清　孙　华　秦韶华　胡永红

英语(专升本,20人)

程　芳　杨　枏　李鹏生　杨茂宏　汤义传　陈玉叶　郑　薇　李清峰　张永昶
黄　芳　程　艳　郭雪娇　郑天胜　刘亚中　蔡传强　杨茂军　郑元琪　孔慧敏
黄　芝　胡庆贵

数学与应用数学(专升本,18人)

孔　波　胡　宇　孟强国　李红梅　裴玲玲　刘成林　王　涛　李俊平　张　磊
曹海涛　王激波　张可心　武　平　何文格　鲁勇生　孙晓凤　何明骥　王　俊

应用化学(专升本,4人)

董训雨　缪维珩　周　童　陈　龙

电气工程及其自动化(专升本,11人)

杨晓光　熊惠敏　梁　锋　李定法　王　铁　周忠宝　戴峥嵘　彭永刚　陆成刚
李昌泉　周学林

计算机科学与技术(专升本,1人)

黄世敏

财务管理(专升本,20人)

罗金元　胡　平　吴文娟　刘潇潇　黄　珏　周　杨　张玲艳　俞美玲　郑婷婷
宋倩茹　俞会兰　李淼文　刘　倩　任宏丽　徐　蓉　汪梦云　刘　刚　左　晨
王　斌　王春晖

学前教育(专升本,31人)

王文婧　吴雅清　薛润宇　李　雪　赵金城　王怀梅　万　军　万金平　吴晓君
温　娜　肖　涛　刘少勇　李曼艺　童文丽　童亚玲　丁爱梅　尹小美　周紫艺
周　慧　曹月凤　汪碧云　孙　慧　朱应圆　魏菲菲　刘　蓉　郭晓欢　周亚萍
奚媛媛　王丹丹　凌冉冉　张　浩

市场营销(专科,2人)

任本性　黄芳龙

电子商务(专科,6人)

王贤改　王京爱　徐　华　任　玮　帅宗锦　朱凤婷

学前教育(专科,29人)

吴　丹　魏亮梅　任本丽　杨尚美　胡晓飞　陈　莹　尚　燕　孙海燕　凌　寒
唐志燕　朱宗燕　陈文文　闫晓慧　丁咸英　杨茂云　高文霞　郭　刚　纪梅梅

刘朝萍　黄家清　方　莉　杨　芬　于清娣　吴盼盼　徐金香　杨　娴　徐九香
陈清萍　李秀梅

法律事务(专科,3人)

　　佘怀妹　沐金仓　吴曼琪

语文教育(专科,13人)

　　胡　林　黄祖龙　陈　浩　丁绪勇　赵昌才　李新保　胡善道　姜晓晗　高树平
朱乃宏　胡冬阳　张化波　聂　彬

九、科研与社会服务

科研与社会服务工作

一、圆满完成审核评估各项任务

一是凝练学校办学特色，制定出台《巢湖学院服务环巢湖区域经济社会发展行动计划（2018~2020年）》，面向校内外成功召开发布会，并编印十项重点工程实施方案，实施项目驱动。二是面向全校老师征集汇编科研促进人才培养典型案例，将科研成果进课堂教学、科研成果转化为实验项目、科研成果转化为毕业论文、科研成果进创新教育以及为学生开展学术报告的典型案例汇编成册，为审核评估专家提供案头资料。

二、科研目标管理纵深推进

根据《巢湖学院科研工作目标管理考核实施暂行办法》，以科研到账经费、科研成果和学术交流为指标，充分调动校内各学院科研工作的积极性、主动性和创造性，统筹谋划、细化分解、攻坚克难，学校科研目标管理工作向纵深推进，全年共争取科研经费1156万元，超额完成预期目标。

三、科学研究水平稳步提升

学校高度重视各级各类纵向科研项目的组织申报工作。2018年，共组织完成国家社科基金项目、国家自然科学基金、教育部人文社科一般项目等17类课题300余项纵向科研项目的推荐申报工作。其中，国家社科基金年度项目19项、国家社科基金冷门绝学与国别史研究专项项目1项、国家社科基金艺术学项目6项、国家艺术基金项目2项、国家自科基金项目22项、国家语委科研项目1项、全国教育科学规划项目2项、教育部人文社会科学研究项目21项、省哲学社会科学规划项目32项、省科技创新战略与软科学研究专项项目1项、省自然科学基金项目12项、省社科创新发展研究课题31项、省社科普及规划项目2项、上海外教社外语类委托研究项目13项、合肥市哲学社科规划项目14项、合肥市人民政府2018年重大研究课题1项、校级各类科研项目122项；推荐申报安徽省科学技术奖1项、安徽省社会科学奖15项。

累计获批各级各类纵向科研项目150余项，其中国家社科基金项目1项、国家艺术基金专项1项（零的突破）、省科技重大专项项目1项（零的突破）、省重点研究与开发计划项目2项（零的突破）、省科技创新战略与软科学研究专项项目1项、省哲学社会科学规划项目9项、省自然科学基金项目3项、省高校人文社会科学研究重点项目14项、省高校自然科学研究重点项目9项、省高校优秀青年人才支持计划项目6项、省社会科学创新发展研究课题6项、高等教育学会档案工作分会高校档案科研项目1项、省档案协会基金项目1项、校级科研项目66项（含科研启动基金项目15项）、"皖维科技创新孵化基金"项目30项。

实现省社科奖零的突破。3项成果获安徽省社会科学奖，其中二等奖2项、三等奖1项。

四、学科建设水平稳步提升

一是加强学科团队建设，出台《巢湖学院优秀科研创新团队评选暂行办法》，遴选"体育人文社会创新团队"等四个优秀科研创新团队。二是加强平台建设，依托"模式识别与智能系统"校级重点学科,申报省发改委工程技术研究中心1个;依托"功能材料制备与应用实验室"校级重点实验室,申报省教育厅工程技术中心1个,其中"工业陶瓷制备与应用"获批省教育厅工程技术研究中心。

五、专利成果转化量质齐升

2018年,学校专利质量和布局结构进一步优化,学校发明专利数量显著提高。全年共授权专利199项,其中发明专利授权17项,实用新型专利授权142项,外观设计专利授权40项,专利创造重心持续向技术水平较高的发明专利倾斜。成功举办巢湖学院首届大学生专利创新大赛,遴选出20件优秀作品拟申请国家专利。加大科技成果转化力度,全年共成功转移转化专利成果20项,新增转让收入11.5万元。

六、服务地方能力持续增强

先后与安徽巢湖经开区共建基础型人才培养基地,与安徽中显智能机器人有限公司、庐江县教育局等企事业单位开展技术服务合作,签订产学研合作协议(合同)60余项,争取横向科研到账经费近500万元。收集来自全省企业技术难题和技术需求1000余项,了解产业关键共性技术需求70余项。选派7名教师作为巢湖市科技特派员,2名教师作为"三区"(边远贫困地区、边疆民族地区和革命老区)科技人才选派对象服务砀山县2家企业。新增产学研合作基地3个。

七、学报办刊水平稳步提高

完成《巢湖学院学报》2017年1～6期编辑、出版和发行工作。初步完成学报信息化建设工作,建设期刊稿件处理平台软件,新建学报网站2019年起投入使用。遴选组建校内外审稿专家库,并完成聘书发放、信息平台录入等工作。面向全校范围招聘兼职编辑,确定6名教师正式成为学报兼职编辑。面向校内外征集学报封面设计稿件,2019年起正式使用新封面。组织召开编委会会议。

八、学术交流氛围不断加强

先后邀请中国科学技术大学刘和福教授、故宫博物院张淑娴研究员、南京大学陈兵教授等校内外知名专家学者举办学术报告和专题讲座共计70余场。先后成功举办安徽省高校学报研究会2017年学术年会暨理事会议、政治文化与环巢湖廉政文化建设学术研讨会,受邀参加省社科联七届五次全委会暨全省社科联工作会议、第八届皖江地区历史文化研讨会、第六届柘皋镇夏至民俗文化节、第六届中庙旅游文化节等学术文化交流活动。

九、校社科联工作再创佳绩

一是认真做好省社科联"三项课题"研究优秀成果的组织申报工作。根据省社科联有关文件要求,及时组织召开专题会议学习传达,并充分发挥学科和智力优势,组织精兵强将,加强协同攻关。同时,为进一步整合资源,挖掘地域经济文化素材,坚持"村口地头求真知",利用暑期先后3次组团赴黄麓镇、烔炀镇、柘皋镇、长临河镇、庙岗乡等地开展调研。

在省社科联领导的关心、支持下,我校在省社科联2018年度"三项课题"研究活动中喜获佳绩,10项成果获"三项课题"研究优秀成果,其中一等奖1项、二等奖4项、三等奖3项、优秀奖2项。因组织得力,成绩突出,校社科联继2016年、2017年后,再次获评"三项课题"研究活动"先进单位"称号(全省高校社科联仅有9家获此殊荣,校社科联综合排名第四)。

二是认真做好省社科联各级各类科研项目及奖项的组织申报工作。根据省社科联有关文件精神，校社科联坚持精准到人，认真做好省社科联社科创新发展研究课题、社科知识普及规划项目以及省社科普及工作先进单位、先进个人的组织申报工作。

2018年，校社科联共组织申报省社科联各类科研项目33项，其中：省社科创新发展研究课题31项、省社科普及规划项目2项，获批省社科创新发展研究课题6项；因社科普及工作成绩突出，校社科联获"安徽省社科普及工作先进单位"称号，1人获"安徽省社科普及工作先进个人"称号。

十、科学普及活动持续开展

与团委、机械与电子工程学院共同举办的巢湖学院第十四届社团文化节暨第五届科技活动月、第九届"双百"科普创意创新大赛等活动，遴选出科普展教品20件，数字科普和科普文学作品18件，累计参与人数超过3000人。组织师生参观安徽省庆祝改革开放40周年科技创新成果展。

（供稿：高华敏）

环巢湖研究工作

一、环巢湖文化与经济社会发展研究中心的基本建设方面

1. 机构建设

进一步完善环巢湖文化与经济社会发展研究中心（以下简称"中心"）的办公、科研条件建设。充分利用会议资料活动室，尽可能地为研究人员开展科研工作提供更好的环境，购置更多的图书资料以满足科研工作的需要。同时根据中心发展需求，购置了相关办公用品，仪器设备配备专门技术人员管理，定期维护，提高使用效率，以满足中心科研发展的需要。

2. 队伍建设

目前中心有专职研究人员20名，校内兼职人员20名。其中教授14名、副教授21名、博士16名、博士后2名。扩大聘请校外相关研究专家为中心兼职研究员，现有校外兼职研究人员13名。同时吸纳并扶持校内青年教师进入中心进行专题研究，在三个研究方向上建立一支团结合作、结构合理的研究队伍。

3. 图书资料建设

中心委托图书馆先后赴合肥、北京参加全国春季大型图书展销会，选购了与本中心研究密切相关的专业文献、图书资料和文史类史料文献等数字化光盘。

4. 网络信息建设

进一步建设好中心网站，及时进行网络维护与网页内容更新，及时发布最新的学术研究动态，使中心成为环巢湖研究学术和信息资源交流的重要平台。介绍和推广基地研究成果，不断扩大学术影响力。

5. 规章制度建设

进一步修订完善各种制度，依照制度开展研究中心各项工作，建立和编制中心经费预决算制度，以及中心工作总结与计划安排等。

二、科研方面

1. 以环巢湖历史文化与旅游产业研究、环巢湖生态环境与生态文明研究、环巢湖创意文化与经济协同创新研究三大方向为研究方向，征集2018年省、校级招标项目选题。

2. 公布2018年度安徽省高校人文社会科学重点研究基地招标项目、校级基地专项项目。项目研究以环巢湖历史文化和旅游产业、环巢湖生态环境与生态文明、环巢湖创意文化与经济协同发展研究等为主要内容。项目选题可根据课题指南拟出的重点研究方向申报，也可在符合课题立项的宗旨前提下，结合实际自拟题目。经过专家遴选，胡成卉的《环巢湖休闲农业与养老产业的融合发展研究》、胡茂胜的《全域旅游视域下都市近郊文化休闲旅游目的地开发模式研究——以合肥市为例》、刘靖宇的《环巢湖古村落景观设计价值传承与应用开发研究》3项课题获人文重点基地2018年度招标项目专项资助。黄玮的《姥山岛景观规划设计中视觉元素的应用研究》、杜珊珊的《搭建巢湖民歌合唱平台的对策研究》、刘斌的《环巢湖流域军事地理与南宋人口移动变化》、邓其志的《环巢湖地区家风家训文化的生成、演进与传承路径研究》、丁继勇的《乡村振兴战略背景下的环巢湖区域乡村文化建设研究》5项课题获2018年度校级基地项目专项资助。

3. 督促、检查2016年度、2017年度科研项目的进展情况。

4. 《环巢湖文化研究丛书》（第2辑）完成中期进展报告。

5. 《环巢湖研究》（第2辑）交付出版，目前已进入审稿阶段。

6. 中心专兼职研究人员踊跃申报科研项目，成效显著。

中心鼓励、帮助中心专兼职研究人员积极申报各级各类科研项目。中心专兼职研究员申报和参与了各类各种科研项目，涵盖部级、省厅级、校级等各个级别。

三、学术交流方面

（一）举办学术会议

4月20～22日，由巢湖学院环巢湖文化与经济社会发展研究中心、巢湖学院纪委承办的"政治文化与环巢湖廉政文化建设"学术研讨会在安徽省委党校学苑大厦隆重召开。来自中国科学技术大学、华南师范大学、南京农业大学、江苏省南通廉政研究中心、江苏省淮安市国土资源局、安徽省委党校、安徽文史研究馆、安徽省社科院、安徽大学、安徽师范大学、安徽农业大学、合肥工业大学、安徽工程大学、安庆师范大学、淮北师范大学、阜阳师范学院、池州学院、巢湖学院、合肥学院、铜陵学院、芜湖职业技术学院、安徽体育运动职业技术学院、合肥市文广新局、合肥市广播电视台、巢湖管理局、巢湖市委党史办、合肥巢湖文化研究会、庐江民俗文化研究会等省内外高校科研机构从事环巢湖文化研究的专家学者及地方政府、文化产业实体及相关媒体代表100余人参加了会议。会议共收集相关学术论文50余篇，40余万字。此次会议对环巢湖廉政文化研究产生积极作用，推动了巢湖学院的知名度和影响力。环巢湖研究中心将借此契机，不断发展创新，推进环巢湖文化研究向纵深发展。

9月1～2日，由巢湖学院与巢湖市人大联合主办，环巢湖文化与经济社会发展研究中心承办的"第七届巢湖·中华有巢氏文化"学术研讨会隆重召开。来自中国科学技术大学、安徽文史研究馆、安徽大学、安徽农业大学、巢湖学院、合肥职业技术学院、合肥学院、巢湖市人大、巢湖市政协、巢湖市委宣传部、巢湖市文广新局、巢湖市地方志办公室、合肥巢湖文化研究会、和县文化研究会、含山县文化研究会等省内外高校、科研机构从事有巢氏文化研究的专家学者,文化产业实体及相关巢氏宗亲代表 80 余人参加会议。会议共收集相关学术论文近 30 篇,20 余万字,对有巢氏文化研究产生了积极作用。

（二）学术交流

中心积极开展学术交流、调研活动。中心组织专兼职研究员积极参加省内外学术会议,先后参加了安徽省社会科学界第十二届学术年会、第四届周瑜文化节暨"大合肥与三国文化"学术研讨会、"小岗精神与乡村振兴"理论研讨会、第八届中国地方志学术年会、第七届巢湖市亚父纪念节暨学术研讨会、省内高校人文社科重点研究基地负责人学术委员会会议、巢湖文化学术研讨会,和省内外高校学术机构进一步加强交流,不断扩展中心的学术影响。

（三）举办"环巢湖讲坛"系列讲座

讲座以巢湖区域文化为依托,以弘扬中华传统、现代文化为目的,邀请校内外专家学者定期举办系列文化讲座。邀请安徽省委党校教育长胡忠明、省委党校教授张彪等专家学者进行学术讲座,校内邀请马克思主义学院郑小春教授、环巢湖研究中心研究员王雷、齐先文等专家学者进行学术讲座。讲座在学院师生中具有一定的知名度和影响力。

四、服务地方经济与文化建设

2018 年,中心在产学研合作方面取得显著成效。进一步充实完善各类专家库,为地方政府经济、社会、文化发展以及重大项目的评估、论证和成果鉴定、评奖等工作提供智力支持,为地方发展各级各类发展规划和重大决策的制定提供咨询服务。中心继续加强同安徽省委党校的合作交流,合作承办"政治文化与环巢湖廉政文化建设"学术研讨会,邀请省委党校专家学者来校做专题学术讲座。

（供稿:王　雷）

校级重点学科一览表

序号	学科名称	学科门类	负责人	立项时间
1	应用经济学	经济学	朱礼龙	2016
2	模式识别与智能系统	工学	杨汉生	2016
3	旅游管理	管理学	陈恩虎	2016
4	食品科学与工程	工学	高玉荣	2016
5	马克思主义理论	法学	胡万年	2017

（供稿:高华敏）

校级重点实验室一览表

序号	实验室名称	所属学科领域	负责人	设立时间
1	功能材料制备与应用实验室	功能材料	徐小勇	2017
2	现代功能材料与器件实验室	电子科学与技术	叶 松	2017

（供稿：高华敏）

科研机构一览表

序号	机构名称	负责人	职称	类别	设立时间
1	环巢湖文化与经济社会发展研究中心	张安东	教授	省级人文社科重点研究基地	2013
2	工业陶瓷制备与应用安徽省工程技术研究中心	李明玲	教授	省级工程技术中心	2018
3	戏剧文学研究所	褚春元	副教授	校级科研机构	2008
4	数字控制技术研究所	鲁业频	教授	校级科研机构	2008
5	新型功能材料与精细化学品研究所	李明玲	教授	校级科研机构	2008
6	巢湖流域经济文化研究所	陈恩虎	教授	校级科研机构	2008
7	高等教育研究所	朱 明	教授	校级科研机构	2010
8	艺术与创意产业研究中心	张晓刚	教授	校级科研机构	2010
9	哲学研究所	胡万年	教授	校级科研机构	2010
10	翻译研究所	徐朝友	教授	校级科研机构	2011
11	配位化学研究所	程乐华	副教授	校级科研机构	2011
12	应用型高校人文素质教育研究中心	郑小春	教授	校级科研机构	2011
13	乡村治理研究所	董颖鑫	教授	校级科研机构	2011
14	水环境研究中心	万新军	教授	校级科研机构	2012
15	中国书画艺术研究所	胡是平	教授	校级科研机构	2013
16	网络与分布式系统研究所	吴其林	教授	校级科研机构	2013
17	旅游发展与规划研究中心	齐先文	副教授	校级科研机构	2014

续表

序号	机构名称	负责人	职称	类别	设立时间
18	数理工程研究中心	笪诚	副教授	校级科研机构	2015
19	聚合物微成型模具技术研究所	靳国宝	副教授	校级科研机构	2016
20	智能机械与机器人研究所	龚智强	副教授	校级科研机构	2016
21	应用经济学研究所	徐志仓	教授	校级科研机构	2017
22	全民健身及体育教育发展研究中心	姚磊	教授	校级科研机构	2017
23	移动互联协同创新中心	吴其林	教授	校级科研机构	2017

（供稿：高华敏）

年度纵向科研项目立项一览表

国家社科基金项目立项一览表

序号	项目名称	项目类别	主持人	项目批准号	资助经费（万元）
1	中国特色乡村治理现代化道路研究	一般项目	董颖鑫	18BZZ013	20

国家艺术基金项目立项一览表

序号	项目名称	项目类别	主持人	项目批准号	资助经费（万元）
1	高原之上	青年艺术创作人才项目	孔慧	2018A05	20

重点研究与开发计划项目立项一览表

序号	项目名称	项目类别	主持人	项目批准号	资助经费（万元）
1	降胆固醇降甘油三酯功能性发酵果蔬制品研发	科技攻关	高玉荣	1804a07020123	40

安徽省自然科学基金项目立项一览表

序号	项目名称	项目类别	主持人	项目批准号	资助经费（万元）
1	平面硅纳米线外延引导生长机理、调控及其器件应用	面上项目	许明坤	1808085MF184	12
2	Nb 掺杂 TiO_2 紫外探测器机理研究和研制	青年项目	张自锋	1808085QF216	10
3	振动气吸盘式超级稻田间穴盘育秧精密播种机理研究	青年项目	龚智强	1808085QE172	10

安徽省哲学社会科学规划项目立项资助一览表

序号	项目名称	项目类别	主持人	项目批准号	资助经费（万元）
1	大数据时代供应链竞争情报方信息源选择研究	孵化项目	朱礼龙	AHSKF2018D43	2
2	"互联网＋"背景下体育智能化服务的有效供给体系研究	孵化项目	乔克满	AHSKF2018D41	2
3	新时期以来小说家文论研究	孵化项目	彭正生	AHSKF2018D89	2
4	乡村振兴战略下安徽省整合性乡村旅游发展研究	一般项目	齐先文	AHSKY2018D18	2
5	当代西方社会思潮批判与新时代我国意识形态安全建设研究	青年项目	聂圣平	AHSKQ2018D41	2
6	传承与创新语境下徽州视觉文化的发展研究	青年项目	李超峰	AHSKQ2018D76	2
7	油画新安——徽派图形艺术对当代安徽油画的影响	青年项目	曹多军	AHSKQ2018D77	2
8	巢湖流域渔民社会生活变迁与影像记录	青年项目	王宇明	AHSKQ2018D64	2
9	张籍年谱	后期资助项目	徐礼节	AHSKHQ2018D41	3

安徽省高等学校人文社会科学研究项目立项一览表

序号	项目名称	项目类别	主持人	项目批准号	资助经费（万元）
1	"互联网+"时代我国电子书著作权研究	重点项目	施 玮	SK2018A0483	2
2	农业供给侧改革背景下的新农人创业绩效影响因素研究——以安徽省为例	重点项目	严爱玲	SK2018A0484	2
3	内部控制缺陷披露与股价崩盘风险研究——基于安徽省上市公司的分析	重点项目	章 砚	SK2018A0485	2
4	中国当代小说家文论研究（1978~2016年）	重点项目	彭正生	SK2018A0486	2
5	长三角省会城市语言景观比较研究	重点项目	翟海霞	SK2018A0487	2
6	网络文人群体与环巢湖旅游文化构建及其传播	重点项目	吴 萍	SK2018A0488	2
7	皖籍文化世家的传承轨迹及当代价值研究	重点项目	吕君丽	SK2018A0489	2
8	新中国成立初期党的群众监督思想及其当代价值研究	重点项目	赵光军	SK2018A0490	2
9	环巢湖国家旅游休闲区体育旅游产品供给与空间效应研究	重点项目	兰顺领	SK2018A0491	2
10	当代语境下新徽派版画的传承与创新研究	重点项目	杨广红	SK2018A0492	2
11	声乐演唱中"道"与"技"的平衡发展探究	重点项目	陈 茜	SK2018A0493	2
12	环巢湖休闲农业与养老产业的融合发展研究	重点项目	胡成卉	SK2018A0494	2
13	全域旅游视域下都市近郊文化休闲旅游目的地开发模式研究——以合肥市为例	重点项目	胡茂胜	SK2018A0495	2
14	环巢湖古村落景观设计价值传承与应用开发研究	重点项目	刘靖宇	SK2018A0496	2

安徽省高等学校自然科学研究项目立项一览表

序号	项目名称	项目类别	主持人	项目批准号	资助经费（万元）
1	抽油机数字化自动平衡调整系统研究	重大项目	杨胡坤	KJ2018ZD045	20

续表

序号	项目名称	项目类别	主持人	项目批准号	资助经费（万元）
2	分级T网格上的多元有理插值样条的理论及应用研究	重点项目	王冬银	SK2018A0455	6
3	基于超高压水射流技术的热固性酚醛树脂再生机理及工艺研究	重大项目	胡健	SK2018A0456	6
4	基于激光自混合干涉的微振动测量研究	重点项目	向荣	SK2018A0457	6
5	铌酸钾钠基无铅压电陶瓷的制备、结构调控及性能研究	重点项目	张杨	SK2018A0458	6
6	Mesentericin ZLG85结构解析及抗菌机理	重点项目	高玉荣	SK2018A0459	6
7	基于喷墨打印技术核壳量子点油墨胶态体系构建	重点项目	吴凤义	SK2018A0460	6
8	面向嵌入式人工智能的算法模型压缩和硬件加速的协同研究	重点项目	刘波	SK2018A0461	6
9	基于代谢组学的运动干预糖尿病心肌病机制研究	重点项目	王成绩	SK2018A0462	6

校级科研项目立项一览表(人文社科)

序号	项目名称	主持人	项目类别	所在单位	批准经费（元）	项目批准号
1	基于RMS模式的古镇旅游产品同质化研究——以半汤和三河为例	欧雅琴	一般项目	经济与法学学院	4000	XWY-201801
2	承销商声誉对IPO抑价影响分析	朱紫嫣	一般项目	经济与法学学院	4000	XWY-201802
3	财务共享模式下企业经营绩效研究	杨冰	一般项目	经济与法学学院	4000	XWY-201803
4	交叉上市、经验学习与跨国投资绩效——来自A股市场的数据	朱丽	一般项目	经济与法学学院	4000	XWY-201804
5	环巢湖地区家风家训文化的生成、演进与传承路径研究	邓其志	基地专项项目	经济与法学学院	5000	XWY-201805

续表

序号	项目名称	主持人	项目类别	所在单位	批准经费（元）	项目批准号
6	"互联网＋"语境下微纪录片的叙事重塑及影像赋权	张萌萌	一般项目	文学传媒与教育科学学院	4000	XWY-201806
7	击打发声宣泄人模具研制	信中贵	产学研专项项目	文学传媒与教育科学学院	5000	XWY-201807
8	安徽谚语语言世界图景研究	祖艳	重点项目	外国语学院	7000	XWZ-201801
9	顺应论视角下皖籍翻译家周煦良的文学翻译研究	徐洁	重点项目	外国语学院	7000	XWZ-201802
10	西方影视作品中宗教意象的翻译策略研究——以《年轻的教宗》为例	高洁	一般项目	外国语学院	4000	XWY-201808
11	乡村振兴战略下环巢湖民俗体育文化保护与利用研究	艾显斌	一般项目	体育学院	4000	XWY-201809
12	基于地方红色文化推进学生支部建设抓高校学风班风建设的实践研究	解雪梅	思政专项项目	体育学院	5000	XWY-201810
13	巢湖贫困村建设旅游文化创意特色小镇之建筑景观设计研究	肖康	一般项目	艺术学院	4000	XWY-201811
14	姥山岛景观规划设计中视觉元素的应用研究	黄玮	基地专项项目	艺术学院	5000	XWY-201812
15	搭建巢湖民歌合唱平台的对策研究	杜珊珊	基地专项项目	艺术学院	5000	XWY-201813
16	新时代背景下高校青年马克思主义者培养研究	何冬冬	思政专项项目	艺术学院	5000	XWY-201814
17	产业融合视角下环巢湖区域节事资源开发路径研究	李秋秋	一般项目	旅游管理学院	4000	XWY-201815
18	乡村振兴背景下环巢湖地区乡村重构的过程、特征及机理研究	储小乐	一般项目	旅游管理学院	4000	XWY-201816
19	环巢湖流域军事地理与南宋人口移动变化	刘斌	基地专项项目	旅游管理学院	5000	XWY-201817

续表

序号	项目名称	主持人	项目类别	所在单位	批准经费（元）	项目批准号
20	高校共青团深化改革背景下"第二课堂成绩单"育人机制研究	郑玲	思政专项项目	团委	5000	XWY-201818
21	乡村振兴战略背景下的环巢湖区域乡村文化建设研究	丁继勇	思政专项项目	学工部	5000	XWY-201819
22	新时代高校辅导员网络思想政治教育能力提升研究	刘晓波	思政专项项目	信息工程学院	5000	XWY-201820
23	高校网络舆情引导中辅导员执网能力提升策略研究	黄钦	思政专项项目	化学与材料工程学院	5000	XWY-201821
24	环巢湖乡村振兴发展路径选择与机制研究	朱礼龙	重点学科招标	经济与法学学院	20000	ZDXK-201801
25	经济政策不确定性对股价崩盘风险影响的研究	吴克平	重点学科招标	经济与法学学院	20000	ZDXK-201802
26	从产业集群到特色小镇：环巢湖乡镇产业集群升级路径研究	余雷	重点学科招标	经济与法学学院	20000	ZDXK-201803
27	环巢湖乡村振兴绿色发展的理念、制度和机制研究	江海	重点学科招标	经济与法学学院	20000	ZDXK-201804
28	基于博弈视角的供应链定价与协调研究	陈佩树	重点学科招标	数学与统计学院	20000	ZDXK-201805
29	基于博弈视角的银行供应链金融风险管理研究	林天水	重点学科招标	数学与统计学院	20000	ZDXK-201806
30	环巢湖旅游文创产品创新设计研究	秦艳	重点学科招标	艺术学院	20000	ZDXK-201807
31	安徽省旅游特色小镇的差异化效应与协同发展策略	雷若欣	重点学科招标	旅游管理学院	20000	ZDXK-201808
32	自行车休闲涉入、休闲效益与主观幸福感关系之研究——以环巢湖自行车为例	朱学同	重点学科招标	旅游管理学院	20000	ZDXK-201809
33	脱贫攻坚与乡村振兴战略衔接研究	吴多智	重点学科招标	马克思主义学院	20000	ZDXK-201810

续表

序号	项目名称	主持人	项目类别	所在单位	批准经费（元）	项目批准号
34	毛泽东治国理政思想及其当代价值研究（1949～1956年）	季春芳	重点学科招标	马克思主义学院	20000	ZDXK-201811
35	政策、实践与成效：中共抗日根据地禁毒运动考察	石庆海	重点学科招标	马克思主义学院	20000	ZDXK-201812
36	中华传统"和合"文化视阈下"人类命运共同体"思想研究	孙红姐	重点学科招标	马克思主义学院	20000	ZDXK-201813

校级科研项目立项一览表(自然科学)

序号	项目名称	主持人	项目类别	所在单位	批准经费（元）	项目批准号
1	参数反问题理论及其在水环境中的应用研究	刘相国	重点项目	数学与统计学院	10000	XLZ-201801
2	环巢湖亚鸣禽microRNA组学研究	蒋澜	一般项目	数学与统计学院	5000	XLY-201801
3	安徽省经济增长、产业结构与碳排放关系的实证研究——基于VAR模型和脉冲响应分析	穆澜	一般项目	数学与统计学院	5000	XLY-201802
4	NSD随机变量序列性质及其应用	张玉	一般项目	数学与统计学院	5000	XLY-201803
5	超表面机器在圆极化天线设计中的应用研究	刘双兵	重点项目	机械与电子工程学院	10000	XLZ-201802
6	电动汽车电池均衡系统关键技术研究与应用	李素平	重点项目	机械与电子工程学院	10000	XLZ-201803
7	基于智能手机的大学物理移动学习研究与实践	唐瑞华	重点项目	机械与电子工程学院	10000	XLZ-201804
8	粉末润滑粗糙界面的原位观察及润滑机理	孔俊超	一般项目	机械与电子工程学院	5000	XLY-201804
9	异步热轧高锰奥氏体无磁钢剪切变形行为研究	赵峻	一般项目	机械与电子工程学院	5000	XLY-201805

续表

序号	项目名称	主持人	项目类别	所在单位	批准经费（元）	项目批准号
10	Cr25Ni35Nb＋MA 乙烯裂解炉管热弯开裂机理研究	江克	一般项目	机械与电子工程学院	5000	XLY-201806
11	胀形对金属板料数控渐进成形变形规律的影响	周玉	一般项目	机械与电子工程学院	5000	XLY-201807
12	荧光分子印迹传感器的构建及其对磺胺类抗生素药物的识别研究	杨继亮	重点项目	化学与材料工程学院	10000	XLZ-201805
13	高产果胶酶菌株的选育及其稳定性研究	岳贤田	重点项目	化学与材料工程学院	10000	XLZ-201806
14	祛痘抗皱类化妆品中的14种激素类添加药物的拉曼光谱检测方法研究	李志寒	一般项目	化学与材料工程学院	5000	XLY-201808
15	星点设计——效应面法优化黄氏多糖的提取工艺及多糖胶囊壳的研制	朱双双	一般项目	化学与材料工程学院	5000	XLY-201809
16	基于SPSS统计分析的ZTA复相陶瓷致密化及制备工艺优化	许小兵	产学研专项项目	化学与材料工程学院	5000	XLY-201810
17	伊伐布雷定的合成	程东	产学研专项项目	化学与材料工程学院	5000	XLY-201811
18	多信息流环境下分布式最佳中继选择策略的研究	严小燕	重点项目	信息工程学院	10000	XLZ-201807
19	云桌面建设关键技术研究	丁为民	重点项目	信息工程学院	10000	XLZ-201808
20	高校科研团队跨边界知识共享:方式、影响因素及策略研究	张帅兵	一般项目	信息工程学院	5000	XLY-201812
21	基于粒子群算法的数控伺服压力机的免疫控制研究	周明健	重点学科招标	机械与电子工程学院	30000	ZDXK-201814
22	并行增量属性约简算法研究	梁宝华	重点学科招标	信息工程学院	30000	ZDXK-201815
23	融合图像信息的实时移动推荐方法研究	韩俊波	重点学科招标	信息工程学院	30000	ZDXK-201816

"皖维科技创新孵化基金"项目立项资助一览表

序号	申请者	指导教师	所属学院	项目名称	项目类别	批准经费(元)	项目批准号
1	李娜	郝成超	数学与统计学院	基于"3D打印技术"对未来化工业绿色生产的创新性研究	人文社科类	3000	WWFH-201801
2	潘美霞	李艳	文学传媒与教育科学学院	"乡村振兴"战略背景下皖维集团企业帮扶路径的探究	人文社科类	3000	WWFH-201802
3	张佳乐	周洪波	文学传媒与教育科学学院	"未雨绸缪"——新媒体视角下皖维企业公共关系的提升策略	人文社科类	3000	WWFH-201803
4	丁少聪	周洪波	文学传媒与教育科学学院	环巢湖旅游背景下巢湖北岸古村落的文化提升——以唐嘴、洪瞳为例	人文社科类	3000	WWFH-201804
5	钟诗琪	倪冰	文学传媒与教育科学学院	基于文化视角下半汤老街的夜市品牌塑造	人文社科类	3000	WWFH-201805
6	李慧伶	袁凤琴	文学传媒与教育科学学院	"非遗"视角下安徽地方戏剧的文化传承与创新策略——以庐剧为例	人文社科类	3000	WWFH-201806
7	徐振伟	许洁	文学传媒与教育科学学院	皖维集团企业文化现状及推广策略研究	人文社科类	3000	WWFH-201807
8	项文玉	石惠	文学传媒与教育科学学院	环巢湖旅游体验式民宿品牌的塑造	人文社科类	3000	WWFH-201808
9	卜高俊	李艳	文学传媒与教育科学学院	"一湿一品"——环巢湖湿地公园的多样化品牌塑造策略	人文社科类	3000	WWFH-201809

续表

序号	申请者	指导教师	所属学院	项目名称	项目类别	批准经费(元)	项目批准号
10	汪玉洁	鲁如艳	文学传媒与教育科学学院	"互联网+教育"视域下幼儿教师信息化教学设计划能力研究	人文社科类	3000	WWFH-201810
11	王平平	黄 玮	艺术学院	皖维员工日常美学的培养研究	人文社科类	3000	WWFH-201811
12	许欣然	丁 晗	艺术学院	漆艺特色旅游工艺品的开发与研究	人文社科类	3000	WWFH-201812
13	余成龙	吴 萍	旅游管理学院	环巢湖地区中小型企业奖励旅游发展的调查与思考	人文社科类	3000	WWFH-201813
14	汪成伟	雷若欣	旅游管理学院	旅游开发中三瓜公社当地居民生计方式变迁	人文社科类	3000	WWFH-201814
15	汤淙杰	李秋秋	旅游管理学院	皖维集团春节节日活动形式和内涵的调查与分析	人文社科类	3000	WWFH-201815
16	钱淼淼	孔俊超	机械工程学院	多功能可升降式电灯的设计	自然科学类	3000	WWFH-201816
17	丁 凡	龚智强	机械工程学院	一种小型多用途水面垃圾清理器的设计与分析	自然科学类	3000	WWFH-201817
18	陈余多	杨胡坤	机械工程学院	一种制一烤一体的全自动的烤饼机研制	自然科学类	3000	WWFH-201818
19	侯浩哲	胡 健	机械工程学院	一种多功能捡球机器人设计	自然科学类	3000	WWFH-201819
20	张 骞	董惠芳	机械工程学院	箱伴无忧的智能行李箱设计	自然科学类	3000	WWFH-201820
21	周生琦	邢 刚	机械工程学院	折叠-伸缩式逃生防盗窗设计	自然科学类	3000	WWFH-201821
22	金福格格	李 雷 项小敏	化学与材料工程学院	聚乙烯醇(PVA)结构的分析与表征	自然科学类	3000	WWFH-201822

续表

序号	申请者	指导教师	所属学院	项目名称	项目类别	批准经费(元)	项目批准号
23	刘雨婷	钱德胜 欧阳孔波	化学与材料工程学院	速溶型改性聚乙烯醇的制备	自然科学类	3000	WWFH-201823
24	李旭	徐小勇	化学与材料工程学院	基于 $MgO-TiO_2$ 复合无机陶瓷微滤膜改性研究	自然科学类	3000	WWFH-201824
25	吴圣扬	张杨	化学与材料工程学院	聚乙烯醇浓度对压电陶瓷性能的影响	自然科学类	3000	WWFH-201825
26	乔纪强	许小兵 项小敏	化学与材料工程学院	蓝色 ZrO_2 陶瓷的制备以及特性的研究	自然科学类	3000	WWFH-201826
27	梁柯	程东	化学与材料工程学院	奥达特罗的新工艺研究	自然科学类	3000	WWFH-201827
28	承浩	孙春虎	电子工程学院	基于PLC控制的太阳能加热恒温系统	自然科学类	3000	WWFH-201828
29	何成浩	王静	电子工程学院	无人值守五自由度新能源汽车智能充电平台	自然科学类	3000	WWFH-201829
30	邵良成	凌景	电子工程学院	智能激光雕刻打印机	自然科学类	3000	WWFH-201830

(供稿：高华敏)

"皖维科技创新孵化基金"项目结项一览表

"皖维科技创新孵化基金"项目结项验收评审结果一览表(人文社科类)

序号	项目名称	主持人	指导教师	所属学院	等级
1	人才流动与中小型城市"用工荒"和"就业难"问题的相关性研究——基于合肥市部分高校的问卷调查	王文定	洪晗 朵伟芝	数学与统计学院	合格
2	基于卡方检验的企业文化在企业发展过程中的作用与影响研究——以皖维集团为例	张晶莹	陶有田 韩龙	数学与统计学院	合格
3	校企合作下的新媒体宣传创新方式研究	王琪	李亚萍 朵伟芝	文学传媒与教育科学学院	合格
4	二胎政策下关于职业女性特殊权益的研究调查	李梦含	贾艳贤 朵伟芝	文学传媒与教育科学学院	合格
5	关于发挥女职工在家庭、家教、家风建设中独特作用的探索与思考	邓齐苗	王兴国 朵伟芝	文学传媒与教育科学学院	合格
6	新媒体视域下半汤老街的品牌文化塑造	路其晴	周洪波	文学传媒与教育科学学院	良好
7	皖维集团员工人际关系心理压力的调查研究	胡月荣	秦鹏生 朵伟芝	文学传媒与教育科学学院	合格
8	"绿色皖维"品牌形象在巢湖公众中的提升策略	张佳炯	周洪波	文学传媒与教育科学学院	优秀
9	和合共生——皖维集团与巢湖学院双向交流机制的提升	李宗宏	许洁	文学传媒与教育科学学院	良好
10	皖维集团"80后""90后"青年员工恋爱心理的调查研究	钱丽	甘超 朵伟芝	文学传媒与教育科学学院	优秀
11	"一带一路"倡议与皖维国际化路径研究	黄浩浩	欧雅琴 朵伟芝	经济与法学学院	合格
12	大学生度过职场"菜鸟期"的策略与方法研究——基于皖维企业人力资源管理视角	戴影	余雷 朵伟芝	经济与法学学院	良好
13	企业文化在企业发展过程中的作用和影响——以皖维集团为例	毕林枫	余雷 韩龙	经济与法学学院	优秀

续表

序号	项目名称	主持人	指导教师	所属学院	等级
14	国际化工产业发展趋势与皖维集团创新升级研究	查秦辉	朱礼龙 朵伟芝	经济与法学学院	良好
15	新经济背景下皖维集团人力资本提升调查研究	陈新静	徐志仓	经济与法学学院	良好
16	巢湖家装乳胶漆市场消费者偏好的调查研究	汪凤萍	王 政	经济与法学学院	优秀
17	关于皖维内部员工创新创业的激励机制研究	吴梦娟	谭晓琳	经济与法学学院	合格
18	挖掘新形势下企业在微信平台的应用——以旅游产业为例	谈陆君	邓其志	经济与法学学院	合格
19	环湖地域文化旅游纪念品的开发与研究	王济廷	王晓晖	艺术学院	合格
20	皖维可分散性乳胶粉外包装改良设计	赵梓寓	沈瑞贵	艺术学院	优秀
21	色彩的视觉心理在车间的运用——以皖维为例	何蕊蕊	黄 玮	艺术学院	合格
22	"互联网+"背景下大学生职业生涯规划研究	孙雨芹	胡 倩 朵伟芝	旅游管理学院	合格
23	新形势下外语如何更好地服务于巢湖旅游	姚 瑶	景西亚 朵伟芝	外国语学院	申请撤项
24	中国青年梦,你我在征程——十九大精神下大学生创业正能量中英原创微电影制作	陆 华	汤玲玲 朵伟芝	外国语学院	合格
25	"源回"——校园资源共享爱心服务平台	梁美景	潘月红	外国语学院	合格
26	试论学生社团对青年学生职业发展的影响——以巢湖学院为例	徐鲜丽	李 昆 朵伟芝	团委	合格

"皖维科技创新孵化基金"项目结项验收评审结果一览表(自然科学类)

序号	项目名称	主持人	指导教师	所属学院	等级
1	基于ZigBee无线自组织网络的全自动水质采集检测系统	方 涛	陈海波	机械与电子工程学院	合格
2	自行车智能管理摆放装置的设计	葛业豹	代光辉	机械与电子工程学院	优秀
3	水龙头节水器研究及更优节水结构设计	谭展华	孙 钊	机械与电子工程学院	良好

续表

序号	项目名称	主持人	指导教师	所属学院	等级
4	基于振动方式的振动电源系统设计	刘文慧	牛进才	机械与电子工程学院	合格
5	液压打包机的创新设计及其故障率降低方案	张红成	廖生温	机械与电子工程学院	合格
6	填料塔液体分布器对塔内气液两相分布的影响研究	胡慢谷	江 克 王旭芳	机械与电子工程学院	申请撤项
7	环型轨道式立体车库	黄 举	王 伟	机械与电子工程学院	良好
8	智能控制垃圾桶	徐书婷	王 静	机械与电子工程学院	良好
9	共享智能无线充电平台	承 浩	唐 静	机械与电子工程学院	合格
10	基于可见光导航的智能车系统设计	吴志龙	任玲芝	机械与电子工程学院	合格
11	一种新型多功能洗鞋机设计	王寅斌	王玉勤	机械与电子工程学院	优秀
12	一种食堂垃圾自动清理与分类装置的研究与分析	曹荣辉	龚智强	机械与电子工程学院	合格
13	多自由度柔性立体车库	李思源	胡 建	机械与电子工程学院	良好
14	汽车涂装车间涂料输送管道在线监控系统	欧闯闯	董慧芳	机械与电子工程学院	合格
15	基于逻辑门电路的硬件看门狗安全置位装置	朱再武	李素平	机械与电子工程学院	优秀
16	核壳结构氧化铜纳米线制备及其光学性能研究	江 煜	许明坤	机械与电子工程学院	合格
17	关于pva土壤改良剂对土壤结构、pH、钾离子浓度及含水量影响的研究	余晓晓	鲁文胜	化学与材料工程学院	申请撤项
18	聚乙烯醇自然降解过程	张海林	李志寒	化学与材料工程学院	良好
19	类水滑石紫外功能材料的合成及性能研究	姚 澳	李宏林	化学与材料工程学院	合格
20	纳米$Mg(OH)_2$/聚乙烯醇复合材料的制备及阻燃性能研究	余明清	王小东	化学与材料工程学院	合格

续表

序号	项目名称	主持人	指导教师	所属学院	等级
21	酵母富硒培养及富硒酵母抽提物的制备	周洋枝	高玉荣	化学与材料工程学院	优秀
22	复合添加剂 TiO_2/MgO-ZTA 陶瓷的制备及性能研究	高 原	徐小勇	化学与材料工程学院	优秀
23	面向企业客户的服务推荐组合模型研究	葛东东	张正金	信息工程学院	合格
24	化工行业上市公司融资结构与经营绩效的相关性研究——以安徽省5家为例	刘大刘	林天水	数学与统计学院	合格

（供稿：高华敏）

年度结项课题一览表

序号	项目名称	主持人	项目类别	项目批准号
1	类水滑石/PA6 纳米功能复合材料的制备性能研究	李宏林	省教育厅自然科学重点项目	KJ2015A214
2	类水滑石/PA6 磁性纳米复合材料的制备及性能研究	李宏林	省高校优秀青年人才基金重点项目	gxyqZD2016288
3	平面硅纳米线引导生长调控及其器件应用研究	许明坤	省教育厅自然科学重点项目	KJ2016A507
4	非球形颗粒种子气吸振动精密排种装置工作机理研究	龚智强	省教育厅自然科学重点项目	KJ2015A246
5	基于 iTRAQ 深度分析 NADH 代谢对钝齿棒杆菌制备琥珀酸的影响机理	陈小举	省教育厅自然科学重点项目	KJ2015A216
6	学科群与产业群协同的安徽创新型经济发展策略研究	朱 明	省教育厅人文社科重点项目	SK2015A414
7	社交语用视角下英汉冲突性话语研究	王 钢	省教育厅人文社科重点项目	SK2014A325
8	非物质文化遗产东路庐剧的研究	徐频频	省教育厅人文社科重点项目	SK2014A324
9	文学典籍注释基本理论研究	丁俊苗	省教育厅人文社科重点项目	SK2013A115
10	浙江绘画艺术的形式美对当代安徽视觉艺术的影响	李超峰	省高校优秀青年人才基金重点项目	2013SQRW069ZD

续表

序号	项目名称	主持人	项目类别	项目批准号
11	生态文明时代环巢湖流域环境保护法律机制研究	江海	省教育厅人文社科重点项目	SK2015A165
12	房地产信贷规模与房地产价格的格兰杰因果检验——以合肥为例	王淑超	校级一般项目	XLY-201502
13	P2P网络借贷风险测度与防范研究	彭承亮	校级一般项目	XLY-201602
14	气吸振动盘式精密排种装置理论研究	龚智强	校级一般项目	XLY-201403
15	脱硫除尘用泵结构设计及其性能预测研究	王玉勤	校级科研机构专项项目	XLZ-201503
16	安全保护电路系统研发	李素平	横向项目	hxktlsp2018001
17	基于物联网的智能家居系统关键技术研究和实现	刘波	校级一般项目	XLY-201514
18	北京安软信息科技有限公司库存管理系统	曹骞	横向项目	2017001
19	板材有毒化学物质检测分析研究	孙佑明	横向项目	hxkt2018sym002
20	多功能缓冲包装材料	孙佑明	横向项目	hxkt2018sym001
21	电线电缆新材料的研发	方周	横向项目	2008001
22	网络安全性测试方法的研发	方周	横向项目	2008002
23	异种流环境下WLAN中的准入控制研究	孙佑明	省教育厅一般项目	KJ2012Z265
24	新型环保拉链自动化技术开发	吴其林	横向项目	hxkt20171215
25	纳米多孔膜电极的制备及传感应用	王冬梅	校级一般项目	XLY-201608
26	农村基本公共文化服务建设与地方民俗体育现代转型互动研究——以环巢湖龙舟竞渡为例	李月红	校级基地项目	XWZ-201601
27	2018年安徽省皖中片高校教职工气排球赛产学研项目	钟翔	横向项目	hxktzx201802
28	柘皋镇夏至节龙舟表演	周雪华	横向项目	hxkt20170019
29	水上运动项目的综合开发、产业规模化及人力资源培训	黄寿军	横向项目	HXKT2018HSJ
30	巢湖市钰林酒店管理有限公司暑假期间救生员及教练员人力资源输出	张金梅	横向项目	hxkt2018zjm01
31	坝镇美丽乡村墙绘	王晓晖	横向项目	HXKT2017WXH
32	影视动画技术与咨询服务	田世彬	横向项目	HXKT20170100
33	校企合作"MMD慕曼德杯"第二届创意设计大奖赛	褚春元	横向项目	hxkt20170ccy

续表

序号	项目名称	主持人	项目类别	项目批准号
34	巢湖市唯阁竹木业有限公司网页设计	李勇	横向项目	hxkt201700ly
35	巢湖斯维登酒店室内设计研究	秦艳	横向项目	hxkt2018qy01
36	皖江城市带生态承载力与产业升级的路径选择	姜萱	省教育厅一般项目	SK2013B318
37	心理沙盘管理系统软件开发	信中贵	横向项目	hxkt20180408
38	击打发声宣泄人程序及模型研制	信中贵	横向项目	hxkt2018003

（供稿：高华敏）

产学研合作信息一览表

序号	合作单位	协议/合同类型	项目负责人
1	安徽省球类运动管理中心	产学研合作协议	祝家贵
2	安徽恒明工程技术有限公司	产学研合作协议	朱定秀
3	合肥赛诺信息技术有限公司	技术委托开发合同	曹骞
4	安徽宇宁果胶股份有限公司	技术委托开发合同	陈小举
5	安徽德信佳生物医药有限公司	技术委托开发合同	程东
6	南京妖灵妖信息科技有限公司	委托设计合同	程军
7	安徽皖通邮电股份有限公司	委托设计合同	程军
8	江苏天源电缆有限公司	技术委托开发合同	程军
9	柘皋镇人民政府	委托设计合同	何冬冬
10	江苏金智教育信息股份有限	产学研合作协议	侯加兵
11	安徽省乐宇体育文化交流有限公司	委托开发合同	黄寿军
12	合肥政文国际会展管理有限公司	产学研合作协议	雷若欣
13	安徽晋龙电力工程有限公司	技术委托开发合同	李素平
14	合肥尚艺影视传媒文化有限公司	委托设计合同	李勇
15	巢湖市凌志游泳健身会所	委托开发合同	李月红
16	安徽拓水环境工程科技有限公司	技术委托开发合同	凌景
17	合肥市银行业协会	产学研合作协议	罗发海
18	安徽才联人力资源管理有限公司	产学研合作协议	罗发海
19	安徽广电信息网络股份有限公司巢湖分公司	产学研合作协议	吕家云
20	安徽锐恋信息科技有限公司	技术委托开发合同	牛进才

续表

序号	合作单位	协议/合同类型	项目负责人
21	惠而浦(中国)股份有限公司	产学研合作协议	钱 云
22	巢湖盛景投资有限公司	委托设计合同	秦 艳
23	昆山亚比斯环保包装材料有限公司	技术委托开发合同	孙佑明
24	安徽省江淮质量技术检测服务有限公司	技术委托开发合同	孙佑明
25	柘皋镇人民政府	委托设计合同	唐丽丽
26	合肥小影数字科技有限责任公司	委托设计合同	田世彬
27	安徽皖维高新材料股份有限公司	产学研合作协议	万新军
28	安徽环巢光电科技有限公司	产学研合作协议	万新军
29	巢湖市荣达塑业有限公司	产学研合作协议	万新军
30	深圳市精创科技有限公司	技术委托开发合同	万新军
31	安徽富煌木业有限公司	产学研合作协议	万新军
32	合肥动乐健康管理有限公司	委托开发合同	王富鸿
33	无为县韩阳体育文化交流有限公司	产学研合作协议	文春凤
34	上海龙文培训机构	委托设计合同	吴爱群
35	安徽海荣电源动力股份有限公司	技术委托开发合同	吴其林
36	安徽美心信息科技有限公司	产学研合作协议	信中贵
37	景德镇青麦陶瓷文化传媒有限该公司	委托设计合同	薛 梅
38	黑龙江省发现者机器人股份有限公司	技术委托开发合同	杨胡坤
39	庐江县教育局	产学研合作协议	姚 磊
40	南通红昇环保工程有限公司	技术委托开发合同	叶友胜
41	合肥市统计局	产学研合作协议	余 雷
42	安徽宸轩智能科技工程有限责任公司	产学研合作协议	余荣琦
43	安徽省嘉博睿文化创意服务有限公司	产学研合作协议	余荣琦
44	巢湖市钰林酒店管理有限公司	委托开发合同	张金梅
45	巢湖市多元宝贝教育咨询服务部	产学研合作协议	张 平
46	合肥光博量子科技有限公司	产学研合作协议	张自锋
47	安徽省教科文卫体工会(高校气排球)	产学研合作协议	钟 翔
48	安徽省教科文卫体工会(沙滩排球)	产学研合作协议	钟 翔
49	安徽奇智科技有限公司	产学研合作协议	周 方
50	安徽互联智库信息咨询有限公司	委托设计合同	周 方

(供稿:高华敏)

学术论文发表、著作出版情况统计表

时间	类 别	数量	合计
2018 年	SSCI、SCI、EI 检索	34 篇	325 篇
	CSSCI、CSCD 检索	22 篇	
	CSSCI 扩展版、CSCD 扩展版及中文核心	15 篇	
	其他论文	254 篇	
	专著、编著、译著	13 部	13 部

注：论文第一作者均为本校教师。

（供稿：高华敏）

专利授权信息一览表

序号	专利权人	专利号	专利名称	授权日期	专利类别
1	巢湖学院	201710349253.3	一种并联减振座椅	2018/12/28	发明授权
2	巢湖学院	201610270626.3	一种单人多功能健身装置	2018/12/28	发明授权
3	巢湖学院	201610368383.7	一种垃圾自动清扫装置	2018/11/27	发明授权
4	巢湖学院	201710348598.7	一种垃圾捡拾与分类装置	2018/9/28	发明授权
5	巢湖学院	201610367834.5	一种三自由度振动搅拌装置	2018/8/21	发明授权
6	巢湖学院	201510821410.7	一种轻便可调节式助力小车	2018/8/10	发明授权
7	巢湖学院	201710338831.3	一种多清洗刷的护栏清理装置	2018/8/7	发明授权
8	巢湖学院	201610287534.6	一种多功能升降平台装置	2018/7/27	发明授权
9	巢湖学院	201610368605.5	一种中央空调管道清洁装置	2018/7/13	发明授权
10	巢湖学院	201610475098.5	一种横劈叉和竖劈叉锻炼装置	2018/1/16	发明授权
11	巢湖学院	2016103055927	一种太阳能差动转向三轮玩具车	2018/6/15	发明授权
12	巢湖学院	2016104437651	一种防震高低床	2018/8/7	发明授权

续表

序号	专利权人	专利号	专利名称	授权日期	专利类别
13	巢湖学院	2017103247419	一种新型汽车文具盒	2018/9/18	发明授权
14	巢湖学院	20151042613.3	基于多摄像头自标定的全景车辆安全系统的图像处理方法	2018/7/13	发明授权
15	巢湖学院	201610153286.6	一种钥匙	2018/6/1	发明授权
16	巢湖学院	201710242668.0	一种多线型绘图直尺	2018/8/31	发明授权
17	巢湖学院	201611131005.3	一种电动车立体停车系统	2018/12/11	发明授权
18	巢湖学院	2018SR041471	新河版电力电子辅助教学软件 V1.0	2018/1/18	软件著作
19	巢湖学院	2018SR694012	一种基于卡尔曼滤波的机器人室内定位系统	2018/8/29	软件著作
20	巢湖学院	2018SR690151	一种基于牛顿插值的无线传感器网络中移动节点定位系统	2018/8/29	软件著作
21	巢湖学院	2018SR659331	联合收获机作业速度多参数模糊控制系统应用软件	2018/8/17	软件著作
22	巢湖学院	2018SR006234	新能源乘用车 DC-DC 转换控制系统 V1.0	2018/1/3	软件著作
23	巢湖学院	2018SR380691	关系模式本体学习软件	2018/5/25	软件著作
24	巢湖学院	2018SR879605	基于 SSM 客户关系管理系统	2018/11/2	软件著作
25	巢湖学院	201820458393.4	一种可调平嵌入气吸振动式精密播种装置	2018/12/21	实用新型
26	巢湖学院	201820458209.6	一种转动气吸滚筒式精量播种装置	2018/12/14	实用新型
27	巢湖学院	201820466026.9	一种多级振动溜种式精量加种装置	2018/11/6	实用新型
28	巢湖学院	201820465972.1	一种旋转输送气吸振动式精密播种装置	2018/11/6	实用新型
29	巢湖学院	201820466030.5	一种二自由度调节振动吸盘式精量播种装置	2018/11/6	实用新型
30	巢湖学院	201820457988.8	一种精密播种机的摇种式均匀加种装置	2018/11/6	实用新型
31	巢湖学院	201820459773.X	一种控流式精密加种装置	2018/11/6	实用新型

续表

序号	专利权人	专利号	专利名称	授权日期	专利类别
32	巢湖学院	201820465945.4	一种用于精密播种的精量加种装置	2018/11/6	实用新型
33	巢湖学院	201820466048.5	一种多自由度振动式精密加种装置	2018/11/6	实用新型
34	巢湖学院	201820465966.6	一种旋转循环溜种式精密播种装置	2018/11/2	实用新型
35	巢湖学院	201721423869.2	一种垃圾固液分离装置	2018/7/31	实用新型
36	巢湖学院	201820026182.3	一种可移动式重力辅助升降装置	2018/8/3	实用新型
37	巢湖学院	201820028632.2	一种三自由度夹持执行器	2018/7/31	实用新型
38	巢湖学院	2017216474469	一种锁车装置	2018/6/29	实用新型
39	巢湖学院	2017206662673	一种电动车电池防盗装置及电动车	2018/3/20	实用新型
40	巢湖学院	2017206592948	可隐藏旋转式墙壁插座	2018/3/16	实用新型
41	巢湖学院	2017205888920	一种避震逃生门	2018/1/5	实用新型
42	巢湖学院	2017205120085	一种具备汽车模型结构的文具盒	2018/1/2	实用新型
43	巢湖学院	201820613939.9	一种健美操训练垫	2018/11/23	实用新型
44	巢湖学院	201820552679.9	一种基于Zigbee的室内环境参数显示装置	2018/10/26	实用新型
45	巢湖学院	201820134806.3	基于Zigbee技术的水质监测系统	2018/8/10	实用新型
46	巢湖学院	201820551549.3	一种矿井罐笼用安全防护减震设备	2018/11/30	实用新型
47	巢湖学院	2018207847879	一种新型用于切菜机的进料机构及具有该进料机构的切菜机	2018/12/14	实用新型
48	巢湖学院	201720544017.2	一种具有任意角度可调的摄像头	2018/2/23	实用新型
49	巢湖学院	201820134698.X	一种基于AVR的水质远程监测装置	2018/8/10	实用新型
50	巢湖学院	201820134697.5	一种景区用多功能智能宣传设备	2018/8/10	实用新型

续表

序号	专利权人	专利号	专利名称	授权日期	专利类别
51	巢湖学院	201820211459.X	一种移动式粉尘监测器	2018/8/17	实用新型
52	巢湖学院	201720543969.2	一种校园视频监控用摄像头的快速安装结构	2018/5/8	实用新型
53	巢湖学院	201720543968.8	一种自由支撑式智能台灯	2018/5/25	实用新型
54	巢湖学院	201820551374.6	一种可换装的冲压模具装置	2018/12/21	实用新型
55	巢湖学院	201820134699.4	一种应用于电力电子技术的抗干扰装置	2018/9/7	实用新型
56	巢湖学院	201820273156.0	一种基于MFCC的声纹识别设备	2018/9/7	实用新型
57	巢湖学院	201820272790.2	一种电子白板的教学平台	2018/9/21	实用新型
58	巢湖学院	201621495095.X	一种新型电子商务教学讲台	2018/3/16	实用新型
59	巢湖学院	201820262496.2	一种版画印刷辅助工具	2018/9/14	实用新型
60	巢湖学院	201720734339.3	一种带有广告装置的单车	2018/7/6	实用新型
61	巢湖学院	201720734039.5	一种带广告车的单车	2018/7/6	实用新型
62	巢湖学院	201720734340.6	一种单车上的远程可控广告牌装置	2018/4/6	实用新型
63	巢湖学院	201720567617.0	一种用于水管水路的节水便捷控制系统	2018/1/26	实用新型
64	巢湖学院	201720758055.8	一种直流保护电路	2018/2/16	实用新型
65	巢湖学院	201721524520.8	一种硬件看门狗安全置位电路	2018/5/22	实用新型
66	巢湖学院	2017207702856	一种太阳能市电两用型锂电池快速充电器	2018/1/9	实用新型
67	巢湖学院	201720770312X	一种蓄电池容量快速检测装置	2018/8/10	实用新型
68	巢湖学院	201820244804X	一种基于DSP的家用电源电压波动补偿装置	2018/9/7	实用新型
69	巢湖学院	2018202448355	一种基于三菱PLC的矿井安全监控装置	2018/9/11	实用新型
70	巢湖学院	2018202447649	一种太阳能大棚光照智能补光系统	2018/11/20	实用新型
71	巢湖学院	201720805511.X	一种计算机电源线路防漏电保护外套	2018/1/26	实用新型

续表

序号	专利权人	专利号	专利名称	授权日期	专利类别
72	巢湖学院	201720806496.0	一种防震抗摔型计算机机箱	2018/1/26	实用新型
73	巢湖学院	201820081517.1	一种粉末润滑界面的原位观察试验机	2018/8/17	实用新型
74	巢湖学院	201820167250.8	一种可移动垃圾桶设计	2018/9/4	实用新型
75	巢湖学院	201820319284.4	一种电气工具箱	2018/9/28	实用新型
76	巢湖学院	201820319462.3	一种污水采集装置	2018/9/7	实用新型
77	巢湖学院	201820319283.X	一种管件加工用电动调节定位机构	2018/9/28	实用新型
78	巢湖学院	201820319839.5	一种污水排放检测装置	2018/9/28	实用新型
79	巢湖学院	201820187289.X	一种可压缩垃圾桶	2018/11/27	实用新型
80	巢湖学院	201820229326.5	一种路灯式新能源充电桩	2018/11/13	实用新型
81	巢湖学院	201820229325.0	一种新能源充电桩用电缆	2018/11/13	实用新型
82	巢湖学院	2017206943770	渐开线雾化水龙头节水阀	2018/2/16	实用新型
83	巢湖学院	2017209906561	一种摘果器	2018/9/14	实用新型
84	巢湖学院	2017210052571	一种新型可添加浴液式热水器	2018/5/4	实用新型
85	巢湖学院	2017210053080	一种新型旋转式雨伞烘干装置	2018/3/16	实用新型
86	巢湖学院	2017210047766	一种沟槽式伸缩温控水龙头	2018/3/16	实用新型
87	巢湖学院	2017210133348	一种自清洁式除虫路灯	2018/9/14	实用新型
88	巢湖学院	2017218743741	一种煤气泄漏报警装置	2018/8/14	实用新型
89	巢湖学院	2017218744496	一种侧方位停车辅助装置	2018/8/14	实用新型
90	巢湖学院	2017218744477	一种多功能液压千斤顶	2018/8/17	实用新型
91	巢湖学院	201721873913X	一种新型套孔扳手	2018/7/20	实用新型
92	巢湖学院	2017218743671	一种组合扳手	2018/7/20	实用新型
93	巢湖学院	201820345954X	一种汽车侧方位停车的辅助装置	2018/11/20	实用新型
94	巢湖学院	2018203467508	一种停车限位装置	2018/11/20	实用新型
95	巢湖学院	2018203459535	一种防止汽车受损的停车装置	2018/11/20	实用新型
96	巢湖学院	201720224958.8	一种新型定量取用的茶叶盒	2018/1/5	实用新型

续表

序号	专利权人	专利号	专利名称	授权日期	专利类别
97	巢湖学院	201720991825.3	一种便携式薄膜硬币打包机	2018/2/23	实用新型
98	巢湖学院	201720632715.8	一种船用推进离心泵	2018/2/23	实用新型
99	巢湖学院	201720389167.0	一种往复式手动离心泵	2018/2/23	实用新型
100	巢湖学院	201720991277.4	一种辅助停车装置	2018/2/23	实用新型
101	巢湖学院	201720990671.6	一种可旋转式污水盖	2018/2/23	实用新型
102	巢湖学院	201720990721.0	一种自动发书机	2018/2/23	实用新型
103	巢湖学院	201721003991.4	一种新型多功能切菜装置	2018/2/23	实用新型
104	巢湖学院	201720991814.5	一种通用叶轮电解加工模具	2018/2/23	实用新型
105	巢湖学院	201720224929.1	一种水杯	2018/2/23	实用新型
106	巢湖学院	201721003978.9	一种除尘离心泵	2018/3/16	实用新型
107	巢湖学院	201720990674.X	一种道路划线单人车	2018/3/16	实用新型
108	巢湖学院	201720225760.1	一种单双层两用床	2018/3/16	实用新型
109	巢湖学院	201621349187.7	一种可调节水温的水杯	2018/4/13	实用新型
110	巢湖学院	201721298690.9	一种嵌地式侧方停车位	2018/4/17	实用新型
111	巢湖学院	201721003998.6	一种包裹型换灯泡器	2018/4/20	实用新型
112	巢湖学院	201720991816.4	一种可旋式污水盖	2018/5/4	实用新型
113	巢湖学院	201721613406.2	一种高度自调式立体停车库	2018/6/15	实用新型
114	巢湖学院	201721611884.X	一种自动收集颗粒物装置	2018/6/15	实用新型
115	巢湖学院	201820419567.6	一种订书机辅助装置	2018/10/19	实用新型
116	巢湖学院	201820734751.X	一种高效酒精燃烧炉	2018/12/28	实用新型
117	巢湖学院	201820809788.4	一种便携式提升机	2018/12/28	实用新型
118	巢湖学院	201820735895.7	一种泵壳零件钻孔加工的专用夹具	2018/12/28	实用新型
119	巢湖学院	201720843795.1	一种输出电流比例可调的开关电源并联系统	2018/3/16	实用新型
120	巢湖学院	201720522661.X	高处玻璃清洗机械手	2018/5/29	实用新型
121	巢湖学院	201720522662.4	均匀迈步康复训练仪	2018/10/23	实用新型
122	巢湖学院	201720718796.3	一种印刷板均匀涂料装置	2018/1/2	实用新型
123	巢湖学院	201720718797.8	一种工业设计用全方位展示台	2018/7/6	实用新型

续表

序号	专利权人	专利号	专利名称	授权日期	专利类别
124	巢湖学院	201720718798.2	一种新型工业设计展示架	2018/7/6	实用新型
125	巢湖学院	201721504466.0	一种新型临时交通红绿灯装置	2018/5/29	实用新型
126	巢湖学院	201721504787.0	一种用于空气净化的过滤装置	2018/5/29	实用新型
127	巢湖学院	201721590585.2	一种数字化图像处理装置	2018/5/25	实用新型
128	巢湖学院	201721591502.1	一种用于数字图像采集提取设备	2018/6/19	实用新型
129	巢湖学院	201721592291.3	一种集成电路散热装置	2018/5/18	实用新型
130	巢湖学院	201820029277.0	一种新型集成电路封装结构	2018/8/3	实用新型
131	巢湖学院	201820029416.X	一种基于嵌入式的光电检测装置	2018/11/6	实用新型
132	巢湖学院	201820261894.3	一种新型摄像设备	2018/8/28	实用新型
133	巢湖学院	201820261895.8	一种新型开关	2018/10/12	实用新型
134	巢湖学院	201820569451.0	一种电子恒温器调节装置	2018/10/23	实用新型
135	巢湖学院	201820570893.7	一种电子恒温器自动卷线装置	2018/12/7	实用新型
136	巢湖学院	201820571370.4	可调节载物机构大小的物料提升装置	2018/12/7	实用新型
137	巢湖学院	201820629083.4	一种装有防护机构的砂轮切割装置	2018/11/16	实用新型
138	巢湖学院	2018201606883	一种液压打包机	2018/11/13	实用新型
139	巢湖学院	2018205457623	一种全液压驱动的物料打包机	2018/11/13	实用新型
140	巢湖学院	201720504114.9	一种充气式牲畜耳标	2018/1/9	实用新型
141	巢湖学院	201720504050.2	一种套管式换热器	2018/1/9	实用新型
142	巢湖学院	201720504099.8	一种自动化门窗	2018/3/20	实用新型
143	巢湖学院	201720359835.5	一种喷涂装置	2018/2/23	实用新型
144	巢湖学院	201720835647.5	一种快递自动分拣传送带	2018/5/22	实用新型
145	巢湖学院	201720983558.5	一种垃圾箱倾倒装置	2018/5/22	实用新型
146	巢湖学院	201820226509.1	一种PCR实验用加样冰盒	2018/10/19	实用新型
147	巢湖学院	201721431564.6	一种灭烟式烟盒	2018/8/17	实用新型

续表

序号	专利权人	专利号	专利名称	授权日期	专利类别
148	巢湖学院	201820229157.5	一种具有手柄防护功能的新能源充电桩	2018/11/13	实用新型
149	巢湖学院	201721727387.6	一种新能源电动汽车充电桩	2018/7/10	实用新型
150	巢湖学院	201721103256.0	一种用于地面大型风力发电机组立柱	2018/5/11	实用新型
151	巢湖学院	201720954693.7	一种光伏发电装置	2018/2/9	实用新型
152	巢湖学院	201720419618.0	一种金融教学用可调节教具	2018/1/2	实用新型
153	巢湖学院	201820234172.9	一种高校食堂食品安全检测装置	2018/8/31	实用新型
154	巢湖学院	201720515332.2	一种具有压出热水功能的烧水壶	2018/10/12	实用新型
155	巢湖学院	201721633566.3	一种健身制氧车	2018/8/7	实用新型
156	巢湖学院	201820651826.8	一种新型雪糕包装盒	2018/11/30	实用新型
157	巢湖学院	201721682948.5	一种桶式光生物反应器	2018/7/20	实用新型
158	巢湖学院	201720367436.3	一种艺术灯具	2018/5/8	实用新型

(供稿:高华敏)

校内人员学术讲座一览表

序号	讲座题目	主讲人	职称(职务)
1	光学读出式MEMS微悬臂梁阵列全场变形检测的灵敏度分析	高杰	讲师、博士
2	平面半导体纳米生长及应用	许明坤	副教授、博士
3	表面等离极化激元的物理和应用	叶松	副教授、博士
4	多线程增量更新算法研究	梁宝华	副教授
5	视频监控技术的应用	郑尚志	院长、教授
6	消费者权益保护的新发展	王小娇	副教授
7	证券投资的策略与技巧	徐志仓	教授
8	全民健身国家战略下国民体育消费观的时代特征	赵胜国	教授

续表

序号	讲座题目	主讲人	职称（职务）
9	"体育＋旅游"的溢出效应研究	兰顺领	副教授
11	新时代、新思想、新征程	罗法海	教授
12	哲学与人生	胡万年	教授
13	蒙学经典三字经的传播学解读	袁凤琴	副教授
14	生态学视角下的幼儿园信息化教育资源开发与利用	陈立钢	副教授
15	废水处理工艺的设计与应用	叶友胜	副教授
16	磁性水滑石的制备及性能研究	李宏林	副教授
17	无铅压电陶瓷研究进展	张　扬	博士
22	声乐演唱艺术之跨界唱法探讨	马　磊	副教授
23	影视动画专业学生工匠精神的培养	田世彬	副教授
24	巢国文明的历史地位	陈恩虎	教授
25	合肥市三国文化旅游可持续发展研究	过慈明	副教授
26	环巢湖红色文化资源与当代价值	张安东	教授
27	安徽省特色小镇空间分布与协同发展	雷若欣	副教授
28	学习数学是战略投资	赵开斌	教授
29	口述历史：一种新的翻译史研究方法	张　健	副教授
30	互联网思维下的会展业	齐先文	副教授
31	合肥农产品物流配送体系网络平台的构建及优化研究	甘　泉	副教授
32	皖江农业文化遗产的旅游开发研究	吕君丽	副教授
33	巢湖流域渔民生活变迁与社会转型对策	杨　帆	副教授
34	本科毕业论文写作中参考文献的合理使用	丁明刚	研究馆员
35	量子力学与现代科技革命	笪　诚	副教授
36	文艺复兴的发祥地——佛罗伦萨的艺术洗礼	王永虎	副教授
37	氧化锆陶瓷的强度韧性关系及其应用技术瓶颈	徐小勇	教授
38	基于生态翻译学的"文化大革命"十年翻译研究	余荣琦	副教授

（供稿：高华敏）

校外人员学术讲座一览表

序号	讲座题目	主讲人	职称(职务)	所在单位
1	微液滴动力学与孔隙尺度的多相渗流	刘海湖	教授、博导、千人	西安交通大学
2	3-DIC 在力学测量中的应用	张青川	教授、博导	中国科学技术大学
3	搅拌摩擦连接技术在航空制造领域的应用	汪洪峰	皖江学者、副院长	黄山学院
4	证人出庭作证例外的制度化建构	何邦武	教授	南京审计大学
5	我国宏观调控程序规范的法律属性	徐澜波	教授	上海社会科学院
6	如何提高体育核心期刊的投稿命中率	李晓佳	编辑	《北京体育大学学报》
7	社区、社会、体育教育、中国幼儿体育发展路径探讨	王凯珍	二级教授、博导、副校长	首都体育学院
8	高校体育学科教师申报课题的基本程序与方法	刘少英	二级教授、博导	吉首大学
9	《周易》经传中的爱情伦理	张晓东	教授、博导	南京大学
10	新发展理念的内涵及其辩证关系	黄洪雷	教授	安徽农业大学
11	21世纪科学社会主义话语的创新发展	吴学琴	教授、博导	安徽大学
12	从《清明》办刊谈当下文学创作	舟扬帆	主编	《清明》杂志社
13	接纳承诺疗法与大学生心理健康	方双虎	教授	安徽师范大学
14	态度、心境、智慧-苏东坡被贬黄州词解读	刘运好	教授、博导	安徽师范大学
15	高水平教育学术论文的写作与发表	徐辉富	教授	上海广播电视大学
16	新媒体语境下跨国企业的舆情应对	郑中华	总裁	安徽博约信息科技有限责任公司
17	新媒体视域下广告学专业创新型人才培养路径探索	陈新平	教授	合肥工业大学
18	数论及其在密码学中的应用	汤敏	教授、博导	安徽师范大学
19	数学专业教师如何做科研和进行项目申报	任永	教授、博导	安徽师范大学
20	Complete moment convergence for negativelyorthant dependent random variables and its applications in statistical models	王学军	教授、博导	安徽大学
21	经济类国家社科基金课题申报	董必荣	教授	南京审计大学

续表

序号	讲座题目	主讲人	职称（职务）	所在单位
22	数学的应用	陈发来	教授、博导	中国科学技术大学
23	文创小商品创意设计	胡先水	董事长	安徽悦玺文化发展公司
24	中国假日酒店星评存在的问题	郭 方	总经理	深业假日酒店
25	科技成果转移转化	马玉平 邓本宝	总经理、局长	安徽三祥技术咨询有限公司、科技局
26	人才强企的思考与实践	李 芹	董事长	安徽侬安康食品有限公司
27	日本工业技术发展	左敦稳	教授、博导	南京航空航天大学
28	等离子体在生物医学方面的应用	程 诚	副研究员	中国科学院等离子体物理研究所
29	进化计算及其在智能控制中的应用	王 灵	副教授	上海大学
30	知识图谱及其应用	冯志勇	教授、博导	天津大学
31	安徽地方文化：地域徽州之经济与文化的互动	刘道胜	教授	安徽师范大学
32	美国种族、枪支、政治与社会之殇	韩家炳	教授	安徽师范大学
33	高水平学术论文发表与国家基金项目申报	刘和福	教授	中国科学技术大学
34	有机—无机杂化红外非线性光学材料的基础研究及应用探索	田玉鹏	教授/博导	安徽大学
35	外语专业的科研论文撰写与课题申报	朱 跃	教授	安徽大学
36	金窗绣户——清代皇宫室内装修艺术赏析	张淑娴	研究员	故宫博物院
37	徽州漆艺漫谈	范福安	教授	吉林艺术学院
38	环巢湖中心	李晓方	教授	赣南师范大学
39	区域文化与世界遗产：传统文化的共享价值	解光云	教授	安徽师范大学
40	矩阵广义逆的发展历史和Gauss消元计算法	盛兴平	教授	阜阳师范学院
41	人工智能时代新闻业的发展趋势	程忠良	教授	安庆师范大学
42	科技论文的写作及数学建模竞赛与大学生创新能力的培养	陈华友	教授	安徽大学
43	中国农民几个问题的思考	吴 杨	教授	铜陵学院

续表

序号	讲座题目	主讲人	职称(职务)	所在单位
44	新女性阴影下的男性气质——哈格德小说中的性别焦虑	陈兵	教授	南京大学
45	基于高校科研成果的可信技术转移实操	贾岩	总经理	安徽博士鸿创科技有限公司
46	领导干部自然资源资产离任审计理论与经典审计实务	李学岚	副教授	安徽审计职业学院
47	几何阻挫材料的低温热传导性质	孙学峰	教授	中国科学技术大学

(供稿:高华敏)

十、人才与人事

人才与人事工作

一、坚持引培并举，持续加大人才工作力度

（一）加大高层次人才宣传与引进

2018年，学校与多家招聘信息发布平台建立了合作关系，并签订人才招聘宣传协议。先后赴江西、东北三省参加高层次人才招聘会，与数名博士毕业生达成初步意向，一定程度上拓宽了学校引进人才的渠道。获批皖江学者特聘教授1名，实现学校领军骨干人才项目零的突破，获得竞争性重点支持项目经费100万元，积极落实特聘教授孔东民来校开展工作。全年引进教授1人、副教授1人、博士5人。

（二）做好人才引进与招聘考核

每周汇总整理应聘高层次人才的简历，发至相关学院。根据需要组织校内外专家开展引进人才考核评议工作。严格按照相关规定和程序规范公开招聘考核各类岗位人员，及时召开学校引进人才与公开招聘领导组会议，讨论有关事项，全年共集中组织了6次公开招聘考核，引进教师岗位硕士及以上层次66人，其他岗位硕士层次7人，另柔性引进1人。编制2019年人才引进计划，继续加大高层次人才引进力度。

（三）做好各类人才项目推荐

获批安徽省2018年度高校优秀拔尖人才培育资助项目13项，继续做好2014～2017年教育厅人才项目执行和经费管理工作。完成15项科研启动经费项目的立项。获全省引进人才单位C层次资助3人，在全省同类学校中领先。开展学校教学、学术、管理三类骨干评选活动。制定出台教学、学术、管理三类骨干评选办法，组织开展三类骨干首次评选，共评选出教学骨干6人、学术骨干37人和管理骨干28人。

（四）重视人才服务

调整并落实好引进和培养人才的相关待遇。积极争取人才过渡周转房并落实使用和分配管理，缓解了新进教职工的住房困难。联系和协调高层次人才配偶安置工作，主动与巢湖市和巢湖经开区联系，协调解决学校人才在住房、配偶就业、子女入学、人才项目申报等有关政策和具体事项。组织开展合肥市高层次人才分类认定申报工作，经审核受理，通过认定共33人，其中C类11人、D类6人、E类16人。

二、加强培训培养，提升师资队伍建设成效

（一）加强青年教师培养培训力度

落实教师培训相关制度，谋划制订学校2019～2020年教师培训计划，建立教师培训人员名单库，统筹协调二级学院开展教师专业培养培训。鼓励教师参加各类培养培训、挂职锻炼和攻读博士。开展2018年新教师岗前培训的集中脱产培训和校本培训等相关工作。选

派10名教师参加国内外进修访学。2018年有3名青年教师签订在职考取博士学位协议。同时,做好在职攻读博士学位和出国培训人员的相关管理工作。开展2018年双师双能型教师认定,共认定259人。完成2016年度青年教师导师制考核工作,启动2017年青年教师导师制考核工作。开展2018年度青年导师制工作。开展教师资格认定工作,新增54人具有高等学校教师资格。

（二）完成教师专业技术任职资格评审

制定职称评审工作方案,发布2018年教师和实验系列职称评审政策解读,进一步明确界定职称申报资格条件,受理和送审46名申报高职人员论文相似性检测和代表作鉴定。首次组织开展申报人教学质量评价,把教学质量评价结果作为职称申报推荐和评审的重要依据。严格规范审查申报资格人资格。组织正高级职称申报人员参加评审答辩,实行二级评审公示制度,及时妥善处理职称评审有关争议性问题。2018年,学校共有正高7人、副高18人、中级34人通过教师和实验系列专业技术任职资格评审。

（三）规范客座（兼职）教授聘任管理

统筹规范二级学院从相关企业和高校聘请客座教授和兼职教授工作。加大从企业行业外聘兼职教师的聘用力度,规范外聘教师的各项管理工作。开展客座教授、兼职教授聘任集中申报工作,共与24位兼职教授签订了协议并发放聘书。

三、完善制度机制,进一步规范人事管理工作

（一）制定、修订人事管理制度

全年共出台10项人事管理类文件规定,涉及专业技术职务评审、奖励性绩效、三类骨干评选、劳动合同用工人员管理、年度考核、师德考核、考勤共七个方面,进一步建立健全了人事管理规章制度。

（二）核发各类工资和津贴

出台奖励性绩效工资分配办法的实施细则,完成学校2017年度奖励性绩效工资各项目发放,做好年终工作量补助、考核津贴、特殊津贴、岗位业绩津贴标准调整、单位综合补助等核算发放工作。完成2018年各类新进人员起薪、在职人员工资调整。兑现2017年度外聘教师工作待遇。积极推进学校2016年度和2017年度一次性工作奖励获批并做好发放工作。发放学术、教学、管理三类骨干人员津贴。

（三）做好考核考勤管理

进一步推进和完善分类评价考核,修订《巢湖学院教职工年度考核办法（修订）》,加大考核结果运用力度。完成2017年度考核工作,全校共有125人获得优秀等次。修订《巢湖学院教职工考勤管理规定（修订）》。加大教职工考勤管理力度,严格按规定做好考勤管理工作,制定请销假审批单,进一步规范教职工请销假管理。

四、深化管理服务,扎实做好离退休和关工委工作

（一）做好离退休人员管理和服务

加强离退休网站、微信群管理,加强活动室建设与管理。春季组织开展离退休同志赴新

四军第七师纪念馆等地参观考察活动,重阳节组织离退休同志近百人赴半汤郁金香高地景区开展赏花活动。协助报销离退休人员的住院费,落实离休人员护理费标准。及时发放离退休人员一次性工作奖励。统计报送80岁以上离退休人员高龄津贴。向离退休人员邮寄发放校报。全年累计慰问各类离退休同志34人次。鼓励支持离退休人员参加老年大学学习,共19人参加了学习。

(二)做好关工委日常活动工作开展

认真落实2018年度全省教育系统关心下一代工作视频会议精神。多次组织开展关工委召开"五老"学习工作交流会。赴外校开展关工委工作调研学习和交流2次。在全校范围内组织开展"阅读伴我成长"演讲征文活动。编印征文汇编1本,发放获奖证书。举办"放飞中国梦,高歌新时代"工、美、书创意大赛,共12件作品获奖。

(供稿:赵 洁)

教职工结构与人数统计一览表

年度		2017年年底		2018年年底	
类别		教职工数量	专任教师数量	教职工数量	专任教师数量
人数		798	655	846	700
职称	正高级	45	43	52	50
	副高级	195	178	202	195
	中级	364	304	379	319
	初级	169	130	213	136
学位	博士	64	64	73	73
	硕士	568	523	623	560
	学士及以下	166	68	148	67

(供稿:赵 洁)

分部门在职教职工名册及人数

(截至2018年12月31日)

部门(学院)	总人数	名单
校领导	6	朱灿平 祝家贵 徐柳凡 阮爱民 黄志圣 朱定秀

续表

部门(学院)	总人数	名单
党政办公室	8	张连福 石 庭 赵子翔 原 博 孔银生 宋闽春 罗 蓉 陈丽霞
纪委办公室、监察处、审计处	4	刘洪涛 汪 泰 李 磊 金 璇
党委组织部	8	肖圣忠 洪 燕 林 凯 宣金玲 余文英 夏桂林 袁晓亮 武成伟
党委宣传部	5	余洁平 陈小波 赵自勇 夏 勇 王震宇
党委教师工作部	9	陈和龙 王 晖 龚 平 张 郭 昌少晖 丁智敏 吴 芳 孙 冰 陶诗龙
党委学生工作部	10	周 祥 郭凤英 华紫武 朱春花 胡 佳 丁继勇 裴敏俊 赵琳彬 崔青星 吴 蓓
发展规划处	5	徐礼节 徐兆武 张凌晨 关 鹏 赵尚松
教务处	17	丁雪艳 许雪艳 石申松 胡传双 谢如龙 云 建 宗 玙 任春阳 刘 宾 王 敏 张小伟 陈霞光 陈先涛 江 军 方 帆 江 萍 黄婷婷
科技处	7	万新军 朱 明 陈 凤 陈海银 邓 方 潘娟娟 李 晓
财务处	13	刘亚平 彭正生 赵俊涛 刘 尹 许 兵 石仁来 丁卫萍 胡海明 李 方 张秀娟 高明霞 侯 嵩 王 进
后勤管理与基建处	26	张 蕊 吴仁斌 戴凤华 蒋 飞 偰志平 张 凌 常世科 袁俊武 兰 天 张 伟 王 巨 张飞雪 孔小东 张文娟 李红梅 朱寒冰 赵 虎 郑向阳 张 号 汪善金 俞 慧 李 琳 黄世文 徐桂芳 路 新 汪 洋
国有资产管理处	6	古国平 陈立钢 高华敏 李季纲 秦鹏生 万 运
保卫处	11	管 超 洪作奎 汤 刚 王乃静 尤信虎 戴华冬 李雪贵 黄亚军 何 涛 蔡昌武 朱 华
图书馆	22	陈恩虎 吴 宏 万 万 张 琴 方千平 何劲松 鲁炳芳 缪亚东 陆 云 黎小辉 王玉亮 夏晓荣 丁修侠 吴新兰 刘东生 丁明刚 孙启泉 杨小雨 陆春华 樊振华 徐 琪 唐俐俐
信息化建设与管理处	12	吕家云 陈兆龙 石 敏 王宏卫 侯加兵 霍文强 史寒蕾 顾正波 许 航 薛建跃 柳传长 褚道璜
工会	5	张道才 孙庆平 胡世元 徐守成 曹 红
团委	5	郑 玲 郭 超 蒋克华 鲁鹏程 汤 艳

续表

部门（学院）	总人数	名　单				
国际交流与继续教育学院	6	史国东	袁凤琴	汪业群	荣　幸	朱华平	佘麓琳
经济与法学学院	49	徐志仓 王　娟 张丽丽 钱　春 朱鹤群 王晶晶 林天水 陈　蕊 邹林军	王万海 路稳玲 闻晓祥 褚业娴 刘红梅 王小骄 肖淑梅 张堂斐	施　玮 翟清兰 刘　捷 何　莎 高瑞霞 江　宏 穆　澜 汪启慧	江　海 李竣泓 张　倩 汪开明 梁三金 何东海 沈　辉 刘玉兰	孙　玮 方　玲 杨　峰 王　烨 胡成卉 张　浩 蒋　澜 汪宜香	孙定海 苗丽娜 刘德涛 姜　萱 蔡明东 王　伟 刘燊菘 孙国峰
工商管理学院	44	柳洪琼 高小芹 谭晓琳 陈文静 严爱玲 朱　丽 张帅兵 张　宇	罗发海 赵　祺 王　政 方淑苗 李璐涵 杨　冰 耿冉冉 孙　文	陶有田 张　洁 赵　洁 金　晶 李　荦 朱紫嫣 王丽丽	黄春芳 沈菲飞 邓其志 余　雷 欧雅琴 苗慧勇 汪　健	左劲中 甘　泉 黄　河 程晶晶 朱礼龙 李玲玲 赵帅帅	陈　凯 童　茜 吴克平 章　砚 李　雷 金加卫 卢　琪
文学传媒与教育科学学院	65	方习文 雍淑凤 褚群武 文春凤 李　娜 王宇明 邹长华 吴　芸 贾艳贤 晁天彩 卜洪漩	朱玉票 袁家峦 查　华 潘玉梅 李文娟 许　洁 甘　超 孙志富 张　平 张萌萌 刘　畅	李曙光 潘慧慧 李　艳 徐兴菊 石　惠 袁　华 信中贵 仝　俊 胡雪梦 陶　玮 田淼琪	王　倩 朱大银 李书安 刘康凯 黄　颖 李　昆 叶　磊 朱　平 鲁如艳 柳　泳 阮诗文	施小琼 章杏玲 曹栓姐 刘玲玲 张荣荣 李　瑛 韩建涛 孙　颖 毛莎莎 童明均 曾　鹏	谈　莉 杜红梅 宋文峰 周洪波 李亚萍 倪　冰 郑　艳 王兴国 朱小泉 吴　兵
外国语学院	74	柯应根 田　平 潘月红 翟海霞 吴　兵 王　凯 汪　琳 徐结平 王　慧 王　娟 张晓冬 李　吟 赵雅芸	单自华 李河发 董　艳 周　华 何后蒋 杨晓燕 杨郭婷 徐　艳 徐　洁 熊章斌 郑　颖 陈国君 李加敏	徐朝友 戴永龙 童慧敏 祖　艳 张　琴 张　艳 彭金花 甘梅华 孙琼琼 谷　峰 王珊珊 程　艳	余荣琦 任世梅 景西亚 黄燕芸 奚　伟 潘爱华 吴爱群 邓新梅 沈　园 李　明 汤玲玲 徐　超	陈　文 高红兵 王　丽 彭二梅 程　艳 胡　丽 王　钢 江淑婧 张　健 贺　静 宋　涛 李成飞	王仲宏 周建华 杨　雪 徐　琴 张园园 方灵芝 何　新 王　娟 朱海燕 张露露 高　洁 周　婧

续表

部门(学院)	总人数	名　单					
体育学院	53	芮德武	姚　磊	赵胜国	蒋圣祥	陈永军	倪再谢
		胡跃兵	黄寿军	苏家本	唐赵平	江杭生	兰顺领
		陈启平	汤　珍	史登文	朱桂华	陈小舟	钟　翔
		刘秀珍	戴清华	卜宏波	莫明竹	蔡　广	余　明
		杨叶红	王成绩	陶　花	乔克满	李月红	李　靖
		徐继超	王归然	樊贤进	陈　木	王富鸿	宋丽娟
		解雪梅	张金梅	李芳菲	汪　健	张　斌	李　李
		张　辉	周学华	艾显斌	郭世洪	王　林	丁源源
		胡欢欢	曹保彦	满前进	李艳荣	周海魁	
数学与统计学院	40	赵开斌	孙远春	吴永生	贾正华	马松林	刘　敏
		王冬银	陶正妹	柏丽娟	夏　静	葛国菊	陈淼超
		陈　侃	郝江锋	徐富强	马永梅	戴泽俭	陈佩树
		侯勇超	秦喜梅	刘相国	郝成超	王　珺	卜珏萍
		彭维才	周燕茹	王淑超	周运东	王海莲	管成功
		严恒普	张　玉	汪　峰	杨晓伟	唐徐飞	查星星
		孙　伟	程一元	井照敬	周康妹		
机械工程学院	46	杨汉生	何照泽	汪世义	史良马	邢　刚	许　磊
		张　彬	余荣丽	蔡玲存	王玉勤	廖生温	周明健
		靳国宝	龚智强	宋　文	宁小波	徐　兵	张晴晴
		代光辉	王　燕	张自锋	孙　钊	陈　姣	王　伟
		董慧芳	胡　健	陈　浩	孔俊超	郑　祥	陈席国
		赵　峻	胡绪照	朱守琴	周　玉	陈　宇	江　克
		王靖国	王玉晶	杨胡坤	王可胜	苏洁红	路　玲
		毕楠楠	边金尧	秦　鹏	汪缤缤		
电子工程学院	47	钱　云	陈海波	张宏彬	孔鲲鹏	刘　丽	唐瑞华
		孔　兵	叶　松	余建立	任玲芝	邵　瑞	许明坤
		李华荣	袁宗文	陈新河	洪求三	汪　军	张世军
		马　慧	常红霞	刘双兵	向　荣	李　健	李素平
		毛雷鸣	陈初侠	张迪凡	王　静	唐　静	孙春虎
		方愿捷	李岩岩	申海洋	笪　诚	乔　欣	朱爱国
		周　立	王正创	牛美芹	刘雪刚	凌　景	牛进才
		高　杰	孔令立	徐　健	许葛亮	杨　秀	
化学与材料工程学院	60	张继山	程乐华	李明玲	鲁文胜	宋明友	储先萍
		彭　贞	张忠平	汤家华	王　新	汪海燕	孟祥珍
		晏　娟	王小东	方海燕	李　雷	钱德胜	高晓宝
		李宏林	王新运	季　明	韩阗俐	吴凤义	曹海清
		叶友胜	王冬梅	杨绳岩	刘志军	方志林	张维强
		方　舒	李　川	丁文兵	陈　宏	秦国旭	程　磊
		张凤琴	蒋慧慧	程群群	陈小举	李　融	杨继亮
		岳贤田	吴　蓉	程　东	涂　静	葛碧琛	许　齐
		张　杨	李志寒	高玉荣	李大鹏	吴梦晴	朱双双
		宋俊梅	徐小勇	许小兵	黄　钦	尹艳君	王　未

续表

部门(学院)	总人数	名单					
信息工程学院	50	郑尚志	陈士群	吴其林	鲁业频	童先军	陆 军
		徐秋月	陈丽萍	卜华龙	刘 拥	曹 骞	许荣泉
		张步群	武 彬	程 军	韩俊波	孙佑明	陈从新
		严小燕	李小荣	叶海燕	孔晓琼	王占凤	张 勇
		王 巍	刘晓波	黄贵林	徐 芳	江家宝	邢慧芬
		汤柱亮	刘 旭	张正金	丁为民	梁宝华	刘 波
		方 周	疏志年	刘小燕	樊乐乐	刘 运	申晨阳
		陈文静	石俊峰	鹿建银	廖莎莎	王小超	焦玉清
		张倩敏	宋晓晓				
旅游管理学院	31	董金山	张安东	齐先文	王 雷	雷若欣	曹传兰
		过慈明	唐丽丽	郭晓艳	刘 锐	胡茂胜	刘 斌
		方玲梅	曾 静	刘亚峰	吴 萍	汪最中	吕君丽
		杨 帆	丁龙庆	朱学同	胡 倩	李晓萌	李秋秋
		鲍小雨	储小乐	曹 睿	闫阿慧	黄琦珂	孙圆圆
		王 超					
艺术学院	77	王光富	杨松水	胡是平	李 勇	褚春元	成素珍
		杨 凯	朱蓓蓓	沈瑞贵	刘宣琳	高芸芸	薛建军
		陈 茜	赵关键	王永虎	安 静	仇慧琴	孔 慧
		杨广红	秦 艳	李二荣	席景霞	姚为俊	刘靖宇
		孙国良	李鹏凯	徐频频	朱冬梅	顾婷婷	曹司胜
		田世彬	杨 丹	刘 杨	马 磊	黄 玮	张 磊
		俞 青	曹多军	程雯雯	张苏琴	王丹丹	陈友祥
		李超峰	李本祥	伍和友	李 颖	曹 艺	聂鑫明
		汤艳艳	薛 梅	王晓晖	余晓燕	韩 伟	丁 晗
		潘池勇	贡 婷	任明明	崔 寅	薛 梅	沈 利
		贾昌娟	肖 康	何冬冬	杜姗姗	郭 华	邓菁菁
		李 玮	谢 众	刘 颖	李洪浩	赵佳妮	徐 婷
		马 腾	周雨茜	代国娟	杨 媛	李跃强	
马克思主义学院	25	郑小春	赵光军	尤朝阳	胡万年	郭启贵	余京华
		杨 芳	肖迎春	夏明群	何小玲	洪礼维	张飞熊
		向泽雄	李 霞	季春芳	董颖鑫	王红丽	石庆海
		开 琛	周玲玲	聂圣平	孙红姐	吴多智	伍小运
		肖结红					
合 计	846						

(供稿:赵 洁)

校内转岗人员名单一览表

序号	姓名	原单位(岗位)	现单位(岗位)	时间	备注
1	吴兵	人事处(师资科)	文教学院(教师)	2018年1月25日	调动
2	孙冰	图书馆(办公室)	人事处(师资科)	2018年3月27日	调动
3	裴敏俊	化材学院(辅导员)	学工部(易班建设发展中心)	2018年3月27日	调动
4	李娜	文教学院(辅导员)	文教学院(教师)	2018年6月13日	转岗
5	廖莎莎	校长办公室(信息科)	信息学院(教师)	2018年6月13日	调动
6	陈凯	旅游学院(办公室)	工商学院(办公室)	2018年7月13日	调动
7	龚平	后勤处	人事处(离退休工作处)	2018年9月6日	调动
8	李玮	外语学院(辅导员)	艺术学院(辅导员)	2018年10月10日	调动
9	李竣泓	经济与法学学院(教师)	经法学院(实验管理)	2018年11月27日	转岗
10	赵琳彬	教务处(档案管理)	学工部(档案管理)	2018年10月25日	调动

(供稿:赵 洁)

安徽省高校拔尖人才培育项目一览表

1. 拔尖人才学术资助项目入选名单

序号	所属单位	姓名	项目类别	项目编号
1	马克思主义学院	郑小春	重点	gxbjZD41
2	化学与材料工程学院	高玉荣	重点	gxbjZD42

2. 优秀青年骨干人才国内外访学研修项目入选名单

序号	所属单位	姓名	访学类型	项目编号
1	经济与法学学院	王小骄	国外	gxgwfx2018071
2	电子工程学院	笪诚	国外	gxgwfx2018072
3	旅游管理学院	吕君丽	国内	gxgnfx2018033
4	数学与统计学院	马永梅	国内	gxgnfx2018034
5	化学与材料工程学院	程东	国内	gxgnfx2018035

3. 优秀青年人才支持计划项目入选名单

序号	所属单位	姓名	项目类别	项目编号
1	旅游管理学院	方玲梅	重点	gxyqZD2018075
2	旅游管理学院	郭晓艳	一般	gxyq2018074
3	化学与材料工程学院	孟祥珍	一般	gxyq2018075
4	数学与统计学院	王冬银	一般	gxyq2018076
5	化学与材料工程学院	王新运	一般	gxyq2018077
6	机械工程学院	龚智强	一般	gxyq2018078

（供稿：赵　洁）

教授、博士人员名单

学院	教授 人数	教授 名单	博士 人数	博士 名单
经济与法学学院	3	徐志仓　孙国峰　施玮	7	徐志仓　闻晓祥　施玮　王小骄　孙国峰　王伟　关鹏
工商管理学院	4	罗发海　朱礼龙　李雷　陶有田	3	朱礼龙　吴克平　严爱玲
文学传媒与教育科学学院	5	方习文　徐礼节　李瑛　丁俊苗　朱明	7	丁俊苗　徐礼节　褚春元　朱大银　刘康凯　朱明　李瑛
外国语学院	3	柯应根　徐朝友　田平	0	/
体育学院	5	孙庆平　姚磊　赵胜国　樊贤进　黄寿军	1	蔡广
数学与统计学院	3	祝家贵　赵开斌　陈佩树	4	祝家贵　陶有田　陈佩树　谢如龙
机械工程学院	5	杨汉生　鲁业频　吕家云　史良马　王可胜	11	杨汉生　汪世义　史良马　靳国宝　龚智强　张自锋　陈姣　宁小波　杨胡坤　王可胜　边金尧

续表

学 院	教 授		博 士	
	人数	名 单	人数	名 单
电子工程学院	3	钱 云 张宏彬 许明坤	7	张宏彬 叶 松 笪 诚 许明坤 高 杰 孔令立 徐 健
化学与材料工程学院	6	万新军 鲁文胜 李明玲 高玉荣 徐小勇 李宏林	16	鲁文胜 晏 娟 叶友胜 王 新 李宏林 程 东 陈小举 杨继亮 丁文兵 张 杨 高玉荣 徐小勇 李明玲 孟祥珍 尹艳君 王 未
信息工程学院	3	郑尚志 吴其林 梁宝华	1	吴其林
旅游管理学院	3	朱定秀 陈恩虎 张安东	7	陈恩虎 雷若欣 过慈明 胡茂胜 张安东 王 雷 唐丽丽
艺术学院	2	杨松水 胡是平	1	杨松水
马克思主义学院	5	徐柳凡 郑小春 胡万年 董颖鑫 余京华	8	郑小春 胡万年 董颖鑫 余京华 杨 芳 张飞熊 郭启贵 季春芳
合计	50	/	73	/

（供稿：赵 洁）

专业技术职务晋升人员名单

序号	姓名	性别	所属单位	任职资格	学科（类别）	任职时间
1	施 玮	男	经济与法学学院	教 授	法学	2018.12.29
2	樊贤进	男	体育学院	教 授	体育学	2018.12.29
3	黄寿军	男	体育学院	教 授	体育学	2018.12.29
4	王可胜	男	机械工程学院	教 授	机械工程	2018.12.29
5	许明坤	男	电子工程学院	教 授	电子科学与技术	2018.12.29
6	梁宝华	男	信息工程学院	教 授	计算机科学与技术	2018.12.29
7	李宏林	女	化学与材料工程学院	教 授	材料科学与工程	2018.12.29

续表

序号	姓名	性别	所属单位	任职资格	学科(类别)	任职时间
8	朱鹤群	男	经济与法学学院	副教授	法学	2018.12.29
9	苗丽娜	女	经济与法学学院	副教授	应用经济学	2018.12.29
10	姜 萱	女	经济与法学学院	副教授	应用经济学	2018.12.29
11	陈海银	男	文学传媒与教育科学学院	副教授	汉语言文学	2018.12.29
12	信中贵	男	文学传媒与教育科学学院	副教授	应用心理学	2018.12.29
13	贺 静	女	外国语学院	副教授	外国语言文学	2018.12.29
14	张 健	男	外国语学院	副教授	外国语言文学	2018.12.29
15	徐富强	男	数学与统计学院	副教授	数学	2018.12.29
16	曹 骞	男	信息工程学院	副教授	计算机科学与技术	2018.12.29
17	刘 拥	男	信息工程学院	副教授	计算机科学与技术	2018.12.29
18	方海燕	女	化学与材料工程学院	副教授	材料科学与工程	2018.12.29
19	吴凤义	男	化学与材料工程学院	副教授	化学工程与工艺	2018.12.29
20	张 杨	男	化学与材料工程学院	副教授	材料科学与工程	2018.12.29
21	刘 锐	男	旅游管理学院	副教授	地理学	2018.12.29
22	曾 静	女	旅游管理学院	副教授	地理学	2018.12.29
23	秦 艳	女	艺术学院	副教授	美术学	2018.12.29
24	杨广红	女	艺术学院	副教授	美术学	2018.12.29
25	汪 军	男	党委学生工作部	副教授	学生思想政治教育	2018.12.29
26	江 宏	男	经济与法学学院	讲 师	应用经济学	2018.12.29
27	梁三金	女	经济与法学学院	讲 师	应用经济学	2018.12.29
28	艾显斌	男	体育学院	讲 师	体育学	2018.12.29
29	周雪华	男	体育学院	讲 师	体育学	2018.12.29
30	毛莎莎	女	文学传媒与教育科学学院	讲 师	新闻传播学	2018.12.29
31	朱小泉	女	文学传媒与教育科学学院	讲 师	教育学	2018.12.29
32	秦鹏生	男	文学传媒与教育科学学院	讲 师	应用心理学	2018.12.29
33	汤玲玲	女	外国语学院	讲 师	外国语言文学	2018.12.29
34	杨 雪	女	外国语学院	讲 师	外国语言文学	2018.12.29
35	李 明	男	外国语学院	讲 师	外国语言文学	2018.12.29

续表

序号	姓名	性别	所属单位	任职资格	学科(类别)	任职时间
36	郑颖	女	外国语学院	讲师	外国语言文学	2018.12.29
37	景西亚	女	外国语学院	讲师	外国语言文学	2018.12.29
38	严恒普	男	数学与统计学院	讲师	统计学	2018.12.29
39	江克	男	机械工程学院	讲师	机械工程	2018.12.29
40	孙钊	男	机械工程学院	讲师	机械工程	2018.12.29
41	张晴晴	女	机械工程学院	讲师	机械工程	2018.12.29
42	张迪凡	女	电子工程学院	讲师	电气工程与自动化	2018.12.29
43	汤柱亮	男	信息工程学院	讲师	计算机科学与技术	2018.12.29
44	许小兵	男	化学与材料工程学院	讲师	材料科学与工程	2018.12.29
45	葛碧琛	女	化学与材料工程学院	讲师	生物工程	2018.12.29
46	李璐涵	女	工商管理学院	讲师	管理科学与工程	2018.12.29
47	欧雅琴	女	工商管理学院	讲师	工商管理	2018.12.29
48	章砚	女	工商管理学院	讲师	工商管理	2018.12.29
49	李玲玲	女	工商管理学院	讲师	工商管理	2018.12.29
50	俞青	女	艺术学院	讲师	艺术学	2018.12.29
51	朱冬梅	女	艺术学院	讲师	艺术学	2018.12.29
52	杨丹	女	艺术学院	讲师	艺术学	2018.12.29
53	薛梅(小)	女	艺术学院	讲师	设计学	2018.12.29
54	崔寅	男	艺术学院	讲师	美术学	2018.12.29
55	丁继勇	男	马克思主义学院	讲师	马克思主义理论	2018.12.29
56	刘雪刚	男	学生工作部	讲师	学生思想政治教育	2018.12.29
57	郝成超	男	学生工作部	讲师	学生思想政治教育	2018.12.29
58	张园园	女	学生工作部	讲师	学生思想政治教育	2018.12.29
59	陈初侠	男	电子工程学院	实验师	电子科学与技术	2018.12.29
60	丁卫萍	女	财务处	会计师	会计学	2018.12.29

(供稿:赵洁)

出国培训、国内访问学者一览表

一、出国培训

序号	学院	姓名	性别	进修学校	专业	培训时间
1	工商管理学院	吴克平	男	新西兰梅西大学	会计学	2018年7月15日～2019年1月19日
2	经济与法学学院	王小娇	女	瑞士比较法研究所	国际私法	2018年12月30日～2019年12月29日

二、国内访学

| 序号 | 部门 | 姓名 | 性别 | 访学学校及专业 | | 脱产访学时间 |
				学校	专业	
1	艺术学院	李超峰	男	中国艺术研究院	美术学	不脱产
2	艺术学院	席景霞	女	中国艺术研究院	油画	不脱产
3	艺术学院	马磊	男	中国艺术研究院	声乐	不脱产
4	艺术学院	田世彬	男	北京师范大学	戏剧与影视学	不脱产
5	艺术学院	徐频频	女	南京艺术学院	声乐演唱	2018年9月～2019年8月
6	艺术学院	汤艳艳	女	江南大学	艺术设计	不脱产
7	数学与统计学院	马永梅	女	中国科学技术大学	概率论与数理统计	2018年9月～2019年8月
8	旅游管理学院	吕君丽	女	安徽师范大学	旅游管理	不脱产
9	旅游管理学院	齐先文	男	安徽师范大学	人文地理	不脱产
10	旅游管理学院	唐丽丽	女	华南师范大学	历史学	2018年9月～2019年8月
11	化学与材料工程学院	程东	男	安徽师范大学	无机化学	不脱产
12	体育学院	兰顺领	男	首都体育学院	体育人文社会学	2018年9月～2019年8月

续表

序号	部门	姓名	性别	访学学校及专业		脱产访学时间
				学校	专业	
13	电子工程学院	余建立	男	安徽师范大学	凝聚态物理	2018年9月～2019年8月
14	外国语学院	王 钢	男	上海外国语大学	英语	2018年9月～2019年8月
15	文学传媒与教育科学学院	陈立钢	男	安徽师范大学	教育学	不脱产

（供稿：赵 洁）

在职攻读博士人员名单

序号	学院	姓名	性别	进校时间	读博起始时间	进修学校及专业		备注
						学校	专业	
1	经济与法学学院	汪开明	男	2004年7月	2014年9月	上海师范大学	法制史	
2		路稳玲	女	2006年1月	2014年9月	辽宁大学	行政管理	
3		杨 峰	男	2004年7月	2015年9月	安徽大学	经济法学	
4		钱 春	男	2004年7月	2016年2月	南京大学	法学	
5		张 郭	男	2001年7月	2014年9月	武汉大学	法学	
6	文学传媒与教育科学学院	林 凯	男	2009年7月	2012年9月	中国科技大学	哲学	
7		孙 颖	女	2007年7月	2014年9月	安徽师范大学	心理语言学	
8		雍淑凤	女	2002年7月	2015年9月	安徽大学	古文字专业	
9		胡传双	男	2006年7月	2015年9月	中国科学技术大学	公共管理	
10		彭正生	男	2006年7月	2017年9月	安徽师范大学	中国现当代文学	
11		陈海银	男	2004年7月	2018年9月	安徽师范大学	中国古代文学	
12	体育学院	刘秀珍	女	2004年7月	2014年9月	北京师范大学	运动与神经调控	
13		蔡 广	男	2005年7月	2014年9月	上海体育学院	体育学	当年毕业
14		杨叶红	男	2007年7月	2015年9月	上海体育学院	体育管理	
15	数学与统计学院	彭维才	男	2010年7月	2015年9月	上海财经大学	企业管理	
16		关 鹏	男	2008年7月	2014年3月	南京理工大学	管理科学与工程	当年毕业
17		候勇超	男	2007年7月	2015年9月	燕山大学	管理科学与工程	

续表

序号	学院	姓名	性别	进校时间	读博起始时间	进修学校及专业		备注
						学校	专业	
18	电子工程学院	刘双兵	男	2008年7月	2011年9月	上海大学	电磁场与微波技术	
19		李华荣	男	2007年7月	2012年9月	合肥物质科学研究院	核能工程电气自动化	
20		向荣	女	2003年7月	2013年9月	安徽大学	物理电子学	
21		马慧	女	2009年7月	2015年9月	南京大学	电子科学与技术	
22		常红霞	女	2008年7月	2015年9月	河海大学	信息与通信工程	
23		方愿捷	男	2013年7月	2016年5月	上海大学	控制理论与控制工程	
24	机械工程学院	江克	男	2017年7月	2018年9月	浙江工业大学	化工过程机械	
25	化学与材料工程学院	王小东	男	2002年7月	2013年9月	中国科学技术大学	火灾科学国家重点实验室	
26		岳贤田	男	2014年7月	2014年12月	南京林业大学	化学	
27		孟祥珍	女	2007年7月	2013年9月	安徽师范大学	有机化学	当年毕业
28		李川	男	2010年7月	2015年9月	合肥工业大学	环保设备及工程	
29		李明玲	女	2003年7月	2015年9月	安徽大学	材料科学与工程	当年毕业
30		秦国旭	女	2007年6月	2017年9月	安徽师范大学	无机化学	
31	信息工程学院	张勇	男	2006年7月	2015年9月	西北大学	计算机应用	
32		江家宝	男	2007年4月	2015年9月	上海大学	计算机应用技术	
33	工商管理学院	余雷	男	2006年7月	2012年3月	东南大学	产业经济学	
34	旅游管理学院	刘斌	男	2003年7月	2016年5月	复旦大学	中国史	
35		刘锐	男	2001年7月	2018年9月	兰州大学	人文地理	
36	艺术学院	曹司胜	男	2008年7月	2015年9月	中国艺术学院	美术学	
37		孙国良	男	2007年7月	2017年9月	中国艺术研究院	美术学	
38	马克思主义学院	李霞	女	2009年7月	2011年9月	安徽师范大学	思想政治教育	
39		肖迎春	女	2000年7月	2015年9月	南京师范大学	马克思主义基本原理	

续表

序号	学院	姓名	性别	进校时间	读博起始时间	进修学校及专业 学校	专业	备注
40	马克思主义学院	季春芳	女	2007年7月	2015年9月	中国社会科学院	中共党史	当年毕业
41		石庆海	男	2004年7月	2018年9月	中共中央党校	中共党史	

（供稿：赵　洁）

新进人员名单

序号	单位	姓名	学历	学位	性别	毕业学校	专业	岗位
1	经法学院	汪启慧	研究生	硕士	女	安徽财经大学	区域经济学	教师
2		刘玉兰	研究生	硕士	女	首都经济贸易大学	金融	教师
3		汪宜香	研究生	硕士	女	天津商业大学	金融学	教师
4		邹林军	研究生	硕士	男	安徽财经大学	金融	教师
5		张堂斐	研究生	硕士	男	安徽大学	刑法学	教师
6		王伟	研究生	博士	男	江西财经大学	人力资源与环境经济学	教师
7		陈蕊	研究生	硕士	女	东北财经大学	保险	教师
8		孙国峰	研究生	博士	男	复旦大学	经济学	教师
9	文教学院	刘畅	研究生	硕士	男	湖南大学	新闻与传播（广告方向）	教师
10		卜洪漩	研究生	硕士	女	中国传媒大学	播音主持	教师
11		曾鹏	研究生	硕士	男	景德镇陶瓷大学	艺术设计	辅导员
12		阮诗文	研究生	硕士	女	浙江师范大学	学前教育学	教师
13		田淼琪	研究生	硕士	女	湖南大学	广告传播	教师
14	外语学院	程艳	研究生	硕士	女	华中科技大学	外国语言学及应用语言学	教师
15		徐超	研究生	硕士	男	宁波大学	英语笔译	教师
16		李成飞	研究生	硕士	男	重庆大学	商务英语研究	教师
17		周婧	研究生	硕士	女	扬州大学	英语	教师
18		赵雅芸	研究生	硕士	女	福州大学	英语笔译	教师
19		李加敏	研究生	硕士	女	南开大学	英语口译	辅导员

续表

序号	单 位	姓 名	学历	学位	性别	毕业学校	专 业	岗位
20	体育学院	周海魁	研究生	硕士	男	安徽工程大学	体育人文社会学	教师
21		李艳荣	研究生	硕士	女	华南师范大学	运动人体科学	教师
22		满进前	研究生	硕士	男	南京师范大学	体育人文社会学	教师
23	机械工程学院	秦 鹏	研究生	硕士	男	大连理工大学	材料工程	教师
24		汪缤缤	研究生	硕士	女	安徽工业大学	材料科学与工程	教师
25		毕楠楠	研究生	硕士	女	安徽工业大学	材料科学与工程	教师
26		边金尧	研究生	博士	男	大连理工大学	机械制造及其自动化	教师
27		路 玲	研究生	硕士	女	合肥工业大学	机械电子工程	教师
28	电子工程学院	徐 健	研究生	博士	男	福建师范大学	光学	教师
29		许葛亮	研究生	硕士	男	五邑大学	通信工程	教师
30		杨 秀	研究生	硕士	女	辽宁石油化工大学	控制理论与控制工程	教师
31	化材学院	王 未	研究生	博士	女	江苏大学	食品工程	教师
32		尹艳君	研究生	博士	女	重庆大学	化学工程与技术	教师
33	数学与统计学院	唐徐飞	研究生	硕士	男	安徽大学	统计学	教师
34		查星星	研究生	硕士	女	杭州电子科技大学	应用数学	教师
35		孙 伟	研究生	硕士	男	安徽师范大学	基础数学	教师
36		程一元	研究生	硕士	男	中国计量大学	应用数学	教师
37		井照敬	研究生	硕士	女	安徽大学	统计学	教师
38		周康妹	研究生	硕士	女	南京财经大学	应用统计学	教师
39	工商管理学院	卢 琪	研究生	硕士	女	安徽大学	国际商务	教师
40		张 宇	研究生	硕士	女	安徽财经大学	市场营销管理	教师
41		耿冉冉	研究生	硕士	女	南昌大学	会计	教师
42		王丽丽	研究生	硕士	女	安徽财经大学	会计学	教师
43		赵帅帅	研究生	硕士	男	山东体育学院	体育教育	辅导员
44		汪 健	研究生	硕士	男	安徽师范大学	社会学	辅导员
45		孙 文	研究生	硕士	女	安徽财经大学	会计学	教师

续表

序号	单位	姓名	学历	学位	性别	毕业学校	专业	岗位
46	信息学院	王小超	研究生	硕士	男	云南大学	计算机技术	教师
47		焦玉清	研究生	硕士	男	安徽大学	软件工程	教师
48		张倩敏	研究生	硕士	女	安徽大学	计算机应用技术	教师
49		宋晓晓	研究生	硕士	女	安徽工业大学	计算机技术	教师
50	旅游学院	闫阿慧	研究生	硕士	女	青岛大学	旅游管理	教师
51		黄琦珂	研究生	硕士	女	陕西师范大学	旅游管理	教师
52		曹睿	研究生	硕士	女	昆士兰大学	旅游酒店会展管理	教师
53		孙圆圆	研究生	硕士	女	华中师范大学	马克思主义哲学	辅导员
54		王超	研究生	硕士	男	合肥工业大学	美术学	辅导员
55	艺术学院	谢众	研究生	硕士	男	安徽工程大学	数字影像	教师
56		刘颖	研究生	硕士	女	四川美术学院	广播电视/动画艺术	教师
57		李洪浩	研究生	硕士	男	陕西师范大学	设计学(环境艺术设计)	教师
58		赵佳妮	研究生	硕士	女	重庆大学	设计学(产品设计)	教师
59		徐婷	研究生	硕士	女	景德镇陶瓷大学	艺术类陶瓷装饰设计	教师
60		李跃强	研究生	硕士	男	天津美术学院	雕塑	教师
61		马腾	研究生	硕士	男	重庆大学	中国画	教师
62		周雨茜	研究生	硕士	女	武汉音乐学院	音乐表演扬琴	教师
63		杨媛	研究生	硕士	女	南京艺术学院	艺术设计	教辅
64		代国娟	研究生	硕士	女	四川大学	美术学	教师
65	办公室	陈丽霞	研究生	硕士	女	南昌大学	思想政治教育	管理人员
66	人事处	陶诗龙	研究生	硕士	男	安徽大学	社会工作	管理人员
67	学工部	崔青星	研究生	硕士	女	南京师范大学	外国语言学及应用语言学	管理人员
68		吴蓓	研究生	硕士	女	安徽农业大学	思想政治教育	管理人员

续表

序号	单位	姓名	学历	学位	性别	毕业学校	专业	岗位
69	教务处	黄婷婷	研究生	硕士	女	安徽师范大学	应用心理学	管理人员
70	财务处	高明霞	研究生	硕士	女	安徽农业大学	会计	管理人员
71	后勤处	汪洋	研究生	硕士	男	安徽理工大学	电气工程	管理人员
72	图书馆	徐琪	研究生	硕士	女	安徽大学	图书情报	管理人员
73	图书馆	唐俐俐	研究生	硕士	女	浙江工商大学	工商管理	教辅人员

(供稿:赵 洁)

调离人员名单

序号	姓名	所在单位	性别	去向	类别	离校日期
1	刘金平	学工部	女	合肥学院	调出	2018年1月25日
2	王占棋	后勤处	男	南京航空航天大学	读博	2018年5月23日
3	马红	图书馆	女	—	辞职	2018年8月2日
4	胡俊俊	文教学院	男	阜阳师范学院	辞职	2018年6月20日
5	钱昶臻	文教学院	男	合肥师范学院	辞职	2018年9月6日
6	冯学红	文教学院	女	上海戏剧学院	读博	2018年6月27日
7	张晓刚	文教学院	男	广东工业大学	调出	2018年8月2日
8	彭承亮	数统学院	男	武汉大学	读博	2018年6月21日
9	洪晗	数统学院	女	中国科学院	读博	2018年8月21日
10	刘怡	机械学院	女	安徽农业大学	辞职	2018年9月6日
11	蒋世民	旅游管理学院	男	安徽财经大学	辞职	2018年9月3日
12	李舒	旅游管理学院	女	合肥师范学院	辞职	2018年9月6日

(供稿:赵 洁)

离退休人员统计表

分类			人数	
			2017年年底	2018年年底
总人数			145	156
年龄		50~59	14	17
		60~70	75	83
		71~80	40	37
		80以上	16	19
职务(职称)、技术等级	职务	厅级	4	4
		处级	38	35
		科级以及下	11	18
	职称	高级	31	35
		中级	21	23
		初级及以下	5	4
	技术等级	技师	1	1
		高级工	27	27
		初级工、普工	7	9

（供稿：赵 洁）

退休人员名单

一、退休人员

序号	姓名	性别	出生年月	行政职务	职称	退休时间
1	崔海光	男	1958年2月	处级副职	副教授	2018年2月
2	许家珍	女	1963年2月	/	讲师	2018年2月
3	朱冬平	女	1968年2月	/	普工	2018年2月
4	朱守堂	男	1958年3月	科级正职	/	2018年3月
5	钱德秀	女	1963年4月	/	讲师	2018年4月

续表

序号	姓名	性别	出生年月	行政职务	职称	退休时间
6	朱仁义	男	1958年4月	处级正职	/	2018年4月
7	俞成香	男	1958年5月	科级正职	/	2018年5月
8	朱巧霖	女	1963年5月	科级正职	/	2018年5月
9	盛玉梅	女	1963年5月	科级正职	/	2018年5月
10	李秀琴	女	1963年5月	/	讲师	2018年5月
11	程耀	女	1963年8月	科级正职	/	2018年8月
12	张敏	男	1958年10月	/	高级工	2018年10月
13	江静	女	1963年10月	科级正职	/	2018年10月
14	陈继林	女	1963年10月	/	讲师	2018年10月
15	张海堂	男	1958年12月	科级正职	/	2018年12月

二、离世人员

序号	姓名	性别	出生年月	行政职务	职称	退休时间
1	徐士友	男	1944年5月	/	副教授	2018年1月
2	孙德玉	男	1950年5月	科级副职	/	2018年1月
3	潘亚农	男	1935年1月	/	副教授	2018年5月
4	王辉煌	男	1944年12月	/	高级工	2018年7月

(供稿:赵 洁)

十一、管理与服务

综合服务工作

办公室在校党委行政坚强领导下,在各学院各部门鼎力支持下,围绕党建、发展两大主题,紧扣学校中心工作,主动增强服务,强化综合协调,当好参谋助手,圆满完成年度工作目标任务,为促进学校更好更快发展发挥了积极作用。

1. 加强党建与思想教育

坚持周三学习制度,深入学习贯彻习近平新时代中国特色社会主义思想、党的十九大精神和全国教育大会精神,开展"讲严立"专题警示教育,推进"两学一做"学习教育。完成支部换届选举,落实"三会一课"和党员活动日制度,全年支部开展集中学习13次。通过专题教育、引导警示等方式,强化服务意识、师德师风、工作纪律和安全教育,树牢"四个意识",坚定"四个自信",坚决做到"两个维护"。

2. 强化党风廉政建设

学习贯彻《准则》《条例》,严肃六大纪律。坚持主任办公会议制度,落实民主集中制,强化党内监督和"一岗双责"。开展"三查三问",加强作风建设,制定学校调查研究年活动实施方案。强化管理监督,开展廉政风险防控工作。规范工作流程,绘制并公开办事流程图13份,做到透明办公、规范管理。

3. 有效落实巡视整改

发挥巡改办职能,全面落实"查抓补",深入推进"回头看",有效落实中央巡视"回头看"、省委巡视和督查反馈问题整改,清理违规占房5套。截至目前,省委巡视反馈的11个方面的38个问题,已基本整改到位。

4. 发挥综合协调职能

加强对外、对内沟通协调,为做好审核评估、巡视整改、校地合作、征地拆迁、赛事服务等发挥积极作用。协调经开区实验幼儿园,接收教职工适龄子女入园。协调通信商优化校园管线布设,协调电信公司搬迁改造老旧机房,为审核评估专家开通网络专线。主动为学院实习基地建设、毕业生就业牵线搭桥。

5. 推进制度"废改立释"

完成学校2018版规章制度汇编工作,梳理各类规章制度297项(党群类85项、行政类142项、教学类70项)。修订《中共巢湖学院委员会工作规则》《巢湖学院校长工作规则》。制定出台《巢湖学院效能建设实施办法(试行)》。

6. 做好文字材料工作

起草校领导在"三代会"等全校性重大活动中的讲话稿30余份。完成审核评估、省委综考、年度工作要点与任务分解等材料撰写工作。编印校办通报4期、校领导碰头会纪要39期、党委会纪要30期、校长办公会纪要20期。

7. 提高公文办理效率

全年登记、传阅、流转、处理各类收文2367份、学校发文460份。规范收发文流程管理,加强发文审核把关,提高文件起草质量。推广电子公文,节约办公成本。及时对公文整理归档,为有关单位提供查询服务。

8. 发挥OA系统功能

全年在OA系统发布主动公开文件1000余份,审核发布网络公告300余条。督促各单位按时填报工作周表,增强工作协调性。按月统计通报处级、科级干部阅读公文情况,提醒领导干部及时阅读处理公文。校办公室在全省教育电子政务应用工作会议上做典型交流发言。

9. 加强信息报送与公开

加强部门网站、信息公开网站和校友会网站管理。全年向上级报送学校重要信息12条,主动公开各类信息2000余条。编制发布学校2017~2018学年度信息公开工作年度报告。参加全省35所高校信息公开第三方评议,学校得分81.71分,超出平均分6.22分。根据评议反馈意见,督促落实整改要求。

10. 做好领导活动安排和信访接待工作

协调校领导接待日和每周重要活动安排,及时填报、随时更新学校及部门周表。做好日常来信、来电、来访的登记、接待、传达等工作。安排专人做好书记、校长信箱和部门邮箱管理工作,全年办理各类信访件53件。

11. 规范会务服务与督办工作

统筹做好会议室报告厅调度安排。做好"三代会"、全省档案协会年会等重要会议和汤山讲坛的会务服务。完成第11届中国大学生计算机设计大赛数字媒体设计类专业组现场决赛等大型赛事服务,荣获计算机设计大赛"优秀组织奖"。加强党委会、校长办公会议定事项的催办、督办、协办和落实工作。督办协调各学院规范和加强网站建设。

12. 严格公务接待和公车管理

全年接待上级、属地领导检查指导和兄弟院校校际交流20余次。严格执行八项规定和公务接待管理规定,厉行节约,校级招待费由2017年的6.1万元下降至2018年的5.9万元。招标建立公务用车租赁平台,为各单位提供及时周到的用车服务。加强车队公务车辆的维保和运行监管,全年安全行车11万千米。

13. 强化保密机要工作

组织召开保密委会议,学习贯彻上级有关工作要求。按照保密工作规定,加强保密宣传教育和工作制度建设。实行机要人员AB岗制度,安排专人加强机要管理,做好密级文件的收发、传阅和清退工作。严格学校会议保密和信息公开保密审查,全年无失密、泄密事件发生。

14. 做好通信保障和用印服务

印制处级以上领导干部通讯录和工作名片。加强校园通信保障服务,对办公电话安装、移机、维修等做到响应及时。规范基站场地租赁合同管理,严格约束校内经营业务。规范学校党政印章和党委书记、校长印鉴的管理使用,全年提供用印服务2万余次。

15. 加强档案建设管理

全年收集文件材料4222件(卷),检查修裱档案材料4万余页。接待各类档案查调服务739人(次)、2315件(卷)。完成第三轮档案数字化工作。成功承办省高校档案工作协会

2018年年会暨高校档案工作经验交流会。与皖西学院共同举办"6·9国际档案日"活动。编写学校2018年1~12月大事记。编纂并公开出版《巢湖学院年鉴·2017》。获评2018年《巢湖年鉴》"优秀撰稿单位"。1项档案管理课题首次获得中国高等教育学会档案分会立项。

16. 做好审核评估工作

精心组织安排审核评估预评估、教育部评估专家驻校考察的接待与会务工作,协助编制审核评估自评报告及工作手册,积极配合相关工作组完成审核评估工作任务。按照审核评估要求,组织师生开展对学校管理服务满意度的问卷调查。

17. 实施精准扶贫

制订实施学校扶贫工作年度计划,关心帮助扶贫工作队解决生活困难。组织帮扶干部多次入户走访慰问,协调组织大学生暑期"三下乡"赴大墩村开展社会实践,配合后勤处推进面向霍邱县定点采购工作。扶贫工作队的两位同志获评省委组织部年度考核"优秀"等次。选派的237名师生圆满完成对明光市、黄山区、五河县、郎溪县的脱贫攻坚第三方监测评估工作。

18. 推进校友会工作

协调开展"优秀校友回母校"系列活动,为校友返校联谊提供周到服务。组织校友开展向母校捐赠活动,协调校友企业到校招聘人才。编印学校2017届、2018届"毕业生影像集"。

19. 加强值班与维稳等工作

协调安排法定节假日和寒暑假学校值班工作。统筹安排校领导节前慰问送温暖活动。协助做好校园安全稳定和应急工作。统筹协调办公用房调整搬迁和办公设备家具配置工作。完成文印招标和法律顾问聘请工作,加强文印业务监管,协调法律顾问处理涉校法律事务。规范发布全校各单位简称及英文名称。完善图书馆电梯运行模式,降低运行成本,强化办公场所安全管理。完成教职工交通补贴审核发放工作。及时沟通、认真办理党代会教代会有关提案建议。

(供稿:陈丽霞)

发 展 规 划

2018年,发展规划处围绕审核评估、专业评估、"十三五"规划落实、目标管理、质量管理、数据统计、学术委员会、高教研究等中心工作,认真履行工作职责,圆满地完成了既定工作计划和任务。现将2018年工作情况总结如下。

一、2018年主要工作开展情况

(一)审核评估工作

1. 3月派员赴天津参加教育部举办的2018年参评学校审核评估工作培训。

2. 5月印发"巢湖学院审核评估重点工作与任务分解表"。

3. 5月印发《巢湖学院审核评估项目化推进工作实施方案》。

4. 6月拟订"巢湖学院审核评估支撑材料目录"初稿。

5. 6月组织开展办学指导思想和办学定位研讨工作,广泛征求意见,对办学指导思想和办学定位进行修订与完善,经校党委会审议通过后正式下文。

6. 7月下发"巢湖学院审核评估暑期工作安排"。

7. 9月组织开展二级学院教学基本档案建档工作,出台二级学院教学基本档案材料参考目录。

8. 10月邀请教育部评估中心王红处长来校做审核评估专题讲座。

9. 11月组织完成预评估工作。

10. 11月完成审核评估自评报告撰写工作。

11. 11月召开巢湖学院本科教学工作审核评估动员大会。

12. 11月印发《巢湖学院审核评估专家驻校考察期间工作总体方案》。

13. 11月完成专家案头材料、自评报告支撑材料汇编工作。

14. 11月起草完成审核评估校长报告。

15. 11~12月总体协调审核评估专家进校前、中、后期各项工作,准备充分,组织严密,各环节有序推进,总体圆满顺利。

16. 整理汇总专家组意见,填写"巢湖学院本科教学工作审核评估问题清单、整改清单、责任清单",并上报教育厅。

17. 12月下旬与兄弟院校交流评估经验,接待池州学院一行来校考察评估工作。

18. 12月下旬,总结巢湖学院审核评估工作,形成总结报告。

(二) 专业评估工作

1. 3月组织校内专家论证首批参评专业评估整改方案,启动整改工作。

2. 4月组织开展第二批参评专业校内专业评估工作。

3. 5月组织第二批参评专业启动整改工作。

4. 5月聘请专家对校内专业评估整改方案进行审查。

5. 5月参加省教育厅专业评估工作推进会。

6. 6月协助体育教育专业接受省厅组织的专业评估工作。

7. 12月出台《巢湖学院迎接安徽省本科专业评估工作实施方案》。

8. 12月下发《关于近期做好迎接安徽省专业评估相关工作的通知》,协调近期参加安徽省评估专业的有关评建工作。

(三) 质量管理工作

1. 6月召集相关单位研究《质量保障体系纲要》落实工作。

2. 11月完成《巢湖学院教学质量保障体系制度汇编》。

3. 12月完成教学质量监控数据库信息化平台立项、招标、建设工作。

4. 12月完成《巢湖学院2017~2018学年度本科教学质量报告》,并报送教育厅。

(四) "十三五"规划落实工作

1. 3月依据"十三五"事业发展规划,确定2018年度执行落实计划。

2. 10月完成"十三五"规划中期评估报告,并报送省教育厅。

3. 12月启动2018年度巢湖学院"十三五"事业发展规划年度执行情况调查与报告撰写工作。

(五)国家数据平台数据采集与高等教育事业统计工作

1. 9月出台《巢湖学院2018年度高等教育质量监测国家数据平台数据采集工作方案》,召开工作布置会,启动数据采集工作。

2. 10月完成高等教育质量监测国家数据平台数据采集与填报工作。

3. 10月印发通知,召开布置会,启动高等教育事业统计工作。

4. 11月完成高等教育事业统计工作,并向教育厅报送数据。

(六)目标管理工作

1. 4月确定2018年度二级单位目标任务,并签订目标管理任务书。首次在学校年度党政工作要点中明确职能部门量化指标任务。

2. 12月启动二级单位2018年度目标任务完成情况总结工作。

(七)学术委员会工作

1. 9月印发《关于开展第二届学术委员会专门委员会和基层委员会部分成员调整工作的通知》,启动学术委员会部分成员调整工作。

2. 10月底完成第二届部分学术委员会专门委员会和基层委员会成员调整工作。

3. 12月撰写2018年度学术委员会年度工作情况报告。

(八)专题调研工作

1. 6月完成2017年度人才培养状况社会问卷调查工作,并撰写分析报告。

2. 12月起草《2018年度巢湖学院人才培养状况社会调查问卷》。

3. 12月起草《巢湖学院章程2018年度执行落实情况调查问卷》。

(九)《高教资讯》编印工作

共编印10期《高教资讯》,总计15万多字。

(十)体制机制改革

探索建立运用第三方评价的激励约束机制,完成第三方毕业生跟踪评价服务招标工作,协助中标公司(北京新锦成数据科技有限公司)开展2014届毕业生中长期发展跟踪调查、2017届本科毕业生社会需求与人才培养质量调查,并形成相应的调查报告,有力支撑审核评估自评报告,并为相关专业参加安徽省专业评估提供支持。

(十一)完成省教育厅布置的相关工作

1. 根据《安徽省教育厅关于征求〈应用型本科高水平大学建设标准〉修改意见的通知》要求,对《地方应用型本科高水平大学建设标准(试行)》提出修改意见,并报送教育厅。

2. 向教育厅报送学校年度重点改革工作。

3. 完成中西部教育发展督导评估监测高校数据填报工作。

4. 协助省教育厅组织开展高等学校治理情况问卷调查。

5. 协助教务处做好《安徽省高水平本科教育行动计划(征求意见稿)》的修改意见反馈工作。

6. 根据《安徽省教育厅关于征求〈安徽省教育现代2035〉和〈加快推进安徽教育现代化

实施方案〉意见的通知》要求,做好修改意见与建议反馈工作。

（十二）学习调研工作

1. 4月派员赴滁州学院开展审核评估工作调研。
2. 6月派员赴合肥师范学院参加教学质量评估与质量标准建设专题研讨会。
3. 11月派员赴安庆师范大学开展审核评估工作调研。

（十三）其他工作

1. 完成2017年度省属高校领导班子发展考核工作。
2. 完成学校二级单位2017年度发展考核工作。
3. 协助教务处开展两学期的期中教学检查工作。
4. 完成《巢湖学院年鉴·2018》编写工作中发规处所承担的部分。
5. 完成学校"三查三问"督查工作。
6. 完成扶贫定点帮扶工作。
7. 徐礼节参加学校第二次"教学沙龙"活动并做主题讲座。
8. 徐礼节承担新进教师岗前培训工作,做题为《高校教师职业规划琐谈——怎样成长为优秀的高校教师》的专题报告。
9. 徐礼节参加省政协会议以及资政议政工作。
10. 协助向教育厅报送年度重点(改革)工作。
11. 组织协调环巢湖文化展馆建设方案论证工作。
12. 开展教育思想观念大讨论并撰写论文。

（供稿：张凌晨）

财务管理工作

财务处在学校党委和行政的领导以及二级单位的支持配合下,围绕部门党建和发展工作目标,提高政治站位,改进工作作风,严肃财经纪律,严格财务管理,团结一心,埋头苦干,较好地完成了全年各项工作任务。

一、坚持大局观念,配合全局工作

1. 完成本科教学审核评估工作

按照学校本科教学审核评估工作方案,对照指标体系,落实对应任务。详细统计教育教学经费、教学日常运行经费、教学改革与发展经费投入等数据,认真撰写部门工作报告,准备支撑材料,顺利完成专家驻校评估工作。

2. 开展巡视和审计整改工作

落实中央巡视整改"回头看",扎实开展"查漏洞、抓反弹、补短板"工作。积极配合学校2017年预算执行与财务收支审计,针对审计发现的问题,认真落实整改任务,不断规范内控运行、预算和收支管理,提升财务管理水平。配合开展处级领导干部离(转)任经济责任审计。

二、强化制度保障,规范财务管理

1. 完善财务制度,规范经济活动

修订《巢湖学院差旅费管理办法》《巢湖学院学生缴费管理办法》等制度,制定《巢湖学院"一卡通"资金结算办法》。

2. 明晰工作流程,增进管理效能

编印"财务报销手册""学生缴费指南""预算编制手册"等材料,促进财务管理工作标准化、规范化,增强制度的可操作性。

3. 推进内控建设,强化制度约束

坚持以风险导向的内部控制理念,坚持以经费支出审核为抓手,坚持推动以资金、资产和资源为重点的内控有效运行,填制事业单位内部控制建设情况表,编报学校2017年度内部控制报告。

三、严格预算管理,增强执行力度

1. 科学预算编制

编制学校2019年度和2019～2021年三年项目滚动预算,积极组织项目论证,召开专题论证会议8次,切实增强经费预算编制的可执行性。

2. 优化预算分配

坚持人员经费优先,坚持教学中心地位,保持教学经费稳步增长,教学经费投入较上年增长12.49%;学生平均教学日常运行支出较上年增长7.94%。

3. 严格预算调整

规范预算调整程序,严格申请审批手续,禁止随意变动预算分类、资金用途和使用方向,强化年度预算的权威性和约束力。按规定及时调整相关预算,有效完成预算经费的合理切换和科学调度。

4. 强化预算执行

组织召开预算执行推进会7次,着力推进基建、政府采购等重点项目的预算执行进度,提高预算执行效果。学校预算全口径执行率达92.6%,其中政府采购执行率较上年增长4.2%。首次将预算执行情况纳入年度考核指标体系,实行预算执行率与考核结果挂钩制。

四、严格收支管理,提高资金效益

1. 加强收入征缴

坚持执行"收支两条线",禁止坐支行为。完成学生学费(住宿费)等预算外收入的征收汇缴,2852名学生助学贷款信息的核对;完成16862生次军训服装费、公寓用品费等代管款项的征收结算;打印、发放收费票据33381份。

2. 严格资金结算

坚持执行国库集中支付、公务卡管理等制度,禁止现金支付,防范资金风险。高效完成学校报销款项的申报支付,全年办理支付业务1.2万笔;按时完成工资薪金的发放,个人所得税、住房公积金、社会保障费的扣缴,以及"一卡通"、学生医保费、毕业生教材款等资金的支付结算。

3. 厉行勤俭节约

坚持过"紧日子"的思想,严格控制和压减"三公经费"。"三公经费"支出比上年下降9.56%。

4. 强化绩效意识

坚持开展绩效评价,提高资金使用效益,完成2017年项目经费使用情况的绩效分析,编写绩效分析报告。

五、规范会计核算,强化财务监督

1. 积极落实新规

认真做好实施《政府会计制度》准备工作,制订《巢湖学院实施政府会计制度工作方案》,清理教科研项目经费567笔,全年清理往来款项1062.27万元,完成基建财务并账核算、补提固定资产折旧、无形摊销等。

2. 规范会计核算

准确适用制度,按照政府会计、非盈利组织会计和企业会计制度对学校本级财务、工会财务和劳动服务公司财务进行分类核算,全面统一管理学校账务。全年编制记账凭证6071张,归档会计档案438册。

3. 严肃财经纪律

严格报销单据审核,强化会计监督职责,降低财务风险。组织开展"小金库"专项治理"回头看"和自查活动,实行公开承诺和公示制度,编写学校"小金库"专项清查报告。

六、构建业财系统,倍增工作效率

1. 开通缴费综合查询系统

做到可实时、动态查询、统计学生缴费数据信息,及时、准确掌握学生缴费情况,有效提高收缴费工作效率,学生缴费率达98.7%,创历史新高。

2. 更新升级财务核算系统

重新设置核算模块,调整核算基础、会计科目体系、科目余额等,顺利实现新旧会计核算系统调换,为政府会计制度实施奠定坚实基础。

3. 基本建成网络报销系统

全面施行网络报销,优化报销签批流程,实现纸质签批向网络签批的转变,节约教职工报销时间。

4. 启动建设综合业财系统

优化教科研项目经费管理、预算管理等系统,努力构建集预算管理、资金结算、会计核算、综合查询等功能的一体的业财管理系统。

七、 强化服务意识,提升服务质量

1. 广泛开展调查研究

制定《巢湖学院财务处开展"调查研究年"活动实施方案》,走访艺术学院、体育学院、工商管理学院和信息工程学院,聚焦师生关切的问题,积极沟通协调,收集意见建议,改进服务措施。

2. 积极落实新个税法

组织举办个人所得税专项附加扣除政策宣讲会,宣传新个人所得税法,10月与国家同步提高个税起征点,组织填写完成个税专项附加扣除信息,做到全员申报,让教职工尽享改革红利。

3. 设立经费报销专岗

专门安排教科研经费报销窗口和岗位,负责教师项目经费报销的政策咨询、经费查询、票据审核、报销指导等工作。

4. 注重提升服务能力

强化队伍建设,增强专业技能,夯实服务基础,积极组织业务培训,参加省总会计师协会培训5人次、省教育厅培训8人次、其他培训17人次。鼓励职称晋升和继续教育,4人通过会计师(经济师)资格考试,1人考取在职研究生。

(供稿:许 兵)

国有资产管理工作

国有资产管理处在校党政的正确领导下,在全校各部门的大力支持和密切配合下,加强"以教学为中心,规范管理,服务全校"的工作理念,不断深化部门工作作风建设,进一步完善国有资产的管理和规章制度,努力提升规范化管理水平。全处人员齐心协力,有序推进各项工作,圆满完成了各项任务。

一、 招标采购工作

1. 组织实施政府采购项目

采取有效措施加快招标进度,完成28项政府采购项目的招标。加强项目验收,及时办理款项支付,截至12月31日,共支付5100万元。

2. 及时完成学校自主采购任务

为确保学校教学科研、行政办公和后勤保障等各项工作的顺利开展,年内组织并完成教材、军训服装、教学实验耗材、道路改造、绿化园林景观等67项货物、工程与服务等项目的自主采购工作。

二、资产管理工作

1. 加强资产登记工作

对采购的设备及其他固定资产及时登记入账,累计登记新增固定资产3200万元。

2. 开展国有资产清查

组织资产清查盘点,核实全校资产状况,并为学校实施政府会计制度提供基础性数据。

3. 组织教学科研设备考核

开展年度设备考核工作,组织检查教学科研设备的使用与管理情况,为年度综合考核提供评分依据。

4. 加强资产使用与处置管理

完成学生公寓浴室合作经营的招标工作和学生第三食堂三楼资产出租的招租工作。清查各类资产出租事项,开展出租合同的备案与租金清缴工作。

5. 组织设备维修

及时受理有关管理部门与教学单位提交的专业设备的维修申请,积极联系供货商、厂家,安排专业人员及时维修,有效保证教学、管理工作的正常运转。

6. 完成年度资产报表与报告的编报工作

三、制度建设工作

制订出台《巢湖学院科研设备采购管理办法(试行)》。根据省教育厅《省属高等院校国有资产管理办法》,初步完成《巢湖学院国有资产管理办法》《巢湖学院固定资产报废处置办法》修订稿的草拟工作。

四、其他工作

(1)参与各类零星维修工程项目的竞价工作。

(2)参与新建校医院等基建项目和新建道路绿化工程等维修项目的隐蔽工程验收和竣工验收,参加有关基建工程项目的变更论证。

(3)审核全校各类经济合同。根据《巢湖学院合同管理办法》的规定,负责全校各类经济的审查核稿工作,共审核学校各类经济合同100余份。

(4)做好审核性评估的有关工作。牵头负责审核性评估"教学科研设备利用共享"部分材料的收集与统撰工作,提供"教学科研设备信息"等支撑材料。提供教育部评估专家所用的电脑、打印机等办公设备,为评估专家开展工作提供物质保障。

(供稿:秦鹏生)

审 计 工 作

在安徽省教育厅和安徽省内部审计协会的指导下,学校紧紧围绕工作重点,发挥内部审计的监督和服务职能,依法全面履行审计职责,积极开展各项审计工作,为防范学校经济风险、强化财务管理、提高资金使用效益、促进党风廉政建设、保障学校经济活动的健康运行发挥了重要作用。

一、加强理论学习,提高政治站位

坚持以习近平新时代中国特色社会主义思想为指导,深入学习党的十九大精神以及习近平总书记在中央审计委员会第一次会议上的重要讲话精神。牢固树立"四个意识",牢记党的宗旨使命;坚定社会主义信仰,增强"四个自信"的底气;不断提高政治站位、强化责任担当,忠诚审计事业,认真履行宪法和法律赋予的审计监督职责。扎实开展"两学一做"学习教育活动,参加专题党课,提升审计人员的政治素养,强化政治敏感度和法纪意识。加强政治理论学习,用正确的思想指导工作,为更好地开展学校各项内部审计工作提供了强有力的理论指导和思想保证。

二、围绕学校中心任务,开展内部审计工作

1. 防控风险,做好财务收支审计

贯彻落实《中共安徽省委教育工委安徽省教育厅关于建立预算执行与财务收支年度审计全覆盖制度的通知》(皖教工委〔2015〕68号)和《关于开展2017年预算执行与财务收支年度审计全覆盖有关事项的通知》(皖教工委函〔2018〕76号)文件精神,按时完成巢湖学院2017年度预算执行与财务收支审计,指出问题4项18条,提出4条审计建议。学校高度重视审计中发现的预算收入编制不完善、未能严格执行合同条款、资产管理不到位、基建项目逾期完工等问题,召开专题整改会议,对照安徽省教育厅关于审计整改工作的要求,研究部署审计整改工作,指导督办整改事项,切实履行审计整改责任,于11月底完成整改任务。

2. 稳抓重点,推动基建工程审计

组织完成19项工程竣工结算审计,其中零星维修工程3项,送审金额为9023999.22元,审定金额为6935597.55元,审减额为2088401.67元,审计核减率为23.14%;基建工程13项,送审金额为18703032.73元,审定金额为16420391.60元,审减额为2282641.13元,审计核减率为12.20%;提供审计清单编制项目3项,涉及金额5519502.39元。

开展门前道路、校医院、学生公寓、学生食堂全过程跟踪审计,其中校医院、学生公寓、学生食堂已进入竣工结算初审。完成经法学院、工商管理学院跟踪审计招标,强化对基建项目的全过程跟踪审计,将审计关口前移,实现由事后审计为主向事前防范、事中控制和事后审

计相结合为主的转变。

3. 促进廉政，做好经济责任审计

为贯彻落实《安徽省部门和单位内部管理领导干部经济责任审计实施办法(试行)》(皖审发〔2016〕118号)和《安徽省内部审计条例》等文件精神，加强对领导干部的管理和监督，客观公正地评价干部任期内的经济责任，推进党风廉政建设。10月份逐步开展对机关处级党政领导干部的离任经济责任审计工作。学校领导高度重视经济责任审计工作，10月15日，校党委集中审议经济责任审计方案，10月25日，召开经济责任审计进点会议，校党委委员就经济责任审计工作提出了四点要求：一要提高认识，二要严肃纪律，三要严谨细致，四要通力合作。截至12月底，已完成对22名机关处级干部任期内的经济责任审计取证工作。下一阶段将以审计报告的形式对领导干部任期内的履职情况进行客观的评价，为我校处级干部的管理和考核提供依据。

三、高度重视，积极履行审计监督职能

按照《巢湖学院招标采购监督暂行规定》(校字〔2016〕163号)《巢湖学院基本建设管理办法》(校字〔2016〕11号)等文件要求，学校开展了招投标的监督工作和部分设备、工程项目的验收监督等工作。

（1）参与新建校医院、学生食堂、学生公寓、门前道路、沸泉路等工程项目验收50余次。

（2）参与经法学院、工商管理学院施工项目招投标过程监督。

（3）参与国有资产管理处主持的固定资产报废处置工作2次。

四、强化审计成果的转化利用

高度重视审计成果的利用，提升审计成果的实效性，深化审计成果的转化利用。积极落实预算执行与财务收支审计发现问题的整改，督促国资处严格依据审计结果办理资产移交手续，督促财务处严格预算执行，针对审计发现财务处理不当的79195元资金，及时进行了账务调整。

加强审计发现问题的研究分析，重点对典型性、普遍性、苗头性、倾向性问题开展分析研究，从体制上、机制上、制度上查找解决问题的办法，切实发挥审计的增值服务功能。积极落实工程项目在审计中发现的问题的整改，并严格依据审计结果与施工单位进行工程价款结算，全年工程审计核减金额为4371042.8元，通过审计增收节支，有效地提高了学校资金的使用效益。

五、强化学习，提升审计专业水平

一是加大审计人员的业务培训力度。积极参加由安徽省审计厅牵头举办的省直部门单位审计人才库培训班，把握高校审计前沿动态，广纳博思，互学互鉴。二是加大审计人才培养力度，不断提高审计队伍综合实力。积极鼓励审计人员参加审计职称考试。三是创新学

习方式。除了积极参加上级机关组织的学习培训外,还通过订阅《中国内部审计》《教育审计》等期刊,加强自主学习,提高审计理论水平、更新审计观念、扩展审计人员的视野。

(供稿:曹海清)

后勤保障与服务

后勤管理与基建处在学校党委、行政的正确领导和全校各部门的大力支持下,围绕学校发展大局,坚持以"服务学校发展、服务师生员工"为宗旨,秉承"管理育人、服务育人、环境育人"的理念,努力实现后勤工作由"粗放型"管理向"精细化"服务的转型,服务于学校教学中心工作,明确工作目标,强化责任意识,采取有力措施,有效推动各项后勤保障与服务工作的顺利展开。

一、加强基础设施建设,增强后勤保障能力

1. 合理规划,及时修编校园规划

完成校园规划调整和详规的设计、报批工作,形成"一轴一带,三纵三横"的整体架构,总体规划更加趋向合理。

2. 主动对接,稳步推进征地工作

完成校园南侧清水塘村 7.45 公顷新征土地划拨、土地证办理及让地工作,使门前道路和新教学实验楼项目得以顺利实施。完成土王村和学校东北侧袁庄村共 5.65 公顷土地划拨工作。持续推进 33.33 公顷用地计划剩余土地指标的落实工作。协助巢湖市经开区做好龙泉路建设工作。

3. 查缺补漏,有序推进重点工程

(1) 完成新校医院工程建设。新校医院在秋季学期开学时正式建成并投入使用,总建筑面积达 2428 平方米,主要功能为诊室、药房、病房、心理健康咨询中心等,改善了师生员工的就诊条件。

(2) 推进门前道路及新大门工程建设。完成项目设计、施工和监理招标,并于 10 月份破土动工建设,目前工程正有序推进,预计 2019 年完工。工程为学校规划的中轴景观带,占地面积约 28000 平方米,从图书馆至 S105 省道全长约 326 米,中间 60 米宽为景观绿化、喷泉等休闲广场,两侧各 10 米宽沥青道路和 3 米宽人行铺装道路。

(3) 加快经法学院、工商管理学院教学实验楼建设。完成项目施工图设计、图纸审查、消防环保审查、规划许可证办理、施工招标、监理招标等工作。及时组织施工单位进场,落实合同签定和施工许可证办理工作。11 月份正式进场开工建设。

(4) 启动大学生活动中心及人才公寓楼深化设计工作。完成大学生活动中心立项工作,加快办理人才公寓楼立项申报手续,同步启动大学生活动中心及人才公寓楼的深化设计工作。

4. 改善环境，加大基础设施建设

完成玉泉路、沸泉路项目及路灯等配套设施建设。完成清水塘景观改造工程，形成特色景观。启动淳泉路中心花园景观工程建设，完成设计以及施工招标工作，目前已开工建设。推进图书馆空调改造工程，完成图纸设计工作。完成明德楼、慎思楼的课桌椅及黑板的更换工作，共更换座位1514套、黑板6块。

二、推进绿色校园建设，提升保障质量

1. 开展校园美化，实施绿化提升

完成新建食堂和学生公寓周边的绿化提升，完成玉泉路及新征土地的绿化工作，共栽种榉树、苏铁、茶花、银杏等300余棵。栽种麦冬草、狗牙根等面积约700平方米。对学校已有的草坪进行杂草清理和整理补苗，共补种草皮约500平方米。组织全校师生开展"植树节"义务植树活动，美化校园环境，进一步提升校园自然景观与文化景观品位，增强环境育人能力。

2. 开展节能改造，实施减排降耗

完成图书馆电梯并联改造，优化电梯运行模式。实施水电及老旧建筑的节能改造，完成教学楼节能灯具的改造，完成东区变压器采购安装和新增5栋宿舍水电联控建设项目。完成全年能耗统计上报工作，生均能耗下降39.98%，实现学校事业的可持续发展。学校2018年被省机关事务局、发改委、财政厅联合评选为第三批节约型公共机构示范单位。

3. 开展环境整治，落实维修检修

修订《巢湖学院维修管理办法》，强化小型维修企业库管理，落实公共设施维护、维修工作。完成大门至小西门外围墙粉刷美化、学生宿舍门前道路维修、自行车棚安装、艺术楼北侧简易道路维修、博学楼北门广场地砖维修、教学场所粉刷维修等工作，全年共实施各类小型维修(护)工程150余项，创建了整洁优美的教学办公环境。牵头开展外卖专项整治活动，减少校园的白色垃圾；集中开展卫生死角清理和教学场所设备检修、环境保洁工作，美化、亮化了校园。

三、加强后勤服务管理，提升后勤服务水平

强化物业、餐饮、商贸服务的监督管理，做好水电气维修、学生公寓、医疗等服务保障工作，不断促进后勤保障工作精细化、规范化、标准化、信息化。

1. 物业管理

完成校园物业和楼宇物业招标及交接进场工作，继续实施校园大物业管理。完成学校校园环境卫生、保洁、绿化养护、教学公共场所门卫、值勤、秩序维护、水电保障、零星维修等各项日常服务保障工作。完成学生公寓维修14343件、教学区域维修6132件、办公楼宇维修2638件，维修完好率达90%以上。制定《物业考核办法》，接受全校师生监督，确保全力做好各项服务保障工作。

2. 餐饮服务

完成第二食堂二、三楼餐厅新一轮招标及新建学生食堂黄山KK餐厅和大佳一餐厅的

入驻工作,进一步增强学校餐饮保障能力。完成新建学生食堂厨具设备和食堂燃气工程设备的采购、安装及食堂安全监管平台的信息化建设,保障日常餐饮供应。加强食堂伙食管理和服务监管,定期开展满意度调查,构建监管长效机制。加强教工餐厅和学生食堂伙食供应、食品卫生与食堂餐饮从业人员专业技能培训服务工作,组织食堂经营企业开展从业人员食品安全知识、专业技能培训,各类培训合计 40 余次。落实面向贫困县(市、区)采购农产品工作,成立了由分管副校长为组长的工作领导组,制订工作方案,积极与对口贫困县对接,落实采购工作,向霍邱县、颍上县采购的大米、蔬菜、面粉等,总价值共 509300 元。

3. 商贸经营

完成新食堂三楼商贸网点、新一轮宿舍洗衣机(含电吹风)项目招标入驻工作,落实地下超市项目、直饮水项目、原学生浴室项目等服务企业的日常监管工作。

4. 宿舍管理

完成宿舍分配、新生入住服务,落实暑假学生留校服务管理工作。完成学生公寓区域文化设计营造、毕业生楼宇维修、学生宿舍浴室改造、学生宿舍纱窗、窗帘安装及学生公寓自习室空调安装工作,改善了宿舍条件。完善学生宿舍信息化建设工作,实现网上宿舍调整、宿舍报修、宿舍违纪等管理功能。落实宿舍管理委员会管理工作,监管物业服务质量,深化学生自我管理服务。

5. 医疗保障与改革

完成新建校医院的搬迁和医疗设备安装调试工作。推进校医院运营模式改革,以巢湖学院为主体,与安徽医科大学附属巢湖医院共建医疗联合体,引入优质的医疗服务资源,引进口腔诊疗服务。完成教职工日常诊疗服务工作,门诊接诊 18000 余人次,参与学校大型活动的医疗保障 20 次。完成 2018 级新生体检和教职工体检工作。落实传染病防控、大学生医保和教职工大病救助工作。落实公共卫生、食品安全宣传教育。完成健康教育公共选修课教学工作。举办传染病防治知识讲座等大型主题宣传教育活动 2 次,全校辅导员传染病防控知识培训 1 次。

6. 水电保障

完成学校水电气保障、管理和水电费收缴工作,落实二次供水相关工作。排查检修老旧水电管,规范水电表管理,设立缴费台账,建立突发事件应急处理机制。完成校园东区水泵房二次供水许可证办理工作,启用校园东区水泵房,满足校园 24 小时供水需求。

7. 住房管理

完成 7#、8# 教师宿舍回迁工作,完成 5 套违规占房清理和后续工作,进一步规范住房和公共设施管理。

(供稿:张 号)

文献保障与服务

一、基础服务工作

图书馆年内共接待读者649575人次,过刊阅览室周一至周五工作日开放;期刊阅览室除周五晚间外,其余时间正常开放,一周开放时间超过70小时,日均接待读者160多人次。电子资源培训室接待读者1470人次(6月份为方便学生复习,临时充当自习室,未计读者人次)。学生自习室全天开放,节假日不关闭,日均接待学生3000余人次。

6月完成信息共享空间二期建设,包括4个4人间的小组研修间与7个1人间的个人研修间,可容纳40人,9月21日正式对读者开放;11月图书馆整体环境文化提升改造工程竣工并交付使用。

年内共借书65069册,还书66024册;办理续借269次;调整藏书布局进行新书倒架20000余册;更换模糊书架标签1000余张;网上共回复读者咨询问题200余条;网站上发布新闻通知31条,微信号公众号推送消息8条;电子资源点击、浏览、下载量达7054234次。

资源建设部年内使用新书采购经费230万元,购进图书22334种,56928册。订购纸质期刊(邮发、非邮发、中国人民大学复印报刊资料)共计1092种,订刊经费为246895.2元;订购报纸35种,订购经费为9837.64元。装订、加工、著录及上架2017年度杂志及少量2016年度过期杂志4200余册。

二、数字资源和信息化建设工作

(1) 本年共采购数字资源18种,其中新增"法学大数据分析平台"和"E博在线"两种数据库,共计使用经费129.2652万元。

(2) 3月建成基于联想超融合平台的虚拟防护系统,及山石网科SG-6000-Cloud网络安全软件,使用经费9.68万元;9月建成新生入馆培训系统,使用经费4.98万元。

(3) 部分图书馆应用系统,如数字资源本地系统、移动图书馆平台、门禁系统、研修间管理系统等迁移至超融合平台,共运行虚拟机20余个;改造图书馆机房通信网络与存储网络拓扑结构,理顺网络链路。

(4) 12月搭建完成"环巢湖文化"特色资源库平台,资源加工与整理正在有序进行中。

三、开展阅读推广活动和宣传工作

(1) 4月,图书馆开展2017年度优秀读者评选活动,评定优秀读者20名,4月23日校长祝家贵为评为优秀读者的学生颁发荣誉证书和奖品。

(2) 4月图书馆组织学生参加"外研讯飞"杯"一带一路"中国故事英文诵读大赛,在安徽赛区比赛中获特等奖1名、一等奖1名、二等奖1名、三等奖4名,图书馆获最佳组织奖。

(3) 5月在"开阔视野,探索未知"第二届"EBSCO杯"文献信息获取体验大赛中获三等奖。

(4) 6月在全国首届"图书馆杯主题海报创意设计大赛"中,图书馆选送15级广告1班方慧同学的平面海报作品《慢阅读,享生活》获全国一等奖。

(5) 9月,由樊振华老师设计的图书馆Logo和馆徽正式启用。

(6) 10月24日,图书馆和艺术学院联合举办"胡是平、叶应涛画册、图书"捐赠仪式,副校长朱定秀出席捐赠仪式。原巢湖学院艺术学院院长、著名画家胡是平,皖中印务有限责任公司董事长叶应涛,校党委委员、党委宣传部长余洁平,校纪委副书记、监审处处长刘洪涛,艺术学院院长杨松水,图书馆馆长陈恩虎,图书馆副馆长吴宏以及来自艺术学院的师生和图书馆工作人员出席了捐赠仪式。

(7) 12月,采集整理出推100种经典书目以微信公众号、网页和海报等形式向本校全体师生推荐。

(8) 12月1日与学校宣传部、团委在致知楼报告厅共同举办以"涵咏经典,德溢书香"为主题的巢湖学院第七届读书月活动开幕式。校党委委员、党委副校长朱定秀,校党委委员、宣传部部长余洁平,图书馆馆长陈恩虎,宣传部副部长陈小波,团委副书记郭超,图书馆副馆长吴宏和来自各学院近200名师生参加了此次活动。和县地方文化研究会和肥东县地方志办公室举行了图书捐赠仪式。

(9) 12月1日邀请安徽师范大学博士生导师解光云教授做《区域文化与世界遗产:传统文化的共享价值》学术报告;12月19日邀请安徽省社科联安徽历史文化研究中心主任翁飞研究员来校做题为《安徽地域文化的特点》的专题讲座。

四、理论业务学习和读者培训工作

(1) 2018年,图书馆共派两名业务骨干参加继续教育学习;副馆长吴宏参加省委教育工委哲学社会科学培训班(第55、56期)学习。馆长陈恩虎的专著《明清时期巢湖流域农业发展研究》荣获2013~2016年度安徽省社会科学奖二等奖。

(2) 11月8日,陈恩虎馆长参加了由华东地区地方院校图书馆协作委员会主办,济宁学院图书馆、同方知网技术有限公司承办的华东地区地方院校图书馆第21次协作年会暨学术研讨会。会上陈恩虎做了"地方文献数据库建设与学科专业服务"的主题发言。

(3) 12月20日,馆长陈恩虎在慎思楼301教室为工商管理学院2018年下半年发展对象、入党积极分子做《环巢湖地区红色文化基因解析与新时代传承》的专题讲座。

(4) 12月22日馆长陈恩虎出席并主持了新时代炎黄文化暨安徽省炎黄文化研究会年会。

(5) 3月19日下午,应文学传媒与教育科学学院毕业生撰写毕业论文需要,在七楼电子资源培训教室举办主题为"发现不一样的CNKI,助力学术科研之旅"的培训讲座,文教学院50余名师生参加了培训。

(6) 9月12日~26日,馆员为18级4300余名新生开展了入馆教育培训。

（7）本年度为外国语学院、数学与统计学院、经济与法学院等12个班级536名学生开设信息检索课。

（8）12月10日，丁明刚研究员在博学楼110多媒体教室为文教学院、工商管理学院等学院60余名学生做"本科毕业论文写作中参考文献的合理使用"的专题讲座。

（9）12月12日，图书馆联合经济与法学院在博学楼经法学院会议室举办《走进国研网，畅启财经之旅》的专题讲座。国研网培训讲师赵鑫慧应邀为经济与法学学院20余名老师做了精彩讲解。

（供稿：樊振华）

校园信息化建设

信息化建设与管理处在校党委行政的坚强领导下，按照学校统一部署，紧紧围绕学校党政工作要点，坚持实施"基础设施建设、重点环节信息化、全方位深度融合"信息化建设三步走战略，认真履行部门职责，狠抓工作落实，顺利完成了各项工作任务。

1. 加强理论学习

以校党委中心组学习为引领，以党员干部学习为重点，采取上党课、集中学习、个人自学、专题讨论、心得交流等方式认真学习党的十九大精神和习近平总书记系列重要讲话精神，学习贯彻《党章》《准则》《条例》，全面加强理想信念和宗旨意识教育。

2. 落实党建制度

建立健全落实党建工作目标责任制，实行"一岗双责"。党支部书记切实履行第一责任人职责，班子成员带头履行抓党建的工作责任。党支部定期召开会议，汇报工作进程，提出意见建议，坚持党建工作与业务工作同研究、同部署、同推动、同落实，形成责任明确、齐抓共管的党建工作格局。

3. 加强廉政教育

认真落实党内监督的各项制度，抓好民主生活会、领导干部报告个人重大事项、廉政教育谈话、述职述廉等制度的落实。深入学习《党章》和《准则》，引导党员干部把《党章》和《准则》作为自己的行为基线，树立正确的世界观、人生观和价值观。

4. 完善制度建设

完成《巢湖学院数据管理办法》和《巢湖学院数据标准规范》的制定，实现数据交换和数据共享，保障信息化运行质量；完成《一卡通管理制度》的修订，进一步加强管理，提高服务质量。

5. 材料上报工作

按照安徽省教育厅《2018安徽省教育系统网络安全执法检查工作方案》等文件要求，编制"巢湖学院2018年公安机关网络安全执法检查自查表"等表格共计15次，撰写《巢湖学院正版化工作总结》等总结共计3篇，并按时上报教育厅。

6. 文字材料工作

完成信息化处2017年度省委综合考核材料、2017年度工作总结与2018党政工作要点、

2018年上半年工作总结与暑期工作计划、总结、秋季学期工作计划、意识形态工作总结、网络安全月宣传总结、巢湖学院"十三五"规划中期执行情况报告、"三查三问"自查报告、廉政风险防控自查报告等材料撰写。编印巢湖学院"安徽省智慧校园"申报材料。积极参与本科教学质量报告、教师手册、年鉴等材料的编制工作。

7．智慧校园申报

完成安徽省智慧校园试点申报工作，顺利召开智慧校园建设交流会，邀请安徽省教育厅和省教育科研网络中心领导、中国科学技术大学、合肥工业大学、安徽大学等兄弟院校信息化专家来我校参加智慧校园建设交流会，会议取得圆满成功。

8．审核评估工作

按照学校本科教学审核评估工作统一部署，认真履行工作职责，积极配合各部门材料准备，完成信息化处本科教学审核评估自评报告的编印工作。教育部专家组进驻学校期间，信息化处共计接待专家组座谈4人次和走访3人次，圆满完成本科教学审核评估工作。

9．网络建设与管理

（1）网络安全。完成6个信息系统等级保护复测工作。开展"2018年巢湖学院网络安全宣传月"活动，通过举办主题讲座、网络竞赛、活动体验等多种形式宣传网络安全，增强师生的网络安全意识，提升网络安全防护技能，共同维护网络安全。

（2）升级维护。完成校园网IPV6升级工作和Eduroam的配置调试工作；完成校园网核心设备、数据中心、网络安全平台等设备日常维护和系统升级工作；完成全校有线网络、无线网络的600多个交换机、3600多个AP设备的日常维护和巡查工作。

（3）综合布线。完成外国语学院、文教学院和经法学院专业实验室的网络规划布线；完成部分女生宿舍和教师单身公寓电控系统的网络规划、布线和设备调试安装；完成校医院和电子工程学院网络规划、管道规划、设备调试和网络开通工作；完成求实楼到校图书馆、致知楼到艺术楼的光缆铺设和弱电管道规划工作；完成全校约1000个信息点的综合布线和设备调试工作。

（4）专项保障。完成教育部审核评估、2018年中国大学生计算机设计大赛、第一届安徽省"华为杯"分布式系统创新大赛等网络保障工作。完成暑期招生网络保障工作、节假日和国家重要会议日常值班工作。

（5）异地容灾。完成数据中心在校图书馆机房的校内异地备份，保障学校数据安全。

（6）线路清理。完成部分学生宿舍运营商线路整理工作和室外公共区域光缆清理工作，排除安全隐患，为全校师生营造良好的生活环境。

（7）宽带签订。完成与安徽广电信息网络股份有限公司就校园带宽接入项目合同的签订。

10．信息化建设与管理

（1）信息化融合思政。在省内率先完成"今日校园"平台与"易班"平台融合，成为全国两所试点高校之一。积极推进"今日校园"和"易班"平台的共建共享工作，整合资源优化性能，打造具有巢院特色的"易班"共建平台。利用"易班·今日校园"平台举办"一站到底"知识竞赛，收集师生建议，调动师生参与信息化工作的热情。

（2）信息化融合教学。为二级学院提供电子商务创新实验、证券交易行为等虚拟仿真教学平台15个。通过桌面虚拟化技术,为博学楼教室提供云桌面教学环境。完成文档云项目建设,实现数据办公电脑实时备份,数据实时共享、在线编辑、定时下发和收取文件等功能。协助教务处完成雨课堂软件部署工作。

(3)信息化融合科研。积极利用校内外资源,探索校企、校内合作模式,以"流程管理中心"项目为驱动,通过校企合作模式,实现一些信息化应用的本地研发。举办校园APP创意设计比赛,遴选出优秀作品,进行深度孵化,帮助部分参赛选手实现创意作品落地,促进了学校信息化建设与科研的深度融合。

(4)信息化融合管理。建成大数据分析平台,上线学生综合画像和精准资助等功能模块,为学生成长成才管理工作提供辅助决策。为学校学生隐性资助提供精准数据支撑。组织信息化管理人员参加上级部门组织的"IPV6技术""高校教师信息化应用技术""高校智慧校园研讨会"等培训会,进一步提高学校信息化的管理和运行维护水平。

(5)信息化融合应用。完成智慧校园二期建设,建成督察督办系统,优化电子政务系统;增加奖学金、助学金、勤工助学等移动学工应用;上线移动OA、辅导猫、网络报修等移动端应用;完成移动迎新系统数据调整和新增流程配置工作;完成上网计费系统与"智慧巢院"的系统集成。

(6)信息化融合服务。完成财务系统的网络规划,提供软硬件支持,实现专网隔离,保障数据安全;完成学校2018年信息化项目的建设工作和2019年信息化项目申报和论证;根据学校审核评估部署,完成对学校网站的信息排查、更新和调整;完成经法学院、工商管理学院和电子工程学院网站的新建工作;完成查询机检测和网络布线工作;完成学生宿舍浴室与一卡通系统的对接工作。

11. 服务保障工作

(1)一卡通工作。完成一卡通耗材招标工作、消费卡清理工作、协商解决直饮水维护认定和日常运维工作。

(2)多媒体工作。对多媒体设备开展定期维护和巡检,及时响应和处理教师反映的多媒体平台操作的相关问题,持续优化多媒体软件环境,对慎思楼40套多媒体进行更换,保障多媒体设备稳定运行。

(3)工程实训工作。工程实训部承担了机电学院和化材学院金工实训教学任务,全年合计完成26760教学人时数。实训教学过程中,狠抓安全制度落实,在实训室内部悬挂安全标语和相关制度以及安全操作流程,对学生加强实训安全教育,确保师生和财产安全。协助机电学院参加国家级、省级工程训练大赛的学生加工零件28次。完成国资处组织的教学科研设备使用效益与管理考核工作。

(4)文综实训工作。文综实训部两个机房根据不同需求,对全校师生实行全天候开放,提供文献资料查询、学科竞赛、网上评教、实验教学、对口招生、计算机等级考试等服务。

12. 荣誉获得情况

2018年巢湖学院再次荣获"安徽省教育和科研计算机网2018年度先进用户单位"称号,信息化处吕家云同志荣获"安徽省教育和科研计算机网2018年度先进个人"称号。

(供稿:原　博)

校园安全稳定工作

1. 安全教育

充分利用校园网、广播、微信、电子屏、宣传栏和大小会议等渠道,开展以交通安全、消防安全、防溺水、防诈骗、防暴恐等安全常识教育和国家安全日专题学习活动。全年制作各种安全宣传折页共计20000多份、条幅3条,在校园网和部门网站发布校园安全管理通知3条,进行了4次全方位拉网式安全大检查,整改隐患7处。

2. 消防安全

全年共维修过期和损耗灭火器314具,更换报废灭火器588具,更换消防水带6盘,补充消防档案80本,制作并张贴消火栓标识1537张,各类消防安全宣传牌9块,消火栓箱21个;组织全校范围内的专项消防安全检查4次,查找消除隐患46处;下发消防安全通知11次、"消防隐患整改通知书"16份;在巢湖经开区消防大队组织的微型消防站队员技能大比武活动中取得第三名成绩。

3. 校园管理

办理送货、施工车辆通行证270张;联合巢湖市交警三中队集中开展校园"三无"摩托车专项整治4次,清缴违规车辆136辆,清查"僵尸"自行车280辆、"僵尸"电瓶车30辆,处理违章乱停、超载电瓶车68辆;更换减速带90米,慎思楼至艺术楼新建道路加装减速带150米,新食堂和涌泉路、校大门安装石球60个,新建食堂安装螺旋式非机动车停车桩120米;增加艺术楼、致知楼、网球场停车位80个。

4. 武装工作

认真贯彻上级军事部门的部署和要求,我部自3月份开展了适龄大学生入伍征集工作,印制征兵宣传册1万份,制作入伍条件、政策宣传挂图4张,完成在校适龄男生兵役登记8097人、大学生应征入伍17人(男兵15人、女兵2人);2018级新生军训工作在武警合肥支队帮训下圆满完成,共有3884名学生参训,历时10天,帮训官兵50人,在此军训工作中评出10个军训工作先进连、10名优秀教官、10名优秀辅导员和80名优秀学员。

5. 户政服务

为师生员工开具户口迁移、户籍关系、子女入户、居住证等证明27份,为新近教师办理入户手续2人次,接待学生业务咨询共计96人次。

6. 治安管理

严格落实24小时值班制度,加强校园活动场地管理,审批校内团委社团、学生组织等活动36场次;共接到学生报案12起,处置5起,为学生挽回经济损失9000多元。

7. 其他工作

完成2018年数字化校园监控招标采购工作,增加枪式红外监控探头26台、高速球式摄像头21台、红外半球探头27台、鹰眼探头3台;顺利完成了2018年教育部审核评估、全国大学生计算机大赛、省计算机水平考试阅卷、自主招生、专升本、外语等级考试、校运

动会、全省高校排球赛及相关会议等安保工作;配合相关部门做好"9·17""11·24"事件处置工作。

(供稿:王兴国)

档案工作基本情况、馆藏及设备一览表

档案部门	档案馆成立时间		2012 年	归属部门	学校办公室
	档案工作分管领导	祝家贵	档案馆建制	正科级	
	档案馆负责人	罗 蓉	档案馆位置	图书馆四楼北	
	专、兼职档案人员数量	36 人	档案工作晋级何年何月达何等级	2016 年 6 月,省一级单位 2017 年 11 月,常务理事单位	
	档案工作何年何月受何表彰		2014 年 11 月,省直单位档案年检工作"优秀单位" 2017 年 11 月,档案编研类学术成果获全省二等奖		
档案工作基本情况	档案数量	22090 卷(盒、册) 24151 件	电子目录	案卷级	6870 条
				文件级	32275 条
	资料数量	2179 册(本)	电子全文	存量扫描	899166 画幅
	文书档案	3309 卷(册) 16442 件	科技档案	246 卷(册)	
	会计档案	16035 卷(册)	业务档案	818 卷(册)	
	声像档案	105 G	其他档案	1412 卷(册)	
	实物档案	76 件	录像、录音带	20 盒	
	照 片	2774 张	光 盘	27 盘(张)	
	电子档案范围	全馆数字化	档案管理方式	网络化,对接 OA 系统	
	当年利用人次	739 人(次)	利用数量	415 卷 1990 件	
档案用房(m²)	总面积	630	库房	326	办公室	45
	阅览室	22	整理(技术)室		45
	储藏室	22	展 室		170

续表

设备配置情况	铁皮五节柜	142套	火警感应探头	10个
	防磁柜	2组	红外监控探头	7个
	资料柜	4列	温湿仪	3个
	计算机	3台	空调器	18台
	去湿机	3台	照相机	1台
	除尘器	1台	刻录机	1台
	打印机	2台	复印机	1台
	扫描仪	1台	消防设施设备	10台(套)

（供稿：罗 蓉）

年度学校经费收支总表

	项 目	年初预算(万元)	预算调整数(万元)	年末决算(万元)	备 注
收入	财政拨款收入	11603.4	20231.69	20053.45	
	事业收入	16116	16116	11661.29	
	其他收入	400	400	932.59	
	小 计	28119.4	36747.69	32647.33	
支出	基本支出	20182.1	27196.09	24296.77	
	其中：1. 人员经费	15192.5	21367.08	20806.84	
	2. 日常公用经费	4989.6	5829.01	3489.92	
	项目支出	7937.3	9863.87	8998.72	
	小 计	28119.4	37059.96	33295.49	

备注：数据来源于2018年度巢湖学院决算报表。

（供稿：许 兵）

年度新增教科研仪器设备统计表

部门名称	仪器设备数(套、台)	仪器设备金额(万元)
经济与法学学院	9	4.29
体育学院	0	0
文学传媒与教育科学学院	85	206.09
外国语学院	143	66.73
数学与统计学院	1	0.65
机械工程学院	39	351.40
电子工程学院	57	49.35
信息工程学院	21	31.38
化学与材料工程学院	285	375.19
工商管理学院	26	22.60
旅游管理学院	2	0.90
艺术学院	18	56.83
马克思主义学院	0	0
图书馆	31	62.52
信息化建设与管理处	13	52.94
其他部门	1	1.74
合计	731	1282.61

(供稿:秦鹏生)

年度工程审计情况一览表

单位:元

序号	项目名称	施工单位	送审金额	审定金额	审减金额	核减率
1	巢湖学院2016年路灯建设工程	安徽融通道路设施工程有限公司	200880.46	178046.06	22834.40	11.37%

续表

序号	项目名称	施工单位	送审金额	审定金额	审减金额	核减率
2	巢湖学院众创空间施工工程	安徽省新艺装饰工程有限公司巢湖分公司	211180.54	196972.28	14208.26	6.73%
3	巢湖学院2017年学生公寓木工维修工程	巢湖市瑞林家具厂(柳家贵)	236593.00	207981.81	28611.19	12.09%
4	巢湖学院2016年东区新建工程配套变压器采购及安装工程	安徽国通电力建设有限公司	498857.91	450768.11	48089.80	9.64%
5	巢湖学院二食堂三楼维修工程	安徽政楷建设工程股份有限公司	404898.99	395630.42	9268.57	2.29%
6	巢湖学院学生第二食堂配套室外消防泵房工程	上海明唐消防工程设备有限公司	238183.00	230764.00	7419.00	3.11%
7	巢湖学院2016年雨污分流工程	江西昌宇建设工程公司	7827543.27	6677592.78	1149950.49	14.69%
8	巢湖学院运动场改造与维修工程	江苏光大体育工程有限公司	3189700.75	2932663.30	257037.45	8.06%
9	巢湖学院东区水路改造工程	安徽丰阳建设工程有限公司	1154945.00	1089705.71	65239.29	5.65%
10	巢湖学院新建沥青道路工程	淮北远景建筑工程有限公司	106721.35	85545.49	21175.86	19.84%
11	巢湖学院图书馆防水维修工程	合肥市靓城市政工程有限公司	206826.42	102411.49	104414.93	50.48%
12	巢湖学院新建学生食堂电动采光窗采购安装工程	苏州市润博建筑装饰品有限公司	155000.00	155000.00	0.00	0.00%
13	巢湖学院新建学生食堂天然气配套工程	合肥新奥燃气有限公司	811521.68	811521.68	0.00	0.00%
14	巢湖学院图书馆环境文化提升项目	清单编制	579188.38	579188.38		0.00%
15	环巢湖文化展馆设计施工一体化项目	清单编制	622709.34	622709.34		0.00%

续表

序号	项目名称	施工单位	送审金额	审定金额	审减金额	核减率
16	图书馆空调改造项目(一)(二)	清单编制	4317604.17	4317604.17	0.00	0.00%
17	巢湖学院2017~2018年零星维修项目	靓城、益东、富春、一建、远景、诚红等	8382507.23	6331985.32	2050521.91	24.46%
18	巢湖学院2016年绿化提升项目	安徽新安古建园林建设有限公司	3612872.35	3020600.70	592271.65	16.39%
19	巢湖学院2018年学生宿舍水电联控项目	常州常工电子科技股份有限公司	488800.00	488800.00	0.00	0.00%
20	巢湖学院2017年新建工程热水系统施工项目	江苏省华扬太阳能有限公司	1473101.17	1468976.49	4124.68	0.28%

(供稿:曹海清)

学校占地、绿地、运动场、建筑面积统计表

项　　目		小计(单位:平方米)	总计(单位:平方米)
占地面积			883015
绿化面积			450000
运动场面积	室内运动场面积	4365	77987
	室外运动场面积	73622	
建筑面积	教学科研及辅助用房	114794	326533.6
	行政办公用房	15985	
	生活用房	146877	
	教工住宅	46473	
	其他用房	2404.6	

(供稿:张　号)

十二、国际交流与合作

国际交流与合作工作

一、中外合作办学项目通过教育部本科教育评估

为拓宽人才培养渠道,拓展国际化办学模式,2014年巢湖学院和爱尔兰阿斯隆理工学院合作开展"酒店管理"(本科)专业人才培养新模式。自2014年招生以来,学校本着双方合作办学协议,按照教育教学大纲,严格人才培养方案,注重人才培养质量。本年度,接受了教育部组织实施的中外合作办学项目评估。自3月始,学校正式启动评估工作,国际交流与继续教育学院协同旅游管理学院及相关职能部门在实事求是、深入调研、摸清家底、充分自查的基础上,认真撰写"自评报告"等评估材料,经过单位自评、网上公示、综合评议三个阶段,于12月顺利通过了教育部的办学项目评估。此次评估,肯定了我校合作办学项目"酒店管理"(本科)专业的办学水平,为未来我校国际化合作办学起到了推动和促进作用。

二、师生出国(境)服务工作

为提升教师教学水平,学校鼓励教师出国访学,扩展国际化视野。本年度,吴克平赴新西兰访学、王小骄赴瑞士访学、王新运等2人赴韩国参加学术会议、朱定秀副院长参加教育部"千名中西部大学校长研修计划"赴美国研修团、笪诚赴美国访学。国际交流与继续教育学院积极为出国访学的教师办理外事手续,优质做好教师的服务工作。

完成了中外合作办学项目班学生赴境外高校学习相关工作:艺术学院"2+2"项目班学生苗园园等8名同学赴韩国韩瑞大学留学;旅游管理学院侯义凡等2名同学赴爱尔兰阿斯隆理工学院留学。

三、外宾来访接待和外教服务工作

4月26日接待澳大利亚莫道克大学教师代表一行来校访学交流;6月25日接待澳大利亚博士山学院副校长裘文斌一行来校交流;7月3日接待韩国韩瑞大学交流协力处处长金镇宇师生一行来校对中韩合作办学项目进行交流;10月18日接待爱尔兰阿斯隆理工学院国际部主任Mary Ann一行来校考察交流。

外教续聘工作:向外专局申请延期外国人工作许可证,报送省教育厅备案并报送合肥出入境管理局延期外教居留许可。

四、其他外事工作

1. 组织学校教师参与"2018年春季孔子学院总部、国家汉办国家公派出国教师"选拔工作;"国家留学基金委2018年与有关国际组织合作项目"遴选工作;"2019年上半年汉语教师志愿者"报名工作;"第三届跨文化交际能力大赛暨'我的中国故事'征文活动"。组织学生报名参加"第十一届安徽省顺天乡杯韩国语演讲大赛";"2019年中国教育国际交流协会寒假赴加拿大研学项目"遴选等。

2. 完成教育部留学服务中心中外合作办学本科项目新生名单录入工作。

3. 完成省属高校领导考核中国际化部分材料整理和报送工作。开展中国教育国际化发展状况调查工作,整理汇总并向教育部报送相关数据。

4. 根据省教育厅及省外办要求,报送 2017 年中美教育交流情况、省属高校与台湾地区高校校级交流(或学生交流)协议情况、全校因公护照自查相关信息、中外人文交流工作情况、外国留学生管理、对台交流情况、因公团组航班自查情况、2018 年度出国留学人员统计等。

(供稿:汪业群)

国际交流信息一览表

出访国(境)外教职工一览表

序号	出访人员	出访时间	出访国家及学校	出访目的
1	黄志圣	2018年1月10~31日	美国	赴美执行学习美国高等教育治理现代化项目
2	吴克平	2018年7月25日~2019年1月19日	新西兰梅西大学	访学
3	朱定秀	2018年11月4~25日	美国	参加"千名中西部大学校长赴美团组"
4	王新运 王小东	2018年11月23~25日	韩国仁荷大学	参加第十二届多功能材料与应用国际会议
5	王小骄	2018年12月31日~2019年12月30日	瑞士比较法研究所	访学

国(境)外来访高校一览表

序号	来访人员/职务	来访时间	来访目的
1	Anthony Johnston/爱尔兰阿斯隆理工学院酒店管理系主任	2018年3月12日	对合作办学项目进行沟通和交流
2	裘文斌/澳大利亚博士山学院副校长	2018年6月25日	开拓两校合作交流领域
3	金镇宇/韩国韩瑞大学交流协力处处长	2018年7月3日	师生代表来我校考察访问
4	Mary Ann/爱尔兰阿斯隆理工学院国际部主任	2018年10月18日	对合作办学项目进行沟通和交流

外籍教师名单

序号	姓名	性别	国籍	所授课程
1	Rohina	女	印度	英语
2	Marry Ann	女	菲律宾	英语

赴国(境)外高校学习学生名单

序号	姓名	性别	专业	交流院校	学习时间
1	苗园园	女	视觉传达设计	韩国韩瑞大学	2年
2	邓嫣	女	视觉传达设计	韩国韩瑞大学	2年
3	付新新	女	视觉传达设计	韩国韩瑞大学	2年
4	李雨蓉	女	视觉传达设计	韩国韩瑞大学	2年
5	唐陆婧	女	视觉传达设计	韩国韩瑞大学	2年
6	何珺璇	女	视觉传达设计	韩国韩瑞大学	2年
7	王汕衫	女	视觉传达设计	韩国韩瑞大学	2年
8	朱薇	女	视觉传达设计	韩国韩瑞大学	2年
9	侯义凡	男	酒店管理	爱尔兰阿斯隆理工学院	1年
10	杨子江	男	酒店管理	爱尔兰阿斯隆理工学院	1年

（供稿：汪业群）

十三、学院介绍

经济与法学学院

【概　况】

经济与法学学院(原经济与管理学院)创立于2004年。2018年学校机构调整,于6月28日重新组建。学院目前拥有国际经济与贸易、法学、金融工程、互联网金融四个本科专业。学院各专业自创设以来共为社会培养了近2000名合格本科毕业生,截至2018年10月,学院有全日制本科在校生1340人。各专业毕业生就业率始终保持在95%以上。

学院现有教职工49人,专任教师47人,行政管理人员2人。其中,教授3人,副教授及副高职称14人,讲师20人,助教等10人;博士12(含5位在读博士)人,硕士及以上学位教职工48人,教职工队伍中具有硕士及以上学位的占98%。另外,学院还有外聘和兼职教师15人,其中教授和其他高级职称7人,企业和相关行业实践讲师8人。截至2018年7月底,现有师资队伍中50周岁以上者2人,占比4%,35周岁以下者14人,占比28%,36~45周岁者27人,占比54%。学院教师队伍中现拥有巢湖学院首届学术技术带头人3人,教学骨干1人,校级教学名师2人,双能型教师16人。学院师资队伍建设正朝着年龄合理、结构优化、整体水平不断提高的目标迈进,中青年教师正逐步成为教学、科研的骨干力量。

为适应应用型办学需要,学院加强与政府、企事业单位的合作,目前与中国人民银行巢湖中心支行、巢湖市人民检察院、巢湖市人民法院、巢湖市司法局、合肥轩昂教育有限公司、合肥中银商务有限公司、上海平安集团等10余家单位建立了稳定的实习实训基地。

近几年来,学院教师主持的国家社科基金、省部级教科研项目10余项,厅级项目、产学研合作项目共50余项,公开发表学术论文近200篇,出版专著与教材10余部。

学院始终把人才培养质量放在首位,致力于培养德、智、体全面发展,理论基础扎实、知识面宽、有创新精神和实践能力的经济、法学等领域的应用型人才。近年来,学院学生在国家级和省级学科竞赛中连续获得优异成绩。近几年每年都获得省级以上学科竞赛奖项30多项,毕业生具有良好的思想素质和业务素质,在社会上做出了可喜成绩,涌现出一批优秀人才,获得了用人单位的充分认可。

在学科迅猛发展和竞争日益激烈的背景下,学院按照"教学立院、科研强院、民主办院、改革兴院、制度治院"的办院方略,坚持"经济、法学与管理学科并重,教学与科研并重,突出应用型人才培养"的办院方针,以专业建设为龙头,以人才培养为中心,积极开展教学、科研和社会服务,努力提高办学质量,提升育人水平,为把巢湖学院经济与法学学院办成高水平应用型人才培养基地而努力奋斗!

【年度工作】

一、人才培养

1. 持续推进与深化人才培养模式改革。经过充分的论证，完善了人才培养方案的修订。继续推进毕业论文（设计）改革，在《经济与法学学院本科毕业论文工作暂行规定》的基础上，经过教研室讨论，并经院学术委员会通过，制定《经济与法学学院本科毕业论文（设计）工作暂行规定》，从2019届毕业生开始实行。

2. 继续强化应用型专业建设。当前学院有四个本科专业，其中金融工程专业于2014年获批省级"金融工程新专业建设振兴计划"立项；法学专业作为校级特色专业，持续加大与地方的合作；国贸专业作为省级综合改革专业，强化学科竞赛，以赛促学，取得多项显著性成果。

3. 加强课程建设与改革。按照学校的课程建设要求，经法学院按照人才培养方案进行课程建设：课程组编写教学大纲—合格课程—应用型课程开发—在线开放课程—优质课程—精品课程等梯度模式推进课程建设。通过学校课程评估的促进，经法学院各专业的核心课程基本达到了合格课程的水平要求，有9门课程达到了优质课程的建设标准。

4. 加强教学管理与考核，保障教学质量。学院开展教学巡查以加强教学质量监控，继续推进青年教师教学技能大赛这个品牌建设，实现青年教师在教学方面快速成长。

5. 创新创业教育。重视创新创业教育工作，从本年度开始在全院2015级各专业开设了"专业创新创业教育"课程，邀请企事业单位实务人员来校讲课，同时也高度重视本院创业创新指导教师队伍建设，选派教师参加跨境电商培训、挂职锻炼，参加学校创新创业教育培训等。学科竞赛的成绩近年来实现了稳步提升，年内累计获得国家级奖项14项，省级奖项59项。其中，国贸技能大赛持续在省内高校中处于领先地位，商务谈判大赛获得省级特等奖。

二、科学研究

科研目标完成情况相对良好。在全院教师的共同努力下，公开发表论文共27篇，其中CSSCI期刊2篇，中文核心1篇，三类论文13篇，会议论文4篇；2018年下半年以来共举办学术讲座4场，全年实现科研目标到账经费47.8万元；全院教师申报各级各类课题15项，获批三类课题4项，校级课题3项，省级骨干人才研修项目1项，专利10项。

三、队伍建设

1. 人才引进情况。根据学科与专业发展的需要，学院在学校的支持下继续加强人才引进工作，各专业共引进专业教师8人，其中博士2人（其中1人职称为教授）、硕士6人，并完成了《经济与法学学院未来三年师资人才队伍建设规划》，专业教师将从46人增加到75人，高级职称从11人增加到30人，生师比从29.1∶1下降到24.45∶1。

2. 师资在职培训与职称晋升情况。制定学院在职教师三年轮训计划，学院将从经费方面给予支持。18名教师获得"双师双能型"教师称号，8名教师利用假期开展半脱产挂职锻炼，3名教师脱产到相关部门或行业进行挂职锻炼，1名教师获得出国访学资助；2名教师获得校级学术技术带头人称号，1名教师获得青年学术骨干称号，1名教师获得教学骨干荣誉称号。2018年经法学院共有6人获得职称晋升,其中教授1人,副教授3人,讲师2人。

3. 外聘教师队伍建设情况良好,现阶段共有15人,其分布在高校、政府机关、企事业单位等,他们对学院教学质量的提升起到的促进作用是值得充分肯定的。

4. 加强管理队伍建设,完成科级干部拟聘人选推荐工作。根据《巢湖学院第三轮科级干部聘任工作实施方案》的通知要求,经济与法学学院党委于12月18日成立由王万海任组长,经法学院党政领导班子为成员的经法学院科级干部聘任工作领导小组,组织完成民主推荐与测评、推荐拟聘人员初步人选等工作。学院管理队伍结构得到优化,力量得到进一步的充实。

5. 加强辅导员队伍建设。辅导员是学生工作的主力军,学院完善辅导员队伍建设管理机制,制定《经济与法学学院学生工作管理人员例会制度》,定期召开工作例会、业务学习例会,每个辅导员确定一个学生管理教育方向,通过主题班会、讲座、科研等形式,提高辅导员专业化水平,制定《经济与法学学院学生工作档案管理规定》,提高档案意识,完善资料整理。

四、对外合作交流

开拓就业市场。学院在进一步推进与中银商务有限公司、中国平安保险股份有限公司(上海分公司)、中国人民银行巢湖中心支行、阿里巴巴(安徽)轩昂教育咨询有限公司、巢湖法院、巢湖检察院、巢湖司法局等单位就业实习工作,还与海顺证券投资咨询有限公司安徽分公司、招商证券芜湖分公司、中国人寿巢湖支公司等企业洽谈,开拓就业实习基地建设。

五、社会服务

1. 在学校环巢湖行动的方向指引下,全院师生服务地方经济社会发展的意识进一步增强,完成了《环巢湖区域村社集体经济发展情况调研》《合肥市开发区产业升级情况调研》(合肥市委统战部调研课题一等奖);与中国人民银行巢湖中心支行联合开发相关课题研究;接受巢湖市人大的邀请,为巢湖市乡镇人大主席团成员开展《新预算法》的培训讲座。

2. 接受省委政府的委托,承担学校所担负的脱贫攻坚第三方监测评估任务,圆满地完成了此项工作,获得省扶贫办以及相关县区的高度好评。

3. 社会实践与志愿服务。暑期,组建3支暑期社会实践校级团队,其中赴夏阁镇、银屏镇调研基层法治建设服务团队、巢湖学院赴安庆市的"保护挑花文化、弘扬非遗传承"实践团队获得二等奖,其余一个团队获得优秀奖,数十人获得"先进个人"称号。举办了几十次志愿服务及精神文明创建活动,如:雷锋月系列活动、母亲节系列活动、五四青年节活动、暖冬活动、依旧情深活动、消防进校园活动、12·13国家公祭日系列活动、世界卫生日活动之凤凰社区爱心义诊、爱心助考、消防日活动、中小学生安全教育系列活动、二十四节气活动等。学院对巢湖市湖光小学、城南小学、城北小学进行长期的支教、开展普法活动,得到了校方的肯定。

六、党建思想政治工作

为进一步提升全院师生的思想道德水平,充分发挥党建在各方面的引领作用,党建工作有这样几方面:

1. 推进"两学一做"学习教育常态化、制度化,开展"讲严立"专题警示教育系列活动。学院自成立以来,坚持将推进"两学一做"学习教育常态化制度化当作首要政治任务,努力在"常态"上做文章,在"制度"上下功夫,在"化"上见成效。

2. 健全配齐基层党组织设置,完成经法学院党委及所属党支部换届工作。通过经法学院党委及所属党支部换届工作,进一步发扬了党内民主,健全配齐了我院基层党组织设置,为我院党建工作的有序开展提供了良好的组织保障。

3. 认真做好党员发展工作,对党员教育管理常抓不懈。发展中共预备党员27名,21名预备党员如期转正。举办学院第一期党校,培训学员达120名。

4. 认真开展"三查三问",加强作风建设。学院始终把政治建设作为基础性、重要性的工作内容。利用每周三教职工例会、党员活动日、师生座谈会等多途径、多形式加强思想政治教育,教育和引导全院师生牢牢把握"两个维护"。

5. 落实基层党组织标准化建设,发挥战斗堡垒作用。根据检查情况,除了经济与法学学院党委下属的4个新设学生支部未达标以外,院党委以及下属的3个教工党支部均已达标。

6. 以审核性评估为契机,以评促建、提升学风教风建设。学院党委高度重视,统一部署,在做好审核性评估各项工作准备的同时,采取一系列措施注重强化学风教风建设。

(供稿:何东海)

体 育 学 院

【概　况】

体育学院创建于1978年。目前开设体育教育、社会体育指导与管理两个本科专业,承担全校大学体育教学任务。设有体育教育教研室、社会体育指导与管理教研室、大学体育教研室、人体科学实验室和体质测试中心5个三级教学机构。拥有体育运动场地(馆)59087平方米。

在校本科生886人,教职工52人。其中博士(含在读)2人,硕士45人,教授5人,副教授18人,国家一级裁判12人,省级学术和技术带头人后备人选1人,省级教坛新秀1人,国家体育特种行业职业培训师7人。教师共承担各级各类教科研项目58项,其中国家级项目2项,省部级17项;发表教科研学术论文130篇,其中CSSCI期刊21篇、SCI(EI)收录6篇;出版专著6部。

近年来,学生在安徽省运动会、中国大学生沙滩排球锦标赛等省级以上各类竞技赛事中获得金牌18枚,银牌29枚,铜牌35枚。毕业生考研通过率保持在12%左右,毕业生就业率保持在93%以上。如今,体育学院秉承"德学并举、知行合一"的校训,正努力朝着"建设区域特色高水平体育专业"的目标迈进。

【年度工作】

一、党建和思想政治工作

（一）宣传贯彻落实十九大精神

通过党总支政治理论学习会、教职工政治理论学习会、党课、橱窗、网络平台等形式，深入学习宣传贯彻党的十九大精神和习近平新时代中国特色社会主义思想。

（二）扎实开展"讲忠诚、严纪律、立政德"专题警示教育

利用暑假两个月，根据学校总体安排，先后召开了两次学习会，制定了《体育学院落实学校开展"讲忠诚、严纪律、立政德"专题警示教育的活动方案》，明确了"讲严立"专题警示教育的具体工作安排；开展了"讲严立"专题警示教育理论中心组集中学习；召开了"讲严立"专题警示教育意见征询会和民主生活会。

（三）进一步加强基层党组织建设

完成体育学院基层党组织的换届工作；启动教风学风专项督查工作；落实"三会一课"制度；规范党员发展、教育和入党积极分子的培养工作；举办第二十五期党校和第四期团校；按时开展教职工政治理论学习。5个党支部按时完成《巢湖学院基层党组织标准化建设》的各项指标任务，并全部达标；坚持党员活动日活动。

（四）进一步落实党风廉政建设责任制

全年组织召开党政联席会18次，党总支委员会会议7次，坚持重大事项集体研究决定，在党员发展、评奖评优、设备采购、人才引进等方面没有发生一起违纪违法案件。多层级积极开展对新《条例》的学习，全体党员高分完成网上测试。先后组织为党员和入党积极分子上党课2次；全年发展党员32人，转正23人；举办第25期党校培训班，参训人员155人。

（五）学习贯彻全国教育大会精神

召开学习贯彻全国教育大会精神宣讲会。学院全体教师参加宣讲会，党总支书记芮德武和院长姚磊分别进行主题宣讲。

（六）开展师德师风建设专题教育活动

组织教职工政治理论学习12次；召开师德师风学习教育专题。

（七）以党建带团建，支持、推动共青团和学生工作蓬勃开展

各学生支部制定"学习教育安排表"，每月至少安排1次党员集中学习、1次党支部学习；坚持学习原文和观看视频相结合、党课辅导与专题研讨相结合、理论学习与党性锻炼相结合开展教育活动。通过政治理论学习、走访学生宿舍、谈心谈话等方式教育学生。强化对橱窗、条幅、网页和微博、微信等内容的审核。

举办为期一个月的第4期团校培训班，200余名同学参加培训；举办巢湖学院第四届体育文化节；巢湖学院大学生文化艺术服务团分别赴巢湖市栏杆集镇石门村、柘皋镇汪桥村开展文艺汇演和防溺水宣传；体育舞蹈助力中国大学生计算机设计大赛闭幕式；民族传统体育文化调研团赴亳州市实地调研国家非物质文化遗产"五禽戏"；开展"百千万"资助走访活动。

继续开展星级宿舍评比活动；积极开展志愿服务活动，开展蚂蚁助学活动、足球进校园活动，赴巢湖市散兵小学开展义务支教；参加学校读书月、宿舍文化节、舞蹈大赛等比赛并取

得优异成绩;通过拔河比赛、登山等活动,发挥分工会的桥梁纽带作用。

二、学科专业建设工作

(一) 加强专业建设

完成体育教育专业(对口)本科招生工作,共计录取35名学生。

体育教育专业接受安徽省教育厅专业评估,反馈良好。体育教育专业综合改造项目顺利结项;体育教育专业主干课程教学团队通过年度检查工作;体育学院通过外出调研、外请专家和上报学校论证定稿三个层次,开展2018级人才培养方案制定与修订论证工作;体育学院先后外派10名教师参加健美操、柔力球、体育舞蹈、健身教练和体育法学等课程项目的专业培训会议;参加省体育教育专业基本功大赛学生组,获得排球单项第一名,专业实践比赛第四名,微课教学第四名;体育学科教师专业技能大赛,获得一等奖1个,二等奖1个,三等奖2个;体育学院接受教育部专家组进校评估,反馈良好。

(二) 联合办学工作推进

与西安体育学院就联合培养硕士研究生及实习实训基地建设合作协议的签订仪式初步定在2019年3月份,择机在巢湖学院举行。

(三) 安徽排球学院成立

经教育厅批复,巢湖学院成立安徽排球学院,体育学院承担业务发展与建设,接受学校、教育厅管理。

(四) 学科竞赛

完成体育学院第三届师范生技能大赛工作,获得省级三等奖;完成安徽省第十四届省运会的排球、田径、足球、乒乓球、武术、网球、羽毛球、篮球和体育舞蹈9项比赛,其中男子排球获专业组冠军,女子排球获专业组季军,武术获得2项冠军,体育舞蹈获得9项冠军。承办2018年安徽省学生(大、中、小)沙滩排球锦标赛、第二届安徽省青少年沙滩排球赛工作。

三、实践教学工作

完成2019届毕业生实习工作。完成2018届学生毕业论文工作,2019届学生毕业论文开题工作;第十五届校运动会(田径)期间对运动员(教师、学生)进行身体成分测试,后续对全体教职工开放;完成体育综合实验室价值26.95万元的仪器设备招标工作。

四、教科研工作

获得省哲学规划办等省部级项目1项;校级科研项目1项;大创项目2项。出版专著3部。发展二类以上论文7篇,中文核心3篇,三类论文14篇。产学研项目10项,到账经费134.6万元。

五、师资队伍建设

(一) 人才引进

引进硕士研究生3名。外聘2位中小学教师指导实习工作。

(二) 学术交流

邀请北京体育大学、首都体育学院、江苏师范大学、安徽师范大学等知名专家学者到体育学院指导教学、科研工作。校内教师姚磊、赵胜国等均做了学术专题讲座。5位教师参加4次国际级与国家级的专业学术大会。

(三) 强化师资力量

组织体育学院教师先后参加安徽省教育厅主办的"运动项目裁判员培训"和中国大学生

体育协会主办的"全国柔力球教练员培训""啦啦操教练员培训""瑜伽教练员培训"等会议。承办省级"排球裁判员培训班"1次。

2名教师成功晋级教授,2名教师成功晋升讲师;给新进的3名教师配备导师;4名教师参加实践锻炼;周雪华、丁源源、张金梅和卜宏波4位老师参加了安徽省教育厅主办的第四届体育教师专业技能大赛,获得1个一等奖、1个二等奖和2个三等奖。

六、大学体育课程改革

制定《巢湖学院大学体育教育俱乐部制教学改革实施方案(暂行)》并上报学校,在2018级新生中试点实施。

七、学生管理工作

(一)学风建设

定期召开辅导员工作例会和学生干部会议。院领导班子和部分专任教师能够深入课堂、宿舍,了解学生思想动态。

(二)学生活动

举办巢湖学院第三届体育文化节,参与选手近1000人次。

(三)毕业生工作

制定体育学院2018毕业季工作方案,毕业季开展毕业生党员教育、毕业生座谈会、考研成功学子座谈会和经验交流会、师生篮球友谊赛等活动,强化毕业生的感恩、诚信、安全意识。

(四)迎新工作

体育学院迎来了231名2018级本科新生报到入学,同时召开2018级新生家长会和新生开学典礼。

(五)就业工作

积极推动毕业生实习就业工作。赴嘉兴考察交流并为实习就业基地挂牌,赴巢湖市名爵健身会所走访实习生和毕业生,并为实习基地挂牌;成功举办2019届毕业生专场招聘会;体育学院2018年就业创业工作获得"优秀"等次;辅导员解雪梅、王林获得就业创业工作"先进个人"荣誉称号。

八、其他

1. 派出1名教师参加2018年12月精准扶贫评估工作。
2. 圆满完成巢湖学院第十五届运动会全部赛程,成功举办巢湖学院第十六届校运动会的篮球、乒乓球、羽毛球和排球4项赛事。
3. 完成2018年巢湖学院大学生体质健康测试工作。

(供稿:王 燕)

文学传媒与教育科学学院

【概　况】

文学传媒与教育科学学院(简称"文教学院"),现有汉语言文学、广告学、广播电视学、学前教育、应用心理学5个本科专业。汉语言文学专业、学前教育专业招收专升本学生。

文教学院文学与传媒系现有教职工共计63人。教师队伍(不含"双肩挑")教授2人,副教授22人,博士(含在读)9人,硕士博士占比85%。同时外聘行业专家兼职教学教师5人,外聘教授5人。其中双师型教师26人。完成18年度人才引进工作,引进学前教育专业教师1名、广告学专业教师2名,引进广电学专业实践型教师1名。晋升副教授2名、讲师3名,2位教师参加巢湖学院暑期实践挂职锻炼工作。

全日制在校学生总数1600人。2018年毕业生566人。

2018年党建与发展工作均取得新的成效。顺利完成"审核性评估"工作。专业改造和新专业建设项目中学前教育专业建设取得明显实效,成功立项验收,汉语言文学专业成功获批为学校专业综合改革试点,省级特色专业广播电视学建设有条不紊。汉语言文学专业、学前教育专业率先接受校内专业评估,其他专业也进入专业自评建设阶段。

【年度工作】

一、党建工作

1. 深入学习贯彻习近平新时代中国特色社会主义思想和党的十九大精神。党委(总支)组织政治理论学习30余次。紧紧围绕习近平新时代中国特色社会主义思想、"讲严立"专题警示教育、十九大精神等开展一系列学习教育活动。

2. 强化主体责任落实。党委(总支)积极履行抓党建第一责任人职责,形成由党委(总支)书记负总责、带头抓,各(总支)委员为主体,各支部书记具体抓的工作格局。

3. 加强宣传思想工作。王倩、晁天彩2位辅导员入选巢湖学院"党的十九大精神理论宣讲团"成员,为全校学子做专题报告10场。组建学院"易班工作站",推进网络思想政治教育工作。

4. 加强组织和干部队伍建设。党委通过基层党支部选举工作,按照学科专业重设9个党支部,选派政治素质高、工作能力强的委员、骨干教师和专职辅导员担任支部书记。

5. 召开民主生活会和"讲严立"专题民主生活会。

6. 履行党风廉政责任,加强党风廉政建设。党委(总支)书记负主体责任,做到决策科学民主规范。重大事项信息通过会议、公示与工作群及时公开,接受监督。

7. 扎实做好基层党建工作。一是制订"讲严立"专题警示教育计划表和实施方案。二是完成基层党支部换届工作。三是领导带头,活跃形式,推进党建工作。四是继续做好党员发展与教育管理工作。年度发展党员 55 名。制订 2018 年师德师风专题教育实施方案,召开师德师风学习教育讨论,推选谈莉老师为先进典型。

二、建设发展工作

1. 顺利完成"审核性评估"工作。

2. 切实推进专业建设工作。专业改造和新专业建设项目中学前教育专业建设取得明显实效,成功获得立项验收,汉语言文学专业成功获批为学校专业综合改革试点,省级特色专业广播电视学建设有条不紊。汉语言文学专业、学前教育专业率先接受校内专业评估,其他专业也进入专业自评建设阶段。

3. 继续加强师资队伍建设。完成 2018 年度人才引进工作,引进学前教育专业教师 1 名、广告学专业教师 2 名、广电学专业实践型教师 1 名。晋升副教授 2 名,讲师 3 名,2 位教师参加巢湖学院暑期实践挂职锻炼工作。26 位教师获"双师型"教师资质。攻读博士 1 名。外出参会、交流 30 余人次。2 名教师参加学校青年教师教学基本功竞赛,获得 1 个一等奖;外聘兼职教授教师 5 名,聘请 4 名外聘教师为我院学生授课,1 名被推荐为省级教学名师。

4. 教学条件与保障建设工作进一步改善。广播电视学专业的传媒综合实验室完成建设工作,投入使用。大学生心理健康教育与咨询中心完成搬迁工作并投入使用,目前正按照"省级示范中心建设方案"进行各项建设。进一步发挥"巢湖市幼教联盟"功能与作用,推进实习实训就业一体化建设工作。

5. 继续推进教学过程管理与保障质量建设工作。组织参加了学校第五轮课程评估,7 门课程获批优质课程,58 门课程评估为合格课程。有 3 门课程推荐立项为省级大规模在线开放课程(MOOC)。1 名教师推荐为省级教学名师。

6. 科研、教研工作。超额完成年度目标任务。年度计划到账经费 74.2 万,截至 2018 年 12 月 27 日,科研经费实际到账 94.7 万元(不含省教育厅各类项目经费),超额完成 27.6%。申报与获得二类以上项目 9 项,获得省级科研奖项 4 项,出版著作 3 部,举办学术讲座 10 场,受邀做学术讲座 3 场。"公司品牌推广相关技术服务""尖山湖薰衣草园园区规划及开元策划项目"立项建设,服务地方的应用性研究意识进一步加强。获得实用性新型专利 4 项。获得校级教学成果奖一等奖 1 项、三等奖 2 项,获得推荐立项省级重点和一般教研项目各 1 项。获得校级特色专业建设项目1项。出版教材 3 本,其中省级规划教材 1 本。

7. 师生专业竞赛获奖情况。2018 年文教学院学生在各类国家级、省级学科竞赛活动中获奖项 52 项。国家级一等奖 1 项,二等奖 2 项;省级特等奖 2 项,一等奖 2 项,二等奖 9 项,三等奖 19 项。文教学院学生获巢湖学院 2018 年度"皖维科技创新孵化基金项目"立项 9 项,2018 年"国家级大学生创新创业训练计划项目"立项 12 项,"省级大学生创新创业训练计划项目立项"36 项。

三、学生管理工作

1. 强化辅导员队伍建设。2018 年文教学院设党委副书记 1 名,专职辅导员 4 名,兼职辅导员 5 名。组织推荐辅导员参加相关赛事和评比,获得校级以上奖项荣誉 7 项,如在巢湖学院第七届辅导员职业能力大赛中荣获二等奖 1 项,三等奖 1 项,"主题班会"单项评比第一名,"基础知识测试"单项评比第四名,在巢湖学院"阅读伴我成长"主题征文比赛中获得二等奖1项,1名辅导员荣获巢湖学院2018年毕业生就业创业工作"先进个人"称号,1名辅导员在2018级新生军事技能训练中荣获"优秀指导员"称号。辅导员积极开展工作研究,发表省级以上研究论文3篇。

2. 严抓日常管理与学风建设。制定《文学传媒与教育科学学院学生工作例会制度》《文学传媒与教育科学学院学生晚自习管理办法(试行)》《文学传媒与教育科学学院学生宿舍检查评比办法(试行)》和《文学传媒与教育科学学院2018年学风建设月活动实施方案》。

3. 公平、公正、公开开展各项评先和奖助工作。

4. 加强就业创业教育和指导。全年举办就业创业专题讲座1场,优秀校友典型事迹报告会3场、考公考编考研经验交流会2场、优秀毕业生讲座交流3场,学院投身就业创业类课程教育的教师总课时数达到96课时。组织30余名毕业生参加学校SYB创业培训并顺利结业,1人完成工商注册自主创业。新建学生实习就业基地6个,举办专场招聘会9场,在学院网站就业专栏发布招聘信息51条,提供就业岗位895个。学院2018届毕业生566人,17人考取研究生,1人考取专升本,8人录用为公务员,事业单位(含教师考编)、特岗教师、国有企业单位录用59人,初次就业率达92.23%,年终就业率达97.00%,协议就业率达46%。积极开展毕业生跟踪调查,收回有效问卷166份,占毕业生总数的30%。

5. 加强对共青团、学生会等群团组织的工作指导。学生在各类国家级、省级、校级竞赛和文体活动中斩获奖项163项,其中省级以上奖项52项,校级获奖111项。其中大学生传媒节和光熠文教月报名人数分别达3200余人次、2700余人次,成为校园品牌活动。本年度学院开展如交通安全月系列活动等大型志愿服务活动8项,义务支教、爱老敬老等常规活动19项,3000余人次参加。

6. 安全教育与管理工作。学院师生全年安全无事故。

7. 适时、灵活开展学生心理健康教育。依托大学生心理健康咨询中心,完成547名新生的心理健康普测工作。

(供稿:袁家峦)

外国语学院

【概　况】

外国语学院承担着全校大学英语教学和本科英语教学工作,设有英语(师范)专业、商务英语、英语(专升本)专业,另设有英语(辅修)专业、英语(函授)专业。外国语学院现有教职工74人,其中教授3人,副教授8人,其他副高职称1人,讲师46人,助教13人。

学院建有专业语音室5座、口译实验室1座,商务英语实训室1座,大学英语小型口语教室10所,英语自主学习中心2所。学院建有充足的英语(师范)专业、商务英语专业实习基地。学院现有学生937名,专职辅导员4名,班级22个。

申报质量工程立项26项,其中科研立项三类1项,校级重点项目2项、一般项目1项,争取横向项目20项。发表论文24篇,其中一类SSCI1篇、二类CSCD1篇、北大中文核心1篇。

学院党建和学生教育管理工作稳步开展。学生专业思想稳定,学风优良,素质拓展和结合专业特点的各种文体活动常态化开展并取得良好成绩。学生各类学科竞赛成绩优异。学生考研率逐年提高。外国语学院商务英语专业毕业生就业率近年来持续稳定在98.39%,英语专业毕业生就业率近年来持续稳定在97.98%。

外国语学院以人才培养为根本,以提高质量为核心,以改革创新为动力,不断进取,开拓创新,办学质量和社会声誉不断提升,在人才培养、办学特色、党建工作等方面都取得了应有的成绩。外国语学院正抓住机遇,奋力拼搏,锐意改革,与时俱进,致力于培养专业基础实、应用能力强、综合素质高,具有自立自强意识和开拓创新精神,适应地方经济社会发展需要的应用型人才,为办成具有一定水平和自身特色的外语专业而不断努力。

【年度工作】

一、人才培养

1. 积极推进学科建设。实施外国语学院"十三五"发展规划,科学合理地定位学科发展方向、发展层次,注重人才队伍建设,重视应用型人才培养,加强学科建设管理。修订完善人才培养方案,启动在线课程建设,推进各类课程建设,探索大学英语教学改革和无纸化考试的新路子。

2. 专业改革较有成效。英语专业综合改革试点特色较为明显。2015级、2016级、2017级、2018级英语专业已经切实实行专业试点改革;构建并实施特色比较明显的翻译方向、师范方向两个新的课程体系;翻译方向课程体系设置创新(开设口译、现代汉语、古代汉语、汉语写作课程,尤其是开设3年制二外法语课程);建成同声传译教室教授口译课,努力提升办学质量内涵;翻译方向进一步凝聚了翻译教学与译学研究师资队伍力量。大学英语教学改革创新:分级教学、小班口语教学、自主学习(落实改革内容);优化分级教学、完善小班口语教学、高年级公共英语选修课、微课教学试点、在线课程辅导探索(深化改革内容)、无纸化考试等。

3. 实践教学颇有起色。新建4个实践教育基地。高度重视产学研并取得良好效果(基本完成年度科研目标任务)。圆满完成商务英语专业实习。师范专业实习采用新形式。

二、科研工作

1. 重视科研工作,探索科研工作新方法。根据教师科研兴趣,分方向推动科研团队建设,初步形成了翻译方向、文学方向和语言学方向的团队雏形。充分挖掘现有队伍潜力,发挥高级职称教师的带头示范作用,在不断学习与学术积累中培养科研骨干,建立梯队结构合理的研究创新型科研团队。

2. 举办校内校外专家讲座,加强学术交流。2018年外国语学院邀请了南京大学陈兵教授、安徽大学朱跃教授、安徽财经大学周平教授等高校相关专家教授来我院讲学,优秀毕业生外交学院黄志伟博士、香港大学博士蔡晓磊回校举办讲座。组织教师参加安徽省外国语言文学学会年会(安徽师范大学)、安徽省商务英语专业建设研讨会(合肥师范学院)、新时代商务英语教育高峰论坛(浙江)、世界英语教师协会(上海)、首届安徽国际外语教学论坛(安徽大学)等,加强了与省内外外语界的联系。

3. 强化实践教学,重视学科竞赛。一是在人才培养方案修订中,进一步提高实践教学比例;二是开拓实践教学基地,深化合作,探索新的合作模式,同合肥轩昂公司就开展数字化学院建设进行探索与前期协商;三是形成指导教师团队,加强对学生学科专业竞赛的指导,在外研社"讯飞杯中国故事英文诵读大赛"中取得优异成绩,1名同学获得特等奖(全省排名并列第一),1名同学获得一等奖(全省排名第三);在外研社三大赛中获得了3个二等奖;在亿学杯商务英语综合技能大赛中获得二等奖;在第二十一届"外研社杯"全国大学生英语辩论赛华东地区总决赛中获得三等奖;在师范生技能竞赛中获得三等奖1项。

4. 科研成果。鼓励教师积极申报各类项目,全年共获得安徽省教育厅人文社科重点项目1项(三类),5个项目获得上海外语教育出版社外语类委托研究项目推荐(目前评审结果尚未出来),校级重点科研课题立项2项,一般项目1项。此外,引导教师对横向项目的重视,积极开拓合作范围,共计获得企事业单位委托项目20项,争取研究经费67.398万元,实际到账59.998万元。完成了全年科研到账经费的任务。全年教师共计发表学术研究论文17篇,其中二类1篇、中文核心1篇。另有4篇论文提交学术会议并获奖。出版专著《多元视角下的英语翻译解构》,约20万字。谷峰老师被评为巢湖学院"学术技术带头人"。

三、队伍建设

1. 积极落实规划。制定了切实可行的师资建设规划,积极引进高层次人才,努力培育人才梯队。引进新教师5人,辅导员1人。

2. 重视团队建设。推进大学英语省级教学团队建设。以翻译研究所为基地,打造翻译教科研团队。申报校级翻译教学团队。

四、对外交流合作

1. 注重教师能力提升。2名教师参加"2018年全国高等院校英语教学学术年会暨第三届全国高等院校英语教师教学基本功大赛",分别获得全国二等奖、三等奖(历年来最好成绩)。近10名教师参加网络课程培训,3名教师参加实践锻炼,青年教师创新创业成绩可喜。

2. 推进教师学业升造。鼓励支持骨干教师参加国内外专业进修。暑期选派10余名教师参加外研社进修班学习。本年度10余名教师参加安徽省英语教学国际论坛、安徽省外文学会等年会。

五、党建与学生管理

1. 强化党总支自身建设,充分调动党组织和党员积极性,为教学和科研以及师生管理服务工作提供组织保障和人力支持。

2. 大力加强廉政教育,积极开展反腐败和廉政文化宣传活动,纯洁各级党组织和党员队伍,开展廉政风险排查活动,廉政风险防控及其措施等资料汇编成册。2018年,外国语学院党员领导干部及广大师生员工未出现一例违规违纪现象。

3. 坚持民主集中制和集体决策制度,坚持党政联席会议制度,外国语学院所涉人、财、物以及教学科研学生管理等重大(重要)事项或工作,在充分征求教学指导委员会、学术委员会、"两代表一委员"意见建议基础上,由党政联席会议集体研究决定,全年召开党政联席会议20余次。

4. 完善各级党组织,及时调整教工及学生党支部书记及其支委成员,外国语学院师生党支部组织健全。基层党组织战斗堡垒作用和共产党员先锋模范作用得到充分发挥。

5. 坚持院系级中心组理论学习和教职工政治学习(例会)制度,严格按照学校宣传部规定要求组织开展教职工政治理论学习活动,全年组织院级中心组理论学习达 10 次,教职工政治学习活动达 20 余次。

6. 按学校规定要求认真组织开展"制度建设年"活动,在充分调研和广泛论证基础上,制定出台党政及教学制度 40 余项,同时各项制度已汇编成册。

7. 组织发展工作正常有序规范,学生预备党员按期转正 20 人,全年发展学生预备党员 40 人,确定学生入党积极分子近 140 人。

8. 按期举办外国语学院第 31、32 期党校,顺利完成党校各项教学、管理任务,培训学员 270 人,通过综合考评 259 人结业,评选优秀学员近 30 人;并将党校资料汇编成册。

9. 较好地完成了 2018 届毕业生党员组织关系转出及新进人员党组织关系接收工作,无一差错;认真开展党员组织关系排查活动,杜绝口袋党员现象。

10. 外国语学院分工会、团总支、学生会等群团组织健全;分工会、团总支、学生会、青年志愿者协会等团学组织正常换届,活动正常且富有特色,在学校 2018 年团学组织考评中,外国语学院团学组织名次靠前。

六、 特色活动

1. 深化公共外语教学改革。稳步推进大学英语教学改革,实施"课堂教学+自主平台学习"混合式教学,继续开设小班(30 人)口语教学,成效明显。利用外研社平台,对 2017 级所有班级大学英语实行无纸化考试,整体情况良好。为少数其他语种的非专业学生提供俄语和日语的课程教学。

2. 积极倡导毕业生校友爱校情结、感恩之心,激发其对母校的向心力和认同感。收集优秀毕业生和校友信息资料,邀请优秀校友回校交流,开展讲座分享经验。

(供稿:汤玲玲)

数学与统计学院

【概 况】

数学与统计学院前身是巢湖师范专科学校数学系,始建于 1978 年,是学校设立最早的系部之一。现有数学与应用数学、信息与计算科学、统计学与应用统计学四个本科专业。设有数学与应用数学、统计学、大学数学三个教研室。

学院现有学生近 600 人,教职工 38 人。专职教师中,教授 2 人、副教授 10 人、讲师 16 人,博士 5 人(含在读 2 人)、硕士 36 人。管理人员 4 人。

学院现有统计与金融创新实验室 1 个、科学计算实验室 1 个、电话调查实验室 1 个。2013 年以来,教师公开发表论文 70 余篇,被三大检索系统检索 30 余篇。获批省级教学团队

1个,教育厅教研项目多项,4人次获省级优秀教学成果奖,获批国家级大学生创新创业项目多项。多名学生在全国大学生数学建模竞赛、全国大学生数学竞赛以及全国大学生市场调查与分析大赛的安徽赛区中获得佳绩。近三届毕业生平均就业率均超过92%。近年来有100多名毕业生考取厦门大学、中南大学、电子科技大学、西南财经大学、合肥工业大学等高校研究生。

经过40多年的建设,目前数学与统计学院的专业设置与师资队伍结构渐趋合理,教学设备较为齐全,教科研水平不断进步。40多年来,学院累计为社会培养输送了8000多名合格毕业生。

【年度工作】

一、人才培养

(一) 学科专业建设

以专业评估为抓手,继续加强应用统计学(统计学)、数学与应用数学专业建设。上半年完成了金融工程、统计学两个专业校内预评估工作,同时拟定了数学与应用数学专业、统计学专业两个专业的整改方案,整改工作正在进行。

(二) 人才培养方案制定

根据《关于进一步做好2018级本科专业人才培养方案制定工作的通知》要求,多次召开专业教师会议进行研讨论证,制定了2018级数学与应用数学和应用统计学两个专业的人才培养方案。

(三) 课程建设

继续加强各类课程的建设工作。特别重视"大学数学"课程建设,召开专题会议就大学数学基础教材使用与修订及教学改革等进行了研讨。积极申报精品课程和应用型开发课程。

(四) 实践教学

加强与国元证券等实习基地的建设力度,新增安徽经典咨询有限公司实习基地。2019届统计学专业83名毕业生于7月10日到安徽经典咨询有限公司进行教育实习,并获得了实习单位的好评,为此安徽经典咨询有限公司于12月18日到校为学生进行了表彰。完成了2018届毕业生毕业论文指导及2019届毕业生毕业论文选题等工作。

(五) 创新创业教育

组织学生申报各类创新创业项目,全年共申报大学生创新创业项目近20项,其中获批6项。鼓励学生参加各类学科竞赛。

1. 第八届全国大学生市场调查与分析大赛。获国家级二等奖1个,省级一等奖3个、二等奖6个、三等奖10个。

2. 第十届全国大学生数学竞赛。获非数学类一等奖1个、三等奖8个。

3. 全国大学生数学建模竞赛。获省级三等奖1个。

4. "互联网+"大赛。共32队参赛,获校级一等奖1个、三等奖3个,省级三等奖1个。

5. 安徽省2018年高等学校师范生技能竞赛。获省级三等奖2个。

（六）教学质量保障与监控

多途径、多渠道开展教学督查，院领导班子、教学督导及同行间相互听课近 200 人次，分专业召开学生座谈会 6 次、教学信息员座谈会 4 次，定期对课堂教学进行巡查。此外，在 2018～2019 学年第一学期中，我院组织了 2018 级各专业高等数学课程期中考试，及时了解课堂教学和学生学习情况，强化了教学运行管理。

（七）本科教学工程项目管理

全年共申报本科教学质量工程项目 8 项，其中 2 项获批省级质量工程项目。

（八）专业评估工作

根据专业评估相关文件精神，及时召开了院专业评估工作会议，认真传达学校会议和相关文件精神。上半年完成了金融工程、统计学两个专业校内预评估工作，对照反馈意见，拟定了数学与应用数学专业、统计学专业两个专业的整改方案，整改工作正在进行。

（九）本科教学审核评估工作

根据审核评估工作相关文件精神要求，成立了以院长为组长的工作领导组，多次召开全体教师专题会议，学习了审核评估相关知识，对审核评估材料整理归档，配合学校顺利完成了审核评估工作。

（十）成人教育工作

完成了 2016、2017、2018 级 3 级学员的面授教学工作及 2017 级学员的电子摄像工作，2018 届学员于暑期顺利毕业。

二、科学研究

1. 全年申报教科研项目共 21 项，其中国家自然科学基金项目 1 项、省级项目 8 项、校级项目 12 项；获批 13 项，其中省级 4 项、校级 9 项。
2. 全年共发表科研论文 10 多篇，其中在 SCI、EI 发表的论文 3 篇。申请专利 1 项。

三、队伍建设

1. 认真落实导师制，继续加强青年教师业务指导。及时给 6 名新进教师配备了导师，指导教师按计划对青年教师进行全方位指导。完成了 2017 年新进 3 名青年教师导师制考核工作。
2. 鼓励教师外出访学和读博进修，选派了 2 名教师到国内名校攻读博士，3 名教师到国内访学，选派了 15 人次参加专业培训、会议。新进教师积极参加岗前培训，且合格率达 100%。积极宣传并鼓励教师到企业进行实践锻炼，派送 4 位教师于暑期到安徽永光工程项目管理公司等相关企业进行实践锻炼。
3. 组织教师参加各类竞赛活动，我院卜珏萍老师在安徽省第二届高校联盟同课异构教学竞赛中获"高等数学组"三等奖。
4. 1 名教师晋升副教授，1 名教师晋升讲师。

四、社会服务与合作交流

邀请了安徽省数学会秘书长、中国科学技术大学博士生导师陈发来教授等专家来校做了 5 场学术讲座。此外还邀请了我院优秀校友、南京审计大学副校长董必荣教授来校给学生做了题为"大学与人生"的报告，并围绕学科建设和如何进行科学研究两个方面对教师进行了指导。本院开展教师学术讲座 4 场。

五、党建与思想政治工作

（一）深入学习宣传贯彻党的十九大精神

为进一步学习贯彻党的十九大会议精神和习近平新时代中国特色社会主义思想，强化"四个学"，即领导带头学、支部组织分头学、突出重点专题学和联系实际学，引领教职工和广大同学树立正确的理想信念。

（二）扎实开展"讲政治、严纪律、立政德"专题教育

按照学校"讲严立"专题教育实施方案要求，组织全体党员深入学习和研讨；开展总支书记上专题党课；组织全体党员观看专题警示教育片；召开"讲忠诚、严纪律、立政德"专题警示教育民主生活会，制定"讲忠诚、严纪律、立政德"专题警示教育整改清单。

（三）党建工作

1. 加强组织建设。根据学校基层党组织换届要求，完成了总支和支部两级组织的换届选举。认真落实"三会一课"制度，每月召开1次全体党员大会，深入学习党的十九大会议等文件精神，增强了党员的政治素质，提高了党性修养。

2. 推进基层党组织标准化建设，提升党组织的战斗力。年初制定党建工作目标和计划，做到工作有计划、有要求、按步骤开展。加强对党员教育管理的针对性和有效性，以专题讨论、联系宿舍制度、学生帮扶、专业竞赛和社会实践指导等为载体，增强党员意识，发挥先锋模范作用。

3. 抓好入党积极分子培养和党员发展工作。成功举办第30、31两期党校，培训入党积极分子162人。发展学生党员28人，28名预备党员按期转正。指定专人为44名毕业生党员办理组织关系转出手续。

4. 积极开展党员活动日，创新活动方式。在集中学习研讨的基础上，各支部先后开展了：前往南山烈士陵园清明祭扫；"我与改革共成长"座谈会；赴巢湖儿童福利院开展志愿服务；"关注消防安全，共建平安校园"等党日活动。

（四）加强反腐倡廉建设

按照学校党委的部署要求，把党风廉政建设融入各项工作中，认真抓好职责范围内党风廉政建设任务的落实。自觉执行"八项规定"，坚决反对"四风"，按照"一岗双责"和"谁主管、谁负责"的要求，在工作中一级抓一级，压紧压实"两个责任"。

抓好学校深化廉政风险防控工作实施方案的落实，查找风险，制定措施。共查找廉政风险点3个。在实际工作中，有针对性地从流程、制度、监督等方面提出风险防控措施。

深入开展"三查三问"，持续加强作风建设。

六、学生工作

1. 完成2018届338名毕业生平安、文明、有序离校工作。

2. 认真组织实施学生资助和各级各类评优评奖工作。在2018年度，141名同学符合贫困生条件，顺利入库。评审国家奖学金1人、国家励志奖学金15人、国家助学金131人，并对3名受助学生进行了家访。

3. 就业指导与创业培训。学院辅导员积极承担大学生创业和大学生职业生涯规划课程，积极做好毕业生就业指导和帮扶工作。组织毕业生参与校园"双选会"，积极联系和组织中银商务公司、合肥弘晶公司等企业来院举办专场招聘会。

4. 注重思想引领，丰富团学活动内容。

（1）举办了团学骨干培训班。

（2）以考级、考证、考研和学科竞赛为抓手，举办主题班会、读书沙龙、辩论赛、体育比赛、"创青春"创新创业大赛等活动。

（3）广泛开展了2018暑期"三下乡"社会实践和志愿服务活动，其中"农村留守儿童状况调研实践团"获校级二等奖，"互联网＋"背景下精准扶贫数学模型分析调研团获校级优秀奖。顺利完成了2018年暑期困难学生家庭走访工作。

（4）开设了7场就业与考研辅导讲座，组织多场招聘会。2018届毕业生初次就业率达到了98.82%，协议率为83.43%，毕业生就业质量明显提升。

（5）和谐校园建设。遴选10名党员积极分子组建"2018优秀学子报告团"，面向大一新生开展了持续一个月的系列宣讲，效果良好。

（供稿：陶正妹）

机械工程学院

【概　况】

学院设有机械设计制造及其自动化、机械电子工程、材料成型及控制工程三个本科专业，目前正拟筹建车辆工程专业。现有国家级大学生校外实践教育基地项目、校级人才培养模式实验区项目各1项，机械设计制造及其自动化专业是安徽省"卓越工程师教育培养计划"试点专业和巢湖学院校级特色专业。全日制在校生1063人。

现有教职工46人，其中教授2人、副教授8人、硕士生导师3人。具有博士学位的有11人，安徽省高校教学名师1人，合肥市百人计划1人，合肥市专业技术拔尖人才1人，巢湖市专业技术拔尖人才1人，宝钢优秀教师奖1人，省级教坛新秀2人。近年来，共发表学术论文近200篇，其中SCI、EI收录近50篇，2篇论文获安徽省自然科学优秀学术论文奖；主编、参编各类教材7部；获批专利300余项；主持各级各类教科研项目60余项，其中国家自然科学基金1项、安徽省自然科学基金3项、安徽省高校自然科学研究重大项目2项；教科研成果获省级以上奖励6项。

学院已建成机械基础实验室、材料力学实验室、传感器原理实验室、精密测量仪器实验室、数字化设计与制造实验室、聚合物微成型模具技术实验室、工程材料及其成形技术实验室、智能机器人实验室、激光加工实验室、液压与气压传动实验室、机械原理与传动等专业实验室，教学、实验仪器设备价值超1000余万元。

学院工程实训中心建筑面积2200平方米，现有机器设备22种共89台件，固定资产（含软件类）合计317万余元。主要工程实训项目教学区（室）有：钳工实训室、焊接实训室、普通车铣刨工实训区、磨床实训区、数控加工实训区、模拟实训室（CAD/CAM、CAXA机房）、多功能教室、电工学实训室、维修电工实训室等，可同时容纳120人进行实训操作。训练方式

可采用实际的、模拟的、虚拟的等多种实训手段,满足不同实训类型学生的实训要求。

学院联合先健科技(深圳)有限公司、瑞鹄汽车模具股份有限公司,积极组建安徽省微结构精密成型工程实验室。建成后有望能突破行业关键共性技术难题,成为实现研发成果转化的应用平台。

近年来,组织学生参加各类学科与技能竞赛,获省级以上奖励100余项。毕业生初次就业率达到90%以上。

【年度工作】

一、人才培养

1. 狠抓日常教学管理工作。进一步规范各教学环节,狠抓各项规章制度的落实。4月21日,机械设计制造及其自动化专业圆满完成学校第二批专业预评估工作。以教务处开展的期初和期中检查为指导,坚持教风和学风推进工作,以教学工作的认真落实促进学风转变。通过多种途径对教学质量进行监控,领导班子成员参与分组轮流巡查,分专业召开学生座谈会了解教师教学和学生学习的情况,并对发现的问题及时查找原因并及时解决。各教研室认真落实听课制度,青年导师制得到认真贯彻执行,确保青年教师教学水平的提高。

2. 进一步加强专业建设。以专业评估和审核评估为契机,紧紧围绕学校办学定位及地方产业结构布局、调整,充实专业建设内涵,进一步加强机械设计制造及其自动化、材料成型及控制工程和机械电子工程三个专业的建设工作。通过深入企业和高校进行调研,在对专业核心课程群中的每门课程进行充分论证的基础上,形成2018级各专业人才培养方案。

组织专业教师申报校级优质课程,王玉勤负责申报的"画法几何与机械制图"获批校级优质课程。组织各专业积极申报综合性、设计性实验项目,共有18门专业课程61个实验室项目通过巢湖学院综合性、设计性实验项目认证。

3. 进一步加强实习基地建设,规范实习、实训工作。加强原有的上海昌硕科技有限公司、惠而浦(中国)有限公司、合肥合晶电子有限公司、合肥美菱股份有限公司、安徽康佳电子有限公司等实习基地建设工作。新建了瑞鹄汽车模具股份有限公司实习基地。强化实践教学,提高学生专业实践能力,参加集中实习的学生比例达50%以上。初步实现实习就业一体化,提高就业质量,每个实习基地都有一定比例的学生通过实习对企业有了进一步的了解,通过双方选择实现就业。

为进一步深化校企合作,推进实习基地内涵建设,6月7日,机械专业教师赴常州瑞声科技有限公司对机械设计制造及其自动化专业的5名已就业同学进行毕业论文(设计)校外答辩工作。他们结合工程实际开展毕业论文(设计)研究,论文选题和内容质量较高,贯彻了学校"真题真做"的教育理念。6月27日,学院组织2017级机械设计制造及其自动化专业的154名同学赴安徽三联泵业股份有限公司进行认知见习。7月3日,瑞鹄汽车模具股份有限公司来学院选拔和招聘2015级12名机械专业"实习+就业"的学生。

4. 创新创业教育和学业导师制工作。全面落实在2016级学生中开展专业创新创业教育。充分利用专家学术讲座、校友创业经验分享、学科专业竞赛等多种形式高质量地完成三个专业的"专业创新创业教育课"教学任务。在新生中全部实行学业导师制。每个学生都对应一个学业指导教师,在以后的四年学业生涯中进行全方位的学业指导。

5. 质量工程项目建设情况。学院积极组织专业教师申报各类质量工程项目。通过评审推荐的省级"六卓越、一拔尖"卓越人才培养创新项目2项,省级高水平学科竞赛成果转评一等奖1项,省级基层教研室示范项目1项,1人荣获"安徽省教坛新秀"称号。

二、科研工作

1. 不断提升科研成果水平,丰富科研成果形式。学院教师以第一作者发表学术论文27篇,其中SCI 5篇、CSCD 1篇、中文核心1篇。获批各类专利(包括发明实审)150项,其中发明专利(包括发明实审)77项、实用新型专利54项、外观设计专利18项、计算机软件著作权1项,专利成果转化20项。

2. 以学科技能竞赛和创新创业活动为抓手,切实提高应用型人才培养质量。组织学生参加全国应用型人才技能大赛、安徽省百所高校百万大学生科普创意创新大赛、安徽省"互联网+"大学生创新创业大赛等各类学科竞赛,共获省级以上奖励27项,其中国家一等奖4项、二等奖1项、三等奖5项。组织教师指导学生积极申报年度"皖维科技创新孵化基金"项目,获批6项。学院微结构成型与智能装备创新团队获"2018年度优秀科研创新团队"荣誉称号。

三、队伍建设

1. 为不断提升教师队伍整体素质和教学水平,11月份进行了教学能力提升活动,安排教学名师、教学骨干、教坛新秀、教学竞赛获奖人等优秀骨干教师开展"公开观摩示范课"。

2. 为提高教师的工程实践能力,安排了4名年青教师到合肥、深圳等地进行实践培训。

3. 引进1名博士、4名硕士研究生。

4. 1名教师晋升教授职称。

5. 龚智强副教授入选巢湖市专业技术拔尖人才。

四、对外交流与合作

继续开展对外合作交流,拓展师生学术视野。邀请南京航空航天大学左敦稳等校外专家教授及企业行业专家开展学术报告5场。

五、社会服务

大力推进校企合作,增强服务地方能力。与合肥中南光电有限公司、安徽双鹿车业有限公司、巢湖市科技局等单位签订产学研合作协议。

六、党建与思想政治工作

1. 深入开展理论学习活动,提高党员同志的思想觉悟和政治意识。每周组织党员集中学习,并利用微博、微信、社交网络和手机多媒体等新媒体平台进行研讨交流,教育引导师生坚定理想信念,潜心教书育人,涵养浓厚学风,努力奋发成才,营造浓厚的学习宣传氛围。

2. 按期完成党总支、支部换届工作。党建工作力量配齐配强,教工支部书记具备过硬的思想政治素质,且在教育教学、科学研究等方面能力强,学生支部书记由优秀的辅导员担任。

3. 认真落实民主(组织)生活会制度。组织召开好党支部的组织生活会。党总支委员既参加班子的民主生活会又参加支部的学习活动和组织生活会。

4. 切实落实"三会一课"等党内生活制度。按规定召开全体党员大会、支部委员会议,上好党课，开展民主评议党员活动。各党支部开好组织生活会、总支开好"讲忠诚、严纪律、立政德"专题警示教育民主生活会。

5. 加强党风廉政建设。学院成立党风廉政建设领导小组，按照八项规定与省委三十条要求党员，兑现与学校签订的党风廉政责任书。

6. 开展师德师风建设系列活动。坚持向先进榜样学习，坚持师德为先，不断加强师德修养，切实提高教育教学质量，争做"有理想信念、有道德情操、有扎实知识、有仁爱之心"的四有好老师。

7. 完成党组织标准化建设达标验收工作。

七、特色工作

为进一步推进同学们深入学习贯彻"两会"精神，勇担青春使命，展现大学生的精神风貌，学院团总支组织学习"十九大精神""两会精神"征文活动、组织班级开展十九大精神以及两会团日活动等特色活动。为悼念革命烈士，弘扬民族精神，争做合格党员，开展以"党员争做先锋、信仰坚定于心"为主题的祭扫烈士陵园活动。

圆满主办了"科技活动月"系列活动，其中包括CAD制图大赛、车模设计大赛、船模设计大赛、叠牌承重大赛、高空坠蛋大赛、机械拆装大赛、水火箭设计大赛等一系列特色活动。

（供稿：蔡玲存）

电子工程学院

【概　况】

电子工程学院前身为始建于1978年的巢湖师范专科学校物理系，是2018年6月学校根据学科门类归属组建而成的。现有电气工程及其自动化、电子信息工程、电子科学与技术3个本科专业。学院现有省级特色专业2个，国家级大学生校外实践教育基地项目、省级"卓越工程师教育培养计划"项目、省级人才培养模式实验区、省级实训示范中心各1个，省级精品课程1门，校级重点学科、校级重点实验室各1个。现有全日制在校学生1450多人。

现有教职工53人，其中教授2人、副教授（高级实验师）9人，省学术和技术带头人1人，省中青年骨干教师培养对象1人，省级教学名师1人，省级教坛新秀4人，全国万名优秀创新创业导师1人。近年来，共发表学术论文400余篇，其中SCI、EI收录近百篇，6篇论文获安徽省自然科学优秀学术论文奖；出版学术专著2部，主编、参编各类教材17部；获批专利300余项；主持各级各类教科研项目百余项，其中国家自然科学基金3项、安徽省自然科学基金3项；教科研成果获省级以上奖励8项，获巢湖市青年科技奖2项。

近年来，组织学生参加"西门子杯"全国大学生中国智能制造挑战赛、中国国际飞行器设计挑战赛、全国大学生智能汽车竞赛、全国大学生电子设计竞赛、全国应用型人才技能大赛、安徽省百所高校百万大学生科普创意创新大赛、安徽省"互联网＋"大学生创新创业大赛、"挑战杯"安徽省大学生课外学术科技作品竞赛、安徽省高校物联网应用创新大赛、安徽省大学生职业规划设计大赛等各类学科与技能竞赛,获省级以上奖励200余项。毕业生就业率达到90%以上,部分已成为单位的业务骨干。近200名学生先后被中国科学技术大学、浙江大学、中国科学院等高校及科研院所录取为研究生。

【年度工作】

一、人才培养

1. 严格执行各项教学管理制度,教学工作顺利开展。重点从两个方面着手教学制度的执行:一是严格教师调停课制度,对教师的调停课申请进行严格的审核;二是严格执行教学巡查和检查工作,发现问题及时解决。

2. 认真学习教育大会精神,加强教学质量过程管理。一是加强教育教学文件的学习,先后组织教师进行两次教学大会精神宣讲和两次师德师风建设专题学习,牢固树立"立德树人"的教育观念,鼓励教师争做"四有"好老师;二是多渠道监控教学质量,除了电子工程学院党政领导带头巡查和检查外,还充分利用学校的三期检查、校院两级教学督导、学生信息员、双向考勤、学生座谈会、教师座谈会等了解教风学风和教学过程。

3. 以审核性评估工作为抓手,开展专项检查工作。积极研究部署试卷论文专项检查、实验室专项检查、实践性(综合性)实验论证、教学档案整理等工作,制订了阅卷细则、毕业论文材料细则等工作文件。通过会议、座谈等形式及时反馈检查中暴露的问题,要求教师及时完成整改工作,并对整改情况进行二次检查,对不符合要求的工作持续整改。对整改不到位的教师进行个别谈话,了解原因,提出要求。

4. 围绕学校办学定位,加强专业建设。制定和修订人才培养方案,以《普通高等学校本科专业类教学质量国家标准》为依据,以《工程教育认证标准》(最新版)为参照,以能力培养为导向,通过多渠道调研,根据专业特点对人才培养方案中的专业核心能力模块和专业发展能力模块中的课程设置进行多轮次深入论证,形成科学合理且有一定特色的人才培养方案。

5. 精心安排专业实习,积极拓展实习基地。根据专业特点,学院积极进行专业实习工作安排的研究和部署,制订了两阶段的实习计划;精心遴选专业相关度高的企业和广泛动员学生,邀请企业宣讲;学院积极联系周边企业,经过多轮次考查交流,2018年新建安徽中显智能机器人有限公司实习基地。

6. 质量工程建设取得明显进展。为组织好省级质量工程项目的申报工作,学院在11月中旬开始组织预申报工作,组织部分专家对质量工程项目申请书进行初审和审核,取得6项项目立项推荐的成绩。2017年度质量工程项目和振兴计划阶段检查与结题验收中,获得优秀2项,良好7项。

7. 多措施提高教师教学能力。为不断提升教师队伍整体素质和教学水平,学院制定了青年教师能力提升计划,开展教学能力提升大练兵活动,教师的教学能力得到提高。一是落实青年教师导师制,为新进的青年教师配备教学经验丰富的教师担任导师,指导青年教师的教学活动;二是开展公开示范课,学院推荐5位教学经验丰富的教师举办教学观摩课;三是指导教研室组织青年教师讲课;四是开展教案和课件评比活动;五是组织教师参加联盟高校第二届"超星杯"移动教学大赛暨智慧课堂教学创新大赛;六是组织教师参加电工技能培训,

7位教师通过互联网学习和考核；七是组织教师参加国家教育行政学院专题网络培训，教师踊跃报名；八是组织教师参加教育部网络课程学习。

8. 教研室、实验室建设成效显著。学院目前有4个教研室和1个实验室。学院通过组织教研室、实验室成员间互相听课、教学材料互评、集中评教等形式来提高教师的教学能力；在教科项目申报过程中积极帮助教师通过组建团队、凝练选题、过程论证等形式来提高项目的立项率。在2018年学校教研室、实验室述职考评工作中，电子工程实验室获得"优秀"等次。

9. 落实创新创业教育和学业导师制工作。一是充分利用专家学术讲座、校友创业经验分享、学科专业竞赛、专利大赛等多种形式高质量地完成创新创业教育的教学任务；二是完成2018级学业导师制的工作安排，为每位新生配备一位专业教师指导学生的学习和生活，帮助新生尽快适应大学学习生活。

二、科学研究

1. 不断提升科研成果水平，丰富科研成果形式。学院教师以第一作者发表学术论文33篇，获批各类专利（包括发明实审）、计算机软件著作权等共计80项。

2. 积极拓展申报渠道，组织教师申报各级各类项目。组织教师申报国家自然科学基金、安徽省自然科学基金、安徽省教育厅自然科学（重大、重点）项目、高校优秀青年人才支持计划项目等各级各类纵向科研项目，2018年度学院获批三类以上纵向项目2项。

3. 以学科技能竞赛和创新创业活动为抓手，切实提高应用型人才培养质量。组织学生参加全国大学生工程训练综合能力竞赛、"西门子杯"全国大学生中国智能制造挑战赛、中国国际飞行器设计挑战赛、全国大学生智能汽车竞赛、全国大学生电子设计竞赛、全国应用型人才技能大赛、全国科研类飞行器设计挑战赛、安徽省百所高校百万大学生科普创意创新大赛、安徽省"互联网+"大学生创新创业大赛、"挑战杯"安徽省大学生课外学术科技作品竞赛、安徽省高校物联网应用创新大赛、安徽省大学生物理实验竞赛等各类学科竞赛。

三、队伍建设

1. 为提高教师的工程实践能力，安排青年教师赴上海、深圳等地进行实践培训。

2. 年内引进1名博士研究生、2名硕士研究生充实教师队伍。

3. 拟派1名教师赴美国短期学习应用型人才培养模式。

四、对外合作交流

开展对外合作交流，拓展师生学术视野。邀请上海大学王灵副教授举办"进化计算及其在智能控制中的应用"的学术讲座；邀请安徽博士鸿创科技有限公司总经理贾岩举办"基于高校成果的可信技术转移实操"的学术讲座；邀请中国科学院等离子体物理研究所程诚博士、副研究员举办"等离子体在生物医学方面的应用"的学术讲座。组织教师参加2018年安徽省电子学会年会等学术会议10余人次。

五、社会服务

大力推进校企合作，增强服务地方能力。与安徽中显教育投资有限公司、安徽中显智能机器人有限公司、巢湖市科技局等单位签订产学研合作协议。王静入选巢湖市第七批科技特派员。

六、党建和思想政治工作

1. 高度重视，开展"讲严立"专题警示教育活动。学院于7月20日上午召开宣传动员会后,就专题警示教育做了全面部署。成立了警示教育领导小组,确定专人负责组织实施和具体落实工作。制定了工作任务和责任清单,将工作细化并明确了责任人,组织观看警示教育纪录片。8月28日,召开"讲忠诚、严纪律、立政德"警示教育专题民主生活会,副校长徐柳凡到会指导。

2. 不断加强政治理论学习,提高教职工思想觉悟和政治意识。按时、按要求组织政治理论学习活动,开展研讨交流,教育引导师生坚定理想信念,潜心教书育人,涵养浓厚学风,努力奋发成才,营造浓厚的学习宣传氛围。

3. 顺利完成学院党组织换届选举工作,加强基层党组织标准化建设。按照学校党委《关于印发巢湖学院基层党组织换届工作实施方案的通知》的要求,9月下旬,顺利完成学院党委换届工作,10月下旬顺利完成2个教工党支部和3个学生党支部的换届工作。多次召开党委会、支部会,落实"三会一课"制度,配备党支部活动室,开展培训活动,加强党组织标准化建设力度。

4. 深入开展"三查三问""学准则、明条例、做表率"专题活动,促进学院改革发展。11月9日,学院召开"三查三问"专题工作会议。会议围绕学院"三查三问"做自查自纠工作,梳理了"讲严立"警示教育专题民主生活会"三个清单"、廉政风险防控措施、建章立制等各项工作的落实情况,总结了审核评估以评促建工作、服务环巢湖区域经济社会发展行动计划和科研工作目标管理等各项学校重点工作完成情况。11月9日下午,开展"学准则、明条例、做表率"专题学习研讨活动,对《准则》和新《条例》修订的主要内容进行了全面解读,通过学习,教育引导广大党员干部模范遵守党纪国法,增强拒腐防变能力。学习讨论后,全体与会人员在安徽省党纪法规学习教育平台进行了在线学习和测试,"中国共产党纪律处分条例在线测试"通过率为100%。

(供稿:潘娟娟)

信息工程学院

【概　况】

学院现有计算机科学与技术、网络工程、软件工程、物联网工程、信息管理与信息系统(停招)五个本科专业,在校生1898人(不含休学、参军等保留学籍学生)。学院本部现有教职工52人,其中教授4人、副教授7人,31人具有中级职称,博士4人、硕士48人。拥有教育部"产学合作、协同育人"校企合作项目3个、华为ICT网络学院1个、安徽省精品课程2门、安徽省实验实训示范中心1个,安徽省特色专业1个(计算机科学与技术)、安徽省专业建设与改造项目1项(网络工程),安徽省重大教改项目2项、安徽省大规模在线课程示范课程(MOOC)2项,省级卓越人才培养计划2个,省级教学团队1个,安徽省优秀教师1人、安徽省教学名师2人。学院是安徽省教育招生考试院指定的"安徽省计算机水平考试"唯一阅卷点,同时也是安徽省"华为杯"网络与分布式系统创新设计大赛的永久承办单位。学院承办2018年(第11届)"中国大学生计算机设计大赛"(数字媒体专业组)全国现场总决赛。

学院拥有基础实验室4个、专业实验室10个、研究与创新实验室3个、企业联合实验室1个(巢湖学院—江苏风云科技移动互联协同创新中心),教学实验面积达6000平方米,仪器设备总件数1100余件,总价值1300万元。

学院学生在"中国大学生计算机设计大赛"中荣获国家一等奖1个、二等奖2个、三等奖1个,省级二等奖3个、三等奖3个;"中国大学生机器人大赛"中荣获国家一等奖6个、三等奖6个,省级一等奖2个、二等奖6个、三等奖6个;"全国大学生电子商务'创新、创意及创业'大赛"获省级二等奖4个、三等奖7个;"全国'互联网+'大学生创新创业大赛"荣获国家级铜奖1个,省级金奖2个、铜奖7个;"安徽省高校物联网应用创新大赛"获省级二等奖4个。

学院在科大讯飞、华为、中软国际、苏州风云科技、苏州高博、昆山杰普、中科创达(南京)、安徽万畅、安徽蔻丁等企业建立了专业实习基地。部分毕业生先后被北京大学、中国科学技术大学、武汉大学、南开大学、哈尔滨工业大学等国内著名高校录取为硕士研究生。

学院教师出版著作、教材18部(其中省"十一五规划教材"3本、"十二五规划教材"2本、"十三五规划教材"1本);发表论文100余篇(其中SCI收录5篇,EI收录13篇,国家级22篇);完成教育部课题1项,省级教学考试软件1项,省级教科研项目30余项;获省教育厅及学校奖励等23人次(其中获安徽省级教学成果奖一等奖1人/次,二等奖3人/次,三等奖9人/次,省高校多媒体教学课件比赛二等奖2人/次,三等奖6人/次)。

【年度工作】

一、人才培养

(一)教学管理常规工作

进一步做好各项常规教学管理工作,并针对教学检查中发现的问题,加强各教学环节的规范性,继续抓好课堂教学与实践教学管理,进一步规范教研室工作,发挥教研室作用。

(二)完成人才培养方案修订工作

我院根据学校的统一安排,对2018级人才培养方案进行修订完善,参照国家标准、行业标准及专业认证要求,加强应用性特色课程的开发。我院认真组织各教研室深入企业、兄弟高校调研、论证,召开三次专题会议研究,顺利完成四个专业的人才培养方案的修订工作,在学校召开的论证汇报会上,受到学校领导、教务处及专家的肯定。同时根据2018级培养方案制订了各门课程的教学大纲,我院正式开设"对日软件"方向班。

(三)质量工程建设工作

我院积极抓好各级各类质量工程建设,特别是重大教改、卓越人才计划、实践教学改革等项目建设工作,各项目负责人按任务书要求认真开展项目建设工作。同时我院积极组织、动员教师申报质量工程工作,共获得重大教改项目1项、一流教材1项、大规模在线开放课程1门、智慧课堂1门、"六卓越、一拔尖"卓越人才培养创新项目1项、教育教学改革研究项目3项。

(四)审核性评估工作

12月3~7日教育部审核评估专家进校考察,为此学校制定了评估项目化推进目标及工作方案，我院按照学校的统一部署，认真开展评估工作，并以学校第一、二批专业评估为基础，认真做好专业评估整改工作，为审核性评估打好坚实的基础，在评估建设期间，我院全体师生齐心协力抓好各项建设工作，组织教研室、督导组三次进行整改检查，整理各项评建材料，对实验室环境进行整治、亮化，同时认真做好专家访谈及考察工作，评建工作受到教育部专家的认可，在学校反馈会上两次高度评价了我院的教学改革措施。

二、科学研究

我院进一步落实打造教学和科研团队目标。同时根据学校科研目标管理要求，我院积极传导压力、分解指标，积极申报各类项目，共获得省、校级科研及产学研项目6项，截至12月20日产学研项目到账经费共达到69万元。

依托"模式识别与智能系统"省级重点学科建设，进一步加强团队、平台建设，形成一批有特色的建设成果，发表学术论文8篇、横向项目10万元。

三、队伍建设

我院进一步加强师资队伍建设，加大引进力度，柔性引进高层次人才1名、硕士4名。进一步强化35岁以下青年教师导师制的实施，以培养教学团队、科技创新团队、"双能型"教师为重点，并利用"移动互联协同创新中心"平台，提高教师工程及软件项目的开发能力。

进一步加强教师学历层次提高工程，鼓励具备条件的青年教师逐步在职攻读博士学位，有2名教师申请攻读在职博士。

四、对外合作交流

继续采用集中实习方式进行毕业实习工作，在科大讯飞、华为、南京千峰、中科创达、安徽寇丁、苏州思必驰等建立实习实训基地，并将部分学生送入实习基地进行第一批实习，同时利用移动互联协同创新中心进行第二批实习，由企业教师进行指导，顺利完成了2019届毕业生的实习工作。

五、社会服务

1. 学院继续承担全国高等学校（安徽考区）计算机水平考试阅卷工作。本年共有253062人参加考试，其中机试253062人、笔试102800人，阅卷分别于7月10～15日、1月19～24日进行，学院严格按照阅卷规程，高质量地完成了阅卷工作。

2. 根据巢湖市商务局要求，我院继续选派1名教师赴巢湖市商务局挂职担任副局长。

六、党建思想政治工作

（一）党建工作

加强支部建设，认真落实"三会一课"制度；推进基层党组织标准化建设（已全部标准化）、提升党组织的战斗力；抓好入党积极分子培养和党员发展工作，顺利举办第16、17两期党校培训班，培训入党积极分子257人。发展学生党员70人，71位预备党员按期转正；开展形式多样的党员活动。

（二）加强政治理论学习

中共信息学院分党委先后组织了10余次理论学习，重点或有针对性地学习党的路线、方针、政策和习近平总书记系列讲话。周三例会进行政治学习，以专题的形式开展，且利用辅导员例会给其推荐《苦难辉煌》《教育者的自我修炼》，提高自身素养。利用学生干部会议、学生党员发展或转正会议对学生进行思想教育。

(三) 组织建设

组织建设是思想建设的载体,是党的路线、方针、政策落实的保证。学院进行了基层党组织换届;校第三轮处级干部、科级干部的聘任,按校党委要求认真组织,严格程序,尽可能地把一些德能勤绩优秀者、有群众基础的人推荐到领导岗位,发挥先锋模范或标杆作用。基层党支标准化建设中,全院7个支部已全部达标。

(四) 加强反腐倡廉建设

廉洁自律,自我改造,自我净化,自我提升是我们党的特点。这种为民谋福的坦荡胸怀,也正是我们党的力量所在。

学院要求全体党员以《中国共产党廉政准则》《中国共产党纪律处分条例》为准则,以鲁炜为反面教材等,提高廉政建设和党性修养。通过观看警示教育片、分党委书记给党员上"讲严立"等专题党课、开展批评与自我批评等多种形式学习。同时处级领导干部以"六聚焦六整改"为主要内容,进行自我剖析,并撰写对照检查材料。严格遵守各项规定,坚持党务公开、学生事务和重大事项公开,规范用权、接受监督。按校纪委要求对信息学院廉政风险防控进行认真排查,提出了五个层面的风险点,并制定了具体措施,至今未发现任何廉政问题。

七、 特色工作

(一) 顺利完成了"中国大学生计算机设计大赛"(数字媒体专业组)工作

7月22～26日,由我校承办的"中国大学生计算机设计大赛"(数字媒体专业组)在我校举行,本次大赛学校领导高度重视,安徽巢湖经济开发区和巢湖市人民政府给予了大力支持。本次大赛共有全国20个省份、129所本科院校、717名参赛师生参加。学校多次召开专题会议研究大赛工作,成立大赛执委会和筹备组,校领导亲自担任执委会主任和筹备组组长,各部门通力合作、上下齐心,大赛取得圆满成功,人民网、新华网、合肥电视台、巢湖电视台、《新安晚报》《合肥晚报》《巢湖晨刊》等媒体给予了专业报道,提高学校知名度和声誉。我校在本次大赛中也取得佳绩,共获得3个二等奖、1个三等奖,为学校赢得了荣誉。

(二) 认真做好2018"安徽省首届华为杯网络与分布式系统创新设计大赛"

10月20～21日,由我校承办的"安徽省首届华为杯网络与分布式系统创新设计大赛"在我校举行,大赛得到省教育厅高教处、安徽省计算机学会的大力支持。本次大赛共有全省30余所高校,69支队伍,200余名参赛师生参加。学院多次召开专题会议研究大赛工作,成立大赛执委会和筹备组,大赛取得圆满成功。我校在本次大赛中也取得佳绩,荣获大赛两个一等奖,我校获得"优秀组织单位奖",两位老师获得"优秀指导教师"称号。

(三) 开展"对日"软件方向班

7月,为进一步推进教学改革,经校长办公会研究决定在2018级软件工程专业设立"对日方向"特色班。我院与安徽万畅信息技术有限公司积极合作,共有33名同学进入该班学习,双方共同制定人才培养方案,共同实施教学、管理,目前该班运行良好,教学质量显著提高。

(四) 学院顺利实行"无手机课堂"活动,狠抓学风建设

为督促学生高效地利用课堂学习时间、提高课堂学习质量、积极推进学院优良学风建设、迎接学校审核评估,信息工程学院顺利开展了"无手机课堂"活动。学院安排相关人员为各班级寝室长发放手机存放袋,并要求各寝室长以身作则,努力做好带头人,担起课前收发

寝室成员手机的责任。此活动在学院内正式掀起了一场"课堂无手机"的浪潮,在推进学院学风建设方面发挥了积极的作用。

(供稿:许　航)

化学与材料工程学院

【概　况】

化学与材料工程学院始建于1983年,为学校本科办学最早的学院之一,目前在校全日制本科生1638人。学院现设无机非金属材料工程、应用化学、化学工程与工艺、生物工程、生物制药五个本科专业,其中无机非金属材料工程专业为国家级特色专业、省级一流(品牌)专业。

学院现有专任教师69人,其中正教授6人、副教授20人、高级实验师6人,其他系列高级职称1人;博士21人(含在读)、硕士29人;省级领军人才1人,省级教学名师2人,省中青年骨干教师培养对象1人,省第一批科技特派员5人,高级访问学者5人,市委市政府专业技术拔尖人才1人,市科技进步奖获得者3人,校级学术技术带头人3人,校级中青年学术骨干3人。学院还聘请了部分国内知名学者、专家为兼职、客座教授。

学院现有化学实验中心1个,下设基础化学实验室、应用化学实验室、材料工程实验室、化学工程实验室、生物工程实验室、贵重仪器室,实验室总面积近7000平方米,教学仪器设备总值近2000万元。另有省级实训示范中心1个,校级科研机构3个,校级重点实验室1个,校级重点建设学科1个,校企共建实验室1个,省级工程技术研究中心1个,校企共建研发中心1个。

【年度工作】

一、教学与人才培养工作

1. 推进专业评估和审核评估工作。为迎接安徽省本科专业评估和教育部教学审核评估,学院召开党政联席会议研究部署此项工作,成立了评估领导小组,统一思想,提高责任意识。多次召开专业评估工作研讨会,接受学校组织的校内外专家评估,完善了专业评估工作整改方案。经过努力,我院在教育部审核评估工作中得到专家的认可,专业评估工作也取得了阶段性成果,现正在稳步推进。

2. 深化人才培养模式改革。学院重视人才培养模式的改革工作,深化以能力为导向的应用型人才培养模式改革。组织教师开展研讨,到高校和企业调研专业建设,广泛征求企业专家意见,修订完善2018级人才培养方案。深化校企合作,加强实践教学基地建设,新增广德广信农化和浙江诚讯新材料有限公司为实习实训基地。组织安徽省第二届普通高等学校大学生化学竞赛暨化学类专业水平测试初赛。自7月份起,陆续安排大四毕业生到浙江桐

乡、临海、芜湖、马鞍山等企业参加集中实习工作。与实习企业共同指导毕业生毕业论文（设计）。

3. 做好应用化学专业2018级专升本自主招生相关工作与暑期函授工作。

4. 加强教学管理。认真执行教学巡查制度，通过党政班子巡查和二级督导巡查，发现问题及时整改，规范教学环节。定期召开教研室主任例会，研讨教学管理工作。通过期中教学检查工作，及时进行信息反馈，针对问题研究措施并整改落实。按照学校要求，认真落实专业、课程负责人制度。注重提升教学管理队伍水平和青年教师的教学能力。认真执行青年教师导师制，完成青年教师导师制的考核工作。

5. 加大学科专业建设和课程建设。学院注重强化专业内涵建设，推进课程改革，继续推进校级重点建设学科食品科学与工程的建设工作。开展专业评估工作，提升专业建设水平。通过2018级人才方案的调整，优化课程结构，强化应用型人才的培养力度。积极推进课程评估工作。

6. 组织学生参加创新创业教育和各类竞赛。指导教师利用暑假精心指导学生开展生物标本制作，参加安徽省大学生生物标本大赛获三等奖。组织学生参加安徽省第二届大学生化学竞赛获二等奖5项。我院学生参加学校和安徽省"互联网＋"大赛均获一等奖。

二、科研与社会服务工作

学院注重完善各类科研管理制度，提升管理服务水平。组建科研团队，整合科研力量，加强科研平台建设。积极动员、组织骨干教师和高职称高学历教师积极申报各类科研项目，2018年我院立项各级各类科研项目25项；公开发表学术论文31篇，其中SCI收录10篇；申报发明专利8项，实用新型专利权1项。学院积极开展学术交流，1月24日，合肥学院吴克、金杰、韩蔚教授应邀来我院做了2场学术报告，并对2018年度国家自然科学基金项目申报工作做了指导。4月，邀请北京四季大通投资集团董事局主席任杰峰做《鲜冻产业大健康大消费》的报告。5月，安徽农业大学生命科学学院生物制药系主任汪维云教授应邀来校做《基因组时代的创新药物研究和我国医药产业的发展机遇》的学术报告。6月，南开大学徐效华教授做了题为《农用天然产物的合成及其活性分子的设计》的学术报告。11月，中国科学技术大学孙学峰教授做《几何阻挫材料的低温热传导性质》的学术报告。安排我院高职称、高学历的教师叶友胜、李宏林、张杨、徐小勇等为师生做了学术报告。生物工程专业教研室赴上海参加"第二届功能发酵制品开发、应用与生产技术交流会暨生物发酵大健康产业发展高峰论坛"。马鞍山普梅森健康医疗科技集团来化材学院洽谈合作事宜。学院2位教师赴韩国参加2018年功能材料及应用国际会议。

三、师资队伍建设

2018年学院引进王禾、尹艳君2位博士。同时积极鼓励并支持年轻教师进修访学、攻读博士学位。2018年专业技术职称评定中，我院1人晋升正教授，3人晋升副教授，2人晋升讲师，3人获得博士学位，教师队伍和师资力量得到优化。

四、对外合作交流

1. 积极与企业对接，开展产学研工作。学院积极与地方企业交流对接，开展产学研合作。与深圳山水乐环保科技有限公司等签订产学研合作框架协议。教师与企业签订横向项目合同11项，合同总金额232万元。

2. 积极开展学术交流。学院积极邀请校内外专家为师生做学术报告。生物工程专业教研室赴上海参加"第二届功能发酵制品开发、应用与生产技术交流会暨生物发酵大健康产业发展高峰论坛"。学院2位教师赴韩国参加2018年功能材料及应用国际会议。

五、党建与思想政治工作

1. 深入学习贯彻习近平总书记系列重要讲话和党的十九大精神。学院党委把学习宣传贯彻习近平新时代中国特色社会主义思想和党的十九大精神作为首要政治任务。党委中心组织理论学习12次。坚持周三政治理论学习制度，全年组织教职工集中学习20余次。教育引导广大师生员工牢固树立"四个意识"，提高政治理论水平、政治素养和政治站位。全体教职工接受分管领导阮爱民做全国教育大会精神学习辅导1次。继续深入推进"两学一做"学习教育常态化制度化。组织教工党员集体观看大型爱国主义教育纪录片《厉害了，我的国》。

2. 加强新媒体建设，严格新闻发布审核。学院十分重视意识形态领域的工作，加强新媒体建设，做好网络舆情监控，占领宣传高地。利用校园网和团总支官方微信公众号（元素之声）、官方QQ、新浪微博等新媒体加强师生员工思想政治教育和学生"三观"教育。

3. 加强组织和干部队伍建设。学院按照校党委统一部署完成了分党委换届工作，新班子团结协作，沟通顺畅，坚持民主集中制，认真执行党政联席会议制度。严格按照组织程序，有条不紊地做好科级干部聘任工作。顺利完成党支部换届工作。学习贯彻落实《普通高校学生党建工作标准》，重视入党积极分子和党员的培训工作，严格发展程序，保证学生党员的发展质量，本年度培养入党积极分子257人，发展党员70人。发展1名优秀教师入党。配合组织部筹建标准化党员活动室。党委开展处级党员干部民主生活会1次，各支部开展组织生活会1次。按时足额交纳党费，严格执行"三会一课"制度。组织开展先进基层党组织、优秀共产党员、优秀党务工作者评选表彰。完成基层党组织标准化建设验收工作。

4. 推进作风与效能建设。学院认真落实中央八项规定和省三十条精神，强化对财务报销单据的审核，严格执行巢湖学院财务报销制度和财经纪律。严格遵守公务接待规定，严格考勤制度，强化纪律意识和纪律约束力度。提醒科级干部等每天及时登录电子政务阅读公文。党政班子经常深入课堂、宿舍，与教师、学生谈心谈话。制定化材学院2018年师德师风专题教育工作计划，开展师德、师风专题教育。

5. 党风廉政教育。学院党委把党风廉政教育作为工作重点，抓"四风"整改，严格财务管理，规范公务报销和教科研经费报销程序。强化党政领导"一岗双责"意识，查摆漏洞，对全体教职工进行党风廉政教育。组织教工党员到庐江新四军江北指挥部纪念馆和泾县新四军军部旧址开展爱国主义教育和革命传统教育。紧紧围绕重点防控领域，结合化材学院实际开展风险点排查，共制定了25项风险防控措施，并逐条逐项进行整改落实。开展"讲忠诚、严纪律、立政德"专题警示教育，召开了"讲严立"专题警示教育民主生活会，会后制定了整改任务书，列出问题清单6项，整改清单18项，并确定了责任清单，建立整改台账。

6. 持续推进巡视等整改落实。学院继续深入开展省委巡视整改工作，对照"化学与材料工程学院巡视整改工作清单"，逐条责任到人，整改落实。开展"管党治党宽松软问题"专项治理工作和梳理排查软弱涣散党组织，并进行整改。构建长效机制，推动全面从严治党。

六、特色工作

1. 助力学子考研，促学风建设。学院狠抓学风建设，积极引导学生考研，组织党员教师分专业对考研学生进行针对性辅导,派专人、专车为学生送考,在安排考研经验交流、联系导师等方面给予了大力支持,形成了助力学子考研的良性工作机制。本年度学院毕业生考研录取率达20%。

2. 重思想引领,践行核心价值观。学院长期开展大学生"幸福之声生生唱"活动,开展团学讲堂系列活动,加强理论引导与实践锻炼。

(供稿:刘晓波)

工商管理学院

【概　况】

工商管理学院是依据《关于调整学校处级机构及岗位设置的通知》(校党字〔2018〕33号)文件于2018年6月组建的,现由来源于经济与法学学院的市场营销(2004年)、财务管理(2013年)、审计学(2015年)、会计学(2018年)和信息工程学院的电子商务(2006年)5个本科专业共同组成。各专业毕业生就业率始终保持在95%以上。

学院现有教职工55人。其中专任教师50人。教师队伍中教授4人,其他正高级职称人员1人,副教授5人,其他副高级职称人员1人;拥有博士学位的教师4人,在读博士的教师2人,硕士学位的教师40人。全日制本科在校生2374人。

【年度工作】

一、人才培养

(一)认真开展调查研究,优化人才培养方案

深入政府、企业和高校展开调研,了解地方、企业对人才的需求,走访有关高校,吸取他们在人才培养方面的成功经验。共完成5个专业培养方案的制度修订工作。联合经济与法学学院进行了专家论证工作。

(二)深化教学改革,提升教学效果

强调理论联系实际、案例教学、启发式教学、理论穿插实践教学等。市场营销教研根据生源结构的变化,在"管理学"课程试点了基于项目式的课堂教学模式,正在逐步向其他核心课程推广。

市场营销、电子商务、财务管理、审计学、会计学都遴选了专业核心课进行教考分离改革。通过内部挖掘、外请企业高管等办法使5个专业都按时、按质、按量开设了专业创新创业课程,并取得了良好效果。

(三)立足应用型人才,实施毕业论文改革

出台了《工商管理学院毕业论文工作暂行规定》并提交教务处。从2019届毕业生开始,部分学生可以以调研报告、学科竞赛、大学生创新创业项目成果等代替传统的毕业论文。

（四）完成小学期教学工作

原经济与法学学院首次实施了小学期教学计划。分设后，工商管理学院精心谋划，首次小学期教学取得圆满成功。

（五）加强教研室建设，教研室工作成绩突出

学院现有4个教研室、1个实验。各教研室注重以团队形式开展教科研工作，改变了过去单打独斗的局面。在学校组织的年度考核中，我院财务管理教研室和实验室获得优秀等次（占全校总数的2/7）。

（六）质量工程项目有了较大的突破

学院共立项8个项目，其中通过学校立项6项，通过安徽省专业委员会立项2项。获得校级质量工程项目立项15项。

（七）实验室建设

今年新建了"应用经济学科研实验室"。并对过去建成的实验室进行了升级改造。制定了实验室开放管理办法。实验室安全无事故。实验室在今年的评估中受到了教育部专家的表扬。

二、科学研究

申报各级各类课题19项，其中省社科规划办、教育部社科基金、国家社科基金、国家自然科学基金等项目8项。达成横向合作项目5项，全年到账经费资金近40万元；发表学术论文22篇；下半年完成学术报告5场次，其中外聘高水平专家3场次，本院教师开展报告2场次；获得安徽省社科联奖项2项，其中一等奖1项，二等奖1项。

学院注重发挥基层学术委员会的作用，全年共召开7次学术委员会会议。

三、队伍建设

1. 今年共引进教师7人，另外，上半年还引进了孙国峰教授和王伟博士，他们目前编入经济与法学学院。另有1位博士副教授达成意向性协议。

2. 共有3位教师晋升讲师职称，改善了教师结构。

3. 专业教师共有40人次参加了各类培训。

4. 鼓励青年教师攻读博士学位。刘耀娜老师考取吉林大学，攻读博士学位。

5. 推进青年教师导师制。学院共引进硕士7名、专任教师5名、辅导员2名。5名青年教师都配备了责任心强、业务水平高的指导教师。

6. 组织青年教师参加各类教学竞赛。学院于2019年1月5日与经济与法学学院共同举办了"青年教师教学基本功竞赛"。

四、对外合作交流

学院与上海平安、上海链家、天源迪科、中国电信巢湖分公司等单位签订了校企产学研实习就业合作协议，为广大学生的实习、实训、就业奠定了基础。

五、社会服务

对于大学生志愿者暑期"三下乡"社会实践活动，学院按照校团委的部署，集中组建了18支团队，其中获批国家级团队1支、校级重点团队3支，参加集中团队实践人数近200人。赴金寨调研红色文化实践团获得中国青年网报道8篇，"镜头中的三下乡"获得团中央的表彰。

六、党建思想政治工作

(一) 深入学习贯彻习近平新时代中国特色社会主义思想和党的十九大精神

全年共开展中心组学习12次,组织教职工开展政治理论学习30多次,十九大精神大学生学习小组开展学习活动近40次,各班开展学习党的十九大精神200多次。书记、院长下半年共为教师党员上党课3次,为学生党员上党课6次。

(二) 加强组织领导,基层党组织自身建设不断强化

学院党委强化第一责任人意识,助力巢湖学院本科教学审核评估工作。顺利完成基层党委换届选举工作、新成立2个教工党支部、2个学生党支部,开展"讲忠诚、严纪律、立政德"专题警示教育、"三查三问"集中整治形式主义官僚主义专项行动等工作。

(三) 加强思想建设,党员学习教育管理敢于创新

共发展学生党员49名,完成40名党员转正工作,完成81名2018届毕业生党员的党组织关系转移工作,举办了1期业余党校,共培训160多名入党积极分子。全年召开党委会(含总支委员会会议)20次,党政联席会议25次,发布党务公开会议纪要10份。

(四) 加强制度建设,党建标准化建设稳步推进

参加省教工委对校领导班子党建与发展考核工作、安徽省第五批学习型基层党组织建设申报、意识形态督查、支部工作"微经验"推广、新时代高校党建"双创"工作、高校共青团改革暨学校战线开展互学互促实地调研工作,并编纂《工商管理学院2018年度规章制度汇编》。

(五) 加强作风建设,党风廉政和师德师风建设持续筑牢

紧盯"四风建设",严格落实"三查三问"集中整治形式主义官僚主义专项行动,制定党风廉政工作计划,每学期召开廉政工作专题会议,集体观看廉政纪录片,签订师德师风承诺书。

(六) 加强和改进宣传思想工作

学院共上传、审核新闻稿1214篇,其中党团建设专栏共发布140多篇,推荐到校级共223篇;学院团总支官方QQ共发布动态2003篇;学院微信公众号平台现有粉丝量3016人,共发布微信文章210篇,平均点赞量在30个以上,平均阅读量达到100以上;学院微博共发布图文126篇;Myouth共发布文章46篇,其中总报名数7435名,总评论数270721条。

(七) 辅导员队伍建设进一步加强

新增专职辅导员2名,主持或参与获批校级课题5项,2名辅导员考核中获优秀等次,2名辅导员在就业考核中获优秀,1名辅导员参加巢湖学院党的十九大精神校园巡讲活动。

(八) 学生安全教育、学风建设、评奖评优、就业创业、易班推进等管理工作成绩显著

本年度学院共组织宿舍检查活动43次,召开全院心理委员会议9次,在校级十佳心理班级评比活动中2018级市场营销三班荣获校级一等奖。顺利完成电子商务专业280名学生的转入与融合工作。

开展学习风气建设月、"中国梦,我的梦——回归常识,加强学风建设"等学风主题活动。

顺利完成了17名省级"品学兼优"毕业生、33名校级"品学兼优"毕业生、132名校级三好学生、40名"优秀学生干部"、48名"优秀团员"、18名"优秀团干"的评选工作;戴影、王珊同学被评为2018年巢湖学院"十佳大学生"。完成4名国家励志奖学金、76名励志奖学金、373名奖学金评选、推荐工作。

全年发布40多条专场招聘信息,为毕业生提供就业岗位1000多个,2018届毕业生初次就业率达93.07%,年终就业率达97.48%,101人为高质量就业,其中2人考取选调生,20多人考取公务员事业单位,34人考取国有企业,20人考取研究生(含法学及出国留学3人)。学院获得"就业工作先进单位"称号。

(九)打造第二课堂来提升学生综合素质

学院在学科与技能竞赛中获得国家级奖项12个、省级奖项45个、校级奖项18个,其中,学生获"全国管理决策大赛总决赛"全国特等奖;获"全国商业精英挑战赛"国家级一等奖、二等奖各1个;第八届全国大学生电子商务"创新、创业及创意挑战赛"荣获国家级二等奖、三等奖;获安徽"技术杯·国际商务谈判大赛"省级特等奖。

(十)加强统战、群团和离退休工作

学院注重党外知识分子关于学院建设与发展的意见和建议,每学期召开统战工作座谈会。全年团总支、学生会累计共召开全体例会11次,主席团例会29次,主要团学干部例会38次。工作周表全年累计32份。志愿服务互动共计开展155次,其中宣传类22次、实践类62次、教育类48次、素质拓展类12次、其他类11次。做好离退休教师的关怀工作。

七、特色工作

在团中央学校部、团中央网络影视中心共同举办的2018年全国大中专学生志愿者暑期"三下乡"社会实践"镜头中的三下乡"优秀成果评比活动中,校地共建社区志愿服务建设调研实践团推荐的视频获得优秀视频奖,在安徽省"第四届志愿服务项目大赛"的志愿普法项目中荣获省级一等奖。

获"全国管理决策大赛总决赛"全国特等奖;"全国商业精英挑战赛"国家级一等奖、二等奖各1个;第八届全国大学生电子商务"创新、创业及创意"挑战赛荣获国家级二等奖、三等奖;获安徽"技术杯"国际商务谈判大赛省级特等奖。

(供稿:陈 凯)

旅游管理学院

【概 况】

巢湖学院旅游管理学院创建于1986年,前身是巢湖师专政史系。随着学校的发展,经历了巢湖学院历史系、历史旅游文化系和旅游管理学院的沿革。2000年和2001年连续两年与安徽师范大学合办历史学本科。2002年正式申办巢湖学院历史学本科专业。2003年,依托历史学专业较强的师资队伍,新办旅游管理专业。2013年成功申报酒店管理专业。2014年成功申报会展经济与管理专业。旅游管理学院现有历史学旅游管理、酒店管理、会展经济与管理4个本科专业,另有与爱尔兰阿斯隆理工学院合作的酒店管理"3+1"国际合作项目,下设旅游管理、酒店管理和会展经济与管理3个教研室、旅游管理和酒店管理综合实验室、"巢湖流域经济文化研究所"和"旅游发展与规划研究中心",2018年5月"环巢湖文化与经济社会发展研究中心"并入。

目前全院共有教师35人。其中,教授1人、副教授11人、讲师12人、助教3人。学历结构方面,有博士6人(占17.14%)、硕士25人(占71.42%)、学士1人(占2.85%),具有研究生学历教师占专任教师的比例为94.28%。同时,外聘教授9人,外聘行业教师6人,拥有外教2人。现有全日制在校学生共1202人。

【年度工作】

一、人才培养

进一步推进人才培养模式、课程体系与教学内容、教学方法、考核方式等方面的改革。2018年人才培养方案深化人才培养模式改革。通过本科教育利益相关者的调研,以"成果导向"教育理念为指引,修订了2018级各专业人才培养方案,突出以能力为导向的应用型人才培养模式的改革思路。

健全和完善教学质量监控体系,认真执行教学质量评价制度,严格考勤,完善巡视检查制度,不断提高教学质量。本年度开展以学科、专业和课程建设及教学管理、教学研究和教学改革为主题的大型实质性教研活动17次,举办专业学术讲座活动10次,以教科研项目申报讲座活动9次,举办2018年度青年教师教学基本功大赛,遴选优秀教师开展公开示范教学。

二、教科研工作

组织教师积极申报各类科研项目。本年度全院教师获批安徽省社科规划项目1项,安徽省教育厅省级重点项目2项,各类科研项目30项,发表各类学术论文25篇,举办学术讲座8场,参加各类学术活动45场。张安东的《环巢湖红色文化资源开发之思考》获安徽省社科联2018年度"三项课题"三等奖;张安东的《地域文化塑校育人的理论与实践研究——以巢湖学院为例》获安徽省教学成果二等奖。

立项建设应用型课程1门,立项建设省级精品开放课1门,立项建设校级精品开放课程1门,立项建设在线开放课程1门,立项资助培育教学改革成果1项,新增校企共建实习实训基地1个,新增实习就业基地2个。

完成校内2018年度课程评估工作,推进已有精品课程、应用型课程建设。推荐2门省级精品课程建设。

参加"安徽省旅游院校合作联盟年会暨第七届旅游论坛"、第八届中国地方志学术年会、"第六届安徽省文化论坛"、"抗战与安徽文化传播"学术研讨会、安徽省"小岗精神与乡村振兴"理论研讨会、"合肥市社科界第八届学术年会"、"政治文化与环巢湖廉政文化建设学术研讨会"、第七届"巢湖·中华有巢氏文化"学术研讨会、"巢湖文化学术研讨会"等学术研讨会。

三、队伍建设

2018年,新进硕士层次教师4人,引进柔性高层次人才1人,本年报考在职博士1人,安排教师国内外访学或3个月以上的专业进修2人,近三年客座教授、兼职教授年累计达到5人,近三年外聘兼课教师(含指导论文)累计达到15人,申请认定双能型教师15人,以上均按计划完成年度目标任务。

四、对外合作交流

组织旅游管理相关教师参与与实习酒店开展的产学研合作,取得丰硕成果。与爱尔兰阿斯隆理工学院就酒店管理中外合作办学专业的课程设置等方面完成教育部评估工作,取得"合格"等级。

五、社会服务

旅游管理学院致力于不断拓展学生社会实践的渠道、扩大活动领域和活动内容,通过社会实践和志愿服务活动,引导学生参与和谐社会建设。2018 年,开展大学生暑期"三下乡"社会实践活动,2 个团队参加"环巢湖区域景点志愿导游服务""乡村振兴背景下环巢湖地区农家乐的转型升级";开展爱心助考志愿服务;传承雷锋精神,开展"爱心校园"校园清扫活动,中庙景区导游志愿服务活动,赴巢湖市巢扬小学、银屏箕山小学、烔炀爱生爱留守儿童活动室开展"大梦想家之梦想学园"爱心支教志愿服务活动,开展"爱心助残""爱心敬老"活动;赴合肥参加"百里毅行"志愿服务等。

六、党建与思想政治工作

2018 年,旅游管理学院党委先后组织开展了 24 次政治学习,学生参加业余党校 195 人,发展对象参加党校学习 24 人。为进一步加强党员的管理工作,2018 年上半年顺利完成了党员摸排情况,使党员管理工作更趋规范。7 月毕业生党组织关系转移到省外的 3 人、省内的 44 人,2018 年下半年发展预备党员 24 人,预备党员转正 20 人。2018 年,召开 2 次民主党员干部生活会,以及 2 次党员组织生活会。党政联席会议共召开 15 次,设置了 4 个教工支部、2 个学生支部,并在 2018 年 9 月,根据巢湖学院党委要求,按时完成旅游学院基层党组织换届工作,教工党支部书记注重选拔"双带头人"教师。各支部共举行各类学习讨论 6 次。

旅游管理学院扎实推进大学生学习贯彻党的十九大精神。大力实施"网上共青团"工程,以"智慧团建"和"青年大学习"为重点,建设工作网、联系网、服务网"三网合一"的"网上共青团"以走近学生党员,利用活动载体开展党建思政工作。开展"一院、一镇、一品"的主题志愿服务 2 次,继续开展以"弘扬志愿服务,践行两学一做"为主题的学雷锋志愿服务系列活动等 11 次。以党建带团建,关心学生会、学生社团的建设。充分发挥学生会组织"自我教育,自我管理,自我服务"的作用。开展"学习习近平总书记 7·2 重要讲话精神"主题团课、"我与改革共成长"主题团日活动比赛、"青春献祖国、永远跟党走"五四青年团日活动、"马克思诞辰 200 周年"主题团日活动、"学习习近平总书记在北京大学的重要讲话"主题团日活动。2018 年,团总支共计开展主题活动 16 场。

组织全体干部党员认真学习《中国共产党廉洁自律准则》,严格落实党风廉政建设责任制,深入开展"廉政文化进校园"工作,加强党员干部、教职员工的廉洁从教教育;组织全体党员认真学习《巢湖学院落实党风廉政建设主体责任约谈办法(试行)》的文件精神,进一步明确"三重一大"决策事项,建立廉政风险防控机制。根据学校印发的《中共巢湖学院委员会党风廉政建设主体责任清单》等三个党风廉政建设责任清单通知的有关要求,旅游管理学院根据清单要求,进行相关清理。

按照校党委对班子成员对照检查的部署,旅游管理学院认真贯彻落实省委以及校党委部署安排,制定了实施方案,组织开展旅游管理学院分党委中心组及各党支部集中学习研讨、走访考察、谈心谈话、征求意见等各环节工作,班子成员围绕"六聚焦、六整肃"内容,按要求认真撰写,对照检查材料,认真学习《党章》《中国共产党纪律处分条例》《中国共产党廉洁自律准则》等文件。把政治理论学习和解决实际工作问题结合起来,做到学以致用。

学习贯彻"全国教育大会精神",推动高等教育现代化,认真学习"全国教育大会精神",开展教育宣讲活动;召开师德师风建设专题教育活动2次;开展教育思想大讨论座谈会;扎实开展"讲忠诚、严纪律、立政德"专题教育。多项举措构建"三全育人"体系,促进学风建设。

努力为毕业生提供优质的就业服务,做好学生就业工作。通过班级就业QQ群、微博、微信、辅导猫APP、学校和学院网站就业板块,及时发布毕业生就业的各类信息和国家以及学校的各项文件精神。邀请开元集团、曙光集团、扬州瘦西湖、余姚宾馆等10余家企业来学院举办夏季校园招聘宣讲会。

七、特色工作

2018年5月学院在"鼎盛诺蓝杯"第十届全国旅游院校服务技能(导游服务)大赛中获得了二等奖和三等奖。2018年5月,全国"商业精英挑战赛暨国际贸易与经贸会展竞赛全国总决赛"在宁波会展中心举行,旅游管理学院会展经济与管理专业9位学生组建了一支参赛队伍,以"安徽雅集文集有限公司"为虚拟公司,主要展品为笔、墨、纸、砚等,旨在弘扬安徽传统文化。参赛队伍凭借扎实的专业功底和良好的专业素养,获得经贸会展组一等奖。

(供稿:解雪梅)

艺 术 学 院

【概 况】

学院始建于1978年,名为安徽师范大学巢湖教学点艺体科,开设美术教育专业(专科)。2011年更名为艺术学院。

现有校级研究机构"中国书画艺术研究所"1个,设有美术学、环境设计、视觉传达设计、动画、音乐表演五个本科专业以及美术学(中国书画)、视觉传达设计("2+2"中韩合作)两个本科办学方向。

秉承"大艺术教育观"的办学理念,确立"艺文传承、素质拓展、多元并进、个性培养"的办学原则,强调学生的专业技能、人文素质及传统文化的培养。2000年获教育部"全国艺术教育先进单位"称号,2010年被教育部批准为"全国普通高等学校美术学本科专业课程教学试点学校",美术学教学团队获首批省级教学团队,动画专业获省级特色专业,并获评省级影视动画实训中心。美术学获校内首批质量工程重点学科,艺术设计获重点专业,水彩水粉课程获重点课程。

现有教职工77人,其中教授2人、副教授22人、讲师38人。教师中兼职硕士生导师1人。多名教师毕业于韩国韩瑞大学、英国纽卡斯尔艺术学院、乌克兰美术学院。学院拥有安徽省油画学会副主席1人,省美术家协会理事1人,合肥市美协副秘书长1人,合肥市音乐家协会副主席1人。现有全日制在校生1338人(其中本科生1327人,专科生11人)。

【年度工作】

一、人才培养

坚持地方性应用型办学定位,走内涵式发展道路,深化教育教学改革,优化人才培养模式;以专业评估为抓手,开展好各项教学活动;加大人才培养模式改革力度,树立面向应用、能力为重、全面发展的培养理念;不断强化教学管理规范化,落实学院党政班子巡课制度,落实精细化教学管理,进一步规范课堂教学行为,实现教风、学风的良性循环;发挥学生教学信息员在常规教学环节中的重要作用,加大教学信息的收集、了解与反馈力度,努力提升课堂教学质量;落实学院党政班子联系教研室制度,定期听取、联系教研室工作汇报,协调解决实际困难和问题;加强实习基地建设,加大实习环节监控,做好学生外出写生、考察工作,现有黟县宏村、屏山、西递、江西婺源等多个写生基地;加强就业创业指导与服务,充分利用资源,营造创业氛围,做好创业示范,培育创业典型;多途径筹集资金,改善办学条件,完成音乐多功能报告厅装修和改造;结合专业特点,组织开展多种形式的展览和演出活动,激发学生学习兴趣,提升学生专业素质和应用能力,鼓励学生积极参加各类竞赛、展演活动,全年参加各级各类竞赛、展演近1000人次,共获国家级和省级奖项100余项。

二、科学研究

高度重视科研工作,强化科研工作的协调、宣传和推动工作,不断优化科研管理,提升科研项目申报质量和管理水平。制订"巢湖学院艺术学院2018年度科研工作计划",宣传学校科研工作目标管理的相关精神,大力推动科研工作目标管理工作,加强对在研项目的管理,及时了解在研项目的进展情况,督促保证已立项的项目按时结项。加强科研队伍思想政治理论学习,学习贯彻习近平总书记在文艺工作座谈会上的讲话精神和习近平总书记给中央美院8位教授的回信精神。鼓励教师参加国际和国内的学术会议,积极开展各类学术交流活动;鼓励和支持广大教师积极申报或参与教科研项目,积极组织教师精心设计、论证课题,及时督促教师申报各类课题,全年共申报各级各类科研项目近20项,其中申报国家艺术基金项目5项,申报"三项课题"研究活动3项,2项课题获批省哲学社会科学规划青年项目,2项课题获批"皖维科技创新孵化基金"立项。出版专著《中国钢琴音乐演奏及美学内核表达》,发表科研论文31篇。鼓励师生参加各级各类展览与演出活动,《碧树秋》《金蝉脱壳》《明月千里》等作品入展"改革开放四十周年——山东·安徽油画精品展",《筑梦曲》获"庆祝改革开放40周年·第二届全国高校大学生思政课艺术作品主题创作展"三等奖,成功承办旌德县"纪念改革开放四十周年中国·旌德大健康论坛"文艺晚会。庆祝巢湖学院艺术学院建院40周年,举办40周年院庆师生优秀作品展和建院40周年文艺晚会等活动,扩大了学院的影响力。制订科研讲座计划,邀请国内高校或科研工作单位有学术影响力的人员来学院做学术讲座,加强交流与沟通,进一步拓展学术交流与合作的领域和渠道,举办《文创小商品创意设计》《跨界唱法理论与实践》《徽州漆艺漫谈》《文艺复兴的发祥地——佛罗伦萨的艺术洗礼》《金窗绣户——清代皇宫室内装修艺术赏析》等多场学术讲座。

三、队伍建设

加强师德师风教育,培养高素质教师队伍,巩固师德师风问题专项治理成果,先后组织学习《高等学校预防与处理学术不端行为办法》《巢湖学院预防与处理学术不端行为实施细则》《教育部关于严肃处理高等学校学术不端行为的通知》等文件,并就可能存在的学术不端,以及职称评审、项目申报中可能存在的弄虚作假行为,开展自查自纠。选派中青年教师赴安徽省宣城市旌德县文化旅游发展委员会、巢湖市第二中学、景德镇青麦陶瓷文化传播有限公司等企事业单位挂职锻炼,培养中青年教师的教学和科研能力;选派和推荐教师参加各级各类培训、学习和观摩活动,提高研究队伍的科研意识和科研能力,多人次受邀参加"中国宣纸与绘画意大利展""安徽省美学和艺术学理论研讨会""中国动漫艺术崛起与一代青年动漫家的孵化"等专业学术会议和专业知识培训。积极组织教师申报职称,2人晋升副教授,5人晋升讲师,师资队伍职称结构进一步趋向合理、科学。加强师资引进力度,引进副教授1名、优秀教师8名,强化新进教师培养培训工作,落实新进教师导师制,帮助青年教师尽快成长。鼓励和支持教师申报高校优秀人才、拔尖人才支持计划、高校青年骨干教师国内国外访问访学项目等,6名教师分别赴中国艺术研究院、北京师范大学、东南大学、江南大学进修。

四、对外合作交流

继续加强与韩国韩瑞大学的交流与合作,共同举办中韩合作"2+2"留学说明会,8名学生转至韩瑞大学交流学习;加强实习教学基地建设,提升实习教学质量,进一步深化与安徽省皖中印务责任有限公司、北京百度装饰巢湖分公司、巢湖佰思特空间装饰设计有限公司、合肥甜橙子教育管理有限公司等实习基地的建设,将学校教育与企业用人有效地结合起来,提高学生的职业素质和实践技能,提高人才培养的针对性。聘请高等院校、科研机构、企事业单位中有影响力的学者、专家担任客座教授、实习实训指导教师。开展校企合作,实现产、学、研、用、教一体化,将教学从课堂拓展到生产一线,拓展学生眼界和实践动手能力。

五、社会服务

依托特色学科,加强与地方政府、企事业单位的产学研合作。与巢湖市柘皋镇签订产学研合作协议,承办柘皋镇夏至节民俗展演活动;与肥东县长临河镇签订产学研合作框架协议,在美丽乡村建设、乡镇文化建设、志愿服务活动等方面达成合作意向;与宣城市旌德县文旅委签订产学研协议,承办了旌德县"纪念改革开放40周年中国·旌德大健康论坛"文艺晚会。鼓励支持教师把研究成果转化为社会服务,力推师生科研成果转化为现实性应用,做好专利技术的宣传和推广工作,辅助教师申报外观设计专利5项、实用新型专利1项。组织青年志愿者服务队,引导学生投身校内外志愿服务活动,定期组织学生赴巢湖市槐林镇、巢湖市栏杆集镇等地开展志愿服务活动,活动受到当地政府和群众的高度评价。组建多支大学生暑期社会实践团队,内容涉及禁毒防艾、乡村艺术支教、美丽乡村文明墙绘等主题,得到中国青年网、安徽大学生网、今日头条等多家媒体的关注报道。

六、党建思想政治工作

全面落实主体责任,围绕中心抓党建,落实全面从严治党的总要求。切实加强基层党组织建设,推进"两学一做"学习教育常态化制度化,制定"讲严立"专题警示教育计划表和实施方案,扎实开展"六聚焦、六整肃"活动,召开"讲严立"民主生活会和组织生活会,查找问题,制定整改措施;夯实思想根基,强化"红色向心力",深入学习贯彻党的十九大精神和习近平新时代中国特色社会主义思想,组织党员集中观看习近平总书记的重要讲话,各班级开展党的十九大精神和习近平总书记重要讲话学习宣传活动,教职工大会学习宣传党的十九大精神和习近平总书记重要讲话精神,辅导员深入班级宣传讲解党的十九大精神和习近平总书记重要讲话,深化学习贯彻习近平新时代中国特色社会主义思想;重视支部标准化建设,狠抓学生党员发展工作。根据党支部建设标准化建设实施意见和标准化评估实施办法,落实好"三会一课"、民主评议党员、评优评先等制度,2名教师党员获校"优秀共产党员"称号;坚持民主集中制,认真履行"一岗双责"。坚持召开党政联席会,集体讨论决策学院发展的具体工作。贯彻民主集中制,反腐倡廉,责任到人。有关重大决定或重大事情,做到事先听取教师的意见,根据民主集中制的原则做出决定;重视积极分子教育培养和按计划发展,加强预备党员教育,严把新党员质量关。举办第18期党校,顺利完成党校各项教学、管理任务,培训发展对象学员28名,入党积极分子130名,组织发展工作正常有序规范,全年发展53名优秀学生入党,44名省内外毕业生完成组织关系转接工作;工会、共青团、学生会等群团组织健全。团总支、学生会、青年志愿者协会等团学组织正常换届,活动正常且富有特色。

七、特色工作

重视学生实践动手能力培养,增设陶艺、装饰设计等实践性强的课程,带领学生赴景德镇实地考察,亲身感受瓷都陶瓷艺术魅力。遵循人才成长规律,适应社会经济发展需要,积极进行人才培养方案修订,邀请中小学优秀教师参与人才培养方案修订工作,逐步建立以理论、实践与创新能力培养为核心的多层次、模块化、应用型的实训教学体系;大力开展各种学科竞赛活动,加强教师指导,积极组织学生参加大学生艺术展演、大学生广告大赛、安徽省大学生原创动漫大赛、中国大学生计算机数媒设计大赛等比赛,荣获多个奖项。

(供稿:何东东)

马克思主义学院

【概　况】

马克思主义学院是学校负责马克思主义理论和思想品德教育的专门机构,开设"思想道德修养与法律基础""马克思主义基本原理概论""毛泽东思想和中国特色社会主义理论体系概论""中国近现代史纲要"和"形势与政策"五门必修课。设有"基础"课、"原理"课、"纲要"课、"概论"课和"形势与政策"课5个教研室及3个校级研究机构。现有教职工25人,其中专任教师23人、教授4人、副教授10人、博士8人。

学院先后获立国家人文社科研究项目4项,国家社会科学基金后期资助项目1项,教育部人文社科研究项目3项,教育部人文社科重点研究基地重大项目1项,安徽省哲学社会科学规划办研究项目2项,安徽省教育厅人文社科研究项目20项。获立安徽省振兴计划弘扬社会主义核心价值观名师工作室项目4项,安徽省省级教研项目8项,省级思政课建设工程项目4项,省级重大教改专项1项,省级精品课程4门,省级教学团队2个。获立校级教科研项目20余项,校级精品课程4门。获立马克思主义理论校级重点建设学科。出版专著和编写教材4部,公开发表学术论文300余篇,其中在二类以上期刊发表论文50余篇。

【年度工作】

学院工作遵循"1221"工作思路,继续加强师资队伍建设、理论教学和实践教学改革、本科教学工程项目和重点学科建设,不断提升教科研水平和思政课教育教学实效。

一、人才培养

全面落实思政课教学计划,规范开展教学管理。进一步健全完善管理制度,制定、修订《学院学生信息员管理》等制度近30项。强化常规管理,切实开展教学检查。继续实施思政课课程预警制度,积极开展二级教学督导工作。建立学生信息员队伍,进一步加强思政课教学质量监控。开展学生网上问卷调查活动,近2000名学生参与调查。制定并全面落实《中共巢湖学院委员会贯彻落实教育部〈新时代高校思想政治理论课教学工作基本要求〉实施办法》,调整思政课教学计划。组织集体备课、公开教学和教学研讨。组织赴小岗村等地进行社会考察,开展主题征文活动,举办PPT制作演讲比赛。加强教研室的建设和管理,支持教研室创造性开展工作。积极开展思政课精品课程建设。继续加强"形势与政策"课程建设,邀请校内外专家学者开展8次专题讲座。组织编印《形势与政策》教学辅导材料1期。

二、教科研工作

积极开展4门省级精品课程和安徽省"振兴计划"弘扬社会主义核心价值观名师工作室——"原理"课名师工作室项目建设,"基础""原理""纲要"三门省级精品课程顺利结项。开展马克思主义理论重点学科建设工作,完成重点学科研究项目的招标和立项工作。获立国家社会科学研究基金项目1项、安徽省哲学社会科学规划办项目1项、教育厅人文社会科学重点研究项目1项,获2018年高校学科(专业)拔尖人才学术资助项目1项。在各级各类期刊上发表论文10篇,其中CSSCI期刊4篇。获安徽省社会科学成果奖二等奖、三等奖各1人。获安徽省高校教师教学发展联盟举办的第二届同课异构教学竞赛决赛一等奖1人、安徽省教学成果二等奖、三等奖各1项。获安徽教育工委学习宣传党的十九大精神理论文章评选三等奖1人。获评学校教学骨干1人、学术骨干2人。获安徽省高校思想政治理论课教师2017年度影响力提名人物1人、校"三八红旗手"1人、校优秀共产党员1人、优秀教师调查员1人。

三、队伍建设

继续加强省级课程教学团队、省级名师工作室团队建设。同时,以三个校级科研机构为平台,以马克思主义理论校级重点建设学科为抓手,着力打造学术团队。选派1名教师参加国家行政学院组织的思政课专题培训,1名教师参加全国"形势与政策"课培训。全体教师参加了教育部组织的思政课2018版教材的使用培训。暑期选送4名教师参加教育厅组织的全省思政课骨干教师培训。在安徽巢湖经开区非公企业建立青年教师实践锻炼基地,并选派4名教师到企业参加实践锻炼。8人参加教育部和国家行政学院组织的网络培训。开展思政课教师队伍建设年活动。开展思政课教师能力提升工作。联合教务处举办了主题为"思政课教坛新秀示范课堂与教学经验交流"的教学沙龙活动。

四、对外合作交流和社会服务

邀请安徽农业大学马克思主义学院院长黄洪雷教授,南京大学张晓东教授,安徽大学马克思主义学院院长吴学琴教授,安徽师范大学博士生导师刘道胜教授、韩家炳教授做学术报告。胡万年、郑小春等教师参加国际学术会议3次。哲学研究所承办全国性学术会议"自由与正义:康德哲学专题学术研讨会"。积极开展社会服务工作。郑小春、杨芳等老师为巢湖市城管局,胡万年老师为电信巢湖分公司、巢湖公路分局和路桥建筑集团,郭启贵老师为巢湖经开区城管局,余京华老师为皖维集团分别做十九大精神宣讲,杨芳、余京华、郭启贵、董颖鑫等老师为巢湖监狱开展十九大精神专题培训。杨芳、胡万年老师为巢湖经开区2018年非公企业支部书记培训班做报告。吴多智、董颖鑫老师参加学校2018年脱贫攻坚第三方监测评估工作。

五、党建思想政治工作

严格执行干部定期学习、研讨制度。利用周三例会开展12次政治理论学习,学习2018年全国"两会"精神,学习党的十九届二中全会、三中全会精神和习近平总书记系列重要讲话精神。积极落实"三会一课"制度,全年召开支部委员会会议10余次,支部书记为全体教师上党课、做师德师风专题报告3次。继续深入推进党的十九大精神和习近平新时代中国特色社会主义思想"三进"工作。开展以"查漏洞、抓反弹、补短板"为主要内容的中央巡视整改情况"回头看"工作,开展廉政风险防控自查工作,切实加强学院党风廉政建设。开展贯彻落实师德建设长效机制自查和师德师风专题教育工作。开展民主评议党员工作,加强基层党组织标准化建设。开展"讲忠诚、严纪律、立政德"专题警示教育。与安徽巢湖经开区企业党委签署协议,开展党建共建。充分发挥"汤山思政人"微信群的作用,宣传新时代中国特色社会主义思想以及党建新动态新政策。加强学生理论社团"知行学社"建设。

六、特色工作

开展纪念改革开放40周年系列主题教育活动。一是开展主题征文活动。在2018级新生中,举办"弘扬传统美德,共筑精神家园——大学生学习践行社会主义核心价值观"主题征文活动。二是开展社会实践活动。5月,组织师生50余人赴凤阳小岗村和淮南市开展"伟大的征程,腾飞的祖国"主题社会考察活动。三是开展PPT制作演讲比赛。在2017级学生中开展了"读经典、树信仰"主题教学活动。6月,成功举办了第五届(2017级)大学生马克思主义信仰教育PPT演讲比赛暨思政教师学术沙龙活动。9月~11月期间,以全校2017级各专业学生为对象,组织开展了纪念改革开放40周年"新时代、新家乡"的主题征文暨PPT演讲活动。12月,马克思主义学院和学生理论社团"知行学社"联合举办"昂首复兴路,最美新时代"主题PPT演讲比赛。四是组织开展"学习新思想千万师生同上一堂课"巡回授课活动。

(供稿:赵光军)

十四、表彰与奖励

上级部门的表彰与奖励

学校(含二级单位)获奖情况

序号	单位	奖项	颁发单位	获奖时间
1	巢湖学院	"步步为'赢'工作坊"荣获全国第五届大学生艺术展演活动大学生艺术实践工作坊三等奖	全国第五届大学生艺术展演活动组织委员会	2018年4月
2	巢湖学院团委	"新时代、新安徽"主题网络作品征集活动获优秀组织奖	共青团安徽省委	2018年6月
3	巢湖学院团委	"孝行江淮,对Ta说出你的爱"优秀组织奖	共青团安徽省委、安徽省互联网信息办公室、省学联、安徽省少先队工作委员会	2018年8月
4	校学生会	"我的团长我的团"评选活动为全省"十佳学生会"	安徽省委政法委、安徽省教育厅、共青团安徽省委	2018年11月
5	巢湖学院团委	2018年全国暑期"三下乡"社会实践活动优秀单位	团中央学校部、全国学联秘书处	2018年11月
6	巢湖学院团委	第九届安徽省百所高校百万大学生科普创意创新大赛优秀组织奖	安徽省科学技术协会、安徽省教育厅、共青团安徽省委员会	2018年11月
7	汤山青年传媒中心	安徽校媒"十佳会员媒体"	中国(安徽)高校传媒联盟	2018年12月
8	巢湖学院	全省学生资助工作"优秀单位案例典型"	安徽省教育厅	2018年12月
9	巢湖学院	安徽省教育和科研计算机网2018年度先进用户单位	安徽省教育和科研计算机网络中心	2018年12月

(供稿:王 巍)

教职工获奖情况

序号	姓名	奖项	颁发单位	获奖时间
1	王红丽	安徽省高校教师教学发展联盟第二届同课异构教学竞赛一等奖	安徽省高校教师教学发展联盟	2018年12月
2	卜珏萍	安徽省高校教师教学发展联盟第二届同课异构教学竞赛三等奖	安徽省高校教师教学发展联盟	2018年12月
3	叶松	安徽省教学成果二等奖	安徽省省教育厅	2018年4月
4	余京华	安徽省社会科学成果二等奖	安徽省社会科学联合会	2018年11月
5	胡万年	安徽省社会科学成果三等奖	安徽省社会科学联合会	2018年11月
6	周海魁	2018年安徽省大学生沙滩排球锦标赛女子专业组一等奖	安徽省教育厅	2018年10月
7	张金梅	安徽省第四届普通高等学校体育教师教学技能比赛三等奖	安徽省教育厅	2018年12月
8	丁源源	安徽省第四届普通高等学校体育教师教学技能比赛二等奖	安徽省教育厅	2018年12月
9	卜宏波	安徽省第四届普通高等学校体育教师教学技能大赛三等奖	安徽省教育厅	2018年12月
10	王玉勤	基于创新实践能力培养的机械类专业应用型人才培养模式改革与实践省级三等奖	安徽省教育厅	2018年4月
11	吴其林	安徽省教学成果三等奖	安徽省教育厅	2018年4月
12	黄贵林	安徽省教学成果三等奖	安徽省教育厅	2018年4月
13	郑尚志	安徽省教学成果三等奖	安徽省教育厅	2018年4月
14	方周	安徽省教学成果三等奖	安徽省教育厅	2018年4月
15	张正金	安徽省教学成果三等奖	安徽省教育厅	2018年4月
16	金加卫	安徽省教学成果三等奖	安徽省教育厅	2018年4月
17	李吟	2018年全国高等院校英语教学学术年会暨第三届全国高等院校英语教师教学基本功大赛二等奖	高等学校大学外语教学研究会和全国高等师范院校外语教学与研究协作组	2018年9月
18	王娟	2018年全国高等院校英语教学学术年会暨第三届全国高等院校英语教师教学基本功大赛三等奖	高等学校大学外语教学研究会和全国高等师范院校外语教学与研究协作组	2018年9月

续表

序号	姓名	奖项	颁发单位	获奖时间
19	朱春花	全省学生资助工作"优秀个人案例典型"	安徽省教育厅	2018年12月
20	吕家云	安徽省教育和科研计算机网2018年度先进个人	安徽省教育和科研计算机网络中心	2018年12月

学生其他获奖情况

序号	姓名	奖项	颁发单位	获奖时间
1	张靖瑞	2017年度安徽省优秀共青团员	共青团安徽省委	2018年5月
2	季海龙	荣获2017年度"中国大学生自强之星提名奖"	共青团中央 全国学联	2018年5月

(供稿:王 巍)

2017~2018学年国家奖学金获奖名单
(共25人)

信息工程学院(3人)

　　李　甜　杨　媛　程　雨

经济与法学学院(2人)

　　赵瞳瞳　丁　威

机械工程学院(2人)

　　丁泽文　杨梦圆

旅游管理学院(2人)

　　陈　瑶　刘园园

工商管理学院(4人)

　　金诗松　孙　静　张梅娟　芮　静

化学与材料工程学院(2人)

　　赵孝郑　周文靖

数学与统计学院(1人)

　　刘小香

体育学院(1人)

　　杨　桐

外国语学院(2人)

　　李明睿　章慧琳

艺术学院(2人)

　　卫　瑶　夏　盼

文学传媒与教育科学学院(2人)

　　陶娴静　许　燕

电子工程学院(2人)

　　张　静　秦　棋

（供稿:胡　佳）

2017～2018学年度国家励志奖学金获奖名单

(共505人)

电子工程学院(48人)

韦　刚	吴长强	石博文	雪　龙	左雪梅	王　灿	王祥祥	韩　慧	马翔宇
赵冬青	胡开磊	胡玉佩	黄　涛	余丹璐	陈　曦	潘港萍	陈雅菲	何成浩
刘学真	娄钰杰	漆艳菊	张畅畅	陈璐营	肖　超	袁　丽	高　赟	刘　盼
许溧彤	程希望	宋宜恩	张孟政	王文齐	王兆瑞	刘泽龙	王兴胜	沈先敏
史杨梅	李嘉辉	许梦娜	赵　娜	刘紫薇	蔡宗阳	胡　悦	张汶森	周　璇
陈子菡	崔　莹	孙文军						

工商管理学院(76人)

齐　豪	陈新静	田　准	闵志强	涂　俊	纪　嫚	姚圣学	吴玲玲	李梦微
刘　欢	刘兰兰	谈陆君	张　念	叶莉莉	何小姣	周　喆	吕雅倩	李文亭
尹彩霞	周礼燕	朱华进	金　云	周　欢	杨　倩	赵文龙	宋子怡	汪佳仪
盛茂晓	朱陈晨	郑必芳	王　娟	杨伊莎	甘　铃	汪逸慧	陈宏羽	王慧玲
王　影	赵志祥	沈　雪	汪凤萍	车　敏	赵玲玲	姚梦圆	张本苗	刘　蕾
孙思宇	张玉梅	方　程	吴梦娟	方春燕	李　梅	周丽媛	戴　影	王　珊
翟如悦	马巧遇	卢美玲	张　俊	崔　文	刘　围	詹兴玉	高孟雪	毕利平
安峰妹	赵　银	王　婷	刘春侠	刘文娟	王艳芳	周　子	程　天	罗鑫惠
孙　谦	刘　侠	陆雪芹	杨胡敏					

化学与材料工程学院(50人)

| 蔡世楠 | 蒲玉真 | 范　影 | 穆癸材 | 罗　甜 | 周　仪 | 邵娟娟 | 杨　雯 | 赵雨婷 |

华梦涵	马翠萍	夏珍妮	张志芬	刘雨洁	王艺锦	郭雪洁	蒋莉莉	纪　鑫
闵迁迁	梁鸿镜	徐　静	姜倩倩	周洋枝	陈　静	王　晨	彭雅莉	秦慧敏
曹永杰	房然然	冯　龙	鲁建伟	樊　旭	王　倩	周腾飞	盛小蝶	汪　青
刘发旺	乔纪强	邓志芳	张慧文	刘　雪	赵　芳	杨丽霞	陈　婕	林　倩
梁　柯	孙雪晴	程　艳	王朋亮	张　娟				

机械工程学院(34人)

陈小雨	王维新	郭文强	金　敏	李奔奔	王晓玉	吴　萍	宁　壮	占庆元
赖雪丰	张　涛	程　彪	刘　焘	倪　想	孙其龙	吴子文	朱　博	胡汉林
葛　龙	赵保岗	许洋洋	章　涛	李明慧	李　钰	纪雪刚	宋　洋	钱森森
邵　旺	李　乐	夏春婷	顾　猛	周　阳	从　爽	丁文海		

经济与法学院(41人)

王雪莉	张　艳	王　静	李聪聪	徐　涛	刘梦楠	吴　晨	祝梦伟	李学健
许晓晓	杨梦娟	彭霞红	胡　丽	王淑美	王道昌	张　舒	杜荣玉婷	
汪玉婷	陈　凌	谢雅佳	王慧慧	刘倩倩	方翠曼	陆玉洁	高圣杰	王双全
甘星月	周海霞	季冬梅	章　瑾	鲍玉琼	钱秀秀	刘小倩	刘田田	刘梦梦
陈秀铭	杨水源	王爱莲	吴倩文	孟文文	蒋颖惠			

旅游管理学院(36人)

项飘飘	施林娟	方鸿宇	刘菲菲	陈　林	朱珍丽	高　莉	王　燕	董　静
管梦琪	唐　围	唐文艳	谢明真	易林林	孙雨芹	杜晓欧	张诗雨	安建玲
李　敏	朱莉莉	郭玉凤	王　广	程　鹏	凌　微	汪巧玉	卓毛娃	郭红兰
叶雪芬	邓思宇	姚　芳	王　敏	包　秀	杨龙敏	王维香	马静静	王福利

数学与统计学院(15人)

张晨晨	刘梦雪	张彩云	王　情	李　兰	李　娜	郑　翠	高　静	高　妮
张　倩	徐晓庆	李伟南	周小芳	李玲玲	祖　倩			

体育学院(26人)

冯婷婷	武梦瑶	陈　涛	章文雯	刘雪琴	齐露露	朱海霞	王培培	张　娜
曹萌萌	康振江	葛梦然	薛乐乐	王志伟	戴之晓	周春静	李　琳	张国彪
潘成梅	汪宗洪	刘兆崧	徐　雾	陈　凡	张　伟	葛礼开	吴小梅	

外国语学院(29人)

陈雅茹	乔舒萍	刘习习	杨　洋	樊广艳	盛思绸	王佳丽	阚　姝	张心如
魏　薇	孙　苗	田文惠	徐　柳	刘鑫睿	张文佳	吴小萍	周　岚	宋永芳
尚雨倩	音慧慧	臧　颖	赵婉君	陈纪月	胡　敏	支小妹	高　鑫	吴佳慧
郑晓丽	胡玉叶							

文学传媒与教育科学学院(44人)

刘佳丽	杜 娟	宋明艳	李 雅	朱怡萍	李晓雪	柳 言	李贝儿	赵义婷
章 静	王传艳	张倩倩	殷慧敏	张韦韦	潘美霞	李梦圆	胡孟妹	汪 莹
高 可	许 诺	刘情情	尹春蕾	李登梅	梁陈晨	荚 萍	唐晓丽	陈凯丽
孙姣姣	盛 洁	徐美娜	袁 丽	张梦竹	江 艳	李 慧	管梦蝶	许 云
黄 蕾	周 芳	黄 蕾	薛佳俐	李特特	赵冰倩	唐 成	吴雪婷	

信息工程学院(63人)

陈 晨	黄子艳	陶 亮	陈 曦	马仁壮	姚 丽	胡继圆	胡梦霞	汪尹丹
郭继春	刘 欢	庞洪伟	柴 浩	韦 飞	熊子阳	陈永芹	吴 月	徐伟凡
龚芸云	赵瑞霞	孙远远	许甜芳	郭玉芳	赵大琼	李明辉	孙宁飞	孙中明
束道萍	孙洪玉	李 勉	张雪芹	张瑶妹	任 慧	杨 鹏	朱 婷	许佳乐
耿晴雨	江雅玲	朱印婵	韩朝伟	王惠惠	郭梦真	洪 可	高 云	李飞飞
焦甜甜	杨 蕾	胡慧珍	刘如静	张 宇	刘千华	宋明明	徐成喜	陈梦楠
张可可	方玉琳	马涵韵	詹 静	吴成红	谢尚友	杨靖文	潘 颜	李 靖

艺术学院(43人)

刘 畅	张新伟	强 雯	鲁 钰	刘 菲	何 玉	刘 婕	林 帅	王志铭
刘志海	吴悦池	刘馨阳	张文玲	孙 杰	杨 易	白 雪	王 燕	代洪祥
孙 悦	王唯雅	卫 敏	刘美凤	袁绍华	瞿康琴	冯欣灵	刘淑雅	梁佳雨
陶 媛	孙静雯	豆梦晴	李明洋	卢家莉	陈星宇	聂玮玮	李虎虎	荀录娟
张学文	汪 亲	丁照玲	吴晓芳	张秀雯	吴 瑶	何蕊蕊		

(供稿:胡 佳)

安徽省普通高校品学兼优毕业生名单

(共125人)

本科(124人)

夏 婷	张雅文	汤雪萍	胡 璠	马龙涛	祝精武	刘节平	龚翠翠	汪京京
程月月	胡青松	蒋光好	高志宏	邹 谨	王 勤	苏一凡	庄建邺	郝 进
赵玉玉	于婷婷	陈明月	张梦娜	王 懿	刘梦凯	周培培	张 潘	杨悦悦
刘 月	李木子	余成默	刘 逸	王梦远	王雨晨	李萌萌	袁 昊	朱明健
韩 蓉	陶 琴	杨子芃	张娟莉	瞿 杰	王兆强	孙小杰	陈慧敏	李 梅
刘 芳	吴志斌	刘先彬	徐 含	刘茜茜	房 萍	梁玉琴	陶 勇	李圣洁
李云云	姚梦月	郑 叶	朱敏国	孟 雨	吴志峰	瞿艳秋	刘 锐	顾点点

朱珉琨	葛鹏志	霍新旺	吕晓璐	毛立梅	李甜甜	安佳俊	钟　浩	王伟志
戚功媛	曹　凡	李　男	杨可文	李　瑞	顾　帅	刘玉婷	姬新新	国慧慧
谢祥实	翟帅帅	李　涛	李　纯	汪　佳	管　婷	梁子豪	李显军	肖　潇
唐　丽	雨　晴	汤凤霞	倪　翔	孙晨皓	王　恺	许苗苗	张　琪	邓　敏
高　峰	阮　飞	李恩鹏	蔡　倩	王晓莹	熊莲琦	吴　洞	曹　徽	闫　鹏
凤冰霞	郑雨婵	许光林	史玉林	董唐强	周　潇	杨　帆	储亚青	张义波
王　耀	纪　斌	曹恩智	夏　静	洪明亮	程　浩	桂文学		

专科（1人）

王开宣

（供稿：胡　佳）

学校的表彰与奖励

2017年度综合考核优秀等次单位和个人

综合考核优秀等次单位

　　经济与法学学院
　　体育学院
　　文学传媒与教育科学学院
　　党委组织部（统战部）
　　党委（院长）办公室
　　党委学生工作部（学生处）
　　纪委办公室（监审处）
　　团委

中层干部优秀等次人员名单

罗发海	张继山	周　祥	姚　磊	杨汉生	袁凤琴	郑尚志	陈海波	余洁平
徐礼节	肖圣忠	郑　玲	刘金平	张连福	陈和龙	许雪艳	张　蕊	刘亚平

辅导员优秀等次人员名单

　　牛美芹　金　晶　裴敏俊　王　倩　刘　旭　邓其志　晁天彩　王　燕

其他教职工优秀等次人员名单

考核单位	人数	名　单
经济与法学学院	8	王小骄　刘德涛　朱礼龙　余　雷　姜　萱 赵　祺　陈文静　左劲中
文学传媒与教育科学学院	8	周洪波　信中贵　李文娟　王宇明　邹长华 张　平　谈　莉　胡雪梦
外国语学院	10	余荣琦　田　平　谷　峰　张　健　王　钢 贺　静　周　华　李　明　徐　洁　董　艳
体育学院	7	黄寿军　兰顺领　赵胜国　汪　健　周雪华 艾显斌　樊贤进
数学与统计学院	5	谢如龙　陈　侃　马永梅　陈淼超　刘相国
机械与电子工程学院	10	王玉勤　龚智强　代光辉　宁小波　刘双兵 陈新河　向　荣　余建立　孔　兵　余荣丽
化学与材料工程学院	7	张忠平　叶友胜　高晓宝　张凤琴　曹海清 王小东　葛碧琛
信息工程学院	6	张步群　王　巍　苗慧勇　孙佑明　黄贵林 刘　拥
旅游管理学院	4	方玲梅　吕君丽　杨　帆　曾　静
艺术学院	10	杨广红　秦　艳　陈友祥　刘宣琳　张　磊 薛　梅　高芸芸　马　磊　李　颖　李二荣
马克思主义学院	5	杨　芳　董颖鑫　石庆海　吴多智　夏明群
办公室	1	蒋　飞
组织部、纪委、宣传部	1	夏　勇
学生工作部、团委	1	华紫武
人事处、发规处	1	丁智敏
教务处	2	朱　明　戴风华
科技处、环巢湖中心、国教院	1	陈海银
财务处、国资处	2	丁卫萍　许　兵
后勤管理处	4	郑向阳　俞　慧　张文娟　张　号
保卫处、工会	1	何　涛
图书馆	3	孙　冰　江　静　王玉亮
现代教育技术中心	2	史寒蕾　石　敏

（供稿：邓其志）

2018年度"一先两优"、优秀管理骨干名单

先进基层党组织(12个)

经法学院党总支	文教学院学生四支部
外语学院教工一支部	体育学院学生一支部
数学学院教工四支部	机电学院学生三支部
化材学院教工四支部	信息学院学生五支部
旅游学院学生支部	艺术学院学生二支部
机关一总支三支部	机关二总支八支部

优秀共产党员(25名)

王 林　王 燕　王梦云　邓 方　甘 超　刘 旭　吕家云　孙 玮　孙红姐
何冬冬　余建立　吴 芳　吴家宽　张丽丽　李 吟　李 玮　李超峰　陈文静
陈先涛　赵 洁　倪再谢　曹海清　黄正庭　龚智强　管成功

优秀党务工作者(9名)

王兴国　叶 磊　刘晓波　刘雪刚　孙定海　张 凌　李 融　陈 凯　徐富强

(供稿:邓其志)

优秀管理骨干(13人)

万新军　张连福　肖圣忠　陈和龙　周 祥　罗发海　王 晖　王 倩　左劲中
陈海银　赵子翔　蒋 飞　戴风华

中青年管理骨干(15人)

许雪艳　张 蕊　郑 玲　丁继勇　石 庭　许 兵　张 凌　李 融　杨 帆
汪 健　汪 泰　金 晶　侯加兵　夏 勇　郭 超

(供稿:赵 洁)

安徽省应用型本科高校联盟第二届"超星杯"移动教学大赛暨智慧课堂教学创新大赛获奖名单

序号	参赛学院	姓名	性别	获奖等次
1	数学与统计学院	王 珺	女	一等奖
2	教务处	江 军	男	三等奖
3	经济与法学学院	沈菲飞	男	三等奖
4	文学传媒与教育科学学院	张 平	男	三等奖

(供稿:许小兵)

安徽省第二届高校教师教学发展联盟同课异构教学竞赛获奖名单

序号	参赛学院	姓名	性别	获奖等次
1	马克思主义学院	王红丽	女	一等奖
2	数学与统计学院	卜珏萍	女	三等奖

（供稿：许小兵）

2017～2018学年"三好学生"名单

(共821人)

旅游管理学院(62人)

王莹莹	王晓娜	程青青	孟小郭	刘洋洋	年龙湖	顾雅梅	杜雪飞	秦雪霞
陈德新	杨 周	马 庆	陈小平	黄 静	李雅星	陈事贤	王子旭	李雅楠
刘 苗	王 虹	孙雨芹	何 俊	靳彩云	安建玲	王丽文	陈 欣	刘 龙
沈菲菲	余华丽	李芸东	王子璇	严 清	易林林	邓娟娟	陈贵强	刘孟影
李聂桃	王 敏	凌 阳	唐 围	汪慧芳	李 敏	汤道玉	李 静	丁 月
卓毛娃	宗靓鹏	杨佳隽	尹星月	王 燕	徐丽梅	马秀芝	孙 燕	程 鹏
刘 燕	鲁雅文	王 广	柳传波	聂 珂	汪月月	蒋家乐	高雯雯	

经济与法学学院(132人)

戴 鑫	杨伊莎	孙珊珊	李 浩	刘晓倩	陈宏羽	胡庆雪	王源美	杨 柳
李梦微	刘 欢	杨丽丽	纪 嫚	凡小艳	任林林	任明越	朱金翔	宋丹丹
余浩东	余秋桐	郭 庆	涂 俊	徐佳佳	崔 爽	高海峰	蔡兴伟	吴 晨
程文丽	赵志祥	王 影	吴 彤	杨心玥	沈 雪	周 末	屠后影	左 丹
陈联燕	崔梦月	韩雪可	方春燕	郭 静	吴梦娟	查秦辉	冯雅婷	朱黄鹂
戴 影	王 珊	黄浩浩	叶英花	李战文	邵梦生	王 静	崔 靖	王淑美
朱丽雅	张 舒	刘 颖	吴 璇	郝丹梦	马巧遇	卢美玲	翟如悦	彭 琪
崔 文	甘 爽	万俊波	徐祉甓	毕井慧	裴晶晖	余 露	张凯诺	杨 睿
张正玲	张 凤	刘兰兰	朱姊萱	谈陆君	奚早满	周 喆	刘雯娟	陈 琪
尹彩霞	储永红	任雨瑶	陈 颖	张 念	宋兰兰	陈 慧	陈 凌	汪玉婷
蒋雅洁	王慧慧	张荣汀	张昊东	杨美美	吴 悦	周 平	刘 蕾	笪晶燕
王 琪	孙思宇	韩晶晶	杨会虎	陈 静	程书娟	韩萍萍	张哲浩	金志伟
刘梦梦	汪晗慧	李贤慧	高孟雪	卢若雪	琚 杨	陈 雯	刘 围	施琪琪
周礼燕	燕明波	朱华进	陈 清	李 澳	胡 菲	周 欢	亢雨蝶	杨 倩
王 梅	许静宜	孙淑敏	汪佳仪	盛茂晓	吴莹莹			

文学传媒与教育科学学院(82人)

刘佳丽	孙文浩	田茹子	代蓉蓉	营士田	操 春	张冬梅	汪桂鸿	马青洋
周 冉	牛 芳	高 曼	王燕萍	马金凤	贺偏偏	项贝贝	田 爱	邓 珊
庄冬梅	何艺璇	储 钰	朱丽丽	徐一敏	张祖琴	王 阳	李晓节	衡泽林
魏金钊	崔云霞	吴思琪	方学艺	吴倩倩	张倩倩	王传艳	郝文静	张韦韦
朱晓佳	季梦云	江 艳	李 慧	许 云	李 雅	姚 柳	张 慧	肖 芳
张 奇	张 悦	潘美霞	李慧伶	孙倩倩	李竟然	刘啊影	黄 蕾	程 都
李荣荣	时 涵	盛 倩	徐美娜	刘 静	邓 敏	黄丽文	汪 莹	颜楠楠
许 诺	高 可	刘 倩	项荣荣	余春艳	李甜甜	王开宣	缪玥婷	汪圆圆
范梦婷	王李航	查 凌	夏唤明	胡阑兰	王 慧	许顿凡	马叶雯	余 磊
马紫运								

外国语学院(47人)

肖雨晴	陈纪月	沈 宣	黄培怡	张心如	王怡昀	王丹丹	王冉冉	音慧慧
吕 蝉	廖 纯	王庭庭	樊广艳	周行敏	薛皖如	周慧敏	乔淑萍	刘 唱
刘习习	杨 洋	郑伊婷	宋永芳	陈 蓉	屈明媛	陈雅茹	朱珍珍	吴小萍
周 岚	刘鑫睿	张文佳	章慧琳	李翰蓉	吴佳慧	宫妍婷	郑晓丽	张浩滨
高 鑫	林雨晴	彭巧遇	谷 艳	彭 悦	李明睿	刘 瑞	田文惠	胡伟男
徐 柳	吴 浩							

数学与统计学院(56人)

张 炎	李乐乐	桂 杉	王 君	石清华	刘 悦	石茹玉	胡梦颖	俞 露
刘玉洁	樊良层	王文娟	吴倩文	汪银铃	钱浩祺	刘锦程	潘秀婷	郝思甲
颜 雨	添 航	汪烨洁	刘田田	张 雪	许晨曦	徐晓庆	张彩云	朱巡飞
徐鲜丽	李学健	乔宁宁	沈秀香	陶睿欣	高 静	冀苗苗	洪子欣	程飞虎
甘星月	邹光宇	宋文强	汤一凡	陆 安	刁慧勤	杜平平	曹宇佳	王海丽
朋 帆	徐 靖	叶新萌	乔佩佩	卓少云	苏雪琴	章 程	刘 耀	叶婷婷
兰丽丽	章宁涛							

信息工程学院(115人)

赵瑞霞	程小兵	方 琪	段伟东	胡永康	宛 齐	宋安林	胡 昕	黄海蓉
赵豆豆	杨 鹏	刘朋朋	徐 娟	叶 萌	许甜芳	刘园园	王 婷	尹小伟
杨竞赛	吴天驰	李智慧	吴成红	朱兆宝	马 堃	梅位民	宋明明	付孟南
何 飞	陈双双	张可可	赵德伟	许高丽	谢尚友	束道平	杨靖文	黄丽玲
李梦雪	代焕焕	苏旭亮	李 甜	董唱唱	孔明柱	汪尹丹	史胜红	陆朝军
刘 欢	杨 媛	王雪晴	李 娇	彭 璟	施 正	韩 梦	朱 明	丁后发
奚光明	杨 蕾	张 影	曹宜驰	胡慧珍	刘 侠	孙 谦	邸维丽	陆雪芹
黄体满	牛晓玉	刘慧慧	蔡阳阳	马涵韵	金绍雄	方玉琳	沈 骞	张子其

陈永芹	张雨芃	韦　飞	卢　江	赵艳艳	陈志文	柴　浩	朱丛丛	耿晴雨
马晓慧	江雅玲	卢　丹	王慧慧	夏生荣	程　天	钟妹玲	李梦婷	王艳芳
何豫皖	王召才	陈　晨	万　蕾	王宏伟	陈　禹	徐　敏	姚　丽	葛　旭
郭大旗	陈　雪	沈召权	芦　月	安诗凤	薛　原	左露君	张振兴	张明辉
陈佳洱	王杨琴	张梦娜	朱正杰	刘正威	桂　云	方　瑜		

体育学院(43人)

章晶晶	秦沪生	黄有雄	施　顺	徐　帆	董洛涵	臧　铭	项　鑫	金　滢
宋晓欣	李　娜	李　凯	王志伟	谢梦琪	周智生	储　娟	李　玲	蔡昊辰
董　擎	郭玉凤	章文雯	徐春子	朱凤英	王　雪	刘洋洋	曹　欣	李　超
储著名	刘　峰	刘兆崧	杨琳琳	朱海霞	赵清源	陈　安	王培培	卢佳慧
关　震	程宇航	倪文俊	楚志夜	康振江	吴远军	葛梦然		

机械与电子工程学院(133人)

汪　超	董康佳	吴　敏	鲍时宝	崔敏敏	朱静静	陈晓月	马　波	秦红艳
陈　蕊	方　坤	华文广	张得飞	周运泽	金淮湘	宋红红	何　瀚	曾奥运
吴俊辉	金天佑	古　梦	刘　茹	郭　优	汪雅茹	朱亚俊	汪明明	张金旺
耿　帅	汪义木	陈　晨	杨金星	古鹏程	李紫岳	杨回回	韦　刚	郑岩岩
许洋洋	胡　纯	陈　童	蒋　涛	刘学真	姚传旭	吴　萍	江　平	李　波
高海友	王梦茹	江　晗	刁其辉	丁　明	赵祥祥	王　伦	赵冬青	陈传升
吴苗苗	肖　勇	徐子涵	周　银	鲍煜晨	毛　伟	贾景景	汪　涛	叶　剑
陶　荣	康　莉	郝　俊	余　娟	朱奇磊	孔德焰	江淑萍	左雪梅	张畅畅
陈　恒	杨　浩	古文海	肖　超	陈　旭	白少昀	秦　棋	许成凤	卓　越
袁　于	黄梦良	金　敏	占庆元	张秀文	夏仁良	陈小雨	胡　锋	冯　星
石新乐	王鹏鹏	黄　涛	丁云帅	沈　琪	何先亮	赵　娜	阳　昆	李销粉
李嘉辉	刘紫薇	胡　悦	蔡宗阳	丁　凡	张汶森	王理想	魏雄飞	耿双双
徐书婷	陈雅菲	邓继承	何成浩	孙陶安	张　晨	王寅斌	洪维立	宋　洋
王晓玉	李　帅	何　凤	程鹏超	汪　璐	徐　泽	魏志林	吴子文	葛　龙
吴　胜	武海峰	张先泽	李　明	王　靓	刘双双	彭海瑞		

化学与材料工程学院(81人)

葛鸣君	夏彩云	侯雪猛	范　影	葛雨露	王小雨	杨　凡	冯　龙	鲁建伟
黄秋晨	蒲玉真	张　欢	曹永杰	翟梦杰	程紫文	蔡　童	张志芬	王　宇
丁林敏	郭荣芳	邓志芳	陆贝贝	程　艳	张　娟	纪　晴	王朋亮	杨　雯
朱玉凤	邵　彬	张　梅	谢新宇	张　楠	孙雪晴	陈丽娜	林　倩	刘雨洁
王艺锦	周文靖	杨书贤	王　智	周洋枝	姜倩倩	管徐芳	李　瑞	赵　芳
刘　雪	王　倩	吴金兰	宋　云	李德玉	丁文彬	周　仪	石江华	周婉婉
陈　静	孔　婷	宋金玲	董文文	刘　潇	尚丹丹	刘志远	马翠萍	徐　静

段体杰	方　慧	闵迁迁	唐凤霞	纪　鑫	郭阳阳	黄栎燚	王　涛	李坤燕
孙龙琪	范颖怡	周曼玉	韦婷婷	熊凤鸣	梁博豪	马静文	孙梦雪	戚翌晨

艺术学院(70人)

严　姣	赵　敏	田书勤	刘美凤	马　瑞	胡家华	杜宝丽	张学文	胡静怡
徐传远	何蕊蕊	戚敏敏	申静静	安　琪	白　雪	王成辰	薛　广	王　璐
王平平	袁　蓉	黄甜甜	陶腊梅	崇雅琴	代　唯	甘胜兰	郭　娟	韩　磊
何珺璇	计政勇	蒋晨媛	李洪琴	李仔华	刘　丹	刘馨阳	刘子明	卢　钰
罗海燕	倪　鹏	齐美真	钱　林	强　雯	刘志海	吴新风	申盈盈	沈文婉
孙星星	唐赛君	汪金金	汪　亲	王　禄	王　鹏	王志铭	卫　敏	吴悦池
谢梦雅	徐志成	叶倪萍	张婷婷	张秀雯	张雅琪	张永达	赵澳雪	赵任捷
赵银娟	周　莉	庄甲英	邹元淑	代洪翔	唐建伟	李　景		

（供稿：王　巍）

2017～2018学年"优秀学生干部"名单

(共299人)

旅游管理学院(19人)

刘茂莲	尹良群	陆　亚	康海洋	章俊一	李　飞	刘明珠	林　密	王　杰
杨桂林	章家镇	王世雄	马杨斌	凌　微	陈　燕	裴新宇	马星玲	朱棫琴
王根焰								

经济与法学学院(40人)

施　磊	戴甜甜	周　轩	邓春生	姚圣学	庞世洋	杨　柳	胡寒冰	王慧玲
付雪琳	赵玲玲	明　民	杨　曼	芮　静	赵瞳瞳	明　瑛	江一凡	刘　悦
张　俊	胡晓峰	黄　俊	欧阳丽	朱玉鑫	刘雅晴	陈柳柳	常　晟	沈新明
谢雅佳	汪荣斌	李玉培	田晓松	音雪芹	夏明俊	沈显飞	李淳镐	吴超本
王新川	赵文龙	尹思凡	刘　宣					

文学传媒与教育科学学院(25人)

董国峰	周新颖	昌文艳	夏彩凤	唐雨晴	王　瑜	汪世劼	方瑶瑶	尹晓甜
万厚鹏	郭方圆	桂镁倩	沈鸿恩	崔　悦	管　婷	周玉明	谷佳佳	李　雅
王庄静	徐婷婷	李　恒	朱祺文	胡青松	徐媛媛	陈　颖		

外国语学院(14人)

金　宵	匡鑫悦	杨梦奇	胡雪靖	王　慧	葛珊珊	刘　成	蒋　婷	荣雨欣
杨义华	刘　利	郭　茜	金怡君	汪　楠				

数学与统计学院(17人)

周星语	杨　凡	李　薇	凌　云	汪　欣	侯广宇	王　山	朱琳钰	谢振晨

袁　雪　谢海宁　高圣杰　钟振翔　杨志国　孙卫虎　张钧凯　廖海军

信息工程学院(35人)

高天赐　宇荣亮　王梦云　朱　婷　孙远远　王伟娟　王配全　丁志伟　宋林光
胡启霞　郑　福　孙洪玉　胡梦霞　侯　磊　任　磊　钱　维　奚光明　皮绍兴
孙晨旺　刘佳奇　李同健　田　浩　许　斌　江续成　赵　安　张京华　徐德森
何玉梅　陶　亮　李砚辉　沈　坤　张凯璐　郭继春　杨海云　万晓敏

体育学院(13人)

陈宇恒　汪诚骋　姚梦月　刘　昊　朱进军　丁凯旋　冯婷婷　卢　尧　盛　倩
张　娜　张　钊　刘丹丹　刘　登

机械与电子工程学院(40人)

张程前　项彬彬　朱德胜　闫　鹏　周　潇　马　振　李志愿　许苗苗　赵　毅
蒋光好　吕彩云　程　洋　纪雪刚　潘港萍　徐雪雪　夏春婷　从　爽　王祥祥
唐　昊　杨　健　闫　磊　郭　旭　孙家宝　周　璇　李奔奔　韩保路　陆　凯
崔　颖　钱碧君　郑　雨　高明久　周　阳　张　娜　胡开磊　吴咏杉　李　凯
楚亚飞　黄志彪　杜玉洁　石张勇

化学与材料工程学院(25人)

马文斌　穆癸材　蔡世楠　江海磊　程阿梅　余明清　郭飞飞　赵晓蒙　郑阿龙
沈昱煜　赵孝郑　罗　甜　陈怡凡　陈　昕　杨利侠　王　坤　王香圆　孙　琪
陈露滋　王　宇　戚雪平　乔纪强　武玉昊　桑陈陈　屈志恒

艺术学院(21人)

李玫茹　蔡海霞　王翠云　陈星宇　方　超　姜美志　李虎虎　李隆博　李　雯
马一良　唐璐静　唐伟章　王梓菡　项可翚　谢思婷　赵晶晶　余雯丽　张保衡
赵雨甄　进　何钰

学生会(11人)

张秋实　李元珍　张　宇　崔云霞　洪　豆　江小宜　汪贤文　徐昊武　叶明正
凌新明　陈　培

学生社团联合会(8人)

李　想　高　洁　王浩东　马聪聪　王　宁　王志乾　潘　兰　臧　颖

青年志愿者联合会(10人)

叶莉莉　赵宇迪　钱莉莉　程智慧　桑世明　王旭阳　许庆倩　吴奕纯　赵志辉
于鑫雨

汤山青年传媒中心(9人)

喻　鹏　程林林　汪　淦　李　舸　谢巧珍　陈　悦　刘宇峰　祝玲玲　丁　帅

广播台(5人)

  陈　琴　韩范山　吴嘉玮　杨　浩　张诗雨

大学生通讯社(5人)

  黄全胜　李　霞　盛诺男　苏　敏　周石昊

大学生艺术团(2人)

  刘　溜　张　玥

(供稿：王　巍)

2017～2018学年"先进班集体"名单

(共37人)

旅游管理学院(3个)

  2017级旅游管理
  2017级酒店管理(1)班
  2017酒店管理(2)班

经济与法学学院(5个)

  2017级财务管理(4)班
  2017级审计(3)班
  2015级审计(2)班
  2016级法学(1)班
  2017级财务管理(3)班

文学传媒与教育科学学院(4个)

  2016级广告学(1)班
  2016级广播电视学(2)班
  2016级广告学(2)班
  2016级广播电视学(1)班

外国语学院(3个)

  2015级商务英语(3)班
  2016级英语(3)班
  2017级商务英语(2)班

数学与统计学院(2个)

  2016级金融工程(1)班
  2017级数学与应用数学

信息工程学院(4个)

2017级计算机科学与技术(1)班
2016级物联网工程(1)班
2015级软件工程(2)班
2015级网络工程(2)班

体育学院(2个)

2016级体育教育(1)班
2016级社会体育指导与管理(1)班

机械与电子工程学院(5个)

2015级电子信息工程(3)班
2015级机械设计制造及其自动化(4)班
2016级电子科学技术
2016级材料成型及其控制工程(1)班
2017级电子科学与技术

化学与材料工程学院(4个)

2016级生物工程班
2016级化学工程与工艺班
2016级应用化学(2)班
2016级无机非金属材料(1)班

艺术学院(5个)

2015级环境设计(1)班
2015级动画班
2016级环境设计(1)班
2016级美术学(1)班
2017级动画班

(供稿：王　巍)

2018年品学兼优毕业生名单

化学与材料工程学院(24人)

祁倩倩　韦庆柳　李　晴　高媛媛　刘方方　陆景伟　梅梦莹　李满意　运婉茹
蔡春蕾　刘　伟　程　诚　尹慧茹　张　娜　何京秀　周　静　卜玉蒸　陈曼莉
潘立杰　王必源　刘敏敏　张　朋　董迎雪　陶兵景

机械与电子工程学院(40人)

马波　吴丹玲　陈晓月　赵明诚　郝明杰　朱梦成　王子豪　郭孔　项彬彬
何良　毕婉蓓　朱慧珍　苏魁魁　黄庆春　宗兆洋　丁紫微　马梦如　李双銮
王鹏程　方坤　赵虎　谢琼　梅琴　罗奎　鲁兴益　张运动　王境
高道宁　张浩　杨衍　厉佳冰　王祥磊　蒋雨涵　余超　鲍润秋　李修明
王亮　赵停　汪峰　陈晨

旅游管理学院(22人)

李云露　祝胜男　褚文君　沈菲菲　余华丽　胡勤勤　樊国鹏　邱晗笛　刘云娟
王晓娜　池媛媛　王莹莹　吴慧　胡月　朱苗苗　郑丽娟　张瑾　江婷婷
江颖颖　李芳　陈欣　朱颖颖

数学与统计学院(20人)

冯小钰　刘燕　黄新敏　佘晓倩　马燕　杨洁　陶丹丹　王皖　章立萍
姚群英　陶玉　李云翔　罗成业　王文雷　翁婷婷　李华　汪冠玉　刘梦敏
陆阿慧　丁清

外国语学院(13人)

陈叶叶　江琪　张榕榕　杜颖　余瑶　崔梦萍　徐书亭　张雨薇　赵生琳
田雅婷　赵倩倩　高玉　董荣

文学传媒与教育科学学院(33人)

闻若晨　田顺　赵元　徐晋　刘萌　余磊　宋婷芳　陈雨晴　王慧
陈丽勤　蒋芜陵　马燕　王雅婷　翟玲　毕然　程紫娟　赵丽娟　刘宝新
孙昕　鲁李琴　黄丽文　王敏　张婷婷　张悦　姜方琴　马慧慧　胡媛媛
王晓倩　孙昌梅　房燕茹　王兆乾　史庆庆　胡菡兰

信息工程学院(31人)

余宏斌　陈佳洱　胡月　黄义超　龚金明　施宏玲　陈雪　谢晓雯　孙玲玲
王忱　陈娟　宋寸寸　雷家顺　郭云　叶丽　汪杰　曹志高　束武彬
户孝侠　夏妮　许妍　王思远　张鑫　周莹　郭大旗　张冬青　孙高
刘祥意　骆克　杨杨　盛艳

艺术学院(21人)

马文清　吉雅丽　戴海榕　杨先秀　贾娟娟　张波　姬金金　范馨元　沈书利
叶永洁　杨泽　张丽　胡雪凡　林露　赵珊　代数　刘蓉　刘莉娟
张笑莹　孙珊　张永岩

体育学院(13人)

王超　周明娟　汪亚甜　梁姗姗　徐帆　孙吉豪　胡宇星　王建国　李娜
吴雨宁　阮康路　孙泰俊　潘瑶

经济与法学学院(33人)

马健飞　程　皓　祝梦婷　郑串串　韩恩丽　朱瑞和　张　翠　孙　念　周　航
盛越荃　杨晓梵　刘旭慧　曹盼盼　何成成　魏晓燕　王　耀　李　丽　周燕芳
殷　悦　李嘉续　蒋正理　桂　梅　邓　亚　梅钊斌　刘　娜　方事成　童茜茜
陈　玲　江元霞　石孟琦　王　炎　张亚婷　胡娟娟

（供稿：胡　佳）

2018年度"十佳大学生"名单

序号	姓名	性别	民族	政治面貌	年级专业	推荐类别
1	季海龙	男	汉	中共预备党员	15级机械设计制造及自动化	科技创新
2	童　子	女	汉	共青团员	17级学前专升本	文艺创作
3	闵志强	男	汉	中共预备党员	15级财务管理	自强奋斗
4	王　珊	女	汉	中共预备党员	15级市场营销	志愿服务
5	赵义婷	女	汉	中共预备党员	15级广告学	体育锻炼
6	董文文	女	汉	中共预备党员	15级生物制药	科技创新
7	黎　雷	女	汉	中共预备党员	15级金融工程	环境保护
8	赵大琼	女	汉	中共党员	15级网络工程	志愿服务
9	戴　影	男	汉	中共党员	15级市场营销	自强奋斗
10	王婷婷	女	汉	中共党员	15级酒店管理	自主创业

（供稿：王　巍）

2017～2018学年度优秀学生奖学金获奖名单

电子工程学院

一等奖(41人)

王　桥　黄秋云　雷赛楠　张金强　杨回回　胡丽娜　张光照　余　娟　石飞凤
刘双双　慕雨凡　汤　俊　慈　晴　束　桐　张金涛　秦雨晴　陈传升　洪明森
王鹏鹏　徐书婷　吴　雨　龚光强　强双妹　郑　雨　万璐璐　李玉丽　章龙虎
陈　童　肖　勇　刘　玉　袁隽琦　高　诚　邓继承　李　超　孙家宝　李　波
杨　东　田　想　左丹澜　朱益欣　卓　越

二等奖(80人)

汪庆海　史洪强　鲁智鹏　陈　哲　刘文慧　陈明涛　毕亚楠　丁孟伟　宁辛雨

程长山	束　平	魏明启	张丹丹	许世杰	宋中哲	林　欣	陈婉婕	魏周云
彭海瑞	吴慧成	毛　瑞	朱奇磊	何常宇	吴咏杉	张大帅	顾　菡	马　彬
王新茹	王兵元	孟　涛	谷文海	周　杨	高明久	汪忠妍	陶梦娇	彭　超
何先亮	黄金宝	程震磊	蒋家燕	孔令成	杜祥胜	郑道鹏	朱　庆	汪文琳
阳　昆	钱碧君	黄　悦	杨录辉	安　溢	汪　淦	蔡　梦	王又奇	刘甲俊
王鹏程	杨子荣	刘颂玉	丁鹏程	魏雄飞	李浩宇	吴晶金	吴梦杰	宋金金
何　凤	戴礼宾	孙志恒	李　龙	刘良明	许成凤	李文茹	凌先安	凌　毅
宣姗姗	李　帅	钮宇童	刘田田	付新枝	孙雅婷	毕瑶瑶	钱婉清	

三等奖(115人)

郑岩岩	吕海坤	朱青云	袁龙宇	李海洋	丁伟伟	姜方方	常　朗	李永强
刘　波	徐振兴	熊裕慧	闵旭波	王翰林	李紫岳	吴志龙	郭　旭	李宇峰
马元杰	潘秋圆	朱佳佳	汪　靓	董超然	李　昶	黄园浩	王秋皓	方　涛
马洪扬	方　炜	凌星星	王少业	杨文兵	钱　程	陈　恒	杨　浩	闻　其
刘　涛	王建华	薛浩然	赵祥祥	闫　磊	位晴晴	陈单丽	朱建灰	周　俊
沈　琪	孙业辉	戴大鹏	朱民飞	汪姚姚	刘灿金	张其俊	葛灯奇	秦　聿
李　杰	杨　杰	丁云帅	邓　伟	梁大壮	魏黎明	李　丝	余运志	吴荣润
吴凯丽	吴佳莉	张雪梅	赵胜兰	郝惠丽	张　煜	何　平	华　丰	吕彩云
张永康	徐大旗	张圣澜	朱仁珍	庞明明	王安琪	蒋　涛	朱亚琦	邓乐乐
马　龙	吕厚义	周　驰	魏庆贺	杨　蕊	李雪颖	徐雪雪	李俊杰	胡延谨
柳雨浓	王　伦	汪立鹏	薛　磊	孙陶安	徐玉琦	徐舒涵	王贵行	汪　涛
沈　浩	柳　琼	黄梦莹	李　年	杜满翔	谭安旭	杨雨涵	江　煜	徐　林
司宏翔	杜　娟	黄普光	金梦超	高海友	朱伟南	开　剑		

工商管理学院

一等奖(64人)

李　浩	李　楠	周　轩	刘晓倩	陈智超	姜效效	王言言	鲁　璐	杨田田
杨　柳	文以璇	李五环	任林林	吴　倩	明　民	郭　静	查秦辉	黄浩浩
刘园园	周　斌	王梦云	欧阳丽	施淑婉	陈熔熔	刘雅晴	胡丽媛	夏　琦
陈　颖	刘　俊	韩　倩	孙海霞	何玉梅	赵志祥	李万里	吴翌婷	姚明月
赵玲玲	曹亚珍	赵苗苗	甘　爽	万俊波	梅德凤	陶小芳	程思思	赵宇迪
胡　菲	康　佳	孙淑敏	许静宜	莫宇怡	朱倩倩	汪　岚	周　平	王咪咪
刘志敏	笪晶燕	顾新悦	邵雯娟	陈　静	代雅丽	孙小丽	卢若雪	刘　芳
张　蝶								

二等奖(127人)

李媛媛	荆南南	朱金翔	王　善	王林娟	郭　庆	李晓宁	徐佳佳	尤容容

杨丽丽	邓春生	疏　玉	李　婷	沈雨生	汪雅静	倪赛赛	李金平	姜明明
戴　鑫	戴甜甜	李殊妹	季　语	胡庆雪	赵　赏	王源美	王　雨	查　梦
彭　凡	陈　芳	丁　颖	毕林枫	杨　曼	张　静	郑美玲	杨　蕾	刘　婕
张雨晴	王伟娟	夏　露	周　倩	邢俊芳	李　悦	李飞丽	张　劝	董　林
朱姊萱	代　璇	奚早满	何芳芳	刘雯娟	许冉冉	陈杨慧	任雨瑶	凌　俪
张园园	沈琪丽	陈　慧	张　蕾	常　晟	宋柳燕	陈　玲	吴建平	陶佳佳
许佩佩	何豫皖	甘　泉	何　雪	叶顺帆	吴　彤	杨心玥	郑　鑫	唐　健
王　甜	左　丹	陈联燕	武梦雅	崔梦月	韩雪可	彭　琪	高　凡	晏长露
蔡云霞	魏皖丽	朱　红	刘　平	朱晨昊	李玉叶	申新新	张千千	曹沛源
陈　清	宋利利	李　澳	江小庆	王　菲	汪　冉	孙　颖	关瑞雪	汪丽娟
于文静	王心怡	吴莹莹	杨梦洁	余星诺	袁莉雯	杨美美	张　玲	陈玉双
凌　月	杨倩倩	王　欢	程思羽	储　君	周立君	陈超奇	李梦园	邸维丽
蔡　聪	郑　威	尚许琴	单梦佳	王军妹	王立立	施琪琪	周　萍	余义珍
黄忍忍								

三等奖(182人)

庞世洋	谢慕华	黄梦亭	余安东	陈　丹	许海会	杨　易	徐娅如	杨　柳
方　钦	王　妍	安紫露	王　瑶	褚　萍	杨秀萍	王颜颜	施雨桐	陈亚莹
郑红艳	王倩玉	凡小艳	任明越	梅　婷	郭孟茹	章　莹	吴涵涵	叶　林
高晓秋	储　洁	管海涛	武南洋	毕　蕾	黄　敏	毛　锦	赵　婷	张沈妮
张　娜	储文婷	董婷婷	熊丽君	刘　倩	肖爱文	程雪萍	葛文芳	郭明月
冯雅婷	徐　倩	汪冰澄	徐九云	汪园园	熊倩倩	吕美婷	张世丹	徐仔菱
尹小伟	胡　倩	周九丹	胡　昕	吴彩云	侯成凤	黄　瑾	汪湘琼	周婵婵
朱玉鑫	钱兰婷	孙艳芳	吴珊珊	张玉茹	宁　宁	陈　琪	蔡庭伟	邓新悦
王甜甜	张　迪	焦慧敏	宁　美	李新诚	陈柳柳	刘婷婷	储永红	李雨璠
宋兰兰	谢子言	许　庆	彭庆媛	汪祥祥	钱莉莉	钟妹玲	武　静	李梦婷
张凯璐	徐慧子	朱　勤	吴海霞	彭梦莉	佘雪莹	余　芳	李倩倩	李小晴
陈翼霞	王璐璐	许星慧	张子晗	付雪琳	许　瑞	周　末	洪洋洋	张沙沙
徐萍萍	欧　锐	李　如	孟欣欣	邓甜甜	刘　悦	尹月月	范　荣	储晓婵
成　玲	周　鹏	陈晓越	唐相梅	吴　妍	范倩倩	王成香	乔沁梅	李玉洁
桂　珺	饶金洁	曹小秀	吴超本	鲍林妹	沈佳如	亢雨蝶	夏力帆	王　灿
程灿辉	施治依	未文玉	曹惠璟	王　梅	张化瑞	徐咏婷	范小雅	张光川
王　艳	徐富茹	郭雅婷	杨文萍	吴　悦	王娇妮	王映月	束长霞	吴庆庆
林璐玥	徐昕宇	王　喜	严梦冉	崔兰兰	杨　浩	晏庆文	姚素素	冯素婷
李肖扬	赵晓雅	陈　静	朱延杰	王　倩	张潘潘	刘晓蝶	黄体满	宋紫妍
华　茂	沈显飞	檀　虎	夏　妍	朱琳琳	宋　敏	唐普雪	胡晓蝶	袁加梅
孙雪晴	卓凯歌							

化学与材料工程学院

一等奖(43人)

陈 冉	苏蒙蒙	张闪闪	张利杰	荣佳佳	王香圆	赵 青	王 婷	丁红叶
李 瑞	杨书贤	刘慧慧	黄秋晨	杨 瑞	陆贝贝	谢恩诚	王 宇	王小雨
董文文	葛鸣君	田山林	周婉婉	石江华	纵 放	杨黄杰	陈怡凡	郑阿龙
王子茹	王灏崧	张 丽	王敏捷	丁林敏	郭荣芳	贾嘉豪	程紫文	吴明月
邱芷芯	刘志豪	时 鑫	梁博豪	董 陈	黄栎燊	王 涛		

二等奖(83人)

蒋 稳	管徐芳	唐琳珂	孔 婷	朱冠舒	夏彩云	耿珊珊	王贝贝	王 坤
王 智	张新妹	孙 莉	戴顺意	李园园	朝 阳	张靖瑞	施成海	袁 军
纪 晴	齐 静	余 晗	钱 杰	代青山	汪 蔷	杨 慧	张永静	蔡 童
葛雨露	郭子娇	蒋倩倩	刘兆丽	唐凤霞	邵 颖	陈露滋	袁思雨	张淑君
陈雪琴	丁安琪	吴晓莉	周 泉	汪 洁	陈 引	丁文斌	宋 云	庄远远
宰春凤	陈丽娜	陈田田	刘晓凤	张 楠	杨 梦	邵 彬	张 梅	葛 珍
张 莹	朱玉凤	卢毛妮	孙正瑞	宋宇晴	钱文彬	尚丹丹	江紫荆	翟梦杰
程阿梅	芮 浩	王忠杰	黄晓钗	余明清	李坤燕	王 萍	孙龙琪	关舒蕾
王媛媛	任立才	孙梦雪	戚翌晨	王淑娴	韦婷婷	张 悦	王 宇	尹家珍
何 芳	郭阳阳							

三等奖(119人)

宋湘云	路 栋	丁 梦	陆琪月	盛海潮	蒋美玲	孙银芳	张卓周	宋金玲
廖 镭	刘 浩	任启迪	吴奕纯	张文欣	徐雪静	马文斌	孟 彤	陶冬梅
李 明	郑天驰	王文静	侯雪猛	许伟婷	刘一峰	郑东春	石 玲	郑强廷
侯金金	杨奎雅	汪令怡	王芳芳	孟付龙	郭飞飞	经 敏	刘艳宇	袁 稳
杨云云	张 诺	钟思夏	曹玉峰	吕秋雨	胡小丽	徐 梦	单明君	何明燕
温露露	陈琳琳	秦婷婷	方 慧	王成玲	刘 潇	张 昕	方祥养	胡梦梦
方珍珍	刘紫薇	张茂坤	王 宁	刘 浩	李德玉	陈 昕	时英辉	吴金兰
匡开蕊	吴圣扬	丁 魏	钱畅玲	刘珍珍	程玉美	朱亚婷	黄凌霄	李欣裴
高晓琴	唐甜甜	屠名名	柯凤娟	李 磊	刘雨婷	吴雪莲	张徐诺	高文静
冯 婉	谢 莹	陈梅娟	伍吉丛	孙岚凤	江海磊	马建军	吴 敏	魏文涵
盛 泉	赵 蕊	梁修霖	杨 凡	赵景凤	李松波	季茹蓉	涂成宇	陈 琳
吉登奎	王月凤	赵进玉	武庆荣	戚雪平	张会杰	刘志远	武玉昊	贾康康
马静文	束银凤	熊凤鸣	徐惠丽	王佳慧	石玲玲	张立苹	申倩倩	代妮妮
张小敏	吴 芬							

机械工程学院

一等奖(28人)

季海龙	张婷婷	张红成	曹荣辉	周智文	亓信龙	韩 锰	贺 龙	丁 凡
王认认	宗胜杰	高云露	闫雪廷	陈 成	白煌阶	吴海兵	王春娥	贾景景
琚文威	韦佳明	侯浩哲	孙青青	周 银	张红一	毛 伟	张梦茹	陈 亚
汪 璐								

二等奖(57人)

赵洪生	谭展华	葛业豹	张旭东	汝 勇	李 凯	白少昀	李 文	吴 胜
孙振宇	孙 艳	梁敏祥	桂栎强	胡 纯	黄明涛	李 硕	曲光耀	柯松凯
冯 星	储琴琴	方剑雄	李 杰	潘荣耀	夏仁良	赵升起	赵 艳	朱泽天
姚传旭	张 晨	崔博文	高前程	马桂英	王寅斌	余海涛	任 杰	王宗明
刘 硕	江 平	薛胜鹏	周凡凡	余王志	王海燕	黄 朝	丁 明	祝艳南
周运泽	屠厚德	刁 赛	高 壮	许宁鑫	陈世雨	朱根生	胡树进	桑世明
瞿静茹	朱 红	陈 兵						

三等奖(81人)

张得飞	赵国良	陈 旭	张 鹏	江 流	李 锋	郑华明	尚海明	孟超繁
尹先勇	刘 洋	黄梦强	王世峰	吴 龙	周 雷	孙启明	汪金虎	张师榕
芮羽健	张建国	孙江东	余健翔	李泉君	高 策	陈忠国	杨 鹏	欧闯闯
曹子钰	唐浩轩	袁彬彬	李才林	张 雨	陈 锐	张卫鹏	杨光财	张振宇
陈亚男	丁 帅	陈 涛	许 欢	纵文波	雍文强	朱佩彦	魏成俊	李言军
戴明涛	洪维立	徐 瑞	李 杰	石新乐	梁 虎	苏传龙	巢流鑫	云淑娟
赵 勇	金 伟	马雨晨	张 赛	刁其辉	葛 新	何志文	王 银	张国顺
夏中雨	周生琦	窦 志	马俊伟	曹 韦	彭 伟	黄苗苗	曹耀源	任思源
唐玉行	王 亮	金炜林	陈 标	谢节高	顾 远	孟雨露	赵 杰	杨正财

经济与法学院

一等奖(32人)

胡寒冰	蔡兴伟	秦 妍	王玉华	刘 耀	俞雅莹	王 珊	叶英花	施道金
朱丽雅	李明珠	王智慧	江一凡	潘 云	蒋雅洁	张荣汀	汤一凡	谢振晨
袁玉洁	江柯禹	丁智健	张 扬	杨 睿	赵志辉	夏万华	汪烨洁	潘 雨
李晨影	齐延政	戚先虎	陈晶珠	余 露				

二等奖(67人)

王金媛	邓心宇	鲁 升	程文丽	陈 波	郭刘生	邹紫晴	兰舒婷	江雪梅
徐 辉	赵 梦	张士红	胡 月	徐璐洁	兰丽丽	汪慧敏	王 玉	李战文
邵梦生	汪茜茜	戚晴晴	谢 飞	徐凯旋	郝丹梦	汪梦娇	龚娟娟	何偏偏
黄亚丹	胡杭毅	梅雨晴	谢华蝶	朱俊雅	吴 琪	王 珊	杜平平	周 玲
赵虎辰	张 芳	左 如	洪子欣	崔 浩	乔 洁	冉凯迪	主显显	韩萍萍
汪莹莹	胡亚静	邱 宇	李静文	凌旭霞	周小燕	杨燕燕	添 航	曹丹丹
江 润	张 浩	黄 祯	郑梦瑶	钱立兰	张 涵	钱浩祺	汤 莹	吕 顺
镞冰杰	宋梦玉	王秋燕	毕井慧					

三等奖(97人)

崔 爽	陈 双	周 娟	韩 琪	尚云云	王延焱	王瑜玥	梁飘文	王雪梅
程森林	徐 建	金 秀	李 毅	胡静怡	李 薇	张 静	刘 昕	李广化
胡 杰	叶婷婷	凌 云	代胜男	巨娜娜	陈 萍	张 猛	张小雪	高 倩
张姝怡	焦博士	黎玲凤	杨 明	陈 宏	刘 凡	明 瑛	赵 雪	周笑笑
王梦圆	王玉莹	陶 倩	王紫薇	张 硕	罗 晗	张 章	沈新明	陈瑞婷
姚静茹	魏 珂	闫紫薇	张 凯	朱俊雅	孙瑞瑞	施 虹	孙本顺	邹利芳
高 杰	孔岗全	周宏伟	董学芹	刘珍珍	刘大刘	邹光宇	李 磊	孙 祺
张子霄	吴蕊茹	洪 静	张 影	秦兴萍	任明花	李 星	王小平	蒋玉茹
杨湘霖	项水琳	邓宪兰	陈 莹	曹娅婷	张均凯	张文涛	谢心茹	王 瑞
李贤慧	夏明俊	黄 燕	张忠玮	田雪鑫	陈 烨	杨雨晴	潘 涛	钱眉佳
潘秀婷	牛雨晴	邓兰兰	蒋鹏程	王 莉	裴晶晖	陈梦溪		

旅游管理学院

一等奖(32人)

汪家铭	童 珍	徐志金	孙文婷	李如意	王婷婷	洪婷婷	汪慧芳	凌 阳
杨金文	白艳艳	靳彩云	江海林	曹 可	高 惠	王子璇	汪 瑞	丁丽娟
李 越	鲁雅文	张雪萱	汪 鸿	李 静	高雯雯	胡家亮	刘明星	李聂桃
班丽丽	刘孟影	秦 悦	翟程程	石碗婷				

二等奖(60人)

袁飘飘	陶 婷	姚福静	陈庭宇	杨 云	冯亚文	陈事贤	张 磊	茆伙梅
章家镇	陆娟萍	魏 韩	朱 迪	马骁骁	杨佳隽	陈小燕	项 燕	王滢滢
杨姚晴	江 洪	徐丹丹	严 清	张 晓	刘茂莲	娄 敏	杨婷婷	何 俊
王丽文	马星玲	朱志娜	姚阿琴	余 曼	韦 祎	李楠楠	聂 珂	柳传波
陈 祎	陈 燕	许鑫鑫	周盈银	刘 燕	方谊伟	宋雨晴	朱春旭	居甜甜

| 吴姗姗 | 袁笛笛 | 单皖婷 | 崔　辰 | 方　云 | 李　杨 | 叶　涵 | 谷金玲 | 段文雅 |
| 高　慧 | 罗玉凤 | 徐　军 | 王　虹 | 刘　苗 | 孔凯玲 | | | |

三等奖(85人)

张德芹	何金娇	李晴晴	刘丽梅	刘盼盼	司怡鑫	王　凤	周　鹏	陈可可
苏海艳	彭小妮	赵言菊	李　郡	张　瑜	崔盘盘	马秀芝	江柳春	徐丽梅
靳爽清	甘文丽	杨维维	刘旭伟	辛侠敏	杨　梅	张　玲	韩　磊	王　娜
黄家俊	刘明珠	胡晓璐	夏姣姣	朱械琴	吴　巧	何成玲	王雅雅	李元珍
刘晓梅	王程程	许慧敏	秦金霞	金成钦	王巨芬	杨倩华	唐贵敏	汤道玉
董维琴	李芸东	孙梦然	吴加庆	李　巍	刁艺文	王　瑶	程姣姣	刘梦茹
熊延悦	李木子	韩创新	杜亚岚	李贺祥	王士雷	王　安	孙圆圆	张玉凤
李赛雅	蔡正芳	魏　倩	林　密	刘婷婷	李　飞	师路岩	张静如	付向群
蔡红薇	聂泳嘉	权丽萍	邓娟娟	卞瑞瑞	朱碧霞	墨文雨	章俊一	吴　欢
吴灿灿	程慧敏	周　洁	许春雪					

数学与统计学院

一等奖(12人)

| 杨　凡 | 徐锦航 | 庄静雅 | 夏　梦 | 侯广宇 | 程雅歆 | 乔佩佩 | 殷梦婷 | 陈姣兰 |
| 王小芳 | 费文静 | 胡梦颖 | 彭思艳 | 周　玉 | | | | |

二等奖(25人)

李　娟	唐梦雨	刘丹秀	朱巡飞	朱晓瑞	程续歌	高文翠	王　郁	邓文娟
卢雅玲	左呈昆	徐　靖	胡　涛	李沐曦	李　敏	陶睿欣	陈　石	舒　晴
张娟娟	刘玉洁	段　玉	耿之晴	韩志慧	刘　悦	李乐乐		

三等奖(26人)

郝思甲	徐万明	王海龙	何　倩	赵朵朵	徐　敏	王雨雪	王帮燕	陈远红
张莉萍	施思静	蒋　琦	朱琳钰	朋　帆	王　山	柳步青	王海丽	张幸玉
韩李琴	李学芝	沈　悦	张娟娟	杨志国	许晨曦	李　静	季　丽	

体育学院

一等奖(19人)

刘　雪	朱进军	余承首	汪　洁	付习习	胡雅琴	俞婷婷	谢傲茹	刘洋洋
李　超	杨琳琳	盛　倩	崔孟雨	陈　安	袁体宗	关　震	张　钊	张宜璇
周　杰								

二等奖(45 人)

强香月	谢梦琪	黄 巧	刘 峰	穆 森	吴建民	韩晓飞	赵欣怡	梁蕴杰
余文琪	储 娟	储 炀	经 勇	章燕宏	邹 婷	马亚亚	储小慧	薛晓东
王 雪	曹 欣	陈玉新	唐寿彩	谷文波	闫荣荣	陈 全	刘 勇	张 帆
罗文豪	牛祝超	卫 涛	刘 彬	戴雯雯	王少将	樊东子	高明月	陶 玉
余 苗	倪文俊	程宇航	张青山	刘丹丹	姚瑞华	王 帆	汪 锐	杨 钢

三等奖(29 人)

侯 理	叶孟凡	郭玉凤	董 擎	许余杭	李蒙蒙	朱凤英	毛吴昊	徐春子
王 博	胡 倩	骆 飞	张先胜	万 锐	赵清源	孙健驰	姜昌琪	周明志
胡守增	赵洪彤	梁小煌	纪 祥	李 宁	严成群	陈家乐	朱国成	王光归
汪建华	申 坡							

外国语学院

一等奖(27 人)

陶 旭	相 梦	季嘉慧	刘靖怡	林雨晴	谷 艳	梅雨晴	李 萍	罗雪琴
盛诺男	张静静	赵子维	袁 瑶	王 晶	朱珍珍	祝芳琴	沈巧媚	屈明媛
吕 婵	孙宇虹	王庭庭	胡雪婧	王冉冉	葛米雪	王修江	张 杰	李 玲

二等奖(49 人)

宫妍婷	芮立芹	薛凤萍	储贵玲	任 静	邱伟莉	汪琴琴	周亦凡	胡 昱
王祖彤	彭巧遇	刘静文	彪凤娇	刘巧玉	王 涛	胡 媛	曹娟娟	朱 青
曹 原	李 丹	葛珊珊	李子璇	曹雪莹	束 旺	蒋 婷	谢辛若	程珊珊
王 慧	刘 唱	陈 旭	刘婷婷	徐江燕	姜玉洁	王 璐	金 宵	丁伯红
廖 纯	冯晚晴	梅 婷	洪 早	刘叶林	周行敏	薛皖如	石 珂	周慧敏
梁美景	沈文慧	贡梦洁	匡鑫悦					

三等奖(31 人)

包海峰	李心茹	吴 瑞	彭 悦	朱 钰	刘 利	方 慧	丁婉青	叶梦雪
马 玲	余许诺	胡晓晓	吴 畅	刘 敏	何 立	丁一凡	朱 玲	李清华
王玉洁	金 月	陈敏蕙	纪文慧	万紫荷	沈 宣	张月影	周 萌	徐宁霞
吕 敏	杨 丽	熊雅妮	孙 姗					

文学传媒与教育科学学院

一等奖(36 人)

陶娴静	崔 悦	张慧敏	冯楠楠	何艺璇	马学佳	贺偏偏	田 爱	沈鸿恩

程佳宇	吴思琦	方学艺	胡于茜	吴倩倩	郝文静	张 奇	衡泽林	王 瑜
朱晓佳	杨水彤	李慧怜	裴多婷	刘啊影	程 都	王澳芬	宁 可	郑王书蕾
何海姣	童 子	周 颖	汪园园	汤晓霞	刘情情	尹春蕾	张 蓉	吴瑾瑜

二等奖(73 人)

沈鸿恩	程佳宇	李品秋	倪士妍	营士田	郭方圆	吴娱婉	李胜男	王梦蝶
肖亚兰	宋省成	张 望	庄冬梅	朱丽丽	李 慧	徐一敏	刘秋月	尹淼淼
许林瑞	姚 丽	郑 慢	张凯丽	余礼培	肖 芳	刘先娇	袁雪莲	李光菁
丁萱萱	吴大莹	吴 琦	刘同姣	马小玲	魏金钊	姚 柳	张 悦	苏金枝
刘 卓	殷安然	邱雨瑶	王 娟	孙倩倩	李竟然	李 娟	薛青青	王 妍
聂倩倩	范 琪	盛楠楠	王悦悦	韩雨秀	沈 静	韩 宇	杨春莉	张 力
刘来妮	高 蓉	周路瑶	罗林林	缪玥婷	汤玉婷	时 涵	吴 桐	刘 静
苏 璇	汪小兰	范梦婷	吴 燕	徐晶晶	陈圣军	张雅婷	张燕影	李登梅
梁陈晨								

三等奖(60 人)

施京京	孙文浩	钱 陈	罗胜琴	张 玉	赵 纯	操 春	杨必成	胡静雯
马青洋	朱 蕊	周 冉	张 君	袁少满	赵 芳	韩利丽	谢 诺	郑文艳
吴云霞	陶园园	张金梅	周新颖	张雨凤	邱 雪	马紫嫣	王玲玲	梁金云
徐海艳	李慧慧	邓薛莲	熊士梅	鲁君雅	李梦杨	朱祺文	尹晓甜	丁佳佳
徐婷婷	疏方华	刘 坤	张冰倩	李佳文	肖路峰	唐慧琴	金永捷	刘 影
焦婷婷	钟诗琪	孙庆瑶	方 蓉	陶友慧	马培艳	翰明阳	汪 澳	韦刚强
陆夕夕	许 晓	刘强强	董如杰	陈晓露	张晓涵			

信息工程学院

一等奖(51 人)

杨竞赛	吴天驰	朱兆宝	吴凌云	张丽娟	陈双双	何 飞	陈 澳	王鑫泽
沈晓轩	张子其	李馨雅	刘慧慧	魏静茹	金绍雄	高健超	高彩霞	夏生荣
钱光辉	徐鑫鑫	史胜红	陆朝军	任 静	丁后发	苏 妍	陈 静	皮韶兴
李 娇	王雪晴	谢冬梅	张 婧	任成露	牛 朵	胡永康	李 勉	胡 琪
刘娅利	潘明升	蒋岚岚	林 婷	李代代	徐 娟	赵 静	蔡新如	葛东东
王家飞	许高丽	汪 萍	董唱唱	韩伟杰	胡长林			

二等奖(104 人)

陈明习	童永其	彭飞飞	黄亚男	马 堃	方 可	李 娣	张 先	徐文茜
曹云驰	钱友莉	董建国	李治祥	张 颖	刘培森	刘佳奇	苗 萌	刘哲诚
王 宇	孙 领	黄志强	解学东	靳忆雯	张雨芃	宋金霞	沈绍兰	卢 江

刘玲玲	曹焕焕	孙晨旺	马晓慧	赵　安	方雅婷	周　思	马晓芳	金淑云
陆文芳	刘　芳	刘瑞瑞	宋忠厚	沈志艳	刘媛媛	孙明英	孔明柱	王传飞
刘浅汐	韩高格	马程程	侯国强	徐　玉	王慧敏	王影影	黄　健	邢　芳
张玉钦	陈子洋	张　影	程　雪	彭　璟	朱秀娟	倪星鑫	潘　悦	蔡　欢
施　正	杨　雪	郑宏伟	万天龙	王步伟	宛　齐	宁雨晴	朱银娣	赵豆豆
云　菊	夏　媛	胡　蝶	邓雨梦	梁盈盈	吴　珊	陶　阳	陈秀玲	杨　慧
刘志鹏	吴欣欣	褚大磊	何　凯	吕　逢	韩浩宇	孙　静	齐振丽	陈　禹
吴　静	徐　敏	罗　坤	郑明明	赵德伟	张含熠	余　玲	陈　彤	周冰雪
梁洋洋	雷智磊	李兵兵	邱二创	左劲松				

三等奖(149人)

房新宇	何旺海	王配全	李金林	杨　犇	王子凡	张中文	刘　洋	陆安梁
郑浩瀚	张雷雷	丁　冉	梅位民	王　聪	王良迁	邓凯玲	宋林光	戴　江
胡启霞	崔　静	黄基远	马小红	陈　荣	张强胜	戎　节	李晓宇	潘黎明
陈菁菁	涂茂俊	童　伟	崔　缓	宋倩倩	汪金根	方梦颜	徐文轩	汪星月
刘传雨	柳　洋	沈　骞	赵一鸣	王佳琦	章　宇	柯　轲	江　魁	叶宇翔
张　盼	杨　尹	江文正	李松林	蒋贤飞	熊　帅	钱加权	张菁瑶	王　庆
罗雨晨	刘明明	韩范山	李海荣	赵艳艳	陈　雪	谢朋生	李天昊	纪　娜
赵梦雅	朱旭亮	乔启杰	刘良玉	侯　磊	徐　锐	汪永渊	汪徐富	杨梦娴
范云娟	奚光明	滕雯瑄	陈健斌	张　娟	毛立哲	厉　雨	周　珊	刘　欢
吴奇隆	董　雪	彭德贤	戴检华	张美珍	任　磊	王燕平	侯艳秋	潘海娇
潘　兰	葛益志	韩　梦	宫新龙	焦叙明	康琦霞	廖开枫	时　瑞	孙路康
陶　健	刘朋朋	程　鹏	高　燕	刘　松	吕明运	孙晓康	周钰漩	苏　婉
华圣南	王　丽	方　琪	郑倩倩	马　俊	吴伟宝	叶　萌	吕秀兰	涂　珍
项盼盼	熊延龙	张　莹	张国星	刘　丽	何　菲	詹叶琴	牛菀钰	宫彬彬
李丽雪	褚安凤	王婷婷	张晓牛	韩守振	强　帅	王　成	李砚辉	李国炽
刘　行	黄成建	窦泽平	陈小妮	汪泽贤	董晓晴	刘敬媛	舒　浙	张海涛
曹理想	邵胡晨	卞　康	黄　涛	葛文宝				

艺术学院

一等奖(38人)

严　姣	彭一文	杜宝丽	尚　磊	赵　菲	余雯丽	甄　进	程佳佳	黄晶晶
张　蕊	孙星星	金璐谣	胡静怡	赵　晋	姜美志	蒋晨媛	李晴霞	郭　娟
王　宇	钱金华	张惠芝	王梓菌	宗成慧	李梓瑞	梁欢连	李缘港	王　敏
吴中奇	段昕雨	安　琪	黄弘波	杨　冉	白锦涛	卢　钰	孙婉悦	殷正媛
许纯琪	邓　嫣							

二等奖(72人)

马一良	王赵玥	刘雪梅	庄甲英	陈 蓉	孟祥运	胡 飞	倪岸馨	朱爱新
刘新玲	韩 磊	张婷婷	王 鹏	周 彤	刘俊凤	靳文杰	李 程	徐梦霞
李玲玲	周梦雨	郭 浩	强宏改	徐传远	何 娟	赵澳雪	申静静	佘峥嵘
张 敏	吴丽娟	任辉煌	郑婷婷	吴童谣	朱万梅	童雅倩	杨 红	曾 晨
武培娟	王济廷	牛 涛	张书香	王楚君	张永南	单 祎	钱俊杰	丁子伟
郑 瑶	李婉钰	李辛雪	叶倪萍	田书勤	刘赛男	赵怡莉	周 莉	陈周俏
孙晶晶	贾丽娟	刘一帆	李 雯	贾馥萌	葛 芸	刘海钰	卢雅琪	王忠梅
万 鹏	周 辛	董 晴	郑月月	徐祖健	唐赛君	杨钙琼	付新新	黄 会

三等奖(71人)

王 昊	刘 婷	蒋鹏飞	魏潇迪	童自红	王新颖	范琪琪	孙福田	施 斌
刘梦雅	房雨霏	陈碧茹	刘先梅	罗雅丽	吴婉如	沈然琳	黄 岩	查 蜜
孙方智	常梦雅	王瑞霞	秦 璇	朱世茶	万芳柔	唐建伟	杨 颖	何龙丹
吴新峰	李瑞好	芳海丹	冯梓铭	李世顺	武 婕	徐学渊	韦学本	黄燃燃
代 唯	司 味	徐金娟	潘子梅	包 涵	李雨涵	高圆圆	魏 婷	张 玥
王幸博	谢永萍	周文卓	李婷婷	车谋德	顿慧娟	陈雨婷	赵心怡	张艳婷
张雅琪	周凡钰	曲星宇	张永达	邸小桐	李晓林	刘成琳	刘 彤	韦 露
吴富民	常明娜	袁 蓉	骆梦玉	刘雅倩	代欣悦	赵任婕	卢江莉	

(供稿：胡　佳)

第十五届运动会甲组前三名统计表

项目 名次	组别	第一名		第二名		第三名	
		姓名	单位	姓名	单位	姓名	单位
100米	男	孙泗豪	经济与法学学院	赵尚看	信息工程学院	韩散豪	经济与法学学院
	女	杨丽丽	经济与法学学院	董 林	经济与法学学院	邵鹤兰	经济与法学学院
200米	男	韩敏豪	经济与法学学院	任 磊	经济与法学学院	戴 影	经济与法学学院
	女	代 璇	经济与法学学院	杨丽丽	经济与法学学院	夏 妍	经济与法学学院
400米	男	沈建伟	化学与材料工程学院	郭广东	经济与法学学院	周 昊	机械电子工程学院
	女	代 璇	经济与法学学院	董 林	经济与法学学院	刘来根	文学传媒与教育科学学院

续表

名次 项目	组别	第一名		第二名		第三名	
		姓名	单位	姓名	单位	姓名	单位
800米	男	张宇龙	数学与统计学院	刘志远	化学与材料工程学院	陈承健	信息工程学院
	女	李 瑞	化学与材料工程学院	赵 婷	文学传媒与教育科学学院	乔必梅	经济与法学学院
1500米	男	王 鹏	艺术学院	赵志辉	经济与法学学院	廖春先	数学与统计学院
	女	赵义婷	文学传媒与教育科学学院	乔沁梅	经济与法学学院	张 舒	经济与法学学院
4×100米接力	男		经济与法学学院		化学与材料工程学院		机械电子工程学院
	女		经济与法学学院		文学传媒与教育科学学院		数学与统计学院
4×400米接力	男		化学与材料工程学院		经济与法学学院		机械电子工程学院
	女		经济与法学学院		文学传媒与教育科学学院		化学与材料工程学院
跳高	男	李 浩	经济与法学学院	黄鹏豪	机械电子工程学院	赵 杰	经济与法学学院
	女	朱黄鸿	经济与法学学院	孟文文	经济与法学学院	韩 雨	外国语学院
跳远	男	汤 凯	机械电子工程学院	戴明涛	机械电子工程学院	张振涛	艺术学院
	女	吴莹莹	文学传媒与教育科学学院	朱黄鹏	经济与法学学院	彭庆媛	经济与法学学院
铅球	男	夏志虎	经济与法学学院	毕 文	机械电子工程学院	杜 帅	经济与法学学院
	女	冯娜娜	外国语学院	朱 政	旅管	杨小齐	文学传媒与教育科学学院
三级跳远	男	刘 伟	化学与材料工程学院	候 胜	信息工程学院	施强强	文学传媒与教育科学学院
四项全能	男	沈建伟	化学与材料工程学院	任 磊	经济与法学学院	刘发旺	化学与材料工程学院
	女	张 玲	经济与法学学院	肖 月	文学传媒与教育科学学院	曹 君	经济与法学学院

(供稿:王 燕)

第十五届运动会乙组前三名统计表

项目	组别	第一名 姓名	第一名 单位	第二名 姓名	第二名 单位	第三名 姓名	第三名 单位
100米	男	孙兆锋	16体教三班	吴晓东	17社体二班	黄元林	16体教三班
	女	章雯雯	15体教二班	龙欣宇	17社体二班	汪洁	16体教三班
200米	男	孙兆祥	16体教三班	黄元林	16体教三班	吴晓东	17社体二班
	女	龙欣宇	17社体二班	黄兰杰	17社体二班	龚雪	17社体二班
400米	男	刘宏强	17社体一班	储建仓	17体教二班	范叶辉	17社体二班
	女	潘成梅	16社体二班	龚雪	17社体二班		
800米	男	陶瑶瑶	17体教一班	刘志强	17体教二班	董浩然	17体教二班
	女	潘成梅	16体教二班	王萍	17社体二班		
1500米	男	刘志强	17体教二班	沈晓磊	17社体二班	范福世	17社体一班
	女	董洁	17体教二班	王萍	17社体二班		
4×100米接力	男		16体教三班		17社体二班		15体教一班
	女		16体教三班		17社体二班		16体教二班
4×400米接力	男		17体教二班		17社体二班		16体教三班
	女		16体教二班		16体教三班		17社体二班
跳高	男	晋叶成	16体教三班	李宝玉	16体教三班	于先懂	16体教二班
	女	齐露露	16社体一班	张静	17社体一班	朱丹丹	16体教二班
跳远	男	李凯	15体教一班	吴金瑞	16体教三班	李宝玉	16体教三班
	女	钟洁	16体教三班	陈诺	17体教一班	王宗洪	16体教三班
铅球	男	刘兆崧	16体教三班	周恒斌	16体教三班	葛建龙	17体教二班
	女	刘洋洋	16体教一班	何珉	16体教三班	唐玉	16体教三班
三级跳远	男	陈勤辉	16社体一班	洪亮	17体教二班	胡盛	16体教三班
四项全能	男	陈勤辉	16社体一班	方益	16体教一班	胡守增	16社体一班

（供稿：王 燕）

十五、质量年度报告

巢湖学院 2017~2018 学年本科教学质量报告

前　　言

巢湖学院是一所安徽省属全日制普通本科院校,创建于 1977 年,前身是巢湖师范专科学校。2002 年 4 月经教育部批准,学校升格为本科院校,并更为现名。2013 年 6 月,学校顺利通过教育部本科教学工作合格评估。

学校有本科专业 53 个,招生批次为本科第二批次。全日制在校生 16483 人,折合在校生 16516.3 人;全校教职工 853 人,其中专任教师 700 人;校区 1 个,党政单位 19 个,教学科研单位 14 个;校友会 1 个;与学校签署协议联合进行人才培养、科学研究、生产服务等活动的机构 171 个,其中学术机构 29 个、行业机构和企业 137 个、地方政府 5 个。

2009 年,学校在安徽省高校中率先被评为"全国文明单位"。近年来,还荣获"全国精神文明建设工作先进单位",安徽省"党建和思想政治工作先进高校""花园式学校""文明单位""文明单位标兵""卫生先进单位"等称号,连续被评为安徽省普通高等学校毕业生就业工作先进集体、标兵单位以及大学生创新创业教育示范校。

2017~2018 学年,深入贯彻习近平新时代中国特色社会主义思想,以立德树人为根本,稳步实施学校"十三五"事业发展规划,继续深化综合改革,推进深度转型,突出内涵建设和特色发展,应用型人才培养质量和办学水平进一步提升。

根据《国务院教育督导委员会办公室关于普通高等学校编制发布 2017~2018 学年〈本科教学质量报告〉的通知》(国教督办函〔2018〕83 号)的要求,现将巢湖学院 2017~2018 学年本科教学质量的有关情况报告如下。

第一章　本科教育基本情况

一、办学定位与人才培养目标

发展定位:特色鲜明的地方应用型高水平大学。

层次定位:以普通本科教育为主,积极发展专业学位研究生教育。

学科专业定位:以文理为基础,应用型学科专业为重点,强化交叉融合,多学科协同发展。

培养目标定位:培养专业基础实、应用能力强、综合素质高,具有社会责任感和创新精神,适应区域经济社会发展需要的应用型人才。

服务面向定位:立足合肥、面向安徽、辐射长三角,以服务"环巢湖"为重点,为区域经济社会发展提供人才、科技和智力支持。

发展特色定位:加强以工管为主的应用性学科建设,构建适应区域经济社会发展的特色专业群;以应用研究与智库建设为重点,支持、服务地方经济社会发展;将区域优秀文化资源转化为教育资源,发挥区域文化元素的育人功能。

二、学科专业设置情况

学校本科专业总数53个,涵盖9个学科门类,其中,工学专业16个(占30.18%)、理学专业8个(占15.09%)、文学专业5个(占9.43%)、历史学专业1个(占1.89%)、法学专业1个(占1.89%)、经济学专业3个(占5.66%)、管理学专业10个(占18.87%)、教育学专业4个(占7.56%)、艺术学专业5个(占9.43%)。学校国家级特色专业1个、省级特色专业8个、省级综合改革试点专业6个。

表1 巢湖学院本科专业结构与布局一览表

(截至2018年8月31日)

学科门类	专业名称	专业数	占比
经济学	国际经济与贸易☆、金融工程、互联网金融	3	5.66%
法学	法学	1	1.89%
教育学	学前教育、小学教育、体育教育☆、社会体育指导与管理	4	7.56%
文学	汉语言文学、英语☆、商务英语、广播电视学※、广告学	5	9.43%
历史学	历史学	1	1.89%
理学	数学与应用数学、信息与计算科学、物理学、教育技术学、应用化学、应用心理学、统计学、应用统计学	8	15.09%
工学	机械设计制造及其自动化、无机非金属材料工程★※☆、电气工程及其自动化※、电子信息工程※、电子科学与技术、微电子科学与工程、计算机科学与技术※、软件工程、网络工程、化学工程与工艺、生物工程、信息管理与信息系统、物联网工程、生物制药、材料成型及控制工程、机械电子工程	16	30.18%
管理学	市场营销※、文化产业管理、公共事业管理☆、电子商务、旅游管理※☆、财务管理、酒店管理、会展经济与管理、审计学、会计学	10	18.87%
艺术学	音乐表演、动画※、美术学、视觉传达设计、环境设计	5	9.43%
合计		53	100%

注:★标记为国家级特色专业,※标记为省级特色专业,☆标记为综合改革试点专业。

三、在校生规模

2017~2018学年,本科在校生16146人,截至2018年9月30日,全日制在校生16483人,本科生16405人,本科生数占全日制在校生总数的比例为99.53%。

四、本科生生源质量

2018年,学校计划招生4350人(省外260人,其中艺体类160人),其中自主招生675人(对口招生275人,专升本400人),实际录取考生4350人,实际报到4251人,实际录取率为100%,实际报到率为97.72%,其中自主招生录取率为100%。普通文理科生源情况见表2,艺体类省内生源情况见表3。

表 2　普通文理科生源情况

省份	批次	录取数			批次最低控制线（分）			当年录取平均分与批次最低控制线的差值（分）		
		文科	理科	不分文理	文科	理科	不分文理	文科	理科	不分文理
安徽	第二批次招生 A	874	2166	0	486	432	0	40.69	40.34	—
河北	第二批次招生 A	15	15	0	441	358	0	89.87	127	—
浙江	无批次招生	0	0	35	0	0	490	—	—	66.09
河南	第二批次招生 A	15	20	0	436	374	0	77.4	100.4	—

表 3　艺体类省内生源情况

类别	专业	2018 年				
		最高分	最低分	省控线	最高分差	最低分差
体育	体育教育	157.36	153.97	146.62	10.74	7.35
	社会体育指导与管理	155.36	152.95		8.74	6.33
艺术	环境设计	710.22	695.24	623.93	86.29	71.31
	动画	705.20	695.40		81.27	71.47
	视觉传达设计	711.42	694.62		87.49	70.69
	美术学	707.47	697.02		83.54	73.09
	美术学（中国书画方向）	698.09	694.33		74.16	70.4
	视觉传达设计（"2+2"中外合作）	700.69	662.60		76.76	38.67
	音乐表演	636.77	618.30	582.5	54.27	35.8

第二章　师资与教学条件

一、师资队伍

（一）数量与结构

学校现有专任教师 700 人、外聘教师 178 人，折合教师总数为 789 人。省级高层次人才 3 人，省级教学名师 11 人，教坛新秀 19 人，省级模范教师 2 人，优秀教师 4 人，省级教学团队 8 个。

专任教师中，"双师型"教师 258 人，占专任教师的比例为 36.86%；具有高级职称的专任教师 210 人，占专任教师的比例为 30%；具有研究生学位（硕士和博士）的专任教师 618 人，占专任教师的比例为 88.29%。两学年教师总数详见表 4，教师队伍职称、学位、年龄的结构详见表5。

表4 近两学年教师总数

	专任教师数	外聘教师数	折合教师总数	生师比
2017~2018学年	700	178	789	20.93
上学年	607	132	673	24.46

表5 教师队伍职称、学位、年龄结构

项目		专任教师		外聘教师	
		数量	比例	数量	比例
	总计	700	—	178	—
职称	正高级	37	5.29%	33	18.54%
	其中教授	35	5%	25	14.04%
	副高级	173	24.71%	59	33.15%
	其中副教授	159	22.71%	14	7.87%
	中级	310	44.29%	50	28.09%
	其中讲师	278	39.71%	6	3.37%
	初级	105	15%	5	2.81%
	其中助教	98	14%	1	0.56%
	未评级	75	10.71%	31	17.42%
最高学位	博士	67	9.57%	27	15.17%
	硕士	551	78.71%	42	23.6%
	学士	66	9.43%	91	51.12%
	无学位	16	2.29%	18	10.11%
年龄	35岁及以下	287	41%	51	28.65%
	36~45岁	302	43.14%	58	32.58%
	46~55岁	97	13.86%	53	29.78%
	56岁及以上	14	2%	16	8.99%

（二）生师比

按折合学生数16516.3人计算，生师比为20.93∶1。

（三）本科主讲教师情况

2017~2018学年高级职称教师承担的课程门数为555，占总课程门数的36.95%；课程门次数为1089，占开课总门次的32.22%。

正高级职称教师承担的课程门数为88，占总课程门数的5.86%；课程门次数为167，占开课总门次的 4.94%。其中教授职称教师承担的课程门数为 86,占总课程门数的 5.73%;课程门次数为 162,占开课总门次的 4.79%。

副高级职称教师承担的课程门数为 492,占总课程门数的 32.76%;课程门次数为 935,占开课总门次的 27.66%。其中副教授职称教师承担的课程门数为 465,占总课程门数的 30.96%;课程门次数为 880,占开课总门次的 26.04%。

承担本科教学的具有教授职称的教师有 36 人(学校具有教授职称教师 44 人),主讲本科课程的教授比例为 81.82%。

2017~2018 学年主讲本科专业核心课程的教授 19 人,占授课教授总人数比例的 52.78%。高级职称教师承担的本科专业核心课程 209 门,占所开设本科专业核心课程的比例为 38.49%。

二、教学条件

(一) 教学经费投入情况

2017 年教学日常运行支出为 2762.59 万元,本科实验经费支出为 432.5 万元,本科实习经费支出为 436.36 万元。生均教学日常运行支出为 1676.02 元,生均本科实验经费为 263.64 元,生均实习经费为 265.99 元。近两年生均教学日常运行支出、生均实验经费、生均实习经费详见图 1。

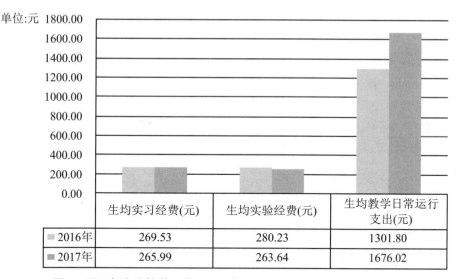

图 1　近两年生均教学日常运行支出、生均实验经费、生均实习经费

(二) 教学设施及应用情况

1. 教学用房

学校总占地面积 88.30 万 m², 产权占地面积为 88.30 万 m², 绿化用地面积为 38.78 万 m², 学校总建筑面积为 33.19 万 m²。

学校现有教学行政用房面积(教学科研及辅助用房+行政办公用房)共 13.36 万 m², 其中教室面积 4.60 万 m², 实验室及实习场所面积 3.03 万 m²。拥有学生食堂面积为 1.81 万 m², 学生宿舍面积为 11.89 万 m², 体育馆面积 0.58 万 m²。拥有运动场 15 个, 面积达 7.80 万 m²。

按全日制在校生 16483 算,生均学校占地面积为 53.57(m^2/生),生均建筑面积为 20.13(m^2/生),生均绿化面积为 23.53(m^2/生),生均教学行政用房面积为 8.1(m^2/生),生均实验、实习场所面积 1.84(m^2/生),生均宿舍面积 7.21(m^2/生),生均体育馆面积 0.35(m^2/生),生均运动场面积 4.73(m^2/生)。教学用房生均情况见表 6。

表6 教学用房生均情况

类别	总面积(m^2)	生均面积(m^2)
占地面积	883015	53.57
建筑面积	331879	20.13
绿化面积	387800	23.53
教学行政用房面积	133593	8.10
实验、实习场所面积	30325	1.84
宿舍面积	118890	7.21
体育馆面积	5765	0.35
运动场面积	77987	4.73

2. 教学科研仪器设备和实验室

学校现有教学、科研仪器设备资产总值 17476.58 万元,生均教学科研仪器设备值 1.06 万元。当年新增教学科研仪器设备值 5057.02 万元,新增值达到教学科研仪器设备总值的 40.72%。学校有省部级实验教学中心 6 个。

本科教学实验仪器设备 2071 台(套),合计总值 5929.04 万元,其中单价 10 万元以上的实验仪器设备 111 台(套),总值 3618.28 万元,按本科在校生 16405 人计算,本科生均实验仪器设备值 3614.17 元。

目前设置 15 个实验室(中心),建成 200 多个实验分室,建成电工电子工程实训中心、影视动画实训中心、网络工程实习实训中心和化学实验中心 4 个省级实验实训中心,立项建设网络通信与安全虚拟仿真实验教学中心、VBSE 经管专业虚拟仿真实验教学中心 2 个省级虚拟仿真实验实训中心,以及可行创客、巢湖农创星电商创客 2 个省级创客实验室;建成统计与金融实习实训中心、大学物理实验教学示范中心、文科综合实训中心 3 个校级示范实验实训中心。

(三)图书馆及图书资源

截至 2017 年年底,学校拥有图书馆 1 个,图书馆总面积达到 3.09 万 m^2,阅览室座位数 2060 个。图书馆拥有纸质图书 104.94 万册,当年新增 59737 册,生均纸质图书 63.54 册。图书馆还拥电子图书 108.37 万册,数据库 56 个。2017 年图书流通量达到 7.28 万本册,电子资源访问量 69.46 万次。

(四)信息资源

学校校园网主干带宽达到 10000 Mbps。校园网出口带宽 13534 Mbps。网络接入信息点数量 13500 个。电子邮件系统用户数 21000 个。管理信息系统数据总量 2000 GB。信息化工作人员 7 人。

（五）资源利用情况

1. 强化管理，发挥设备使用效能

制定教学科研仪器设备使用效益与管理考核试行办法，规范仪器设备使用与管理，开展年度使用效益绩效考核，提高仪器设备使用效益。整合机械工程学院、电子工程学院和化学与材料工程学院仪器设备资源，打造省级工程实验室"安徽省微结构精密成型工程实验室"，充分发挥仪器设备的综合效能。建立实验实训室共享机制，鼓励教师利用开放性实验室吸纳学生参与科学研究，指导学生开展学科技能竞赛训练。出台大型科研仪器设备开放共享管理试行办法，将部分大型仪器设备纳入省级大型仪器设备共享服务平台，推动仪器设备向社会开放。

2. 促进开放，助推教学科研创新

目前面向全校开放实验室13个，5台大型仪器设备（X射线衍射仪、高效液相色谱仪、综合热分析仪、荧光定量PCR、纳米激光粒度仪）纳入安徽省大型科学仪器设备共享服务平台。2017~2018学年，开设有实验的课程348门，其中，独立开设实验课程243门次；实验课程开出率100%；实验教学学时10672个，学生实验52246人次。

3. 服务社会，发挥资源设备优势

2017~2018学年，图书馆阅览室、借阅室周开放时间分别达到70小时、45小时以上，电子资源实行不间断网络服务；借出图书7.28万余册，生均借书量4.48册；电子资源点击数694.59万余次，生均427.04次；向社会和校友发放借书证、阅览证，开通远程文献资源服务，已取得实效。承办第十一届全国大学生计算机设计大赛数字媒体设计类专业组现场决赛，接待20多个省（市、自治区）129所高校的256支团队、700余名选手和近40位评委专家。承办国家级体育赛事中国四人制排球公开赛1项，安徽省大中小学排球联赛等省级体育赛事8项，接待教练员320余人，运动员1782人次。

第三章 教学建设与改革

一、专业建设

（一）立足办学定位，科学规划专业建设

学校以市场需求和就业为导向，以应用型专业为重点，按照"优化布局、突出重点、强化应用、彰显特色"的思路，着力构建对接区域产业链的应用型学科专业集群，基本形成以文理为基础、应用型学科专业为重点、多学科协调发展的学科专业布局，以及信息工程、机电工程、化工与材料、经济与管理、应用文科五类专业集群（见表7）。学校现有1个国家特色专业，11个省部级优势专业（见表8），学校专业带头人总人数为44人，其中具有高级职称的25人，所占比例为56.82%，获得博士学位的9人，所占比例为20.45%。

表7 五类专业集群结构表

集群类别	服务领域	主要专业
信息工程	高新技术应用和城镇信息化建设	计算机科学与技术、网络工程、电子信息工程、信息管理与信息系统、软件工程、物联网工程等

续表

集群类别	服务领域	主要专业
机电工程	地方重点支柱产业	电气工程及其自动化、机械设计制造及其自动化、材料成型及控制工程、机械电子工程等
化工与材料	地方建材与化工等支柱产业	无机非金属材料工程、化学工程与工艺、应用化学、生物工程、生物制药等
经济与管理	公共服务与经济管理	国际经济与贸易、市场营销、旅游管理、电子商务、商务英语、金融工程、酒店管理、财务管理、会展经济与管理、审计学、互联网金融、应用统计学等
应用文科	文化与教育	汉语言文学、美术学、英语、体育教育、视觉传达设计、学前教育、广告学、环境设计、广播电视学等

表8 优势专业情况一览表

建设类型	专业名称	级别
特色专业	无机非金属材料工程	国家级
	无机非金属材料工程、电子信息工程、旅游管理、电气工程及其自动化、动画、计算机科学与技术酒店管理、广播电视学	省级
	法学、机械设计制造及其自动化、市场营销	校级
卓越人才培养教育计划	机械设计制造及其自动化、法学、市场营销软件工程	省级
	旅游管理、机械电子工程	校级

（二）规范专业管理，完善动态调整机制

制定专业设置标准，严格规范新专业设置；制定专业建设管理办法，实现专业增、调、管、评一体化管理。完善专业动态调整机制，根据区域经济社会发展需求以及专业招生、就业情况，综合考虑专业办学基础和办学条件，采取适度缩减或扩大招生规模、暂停或间停招生等方式，科学调整专业。2017~2018学年，停招历史学、物理学、教育技术学、小学教育、应用心理学、公共事业管理、信息与计算科学、微电子科学与工程、信息管理与信息系统、统计学、文化产业管理。

（三）推进综合改革，强化专业内涵建设

制定专业建设管理办法、专业建设标准、专业负责人管理办法等系列制度，规范专业建设管理。依托本科教学工程、振兴计划等项目，推进传统专业综合改造（综合改革专业见表1），提升专业内涵。注重专业交叉融合，推进产教融合，充分发挥校内外资源优势，全力打造特色（品牌）专业。扎实开展校内专业评估，形成专业质量自我管理与约束机制，2017~2018学年，启动首轮专业评估，分两批对校内31个本科专业进行评估。积极推进国际合作，开展视觉传达设计、酒店管理等专业国际联合培养。

二、课程建设

（一）加强顶层设计，落实课程规划

制定课程建设质量标准、课程建设管理办法、应用型课程建设管理办法、深化课程综合改革指导意见等系列制度，按照"以能力培养为核心，夯实专业基础课程，优化专业核心课程，整合专业方向课程"的建设思路，以开放共享和教学内容改革为重点，依托本科教学工程项目，系统有序地推进课程建设，不断丰富课程资源。坚持质量标准，加强课程评估，提升建设质量；坚持需求导向，强化企业参与，对接岗位需求；坚持学生中心，丰富选修资源，促进个性发展；搭建网络教学平台，推进在线课程建设。课程规划执行良好。

（二）完善课程体系，注重层次建设

不断优化对应学生"基本能力、专业能力和发展能力"的呈递进层次的课程模块，增强"能力—课程（群）"符合度，保障专业教学和人才培养质量；同时加强"三级四层"的课程质量建设，在强化专业基础课程建设的基础上，以应用型课程建设为重点，在线课程建设为抓手，着力打造校级、省级、国家级三级精品（优质）课程，并按照"建合格、培优质、创精品、促开放"的四层建设思路，全面提升课程建设质量。

（三）注重课程资源建设，控制教学规模

现有课程资源总量 2500 余门，其中精品开放课程 48 门（省级 17 门）、在线开放课程 59 门、尔雅精品课程 48 门。已开展部分课程评估，评出优质课程 108 门、合格课程 790 门。2017~2018 学年，学校共开设本科生公共必修课、公共选修课、专业课共 1502 门、3380 门次。近两学年班额统计情况详见表 9。

表 9　近两学年班额统计情况

班额	学年	公共必修课	公共选修课	专业课
30人及以下	2017~2018学年	1.77%	0%	4.35%
	2016~2017学年	12.81%	2.33%	5.27%
31~60人	2017~2018学年	41.3%	13.73%	54.23%
	2016~2017学年	35.05%	25.58%	57.05%
61~90人	2017~2018学年	9.44%	2.94%	25.85%
	2016~2017学年	15.39%	6.2%	17.93%
90人以上	2017~2018学年	47.49%	83.33%	15.58%
	2016~2017学年	36.74%	65.89%	19.75%

三、教材管理

落实教材管理办法，强化教材选用管理，规范教材征订程序，完善教材选用反馈机制。以适用、优质为原则，精选规划、面向 21 世纪课程和教育部推荐等各类优质教材，尤其是近三年出版的新教材，确保更多的适用的优秀教材进入课堂。严格执行国家有关规定，相关课程统一使用"马工程"教材。

四、教学改革

(一)注重顶层设计,明确教改思路

学校高度重视教学改革的系统规划,在"十三五"事业发展规划、深化转型发展实施意见、深化综合改革总体方案和关于进一步落实教学中心地位,提高应用型人才培养质量的若干意见等文件中,明确强调,教育教学改革要围绕落实立德树人根本任务,以人才培养为中心,以改革人才培养机制与提高人才培养质量为重点,积极探索和创新以学生发展为核心的教学模式,注重学生自主学习、批判思维和实践创新能力的培养,强化课堂教学尤其是教学内容与教学方法改革,切实提高课堂教学质量。

(二)完善政策制度,激励教学改革

制定优秀教学奖与教学骨干评选办法、教学名师与教坛新秀评选与管理办法、奖励性绩效工资分配办法等制度,引导和激励教师进行教学改革。设立"高校发展专项经费",加大教改项目立项资助力度,在人才培养模式、专业与课程建设、教学方法与考核方式、实践教学、创新创业教育等方面明确改革具体目标、任务和要求;将教改成果、教学成果奖等纳入教师教学质量考核、职务晋升、评奖评优等指标体系,并列为二级学院和教师年度考核重要内容。

2017～2018学年,学校获省部级教学成果奖17项,教师主持建设的省部级教学研究与改革项目48项,建设经费137万元,主持省级及以上本科教学工程45项。新增省级人才培养模式创新实验区1个,国家级校外实践基地1个。2017年学校教师主持省级及以上本科教学工程(质量工程)项目情况见表10。

表10　2017年学校教师主持省级及以上本科教学工程(质量工程)项目情况

项目类型	国家级项目数	省级项目数	总数
人才培养模式创新实验区	0	1	1
大学生校外实践教育基地	1	6	7
实验教学示范中心	0	6	6
特色专业	1	8	9
精品视频公开课	0	2	2
精品资源共享课	0	14	14
综合改革试点专业	0	6	6

(三)促进学生发展,强化教学过程管理

推进专业教育与通识教育、理论教学与实训实践、课内培养与课外强化、专业主修与辅修双学位等相结合,不断深化学年学分制改革,制定完善学生转专业、创新创业学籍、学科技能竞赛、学业导师制等系列管理办法,强化教学过程管理,促进学生全面发展与个性发展。构建信息化综合管理平台,完善教务管理、学生管理、后勤服务等系统,引入超星、泛雅等教学与管理平台,不断提升教学过程管理信息化水平。

五、实践教学

(一) 坚持能力导向,完善实践教学体系

不断加大实践教学比重,培养方案明确规定,文科类专业实践教学环节学分不少于总学分的30%,理工类专业不少于35%。各专业独立设置的实践课程,如实验实训、专业实习、毕业论文(设计)等,文科类专业不少于36周,理工类不少于40周(见表11)。构建基于"基础、专业和综合"三层次、"综合素养、基本技能、专业技能、素质拓展、应用能力、创新精神"六模块的新型实践教学体系(见图2),并贯穿人才培养全过程。2017~2018学年本科生开设实验的专业课程共计348门,其中独立设置的专业实验课程176门。

学校有实验技术人员23人,具有高级职称8人,所占比例为34.78%,具有硕士及以上学位15人,所占比例为65.22%。

表11 全校各学科2017级培养方案本科专业培养方案学分统计表

学科	必修课学分比例	选修课学分比例	实践教学学分比例	学科	必修课学分比例	选修课学分比例	实践教学学分比例
哲学	—	—	—	理学	73.96	26.04	31.51
经济学	78.63	21.37	30.10	工学	73.75	25.58	33.25
法学	79.62	20.38	31.93	农学	—	—	—
教育学	71.35	28.65	44.98	医学			
文学	75.66	24.34	32.59	管理学	77.29	22.71	37.98
历史学	—	—	—	艺术学	70.05	29.95	53.84

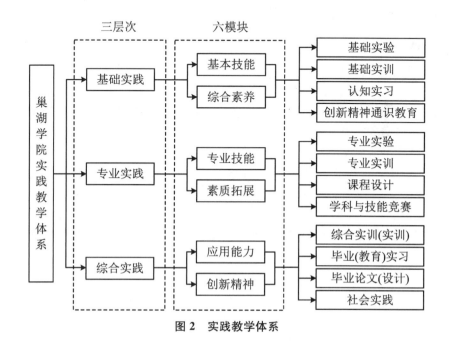

图2 实践教学体系

（二）强化专业实践教育

制定校外实习实训基地建设与管理办法，健全完善校企合作和校地联动机制，促进和规范校外实践教学基地建设；探索建立基于评估的实习基地动态调整机制（如旅游学院实行实习基地末位淘汰制），提高基地建设质量与水平。现建有校外实践教育基地200多个，其中国家级、省级各1个；与安徽华星化工、珠海世纪鼎利、芜湖信义、巢湖市中小学等共建省级基地5个，与科大讯飞、惠而浦（中国）、马鞍山立白等共建校级基地8个。加强实习规范管理，制订实习工作计划和大纲，实施校内外双导师制，严格实习质量评价与安全稳定管理；保证集中实习比例，强化自主实习的过程管理和答辩环节。2017～2018学年有4050人进行实习，其中集中实习2639人，自主实习1411人。部分基地实现实习、就业一体化，如2015年机械工程学院与惠而浦（中国）合作开展的实习、2017年师范类专业与凤台县教育局实施的顶岗支教等。

（三）强化社会实践教育

培养方案中专门设置社会实践学分，部分专业开设社会调查研究等相关课程。以社会实践和志愿服务活动为载体，实现社会实践与专业学习、地方需求、就业创业、科技创新"四个结合"。建立巢湖市特教学校、南巢街社区、霍邱县长集镇大墩村等50多个志愿服务基地；重点打造暑期"三下乡"社会实践育人平台，科学设计实践内容体系与评价体系，逐步完善实践活动管理机制，实现暑期社会实践活动课程化、项目化、基地化、社会化和品牌化。每年组建百余支实践团队，近5000名大学生分赴全国各地开展社会调查、科技支农、卫生服务、文艺演出等社会实践活动。近年来，学校连续4次荣获全国大学生志愿者暑期"三下乡"社会实践优秀单位，两次荣获团中央"镜头中的三下乡"奖；先后荣获全国"百万青年志愿者助残行动先进集体"、安徽省"青年志愿者行动优秀组织奖""青年志愿者行动贡献奖""志愿服务优秀项目"等称号；受到人民网、新华网与《中国教育报》《安徽日报》等媒体的宣传报道。

六、本科生毕业论文（设计）

修订本科教学主要环节质量标准，明确毕业论文（设计）教学规范和质量要求，加强教学质量监控。制定学位论文作假处理实施细则，实施相似度检测和定期抽查制度，强化学位论文过程管理。出台深化毕业论文（设计）改革指导意见，推进毕业综合训练改革：建立校内外双导师制；严把选题质量关，倡导选题来源于实习实训和社会生产实践，不断提高真题真做比例；建立灵活多样的成果转换机制，允许学生以创新创业成果、优秀实践活动成果等替代毕业论文，激励学生从事实践创新活动，艺术类专业还根据专业性质，探索以毕业创作等替代毕业论文。2017～2018学年共提供了4109个选题供学生选做毕业论文（设计）。在实践中完成的毕业论文（设计）占50%以上，论文检测平均重复率为8.95%。学校共有435名教师参与了本科生毕业论文（设计）的指导工作，指导教师具有副高级以上职称的人数比例约占36.32%，学校还聘请了19位外聘教师担任指导老师。平均每位教师指导学生人数为9.05人。

第四章 专业培养能力

一、坚持需求导向，科学确定人才培养目标

根据国家发展、区域经济社会发展和学生发展需求相统一的原则，学校始终坚持"以人

为本,全面发展"的育人理念,结合学校发展实际,坚持能力导向,确定"培养专业基础实、应用能力强、综合素质高,具有社会责任感、创新精神和实践能力,适应区域经济社会发展需要的应用型人才"的人才培养总目标。

根据学校人才培养总目标,结合本科专业类教学质量国家标准,参照教育部专业教学指导委员会、行业协会等对专业的指导性意见或评估认证标准,吸纳校友、用人单位和社会第三方意见和建议,明确各专业培养目标的基本要求与培养要求。坚持以就业为导向,以能力培养为主线,本着"能力为本、学以致用、合作教育、实践创新"的原则,以二级学院为主体,科学论证并合理确定各专业的培养目标和培养规格,并在知识、能力和素质等方面提出具体要求。

二、坚持能力本位,不断优化培养方案

按照"能力为本、学以致用、合作教育、实践创新"的原则,根据区域经济社会发展对人才培养提出的新要求,广泛邀请行业企业与实务部门专家参与论证,不断优化人才培养方案。在2016年推行"实践教育、创新创业教育、社会责任教育"三位一体教学改革基础上,2017年优化公共课程教学和实践课程体系,并推进专业标准化建设和公共体育艺术教育俱乐部制教学改革。

新的人才培养方案突出"能力为本",强调"学以致用",凸显"实践主题",加强"校企联姻";构建"基本能力、专业能力和发展能力"为一体的新型课程体系(见表12);构建基于"基础、专业和综合"三层次、"综合素养、基本技能、专业技能、素质拓展、应用能力、创新精神"六模块的新型实践教学体系,并贯穿人才培养全过程(见图2)。

表12 人才培养方案能力与课程结构匹配表

能力体系	能力类别	模块课程	课程性质	课程学分	学分占比
基本能力	基本素养	基本素养课程	公共必修	48	25%~30%
	通识能力	公共选修课程	公共选修	10	
专业能力	专业认知能力	基础和大类课程	专业必修	10左右	55%~60%
	专业核心能力	专业核心课程	专业必修	32~48	
	专业应用能力	综合能力课程	专业必修	理工,文科≥36	
发展能力	专业发展能力	专业拓展课程	专业选修	10~12	10%~15%
	综合拓展能力	创新创业和实践等	专业选修	14	
毕业总学分要求			理工187以内,文科177以内		100%

三、推进双创教育,贯穿培养全过程

成立创业学院,出台深化创新创业教育改革实施意见和相关配套制度,召开以深化创新创业教育改革为主题的第六次教学工作会议,不断深化创新创业教育改革。健全完善"三体系、六平台"(即课程、实践和保障"三大体系",指导教师团队、创新创业活动、科研项目训练、职业能力多修、校企合作培养、社会资源服务"六大平台")创新创业教育体系和课程、课堂、训练、竞赛与孵化"五位一体"教学模式,将双创教育融入人才培养全过程。

2017～2018学年，开设创新创业教育课程15门，开设职业生涯规划及就业指导课程1门；共立项建设国家级大学生创新创业训练项目41个（其中创新34个，创业7个），省部级大学生创新创业训练项目80个（其中创新66个，创业14个）；开展创业培训项目12项，开展创新创业讲座15次；设立创新创业奖学金10万元；学校拥有创新创业教育专职教师21人，就业指导专职教师22人，创新创业教育兼职导师170人，组织教师创新创业专项培训1场次，至今有40人次参加了创新创业专项培训。

四、完善第二课堂育人体系，提升学生综合素养

构建明德修身、崇美塑心、创新创业和敏行尚能四大育人模块，形成以思想引领育人、校园文化育人、创新创业育人、志愿服务育人和社会实践育人为内容的第二课堂育人体系。明德修身模块，突出思想引领育人中心，坚持把思想政治教育放在首位，通过加强项目建设、阵地建设和队伍建设，构建"三全育人"格局。崇美塑心模块，注重以高品位文化活动为导向、以专业特色活动为重点、以社团文化活动为延伸，通过开展多彩的文化活动，营造良好的文化育人环境。创新创业模块，强化创新创业指导培训、大创项目、创新孵化项目、创新创业大赛、创客沙龙等活动，不断提升学生创新意识、创业思维和创新创业能力。敏行尚能模块，本着立足校园、面向社会的原则，积极发挥志愿服务载体育人作用，重点打造暑期"三下乡"社会实践育人平台，引导学生积极参加社会实践与志愿服务，强化学生在实践中受教育、长才干、做贡献。

同时，将第二课堂纳入人才培养体系，形成党政一把手负总责、分管领导具体负责、牵头部门全面落实、相关部门密切配合的保障运行机制。制定"第二课堂成绩单"学分认证试行办法、学生素质综合测评办法等管理制度，保障第二课堂有效开展。

五、科技创新驱动，助推人才培养

重视学生学术科技和创新能力培养，构建以学科技能竞赛为重点、学术科技社团活动和创新创业活动为基础的科技活动体系，有效辅助第一课堂。围绕"科技"主题，定期举办校园文化科技艺术节、科技活动月、科普知识图片展和送科技文化下基层等活动，师生年参与量达6000余人次。组建就业创业者协会、营销协会等15个学术科技与创新创业竞赛类学生社团；通过创新创业大赛、职业规划大赛、创客沙龙、创业大讲堂等活动，学生参与面达60％以上。

2017～2018学年，学生获批省级以上创新创业训练计划项目121项，其中国家级41项；省级以上学科竞赛获奖566项，其中国家级153项；省级以上本科生创新活动、技能竞赛获奖196项，其中国家级71项；省级以上文艺、体育竞赛获奖（项）267项，其中国家级69项；获国家专利授权9项，发表学术论文9篇。

第五章 质量保障体系

一、牢固树立教学中心地位

牢固确立人才培养中心地位，始终把教学工作作为中心工作，将教学质量视为办学生命线，形成领导重视教学、制度保证教学、经费保障教学、科研促进教学、管理服务教学的工作局面。

制定《关于进一步强化教学中心地位，提高应用型人才培养质量的若干意见》，2017年，

校党委会和校长办公会研究有关教学工作议题分别为24项。校领导认真落实分工联系教学学院工作制度和周一接待日制度，经常深入教学一线和学生寝室，了解教学工作和学生学习生活情况以及师生诉求；设置信箱、邮箱，广泛听取师生有关教学、管理、服务等方面的意见和建议。各级领导严格执行听课评课制度和教学巡查制度，2017~2018学年，校级领导人均听课6节。注重发挥评价激励机制的导向作用，近几年，修订完善教师教学质量考核实施办法、学生网上评教实施办法、教学名师奖评选与管理办法、教坛新秀奖评选与管理办法、优秀教学奖评选办法，出台《专业技术职务评审实施办法（试行）》《教学骨干评选办法（试行）》等制度，通过健全教师考核评价激励机制，激发教师教学热情，保障教师教学投入。

二、建立质量保障体系架构，完善运行机制

引入全面质量管理理念，制定本科教学质量保障体系纲要，成立质量管理委员会，完善二级督导制度，健全由"质量目标与标准、质量管理组织、资源管理、教学过程管理、质量监测分析与反馈、质量改进"六大系统构成的质量保障体系；突出"学生中心、成果导向和持续改进"理念，完善"目标导引、全员参与、相互激励、持续改进"的运行机制，探索构建"全面管理、主体多元、手段多样、方式灵活、协同推进、突出重点"的质量保障模式。

根据全面质量管理要求，修订完善本科各类教学质量标准制度10余项，基本形成涵盖教学运行类、教学建设类、教学管理类和学生学习类的全方位的本科教学质量标准体系。

三、完善质量标准，规范教学运行

不断健全完善教学质量标准体系，出台教学质量保障体系纲要、专业设置与建设标准、课程建设标准、教学主要环节质量标准、教学工作规程、教学督导工作条例等系列文件，从顶层设计、专业建设、课程建设、教学运行、质量监控等各个环节，规范教学建设与教学运行，推进质量文化建设，提高人才培养质量，确保人才培养中心地位的有效落实。

四、注重内部监控评估与社会评价，促进质量改进工作

一是多措并举，狠抓日常监控。通过不断完善学生评教、教师评学、师生评管"三评"制度，开展学期初、中、末"三期检查"和教研室、实验室年度考核，落实听课评课制度，常态开展教学督导评教评学工作，不定期开展专项督查，开展教学工作年度考核等多项措施，狠抓教学日常监控，将检查和考核结果纳入年度个人、教研室（实验室）和二级学院业绩考核指标体系，奖惩结合，助推质量改进。

2017~2018学年，学生评教覆盖面为100%，其中评价结果为良好以上的占100%。同行、督导评教覆盖面为73.24%，其中评价结果为良好以上的占92.78%。领导评教覆盖面为45.53%，其中评价结果为良好及以上的占91.36%。如图3所示。

二是以课程和专业评估为抓手，促进质量改进。2013年合格评估以后，开展课程评估5次，评估课程1368门。2017年启动四年一轮的校内专业评估，围绕查问题、补短板、促建设的目标，对31个本科专业进行全面诊断、评价。各参评专业制定整改方案，细化整改措施，制定时间表、路线图，将责任落实到教研室和个人，并将整改落实情况纳入个人、教研室、二级学院年度考核的重要内容，与年度绩效分配挂钩。

三是积极探索建立行业企业、用人单位、毕业生和学生家长多方参与的社会评价机制，以及根据社会评价改革教育教学的倒逼机制。开展毕业生、用人单位年度跟踪调查和年度人才培养状况社会问卷调查，形成年度报告；引入第三方评价，通过购买服务方式，北京新锦

程科技有限公司对我校毕业5年和2017届毕业生开展毕业生中长期发展跟踪调查和社会需求与人才培养质量跟踪调查。通过社会评价,倒逼学校反思人才培养工作中所存在的问题,并根据反馈信息,适时改进。

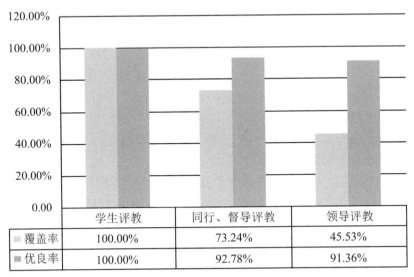

图3　2017~2018学年评教情况

第六章　学生学习效果

一、学生学习满意度

2017年度问卷调查显示,在学习方面,学生对所学专业的认可度达95.2%,学习能力、专业综合素养、学业三方面自我满意度分别为74.26%、86.53%、73.3%,近68.4%的学生有继续在本专业深造的意愿;对教师授课水平与方式满意度高达91.42%,学风和学习氛围综合满意度、教学设施满意度分别为81.34%、87.9%。在成长方面,学生自我满意度达到88.76%,其中自主学习能力、个人综合素质自我满意度分别为79.71%、91.21%。

二、应届本科生毕业情况

2018届共有本科毕业生4129人,实际毕业人数3926人,毕业率为95.08%,学位授予率为99.97%,攻读硕士研究生253人,占实际毕业人数的6.44%。

三、就业情况

(一)"四全"联动,就业率较高

一是构建"全员化"的工作机制。学校成立就业(创业)工作领导组和就业指导中心,学院成立领导小组并设置就业(创业)工作联络员,加强就业工作的组织和领导;出台就业创业工作考核暂行办法,全面实行就业工作目标管理考核,形成"要素完整、衔接有效、工作顺畅"的工作机制。二是构建"全程化"的指导服务模式。加强职业规划、就业指导、创新创业教育,开展就业宣传、专题讲座、竞赛、咨询服务、专项调研及毕业生回访等工作,确保就业指导与服务无死角。三是打造"全方位"校地校企合作关系。不断加强与环巢湖区域市县政府和企事业单位合作,形成政企校联动助推就业创业的合力。四是搭建"全领域"创新创业实践平台。先后建成 600 m² 的安徽省 A 级创业孵化基地和 400 m² 的合肥市级众创空间（巢荟众创空间）两个校内创业平台，以及安德利—巢湖学院众创空间、巢湖市创客巢众创空间两个校外创业平台，先后有 80 多个项目入驻平台，参与创业学生超过 800 人。

截至 2018 年 8 月 31 日，学校应届本科毕业生总体就业率达 93.61%。毕业生最主要的毕业去向是企业，占 84.48%。升学 272 人，占 6.59%，其中出国/境留学 19 人，占 0.48%。

（二）就业面广，分布契合定位

一是毕业生就业分布符合办学定位。从就业地区看，主要为安徽省内，以环巢湖区域（包括合肥市全境及芜湖、六安、马鞍山市部分）为主。北京新锦成公司的调查显示，2017 届毕业生省内就业达 53.34%，其中合肥市就业人数占省内就业人数的 55.76%，其次芜湖市占 6.46%，六安市占 5.25%；省外就业占就业总数的 46.68%，其中以长三角（江浙沪）为主，占就业总数的 37.72%。从就业行业看，主要是教育、信息传输与软件及信息技术服务业、制造业、文化与体育及娱乐业、金融业等。据北京新锦成公司的调查显示，2017 届毕业生在上述五类行业就业人数分别占 21.88%、17.13%、9.81%、7.54%、6.90%。

四、用人单位对毕业生评价

2017 年度学校进行的毕业生跟踪调查显示，用人单位对我校毕业生基础理论知识、专业理论水平、实践应用能力、团队协作意识、独立处事与交往能力 5 方面的认可度均在 90% 以上，可见用人单位对我校毕业生知识、能力和素质是高度认可的。用人单位普遍认为，我校毕业生思想品德好、爱岗敬业、吃苦耐劳，实践能力和综合素质良好，竞争力较强。

北京新锦成公司的调查显示，2017 届毕业生，一年后工作总体满意度为 95.26%，高于全国同届本科毕业生均值（93.40%）1.86 个百分点；对工作内容、职业发展前景的满意度分别为 95.20%、94.13%，分别高于全国均值 3.51、3.49 个百分点；月收入 5334.02 元，高于全国同届本科毕业生月均收入 1293.42 元，薪酬满意度 86.55%，高于全国均值 3.16 个百分点。

第七章 特色发展

学校注重把区位文化资源优势转化为办学优势，坚持立足环巢湖区域经济社会发展需要，融合环巢湖区域文化元素"塑校育人"，不断加强环巢湖区域文化"塑校育人"的实践和探索，努力在"地方性"上培育办学特色。

一、注重顶层设计

在长期探索和积累的基础上，结合加快地方应用型高水平大学建设，先后出台服务环巢湖区域经济社会发展行动计划（2018～2020 年）、环巢湖文化塑校育人实施方案，并召开"行动计划"发布会，将环巢湖文化"塑校育人"提高到学校发展战略高度上进行科学设计，确定"两个融入""五大行动""十大工程""三个突破"，明确推进环巢湖文化"塑校育人"的主要任务与具体时间表、路线图。学校还将环巢湖文化"塑校育人"列入"十三五"事业发展规划重点内容，强化规划的战略支持和刚性引领。

二、加强平台建设

整合校内外人才优势资源，先后成立"巢湖流域经济文化研究所""戏剧文学研究所""旅游发展与规划研究中心""应用经济学研究所""水环境研究中心""艺术与创意产业研究中心"6个专门研究机构,搭建环巢湖文化"塑校育人"功能平台。

强化以服务环巢湖区域经济社会文化发展为主的校级重点学科建设,立项建设"应用经济学""旅游管理"校级重点学科和重点建设学科,每年安排专项建设经费分别达到100万元、60万元。

三、扎实推进区域文化塑校育人工作

（一）打造环巢湖经济社会文化研究高地

立足环巢湖区域丰富的文化资源和经济社会发展需要,依托"研究中心"等科研机构和校内重点学科、重点建设学科,着力打造环巢湖经济社会文化研究高地。2017～2018学年,19项成果荣获安徽省社科联2016年、2017年"三项课题"优秀成果奖(一等奖3项)。编撰出版《环巢湖研究》(第一辑)1册、《环巢湖文化研究丛书》(第一辑)4册、环巢湖研究论文选粹《美丽巢湖》《魅力巢湖》,举办国际性学术会议2次、区域性学术会议8次。

（二）培育高水平新型智库队伍

为提升服务地方各项建设的决策咨询能力,特别是围绕地方党委与政府中心工作开展重大理论和实践问题研究的能力,学校着力培育高水平新型智库队伍。以重点培养、选拔中青年学科带头人和学术骨干为抓手,采取内培外引、整合抱团,以及政策倾斜、经费支持等系列举措,依托"研究中心",培育、打造以教授、副教授和博士为主体的专兼职智库队伍。目前"研究中心"有专职研究人员20名,兼职研究人员33名(校内20名,校外13名),其中教授14名、副教授21名、博士16名、博士后2名,无论职称、学历、学科结构,基本满足培育新型智库队伍的需要。

（三）服务环巢湖经济社会文化建设

充分发挥人才与科研资源优势,积极为环巢湖区域经济社会文化发展提供智力支持。先后与和县、庐江县、巢湖市,以及柘皋镇、中庙街道办签署产学研用合作协议。参与发掘环巢湖区域文化资源,系统梳理历史文献、古迹遗存、民间传说、口述史料、民歌民艺等文化遗产,编撰环巢湖文献总目、名人名录,整理抢救珍贵档案,选辑历代文人文献资料;参与策划、编审《巢湖文化全书》《合肥通史》,编撰出版《巢湖菜》《巢湖八大碗》。参与李克农纪念馆、巢湖市名人名贤馆、柘皋镇乡贤馆、淮军昭忠祠、张治中桂翁堂等的设计或布展,参与柘皋民俗文化节、中庙5A级景区创建等活动。围绕地方党政中心工作开展调研,《关于安徽抢抓量子通信产业部署先机的建议》《改进农民专业合作社税收管理的五点建议》2项资政报告获省委领导批示。参加合肥市政协专题调研座谈会,为环巢湖科技创新走廊建设建言献策。2名教师分别被聘为巢湖市"政府决策咨询专家库成员""行政处罚群众公议员和监督员",为政府决策提供咨询参考。选派7名教师赴巢湖市科技局、商务局、旅游局挂职担任副局长。5名专业教师担任巢湖市第七批科技特派员。

（四）营造特色校园育人环境

2012年学校斥资30万元建成100 m^2 的"环巢湖文化展厅"。2018年又投入60万元新建160 m^2 的"环巢湖文化展馆",运用声像光电技术,配合图文、实物、解说,从"古巢文明""吴风楚韵""风流人物""灵山秀水""风土人情""传承发展"6个方面,全方位地让师生感受环巢湖区域传统文化的精髓和魅力,着力打造环巢湖文化宣传与教育平台。旧展厅每年接

待师生参观均在 4000 人次以上,为承传、弘扬环巢湖优秀传统文化发挥了积极作用。

学校重视发挥文化环境育人功能,将巢湖人民"直挂云帆""乘风破浪"的奋斗精神融入校徽设计主题,激励师生开拓、奋进、创新。以"泉"命名校内道路,突出所处半汤"温泉"特征,并寄寓"源头活水""涓细不绝""活泼奔放""濯泉自洁"等文化意蕴,砥砺师生养成"泉"的品格。布置"环巢湖区域历史文化名人"楼贴,以直观形象展示环巢湖区域悠久的人文历史,教育师生以民族振兴为己任。举办环巢湖廉政文化作品展,推进校园廉政文化建设。

四、推进区域文化三进工作

在环巢湖区域文化"育人"方面,深入推进"三进"(进校园、进课程、进实践)工作。

(一)打造特色校园文化精品

持续举办"环巢湖文化讲坛",2017～2018 学年,邀请校外知名学者做专题报告 5 场,校内专家做专题报告 10 余场,学生近万人次受到环巢湖传统文化的熏陶。在"汤山讲坛""读书月""艺术展演""文化科技艺术节""徽风皖韵进高校""传媒节""广播主持人大赛""记者大赛"等品牌活动中深度融合环巢湖文化相关内容,以品牌活动促进文化承传,以文化承传打造品牌活动。组织开展以弘扬巢湖优秀文化传统为主题的各种文艺演出、征文、演讲、竞赛活动 20 余场次,营造浓厚的环巢湖文化育人氛围。

(二)强化特色校本课程建设

编写《巢湖乡土史》《巢湖地方经济文化》《环巢湖文化概论》等校本教材和讲义;开设"巢湖地方经济文化""巢湖经济文化研究""环巢湖文化传承与发展概论""环巢湖文化六讲"等选修课程,以及"巢湖民歌""巢湖戏曲""巢湖工艺"等实训课程。在通识课程校本教材《大学语文实用教程新编》中,选编部分与环巢湖区域文化密切相关的经典诗文(如《古巢老姥》《满江红·仙姥来时》等),突出环巢湖区域文化的审美教育。在相关公共选修课如"环境与环境保护学""犀利说民国""民歌鉴赏"中,根据教学需要融入环巢湖经济社会文化内容。

(三)推进特色实践育人活动

组织学生考察凌家滩文化、温家套惨案、新四军第七师师部等遗址以及"巢湖三将军"故居,开展历史文化与爱国主义教育。组织学生"三下乡"实践、志愿服务、爱心支教等活动,进行优秀传统文化与社会责任感教育。在创新创业训练与毕业论文(设计)教学环节,针对环巢湖历史文化、水(温泉)资源利用、旅游资源开发以及水污染防控等进行专题探讨。组织学生走访巢湖民歌、庐剧传承人,调查巢湖家风家训。在教师指导下,组建学生区域文化研究团队,参与区域文化"三研"项目:研编环巢湖区域文化系列报告、研究环巢湖区域文化课题、研发环巢湖区域文化产品。组建巢湖民歌合唱团,与地方政府联合举办巢湖民歌歌会;编排演唱《开秧门,唱秧歌》《巢湖好》《春满巢湖》等经典歌曲。

第八章 需要解决的问题

一、专任教师总量不足,生师比偏高

(一)问题表现

一是专任教师 700 人,总量不足,且专业分布不均匀。

二是生师比为 20.93∶1,距离 18∶1 的部颁"合格"标准尚有较大的差距,部分专业生师比高于22∶1。

（二）原因分析

一是"十一五""十二五"期间招生规模持续扩大，新建应用型专业较多，师资队伍建设长期滞后，总量缺口较大，尽管近几年学校不断加大人才引进力度，严格限制非教学岗位用人计划，全力保证教师队伍进人急需，但仍然不能在短时间内填补缺口。二是长期受核定编制总量的限制，加上经费不足、紧缺专业人才抢手、招聘途径有限等因素，引进优秀人才尤其是新建应用型专业的人才引进比较困难，致使教师总量无法与学生数量同步增长，新建专业师资长期得不到足量增加。三是人才招聘工作机制有待完善。学校主要依据二级学院的需求制订年度人才招聘计划，计划的实施过多依赖职能部门。计划的制订与实施的责任主体不同，容易导致用人单位在提出计划时未能充分预见人才需求与人才供给之间的矛盾，以及与政府公开招聘政策之间的适用性。同时，主要依靠职能部门执行计划，存在社会资源利用不足、实施推进比较缓慢等弊端。四是行政区划调整带来的影响持续显现，地级巢湖市撤销后，学校区位失去吸引优秀人才的优势，引进与稳定人才的困难增加。

（三）改进措施

一是强化师资队伍规划的实施。立足学校办学定位、办学特色、人才培养目标、师资队伍现状，着眼于长远发展，从政策引导、制度保障、机制运行、经费投入等方面强化规划的实施与落实工作，针对各学院各专业生师比状况、学科专业发展需要，统筹规划，推进师资队伍建设，协调解决好当前急需与未来发展两大问题。二是持续增加专任教师数量，着力加强新办应用型专业教师的引进工作。对于学校主干学科专业领域具有博士学位人员和特定专业高技能人才，以满足教学需要或人才储备为目标加大引进力度。对于招生规模较大、专任教师紧缺的专业，综合考虑当前师资需要与未来专业发展两方面因素，合理增加教师引进计划，同时科学调配使用现有教师资源，缓解师资短缺困难。在人员编制使用和人才引进方式上，积极与上级部门沟通协调，努力争取更多的政策支持。三是持续增加人才引进专项经费的投入，根据人才竞争需要提高人才引进待遇，同时创新工作方式，开拓招聘途径，简化引进程序，落实特事特办，提高人才引进工作成效。四是提高各方面待遇，营造尊重人才环境，有效稳定人才队伍。重视待遇在人才竞争中的重要作用，不断调整提高各类岗位人员的薪酬水平，改善各类人才的事业发展环境、平台以及生活条件，提高其工作积极性，增强其对学校的认同感和服务学校发展的自豪感。五是加大人才引进工作的宣传，进一步完善和强化师资队伍建设目标考核。

二、办学经费严重不足，办学条件有待进一步改善

（一）问题表现

省教育经费生均拨款不到1.2万元，办学经费严重不足，门前500亩征地未彻底解决，这也直接导致了增加教学投入的困难，大幅度改善办学条件不太现实。如教学行政用房存在10万m^2左右的缺口，实验教学用房更是严重短缺；少数新办专业教学科研实验仪器设备值偏低，馆藏纸质图书数量与学生活动中心、室内运动场等场所不足。

（二）原因分析

一是经费收入主要依赖省政府财政拨款和学生学费，社会捐款等其他经费来源渠道不多，总量很少。二是地方行政区划曾进行过两次调整，直接导致征地拆迁工作十年不能解

决,导致校园扩建工程以及学校大门、经法学院、工商管理学院、体育馆等建设工程受阻而无法实施,教学行政用房长期得不到改善。

（三）改进措施

一是积极争取省委省政府把我校纳入安徽省与合肥市共建管理体制,从而得到合肥市的财政办学支持。二是积极拓展经费来源渠道,增加教学投入,如:通过项目立项,争取政府专项资金支持;通过产学研合作,以服务获得企业经费支持;争取中央财政支持地方高校发展资金;争取社会捐赠,等等。三是积极申报各级各类教科研项目,缓解实验室建设与专业建设资金困难。

三、"课程思政"教学改革需要深度推进

（一）存在问题

一是大思政格局没有真正形成,德育体系不够完善,课程思政没有落实到位,资源不多,力量不强。二是思政课程与课程思政协同效应不够明显,思政课教师与专业课教师对德育的内容与方式及德育评价的认识不够统一。三是部分专业教师存在重知识教育、能力培养,而对素质教育尤其是德育教育重视不够的现象。

（二）原因分析

一是课程思政理念尚未深入人心,尤其是专业课程教师对课程思政的教育理念认识不够深入,落实到具体课程的教学中难免不够到位。二是"三全育人"格局尚未真正形成,综合改革的深度不够,专业教师对课程思政的重要性与迫切性认识不够到位。三是教师主动积极探索"课程思政"的动力不足,效果不明显。

（三）改进措施

一是扎实开展思想观念大讨论。深入贯彻全国高校思想政治工作会议、全国教育工作会议、新时代全国高等学校本科教育工作会议、全国教育大会精神,从教育思想的高度充分认识和把握"课程思政"在落实立德树人根本任务中的地位和作用,将课程思政内化为教师的教育责任,促使教师积极主动探索课程思政的教育方式和方法。二是借助"三全育人"综合改革试点契机,深入推进"三全育人"综合改革。加强党委对"课程思政"领导,落实主体责任,统筹推进相关试点改革,健全党政协同、校院联动的工作机制,充分调动广大教师的积极性,坚持围绕立德树人的根本任务,把思想政治工作贯穿教育教学的全过程,实现全程育人、全方位育人,形成育人合力。三是完善大思政格局,完善思想政治教学体系。确立课程思政的价值塑造、能力培养、知识传授三位一体的教学目标,深入挖掘各门课程蕴涵的思想政治教育资源,逐步形成"课程思政"的体系架构和育人机制。四是设立"课程思政"教学改革专项。通过项目化建设,引导教师潜心课程思政研究,系统梳理各专业课程的"思政元素",并将课程思政列入课程教学大纲,作为课堂讲授的重要内容,实现知识教育同价值观教育的紧密结合,形成各门课程与思政课程同向同行的协同效应。

四、自我评估工作需要深入推进

（一）问题表现

一是教职员工对自我评估是实现学校自我管理、自我约束、自我诊断、自我改进重要手段的重要性和意义认识不够到位,积极主动参与意识不强,如提供材料不够完备,填写问卷不够认真,参与评价不够严肃,评估整改不够及时等。二是自我评估制度与体系不够完善,如二级学院评估尚未开展,引入外部评估尚局限于购买第三方服务。三是自我评估指标体系与评估方式尚在探索之中,成效有待进一步提高,如校本教学基本状态数据库正在建设,信息化手段尚未利用。

（二）原因分析

一是自我评估工作刚刚启动,研究不够深入,宣传不够广泛,与外界交流较少,借鉴吸纳兄弟院校成功经验有待加强。二是完善符合自身办学实际的有效的自我评估制度与体系需要时间与过程。三是教学管理与质量监控人员不足,日常管理工作繁重,缺乏足够的时间和精力深入推动自我评估工作。

（三）改进措施

一是加强教学管理与质量监控队伍建设,为深入开展自我评估提供必要的岗位和人员保障。二是加强自我评估的宣传工作,提高教职员工思想认识,增强自我评估的主人翁意识。三是主动"走出去",鼓励支持教学管理人员参与其他高校的自我评估,积极开展学习交流,深入研究自我评估的新理念、新标准、新方法、新技术。四是不断探索完善自我评估制度与体系,积极构建外部评估长效机制。五是加强质量监控信息化建设,推进自我评估与信息技术融合,提高自我评估实效。

巢湖学院2018届毕业生就业质量年度报告

学 校 概 况

巢湖学院是安徽省属全日制普通本科院校,创建于1977年,前身是巢湖师范专科学校。2002年4月,经教育部批准,学校升格为本科院校,更为现名。2013年6月,学校顺利通过教育部本科教学工作合格评估。2018年12月,学校接受教育部本科教学工作审核评估。

学校坐落于风景秀丽的国家级旅游度假区——合肥市巢湖半汤温泉养生度假区。占地面积约89万m^2,总建筑面积33万m^2。教学科研仪器设备总值1.75亿元。图书文献资源总量324.46万册,其中纸质文献111.39万余册。现有13个二级学院、53个本科专业,隶属于经、法、教、文、史、理、工、管、艺9大学科门类。有国家级特色专业建设点1个,省级特色专业建设点8个,省级专业综合改革试点6个,省级示范实验实训中心6个,省级卓越人才教育培养计划4项。全日制在校生16483人（专科78人）。

现有教职工853人,其中具有副高及以上职称239人,硕士及以上学位698人;皖江学者特聘教授、省学术和技术带头人及后备人选4人;省级高水平教学团队8个,省级教学名师11人,省级教坛新秀19人。近三年,教师承担省部级以上教研项目30余项、纵向科研项目100余项;公开发表学术论文1000余篇,出版专著、编著、译著13部;荣获省级教学成果奖17项;获国家专利授权580余项,其中发明专利27项。近年来,荣获全国高校人文社会科学研究优秀成果奖、安徽省社会科学奖、安徽省科技进步奖等市厅级以上科研奖励30余项,30余件作品入选文化和旅游部、中国美协等举办的艺术作品展,10余件作品获中国文联、中国书协等颁发的艺术奖。

坚持"德学并举、知行合一"的办学理念,以培养专业基础实、应用能力强、综合素质高,具有社会责任感和创新精神,适应区域经济社会发展需要的应用型人才为目标,不断深化教育教学改革,优化学科专业结构,创新人才培养模式,加强创新创业教育,应用型人才培养质量稳步提高。近三年,学生获批创新创业训练计划省级以上项目368项(国家级143项);荣获省部级以上各类竞赛奖1946项(国家级561项),其中在"西门子杯"中国智能制造挑战赛、全国大学生机械创新设计大赛、全国信息技术应用水平大赛、"创新创业"全国管理决策大赛、全国高校美育成果展、全国大学生沙滩排球精英赛等重大赛事中获得一等奖;应届毕业生初次就业率均保持在90%以上,且用人单位满意度较高。

作为地方性应用型本科院校,学校以服务区域经济社会发展为己任,以服务求支持,以贡献促发展。积极利用区位优势,打造环巢湖区域经济文化研究高地,成立安徽省人文社科重点研究基地"环巢湖文化与经济社会发展研究中心"1个、"水环境研究中心"等校级科研机构21个。整合人才队伍,围绕环巢湖区域的历史文化和旅游产业、生态环境与生态文明、创意文化与经济发展等开展专题研究,近年来获批国家级、省部级、市厅级课题106项,公开发表相关论文240篇,出版相关专著10部,其中获2018年安徽省社会科学二等奖、2011年全国优秀古籍图书二等奖各1部。同时,发挥科研比较优势,在政策咨询、文化遗产发掘整理、旅游线路开发、水环境治理、产品设计、人员培训等方面,主动对接地方政府与企业,提供智力支持,服务社会能力日益提升。

立足应用型人才培养,不断强化产学研合作教育,在人才培养、资源共建、技术研发、师资培训、实习就业等方面,积极拓展校地、校企合作的深度与广度。与科大讯飞、惠而浦(中国)、安徽富煌、皖维集团、安徽华星化工、巢湖市人民法院等100多家企事业单位长期保持稳定合作关系。目前有国家级校企合作实践教育基地1个、省级基地5个。

注重把区域文化优势转化为办学资源优势,大力推进地方文化进校园、进课程、进实践等"三进"工作,积极融合区域文化元素塑校育人,着力培育"地方性"办学特色。

坚持开放办学,以安徽省应用型本科高校"行知联盟"为依托,不断深化校际合作,实现学分互认和资源共享。积极推进国际交流合作,与韩国、美国、爱尔兰等国家及中国台湾地区15个院校建立合作关系,与韩国韩瑞大学开展视觉传达设计本科教育"2+2"合作项目,与爱尔兰阿斯隆理工学院开展酒店管理本科教育"3+1"合作项目。

2009年,学校在安徽省高校中率先荣获"全国文明单位"称号。近年来,先后荣获"全国精神文明建设工作先进单位"、安徽省"党建和思想政治工作先进高校""花园式学校""文明单位""文明单位标兵""卫生先进单位"等称号。连续被评为安徽省普通高等学校毕业生就业工作先进集体和标兵单位。2014年获批"安徽省普通高校大学生创新创业教育示范校"。2014~2017年连续获评"全国大中专学生志愿者暑期'三下乡'社会实践活动优秀单位""全国镜头中三下乡活动优秀单位"。2016年获评安徽省学生资助工作先进单位。2015、2016、2017年连续三年在省委综合考核中获评"好"等次。

报 告 说 明

为全面反映巢湖学院2018届毕业生的就业状况,有效构建就业与人才培养良性互动长效机制,学校根据《教育部办公厅关于编制发布高校毕业生就业质量年度报告的通知》(教学厅函〔2013〕25号)要求,编制和正式发布《巢湖学院2018届毕业生就业质量年度报告》。本报告数据来源于三个方面:

1. 安徽省高校毕业生就业管理信息系统。数据统计截止日期为2018年12月26日。所使用的数据主要涉及2018届毕业生的规模与结构、就业率及毕业去向、就业流向和继续深造等信息。

2. 安徽省大中专毕业生就业指导中心"安徽省2018届毕业生就业调查"。调查面向全校所有毕业生,学校共计回收问卷1144份,回收率为27.23%[①]。使用数据涉及就业质量相关分析及对教育教学、人才培养的反馈等信息。

3. 巢湖学院2018届毕业生跟踪调查表。学校面向2018届毕业生发放跟踪调查表,表格内容包括"用人单位问卷""毕业生个人问卷""就业质量调查问卷"和"家长问卷"。调查共计回收有效问卷1394份,回收率为33.18%。使用数据涉及毕业生就业质量、薪酬待遇、满意度调查、问题建议等信息。

特此说明。

第一部分 毕业生就业基本情况

一、毕业生规模和结构

(一) 总体规模和结构

巢湖学院2018届毕业生共4201人。其中,本科生4129人,占毕业生总数的98.24%;专科生72人,占毕业生总数的1.76%。男生2019人,占毕业生总数的48.06%;女生2182人,占毕业生总数的51.94%,男女比例约为93:100,男生比例略低于女生。详情如图1所示。

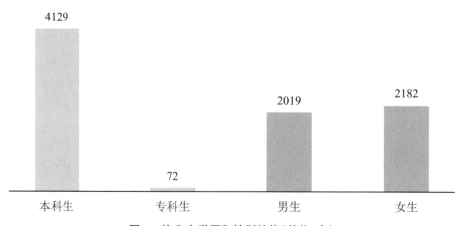

图1 毕业生学历和性别结构(单位:人)

从生源来看,2018届毕业生以安徽省省内生源为主,共3886人,占比为92.50%;省外生源主要集中于浙江、江苏、山东、甘肃、广西、河北、河南、江西等省、自治区,占比为7.50%。

---

① 回收率=有效回收问卷数/毕业生总人数×100%。

具体分布见如图2所示。

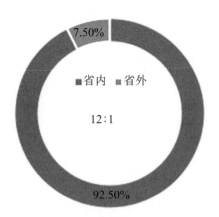

图2 毕业生省内外生源规模

学校2018届毕业生主要由8个民族构成,其中,以汉族为主,人数为4166人,占比为99.17%;少数民族45人,占比为0.83%。具体民族分布详见表1。

表1 毕业生民族构成(单位:人)

民族	毕业生人数	民族	毕业生人数
汉族	4166	满族	1
回族	24	瑶族	1
壮族	5	黎族	2
布依族	1	东乡族	1

(二)各学院及专业分布

学校2018届毕业生共分布在10个学院37个专业。其中,机械与电子工程学院、文学传媒与教育科学学院和经济与法学学院毕业生人数位居前三。详情见表2。

表2 毕业生学院和专业分布(单位:人)

学院名称	学院毕业生数	专业名称	专业毕业生数
经济与法学学院	552	财务管理	238
		法学	103
		国际经济与贸易	116
		市场营销	95
文学传媒与教育科学学院	566	广播电视新闻学	110
		广告学	106
		汉语言文学	101
		小学教育	27
		学前教育	222

续表

学院名称	学院毕业生数	专业名称	专业毕业生数
外国语学院	223	商务英语	124
		英语	99
体育学院	214	社会体育管理与指导	111
		体育教育	103
数学与统计学院	339	金融工程	148
		数学与应用数学	88
		统计学	102
机械与电子工程学院	674	电气工程及其自动化	171
		电子科学技术	142
		电信工程	149
		机械工程及其自动化	212
化学与材料工程学院	402	化学工程与工艺	108
		生物工程	52
		无机非金属材料工程	120
		应用化学	122
信息工程学院	519	电子商务	100
		计算机科学与技术	98
		软件工程	114
		网络工程	110
		物联网工程	97
旅游管理学院	368	酒店管理	130
		旅游管理	238
艺术学院	345	动画	41
		环境设计	53
		美术学	94
		视觉传达设计	97
		小学教育(音乐方向)	10
		音乐表演	50

二、就业率及毕业去向

就业率[①]是反映毕业生就业情况和社会对毕业生需求程度的重要指标和参考依据,根据教育部发布的《教育部办公厅关于进一步加强和完善高校毕业生就业状况统计报告工作的

---

① 就业率＝(就业＋升学＋出国、出境＋自主创业)/毕业生总人数×100％。

通知》,高校毕业生的就业率统计公式为:毕业生就业率=(已就业毕业生人数÷毕业生总人数)×100%。

(一)总体就业率及毕业去向

截至2018年8月31日,学校2018届毕业生初次就业率为91.91%,较上年提高0.67%。截至2018年12月26日,学校2018届毕业生年终就业率为95.55%,基本实现充分就业;其中,本科毕业生就业率为95.50%,专科毕业生就业率为98.61%。从具体毕业去向来看,"就业"为毕业生的主要去向选择,占比为88.65%;升学(含出国、出境)次之,升学率①为6.47%。详情如图3、图4所示。

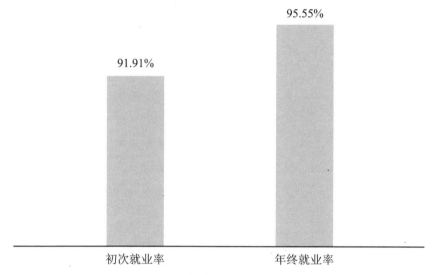

图3 毕业生初次就业率和年终就业率

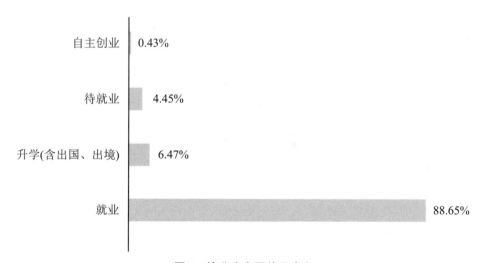

图4 毕业生主要就业去向

---

① 升学率=升学(含出国、出境)人数/毕业生总人数×100%。

(二) 各学院/专业就业率及毕业去向

初次就业率：各学院毕业生初次就业率分布不均，其中，就业率较高的学院为体育学院（96.73%）、艺术学院（95.07%）和数学与统计学院（94.74%）。

年终就业率：各学院毕业生年终就业率均超过93%，其中较高的学院为体育学院（99.07%）、数学与统计学院（98.82%）和外国语学院（98.21%）。各专业年终就业率分布不均，其中，数学与应用数学、体育教育和音乐表演等24个专业实现了充分就业，年终就业率超过95%。详情见表3。

表3 各学院/专业毕业生年终就业率

学院名称	学院就业率	专业名称	专业就业率
经济与法学学院	96.01%	财务管理	95.38%
		法学	98.06%
		国际经济与贸易	94.83%
		市场营销	96.84%
文学传媒与教育科学学院	96.82%	广播电视新闻学	99.09%
		广告学	98.11%
		汉语言文学	98.02%
		小学教育	96.30%
		学前教育	94.59%
外国语学院	98.21%	商务英语	98.39%
		英语	97.98%
体育学院	99.07%	社会体育管理与指导	98.20%
		体育教育	100.00%
数学与统计学院	98.82%	金融工程	99.32%
		数学与应用数学	100.00%
		统计学	98.04%
机械与电子工程学院	92.73%	电气工程及其自动化	90.64%
		电子科学技术	85.21%
		电信工程	96.64%
		机械工程及其自动化	96.70%
化学与材料工程学院	94.28%	化学工程与工艺	94.44%
		生物工程	94.23%
		无机非金属材料工程	94.17%
		应用化学	94.26%

续表

学院名称	学院就业率	专业名称	专业就业率
信息工程学院	94.22%	电子商务	94.00%
		计算机科学与技术	97.96%
		软件工程	99.12%
		网络工程	99.09%
		物联网工程	79.38%
旅游管理学院	93.48%	酒店管理	91.54%
		旅游管理	94.54%
艺术学院	96.52%	动画	97.56%
		环境设计	96.23%
		美术学	91.49%
		视觉传达设计	98.97%
		小学教育(音乐方向)	100.00%
		音乐表演	100.00%

各学院/专业毕业去向:"就业"为各学院毕业生主要的去向选择,占比均在77%以上。其中,文学传媒与教育科学学院就业占比相对较高,为93.64%;此外,化学与材料工程学院升学比例最高,达到16.92%。各专业毕业生主要去向选择为就业,占比均在74%以上。其中,小学教育(音乐方向)、音乐表演、动画等24个专业就业占比相对较高,均处于90%以上;此外,化学工程与工艺专业升学比例最高,为20.37%。具体分布详见表4。

表4 各学院/专业毕业生毕业去向比例

学院名称	就业	升学(含出国、出境)	专业名称	就业	升学(含出国、出境)
经济与法学学院	92.21%	3.80%	法学	91.26%	6.80%
			市场营销	90.53%	6.32%
			国际经济与贸易	91.38%	3.45%
			财务管理	93.70%	1.68%
文学传媒与教育科学学院	93.64%	3.18%	广告学	93.40%	4.72%
			小学教育	92.59%	3.70%
			广播电视新闻学	95.45%	3.64%
			学前教育	91.89%	2.70%
			汉语言文学	96.04%	1.98%

续表

学院名称	就业	升学(含出国、出境)	专业名称	就业	升学(含出国、出境)
外国语学院	87.89%	10.31%	英语	85.86%	12.12%
			商务英语	89.52%	8.87%
体育学院	92.99%	5.61%	社会体育管理与指导	90.99%	6.31%
			体育教育	95.15%	4.85%
数学与统计学院	89.97%	8.85%	数学与应用数学	90.91%	9.09%
			统计学	89.22%	8.82%
			金融工程	90.54%	8.78%
机械与电子工程学院	85.01%	8.61%	电气工程及其自动化	81.87%	9.94%
			电子科学技术	75.35%	9.86%
			机械工程及其自动化	88.68%	8.49%
			电信工程	92.62%	6.04%
化学与材料工程学院	77.61%	16.92%	化学工程与工艺	74.07%	20.37%
			无机非金属材料工程	75.00%	20.00%
			生物工程	78.85%	15.38%
			应用化学	82.79%	11.48%
信息工程学院	90.17%	4.05%	网络工程	93.64%	5.45%
			软件工程	94.74%	4.39%
			物联网工程	75.26%	4.12%
			计算机科学与技术	93.88%	4.08%
			电子商务	92.00%	2.00%
旅游管理学院	90.49%	2.99%	旅游管理	90.76%	3.78%
			酒店管理	90.00%	1.54%
艺术学院	93.62%	2.90%	视觉传达设计	92.78%	6.19%
			美术学	89.36%	2.13%
			音乐表演	98.00%	2.00%
			环境设计	94.34%	1.89%
			小学教育(音乐方向)	100.00%	0.00%
			动画	97.56%	0.00%

毕业生创业率:体育学院和艺术学院毕业生创业率较高,分别为2.34%和1.16%;从专

业来看,动画专业和社会体育管理与指导专业自主创业比例较高,分别为4.88%和3.6%。各学院毕业生创业率详情见表5。

表5 毕业生创业率

学院名称	创业人数(人)	创业率
经济与法学学院	0	0
文学传媒与教育科学学院	1	0.18%
外国语学院	0	0.00%
体育学院	5	2.34%
数学与统计学院	1	0.29%
机械与电子工程学院	4	0.59%
化学与材料工程学院	1	0.25%
信息工程学院	1	0.19%
旅游管理学院	1	0.27%
艺术学院	4	1.16%
合计	18	0.43%

(三) 不同特征群体就业率

男生年终就业率(94.40%)略低于女生(96.88%)。困难毕业生年终就业率(97.48%)高于全校毕业生年终就业率1.93个百分点,可见,学校通过开展求职创业补贴办理、特困毕业生就业帮扶补助、精准帮扶招聘会、个性化就业创业指导等帮扶及援助措施,有效缓解了困难毕业生的就业问题,真正帮助他们实现了更充分和更高质量的就业。详见表6。

表6 不同特征群体毕业生就业率

群体名称	就业率
男生	94.40%
女生	96.88%
困难毕业生(含就业/家庭困难)	97.48%
年终就业率	95.55%

(四) 未就业情况分析

学校2018届毕业生未就业率为4.45%。进一步分析其未就业原因,主要为"求职中"(87.85%),其次为"拟升学"(11.05%)、"签约中"(0.55%)和"拟参加公招考试"(0.55%)。

三、就业流向

(一) 就业地区分布

就业区域分布:学校2018届毕业生主要选择在安徽省内就业(66.79%),服务地方经济发展;省外就业人数较多的地区为江苏、上海和浙江等省市。如图5所示。

省内就业城市:在安徽省内就业的毕业生主要流向了合肥(55.08%),其次为芜湖市(7.80%)、马鞍山市(5.56%)。如图6所示。

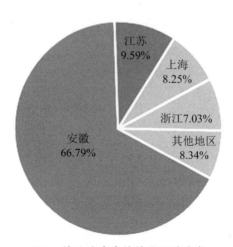

图 5　毕业生省内外就业区域分布

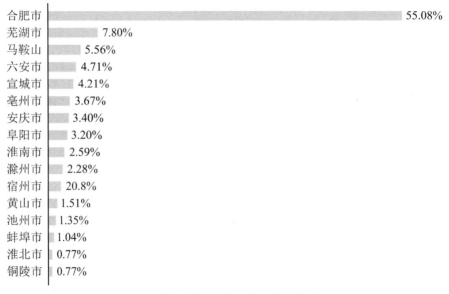

图 6　毕业生省内主要就业城市分布

各学院就业地区分布：在安徽省内就业为各学院毕业生主要地区流向，占比均处于55%以上；其中，毕业生在本省就业比例较高的学院为体育学院(88.68%)和文学传媒与教育科学学院(84.31%)。本省就业比例较高的专业包括小学教育(100%)、体育教育(89.32%)、汉语言文学(88.89%)和英语(88.66%)等专业。详情见表7。

表7　各学院/专业毕业生省内外就业比例

学院名称	省内就业	省外就业	专业名称	省内就业	省外就业
经济与法学学院	66.04%	33.96%	市场营销	58.70%	41.30%
			国际经济与贸易	46.36%	53.64%
			法学	74.26%	25.74%
			财务管理	74.89%	25.11%

续表

学院名称	省内就业	省外就业	专业名称	省内就业	省外就业
文学传媒与教育科学学院	84.31%	15.69%	学前教育	87.14%	12.86%
			小学教育	100.00%	0.00%
			汉语言文学	88.89%	11.11%
			广告学	77.88%	22.12%
			广播电视新闻学	77.06%	22.94%
外国语学院	69.86%	30.14%	英语	88.66%	11.34%
			商务英语	54.92%	45.08%
体育学院	88.68%	11.32%	体育教育	89.32%	10.68%
			社会体育管理与指导	88.07%	11.93%
数学与统计学院	66.57%	33.43%	数学与应用数学	73.86%	26.14%
			统计学	63.00%	37.00%
			金融工程	64.63%	35.37%
机械与电子工程学院	56.96%	43.04%	机械工程及其自动化	44.39%	55.61%
			电子科学技术	65.29%	34.71%
			电信工程	61.81%	38.19%
			电气工程及其自动化	62.58%	37.42%
化学与材料工程学院	66.49%	33.51%	应用化学	76.52%	23.48%
			无机非金属材料工程	56.64%	43.36%
			生物工程	59.18%	40.82%
			化学工程与工艺	69.61%	30.39%
信息工程学院	56.44%	43.56%	物联网工程	55.84%	44.16%
			网络工程	54.13%	45.87%
			软件工程	47.79%	52.21%
			计算机科学与技术	57.29%	42.71%
			电子商务	69.15%	30.85%
旅游管理学院	68.31%	31.69%	旅游管理	77.33%	22.67%
			酒店管理	52.10%	47.90%

续表

学院名称	省内就业	省外就业	专业名称	省内就业	省外就业
艺术学院	55.86%	44.14%	音乐表演	88.00%	12.00%
			视觉传达设计	36.46%	63.54%
			美术学	70.93%	29.07%
			环境设计	39.22%	60.78%
			动画	40.00%	60.00%
			小学教育(音乐方向)	100.00%	0.00%

(二) 就业行业分布

总体就业行业分布：2018届毕业生就业行业分布多样，门类多元，主要集中在教育 (15.32%)、制造业(13.28%)和信息传输、软件和信息技术服务业(12.28%)三大行业。如图7所示。

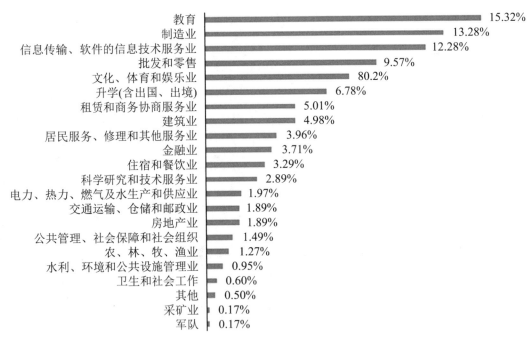

图7 毕业生就业行业总体分布

各学院就业行业分布：经统计，各学院毕业生就业行业流向与其专业设置及培养定位相契合，如机械与电子工程学院就业行业第一位为"制造业"(34.24%)；信息工程学院就业行业主要集中在"信息传输、软件和信息技术服务业"(46.83%)。各学院毕业生就业数量排名前三的行业分布详见表8。

表8 各学院毕业生就业排名前三的行业分布

学院名称	排名前三的就业行业
经济与法学学院	制造业(15.85%),批发和零售业(13.96%),金融业(10.75%)
文学传媒与教育科学学院	教育(41.06%),文化、体育和娱乐业(13.69%),建筑业(5.47%)
外国语学院	教育(31.51%),批发和零售业(15.07%),科学研究和技术服务业(9.13%)
体育学院	文化、体育和娱乐业(56.13%),教育(11.32%),批发和零售业(8.02%)
数学与统计学院	教育(17.01%)、金融业(14.33%)、批发和零售业(12.24%)
机械与电子工程学院	制造业(34.24%),信息传输、软件和信息技术服务业(16.64%),电力、热力、燃气及水生产和供应业(7.36%)
化学与材料工程学院	制造业(31.40%),科学研究和技术服务业(9.76%),信息传输、软件和信息技术服务业(6.07%)
信息工程学院	信息传输、软件和信息技术服务业(46.83%),批发和零售业(11.25%),租赁和商业服务业(8.59%)
旅游管理学院	住宿和餐饮业(22.09%),批发和零售业(14.24%),租赁和商业服务业(9.88%)
艺术学院	教育(36.34%),文化、体育和娱乐业(14.71%),建筑业(9.01%)

(三)就业单位类型分布

总体就业单位类型分布:学校2018届毕业生主要流向单位类型为"其他企业",占比达到75.71%;其次为"升学(含出国、出境)"(6.78%)、"其他事业单位"(6.58%)和"国有企业"(4.38%)。具体分布情况如图8所示。

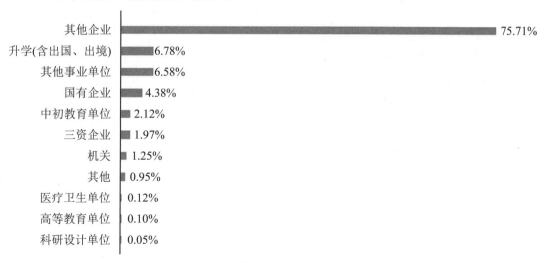

图8 毕业生就业单位分布

各学院就业单位类型分布:"其他企业"为各学院毕业生主要流向单位类型,占比均超过

65%；其中信息工程学院在"其他企业"就业比例最高，占比为89.78%。各学院毕业生主要就业单位分布情况见表9。

表9 各学院毕业生主要就业单位分布

学院名称	主要就业单位分布
经济与法学学院	其他企业(78.87%)，国有企业(6.42%)，其他事业单位(3.96%)
文学传媒与教育科学学院	其他企业(70.26%)，其他事业单位(14.78%)，中初教育单位(9.12%)
外国语学院	其他企业(67.58%)，其他事业单位(12.33%)，升学(10.50%)
体育学院	其他企业(78.77%)，其他事业单位(9.43%)，升学(5.66%)
数学与统计学院	其他企业(67.46%)，国有企业(9.85%)，升学(8.96%)
机械与电子工程学院	其他企业(73.76%)，升学(9.28%)，国有企业(8.80%)
化学与材料工程学院	其他企业(75.99%)，升学(17.94%)，国有企业(2.90%)
信息工程学院	其他企业(89.78%)，升学(4.29%)，国有企业(3.48%)
旅游管理学院	其他企业(84.30%)，国有企业(4.07%)，升学(3.20%)
艺术学院	其他企业(65.17%)，其他事业单位(22.82%)，升学(3.00%)

(四) 就业职业分布

总体就业职业分布：毕业生所从事的职业主要为"其他人员"，占比为22.55%；其次为"教学人员"(13.23%)、"办事人员和有关人员"(11.76%)和"其他专业技术人员"(11.36%)。详细情况如图9所示。

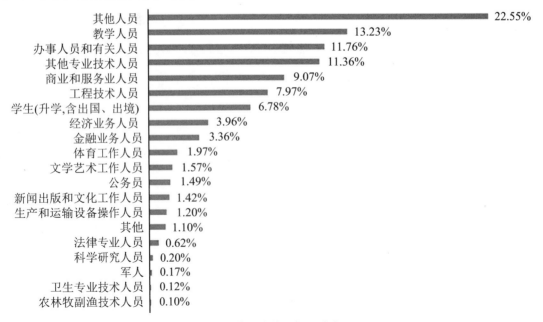

图9 毕业生就业职业分布

各学院就业职业分布:文学传媒与教育科学学院、艺术学院毕业生主要担任的是"教学人员"职业;机械与电子工程学院毕业生从事"工程技术人员"职业的人数最多;体育学院毕业生超过三分之一从事"体育工作人员"职业。各学院就业职业分布详情见表10。

表10 各学院毕业生主要从事职业分布

学院名称	毕业生就业主要从事职业
经济与法学学院	其他人员(30.94%),经济业务人员(17.92%),商业和服务人员(13.21%)
文学传媒与教育科学学院	教学人员(37.77%),其他人员(21.90%),新闻出版和文化工作人员(10.95%)
外国语学院	其他人员(32.42%),教学人员(26.94%),商业和服务人员(12.33%)
体育学院	体育工作人员(34.43%),教学人员(21.70%),办事人员和有关人员(13.21%)
数学与统计学院	金融业务人员(15.52%),办事人员和有关人员(14.63%),教学人员(12.84%)
机械与电子工程学院	工程技术人员(35.36%),其他人员(17.76%),办事人员和有关人员(12.00%)
化学与材料工程学院	其他人员(20.84%),其他专业技术人员(19.79%),工程技术人员(13.98%)
信息工程学院	其他专业技术人员(43.35%),办事人员和有关人员(18.61%),其他人员(13.91%)
旅游管理学院	其他人员(50.58%),商业和服务人员(23.26%),办事人员和有关人员(11.05%)
艺术学院	教学人员(33.33%),其他人员(25.83%),文学艺术工作人员(12.01%)

(五)重点流向单位

校企合作"实习就业基地"在毕业生就业工作中发挥了较大作用,有效吸纳毕业生就业较多;另外,校内招聘活动效果良好,部分优质用人单位通过校园招聘吸纳了多名毕业生就业。学校2018届毕业生重点流向单位[①]分布如表11所示。

---

① 重点流向单位是指就业毕业生人数≥5人的用人单位。

表 11　毕业生重点流向单位(单位:人)

单位名称	就业人数	备注
安徽广信农化股份有限公司	18	实习就业基地
中国农业银行股份有限公司安徽省分行	9	社会统一考试
信义光伏产业(安徽)控股有限公司	9	实习就业基地
合肥华纳生物医药科技有限公司	9	实习就业基地
合肥和仁生物科技有限公司	8	合伙创业项目
安徽百可联盟健身咨询有限公司	7	校园专场招聘
中国能源建设集团安徽电力建设第二工程有限公司	7	校园专场招聘
安徽龙源风力发电有限公司	6	社会统一考试
徽酒集团股份有限公司	6	校园专场招聘
惠而浦(中国)股份有限公司	6	实习就业基地
合肥海正环境监测有限责任公司	6	实习就业基地
巢湖市中心幼儿园山水华庭分园	6	实习就业基地
安徽国胜大药房连锁有限公司	5	校园专场招聘
安徽中显智能机器人有限公司	5	实习就业基地
海顺证券投资咨询有限公司合肥分公司	5	校园专场招聘
中国建设银行股份有限公司安徽省分公司	5	社会统一考试

(六) 专项就业和重点区域就业分布

专项就业分布:学校积极响应国家和地方实施的"西部计划""三支一扶""应征入伍"和"特岗教师"等基层项目,开展"成长在基层"优秀学子报告会,走访基层就业优秀学子,编印《巢院学子在基层先进事迹选编》等,认真宣讲政策,鼓励毕业生到基层就业、到祖国最需要的地方建功立业。2018届毕业生就业于国家基层项目和地方基层项目的毕业生人数分别为 12 人和 29 人[①],分别占到 2018 届毕业生总数的 0.29% 和 0.69%,基层项目就业率合计达到 0.98%,较上年提高了 0.34 个百分点。

表 12　国家/地方基层项目就业比例

项目名称	占毕业生总数的比例
国家基层	0.29%
地方基层	0.69%

重点区域就业情况:学校积极响应国家重点战略,努力引导毕业生到相关区域和项目就业,2018 届毕业生在长江经济带、长三角经济圈、一带一路经济带和西部地区就业的比例如

---

① 基层项目包括三支一扶、选调生、应征入伍、西部计划、特岗教师和专招项目等。

表 13 所示。

表 13 毕业生到重点区域就业情况

区域名称	占毕业生总数的比例
长江经济带	89.55%
长三角经济圈	87.57%
一带一路经济带	10.88%
西部地区	1.31%

四、继续深造

（一）国内升学

学校 2018 届毕业生国内升学率为[①]6.02%。进一步统计分析毕业生升学院校层次、重点流向院校及升学专业一致性分布内容如下。

升学院校层次分布：毕业生升学院校主要集中在"其他本科院校"、211/985 高校[②]，占比分别为 69.17% 和 30.83%。如图 10 所示。

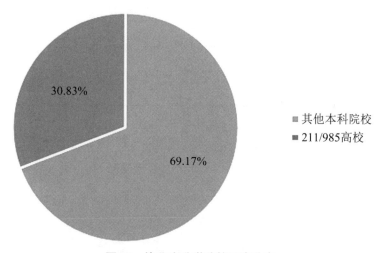

图 10 毕业生升学院校层次分布

重点流向院校[③]：毕业生升学院校主要流向了安徽大学（7.51%）、安徽师范大学（6.72%）和安徽工业大学（4.35%）等院校。毕业生升学重点流向院校分布见表 14。

---

① 国内升学率＝国内升学毕业生人数/毕业生总人数×100%。
② 毕业生考取院校若同时为 211、985 大学，不重复计算。
③ 重点流向院校是指升学进入该校毕业生人数≥4 人。

表 14 毕业生升学重点流向院校(单位:人)

院校名称	考取人数
安徽大学	19
安徽师范大学	17
安徽工业大学	10
江苏大学	8
上海理工大学	7
合肥工业大学	6
安徽农业大学	5
杭州电子科技大学	5
南京工业大学	5
华东理工大学	4
南京理工大学	4
上海海事大学	4
浙江工业大学	4
浙江理工大学	4

升学专业一致性:学校 2018 届毕业生升学专业与原专业一致的为 53.75%;升学专业与原专业相关的为 29.64%,仅有 16.61% 的毕业生选择了跨专业学习深造。具体比例如图 11 所示。

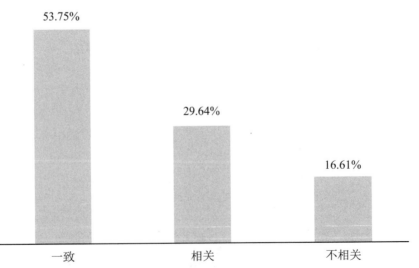

图 11 毕业生升学专业一致性

(二)出国、出境

学校 2018 届毕业生出国、出境率为 0.45%。进一步统计毕业生留学国家(地区)、留学院校、留学专业一致性等,具体内容如下。

出国、出境国家(地区)分布:2018 届毕业生留学的国家(地区)主要是英国(42.11%),其次是韩国(31.58%)。具体分布详情如图 12 所示。

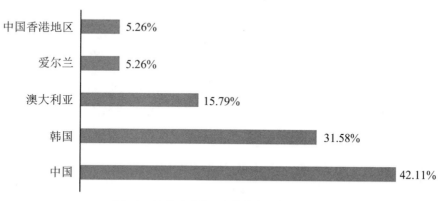

图 12 毕业生出国、出境国家(地区)分布

留学院校:毕业生出国、出境留学院校主要为韩国的韩瑞大学(31.58%)和英国的萨塞克斯大学(10.53%)、利兹大学(10.53%)、卡迪夫大学(10.53%)等,具体留学院校分布见表 15。

表 15 毕业生留学院校基本信息(单位:人)

国家/地区	院校名称	人数
韩国	韩瑞大学	6
英国	萨塞克斯大学	2
	利兹大学	2
	卡迪夫大学	2
	诺丁汉大学	1
	杜伦大学	1
澳大利亚	墨尔本大学	1
	昆士兰大学	1
	澳洲国立大学	1
爱尔兰	都柏林大学	1
中国香港地区	香港城市大学	1

留学专业一致性:毕业生留学专业与原专业一致或相关的为 84.21%,可见毕业生继续深造专业延续性较高。详情如图 13 所示。

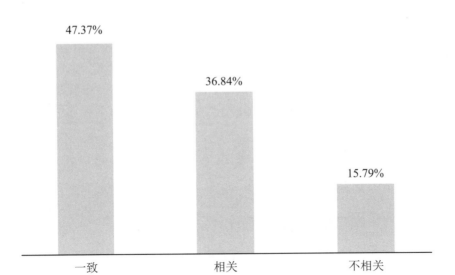

图 13　毕业生留学专业与原专业一致性

五、自主创业

学校 2018 届毕业生创业人数为 18 人，自主创业率为 0.43%，较上一年提高 0.05%。创业类型与专业相关度为 47.37%，创业行业领域主要集中在现代服务类。

第二部分　就业创业工作举措

"就业是最大的民生"，高校毕业生就业创业工作事关经济发展和民生改善大局，关乎社会的和谐稳定，关系到学校的生存和发展。巢湖学院一直高度重视毕业生就业创业工作，多措并举提升学生的就业创业能力，着力构建完善的毕业生就业创业工作服务体系，努力帮扶毕业生实现更充分和更高质量就业。

一、完善机制，工作体系科学有效

（一）党政高度重视，制度保障有力

学校党政始终高度重视毕业生就业创业工作，把毕业生就业工作纳入学校整体发展规划和"党建""发展"考核指标体系，深入实施"一把手"工程，建立健全"机制完善、运行通畅、过程科学、服务高效"的毕业生就业创业工作服务体系。将就业创业工作列入年度党政工作要点，坚持定期研究讨论毕业生就业进展情况，及时掌握毕业生签约情况和就业形势的变化，对就业工作进行调整，努力促进毕业生充分就业，形成了"全员、全方位、全过程"的就业工作格局。先后出台《巢湖学院毕业生就业工作管理暂行规定》《巢湖学院毕业生就业创业工作考核办法》《巢湖学院关于进一步深化创新创业教育改革的实施意见》《巢湖学院激励大学生创新创业学籍管理办法》等系列文件，规范工作流程，强化制度保障。

（二）组织机构健全，职责分工明确

为加强对就业创业工作的领导，学校成立就业（创业）工作领导组，形成由党委书记和校长任组长、分管校领导担任副组长、相关职能部门和二级学院相关负责人为成员的"双组长负责制"工作架构。领导组负责领导和协调全校毕业生就业创业工作,学生工作部(处)具体负责毕业生就业创业指导和服务工作,成立创业学院和大学生职业发展与就业指导教研室,统筹就业创业工作。二级学院按照"一把手"工程要求,对应成立以党委/党总支书记、院长为组长,教学副院长、党委/党总支副书记和各毕业班辅导员为成员的就业(创业)工作领导小组,定期召开党政联席会议讨论就业创业工作,明确1名辅导员为毕业生就业创业工作联络员,做到各司其职,分工明确。

(三)奖惩机制明确,激励效果明显

学校继续将就业创业工作作为单独考核项目,修订《巢湖学院毕业生就业创业工作考核办法》,评出4个"就业创业工作先进单位"和8名"就业创业工作先进个人",召开考核工作表彰大会,先进单位和个人分别作经验交流。同时,对就业工作中存在问题的单位和个人进行通报或约谈,做到奖惩并行,为做好毕业生就业创业工作提供了机制保障。

二、加大投入,人才培养目标明确

(一)重视队伍建设,强化人员培训

学校按照"专兼结合"原则建成一支素质过硬的就业创业工作队伍。大学生就业指导中心现有专兼职就业创业工作人员16人,包括主任(副处)1人,副主任(副科)1人,教研室主任1人,科员1人,二级学院就业创业工作联络员12人。大力支持就业创业工作人员提升业务能力,组织相关人员参加各类就业创业培训30余人次,将就业创业指导工作纳入辅导员校本培训内容中,有效提高了就业创业工作队伍水平。目前,17人取得各类省级以上师资证书,30多人取得各类培训资格证书。

(二)加大经费投入,加强条件保障

学校现有就业创业管理与服务办公场所10余间,建有大学生创业孵化基地、巢荟众创空间等就业创业活动场所,面积超过1000 m^2。与安巢经开区合作共建"基础型人才培养基地"。获各类财政支持资金180万元。为提升就业工作信息化水平,在原有就业创业工作微信专栏、就业网站基础上,丰富智慧校园系统就业工作模块,利用"易班·今日校园"精准推送就业创业信息。

(三)服务学生成长,推进学风建设

以"成长在基层,立志攀高峰"为思路,引导毕业生确立人生目标。举办"成长在基层"优秀学子报告会,走访基层就业优秀毕业生,编印《巢院学子在基层》先进事迹选编,为赴艰苦地区基层单位就业学生办理基层就业学费减免,鼓励毕业生扎根基层,服务西部。2018届毕业生共有2人参加西部计划、1人赴西藏基层就业、5人赴新疆基层就业、7人应征入伍、12人考取特岗教师。鼓励部分同学通过升学、公考、考编等方式实现高质量就业。在学生公寓增设多个自习室,暑假开放空调教室,美化图书馆大厅读书角,营造浓郁的学习氛围。开展以晨跑、晨读为内容的"早鸟行动",培养学生早睡、早起、早锻炼的好习惯,对学风建设起到了良好的促进作用。

三、精准施策,管理服务成效显著

(一)管理规范,工作有章可循

严格执行《巢湖学院毕业生就业工作管理暂行规定》,遵守毕业生就业创业工作程序,规范"毕业生就业协议书""毕业生就业推荐表"的编制与发放工作,做好教师资格证办理、求职创业补贴申报、校园就业市场建设和报到证办理等工作,认真落实就业月报制度和就业系统日常维护。

（二）服务细致,工作扎实有效

印发《毕业生就业创业指南》,帮助毕业生随时查阅就业创业有关政策法规。完善报到证办理发放办法,采取集中办理和个别办理相结合的办法,为毕业生提供最大便利。成功申报教师资格面试现场确认点,解决学生往返合肥办理的奔波之苦。与宁国市政府签约挂牌"实习就业基地";与巢湖市教体局、庐江县教育局、凤台县教育局等加强合作,为师范生提供优质实习资源;与安徽巢湖经开区共建就业创业一站式服务中心;与浙江杭州湾游泳健身中心、安徽广信农化有限公司、安徽侬安康食品有限公司等企业签订实习就业合作协议。2018年,共收集479家用人单位信息,发布岗位信息2.6万个;举办综合招聘会4场、专场宣讲会91场,参会单位304家,提供岗位1.6万个,基本满足大部分毕业生的就业需求。

（三）针对性强,帮扶效果明显

学校高度重视对就业困难毕业生的帮扶工作,出台《巢湖学院家庭困难毕业生就业帮扶工作实施方案》,明确帮扶责任和措施。各二级学院建立困难毕业生档案和帮扶台账,从资金支持、岗位推荐等方面给予个性化帮扶。构建资助与就业联动帮扶机制,修订《巢湖学院学生资助工作管理办法》,设立"特困毕业生就业帮扶补助"专项,为困难毕业生发放一次性就业帮扶补助;通过减免学杂费、发放补助金、举办就业帮扶专场招聘会等方式,化解就业困难学生就业难题。2018届毕业生中,共有475人获得求职创业补贴,发放补助47.5万元。困难毕业生就业率为97.48%,高出学校总体就业率1.93个百分点。

四、重视教学,双创教育卓有成效

（一）完善教学工作,推动课程体系改革

完善"三层次、六模块"实践教学体系,深化以能力为导向的应用型人才培养模式改革,将社会责任感、创新创业能力和实践能力融入人才培养全过程。充分吸纳业界专家参与人才培养方案制定,优化课程结构,增加实践学时,完善课程设置的知识要求、能力要求和素质要求。推进就业创业课程体系建设,将"大学生职业生涯规划""就业指导""创业基础"等课程作为必修课纳入人才培养方案,统一授课标准和要求。初步形成贯穿大学四年、针对不同阶段开设的职业规划、创业教育和就业指导课程体系。

（二）重视能力培养,引导学生全面发展

学校创新开展"职业生涯规划月""就业创业服务月"和"创新创业活动月"主题活动,邀请校内外专家举办就业创业类讲座10余场,组织开展大学生职业规划设计大赛暨大学生创业大赛、求职简历设计大赛、"百舸争流"模拟面试大赛。建有职业咨询室,为学生提供个性化职业规划和就业指导服务。注重"以赛促学",加强学科竞赛、创新与技能竞赛、文体竞赛的组织管理与指导,2017~2018学年,学生获得"创新创业"全国管理决策模拟大赛一等奖、第三届全国大学生工程训练综合能力竞赛一等奖等各类省级以上竞赛奖励1035项。

（三）强化创业培训,提高学生就业质量

积极落实"以创业带动就业"战略,发挥巢荟众创空间、大学生创业孵化基地等平台在创新创业能力培养中的作用,目前在孵化项目21个,参与创业学生超过150人。开设SYB(创办你的企业)创业培训20个班次,培训学员600人。学生获批立项大学生创新创业训练项目 121 项,其中国家级 41 项、省级 80 项。高质量就业人数稳步提升,2018 届毕业生中,创业人数 18 人,国有企业就业人数 176 人,考取公务员人数 49 人,考取选调生人数 8 人。

第三部分　毕业生调查问卷分析

学校面向 2018 届毕业生发放"毕业生跟踪调查问卷",调查了解用人单位和学生对学校教育教学和人才培养工作的满意度,共计回收有效问卷 1394 份,回收率为 33.18％。从用人单位和学生视角综合评价高校毕业生的就业质量,可以较全面地了解毕业生当前的就业现状及竞争优劣势。其中毕业生对自身就业质量评价相关指标包括就业适配性(专业对口度、稳定度、满意度和薪酬情况等);用人单位对毕业生的评价内容包括对毕业生总体知识、素质和能力的满意度等①。

一、就业适配性

（一）专业对口度

总体专业对口度:2018 届毕业生就职岗位与所学专业的相关度为 85.94％,其中,"对口""比较对口"两项之和所占比重为 59.97％,可见大部分毕业生所学专业及技能与实际工作的契合度较高,基本能够做到学以致用。详情如图 14 所示。

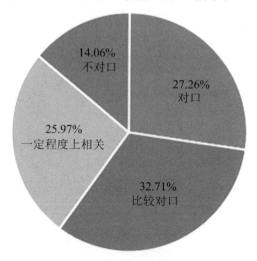

图 14　毕业生就业专业对口度

各学院及专业的专业对口度:毕业生就业专业对口度较高的学院为外国语学院(94.74％)、经济与法学学院(92.31％),较低的为信息工程学院(73.89％)、旅游管理学院(62.99％)。毕业生工作与专业对口度较高的专业是英语、环境设计和化学工程与工艺,均达到 100％;较低的是物联网工程(66.67％)、电子商务(60.00％)和旅游管理(59.81％)。具体数据见表 16。

---

① 个别专业回收有效问卷数过少,不纳入报告的分析范围。

表16 各学院及专业毕业生就业的专业对口度

学院名称	专业对口度	专业名称	专业对口度
经济与法学学院	92.31%	市场营销	97.06%
		财务管理	92.86%
		法学	87.50%
文学传媒与教育科学学院	87.43%	广播电视新闻学	96.97%
		广告学	92.31%
		汉语言文学	90.00%
		学前教育	80.95%
		小学教育	70.00%
外国语学院	94.74%	英语	100.00%
		商务英语	88.46%
体育学院	81.22%	社会体育管理与指导	83.78%
		体育教育	78.43%
数学与统计学院	87.74%	统计学	92.59%
		数学与应用数学	87.50%
		金融工程	85.45%
机械与电子工程学院	85.88%	电气工程及其自动化	88.37%
		电信工程	88.00%
		电子科学技术	83.33%
		机械工程及其自动化	82.61%
化学与材料工程学院	80.00%	化学工程与工艺	100.00%
		应用化学	90.38%
		生物工程	73.91%
		无机非金属材料工程	46.15%
信息工程学院	73.89%	网络工程	81.58%
		计算机科学与技术	80.00%
		软件工程	75.00%
		物联网工程	66.67%
		电子商务	60.00%
旅游管理学院	62.99%	酒店管理	80.00%
		旅游管理	59.81%

续表

学院名称	专业对口度	专业名称	专业对口度
艺术学院	91.67%	环境设计	100.00%
		美术学	96.55%
		视觉传达设计	90.91%
		动画	83.33%
		音乐表演	76.47%

(二) 工作满意度

总体工作满意度：2018 届毕业生对目前工作满意度处于较高水平，满意度为 79.05%，可见毕业生对初入职场的工作岗位、工作内容及发展前景等方面均比较认同。具体满意度如图 15 所示。

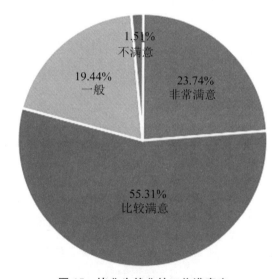

图 15　毕业生就业的工作满意度

各学院及专业的工作满意度：毕业生就业满意度较高的学院是体育学院(88.26%)和信息工程学院(83.44%)，较低的是文学传媒与教育科学学院(70.86%)和旅游管理学院(65.35%)；就业满意度较高的专业是电子商务(93.33%)和美术学(93.10%)，较低的是环境设计(58.82%)、广告学(56.41%)和酒店管理(55.00%)。具体数据见表 17。

表 17　各学院及专业毕业生就业的工作满意度

学院名称	工作满意度	专业名称	工作满意度
经济与法学学院	82.69%	市场营销	79.41%
		财务管理	79.76%
		法学	90.63%

续表

学院名称	工作满意度	专业名称	工作满意度
文学传媒与教育科学学院	70.86%	广播电视新闻学	72.73%
		广告学	56.41%
		汉语言文学	70.00%
		学前教育	76.19%
		小学教育	90.00%
外国语学院	80.70%	英语	74.19%
		商务英语	88.46%
体育学院	88.26%	社会体育管理与指导	89.19%
		体育教育	87.25%
数学与统计学院	81.13%	统计学	74.07%
		数学与应用数学	83.33%
		金融工程	83.64%
机械与电子工程学院	80.00%	电气工程及其自动化	81.40%
		电信工程	80.00%
		电子科学技术	74.07%
		机械工程及其自动化	91.30%
化学与材料工程学院	79.20%	化学工程与工艺	62.50%
		应用化学	80.77%
		生物工程	86.96%
		无机非金属材料工程	84.62%
信息工程学院	83.44%	网络工程	84.21%
		计算机科学与技术	86.67%
		软件工程	75.00%
		物联网工程	80.00%
		电子商务	93.33%
旅游管理学院	65.35%	酒店管理	55.00%
		旅游管理	67.29%
艺术学院	74.07%	环境设计	58.82%
		美术学	93.10%
		视觉传达设计	66.67%
		动画	83.33%
		音乐表演	70.59%

(三) 工作稳定度

2018届毕业生初次就业工作稳定度为74.96%,就业稳定度较高。大部分同学对当前的工作比较满意,表示在未来2年内不会离职,体现了毕业生能够立足岗位,求真务实谋职业发展。详情如图16所示。

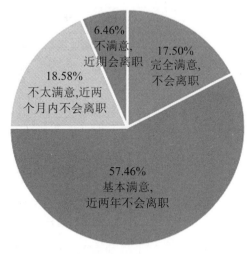

图16 毕业生就业的工作稳定度

(四) 就业薪酬

起薪水平:学校2018届毕业生首次就业的起薪水平不等,以2001~3000元/月为主,详情如图17所示。

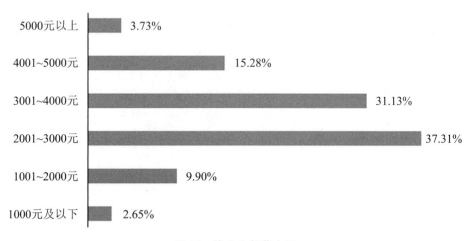

图17 毕业生起薪水平

总体月收入:截止到10月6日(毕业3个月后),学校2018届毕业生月均收入为3215元/月。各学院/专业月收入详情见表18。

表18 各学院/专业毕业生月收入(单位:元)

学院名称	月收入	专业名称	月收入
经济与法学学院	3174	市场营销	3518
		财务管理	2883
		法学	3591
文学传媒与教育科学学院	2822	广播电视新闻学	3036
		广告学	3154
		汉语言文学	3373
		学前教育	2311
		小学教育	2380
外国语学院	2945	英语	2569
		商务英语	3392
体育学院	3393	社会体育管理与指导	3322
		体育教育	3471
数学与统计学院	3186	统计学	3141
		数学与应用数学	3246
		金融工程	3181
机械与电子工程学院	3615	电气工程及其自动化	3626
		电信工程	3398
		电子科学技术	3415
		机械工程及其自动化	4535
化学与材料工程学院	3543	化学工程与工艺	3554
		应用化学	3307
		生物工程	3604
		无机非金属材料工程	3950
信息工程学院	3306	网络工程	3221
		计算机科学与技术	4130
		软件工程	2991
		物联网工程	3400
		电子商务	3003
旅游管理学院	3157	酒店管理	3150
		旅游管理	3158

续表

学院名称	月收入	专业名称	月收入
艺术学院	2666	环境设计	2729
		美术学	2552
		视觉传达设计	2555
		动画	2508
		音乐表演	3124

2018届毕业生在不同类型单位就业的月收入情况如图18所示：

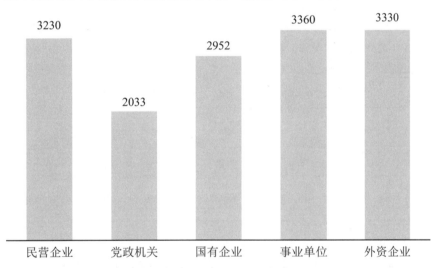

图18 毕业生在不同类型单位就业月工资收入（单位：元）

二、用人单位评价

用人单位对毕业生总体满意度：据抽样调查显示，用人单位对学校毕业生的"基础理论知识""专业理论水平""动手实践能力""团队协作意识""独立处事与交往能力"方面整体评价较高，凸显毕业生的综合能力较好，工作表现能够得到用人单位认可。用人单位评价较低的是"计算机及外语水平"，表现出毕业生在计算机和外语应用能力上相对较弱，有待进一步提高。详细数据见表19。

表19 用人单位对毕业生总体满意度

项目	评价								前两项比例合计
	好		较好		一般		较差		
	数量	百分比	数量	百分比	数量	百分比	数量	百分比	
基础理论知识	832	59.68%	511	36.66%	51	3.66%	0	0.00%	96.34%
专业理论水平	759	54.45%	541	38.81%	93	6.67%	1	0.07%	93.26%
计算机及外语水平	610	43.76%	593	42.54%	189	13.56%	2	0.14%	86.30%

续表

项 目	评价								前两项比例合计
	好		较好		一般		较差		
	数量	百分比	数量	百分比	数量	百分比	数量	百分比	
动手实践能力	810	58.11%	493	35.37%	91	6.53%	0	0.00%	93.47%
团队协作意识	920	66.00%	433	31.06%	41	2.94%	0	0.00%	97.06%
独立处事与交往能力	849	60.90%	484	34.72%	59	4.23%	2	0.14%	95.62%

用人单位对学校人才培养工作满意度：据抽样调查显示，用人单位对学校就业工作表示"很满意"的为48.71%，表示"满意"的为47.63%，整体满意度达到96.34%，综合认可度高。这得益于学校以创新创业教育为抓手，推动教育教学改革，强化诚信教育、职业规划教育和就业指导，减少了违约、跳槽现象，学生就业稳定度提高，责任意识增强，给用人单位留下较好的印象。详细数据见表20。

表20　用人单位对学校人才培养工作满意度

项目	评价						前两项统计之和
	很满意		满意		不满意		
	数量	百分比	数量	百分比	数量	百分比	
对人才培养工作评价	679	48.71%	664	47.63%	51	3.66%	96.34%

三、毕业生评价

对母校教育教学水平的评价：据抽样调查显示，2018届毕业生对母校的"教学质量与办学条件""课堂教学与品德教育""专业设置与师资水平"三方面满意度较高，而对"实习实训教育"的满意度相对偏低，为90.39%，需要进一步改善。详细数据见表21。

表21　毕业生对母校教育教学水平的评价

项 目	评价										前两项比例合计
	很好		较好		一般		较差		差		
	数量	百分比	数量	百分比	数量	百分比	数量	百分比	数量	百分比	
教学质量与办学条件	872	62.55%	475	34.07%	47	3.37%	0	0.00%	0	0.00%	96.63%
课堂教学与品德教育	921	66.07%	421	30.20%	48	3.44%	2	0.14%	0	0.00%	96.27%
专业设置与师资水平	883	63.34%	460	33.00%	50	3.59%	1	0.07%	0	0.00%	96.34%
教风与学风	931	66.79%	374	26.83%	84	6.03%	5	0.36%	0	0.00%	93.62%
社会声誉	872	62.55%	429	30.77%	90	6.46%	2	0.14%	1	0.07%	93.33%
心理健康教育	856	61.41%	434	31.13%	103	7.39%	1	0.07%	0	0.00%	92.54%

续表

项　目	评　价									前两项比例合计
	很好		较好		一般		较差		差	
	数量	百分比	数量	百分比	数量	百分比	数量	百分比	数量	百分比	
就业指导与创业服务	847	60.76%	430	30.85%	113	8.11%	3	0.22%	1	0.07%	91.61%
实习实训教育	812	58.25%	448	32.14%	129	9.25%	5	0.36%	0	0.00%	90.39%

对母校就业工作的评价：抽样调查显示，2018届毕业生对母校就业工作的满意度达到94.91%("非常满意"和"比较满意"两项评价之和)。学校2018届毕业生就业工作起步早、行动快、效率高、成效明显，通过举办校园招聘会、办理教师资格证、办理求职创业补贴、开展"职业生涯规划指导月"和"就业创业服务月"等工作，努力帮扶毕业生实现更充分和更高质量的就业，工作成效显著，获得了广大毕业生的好评。详细数据见表22。

表22　毕业生对母校就业工作的评价

项　目	评　价								前两项统计之和
	非常满意		比较满意		不太满意		很不满意		
	数量	百分比	数量	百分比	数量	百分比	数量	百分比	
对母校就业工作评价	764	54.81%	559	40.10%	70	5.02%	1	0.07%	94.91%

四、家长评价

毕业生能否实现更充分和更高质量就业是家长最关心的大事，也是评价学校办学水平和人才培养质量高低的重要体现。为做好就业工作评价，更好倾听家长意见，学校2018年首次针对毕业生发放家长问卷，了解家长对孩子就业成长以及对学校教学管理、人才培养工作的满意度。调查结果如下。

对孩子就业现状满意度：家长对孩子毕业后三个月的工作状况综合满意度为63.98%。满意度具体情况如图19所示。

对孩子就业行业期望：通过家长对孩子就业行业的期望，可以了解到家长的就业观念和学校的未来工作方向，调查发现，排在期望值前三位的行业依次为教育文化行业、国家机关和金融业。详情如图20所示。

对学校教育教学和人才培养工作满意度：2018届毕业生家长对学校教育教学和人才培养工作的综合满意度为78.89%，对学校工作整体评价较好。详情如图21所示。

家长在问卷中也对学校做好相关工作提出了具体建议，主要包括提升实践教学效果，帮助学生更好适应社会；进一步加强学生管理，帮助其学好专业知识；提高就业服务水平，充分考虑专业定位，有针对性地推荐工作；创新教学模式和方式，激发学生学习兴趣和动力等等。

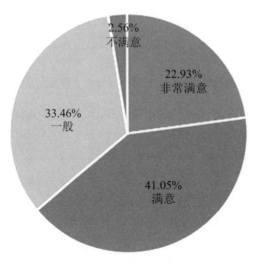

图 19　家长对孩子就业现状满意度

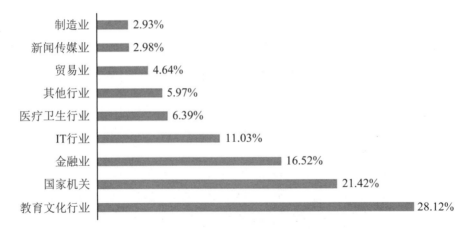

图 20　家长对孩子就业行业期望

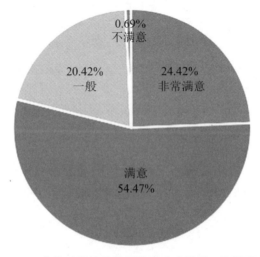

图 21　家长对学校教育教学和人才培养工作满意度

五、对人才培养工作的反馈

用人单位和毕业生作为高校人才培养效果的评价主体,评价结果对学校的教育教学和人才培养模式改革等具有导向作用。

(一)进一步完善招生就业联动机制

招生就业联动机制、专业预警和动态调整机制需要进一步完善。少数就业率和专业对口度较低的专业应暂停招生、间停招生或减少招生;就业情况较好的专业应适当增加招生计划;增设市场需求大、发展前景好的专业(如互联网金融)。学校应紧密围绕"一带一路"、建设现代化五大发展美好安徽和巢湖合巢产业新城发展的新要求,立足合肥,面向安徽,辐射长三角,以服务"环巢湖"为重点,为区域经济社会发展提供人才、科技和智力支持。

(二)进一步深化教育教学改革

学校应不断健全应用型人才培养体系,切实提高应用型人才培养能力和培养质量。主动适应社会需求,改善办学条件,加强师资队伍建设,建立以"专业牵动、能力驱动、校企联动"为主要特征的人才培养机制和以能力为导向的人才培养模式。强化学科专业与课程建设,加大教学改革力度,将社会需要、学校培养和学生需求融为一体,并体现在人才培养方案中,提升毕业生就业竞争力。

(三)进一步强化协同育人工作

学校应完善学生教育、管理和服务工作的融合机制,增强部门间的协同配合,努力做到人才培养共同规划、共同落实、互动融合,实现"多线合一"。要按照"立足地方、突出应用、职业导向"的原则,不断完善校企、校地、校际合作机制,持续强化共同制定人才培养方案、共同建设实习就业基地、共同开发应用型课程、共同培养应用型人才等方面的协同育人工作。探索构建学校、社会和家庭教育相结合的"三位一体"的教育管理新模式,形成育人合力。

(四)进一步加强创新创业教育

调查显示,约50%的2018届毕业生在校期间曾接受过创新创业培训或参与过创新创业实践活动,总体评价良好。毕业生也对学校如何提升创新创业服务工作提出了许多建设性意见,主要包括应完善对学生创新创业活动的扶持政策,为创业学子提供项目论证、财务管理、法律咨询、物业管理等服务;进一步提升创新创业训练计划项目的实效性,完善创业孵化基地、众创空间等创新创业活动平台建设,探索建设科技孵化器;创新创业教育要与专业教育进一步融合,更加突出实践环节培养,提升学生创新意识和创业能力。

第四部分 就业发展趋势分析

探索就业发展趋势,研究就业工作的现状和未来方向,有利于找准矛盾,把握重点,有针对性地促进毕业生就业工作顺利开展。

一、2018届毕业生就业工作现状分析

(一)毕业生就业率保持较高水平,继续深造比例稳定

学校历来重视毕业生就业工作,将实现毕业生充分就业和高质量就业作为工作重心。毕业生年终就业率呈上升趋势,2018届毕业生年终就业率较上年提高0.84个百分点,如图

22 所示。国内升学毕业生比例稳定,近三届均保持在 6% 以上。

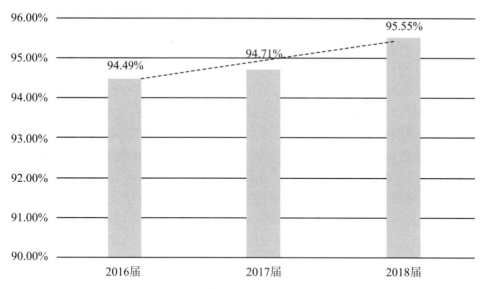

图 22　近三届毕业生年终就业率对比情况

（二）服务区域社会经济发展成为就业主旋律

学校努力为地方经济社会发展培养有知识、有能力、具有社会责任感、创新精神和实践能力、适应地方经济发展和基层工作需要的应用型人才。近两届毕业生安徽省内就业比例均处于 66% 以上,且呈上升趋势,2018 届毕业生在安徽省内就业比例较上一年增长 0.36 个百分点。详情见图 23 所示。

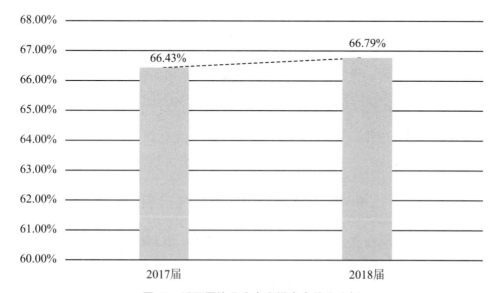

图 23　近两届毕业生在安徽省内就业比例

（三）民营企业继续成为吸纳毕业生就业的主力军

企业是毕业生就业的主要市场,近三年占比均处于 68% 以上。其中,其他企业(主要为民营企业)为主要流向,占比均在62%以上。详情如图24所示。

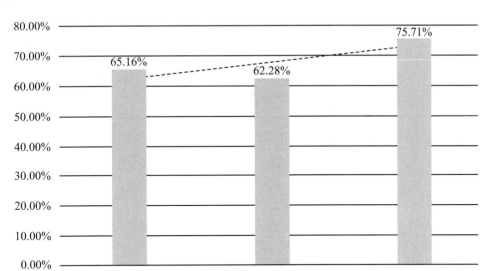

图24 近三届毕业生在其他企业就业比例

(四) 行业分布以教育业、制造业为主要流向

教育业、制造业、信息传输/软件和信息技术服务业为学校2018届毕业生就业的三大主要流向,其中教育业和制造业已连续两年成为毕业生就业首选行业,占比均处于13%以上。此外,随着国家经济结构调整、产业转型升级逐步向深入推进,劳动密集型制造业人才需求有减少趋势,技术密集型制造业对高层次人才的需求将进一步扩大,这对学校的人才培养模式和质量提出了新要求。

(五) 工作薪酬呈现上浮趋势

依托安徽省高速发展的经济环境和学校对人才培养质量的高度重视,近两届毕业生工作薪酬呈现上升趋势,毕业生就业满意度较高,2018届为79.05%。2018届毕业生平均起薪工资为3001元/月以上的占到50.14%,较2017届毕业生提高了21.92个百分点。2018届毕业生就业三个月后平均工资为3215元/月,较2017届毕业生提高了366元/月。

二、2019届毕业生就业趋势分析

2019届全国高校毕业生规模将达到834万人,再创历史新高。巢湖学院2019届毕业生人数为4257人,较上年增加56人,增长率为1.3%,待就业总人数继续增长。

在经济发展新常态背景下,社会就业岗位增量有限,毕业生数量增加和新增就业岗位不确定的共生效应,必然带来就业难的现实问题。具体表现为:经济增速放缓,对就业的拉动效应将有所减弱;城镇化过程带来农村劳动力的就业难题;新兴产业对传统行业的冲击影响就业岗位的提供;用人单位用人成本的承受力与毕业生过高期望值的矛盾。但是,辩证地来看,目前有利于扩大就业的因素仍大量存在。随着"互联网+"经济持续发力,创新创业活动蓬勃发展,第三产业增长较快,经济运行平稳,毕业生就业前景光明。相信国家将会继续出台促进高校毕业生就业创业的相关政策措施,释放政策红利,对高校毕业生就业提供有力支持。

百年大计，教育为本。习近平总书记在2018年全国教育大会上强调要在六个方面"下功夫"，为学校人才培养工作指明了方向。学校将继续深入贯彻落实全国教育大会和新时代全国高等学校本科教育工作会议精神，注重完善顶层设计，继续坚定不移地以创新创业教育为抓手，加大教育教学改革力度；理顺就业工作流程，着力健全就业创业工作体系；进一步明确职责、规范管理，逐步完善就业创业工作考核机制；做好就业市场建设和维护工作，努力拓宽毕业生就业渠道，提升毕业生就业质量和满意度。

巢湖学院2018年度艺术教育发展报告

巢湖学院坐落于风景秀丽的国家级旅游度假区——合肥市巢湖半汤温泉养生度假区，是安徽省属全日制普通本科高校，现设有13个二级学院、53个本科专业，涵盖经、法、教、文、史、理、工、管、艺9大学科门类，现有学生16483人（专科78人）。学校定位为地方应用型大学。

学校秉持"德学并举、知行合一"（校训）的办学理念，全面落实党的教育方针，坚持"立德树人"根本任务，以马克思列宁主义、毛泽东思想、邓小平理论、"三个代表"重要思想、科学发展观为指导，深入贯彻习近平新时代中国特色社会主义思想和党的十九大精神，坚持面向现代化、面向世界、面向未来，遵循面向全体、分类指导、因地制宜、讲求实效的原则，将普及与提高相结合、课内与课外相结合、学习与实践相结合，全面推进艺术教育工作，使广大青年学子了解我国优秀的民族艺术文化传统和外国的优秀艺术成果，不断提高文化艺术素养，增强爱国主义精神，获得感受美、表现美、鉴赏美、创造美的能力，自觉树立正确的审美观念，陶冶情操，发展个性，启迪智慧，全面发展。

2018年度，学校更加积极地推进艺术教育工作，认真贯彻落实教育部《学校艺术教育工作规程》《关于推进学校艺术教育发展的若干意见》《全国普通高等学校公共艺术课程指导方案》等文件精神，始终高度重视艺术教育在人才培养过程中的重要功能和作用，在努力办好艺术类专业教育的同时，也积极开展公共艺术教育，将公共艺术教育纳入各专业人才培养方案，融入人才培养全过程，艺术教育效果良好。

一、强化艺术教育管理

学校党政高度重视艺术教育工作，实行艺术教育校长负责制，由校长、分管教学副校长直接领导，教务处负责组织、协调与管理，宣传部、团委、学工部、艺术学院、文学传媒与教育科学学院、体育学院等部门与单位负责具体实施，后勤管理与基建处、信息化建设与管理处、图书馆等部门负责保障，使学校艺术教育教学活动开展有效、正常。

实行艺术教育工作目标管理制度，将其纳入相关二级学院、职能部门的年度工作目标和考核评价指标体系。鼓励二级学院将艺术教育融入创新创业教育、实习实训、毕业设计、社会实践等教学环节，拓展艺术教育领域，创新艺术教育的方式和方法。出台《巢湖学院大学生艺术教育俱乐部教学改革实施方案》，建立艺术教育俱乐部制度，成立器乐、声乐、绘画、书法等11个俱乐部，实行会员制开展活动。

不断强化学校艺术类专业建设与管理,在人才培养方案修订、教学大纲完善、教学计划安排、课堂教学管理、课外实践活动辅导、教学效果考核等方面严格执行相关制度,着力提升内涵,不断规范,确保艺术专业教育质量的不断提高。

着力强化公共艺术教育课程教学和实践活动的管理,面向全校开设通识类(公选课)艺术教育课程:要求四年制本科生在校期间修读10学分公共选修课程,其中公共艺术教育类选修课程4学分为必修课程,学生必须修满。实行课程准入制度,对课程开设的科学性、必要性进行论证,对开设课程的教师资格(指艺术教学能力方面)进行严格的审核,符合要求才准予开设;对已开设的艺术教育课程要进行教学效果评估,评估合格后允许继续开设,不合格课程进行整改或停开。强化课外艺术实践活动管理,将其纳入素质拓展计划,赋予一定学分,并严格执行相关教学质量标准。

二、强化师资队伍建设

学校始终高度重视艺术教育教师队伍建设,积极引进具有硕士以上学位或副高以上职称的艺术类专业人才(优先引进艺术类专业院校的毕业生),充实现有的艺术类专业师资队伍。加大对现有承担艺术教育的教师的培养培训力度,分批选送教师赴中央美院、中国艺术研究院、安徽艺术研究院、北京师范大学等院校和研究机构作短期进修培训、访问交流,或鼓励教师攻读博士学位等,提高教师的教学水平和科研能力,优化艺术教育师资队伍结构。

学校现有艺术教育专任教师70余人,其中高级职称28人、中级职称38人,硕士生导师1人;具有博士、硕士学位的教师占85%;多名教师从国外留学回国,分别在韩国韩瑞大学、英国纽卡斯尔艺术学院、乌克兰美术学院获得硕士学位;教师中多人分别受聘担任安徽省油画学会副主席、省美术家协会理事、合肥市美协副主席等社会职务。专任教师大多正处中年,精力充沛,教学能力强。此外,学校还聘请了20余名其他高校或文化艺术单位的专家担任兼职教师,进一步推进了学校艺术教育活动的蓬勃开展。

三、改善艺术教育条件

学校建有一栋建筑面积约10120平方米的艺术楼,内设各种艺术类教室,另建有1000余平方米的艺术教学实训用房,以及近1000平方米的大学生活动中心(大礼堂)、500余平方米的阶梯报告厅。学校共有画室、设计教室、资料室40多间,琴房60间,舞蹈房5间,还有计算机动画实训室、环境设计实训室、陶艺实训室、动画拷贝室、动画线拍实训室、丝网版画实训室、摄影(像)实训室等实训实验室以及音乐教室等,现有条件能较好满足艺术教育需要。2018年,投资148.6万元装修了音乐多功能报告厅,更方便于教学、演出和学术交流;投资31000余元用于艺术楼的艺术氛围营造。学校正在规划建设实训楼,内有艺术教育实训场地7000余平方米,目前已经开工建设。各学院还建有校外艺术教育实习实训基地和平台。

2018年度图书馆新进艺术类纸质图书1347种共3457册,总价194819.10元,电子类图书1160册,金额11934元,为开展艺术教育提供了充足的教学资源。

2018年度,学校继续加大艺术教育经费投入,全年总投入62.72万元。其中,艺术教育实践活动经费43.39万元(不含开展体育舞蹈、健美操类等专项活动经费),艺术教育经费的投入有力地保障了艺术教育的开展。

四、大力推进艺术课程建设

学校在强化师资队伍建设和教学条件建设同时,大力推进艺术类课程建设,不断提高艺术课程建设水平。学校现设有艺术学院,招收艺术类专业学生1338人,设有美术学、视觉传达设计、音乐表演、动画、环境设计5个本科专业及美术学(中国书画)、视觉传达设计(中韩合作"2+2")2个本科办学方向。艺术类各专业始终强化专业内涵建设,紧紧围绕应用型人才培养总目标,积极根据社会需求不断修订人才培养方案,强化专业核心课程建设,制定专业课程标准,建立较为完善的本科课程体系。加大实践教学改革力度,培养学生的专业技能、创新能力和创新精神。

强化非艺术类学生的艺术教育。在全校非艺术类专业中开设"体育舞蹈""健美操""实用美术""舞蹈""美学"等课程,大力培养非艺术类学生的艺术素养与艺术才能。强化公共艺术课程建设,根据教育部《关于推进学校艺术教育发展的若干意见》和《全国普通高等学校公共艺术课程指导方案》要求,面向全体学生开设公共艺术课程,并纳入学分管理。校团委对第二课堂文化活动全面统筹,分类指导;教务处将艺术教育课程融入素质教育课程模块,实施项目化管理,给予实践学分;着力开发、建设艺术通识课程(公共选修课)。据统计,面向全校开设的艺术课程已达到40多门,如"书法""陶艺设计与制作""中国古典诗词鉴赏""中国音乐欣赏""影视艺术赏析""西方美术鉴赏""摄影艺术欣赏""健身街舞""巢湖民歌欣赏"等,另开设"中国陶瓷史""园林艺术""戏曲鉴赏""民歌鉴赏""中华诗词之美""中国古建筑欣赏与设计"等10余门艺术类网络课程,供学生在线学习。艺术教育课程的开设,较好地引导了学生树立正确的审美观,激发了高尚的审美情趣,培养了学生感受美、创造美的能力。积极申报艺术教育及相关类课题,加强艺术教育教研研究,促进艺术教育更好发展。

五、广泛开展课外艺术活动

根据学校有关文件要求,按照"大型活动届次化、精品化;中型活动院系化、特色化;小型活动社团化、普及化"的思路,以国庆、元旦、迎新生、毕业季、女生节等重要活动、节庆日以及应时庆祝活动(如纪念改革开放40周年)为契机,开展各类艺术教育活动。2018年,开展的艺术教育活动有"徽之珍宝,前世今生"之皖城宝藏故事演讲大赛,"激情飞扬,放飞梦想"——欢送2018届毕业生晚会,2018迎新专场文艺晚,第十四届新生才艺大赛,新生广播节目主持人大赛,艺术学院2018届毕业生创作汇报系列展演等大型艺术活动,以及高雅艺术进校园活动——"鼓乡情韵"文艺专场演出、"校园大舞台——徽风皖韵进高校"黄梅戏专场演出等。此外学校还举办了各类艺术活动,包括艺术学院40周年院庆师生优秀作品展、艺术学院40周年院庆文艺晚会、艺术学院专业考察展,专业写生展、艺术学院音乐表演专业年度汇演、安徽省首届漆画艺术作品展、校园"绘声绘权"情景剧大赛、配音大赛、《雷雨》话剧专场演出、"笔墨书香,文明校园"——巢湖学院首届师生书法征集大赛等。大量的艺术活动较好地培养了学生的文化素质和艺术修养,营造了积极、健康、高雅的校园艺术环境和氛围,使学生受到了良好的艺术教育和熏陶。学校还多次承办校外大型艺术教育活动,如艺术学院承办旌德县"纪念改革开放四十周年,中国·旌德大健康论坛"文艺晚会等。

六、积极营造艺术教育环境

学校大力营造高雅的校园艺术环境,一方面依托开展的各种课外艺术活动;另一方面充分利用"汤山讲坛"平台和科技处学术讲座平台邀请校外专家学者来校做艺术教育讲座。故宫博物院张淑娴研究员做了"清代皇宫室内装修艺术赏析"讲座,吉林艺术学院范福安教授举行了"徽州漆艺漫谈"学术讲座等。这些讲座对学生进行了良好的艺术教育,培养了学生欣赏艺术、创造美的能力。

学校始终坚持"文化塑校"战略,注重创造特色、优美的校园文化艺术环境。2018年,投资60余万元新建160平方米的"环巢湖文化展馆",运用声光电技术,配合图文、实物,全方位地让师生感受环巢湖区域传统文化和艺术的魅力。学校坐落于半汤国际温泉养生度假区。学校以"泉"命名校园主干道路,如"汲泉路""濯泉路""沥泉路""涌泉路"等,不仅地域色彩鲜明,而且文化艺术底蕴深厚。学校正在建设的新道路也将以"泉"命名。校园景观、楼宇的命名,如"泮山""树蕙圃""滋兰池""启明亭""明德楼""文泉阁""清水塘"等,也都富于文化艺术内涵,让广大师生能处处得到校园文化艺术的滋润。

七、艺术教育成效明显

学校重视学生的艺术教育竞赛活动,在广大教师的精心指导下,学生积极参与各项赛事活动,获奖成果丰硕,学生在中国大学生计算机设计大赛(数字媒体设计)安徽省级赛、全国首届"图书馆杯"主题海报大赛,安徽省原创动漫大赛等赛事中共获得国家级、省级奖60余项,市厅级奖项多项。从荣誉称号上看,学校在安徽省高校中率先荣获"全国文明单位"称号。近年来,先后荣获"全国精神文明建设工作先进单位""花园式学校"等称号。2015~2018年连续获评"全国大中专学生志愿者暑期'三下乡'社会实践活动优秀单位""全国镜头中'三下乡'活动优秀单位"称号。2015、2016、2017年连续三年在省委综合考核中获评"好"等次。从学生就业与社会评价上看,近几年,我校学生初次就业率均超过90%,2018届毕业生达到94%;社会普遍反映毕业生的人文素质、艺术修养较高。经过多年努力,学校艺术教育取得了明显的成效。

八、建立艺术教育工作自评公示制度

学校着力提高艺术教育成效,积极探索构建具有校本特色的艺术教育考核评价体系,并将其作为学校教学质量综合评价体系的重要组成部分。

艺术教育评价体系包括师资队伍建设、课程建设、实践活动、学生参与度、教育成效(获奖、师生评价等)、经费保障、环境建设七个一级指标。学校对照评价体系,开展艺术教育自评工作,评价结果对社会公布,并将艺术教育工作纳入学校年度教学质量报告,不断推进艺术教育工作的制度化、规范化和持续发展。

九、存在问题与改进方向

学校虽高度重视艺术教育工作,近年来也取得巨大成绩,但原有艺术教育工作基础较弱,因而学校艺术教育工作也还存在一些不足与问题,主要有:一是艺术教育条件还有待改善,学校还没有规格较高的大学生活动中心,现有的开展活动的大礼堂是多年前建设的,舞台、音响等设备较为陈旧。刚刚建设成的音乐多功能报告厅尚无音响设备,还不能较好地满足学生文艺活动开展的需要。艺术学院的海之音合唱团开展活动不够,学校乐团尚未成立。二是公共艺术教育师资队伍仍不充足,承担学校公共艺术课程教学的教师大多是艺术学院的师资,他们本身教学任务重,难以把更多精力放在公共艺术教育上。三是学校艺术教育的经费投入还不足,需要进一步加大投入。

根据这些问题,学校将综合考虑,制定艺术教育管理办法等相关制度,用制度保障和

推进艺术教育工作的常态化、普及化,不断提升艺术教育质量。学校将进一步加大艺术教育经费投入,专款专用。加快组建挂靠在艺术学院的学校乐团,推进学校合唱团开展活动,为艺术楼音乐多功能报告厅添置音响设备。积极引进艺术专业类人才,加强艺术教育师资培训力度,提高教师教学、科研能力,建设一支高素质、结构合理的公共艺术教育师资队伍。

十六、年度大事记

1月

1月2日 校党委书记朱灿平主持召开党委会。会议研究了新建学生食堂燃气工程项目及食堂三楼特色餐饮招标方案、部分处科级岗位拟提任人选问题、巢湖市第五批专业技术拔尖人才初步人选和申报2018年度高校领军骨干人才皖江学者特聘教授项目;审议通过了《巢湖学院柔性引进人才待遇实施规定》《巢湖学院奖励性绩效工资分配办法实施细则(修订)》《巢湖学院教学骨干评选办法(试行)》《巢湖学院学术骨干评选办法(试行)》《巢湖学院管理骨干评选办法(试行)》《巢湖学院教职工年度考核办法(修订)》《巢湖学院教职工师德考核实施办法(试行)》《巢湖学院劳动合同用工年度考核办法(试行)》《巢湖学院教职工考勤管理规定(修订)》。校党委领导班子成员祝家贵、徐柳凡、阮爱民、黄志圣、朱定秀、余洁平、郑尚志参加会议。

1月3日 校党委书记朱灿平为机关第一党支部党员上题为"中国特色社会主义新时代新思想"的专题党课。

▲学校与华为公司举行"华为ICT学院"授牌仪式。副校长徐柳凡出席仪式。

▲副校长徐柳凡主持召开秋学期第四次教学工作例会。

1月3~17日 校长祝家贵赴省委党校参加全省高校思想政治工作专题研讨班。

1月3~27日 副校长朱定秀赴省委党校参加第11期市厅级领导干部任职培训班学习。

1月4日 学校举办第九届青年教师教学基本功竞赛。副校长徐柳凡现场观摩教学演示。

▲学校召开大学生职业发展与就业指导教研室2017年度总结会。校纪委书记阮爱民出席会议。

▲"形势与政策"课"党的十九大精神"系列专题教学之"美丽中国篇"正式开讲。校党委委员、副校长黄志圣为2017级商务英语和无机非金属材料工程两个专业学生做专题教学,主题为"新时代美丽中国建设的理论与实践"。马克思主义学院相关教师观摩教学。

▲学校邀请中国邮政储蓄银行合肥分公司、中粮粮油工业(巢湖)有限公司、合肥理工学校和上海交大昂立教育嗨课堂公司4家优质用人单位来校举办专场招聘会。

1月5日 学校召开大学数学教学研讨会。副校长徐柳凡出席会议。

▲副校长徐柳凡主持召开2017年度职称评审工作总结会。

▲副校长黄志圣主持召开冬春季校园绿化工作会议。

▲省委党校张彪教授为支部书记暨科级干部培训班宣讲党的十九大精神。

1月6日 学校举行计算机水平考试。

1月8日 副校长徐柳凡受校长祝家贵委托,主持召开校长办公会议。会议研究了2017年度课程评估(总第四轮)和本科教学工程项目评审结果;审议通过了《巢湖学院2017届毕业生就业质量报告》。校党委书记朱灿平出席会议,校纪委书记阮爱民、副校长黄志圣参加会议。

▲副校长黄志圣率队开展寒假前校园安全生产大检查。

1月9日　校党委书记朱灿平调研指导后勤保障和校园安全工作。副校长黄志圣陪同调研。

▲副校长徐柳凡赴外国语学院调研指导工作。

1月10日　副校长徐柳凡主持召开2018年寒假成人高等教育面授工作协调会。

▲学校召开专业创新创业教育课程教学研讨会。副校长徐柳凡出席会议。

▲校纪委书记阮爱民赴体育学院宣讲党的十九大精神。

1月10～31日　副校长黄志圣参加省教育厅第四期高校校长培训团,赴美国执行高校教育治理现代化学习项目。

1月11日　校党委书记朱灿平主持召开落实《中共安徽省委教育工委关于认真学习贯彻党的十九大精神谱写安徽教育新篇章的意见》分工方案征求意见座谈会。

▲校党委书记朱灿平、校纪委书记阮爱民主持召开新提任处级、科级干部任职和廉政谈话会。

1月12日　学校举办学习并热议习近平总书记给莫斯科大学中国留学生回信精神座谈会。校纪委书记阮爱民出席座谈会。

1月15日　校纪委书记阮爱民到机关一总支三支部做党的十九大精神宣讲。

1月16日　副校长徐柳凡代表学校与合肥菲力克斯电子科技有限公司签订校企合作协议。

1月18日　安徽巢湖经济开发区党工委副书记程习龙率队来校就"11·20"调度会有关议定事项的落实情况进行工作交流。校党委书记朱灿平、校长祝家贵出席会议。

1月19日　校党委召开2017年度党支部书记抓基层党建述职评议考核会议。校党委书记朱灿平主持会议。

▲省教育招生考试院副院长肖建荣来校指导2017年下半年全省计算机水平考试阅卷工作,并出席阅卷工作动员会。

1月19～21日　省高校学报研究会2017年学术年会暨理事会在学校召开。副校长朱定秀出席会议并发言。

1月20日　校社科联承办省社会科学界第十二届(2017)学术年会"国家治理体系与治理能力现代化"专场研讨会。本届年会的主题为"新时代:治国理政与文化自信"。校党委书记、校社科联主席朱灿平出席开幕式并致辞,副校长、校社科联副主席徐柳凡主持开幕式。学校三位教师撰写的论文分别获本届年会论文三等奖;校社科联获评本届年会"先进组织单位"。

1月22日、24日、25日、28日　校长祝家贵列席省十三届人大会议。

1月23日　校党委书记朱灿平主持校党委中心组理论学习扩大会议,传达学习十九届二中全会精神。

▲校党委书记朱灿平主持召开冬季党政工作推进会。校长祝家贵代表学校党政领导班子全面总结学校2017年度工作,部署寒假期间主要工作。副校长徐柳凡、校纪委书记阮爱民分别部署课程评估和教学成果奖申报评选、党风廉政建设和廉洁自律工作,并提出要求。

1月24日　马克思主义学院直属支部召开2017年度党员领导干部民主生活会。校党委书记朱灿平出席会议并现场指导。

▲校长祝家贵主持召开首轮校内专业评估(第二批专业)工作布置会。副校长徐柳凡参加会议。

▲旅游管理学院党总支召开2017年度党员领导干部民主生活会。副校长徐柳凡出席会议并现场指导。

▲机械与电子工程学院党总支召开2017年度党员领导干部民主生活会。副校长徐柳凡出席会议并现场指导。

▲校纪委书记阮爱民主持召开全校辅导员期末工作会议。

▲校纪委书记阮爱民主持召开二级学院党总支书记工作例会。

1月25日　机关第一党总支召开2017年度党员领导干部民主生活会。校党委书记朱灿平出席会议并现场指导。

▲校党委书记朱灿平主持召开2017年度学院级党组织书记抓基层党建述职评议考核会议。

▲校长祝家贵主持召开校长办公会议。会议研究了学生学籍管理、易班推广建设、温泉泉眼看护费、职工慰问、工会财务代管、教研室和实验室考评工作结果、第九届青年教师教学基本功竞赛评选结果、专业技术职务资格申报与聘任、"双师双能"型教师资格认定、人员转岗、新人录用、学生生活管理、劳动用工人员管理、冬春绿化方案等方面工作。副校长徐柳凡、校纪委书记阮爱民参加会议。

1月26日　校党委书记朱灿平主持召开党委会。会议研究了学校易班建设、慰问职工、工会财务代管、职工辞职、干部拟任、预备党员转正等工作；审议通过了《巢湖学院党委领导班子2017年度民主生活会对照检查材料》《中共巢湖学院委员会关于落实〈中共安徽省委教育工委关于认真学习宣传贯彻党的十九大精神谱写安徽教育新篇章的意见〉的分工方案》。校党委领导班子成员祝家贵、徐柳凡、阮爱民、余洁平、郑尚志参加会议。

▲经济与管理学院党总支召开2017年度党员领导干部民主生活会。校党委书记朱灿平出席会议并现场指导。

2月

2月4~5日　省高等学校计算机类专业第二次科研能力提升与国家自然科学基金申报指导专题研讨会在学校召开。

2月7日　校党委书记朱灿平主持召开2017年度校级党员领导干部民主生活会。校党委领导班子成员出席会议。

▲校长祝家贵主持召开校长办公会议。会议研究了劳动用工人员工资薪酬和岗位类别调整、公务用车规范管理、2018年度校级教学成果奖评选结果等方面工作。校领导徐柳凡、阮爱民、黄志圣、朱定秀参加会议。

2月23日　新学期预备周第一天，校领导朱灿平、祝家贵、徐柳凡、阮爱民、黄志圣、朱定秀到各单位拜年走访并指导工作。

2月24日　校党委书记朱灿平主持召开2018年春学期开学工作会议。校党政领导班子成员朱灿平、祝家贵、徐柳凡、阮爱民、黄志圣、朱定秀、余洁平、郑尚志出席会议。

2月26日　新学期开学第一天,校领导朱灿平、祝家贵、徐柳凡、阮爱民、黄志圣、朱定秀检查教学情况。

▲校党委书记朱灿平、校长祝家贵检查指导学生食堂伙食工作。副校长黄志圣陪同检查。

▲校纪委书记阮爱民主持召开纪委会议,学习传达十九届中央纪委二次全会、省纪委十届三次全会精神。

2月27日　校纪委书记阮爱民主持召开学校新学期学生工作会议。

2月28日　学校举办新学期辅导员工作培训会。校纪委书记阮爱民出席会议。

▲副校长黄志圣率队开展新学期校园安全生产大检查。

▲《人民日报》刊登国家奖学金获奖学生代表名录,学校学子汪新入选。

3月

3月1日　学校召开2018届师范生春学期教育实习动员会。

▲副校长黄志圣到财务处调研指导工作。

▲副校长朱定秀到科技处调研指导工作。

3月2日　校党委书记朱灿平、校长祝家贵主持召开2018年春学期党政工作务虚会。会议主题是"以习近平新时代中国特色社会主义思想为指导,全面贯彻落实党的十九大精神,奋力谱写有特色、高水平地方应用型大学建设新篇章"。校党委书记朱灿平以"对标对表找差距,跃升奋进抓重点"为题发言。校长祝家贵在讲话中分析了新时代学校应用型办学面临的挑战和未来发展思路。校领导徐柳凡、阮爱民、黄志圣、朱定秀,党委委员郑尚志参加会议。

3月4日　副校长黄志圣赴巢湖市教体局出席全国学校安全工作视频会议。

3月5日　校党委书记朱灿平主持召开党委会。会议研究了2018年对口招生计划和成立学校招生委员会事宜,以及"三八"表彰及系列活动建议方案;审议通过了《巢湖学院党政领导班子2017年度工作总结》《巢湖学院纪委领导班子2017年度工作总结》《关于做好二级单位和中层领导干部2017年度综合考核工作的通知》。校党委领导班子成员祝家贵、徐柳凡、阮爱民、黄志圣、朱定秀、余洁平、郑尚志参加会议。

▲副校长徐柳凡主持召开2017~2018学年度第二学期第一次教学工作例会。

▲副校长黄志圣主持召开医保工作会议。

3月6日　校党委书记朱灿平主持召开校党委中心组理论学习扩大会议,传达学习党的十九届三中全会精神。

▲校长祝家贵、副校长徐柳凡赴省教育厅请示汇报工作。

▲副校长朱定秀到环巢湖研究中心调研指导工作。

3月6~7日　学校派员赴颍上县、霍邱县开展"定向采购"对接工作。

3月7日　校党委书记朱灿平接待旌德县委组织部来校调研。

▲校长祝家贵、副校长徐柳凡、朱定秀召开国家级教学成果申报工作会议。

▲校长祝家贵主持召开内部控制建设工作会议。校纪委书记阮爱民、副校长黄志圣参加会议。

▲机关一总支四支部召开组织生活会。校党委委员、副校长徐柳凡以普通党员身份参加会议。

▲副校长朱定秀主持召开科技成果转移转化专题报告会。

3月8日　副校长徐柳凡到旅游管理学院调研指导工作。

▲副校长徐柳凡主持召开学校教学督导组新学期第一次工作会议。

▲校纪委书记阮爱民主持召开"三八红旗手"表彰会暨"三八妇女节"座谈会。校党委书记朱灿平、副校长朱定秀出席会议。

▲副校长朱定秀主持召开2017年度教学科研设备使用效益与管理考核工作会议。

3月9日　校长祝家贵主持召开校长办公会议。会议听取了建设安徽排球学院，2018年省校级品学兼优毕业生评选，"定向采购"贫困地区大米，教职工医疗补助及大病救助工作建议方案，校园扩建及校园详规等工作的汇报；研究了文印中心、公务用车租赁平台招标，教学督导聘任和高考改革本科专业选考科目建议方案，教研室主任任免、选调任用人员等工作。校领导徐柳凡、阮爱民、黄志圣、朱定秀参加会议。

3月中旬　学校王耀同学获2017年"安徽省优秀大学生"称号。

3月10~11日　省委第21综合考核组来校实地考核。校党委书记朱灿平主持学校干部教师大会，并代表校党委、行政做2017年工作汇报。

3月11日　机关第一党支部举办"党员活动日"活动，组织全体党员集中观看大型纪录片《厉害了，我的国》。校党委书记朱灿平以普通党员身份参加活动。

3月12日　校党委书记朱灿平，校长祝家贵，副校长徐柳凡，校纪委书记阮爱民，副校长黄志圣、朱定秀，党委委员郑尚志带领部分部门负责人及师生代表开展义务植树活动。

▲校长祝家贵、副校长徐柳凡到化材学院调研指导工作。

▲副校长徐柳凡接见爱尔兰阿斯隆理工学院酒店管理系主任Anthony Johnston。

▲校纪委书记阮爱民主持召开春学期学生安全工作推进会。

▲机关一总支十三支部召开组织生活会。校纪委书记阮爱民以普通党员身份参加会议。

3月13日　校党委书记朱灿平、校纪委书记阮爱民主持召开2018年党建工作会议筹备会。

▲校党委书记朱灿平带队赴铜陵学院考察调研。

▲学校举办"华为杯"网络与分布式系统创新设计大赛研讨会。副校长徐柳凡出席会议。

▲副校长黄志圣主持召开校园交通安全专项整治工作会议。

▲副校长朱定秀到外国语学院调研指导工作。

3月14日　合肥市社科联副主席夏元荣、学术编辑部主任连平生、合肥巢湖文化研究会苏士珩来校调研。校党委书记朱灿平、副校长朱定秀出席会议。

▲副校长徐柳凡、校纪委书记阮爱民主持召开会议，讨论高校思想政治工作质量提升工程实施方案。

▲马克思主义学院召开马克思主义理论重点建设学科推进会。副校长朱定秀出席会议。

3月15日　校长祝家贵主持召开校内首批专业评估整改建设工作推进会。副校长徐柳凡参加会议。

▲校长祝家贵主持召开学校公开招聘领导组会议。

▲副校长黄志圣赴省教育厅联系实验楼建设事宜。

3月16日　校党委书记朱灿平主持召开党委会。会议听取了使用党费建设基层党组织活动场所、基建与校园建设规划等工作的汇报；研究了有关同志赴旌德县挂职工作；审议通过了《2018年学校安全稳定工作要点》。校党委领导班子成员祝家贵、徐柳凡、阮爱民、黄志圣、朱定秀、余洁平、郑尚志参加会议。

▲副校长朱定秀主持召开《环巢湖文化塑校育人实施方案》讨论会。

3月16~19日　学校派员参加2018年（第11届）中国大学生计算机设计大赛赛事会议。

3月17日　学校组织英语专业八级考试。

3月18日　副校长、校社科联副主席徐柳凡率队参加省社科联七届五次全委会暨全省社科联工作会议。

3月19日　校党委书记朱灿平主持召开专题会议，安排部署学校安全稳定工作。副校长徐柳凡、校纪委书记阮爱民、副校长黄志圣参加会议。

▲淮北师范大学信息学院派员来校调研交流。副校长徐柳凡出席调研交流会。

3月20日　学校与安徽巢湖经开区举行共建基础型人才培养基地签约仪式。校党委书记朱灿平主持仪式并致欢迎辞。校长祝家贵介绍学校概况及校地合作情况。校纪委书记阮爱民代表学校签署协议。副校长黄志圣、朱定秀参加仪式。

▲学校举办第七届辅导员职业能力大赛。校党委书记朱灿平、校纪委书记阮爱民应邀出席大赛。

▲副校长徐柳凡主持召开中外合作办学年度报告工作协调会。

3月下旬　校团委在全省高校共青团2017年度工作考核中获"优秀"等次。

▲学校新增两个应用型本科专业：互联网金融、会计学。

▲学校3项课题获2018年度省自然科学基金项目立项。

3月21日　校纪委书记阮爱民主持召开纪委扩大会议，集中学习《中华人民共和国监察法》。

▲校纪委书记阮爱民率队深入学生宿舍开展安全检查工作。

3月22日　校党委书记朱灿平主持召开党委会。会议专题研究了2018年高层次人才引进工作（第一批）。校党委领导班子成员祝家贵、徐柳凡、阮爱民、黄志圣、朱定秀、余洁平、郑尚志参加会议。

▲校长祝家贵、副校长朱定秀主持召开学科建设工作会议。

3月23日　机关第十三党支部开展以义务植树为主题的"党员活动日"活动。校党委书记朱灿平、校纪委书记阮爱民参加活动。

▲副校长黄志圣赴合肥参加省高校基建学会常务理事会议。

3月26日　校长祝家贵主持召开2018年度目标管理工作会议。

3月27日　校党委书记朱灿平主持召开校党委中心组理论学习扩大会议，传达学习全国"两会"精神。

▲校党委书记朱灿平主持召开综合考核工作领导组会议。

▲市房地产管理局来校调研指导房改工作。

3月28日　机关第一党支部召开组织生活会。校党委书记朱灿平以普通党员身份参加会议。

▲校纪委书记阮爱民主持召开学生工作"8+1"联席会议第十三次会议。

▲副校长朱定秀主持召开服务地方专题会议。

3月28~30日　校长祝家贵、副校长徐柳凡率队赴天津参加本科教学审核评估2018年参评学校工作培训会(第四期)。

3月29日　副校长朱定秀主持召开科研经费管理座谈会。

3月29~30日　校纪委书记阮爱民率队赴陕西高校调研易班建设工作。

3月30日　池州学院副校长汪贤才率队来校调研交流。

3月31日　学校承办清明杂志社《清明》读书会。副校长朱定秀到会致辞。

4月

4月1~2日　学校师生赴巢湖市南山革命烈士陵园开展清明祭扫"党员活动日"系列活动。

4月2日　校党委书记朱灿平赴合肥参加全省第六批选派帮扶工作总结表彰暨第七批选派帮扶工作动员会。

▲学校羽毛球队在省第十四届运动会羽毛球比赛中获得男子团体第六名,男子双打一等奖、三等奖,混双二等奖。

4月2~3日　校长祝家贵、副校长徐柳凡赴宿州参加省应用型本科高校联盟第八届年会。

4月3日　校党委书记朱灿平应邀参加"2018年第二届半汤郁金香节"开幕式。

▲校党委书记朱灿平主持召开意识形态工作专题会议。

▲校领导朱灿平、徐柳凡、阮爱民、黄志圣、朱定秀在学校分会场参加2018年全省教育系统全面从严治党工作视频会议。

▲学校召开心理健康教育省级示范中心建设推进会。校纪委书记阮爱民出席会议并做指导讲话。

▲校纪委书记阮爱民、副校长黄志圣参加2018年全国大学生征兵工作网络视频会议。

▲学校召开教学实验楼项目初步设计及概算专家评审会。副校长黄志圣出席会议并致辞。

4月4日　校党委书记朱灿平主持召开党委会。会议听取了2017年度学校二级单位和个人综合考核、2017年度各基层党组织书记抓党建述职评议考核、2018年党建工作会议暨春季工作推进会筹备等工作的汇报;研究了有关教师挂职工作;审议通过了《巢湖学院2018年度党政工作要点》《巢湖学院2018年党风廉政建设工作要点》《巢湖学院深化廉政风险防控工作实施方案》《巢湖学院廉政风险防控工作专题报告》。校党委领导班子成员祝家贵、徐柳凡、阮爱民、黄志圣、朱定秀、余洁平、郑尚志参加会议。

▲副校长徐柳凡主持召开"教学、学术、管理骨干评选"专题会议。

4月5~7日　学校学子在第二十一届"外研社杯"全国大学生英语辩论赛华东地区总决赛中获得三等奖。

4月8日　学校召开2018年党建工作会议暨春季工作推进会。校党委书记朱灿平做题为《立足新时代,开启新征程,努力开创学校党建工作新局面》的报告。校长祝家贵做题为《深化改革强内涵,特色发展谋新篇》的报告。副校长徐柳凡宣读2017年度综合考核优秀单位和个人通报表彰决定。校纪委书记阮爱民做题为《树牢"四个意识",忠实履行职责,坚定不移推动全面从严治党向纵深发展》的报告。副校长黄志圣做题为《提高政治站位,强化责任担当,为建设有特色高水平地方应用型大学提供安全保障》的报告。副校长朱定秀宣读2017年基层党组织书记抓党建述职评议考核通报表彰决定。校主要领导与二级单位代表签订党风廉政建设责任书、年度目标任务书、安全稳定工作目标责任书。校党委书记朱灿平、校长祝家贵分阶段主持会议。

▲学校召开廉政风险防控动员暨领导干部落实主体责任集体约谈会。校党委书记朱灿平、校长祝家贵进行动员讲话和约谈提醒。会上印发《巢湖学院深化廉政风险防控工作实施方案》和《巢湖学院领导干部落实主体责任全程纪实手册》。校领导徐柳凡、黄志圣、朱定秀参加会议。校纪委书记阮爱民主持会议。

4月9~16日　学校举办大学生创新创业成果展。

4月9~18日　我校女排在省运会高校部排球赛中获得体育专业组第三名(一等奖)。

4月10日　校党委书记朱灿平、校长祝家贵、副校长黄志圣赴巢湖市专程拜会巢湖市委书记、安徽巢湖经开区党工委书记、管委会主任耿延强,共商校地合作发展。

▲校纪委书记阮爱民主持召开2018届毕业生就业创业工作推进会。校党委书记朱灿平、校长祝家贵、副校长徐柳凡出席会议。

▲校纪委书记阮爱民主持召开易班建设工作推进会。

4月中旬　学校学子在省第六届大学生自创话剧展演活动获得甲组(非艺术类专业)三等奖。

▲学校学子在"正大杯"第八届全国市场调查与分析大赛(安徽赛区)中获得复赛资格。

▲学校两名辅导员在2017年度全省高校辅导员工作优秀论文评选中,分获三等奖和优秀奖。

4月11日　学校召开2018年学科建设工作会议。校长祝家贵、副校长朱定秀出席会议。

4月11~12日　校纪委书记阮爱民赴嘉兴考察交流并为实习就业基地挂牌。

4月11~13日　副校长徐柳凡赴青岛参加教育部审核性评估专家培训会。

4月12日　副校长朱定秀主持召开科研经费管理座谈会。

▲学校举办"MMD慕曼德杯"第二届(2017年)创意设计大奖赛颁奖典礼暨校企合作产学研座谈会。副校长朱定秀出席活动。

4月12~22日　校网球队在省运会高校部网球比赛中分获丙组男子双打一等奖(第三名)、女子双打一等奖(第三名),以及丙组女子团体第四名、男子团体第五名。

4月13日　校党委书记朱灿平主持召开党委会。会议研究了教学实验楼项目设计调整、赴巢湖市挂职和参加省委党校哲社班学习人员名单、第二批人才引进以及离休干部护理费标准调整等工作。校党委领导班子成员祝家贵、阮爱民、黄志圣、朱定秀、余洁平、郑尚志参加会议。

▲校党委书记朱灿平在全省校园及学生安全工作电视电话会议上代表学校做典型交流发言。

▲学校举办志愿服务工作总结交流会。校纪委书记阮爱民出席会议。

▲学校第十届大学生传媒节开幕。

4月13～14日　学校协办并派员参加第四届周瑜文化节暨"大合肥与三国文化"学术研讨会。

4月13～22日　学校完成首轮校内专业评估（第二批专业）专家函评和实地考察工作。

4月14日　学校举办2018年对口招生考试工作。

4月14～15日　学校承办"自由与正义:康德哲学"专题学术研讨会。

4月15～17日　学校派员赴黄山学院参加省高校档案工作协会三届三次常务理事会。

4月16日　校纪委书记阮爱民主持召开分管联系单位廉政风险防控工作推进会。

▲副校长徐柳凡主持召开春学期第二次教学工作例会。

4月16～18日　学校派员参加第十二届黄帝文化国际论坛。

4月17日　学校社科联召开2018年工作会议。校党委书记、校社科联主席朱灿平出席会议并讲话。副校长、校社科联副主席徐柳凡主持会议。

▲校长祝家贵主持召开绩效工资改革工作领导组会议。

▲校纪委书记阮爱民主持召开党风廉政建设工作座谈会。校党委书记朱灿平出席会议并讲话。

▲副校长黄志圣赴安徽巢湖经开区对接有关工作。

▲副校长朱定秀主持召开招标课题征求意见座谈会。

4月18日　由学校承办的省高校干部学习贯彻党的十九大精神第33期集中轮训班开班。校党委书记朱灿平做动员报告。校长祝家贵主持开班式。校党委领导班子成员出席开班式。

▲校长祝家贵主持召开校长办公会议。会议研究了固定资产报废,旅游管理学院实训室装潢,学校商业用电定价和校医院运营模式改革,学生转学与技能竞赛奖励,招聘教师,"双师双能型"教师评定和绩效奖金发放等工作;审议并原则上通过了《巢湖学院差旅费管理办法》《巢湖学院学生缴费管理办法》《巢湖学院"校园一卡通"资金结算管理办法》。校领导徐柳凡、阮爱民、黄志圣、朱定秀参加会议。

▲副校长徐柳凡率队赴安徽科技学院调研。

▲学校第十四届社团文化节暨第五届科技活动月开幕。校纪委书记阮爱民、副校长朱定秀出席开幕式。阮爱民宣布开幕;朱定秀致辞。

▲学校举办"创青春"第七届大学生创业大赛决赛。

▲学校举办"成长在基层"优秀毕业学子报告会。

4月19日　校党委书记朱灿平、副校长朱定秀与巢湖市副市长周晓飞共同赴苏州硒谷科技有限公司考察调研。

▲校大学生职业发展与就业指导教研室召开集体备课会。校纪委书记阮爱民出席会议并讲话。

▲校纪委书记阮爱民参加上一轮中央巡视整改"回头看"动员大会。

▲校男排获得省运会高校部排球赛男子丙组冠军。

4月19~22日　学校教师获"中国十佳会展青年专家"称号。

4月20日　副校长徐柳凡主持召开2018年体育运动委员会第一次会议。

▲副校长徐柳凡主持召开中外合作办学项目教育部评估专题会议。

▲首都体育学院副校长王凯珍教授来校主讲题为《社区、社会、体育教育、中国幼儿体育发展路径探讨》的学术报告。

4月20~22日　学校举办"政治文化与环巢湖廉政文化建设"学术研讨会。校党委书记朱灿平、校纪委书记阮爱民出席开幕式。副校长朱定秀主持开幕式。

4月20~22日　在第八届全国大学生机械创新设计大赛中，学校学子的2件作品获得一等奖、1件作品获得三等奖。

4月22日　学校学子在第八届全国大学生机械创新设计大赛（安徽赛区）中取得2项省级二等奖、3项省级三等奖。

4月23日　副校长黄志圣赴合肥参加全省高校学生公寓用品采购决标大会。

▲副校长朱定秀率旅游管理学院赴合肥荣电集团洽谈产学研项目合作。

4月24日　校党委书记朱灿平主持召开学校"调查研究年"活动实施方案征求意见座谈会。

▲校党委领导班子成员朱灿平、徐柳凡、阮爱民、黄志圣、朱定秀、余洁平、郑尚志率全校处级以上干部赴中科大先进技术研究院、科大讯飞开展集体考察调研。

▲校长祝家贵主持召开教学档案建设工作专题会议。副校长徐柳凡参加会议。

4月25日　校长祝家贵、副校长徐柳凡率队赴滁州学院开展审核评估工作调研。

▲副校长徐柳凡主持召开信息化制度讨论会。

▲学校教师应邀参加省"小岗精神与乡村振兴"理论研讨会。

4月25~26日　学校组织教职工开展春季登山活动。

4月26日　校党委书记朱灿平主持召开党委会。会议审议并原则通过了《巢湖学院党员领导干部操办婚丧喜庆事宜暂行规定》《关于在全校开展"调查研究年"活动的实施方案》《关于在全校开展以"查漏洞、抓反弹、补短板"为主要内容的中央巡视整改情况"回头看"实施方案》。校党委领导班子成员祝家贵、阮爱民、黄志圣、朱定秀、余洁平、郑尚志参加会议。

▲校长祝家贵主持召开会议，讨论审核评估项目化推进工作方案。

▲江苏任天农业集团来校交流合作。校长祝家贵接待交流团。

▲副校长徐柳凡在巢湖市参加省"互联网＋"大赛工作推进会。

▲学校与安徽德信佳医药公司签订产学研合作协议。

4月26~27日　副校长黄志圣赴合肥参加省高校基建学会年会。

4月27日　学校召开中央巡视整改"回头看"动员部署会。校党委书记朱灿平做动员部署。校长祝家贵主持会议并做总结讲话。校纪委书记阮爱民传达省委关于上一轮中央巡视整改"回头看"动员会会议精神。

▲学校特邀中国科学技术大学程艺教授做客"汤山讲坛",主讲题为"求实求新求发展,悟道悟法悟新路"的专题讲座。校党委书记朱灿平主持讲座。

▲南京审计大学副校长董必荣应邀来校主讲题为《大学与人生》的专题报告。校长祝家贵主持报告会。

▲副校长朱定秀赴怀宁参加高校产业协会理事会会议。

4月28日　校党委书记朱灿平在合肥参加省委理论中心组学习报告会。

▲校长祝家贵主持召开2018年信息化建设项目论证会。副校长徐柳凡参加会议。

▲校长祝家贵赴中国科学技术大学参加省数学会常务理事会。

▲学校组织离退休老同志赴新四军第七师纪念馆参观学习。

5月

5月2日　学校第六期团干培训班开班。校纪委书记阮爱民出席开班仪式。

▲学校举行党的十九大精神辅导员宣讲团校园巡讲活动启动仪式暨首场专题报告。校纪委书记阮爱民出席启动仪式并讲话。

5月3日　校党委书记朱灿平主持召开巡视整改"回头看"督查情况汇报会。

▲以校党委领导班子成员徐柳凡、阮爱民、黄志圣、朱定秀、余洁平、郑尚志为组长的六个专项督查组,分赴全校各党总支(直属党支部)、相关部门开展以"查漏洞、抓反弹、补短板"为主要内容的巡视整改情况"回头看"实地督查。

▲校纪委书记阮爱民主持召开2018年大学生征兵工作会议。副校长黄志圣出席会议并作讲话。

▲学校派员参加"华为中国ICT生态之行2018"大会。

5月4日,校长祝家贵主持召开校长办公会议。会议研究了建档立卡贫困户家庭学生助学金发放,校园"一卡通"开水器设备维护维修费支付,新实验楼项目消防泵房设计建议方案,学生公寓一楼浴室改造建设方案,杨松水同志参加省社科联赴波兰、捷克、瑞典宣传交流安徽优秀地域文化访问团等工作;听取了第二批教师招聘工作汇报;审议通过了第四届省"互联网+"大学生创新创业大赛暨2018年省"青年红色筑梦之旅"活动巢湖学院选拔赛建议实施方案,承办2018年中国大学生计算机设计大赛数字媒体设计类专业组比赛赛事安排建议方案和《关于学校公务用车租赁平台正式启用的通知》。校领导徐柳凡、阮爱民、黄志圣、朱定秀参加会议。

▲学校开展纪念"五四"运动99周年暨建团96周年活动。校党委书记朱灿平、校纪委书记阮爱民出席相关活动。

5月4～5日　学校学子在省第三届大学生国际贸易技能综合大赛中获得2个一等奖、1个二等奖。

5月6日　学校武术队在省第十四届运动会中获得各组别2个一等奖、5个二等奖和15个三等奖。

5月7日　校党委书记朱灿平率队到安徽广信农化为学校实习就业基地挂牌。

▲学校召开学习习近平总书记重要讲话精神座谈会。校纪委书记阮爱民出席座谈会。

▲池州学院办公室一行来校对口调研办公室业务管理和档案管理工作。

5月8日　2018年大学生志愿服务西部计划西藏专项宣讲团来校宣讲。校纪委书记阮爱民出席活动。

5月8～10日　省委教育工委第四督查组来校开展巡视整改"回头看"督查工作。校党委书记朱灿平代表校党委做工作汇报。

5月9日　副校长徐柳凡主持召开继续教育发展年度报告编制工作专题会议。

▲副校长徐柳凡主持召开省第四届"互联网＋"大学生创新创业大赛校园选拔赛工作推进会。校长祝家贵做主题发言。

▲学校参与组织"'高速·云水湾杯'印象中庙"有奖征文活动并参加颁奖仪式。

5月10日　省教育厅调研组来校调研高校教师队伍建设情况。校党委书记朱灿平和校长祝家贵分别与调研组就有关情况进行交流。副校长徐柳凡参加调研会。

▲副校长徐柳凡出席省普通本科专业建设和评估工作推进会。

5月10～11日　学校举办第十五届运动会。校党委书记朱灿平，校长祝家贵，副校长黄志圣、朱定秀出席开幕式。副校长徐柳凡出席闭幕式。

5月10～13日　学校学子在第十届全国旅游院校服务技能大赛中获得1个二等奖、3个三等奖。

5月11日　校党委书记朱灿平主持召开党委会。会议研究了2018年岗位业绩津贴标准调整和在职人员2016年一次性工作奖励发放，第三批高层次人才引进，二级教授岗位职责；听取了学生公寓浴室建设工作汇报；审议并原则通过了《巢湖学院2018年度党政主要工作任务分解表》《中共巢湖学院委员会2018年党建工作要点》《巢湖学院2018年度基层党建工作"三个清单"》《巢湖学院党建工作重点任务清单》。校党委领导班子成员祝家贵、徐柳凡、阮爱民、黄志圣、朱定秀、余洁平、郑尚志参加会议。

▲副校长徐柳凡主持召开本学期第二次教学督导工作会议。

▲学校召开学生工作"8＋1"联席会议第十四次会议。校纪委书记阮爱民出席会议。

▲省委党校教育长胡忠明教授应邀来校主讲题为《毛泽东思想若干问题研究》的报告。副校长朱定秀主持报告会。

5月11～13日　学校辅导员在2018年全省高校辅导员素质能力大赛决赛中获得二等奖。

5月12日　学校举办2018年专升本招生考试。副校长徐柳凡巡视各考场。

▲学校承办2018年"华为杯"网络与分布式系统创新设计大赛专题研讨会。副校长徐柳凡出席研讨会。

5月12～13日　学校承办皖中片高校教职工气排球赛。校纪委书记阮爱民致开幕词。

5月13日　学校举办2018届毕业生春季校园双选会。校长祝家贵，校纪委书记阮爱民，副校长黄志圣、朱定秀亲临现场与用人单位做深入交流。

▲学校举行省第二届大学生化学竞赛暨化学类专业水平测试赛初赛。

5月14日　学校意识形态工作领导组召开专题会议，研究部署新形势下学校意识形态工作。校党委书记、校意识形态工作组组长朱灿平主持会议。校领导祝家贵、徐柳凡、阮爱民、黄志圣、朱定秀参加会议。

▲副校长黄志圣主持召开2018年防震消防应急演练协调动员会。

▲副校长朱定秀率队赴安徽中键环境科学研究院有限公司洽谈产学研工作。

5月15日　省高校干部第33期学习贯彻党的十九大精神集中轮训班在学校结业。

5月16日　学校举行"教师发展论坛"开班仪式暨首次"教学沙龙"活动。校党委书记朱灿平、副校长徐柳凡出席开班仪式。

5月17日　校党委书记朱灿平主持召开党委会。会议同意成立中共巢湖学院委员会意识形态工作领导组；听取了教学、学术、管理三类骨干人才评选情况汇报、学校第三轮机构设置及干部聘任方案汇报；审议并原则通过了《巢湖学院本科教学审核评估工作项目化推进实施方案》《巢湖学院本科教学审核评估重点工作任务分解表》。校党委领导班子成员祝家贵、徐柳凡、阮爱民、黄志圣、朱定秀、余洁平、郑尚志参加会议。

▲校长祝家贵主持召开校内第二批专业评估总结与整改工作布置会。副校长徐柳凡参加会议。

5月18日　校党委书记朱灿平率队在上海采购纸质图书期间看望学校正在攻读博士学位的老师。

▲校纪委书记阮爱民主持召开2018届毕业生离校工作协调会。

▲校纪委书记阮爱民主持召开心理健康教育工作领导组2018年度第一次会议。

▲由学校牵头组织的省高校档案工作协会考察团赴省档案局专题考察调研档案信息化工作。

▲学校举办"我与改革共成长"的主题演讲比赛。

5月22日　学校开展2018年防震消防应急疏散演练活动。

▲副校长朱定秀率队赴柘皋镇洽谈产学研合作。

▲巢湖市科技局来校开展自主创业政策宣讲。

5月23日　校党委书记朱灿平主持召开师德师风专项督查布置会。校长祝家贵，副校长徐柳凡、朱定秀参加会议。

▲学校第十届大学生传媒节系列活动闭幕。

▲学校艺术学院2018届毕业生创作汇报系列展演活动开幕。

▲学校联合金融机构举办2018年"诚信履约，筑梦未来"专题宣讲会。

▲学校第五届科技活动月闭幕。

5月24日　校党委书记朱灿平主持召开党委会。会议听取了学校第三轮机构设置及干部聘任方案的汇报（第二次），审议通过了《中共巢湖学院委员会关于深入学习贯彻习近平新时代中国特色社会主义思想若干规定》。校党委领导班子成员祝家贵、徐柳凡、阮爱民、黄志圣、朱定秀、余洁平、郑尚志参加会议。

▲校长祝家贵主持召开校长办公会议。会议研究了增加易班发展中心启动经费，学校会议室音响系统升级改造和学校扶贫等工作；听取了购买第三方毕业生跟踪调查服务项目、2018年度课程评估、2018年辅导员和管理人员招聘、图书馆自习室空调安装等工作的汇报；审议了学校信息化建设制度和学校出口带宽合作方案；审议并原则通过了《巢湖学院与安徽

万畅互联科技有限公司校企合作协议》。校领导徐柳凡、黄志圣、朱定秀参加会议。

▲中国科学技术大学陈发来教授应邀来校主讲题为《数学的应用》的学术报告。校长祝家贵主持报告会。

5月25日　校党委书记朱灿平率队赴霍邱大墩村开展庆祝"六一"儿童节关爱结对帮扶点贫困户留守儿童的活动。

▲校党委书记朱灿平率队赴对口帮扶点调研指导脱贫攻坚工作。

▲安徽警官职业学院党委委员、院长助理周善来率队来校调研档案管理和智慧校园建设工作。副校长徐柳凡主持召开座谈交流会。

▲学校艺术学院胡是平教授作品入选"安徽书画40年精品晋京展"。

5月25~26日　学校学子在第二届省高等院校"亿学杯"商务英语实践大赛中获得二等奖。

5月25~27日　学校学子在2018年全国高校商业精英挑战赛国际贸易与经贸会展竞赛中获得2个一等奖、1个二等奖,学校获得"最佳院校组织奖"。

5月26~27日　学校学子在安徽省第三届大学生财税技能大赛中获得1个一等奖、1个二等奖。

5月27日　学校学子在中国(安徽省)第一届大学生市场营销创新大赛中分获一等奖、二等奖。

▲学校学子的35件作品在"2018年中国大学生计算机设计大赛安徽省级赛"分获一、二、三等奖和优胜奖。

5月28日　校纪委书记阮爱民主持召开校地共建基础型人才培养基地建设工作协调会。

▲校纪委书记阮爱民主持召开毕业生就业创业工作暨毕业季工作推进会。

▲副校长朱定秀主持召开中华优秀传统文化传承基地申报动员会。

▲学校学子在2018年全国高校商业精英挑战赛国际贸易与经贸会展竞赛中获得3个一等奖、1个二等奖,学校获得"最佳院校组织奖"。

5月29日　学校举办2018届考研成功毕业生座谈会。校长祝家贵、副校长徐柳凡、校纪委书记阮爱民出席座谈会。

▲校纪委书记阮爱民参观艺术学院"诚信·感恩·自强"主题海报展。

5月30日　省委第二十一考核组来校反馈校领导班子及成员2017年度综合考核情况,宣布校领导班子考核等次为"优秀"。校党委书记朱灿平主持会议。

▲学校举办皖江学者特聘教授聘任仪式。校长祝家贵、副校长徐柳凡参加仪式。

▲副校长朱定秀主持召开环巢湖文化特色馆藏建设会议。

▲学校师生代表队在巢湖市首届电子商务扶贫大赛中获得实战分销组一等奖、二等奖、三等奖,创意设计组三等奖。

▲学校举办"青年红色筑梦之旅"活动暨第八届青年志愿服务项目大赛。

5月31日　学校举行马克思主义学院与安徽巢湖经开区企业党委党建共建签约揭牌仪式。校党委书记朱灿平,党委委员、组织部部长余洁平出席仪式。

▲校党委书记朱灿平率队赴安徽侬安康食品有限公司为实习就业基地揭牌。

▲学校召开2018届优秀毕业生座谈会。校党委书记朱灿平,党委委员、校纪委书记阮爱民出席会议。

6月

6月初　学校2项课题获得2018年度省重点研究与开发计划项目立项。

6月2日　学校举行2018年度国家级大学生创新创业训练计划项目结项验收答辩会。

6月2~3日　2018年省高校教职工气排球比赛在学校举办。校纪委书记阮爱民出席开幕式与闭幕式。

▲学校学子在2018"创新创业"全国管理决策模拟大赛安徽省赛中获得总决赛特等奖和2个二等奖。

6月4日,校长祝家贵主持召开春学期第三次教学工作例会。

▲校纪委书记阮爱民主持召开2018年"安全生产月"和"安全生产江淮行"活动部署会议。校党委书记朱灿平、副校长黄志圣出席会议并讲话。

6月5日　学校师生收看"学习新思想,千万师生同上一堂课"直播授课。

▲副校长黄志圣带队开展安全生产大检查。

6月6日　校长祝家贵主持召开教学质量保障推进工作专题研讨会。

▲国家艺术教育专家讲学团朱践为老师来校主讲题为"提高艺术鉴赏力,丰富精神世界塑造理想价值人格"的讲座。

▲学校和皖西学院共同举办"6·9国际档案日"纪念活动。副校长黄志圣出席活动。

▲学校举办欢送2018届毕业生晚会暨艺术学院音乐表演专业毕业汇报演出。

▲学校组织开展2018年大学生志愿者暑期文化科技卫生"三下乡"社会实践活动动员培训会。

6月8日　学校举行2018届学生毕业典礼暨学位授予仪式。校长祝家贵、副校长朱定秀出席典礼。校纪委书记阮爱民主持典礼。

6月8~10日　学校学子在第八届全国大学生电子商务"创新、创意及创业"挑战赛省总决赛中获得1个省级一等奖、4个省级二等奖、2个省级三等奖。

6月9~10日　学校代表队在省第三届ERP管理大赛中获得1个一等奖、1个二等奖。

6月11日　校纪委书记阮爱民深入学院调研指导就业工作。

▲学校开展"学习新思想,千万师生同上一堂课"巡回授课活动。

6月12日　副校长徐柳凡主持召开2018中国高等教育国际化发展状况调查数据填报工作协调会。

6月13日　校长祝家贵主持召开校长办公会议。会议研究了学生学籍处理,2018~2019学年度校历和2018年招生计划,图书馆中部1、2号电梯运行模式升级及门禁系统建设,聘请法律顾问,职工招聘、调动、转岗及配偶安置等工作;听取了淳泉路道路景观和中心花园区域改造项目设计方案汇报;审议通过了《巢湖学院办学指导思想和办学定位》《巢湖学院校长工作规则(修订)》《环巢湖文化塑校育人实施方案》。校领导徐柳凡、阮爱民、黄志圣、朱定秀参加会议。

▲学校举办第五届大学生"读经典,树信仰"主题PPT演讲比赛暨思政教师学术沙龙活动。校党委书记朱灿平出席活动。

▲苏州硒谷科技有限公司董事长尹雪斌率队来校开展合作交流。副校长朱定秀接待来访。

▲学校举办第三次教学沙龙活动。

6月14日 校党委书记朱灿平主持召开党委会。会议听取了学校第三轮正处级干部聘任报名及资格审查情况的汇报;审议通过了《巢湖学院办学指导思想和办学定位》《巢湖学院服务环巢湖区域经济社会发展行动计划(2018~2020年)》《环巢湖文化塑校育人实施方案》《巢湖学院校长工作规则(修订)》《中共巢湖学院委员会工作规则(修订)》《巢湖学院2017年度综合考核反馈意见整改方案》《巢湖学院2017年度校党委书记抓基层党建述职评议考核综合评价反馈意见整改方案》《巢湖学院党内评选表彰实施办法》及2018年"一先两优"推荐工作安排。校党委领导班子成员祝家贵、徐柳凡、阮爱民、黄志圣、朱定秀、余洁平参加会议。

6月19~29日 学校组织开展新进教师教学基本素质和能力测试工作。

6月下旬 学校教师申报的课题获得国家社科基金年度项目立项。

6月21日 学校组织参加教育部新时代全国高等学校本科教育工作视频会议。校领导朱灿平、祝家贵、徐柳凡、阮爱民、朱定秀出席会议。

▲副校长朱定秀应邀出席柘皋夏至民俗文化节活动。

6月22日 校纪委书记阮爱民主持召开学生工作"8+1"联席会议第十五次会议。

▲学校学子在2018年度"外研讯飞"杯"一带一路"中国故事英文诵读大赛安徽赛区比赛中获得1个特等奖、1个二等奖、4个三等奖。

6月23~27日 校长祝家贵、副校长徐柳凡、校纪委书记阮爱民、副校长黄志圣、副校长朱定秀分别带队赴安徽省各地参加高招咨询会。

6月25日 澳大利亚博士山学院副校长裘文斌率队来校访问。副校长徐柳凡接待来访。

6月26日 省发改委专家考察组来校考察省工程实验室建设项目。

6月27日 学校承办巢湖市动漫产业协会成立大会暨第一届会员大会。副校长朱定秀教授出席大会并致辞。

6月28日 校党委书记朱灿平主持召开党委会。会议研究了"七一"党员慰问、发展对象入党和中共预备党员转正、第三轮干部聘任等工作;听取了学校2018年度"一先两优"评选情况的汇报;审议通过了《中共巢湖学院委员会关于贯彻落实教育部〈新时代高校思想政治理论课教学工作基本要求〉实施办法》。校党委领导班子成员祝家贵、徐柳凡、阮爱民、黄志圣、朱定秀、余洁平、郑尚志参加会议。

6月29日 学校召开2018年度"一先两优"表彰暨夏季工作推进会。副校长徐柳凡宣读了校党委对学校2018年度先进基层党组织、优秀共产党员、优秀党务工作者的表彰决定。校党政领导分别为获奖党组织和个人颁奖并合影留念。校长祝家贵总结上半年工作,部署暑期学校工作。校党委书记朱灿平做会议总结讲话。校纪委书记阮爱民主持会议。校党政领导班子其他成员黄志圣、朱定秀、余洁平、郑尚志出席会议。

▲校党委中心组召开理论学习扩大会议,学习贯彻习近平总书记在全国网络安全和信息化工作会议上重要讲话精神。校党委书记朱灿平主持会议并讲话。校党政领导班子其他成员祝家贵、徐柳凡、阮爱民、黄志圣、朱定秀、余洁平、郑尚志参加会议。

7月

7月2日　省计算机学会领导来校考察"华为杯"网络与分布式系统大赛筹备工作。校长祝家贵、副校长徐柳凡接待考察组一行。

▲学校召开春学期第四次教学工作例会。副校长徐柳凡主持会议。

▲副校长朱定秀率队赴皖维集团洽谈产学研合作。

7月3日　韩国韩瑞大学师生代表团访问学校。校长祝家贵接见访问团。副校长徐柳凡出席座谈会。

▲省教育厅体育教育专业评估专家组来校对体育教育专业进行全面评估。副校长徐柳凡出席会议并讲话。

7月4日　学校举办第四次教学沙龙活动。

7月5日　校长祝家贵主持召开校长办公会议。会议研究了学生处分解除、多媒体教室投影仪更换和软件正版化、人员聘用、配偶安置等工作。校领导徐柳凡、阮爱民、黄志圣、朱定秀参加会议。

▲副校长黄志圣主持召开物业工作专项会议。

▲学校举办第九届"双百"科普创意创新大赛。

7月6日　校党委书记朱灿平主持召开党委会。会议研究了人才引进和第三轮副处级干部聘任工作;听取了6名拟提任正处级干部考察情况的汇报;审议通过了《巢湖学院关于调整学校校党政领导班子成员工作分工的通知》《中共巢湖学院委员会关于在全校党员领导干部中开展"讲忠诚、严纪律、立政德"专题警示教育的实施方案》。校党委领导班子成员祝家贵、徐柳凡、阮爱民、黄志圣、朱定秀、余洁平、郑尚志参加会议。

7月10日　校党委中心组学习贯彻习近平总书记在全国组织工作会议上重要讲话精神。校党委书记朱灿平主持会议并讲话。校党政领导班子成员祝家贵、徐柳凡、阮爱民、黄志圣、朱定秀、余洁平、郑尚志参加会议。

▲安徽巢湖经济开发区调研组来校开展社会建设大调研。校党委书记朱灿平、副校长黄志圣出席座谈会。

▲学校召开"讲忠诚、严纪律、立政德"专题警示教育动员部署会。校党政领导班子成员朱灿平、祝家贵、徐柳凡、阮爱民、黄志圣、朱定秀、余洁平、郑尚志出席会议。校长祝家贵主持会议。

7月11日　学校召开2017～2018学年第二学期暑期学生安全工作会议。校纪委书记阮爱民主持会议。

▲学校举行2018年大学生志愿者暑期"三下乡"社会实践活动出征仪式。校纪委书记阮爱民出席仪式。

▲副校长黄志圣到保卫处调研暑期校园安全稳定工作。

▲副校长朱定秀率队赴肥东县长临河镇考察调研。

7月12日　机关党委十三支部召开"讲忠诚、严纪律、立政德"专题警示教育学习会。校纪委书记阮爱民以普通党员身份参加支部学习。

▲副校长朱定秀率队赴巢湖市经济和信息化委员会开展调研。

7月13日　长三角高校（宁国）实习就业基地挂牌暨产学研合作协议签约仪式在宁国市召开。校纪委书记阮爱民应邀出席仪式并作为省高校代表做交流发言。

7月16日　学校组织党员领导干部赴学校警示教育基地巢湖监狱召开现场会。校党政领导班子成员朱灿平、祝家贵、徐柳凡、阮爱民、黄志圣、朱定秀、余洁平、郑尚志出席会议。

7月17日　校纪委召开纪委扩大会议。校纪委书记阮爱民以《践行"讲忠诚、严纪律、立政德"，做忠诚干净担当的纪检监察干部》为题做党课报告。

▲副校长黄志圣主持召开部分在校建设和服务企业专题会议。

7月18日　校长祝家贵主持召开各单位行政主要负责人会议，研究部署暑期审核评估、教学、财务及人事等工作。副校长徐柳凡、黄志圣参加会议。

▲学校举办第四届"互联网＋"大学生创新创业大赛。副校长徐柳凡出席赛前会议。

7月19日　校党委书记朱灿平主持召开党委会。会议听取了第三轮副处级干部聘任工作报名资格审查、拟任考察对象考察情况及个人事项报告查核等情况，以及2018上半年预算项目调整的汇报。校党委领导班子成员祝家贵、徐柳凡、阮爱民、黄志圣、朱定秀、余洁平、郑尚志参加会议。

▲副校长徐柳凡到党委教师工作部开展工作调研。

7月20日　学校召开《巢湖学院服务环巢湖区域经济社会发展行动计划（2018～2020年）》发布会。校党政领导班子成员朱灿平、祝家贵、徐柳凡、阮爱民、黄志圣、朱定秀、余洁平、郑尚志出席发布会。校长祝家贵主持发布会。

▲校长祝家贵主持召开校长办公会议。会议研究了人员聘用与配偶安置、学费退还、部分教研室主任调整、教学事故处理、直饮水机安装、新建教学实验楼项目消防设计变更等工作，听取了环巢湖文化展馆筹建工作和计算机设计大赛承办经费预算等情况的汇报。校领导徐柳凡、阮爱民、黄志圣、朱定秀参加会议。

7月21～23日　"巢湖学院·合肥职业技术学院2018年辅导员综合素质能力提升专题培训班"在安徽师范大学举办。校纪委书记阮爱民出席开班典礼。

7月22～24日　学校学子在第八届全国大学生机械创新设计大赛决赛中获得全国一等奖。

7月23～25日　学校承办第11届中国大学生计算机设计大赛数字媒体设计类专业组现场决赛。副校长徐柳凡出席开幕式并致辞。校党政领导朱灿平、祝家贵、徐柳凡、阮爱民、黄志圣、朱定秀、余洁平、郑尚志出席闭幕式。学校共有3件作品获二等奖，1件作品获三等奖。

7月23～26日　学校学子在全国大学生"西门子杯"中国智能制造挑战赛分赛区中获得2项特等奖、3项一等奖、3项二等奖和1项三等奖。

7月25日　副校长黄志圣主持召开餐饮服务企业见面会议。

7月25~28日　学校学子在2018年全国大学生智能汽车竞赛(安徽赛区)中获2组一等奖、7组二等奖、1组三等奖和1组优秀奖。

7月26日　校党委中心组召开理论学习扩大会议暨"讲忠诚、严纪律、立政德"专题警示教育学习交流研讨会议。校党委书记朱灿平主持会议。校党政领导班子成员祝家贵、徐柳凡、阮爱民、黄志圣、朱定秀、郑尚志参加会议。

▲校党委书记朱灿平以"内化于心、外化于行"为主题，为机关一总支讲授"讲忠诚、严纪律、立政德"专题党课。

▲校长祝家贵到机关八支部讲授"讲忠诚、严纪律、立政德"专题党课。

▲副校长徐柳凡以"不忘教育初心，牢记育人使命，奋力推进学校事业又好又快发展"为主题，为机关四支部、电子工程学院和机械工程学院党员讲授"讲严立"专题警示教育党课。

▲副校长黄志圣以"严于律己，做一名合格的共产党员"为主题，为机关九支部全体党员讲授党课。

7月26~30日　学校承办2018年省小学生沙滩排球锦标赛。副校长徐柳凡出席开幕式。

7月27日　校长祝家贵、校纪委书记阮爱民赴霍邱县长集镇大墩村看望慰问暑期"三下乡"校级重点团队"精准扶贫"实践服务团的大学生志愿者。

▲副校长朱定秀以"讲忠诚、严纪律、立政德，永远牢记初心和使命"为主题，到旅游管理学院讲授党课并出席学院理论学习中心组扩大会议。

7月27~28日　校长祝家贵率队赴六安各县开展学生资助"百千万"走访活动。

7月29~30日　校纪委书记阮爱民率队赴蚌埠、宿州等地开展"百千万"资助走访活动。

7月30日　副校长徐柳凡检查指导学校2018年网上招生录取工作。

▲副校长黄志圣率队赴武警合肥支队开展拥军慰问活动。

7月31日　校党委书记朱灿平、校纪委书记阮爱民率队赴巢湖市旅游局、商务局、团市委看望慰问挂职干部和学生干部。

7月31日~8月1日　校党委书记朱灿平率队赴合肥、安庆等地开展"百千万"资助走访活动。

8月

8月　学校领导班子2017年度综合考核再获"好"等次。校党委书记朱灿平被确定为"优秀"等次，因连续三年被确定为"优秀"等次，记个人三等功。

8月2日　副校长徐柳凡率队赴芜湖广播电视台经济交通频道慰问学校参加社会实践的青年教师。

8月4日　校党委书记朱灿平主持召开党委会。会议研究了第三轮副处级干部聘任工作，审议通过了《中共巢湖学院委员会"讲忠诚、严纪律、立政德"警示教育专题民主生活会对照检查材料》。校党委领导班子成员祝家贵、徐柳凡、阮爱民、黄志圣、朱定秀、余洁平、郑尚志参加会议。

▲校长祝家贵主持召开校长办公会议。会议研究了继续发放新生军训生活补贴，新建

女生宿舍水电收费标准等问题;审议通过了《巢湖学院与安徽医科大学附属巢湖医院建立医疗联合体合作协议》。校领导徐柳凡、阮爱民、黄志圣、朱定秀参加会议。

8月6~8日　学校航模队在"中国飞行器设计挑战赛"分站赛中获得3项二等奖,2项三等奖。

8月7日　副校长朱定秀率队赴合肥两家企业慰问暑期参加社会实践的青年教师。

8月10日　校党委书记朱灿平主持召开党委会。会议研究了化学与材料工程学院行政主要负责人人选和合肥市领军人才推荐申报工作;听取了8名拟提任副处级干部考察情况,部分教职工违规占房及清理情况的汇报;审议通过了《巢湖学院与安徽医科大学附属巢湖医院建立医疗联合体合作协议》。校党委领导班子成员祝家贵、徐柳凡、阮爱民、黄志圣、朱定秀、余洁平、郑尚志出席会议。

8月11日　"庆祝改革开放四十周年山东·安徽油画精品展"在青岛融园美术馆开幕。学校艺术学院3位教师共6件作品应邀参展。

8月15~20日　学校承办2018年省中学生沙滩排球锦标赛。副校长徐柳凡出席开幕式。

8月16日　校党委召开"讲忠诚、严纪律、立政德"警示教育专题民主生活会。校党委书记朱灿平主持会议。校党委领导班子成员参加会议。

▲学校与安徽医科大学附属巢湖医院举行医疗联合体共建合作协议签约仪式。校党委书记朱灿平、校长祝家贵、副校长黄志圣出席活动。

▲学校召开2018级本科专业人才培养方案论证会。校长祝家贵,副校长徐柳凡、朱定秀出席会议。

8月17~18日　副校长黄志圣率队赴芜湖、铜陵、潜山等地开展"百千万"资助走访活动。

8月21日　副校长徐柳凡率队赴巢湖市烔炀镇、黄麓镇及肥东县长临河镇考察调研。

▲副校长朱定秀率队赴中庙街道、庙岗乡就环巢湖乡村振兴、田园综合体、特色小镇、乡村旅游等进行实地调研。

8月21~22日　校纪委书记阮爱民率队赴阜阳市颍州区、颍泉区、亳州市等地开展毕业生走访调研活动。

8月22~25日　学校学子在2018年全国大学生智能汽车竞赛总决赛中获得2项二等奖。

8月24日　省侨联副主席、合肥市侨联主席方玲率队来校调研。校党委书记朱灿平接见来宾。

8月27日　学校启动2019届师范生秋学期顶岗支教实习工作。

8月27~30日　学校体育学院在省首届普通高校本科体育教育专业学生基本功大赛中获1项一等奖,1项三等奖。

8月28日　校党委书记朱灿平主持召开党委会。会议听取了违规占用住房清理工作情况的汇报;审议了2套违规占用住房强制收回工作方案。校党委领导班子成员祝家贵、徐柳凡、阮爱民、黄志圣、朱定秀、余洁平参加会议。

8月29日　学校召开新学期开学暨2018级专升本新生报到工作布置会。校纪委书记阮爱民主持会议并讲话。

8月30日 校党委书记朱灿平主持召开党委会。会议研究了选调干部培训工作，合肥市法学会常务理事候选人建议人选以及省党外知识分子联谊会会员、理事人选；听取了侨联工作、违规占房清理、拟提任副处级干部考察及有关问题核查等情况的汇报；审议通过了《巢湖学院党委"讲忠诚、严纪律、立政德"警示教育专题民主生活会整改方案》《关于做好"讲忠诚、严纪律、立政德"专题警示教育第四阶段重点事项的通知》。校党委领导班子成员祝家贵、徐柳凡、阮爱民、黄志圣、余洁平、郑尚志参加会议。

▲校党委书记朱灿平、副校长黄志圣巡查校园安全，实地调研新学期后勤保障准备工作。

8月31日 学校召开秋学期开学工作会议。校长祝家贵主持会议。校党政领导班子成员朱灿平、徐柳凡、阮爱民、黄志圣、朱定秀、余洁平、郑尚志出席会议。

9月

9月1~2日 学校举办"第七届巢湖·中华有巢氏文化"学术研讨会。

9月3日 2018~2019学年度第一学期开学第一天，校领导朱灿平、祝家贵、徐柳凡、阮爱民、黄志圣、朱定秀对教学工作进行全面检查。

▲副校长徐柳凡主持召开新学期第一次教学工作例会。

9月3~26日 学校开展2018年度网络安全宣传月系列活动。

9月4日 校长祝家贵主持召开学校2018年迎新暨军训工作布置会。副校长徐柳凡、校纪委书记阮爱民、副校长黄志圣参加会议。

▲副校长徐柳凡到外国语学院调研指导工作。

▲副校长徐柳凡到数学与统计学院调研指导工作。

9月5日 校长徐柳凡主持召开新学期第一次教学督导工作会议。

▲校纪委书记阮爱民主持召开2018年秋季学生资助工作推进会。

9月6日 校长祝家贵主持召开校长办公会议。会议研究了学生奖惩、人员聘用、职工转岗、通信补贴、车辆行驶补贴等工作，听取了心理健康教育与咨询中心搬迁、2018级新生入学体检工作汇报。校领导徐柳凡、阮爱民、黄志圣、朱定秀参加会议。

▲学校举办新聘辅导员入职仪式暨辅导员素质能力提升专题培训班。校纪委书记阮爱民主讲题为"吹尽黄沙始到金——做一个新时代的辅导员"的专题讲座。

▲学校召开反电信网络诈骗培训会。

9月8~9日 2018级新生报到。

9月10日 副校长徐柳凡主持召开主题为"弘扬高尚师德，潜心立德树人"的教师节座谈会。校党委书记朱灿平做总结讲话。校长祝家贵到会讲话。校党委领导班子成员出席会议。

▲副校长黄志圣主持召开学校中轴道路项目中标企业见面会。

9月11日 学校召开2018年秋季工作推进会。校党政领导班子成员朱灿平、祝家贵、徐柳凡、阮爱民、黄志圣、朱定秀、余洁平、郑尚志出席会议。副校长徐柳凡主持会议。

▲学校召开第三轮处级干部任职谈话会议。校党政领导班子成员朱灿平、祝家贵、徐柳凡、阮爱民、黄志圣、朱定秀、余洁平、郑尚志出席会议。校长祝家贵主持会议。

9月12日　校长祝家贵主持召开2018年度第二次预算执行推进会。副校长黄志圣参加会议。

▲校纪委书记阮爱民主持召开纪委扩大会议，学习新修订的《中国共产党纪律处分条例》，研究部署秋学期工作。

▲校大学生心理健康教育工作领导组召开2018年度第二次全体会议。校纪委书记阮爱民主持会议。

▲副校长朱定秀到国资处主持召开新任处级干部送任会，并对国资处近期工作进行调研和指导。

9月13日　副校长黄志圣专题调研校医院及新生体检工作。

▲学校召开2018年秋季科研工作与学科建设推进会。校长祝家贵做总结讲话。副校长朱定秀主持会议。

▲学校举办第九届师范生教学技能竞赛。

9月14日　校党委书记朱灿平主持召开党委会。朱灿平传达了省委有关会议精神；会议研究了部分处级岗位聘任工作，听取了第八次教学工作会议筹备情况和2018年央财申报项目情况汇报，审议通过了《巢湖学院基层党组织换届工作实施方案》《巢湖学院第二次党代会2018年年会暨三届二次教代会工代会筹备工作方案》。校党委领导班子成员祝家贵、徐柳凡、阮爱民、黄志圣、朱定秀、余洁平、郑尚志参加会议。

▲副校长徐柳凡率队赴中银金融商务合肥分公司交流工作。

9月16日　学校召开2018年暑期"三下乡"社会实践活动考评交流会。

9月17日　学校举行2018级新生开学典礼暨军训动员大会。校党委书记朱灿平代表学校授新生军训团团旗。校长祝家贵发表讲话。副校长徐柳凡、校纪委书记阮爱民、副校长朱定秀出席大会。军训团政委、副校长黄志圣主持大会。

▲学校召开基层党组织换届工作动员会。校党委书记朱灿平做动员讲话。校纪委书记阮爱民提出具体要求。

9月19日　副校长朱定秀主持召开服务地方及文化塑校育人工作专题会议。

9月20日　校长祝家贵召开校长办公会议。会议研究了学生学籍处理、图书馆特色资源库和文化提升、教学督导、新生转专业、青年教师社会实践申报、教研室主任调整等问题；听取了IPV6下一代互联网和Eduroam应用情况汇报；审议了校医院托管引进口腔诊疗项目，审议并通过了《巢湖学院第一届大学生专利创新大赛实施方案》。校领导阮爱民、黄志圣、朱定秀参加会议。

▲校长祝家贵为新进教职工做题为《坚守目标，锲而不舍，做"三高"教师》的专题报告。

▲副校长徐柳凡率队参加巢湖市融媒体中心揭牌暨合作签约仪式。

▲副校长黄志圣为2018年新入职教职工做题为《校园建设的历史回顾与未来展望》的校情校史报告。

9月21日　省委第四督查组来校督查党建工作重点任务落实情况。校党委书记朱灿平主持会议。

▲安徽信息工程学院来校调研专升本工作。

9月25日 校党委书记朱灿平主持召开党委会。会议研究了部分学院院长岗位聘任工作,听取了学校基层党组织换届工作请示情况的汇报,审议通过了《关于调整学校党的建设工作领导组等42个议事协调工作机构组成人员的通知》《中共巢湖学院委员会关于认真学习贯彻〈中国共产党纪律处分条例〉的通知》《巢湖学院2018年职称评审工作实施方案》。校党委领导班子成员祝家贵、徐柳凡、阮爱民、黄志圣、朱定秀、余洁平、郑尚志参加会议。

▲校党委中心组召开理论学习扩大会议,学习贯彻习近平总书记9月10日在全国教育大会上的重要讲话精神和新修订的《中国共产党纪律处分条例》,传达全省宣传思想工作会议精神。校党委书记朱灿平主持会议并讲话。校党政领导班子成员祝家贵、徐柳凡、阮爱民、黄志圣、朱定秀、余洁平、郑尚志参加会议。

▲学校举行2018级新生军训总结表彰大会。校长祝家贵、校纪委书记阮爱民、副校长朱定秀出席大会。副校长徐柳凡主持大会。军训团政委、副校长黄志圣做总结讲话。

9月25~28日 学校外国语学院教师获得全国高等院校英语教学基本功大赛二等奖。

9月26日 校长祝家贵到工商管理学院指导学院党委换届选举工作。

▲学校举行第十一届大学生职业规划设计大赛暨创业大赛决赛。

9月27日 校纪委开展教育扶贫领域作风问题专项治理督查。

9月28日 校党委书记朱灿平主持召开党委会。朱灿平传达了全省"讲忠诚、严纪律、立政德"专题警示教育总结会议精神;会议听取了部分学院院长拟任人选考察情况汇报,审议通过了《巢湖学院二级学院党组织议事规则(试行)》《巢湖学院二级学院党政联席会议议事规则(修订)》。校党委领导班子成员祝家贵、徐柳凡、阮爱民、黄志圣、朱定秀、余洁平、郑尚志参加会议。

▲校党委书记朱灿平为2018年新入职教师做题为《师德师风,源远流长》的师德师风专题报告。

9月29日 学校召开第八次本科教学工作会议。本次教学工作会议主题为"加强教育过程管理,提高人才培养质量"。上午校长祝家贵做主题报告,下午分组讨论。校党委书记朱灿平做总结讲话。副校长徐柳凡主持会议。校党政领导班子其他成员阮爱民、黄志圣、朱定秀、余洁平、郑尚志出席会议。

▲副校长徐柳凡率队赴巢湖兴业银行参加教师挂职对接会。

9月30日 安徽巢湖经济开发区与安徽中显公司来校交流洽谈校政企三方合作事宜。校党委书记朱灿平出席交流座谈会。副校长朱定秀主持座谈会。

10月

10月初 学校有9项课题获2018年度省哲学社会科学规划项目立项资助。

10月1~3日 学校承办2018年省沙滩排球精英赛。

10月9日 皖西学院党委副书记卢义忠率队来校调研校庆筹办工作。校党委书记朱灿平、校长祝家贵接见来宾。副校长黄志圣主持座谈会。

▲副校长朱定秀率队赴安徽中显智能机器人有限公司考察。

10月9~15日　校田径队在省第十四届运动会高校部比赛中获得7个一等奖、13个二等奖和19个三等奖。

10月10日　学校召开2018年国家奖学金、国家励志奖学金评审会。校纪委书记阮爱民主持评审会。

10月10~11日　学校承办2018年省大学生沙滩排球锦标赛。

10月11日　校党委书记朱灿平主持召开党委会。会议研究了在第三轮干部聘任中退出处级干部岗位人员的工作安排问题；听取了学校基层党组织换届选举结果的汇报；审议通过了《巢湖学院2018年处级党政领导干部经济责任审计方案》《关于在全校处级以上领导班子和领导干部中开展"三查三问"的实施方案》；会议在校长办公会研究意见的基础上，同意立项建设巢湖学院大学生活动中心。校党委领导班子成员祝家贵、徐柳凡、阮爱民、黄志圣、朱定秀、余洁平、郑尚志参加会议。

▲学校召开服务地方工作专题调研会议。校党委书记朱灿平、副校长朱定秀出席会议。

▲校长祝家贵主持召开校长办公会议。会议研究了学生学籍、奖学金、就业创业、资产清查、基建项目招标与立项等工作；听取了编外人员办理城镇职工养老保险及补缴情况的汇报；审议通过了《巢湖学院实施政府会计制度工作方案》。校领导徐柳凡、阮爱民、黄志圣、朱定秀参加会议。

10月11~12日　学校学子在第三届"说宪法、讲宪法"安徽省赛区演讲比赛中获二等奖。

10月13~15日　学校师生赴厦门参加第十一届全国大学生创新创业年会。

10月14日　学校学子在省大学生国际商务模拟谈判大赛中获特等奖和三等奖各1项。

10月15日　学校组织集中观看2018年全国科学道德和学风建设宣讲教育报告会视频直播。校领导朱灿平、祝家贵、徐柳凡、阮爱民、黄志圣、朱定秀、郑尚志出席报告会。

10月16日　校党委书记朱灿平主持召开审核评估专项任务推进会。

▲华南理工大学研究员冯小宁应邀来校，做题为《解读新规防范风险——从41号令到43号令，学生工作走向更加规范化法治化精细化》的辅导员素质能力提升培训的专题报告。校党委书记朱灿平接见冯小宁。

▲校纪委书记阮爱民主持召开纪委扩大会议，学习传达上级文件精神，讨论修改第二次党代会2018年年会纪委工作报告。

10月16~22日　学校承办省首届漆画艺术作品展（巢湖站）。

10月17日　校党委书记朱灿平率队赴霍邱县长集镇大墩村开展调研走访慰问活动。

▲校团委联合中国人民银行巢湖中心支行举办"诚信点亮中国——预防电信网络诈骗"的知识讲座。

▲学校组织离退休同志开展重阳节秋游活动。

▲学校举办2018年服务地方专场招聘会。

▲学校举办第五次教学沙龙活动。

▲学校学子在省首届大学生"新时代·好家风"诵读大赛中获得二等奖和三等奖各1项。

10月17日、19日　学校组织开展教职工秋季登山活动。

10月18日　校关工委召开全体委员会议。校关工委主任王助民主持会议。

10月19日　校党委书记朱灿平主持召开党委会。会议研究了学校安全稳定、党支部换届和"三代会"筹备工作；听取了有关党的建设、党风廉政建设、工会工作、博士（含在读博士生）人员等情况汇报；审议通过了第二次党代会2018年年会暨三届二次教代会工代会有关工作报告及决议（草案），2018年新进人员档案及思想政治情况审查报告，《巢湖学院宣讲全国教育大会精神实施方案》。校党委领导班子成员祝家贵、徐柳凡、阮爱民、黄志圣、朱定秀、余洁平、郑尚志参加会议。

▲学校召开2018年暑期"三下乡"社会实践活动总结表彰大会。校纪委书记阮爱民出席大会。

10月下旬　学校学子在全国首届"图书馆杯"主题海报创意设计大赛中获得一等奖。

▲《巢湖学院年鉴·2017》首次由中国科学技术大学出版社正式出版发行。

10月20日　学校承办旌德县"纪念改革开放四十周年中国·旌德大健康论坛"文艺晚会。

10月20~21日　学校承办省首届"华为杯"网络与分布式系统创新设计大赛现场决赛。

10月21~27日　校党委书记朱灿平带队参加东三省硕博招聘会。

10月22日　学校召开秋学期第二次教学工作例会。副校长徐柳凡主持会议。

▲长春大学来校考察交流易班建设工作。校纪委书记阮爱民出席座谈会。

10月24日　学校召开学生工作"8+1"联席会议第十六次会议。校纪委书记阮爱民出席会议。

▲学校举行"胡是平、叶应涛画册、图书"捐赠仪式。副校长朱定秀出席仪式。

▲学校派员赴俄罗斯参加"中国、中国文明与世界：历史、现代与未来"国际学术会议。

10月25日　校长祝家贵主持召开本科教学审核评估工作推进会。

▲校长祝家贵主持召开2018年资产清查工作动员与布置会。

▲校纪委书记阮爱民、副校长黄志圣带队开展校园安全大检查。

▲校纪委书记阮爱民到体育学院调研指导工作。

▲副校长黄志圣主持召开2018年度第三次预算执行推进会。

▲学校启动2018年处级党政领导干部经济责任审计。

10月26日　校长祝家贵主持召开校长办公会议。会议研究了医疗、环巢湖文化展馆建设、图书馆装饰装修、人员聘用、学生档案、扶贫资助以及《巢湖学院学报》管理信息系统采购和学报封面设计方案面向社会公开征集等工作；听取了关于王权坠楼事件处理情况的汇报；审议并原则通过了《巢湖学院关于构建"三全育人"体系，进一步促进学风建设的实施方案》《巢湖学院"第二课堂成绩单"制度实施方案（试行）》《巢湖学院艺术类专业风景写生与专业考察管理办法》《巢湖学院关于申报专业技术职务人员教学质量评价实施办法（试行）》。校领导阮爱民、黄志圣、朱定秀参加会议。

10月27~28日　学校学子在"2018外研社·国才杯"全国大学生英语挑战赛中获得3个二等奖、3个三等奖。

10月28日 副校长朱定秀赴美参加为期一个月的"中西部大学校长海外研修计划"研修团培训。

10月29日 校纪委书记阮爱民带队调研安徽巢湖经济开发区部分企业。

10月30日 学校召开党委中心组理论学习扩大会议,专题学习宣讲全国教育大会精神。全省学习宣传全国教育大会精神宣讲团成员、校党委书记朱灿平做首场宣讲。校长祝家贵主持会议。在校党政领导班子成员徐柳凡、阮爱民、黄志圣、余洁平、郑尚志参加会议。

10月31日 学校召开第二次党代会2018年年会暨三届二次教代会工代会。大会的主题是:深入学习贯彻习近平新时代中国特色社会主义思想和党的十九大精神,全面贯彻落实全国教育大会和新时代全国高等学校本科教育工作会议精神,团结带领全校广大党员干部和师生员工,坚持立德树人,落实三全育人,加强教学建设,深化教学改革,凝心聚力,攻坚克难,全力做好迎接教育部审核评估工作,奋力推进地方应用型高水平大学建设。校党委书记朱灿平做总结讲话。校长祝家贵做题为《坚持党建引领、创新内涵发展,为建设特色鲜明的地方应用型高水平大学而努力奋斗》的工作报告。在校党政领导班子成员徐柳凡、阮爱民、黄志圣、余洁平、郑尚志出席大会。

▲学校举办第六次教学沙龙活动。

10月底 学校推进面向贫困县定点采购农产品工作。副校长黄志圣赴现场指导食品原材料验收工作。

11月

11月1日 副校长徐柳凡带队走访考察科大讯飞股份有限公司、合肥天源迪科信息技术有限公司、惠而浦(中国)股份有限公司3个校外实践教育基地。

11月2日 校党委书记朱灿平主持召开党委会。会议研究了关于推荐第五届省女知识分子联谊会理事候选人、2019年度因公临时出访计划、高校"三长"担任校党委委员等工作;听取了共青团巢湖学院第三次代表大会、巢湖学院第四次学生代表大会筹备和党支部换届选举结果等工作的汇报;会议在校长办公会研究意见的基础上,同意环巢湖文化展馆建设工作和图书馆装饰装修工作建议方案;会议审议并原则通过了《巢湖学院本科教学工作审核评估自评报告》《中共巢湖学院委员会关于党员领导干部联系党支部制度》《中共巢湖学院委员会关于实施党支部建设提升行动的实施方案》《中共巢湖学院委员会关于选举增补第二届委员会委员方案》。校党委领导班子成员祝家贵、徐柳凡、阮爱民、余洁平、郑尚志参加会议。

11月5日 校纪委书记阮爱民主持召开"三查三问"督查工作会议。

11月6日 学校召开校园思想文化建设项目推进会。校党委书记朱灿平出席会议并做总结讲话。

▲副校长徐柳凡率队走访实习基地。

11月7日 学校外聘教授,安徽师范大学教授、博士生导师刘运好做客"汤山讲坛",主讲题为《文学文本的阅读与研究》的学术报告。校党委书记朱灿平主持报告会,并介绍了刘运好教授的学术成就。

▲学校召开全国教育大会精神宣讲会与构建"三全育人"体系工作布置会。校长祝家贵到会宣讲。

▲学校召开2018年学风建设月活动动员大会。副校长徐柳凡出席会议。校纪委书记阮爱民主持大会。

▲校纪委书记阮爱民为分管部门及联系学院全体教职工和部分学生代表做《学习宣传贯彻全国教育大会精神》的专题报告。

▲副校长黄志圣为分管部门及联系学院全体教职工主讲题为《学习全国教育大会精神,谱写巢湖学院发展的崭新篇章》的专题宣讲报告。

▲学校选派师生参加"2018国元证券杯"金融投资创新大赛颁奖典礼。学校共获24个一等奖、40个二等奖、42个三等奖,名列综合团体奖第三名和"股票虚拟仿真交易组"单项团体奖第三名;另外,获得高校优秀组织奖。

11月8日　学校与安徽中显教育投资有限公司、安徽中显智能机器人有限公司举行三方产学研合作签约暨授牌仪式。校党委书记朱灿平出席签约仪式。

11月8~9日　学校组织开展2018年秋学期师范生教育实习中期检查工作。

11月9日　校党委书记朱灿平、副校长徐柳凡率队赴安庆师范大学就贯彻落实全国教育大会和新时代全国高等学校本科教育工作会议精神、迎接教育部本科教学审核评估工作进行专题调研。

▲学校第十六届新生广播节目主持人大赛落幕。

11月9~11日　学校学子获2018年全国管理决策模拟大赛总决赛冠军。

11月10日　学校举办2019届毕业生校园秋季双选会。

11月12日　学校启动"早鸟行动"。

11月13日　副校长徐柳凡主持召开服务环巢湖区域经济社会发展行动计划工作推进会。

▲校纪委书记阮爱民率队调研考察巢湖半汤安徽三瓜公社投资发展有限公司。

11月14日　学校召开2018年"三代会"代表团意见和党代会教代会提案交办会。校党委书记朱灿平出席会议。校纪委书记阮爱民主持会议。

▲校长祝家贵率队赴长临河镇考察并签订产学研合作协议。

▲副校长徐柳凡为分管部门及联系学院全体教职工和部分学生代表主讲题为《贯彻落实全国教育大会精神,推进学校内涵式发展》的专题宣讲报告。

▲学校召开2017年智慧校园平台及信息系统项目验收会议。

▲学校举办第七次教学沙龙活动。

11月15日　校党委书记朱灿平主持召开党委会。会议研究了杨汉生、张自锋两位同志申请赴日本参加"日本半导体及集成电路国际展"和2019年省属公办普通本科高校领军骨干人才项目申报等工作;听取了团委副书记挂职、兼职人选考察情况和部分学院党员活动室建设等工作的汇报;审议并原则通过了《巢湖学院审核评估专家驻校考察期间工作总体方案》《巢湖学院2018年师德师风专题教育实施方案》《关于做好2018~2019年校级领导联系服务专家(高层次人才)工作的通知》《关于举办基层党组织工作业务培训暨党支部书记培训班的通知》《中共巢湖学院委员会关于开展基层党组织建设质量提升行动的实施意见》《巢湖学院部分楼宇和道路命名的建议方案》。校党委领导班子成员祝家贵、徐柳凡、阮爱民、余洁平、郑尚志参加会议。

▲校长祝家贵主持召开校长办公会议。会议研究了有关学生学籍处理、奖助学金发放、基建违约金、项目变更、组织教师参加国家教育行政学院专题网络培训、工伤保险给付、教研室主任聘用等工作;听取了多媒体教室美化改造、光缆铺设、校园网主页版面调整等工作汇报;审议通过了《巢湖学院审核评估专家驻校考察期间工作总体方案》《艺术学院环境布置方案》《巢湖学院部分楼宇和道路命名的建议方案》。校领导徐柳凡、阮爱民参加会议。

▲"鼓乡情韵"文艺演出走进学校。

11月15~16日 副校长徐柳凡率队赴皖维集团、黄麓、中庙等校外实践基地考察调研。

11月16日 学校举办基层党组织业务工作培训开班典礼暨首场专题辅导报告。省委教育工委组织干部处调研员朱晓明同志应邀来校主讲题为《基层党支部标准化建设与提升行动》的专题辅导报告。校党委书记朱灿平主持报告会。

11月18日 学校学子在2018年省大学生财会技能创新大赛中获2项三等奖。

11月19日 副校长徐柳凡主持召开秋学期第三次教学工作例会。

11月20日 校党委书记朱灿平、副校长徐柳凡先后到旅游管理学院、数学与统计学院调研并指导工作。

▲学校召开审核评估学生工作动员暨"8+1"学生工作联席扩大会议。校纪委书记阮爱民出席会议。

▲学校再获全国暑期"三下乡"社会实践活动"优秀单位"。

11月21日 校党委书记朱灿平、校纪委书记阮爱民到化学与材料工程学院调研并指导工作。

11月22日 学校与迪科数金科技有限公司举行人才培养校企合作签约暨实习实训基地授牌仪式。副校长徐柳凡出席签约仪式。

▲校纪委书记阮爱民率队参加"我的团长我的团"的颁奖典礼。

▲学校召开"三查三问"督查工作会议,听取各组组长前期督查情况汇报。校纪委书记阮爱民主持会议并讲话。

11月22~24日 学校承办首届安徽会展职业经理人研修班。

11月23日 副校长黄志圣主持召开教学实验楼中标单位约谈会议。

▲学校举办第十四届新生才艺大赛。

11月23~25日 学校学子在省第九届师范生教学技能竞赛中取得2项二等奖和7项三等奖,学校获得团体三等奖。

11月24日 学校组织开展2018年申报高级专业技术职务人员教学质量评价工作并召开质量评价工作专家组会议。副校长徐柳凡出席会议。

▲学校学子在省第三届大学生模拟法庭比赛中获得季军。

11月27日　校党委理论学习中心组召开扩大会议,专题学习《中国共产党支部工作条例(试行)》《新时代高校教师职业行为十项准则》《高校教师师德失范行为处理指导意见》。校党委书记朱灿平主持会议并讲话。校党政领导班子成员祝家贵、徐柳凡、黄志圣、朱定秀、余洁平、郑尚志参加会议。

▲安巢经开区党工委委员、管委会副主任李先强率队来校现场调度,协调解决学校中轴道路和教学实验楼建设以及土地划拨等问题。副校长黄志圣参加调度活动。

▲学校艺术学院40周年院庆师生优秀作品展开幕。

11月27日开始　学校开展"阳光晨跑"赠餐活动。

11月28日　校党委书记朱灿平主持召开党委会。会议研究了培训班、人才库、联谊会会员的人选安排、"三长"担任校党委委员工作;会议在校长办公会研究意见的基础上,审议通过了学校2018年省级和校内(第二批)预算调整工作建议。校党委领导班子成员祝家贵、徐柳凡、阮爱民、黄志圣、朱定秀、余洁平、郑尚志参加会议。

▲校长祝家贵主持召开校长办公会议。会议研究了有关学生学籍处理工作;听取了学校2018年省级和校内(第二批)预算调整情况,以及有关网络信息化建设工作的汇报。校领导徐柳凡、阮爱民、黄志圣、朱定秀参加会议。

▲学校组织片区高校集中观看2019届全国普通高校就业创业工作网络视频会。校纪委书记阮爱民在学校收看视频会。

▲学校举办第八次教学沙龙活动。

11月29日　学校艺术学院举办建院40周年文艺晚会。校长祝家贵、校纪委书记阮爱民观看演出。

11月30日　校党委书记朱灿平到马克思主义学院调研指导工作。

▲学校易班发展中心正式揭牌。校党委书记朱灿平、校长祝家贵、副校长徐柳凡、校纪委书记阮爱民出席揭牌仪式。

▲副校长黄志圣率队巡查校园安全和环境整治情况。

▲学校第七届读书月活动开幕。副校长朱定秀出席开幕式。

12月

12月1日　学校举办第一届大学生专利创新大赛汇报评审会。副校长朱定秀出席汇报评审会并致辞。

12月2日　学校召开省2018年脱贫攻坚第三方监测评估工作动员暨培训会。

12月3日　省教育系统排球裁判员培训班在学校开班。

12月3~6日　教育部专家组进驻学校开展本科教学审核评估考察工作。

12月5日　2018年"校园大舞台——徽风皖韵进高校"黄梅戏专场演出在学校上演。校领导祝家贵、阮爱民、黄志圣、朱定秀与1200余名师生共同观看了演出。

▲学校举办大学生创业大讲堂。

12月6日　学校获得省教育与科研计算机网"2018年度先进用户单位"称号。

12月7日　学校举行师生参加省2018年脱贫攻坚第三方监测评估出征仪式。校党委书记朱灿平授旗。校纪委书记阮爱民做动员讲话。副校长黄志圣、朱定秀出席仪式。

▲学校合作项目获得省科技厅2018年创新型省份建设专项资金资助。

12月8日　学校教师在省第二届高校教师教学发展联盟同课异构教学竞赛中取得1名一等奖和1名三等奖,学校获优秀组织奖。

12月8～9日　学校学子在省第十三届大学生职业生涯规划大赛暨大学生创业大赛中获得1项银奖和1项铜奖,学校获大赛组织奖。

12月10日　校党委书记朱灿平主持召开党委会。会议研究了共青团巢湖学院第三届委员会人事安排、工会换届、推选省"三八红旗手"候选人推荐人选等工作;听取了增补党委委员第二轮推荐情况的汇报。校党委领导班子成员祝家贵、徐柳凡、阮爱民、黄志圣、朱定秀、余洁平、郑尚志参加会议。

12月10～12日　校党委书记朱灿平、校长祝家贵、校纪委书记阮爱民、副校长黄志圣分赴明光市、五河县、郎溪县和黄山区看望慰问参与全省2018年脱贫攻坚第三方监测评估的师生,并分别与当地政府召开脱贫攻坚第三方监测评估工作座谈会。

12月11日　学校与安徽德信佳医药有限公司再次达成校企合作项目协议。副校长朱定秀出席相关活动。

12月12日　副校长朱定秀到外国语学院调研指导工作。

12月13日　校党委书记朱灿平主持召开党委会。会议研究了旅游管理学院引进高层次人才工作;听取了党委委员候选人初步人选考察情况的汇报;审议通过了《巢湖学院二级机构主要工作职责》《巢湖学院第三轮科级干部聘任工作实施方案》。校党委领导班子成员祝家贵、徐柳凡、阮爱民、黄志圣、朱定秀、余洁平、郑尚志参加会议。

12月14日　学校召开校园安全稳定工作会议。校长祝家贵主持会议。校党委书记朱灿平、副校长黄志圣出席会议。

▲安庆师范大学派员来校调研教学督导工作。副校长徐柳凡接待了安庆师范大学一行。

12月16日　学校召开第三次团代会、第四次学代会。校党委书记朱灿平、副校长徐柳凡、校纪委书记阮爱民、副校长黄志圣、副校长朱定秀出席会议。

12月17日　副校长徐柳凡主持召开秋学期第四次教学工作例会。

▲学校在全省教育电子政务应用工作会议做典型交流发言。

12月18日　学校组织干部师生收看庆祝改革开放40周年大会直播。校党委书记朱灿平做总结讲话。

▲校长祝家贵主持召开迎接省本科专业评估工作布置会。副校长徐柳凡、朱定秀参加会议。

▲省高校共青团改革暨学校战线重点工作互学互促第三工作组来校考察交流。校纪委书记阮爱民出席会议。

12月19日　校党委书记朱灿平参加经济与法学学院庆祝改革开放40周年座谈会。

▲副校长徐柳凡率队赴凤台县看望顶岗支教实习生。

▲学校举行2018年优秀学子报告会。校纪委书记阮爱民出席会议。

▲副校长朱定秀主持召开服务环巢湖区域经济社会发展行动计划工作推进会。

▲省社科联安徽历史文化研究中心主任翁飞研究员应邀做客"汤山讲坛",主讲题为"安徽地域文化的特点"的学术讲座。副校长朱定秀主持报告会。

12月19~21日　学校承办省高等学校档案工作协会2018年学术年会暨高校档案工作经验交流会。

12月20日　校长祝家贵主持召开校长办公会。会议研究了学生学籍、减免学费、表彰就业创业,多媒体外包维护服务,架设电线、电梯,兴建停车场等工作;审议通过了《巢湖学院优秀科研创新团队评选暂行办法》《巢湖学院规范劳务费发放暂行规定》《巢湖学院经济学院、管理学院教学实验楼工程合同协议书》。校领导徐柳凡、阮爱民、黄志圣、朱定秀参加会议。

12月21日　池州学院校长柳友荣、校纪委书记汪海率队来校专题调研本科教学审核评估工作。校党委书记朱灿平、校长祝家贵、副校长徐柳凡、校纪委书记阮爱民出席相关活动。

▲校纪委召开会议,学习习近平总书记在庆祝改革开放40周年大会重要讲话精神,通报全年工作总结。校纪委书记阮爱民主持会议。

12月22日　学校组织师生参观安徽省庆祝改革开放40周年科技创新成果展。

▲学校陈恩虎教授出席新时代炎黄文化暨省炎黄文化研究会2018年年会。

12月24日　校党委书记朱灿平主持召开党委会。会议听取了第三轮科级干部聘任工作报名资格审查情况的汇报。校党委领导班子成员祝家贵、徐柳凡、阮爱民、黄志圣、朱定秀、郑尚志参加会议。

12月24~26日　学校学子在第四届全国应用型人才综合技能大赛中获得1项全国一等奖、1项全国二等奖、4项全国三等奖的佳绩,学校获得优秀组织奖。

12月25日　校党委理论学习中心组召开理论学习扩大会议,专题学习习近平总书记在庆祝改革开放40周年大会上重要讲话精神。校党委书记朱灿平主持会议。在校其他党政领导班子成员祝家贵、徐柳凡、阮爱民、黄志圣、朱定秀、郑尚志参加会议。

▲学校召开教风学风建设月教师座谈会。副校长徐柳凡出席会议。

12月26日　校纪委书记阮爱民到工商管理学院督查"三查三问"集中整治形式主义、官僚主义专项行动工作。

▲学校借力"大数据"隐形资助479名学子。

12月27日　学校召开第二次党代会2018年年会暨三届二次教代会提案督办工作推进会。校纪委书记阮爱民主持会议。

▲学校举办个人所得税专项附加扣除政策宣讲会。副校长黄志圣主持会议。

12月28日　2019年元旦文艺晚会上演。校领导徐柳凡、阮爱民、黄志圣、朱定秀同师生一起观看演出。

▲学校召开2018年脱贫攻坚第三方监测评估工作总结表彰会。校纪委书记阮爱民做总结讲话。

▲2018年校教职工篮球比赛落幕。

▲学校胡是平教授等参加省油画学会换届大会。

12月29日　校长祝家贵主持召开校长办公会。会议研究了职称评聘、教学事故处理,以及2018年脱贫攻坚第三方监测评估相关工作。校领导徐柳凡、阮爱民、黄志圣、朱定秀参加会议。

▲校纪委书记阮爱民主持召开学生工作"8＋1"联席会议第十七次会议。

▲皖江学者、安徽大学博士生导师田玉鹏教授应邀主讲题为《有机-无机杂化红外非线性光学材料的基础研究及应用探索》的学术报告。副校长朱定秀教授主持报告会。

（供稿：罗　蓉）

附录　报道索引

国家级新闻媒体有关学校的报道索引

人民网	2月28日	国家奖学金获奖学生代表名录
中国青年报	3月28日	"校地共建"助推志愿服务专业品牌化
凤凰网	6月21日	巢湖学院：航拍毕业照——绿茵场上定格青春
凤凰网	7月23日	【暑期"三下乡"】插上电商翅膀，助力乡村振兴——巢湖学院赴三瓜公社、潜山调研农村电商发展情况
中国青年网	9月12日	巢湖学院学子走进基层社区：扎根基层，服务为民
中国青年网	9月15日	巢湖学院学子赴宿松县：脱贫攻坚，砥砺前行
中国青年网	9月20日	巢湖学院暑期支教；"大手拉小手，共绘艺术梦"
中国青年网	9月20日	"追寻红色足迹，筑梦青春之旅"，巢湖学院大学生骨干开展实践调研活动
中国青年网	9月25日	巢湖学院学子赴广德：探寻"朽木重生"之谜，领会人与自然和谐之美
中国青年网	9月26日	保护非物质文化遗产，巢湖学院青年在路上
中国青年网	9月26日	巢湖学院学子入村帮扶，助力乡村振兴
中国青年网	9月27日	巢湖学院学子暑期三下乡："高校＋社区"志愿服务体系
中国青年网	11月15日	巢湖学院：五四新青年，逐梦新时代
搜狐网	11月29日	继往开来，砥砺前行——巢湖学院召开第四次共青团网宣工作推进会暨第三次网宣工作表彰大会
搜狐网	11月30日	安徽排球学院在巢湖学院挂牌成立
凤凰网	12月1日	安徽排球学院在巢湖学院挂牌成立，将服务排球发展

（供稿：夏　勇）

省级新闻媒体有关学校的报道索引

综合报道篇

名　称	时　间	标　题
安徽教育网	1月15日	巢湖学院新提任干部参加任职廉政谈话会

续表

名　称	时　间	标　题
安徽教育网	1月15日	习近平总书记给莫斯科大学中国留学生回信在巢院师生中引起强烈反响
安徽教育网	1月22日	巢湖学院开展2017年度党支部书记抓基层党建述职评议考核工作
安徽教育网	2月26日	巢湖学院老师喜获全省教科文卫体系统师德先进个人
安徽教育网	3月1日	巢湖学院开展新学期校园安全生产大检查
安徽教育网	3月7日	巢湖学院传达学习党的十九届三中全会精神
安徽教育网	3月12日	省委综合考核组第21组到巢湖学院进行实地考核
安徽教育网	3月29日	巢湖学院党委中心组传达学习全国"两会"精神
安徽教育网	4月9日	风正时济,自当扬帆破浪;任重道远,更需策马加鞭——巢湖学院部署2018年党建工作
安徽教育网	4月10日	巢湖学院召开廉政风险防控动员暨领导干部落实主体责任集体约谈会
安徽教育网	4月16日	巢湖学院积极推进党的十九大精神宣讲工作
安徽教育网	4月16日	巢湖学院在全省校园及学生安全工作电视电话会议上作典型交流发言
安徽教育网	4月28日	全面落实"查抓补",深入推进"回头看"——巢湖学院认真部署中央巡视整改"回头看"工作
安徽教育网	5月2日	巢湖学院着力推进信息化建设
安徽教育网	5月7日	巢湖学院部署2018年大学生征兵工作
安徽教育网	5月9日	巢湖学院师生座谈学习习近平总书记在北京大学考察时重要讲话精神
安徽教育网	5月15日	巢湖学院研究部署意识形态工作
安徽教育网	5月28日	巢湖学院赴对口帮扶点调研指导脱贫攻坚工作
安徽教育网	5月30日	省委第二十一考核组到巢湖学院反馈院领导班子及成员2017年度综合考核情况
安徽教育网	7月1日	巢湖学院党委中心组学习贯彻习近平总书记在全国网络安全和信息化工作会议上重要讲话精神
安徽教育网	7月1日	巢湖学院开展党员领导干部"讲忠诚、严纪律、立政德"专题警示教育现场会活动
中安在线	7月24日	巢湖学院实践队到春秋乡开展扶贫调研活动
安徽教育网	8月31日	巢湖学院圆满完成2018年学生资助"百千万"大走访活动

续表

名　称	时　间	标　题
安徽教育网	9月10日	巢湖学院开展反电信网络诈骗培训
安徽网	9月14日	巢湖学院新学期喜迎四千多名新生
安徽教育网	9月25日	巢湖学院一行参加巢湖市融媒体中心揭牌暨合作签约仪式
安青网	9月29日	巢湖学院开展教育扶贫领域作风问题专项治理督查
安青网	10月15日	巢湖学院部署服务地方工作
安徽教育网	10月18日	"精准扶贫送关爱,节日慰问暖民心"——巢湖学院赴大墩村开展调研走访慰问活动
安徽教育网	10月28日	巢湖学院启动2018处级党政领导干部经济责任审计
安徽教育网	11月2日	巢湖学院召开第二次党代会2018年年会暨三届二次教代会工代会
安徽教育网	11月6日	巢湖学院布置"三查三问"督查工作
安徽教育网	11月6日	巢湖学院组织开展"三检查"和"一考察"工作
安徽教育网	11月13日	"人生梦起航,就业赢未来"——巢湖学院成功举办2019届毕业生校园秋季双选会
安徽教育网	11月19日	巢湖学院举办基层党组织业务工作培训开班典礼暨首场专题辅导报告
安徽教育网	11月25日	巢湖学院深入推进"三查三问"工作
安徽教育网	12月18日	巢湖学院部署校园安全稳定工作
安徽教育网	12月18日	巢湖学院第三次团代会、第四次学代会开幕
安徽教育网	12月18日	巢湖学院积极组织干部师生收看庆祝改革开放40周年大会直播
安徽教育网	12月18日	巢湖学院获评全省学生资助工作"优秀单位案例典型"称号
安徽教育网	12月24日	巢湖学院师生参观安徽省庆祝改革开放40周年科技创新成果展
安徽教育网	12月25日	巢湖学院成功承办安徽省高等学校档案工作协会2018年学术年会暨高校档案工作经验交流会
安徽教育网	12月26日	巢湖学院党委中心组专题学习近平总书记在庆祝改革开放40周年大会上重要讲话精神
安徽教育网	12月29日	巢湖学院借力"大数据"隐形资助479名学子

人才培养篇

名　称	时　间	标　题
安徽教育网	1月11日	"严格程序、规范操作、公平公正"——巢湖学院扎实开展首次职称自主评审工作
安徽教育网	2月14日	巢湖学院学子喜获2016年"安徽省优秀大学生"称号
安徽教育网	3月1日	巢湖学院汤山青年传媒中心团支部获评2017全国高校活力团支部
安徽教育网	3月1日	《人民日报》刊登国家奖学金获奖学生代表名录我省两名学子位列其中
安徽网	3月21日	巢湖经开区与巢湖学院共建基础型人才培养基地
安徽教育网	3月21日	巢湖学院学子喜获2017年安徽省优秀大学生称号
安徽教育网	3月22日	"展现职业风采,提升胜任能力"——巢湖学院成功举办第七届辅导员职业能力大赛
安徽教育网	3月26日	巢湖学院在全省高校共青团2017年度工作考核中获"优秀"等次
安徽教育网	4月4日	巢湖学院羽毛球队在安徽省第十四届运动会羽毛球比赛中获得突破
安徽教育网	4月9日	巢湖学院选手在第二十一届"外研社杯"全国大学生英语辩论赛华东地区总决赛中晋级三等奖
安徽教育网	4月18日	巢湖学院辅导员在2017年度全省高校辅导员工作优秀论文评选中获奖
安徽教育网	4月18日	巢湖学院在安徽省第六届大学生自创话剧展演活动喜获佳绩
安徽教育网	4月23日	巢湖学院女排在省运会高校部排球赛中喜获佳绩
安徽教育网	4月23日	巢湖学院教师获"中国十佳会展青年专家"称号
安徽教育网	4月25日	巢湖学院学子在第八届全国大学生机械创新设计大赛中喜获佳绩
安徽教育网	4月26日	巢湖学院辅导员在全省高校辅导员素质能力大赛合肥赛区复赛中喜获佳绩
安徽教育网	4月26日	巢湖学院开展2018年"十佳大学生"评选
安徽教育网	4月28日	巢湖学院男排勇夺省运会高校部排球赛男子丙组冠军
安徽教育网	5月9日	巢湖学院在安徽省第三届大学生国际贸易技能综合大赛中荣获佳绩
安徽教育网	5月9日	巢湖学院武术队在安徽省第十四届运动会中喜获佳绩

续表

名　称	时　间	标　题
安徽教育网	5月14日	巢湖学院辅导员在2018年全省高校辅导员素质能力大赛决赛喜获二等奖
安徽教育网	5月15日	巢湖学院在第十届全国旅游院校服务技能大赛中取得优异成绩
安徽教育网	5月28日	新时代、新徽派，巢湖学院教授作品入选"安徽书画40年精品晋京展"
安徽教育网	5月30日	巢湖学院在2018年全国高校商业精英挑战赛国际贸易与经贸会展竞赛中荣获佳绩
安徽教育网	5月30日	巢湖学院在第二届安徽省高等院校"亿学杯"商务英语实践大赛中喜获佳绩
安徽教育网	5月30日	巢湖学院在安徽省第三届大学生财税技能大赛中荣获佳绩
安徽教育网	5月31日	巢湖学院在"2018年中国大学生计算机设计大赛安徽省级赛"喜获佳绩
安徽教育网	6月4日	"立志攀高峰，汤山再出发"——巢湖学院举办2018届优秀毕业生座谈会
安徽教育网	6月8日	巢湖学院在"创青春"安徽省大学生创业大赛中获佳绩
安徽教育网	6月13日	巢湖学院代表队在安徽省第三届ERP管理大赛取得突破性佳绩
安徽教育网	6月13日	巢湖学院在第八届全国大学生电子商务"创新、创意及创业"挑战赛安徽省总决赛中再创佳绩
安徽教育网	6月25日	巢湖学院教授国家社科基金年度项目喜获立项
安徽教育网	9月4日	巢湖学院在全国大学生"西门子杯"中国智能制造挑战赛全国总决赛中喜获佳绩
安徽教育网	9月4日	巢湖学院在2018年全国大学生智能汽车竞赛总决赛中取得佳绩
安徽教育网	9月10日	巢湖学院开展新聘辅导员素质能力提升专题培训
安青网	9月12日	巢湖学院在安徽省大学生金融投资创新大赛中再创佳绩
安徽教育网	9月18日	巢湖学院在全省第四届青年志愿服务项目大赛中勇创佳绩
安徽教育网	9月21日	巢湖学院学子在安徽省第二届普通高等学校大学生化学竞赛中再获佳绩
安徽教育网	10月8日	巢湖学院教师喜获全国高等院校英语教学基本功大赛二等奖
安徽教育网	10月16日	巢湖学院在安徽省大学生国际商务模拟谈判大赛中斩获佳绩

续表

名　称	时　间	标　题
安徽教育网	10月17日	巢湖学院在第三届说宪法、讲宪法安徽省赛区演讲比赛中荣获佳绩
安徽教育网	10月18日	巢湖学院田径队在安徽省十四届运动会高校部中喜获佳绩
安徽教育网	10月22日	巢湖学院学子在安徽省首届大学生"新时代、好家风"诵读大赛中取得佳绩
安徽教育网	10月30日	巢湖学院学子在全国首届"图书馆杯"主题海报创意设计大赛中取得佳绩
安徽教育网	11月5日	巢湖学院学子在全国美术教育专业本科学生基本功展示中喜获佳绩
安徽教育网	11月13日	巢湖学院喜获2018年全国管理决策模拟大赛总决赛冠军
安徽教育网	11月15日	巢湖学院组织开展2018年秋学期师范生教育实习中期检查工作
安徽教育网	11月26日	巢湖学院在第三届安徽省大学生模拟法庭比赛中荣获季军
安徽教育网	12月13日	巢湖学院学子在第十三届安徽省大学生职业生涯规划大赛暨大学生创业大赛中喜获佳绩
安徽教育网	12月13日	巢湖学院在安徽省第二届高校教师教学发展联盟同课异构教学竞赛中取得优异成绩
安徽教育网	12月20日	"汤山学子，引领向上"——巢湖学院举行2018年优秀学子报告会
安徽教育网	12月29日	巢湖学院学子在第四届全国应用型人才综合技能大赛中喜获佳绩

教学科研篇

名　称	时　间	标　题
安徽教育网	1月12日	巢湖学院部署专业创新创业教育课程教学研讨工作
安徽教育网	3月26日	巢湖学院新增两个应用型本科专业
安徽教育网	3月28日	巢湖学院3项课题喜获2018年度安徽省自然科学基金项目立项
安徽教育网	4月4日	巢湖学院部署心理健康教育省级示范中心建设工作
安徽教育网	4月16日	巢湖学院部署2018年学科建设工作
安徽教育网	4月19日	巢湖学院成功举办大学生创新创业成果展
安徽教育网	4月20日	"培养创新意识、造就创业人才"——巢湖学院举办"创青春"第七届大学生创业大赛决赛

续表

名　　称	时　　间	标　　题
安徽教育网	4月23日	巢湖学院教授应邀出席第十二届黄帝文化国际论坛
安徽教育网	4月28日	巢湖学院教师应邀参加安徽省"小岗精神与乡村振兴"理论研讨会
中安在线	5月17日	巢湖学院成功举行"教师发展论坛"开班仪式
安徽教育网	6月13日	巢湖学院2项课题喜获2018年度安徽省重点研究与开发计划项目立项
安徽教育网	9月17	巢湖学院成功举办第九届师范生教学技能竞赛
安徽教育网	10月8日	"加强教育过程管理、提高人才培养质量"——巢湖学院部署第八次本科教学工作
安徽教育网	10月10日	巢湖学院9项课题获2018年度安徽省哲学社会科学规划项目立项资助
安徽教育网	11月5日	巢湖学院6项课题喜获2018年安徽省社会科学创新发展研究课题攻关研究项目立项
安徽教育网	11月19日	巢湖学院在2018年度省社科联"三项课题"研究活动中再获佳绩
中安在线	12月1日	安徽排球学院在巢湖学院挂牌成立
安徽教育网	12月4日	教育部专家组进驻巢湖学院开展本科教学审核评估考察工作
安徽教育网	12月11日	巢湖学院合作项目喜获省2018年创新型省份建设专项资金资助
安徽教育网	12月14日	巢湖学院中爱合作办学项目顺利通过教育部评估
安徽教育网	12月20日	巢湖学院部署迎接安徽省本科专业评估工作

合作交流篇

名　　称	时　　间	标　　题
安徽教育网	1月17日	巢湖学院与合肥菲力克斯电子科技有限公司签订校企合作协议
安徽教育网	4月16日	巢湖学院与巢湖市、安徽巢湖经开区共商校地合作发展
安徽教育网	4月16日	巢湖学院举办"MMD慕曼德杯"第二届(2017年)创意设计大奖赛颁奖典礼暨校企合作产学研座谈会
安徽教育网	4月16日	巢湖学院赴嘉兴考察交流并为实习就业基地挂牌
安徽教育网	4月23日	巢湖学院与巢湖市共同赴苏州硒谷科技有限公司考察调研

续表

名　称	时　间	标　题
安徽教育网	4月26日	巢湖学院赴中国科学技术大学先进技术研究院、科大讯飞开展集体考察调研
安徽教育网	5月15日	校企联动共搭就业平台、校地合力服务学子就业——巢湖学院举行2018届毕业生春季校园双选会
安徽教育网	5月17日	巢湖学院赴安徽中键环境科学研究院有限公司洽谈产学研工作
安徽教育网	5月24日	巢湖学院一行赴柘皋镇洽谈产学研合作
安徽教育网	6月4日	校企合作谋创新、党建共建促发展——巢湖学院马克思主义学院与安徽巢湖经开区企业党委举行党建共建签约揭牌仪式
安徽教育网	6月7日	"档案见证改革开放"——皖西学院联合巢湖学院开展国际档案日活动
安徽教育网	7月5日	巢湖学院一行赴安徽皖维集团有限责任公司洽谈产学研合作
安徽教育网	7月5日	韩国韩瑞大学师生代表团访问巢湖学院
中安在线	7月23日	巢湖学院大学生暑期"三下乡"走访宿松龙成集团
安徽教育网	7月25日	"以服务促发展、以贡献求支持"——巢湖学院隆重部署《巢湖学院服务环巢湖区域经济社会发展行动计划(2018～2020年)》发布工作
安青网	8月6日	巢湖学院"知行促进,乡村振兴"暑期实践团队赴庙岗乡调研农产品产业
安徽教育网	10月11日	巢湖学院一行赴安徽中显智能机器人有限公司考察
安徽教育网	10月22日	巢湖学院成功承办旌德县纪念改革开放40周年中国——旌德大健康论坛文艺晚会
安徽教育网	11月15日	巢湖学院考察安徽三瓜公社投资发展有限公司
安徽教育网	11月19日	巢湖学院一行赴长临河镇考察并签订产学研合作协议

校园文化篇

名　称	时　间	标　题
安徽教育网	1月2日	"新时代、心阅读"——巢湖学院第六届读书月活动圆满落幕
安徽教育网	1月23日	巢湖学院通过复查继续保留全国文明单位荣誉称号
安徽教育网	3月1日	巢湖学院第八期服务农民工子女汤山爱心学校支教志愿者动员暨培训大会圆满完成

续表

名　称	时　间	标　题
安徽教育网	3月6日	巢湖学院青年学子开展细说年味、乐享寒假线上主题实践活动
安徽教育网	3月8日	巢湖学院举行三八红旗手表彰会暨三八妇女节座谈会
安徽教育网	3月13日	"校园植树催春意,播绿添彩引春风"——巢湖学院开展春季义务植树活动
安徽教育网	4月2日	《清明》读书会——书香满巢院
安徽教育网	4月3日	"缅怀革命先烈、弘扬爱国精神"——巢湖学院赴南山革命烈士陵园开展党建活动
安徽教育网	4月16日	新时代的光影——巢湖学院第十届大学生传媒节隆重开幕
安徽教育网	4月19日	巢湖学院第十四届社团文化节暨第五届科技活动月隆重开幕
安徽教育网	4月19日	扎根基层展风采、脚踏实地建功业,巢湖学院举办"成长在基层"优秀毕业学子报告会
安徽教育网	4月20日	"新时代,新雷锋"——巢湖学院全面开展志愿服务活动
安徽教育网	4月27日	巢湖学院成功组织教职工春季登山活动
安徽教育网	4月28日	中国科学技术大学教授做客巢湖学院"汤山讲坛"畅谈新建本科院校发展新路
安徽教育网	5月3日	巢湖学院组织离退休老同志赴新四军第七师纪念馆参观学习
安徽教育网	5月7日	"不忘初心,牢记使命"——巢湖学院开展纪念"五四"运动99周年暨建团96周年活动
安徽教育网	5月14日	巢湖学院第十五届运动会圆满落幕
安徽教育网	5月28日	巢湖学院开展庆祝"六一"儿童节关爱结对帮扶点贫困户留守儿童活动
安徽教育网	6月4日	巢湖学院举办"青年红色筑梦之旅"活动暨第八届青年志愿服务项目大赛
安徽教育网	6月4日	2018年安徽省高校教职工气排球联赛在巢湖学院圆满落幕
安徽教育网	6月5日	巢湖学院师生积极收看"学习新思想千万师生同上一堂课"直播授课
安徽教育网	6月8日	"激扬青春,放飞梦想"——巢湖学院欢送2018届毕业生晚会暨艺术学院音乐表演专业毕业汇报演出圆满结束
安徽教育网	6月8日	巢湖学院举办2018届毕业典礼暨学位授予仪式
安徽教育网	6月13日	"助力就业创业,成就美好未来"——巢湖学院首届大学生就业创业指导服务月主题活动圆满落幕

续表

名称	时间	标题
安徽教育网	6月25日	巢湖学院参加柘皋夏至民俗文化节活动
安徽教育网	7月1日	"表彰先进、凝聚力量、砥砺奋进"——巢湖学院部署2018年度一先两优表彰暨夏季工作
安徽教育网	7月9日	巢湖学院举办第九届双百科普创意创新大赛
安徽教育网	7月12日	"青年大学习、奋斗新时代"——巢湖学院暑期"三下乡"社会实践出征
中安在线	7月23日	巢湖学院大学生实地考察"一村一品"产业发展
安徽教育网	7月25日	2018年第十一届中国大学生计算机设计大赛数字媒体设计类专业组决赛在巢湖学院落下帷幕
安徽网	8月16日	2018省中学生沙滩排球锦标赛在巢举行
安徽教育网	9月12日	"弘扬高尚师德，潜心立德树人"——巢湖学院部署庆祝第34个教师节座谈工作
安徽教育网	9月21日	"磨砺青春铸英姿，升华自我强意志"——巢湖学院2018级新生军训工作如火如荼进行
安徽教育网	9月26日	"增强网络安全意识，提高网络安全技能"——巢湖学院开展2018网络安全宣传月系列活动
安徽教育网	9月28日	"规划引领未来，创业成就梦想"——巢湖学院顺利举办第十一届大学生职业规划设计大赛暨创业大赛决赛
安徽教育网	9月30日	巢湖学院为2018年新入职教师做师德师风专题报告
安徽教育网	10月8日	2018年安徽省沙滩排球精英赛在巢湖学院圆满落幕
安徽教育网	10月11日	安徽省大学生沙滩排球锦标赛在巢湖学院隆重开幕
安徽教育网	10月18日	"久久重阳，情暖花香"——巢湖学院组织离退休同志开展重阳节秋游活动
安徽教育网	10月25日	巢湖学院工会在安徽省第二届"书香天使"读书活动中喜获佳绩
安徽教育网	10月28日	巢湖学院开展校园安全大检查
安徽教育网	10月30日	巢湖学院第七届校园记者大赛圆满落幕
安徽教育网	11月1日	巢湖学院学习贯彻全国教育大会精神
安徽教育网	11月5日	《巢湖学院年鉴·2017》首次正式出版发行
安徽教育网	11月13日	巢湖学院第十六届新生广播节目主持人大赛圆满落幕
安徽教育网	11月14日	巢湖学院全面启动"早鸟行动"推进学风建设深入开展

续表

名　称	时　间	标　题
安徽教育网	11月13日	"建设优良学风,把握青春时光"——巢湖学院部署2018年学风建设月动员工作
安徽教育网	11月19日	高雅艺术进校园——艺术盛宴献师生"鼓乡情韵"文艺演出走进巢湖学院
安徽教育网	11月26日	巢湖学院举办第十四届新生才艺大赛
安徽教育网	12月26日	巢湖学院开展"国际志愿者日"系列活动

(供稿:夏　勇)